회사 실무에 힘을 주는 한글 2014

이형범 지음

회사 실무에 힘을 주는
한글 2014

초판 1쇄 발행 | 2015년 5월 15일
초판 4쇄 발행 | 2020년 4월 30일

지 은 이 | 이형범
발 행 인 | 이상만
발 행 처 | 정보문화사

편집진행 | 노미라

주　　소 | 서울시 종로구 동숭길 113
전　　화 | (02)3673-0037(편집부) / (02)3673-0114(代)
팩　　스 | (02)3673-0260
등　　록 | 1990년 2월 14일 제1-1013호
홈페이지 | www.infopub.co.kr

I S B N | 978-89-5674-628-9

이 책은 저작권법에 따라 보호받는 저작물이므로 무단 전재와
무단 복제를 금하며, 이 책 내용의 전부 또는 일부를 사용하려면 반드시
저작권자와 정보문화사 발행인의 서면동의를 받아야 합니다.

※ 책값은 뒤표지에 있습니다.
※ 잘못된 책은 구입한 서점에서 바꿔 드립니다.

저자의 글

한글 워드프로세서는 80년대 중반부터 도스용 1.0 버전을 시작으로 꾸준히 발전하여 현재 한글 2014 버전까지 발표되었습니다. 한글이 2014 버전으로 오면서 가장 크게 변화된 것은 작업 환경이 많이 달라졌다는 것입니다. MS Office와 비슷한 형태의 탭 메뉴와 탭 메뉴에 따른 도구 상자가 배치되었으며, 기존 사용자의 편의를 위해 이전 버전처럼 드롭다운 메뉴도 포함하고 있습니다.

국내에서 PC를 이용하여 작업하는 많은 사용자 중 한글 워드프로세서를 모르는 사용자는 아마도 없을 것입니다. 한글은 고어(古語)를 입력할 수 있는 기능과 빈번히 사용되는 문서의 템플릿을 제공하고 있어 우리나라의 대표적인 워드프로세서로 자리매김하고 있습니다.

더불어 한글은 단순히 텍스트 편집만을 지원하는 것이 아니라 좀 더 세련되고 간편하게 작업을 할 수 있도록 많은 기능들이 준비되어 있습니다. SNS 서비스가 보편화됨에 따라 한글에서 편집한 문서를 바로 개인 블로그나 트위터에 올릴 수도 있습니다.

한글은 개인이 사용할 수 있는 간단한 문서 입력이나 편집을 비롯하여 업무에서 사용하는 간단한 양식부터 복잡한 양식까지 몇 개의 기능만으로 만드는데 어려움이 없습니다. 그러나 논문을 작성하거나 보고서를 작성할 때는 좀 더 많은 명령이 필요하며 조판의 지식까지 알아야 합니다.

많은 사용자들이 자신이 알고 있는 명령을 조합하고 문서를 작성하지만 새로운 기능을 익혀 시간과 노력을 줄이려는 노력은 좀처럼 하지 않습니다. 워드프로세서의 실력은 저절로 얻어지는 게 아닙니다. 문서를 만들면서 10번의 작업에 걸쳐 완성해야 하는 것을 5번에 걸쳐 완성했다면 시간과 노력은 절반으로 줄어들면서 능률은 두 배로 오를 것입니다.

본서에서는 한글 2014의 필요한 기능만을 간추려 만들고자 하는 문서를 효율적으로 작성할 수 있도록 노력하였습니다. 실제 기능을 익히기에 대표가 되는 서식만을 예문으로 실었기 때문에 사용자는 한글 2014의 기능을 익히면서 자연스럽게 문서를 작성할 수 있습니다. 모쪼록 본서와 함께 한글 워드프로세서의 기능을 익혀 하시는 일에 많은 도움이 되길 바랍니다. 끝으로 이 책이 나오기까지 함께 애써준 모든 분들에게 감사의 말씀을 전합니다.

두드림 기획 이형범

이 책의 구성 about this book

총 3개의 Part와 1개의 Project로 나누어져 있으며, 110개의 Section과 10개의 Project 실무 문서로 구성되어 있습니다. 초보자가 쉽게 이해할 수 있도록 실습에 필요한 내용을 빠짐없이 설명하고 있어 단계별로 학습할 수 있습니다.

예제 파일
각 섹션에서 배울 내용을 따라할 수 있도록 예제 파일을 제공합니다.

Section
제목과 도입문을 통해 섹션에서 배울 내용을 한눈에 파악할 수 있습니다.

Keyword
섹션에서 중요하게 다루는 명령어를 표시합니다.

따라하기
실무 예제를 실제로 따라하는 내용입니다. 친절한 설명과 그림을 참고하여 따라해 봅니다.

Level Up
배우는 내용에 대한 추가적인 설명, 각 항목에 대한 자세한 설명을 담고 있습니다.

4 회사 실무에 힘을 주는 한글 2014

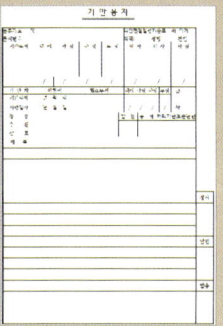

Special Tip
본문에서 다루지 못한 내용을 보강함으로써 사용자의 수준을 한 단계 업그레이드 할 수 있도록 도와줍니다.

Project
Part 1 부터 Part 3까지 배운 내용을 바탕으로 실무 문서를 작성해 봅니다.

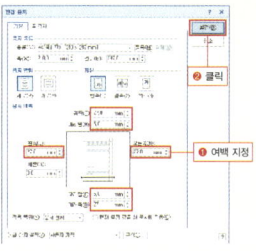

목차 Contents

Part 1 한글 2014의 기본 기능 50가지

SECTION 01	한글 2014 시작하기와 끝내기	14
SECTION 02	한글 2014 화면 이해하기	16
SECTION 03	한글 2014 도구 상자 접기/표시 방법	19
SECTION 04	문서 창 모양 바꾸기	20
SECTION 05	도움말 사용하기	22
SECTION 06	기본 작업 환경 설정하기	26
SECTION 07	문서 작성 처음부터 끝까지 따라 하기	33
SECTION 08	새 문서 만들기	46
SECTION 09	편집 용지 정하기	48
SECTION 10	문서 저장하기	52
SECTION 11	암호로 문서 보호하기	55
SECTION 12	문서 불러오기	57
Special TIP	한글 2014에서 불러올 수 있는 파일 형식	59
SECTION 13	문서 합치기	60
SECTION 14	문서마당으로 쉽게 만들기	62
SECTION 15	특수 문자 입력하기	65
SECTION 16	글자판 바꾸기	68
SECTION 17	한글을 한자로 변환하기	70
SECTION 18	한자 단어 등록하기	73
Special TIP	기타 한자로 바꾸기 기능	75
SECTION 19	부수나 새김으로 입력하기	76
SECTION 20	외국어 입력하기	78
Special TIP	외국어 문자 입력하기	81
SECTION 21	맞춤법 검사하기	83
SECTION 22	빠른 교정	85
Special TIP	빠른 교정 더 알아보기	87
SECTION 23	사전 활용하기	88
Special TIP	한컴 사전의 기능	91
SECTION 24	커서 이동키와 삭제키	92

SECTION 25	블록 지정하기	94
SECTION 26	복사하기	96
SECTION 27	이동하기	98
SECTION 28	골라 붙이기	100
SECTION 29	글자 모양 바꾸기	103
Special TIP	**다양한 글꼴의 지정**	105
SECTION 30	형광펜 사용하기	106
SECTION 31	문단 정렬하기	108
SECTION 32	문단 여백과 줄 간격 지정하기	111
SECTION 33	문단 테두리로 꾸미기	116
SECTION 34	배경색으로 문단 꾸미기	118
SECTION 35	문단 첫 글자 장식하기	121
SECTION 36	문단 번호 매기기	123
SECTION 37	탭 사용하기	128
SECTION 38	모양 복사하기	131
SECTION 39	쪽 테두리와 배경 사용하기	133
SECTION 40	찾기	136
SECTION 41	찾아 바꾸기	138
SECTION 42	모양으로 찾기와 바꾸기	140
SECTION 43	인쇄 모양 미리 보기	143
SECTION 44	인쇄하기	145
Special TIP	**인쇄 선택 사항**	146
SECTION 45	상용구 만들기	149
SECTION 46	상용구 편집하기	154
SECTION 47	상용구 저장하기와 불러오기	156
SECTION 48	스타일 만들기	159
SECTION 49	다른 문서에서 스타일 가져오기	164
SECTION 50	책갈피 사용하기	170

목차 Contents

Part 2 한글 2014의 활용 기능 50가지

SECTION 01	표 만들기	174
Special TIP	**셀 블록 설정하기와 표 만들기 아이콘**	178
SECTION 02	셀 크기 조정하기	179
SECTION 03	줄/칸 추가하기와 지우기	182
SECTION 04	셀 나누기와 합치기	187
SECTION 05	셀 테두리 바꾸기	189
SECTION 06	셀 배경 바꾸기	193
Special TIP	**그러데이션과 그림으로 셀 채우기**	197
SECTION 07	표/셀 속성 이용하기	199
Special TIP	**표와 본문과의 배치 방법**	203
SECTION 08	표 테두리와 배경	204
SECTION 09	셀 복사하기와 이동하기	207
SECTION 10	표에 캡션 달기	211
SECTION 11	표 그리기와 표 지우개	213
SECTION 12	표 나누기와 표 붙이기	216
SECTION 13	표와 문자열 서로 바꾸기	218
SECTION 14	표마당 사용하기	221
SECTION 15	자동 채우기 사용하기	223
SECTION 16	크기 순서대로 정렬하기	227
SECTION 17	블록 계산식 사용하기	229
SECTION 18	쉬운 계산식 사용하기	231
SECTION 19	직접 계산식 만들어 넣기	232
Special TIP	**계산식에 필요한 정보**	235
SECTION 20	차트 만들기	236
SECTION 21	차트 편집하기	237
SECTION 22	차트 꾸미기	242
SECTION 23	그림 삽입과 크기 조절하기	244
Special TIP	**그림 정보 확인하기**	248
SECTION 24	그림의 본문 배치 방법 알기	249

Special TIP	그림 위치 선정의 추가 정보	254
SECTION 25	글상자로 제목 꾸미기	255
SECTION 26	글맵시로 멋진 제목 만들기	258
SECTION 27	글맵시 꾸미기	260
SECTION 28	그리기 개체로 도형 그리기	263
SECTION 29	선 모양과 채우기 모양	268
Special TIP	개체 선택하기	271
SECTION 30	그리기 개체의 순서 바꾸기	272
SECTION 31	그리기 개체의 회전과 대칭	274
SECTION 32	그리기 개체의 맞춤과 배분	277
SECTION 33	그리기마당으로 문서 꾸미기	280
SECTION 34	꾸러미 관리하기	283
SECTION 35	수식 만들기	287
SECTION 36	프레젠테이션하기	291
SECTION 37	바탕쪽으로 일관성 있는 레이아웃 만들기	294
SECTION 38	머리말/꼬리말 만들기	297
SECTION 39	제목 차례 만들기	301
SECTION 40	색인(찾아보기) 만들기	304
SECTION 41	각주/미주 사용하기	306
SECTION 42	다단 편집	309
SECTION 43	구역 설정하기	315
SECTION 44	개요 번호로 문서 입력하기	318
SECTION 45	메일 머지	326
SECTION 46	라벨 만들기	330
SECTION 47	하이퍼링크로 연결하기	333
Special TIP	동영상 삽입하기	336
SECTION 48	다른 곳을 참조하는 문서 만들기	337
SECTION 49	스크립트 매크로 정의 및 실행하기	339
SECTION 50	스크립트 매크로 편집하기	344

목차 Contents

Part 3 한글 2014의 특별한 기능 10가지

SECTION 01	한글 문서를 PDF 파일로 저장하기	350
SECTION 02	한글 문서 블로그/SNS에 올리기	352
SECTION 03	문서와 개인정보 보호	356
SECTION 04	문서 이력 관리	361
SECTION 05	대화 상자 설정 내용 저장하기	364
SECTION 06	메모 기능	368
Special TIP	오피스 커뮤니케이터를 통한 문서 협업하기	372
SECTION 07	표 뒤집기	373
SECTION 08	자소 단위 찾기	375
SECTION 09	한글로 한자 찾기	377
SECTION 10	명령 자동 실행	378

Project 업무에 바로 적용하는 실무 문서 만들기

PROJECT 01	간편장부 만들기	382
PROJECT 02	지출결의서 만들기	396
PROJECT 03	이력서 만들기	408
PROJECT 04	금전차용증 만들기	418
PROJECT 05	업무일지 만들기	424
PROJECT 06	재직(경력) 증명서 만들기	432
PROJECT 07	거래명세표 만들기	438
PROJECT 08	기안 용지 만들기	444
PROJECT 09	견적서 만들기	458
PROJECT 10	간이영수증 만들기	474

이 책의 예제 파일 example file

이 책에서 사용된 예제 파일 및 완성 파일은 정보문화사 홈페이지(http://www.infopub.co.kr)의 통합자료실에서 다운로드할 수 있습니다.

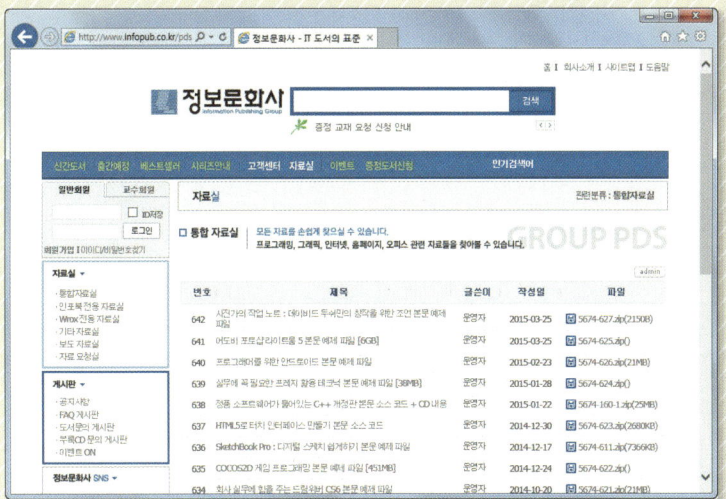

1. 정보문화사 홈페이지 (http://www.infopub.co.kr)에 접속하여 상단의 자료실을 클릭합니다.

2. 하단의 [SEARCH]에 책 제목을 입력하고 [검색] 버튼을 클릭하면 검색 결과가 나타납니다. 해당 예제 파일을 클릭하여 다운로드합니다.

ㅎ/ㅏ/ㄴ/ㄱ/ㅡ/ㄹ 2/0/1/4

한컴오피스 2014

한글

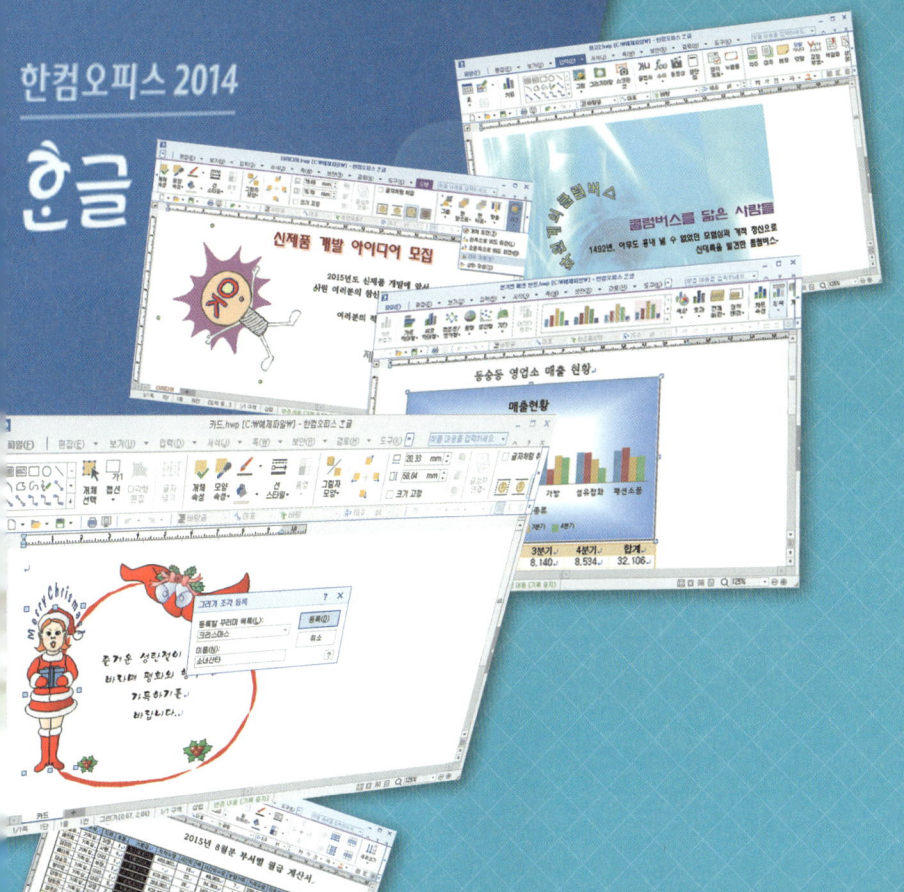

Part 1
한글 2014의
기본 기능 50가지

한글 2014는 새로운 기능을 많이 가지고 있어 모두 익혀두면 문서를
작성하는데 도움이 됩니다. 하지만 대부분의 사용자는 새로운 기능을
익히기보다 익숙한 기능을 사용하여 문서를 작성하고 편집하려고 합니다.
이번 파트에서는 한글 2014의 가장 기본적인 기능들을 소개합니다.
사용자가 자신에 맞게 작업 환경을 설정하는 방법, 특수 문자나 한자를
입력하는 방법, 문서를 편집하고 맞춤법 검사를 실행하는 방법,
일반적인 문서를 작성하기 위한 스타일 작성과 적용 방법 등을 배웁니다.

한글 2014 시작하기와 끝내기

한글은 간단한 문서를 작성하는 것부터 전문적인 편집에 이르기까지 국내에서 가장 많이 사용되는 워드프로세서 프로그램입니다. 지금부터 새로운 한글 2014 버전을 실행하고 종료하는 과정을 알아봅니다.

ⓖ **Key Word :** 실행, 종료, 버전 정보

1 작업 표시줄의 왼쪽에 있는 [시작] 버튼을 클릭하고 [모든 프로그램]-[한글과컴퓨터]-[한컴오피스 2014]를 차례로 선택한 후 [한컴오피스 한글 2014]를 클릭합니다.

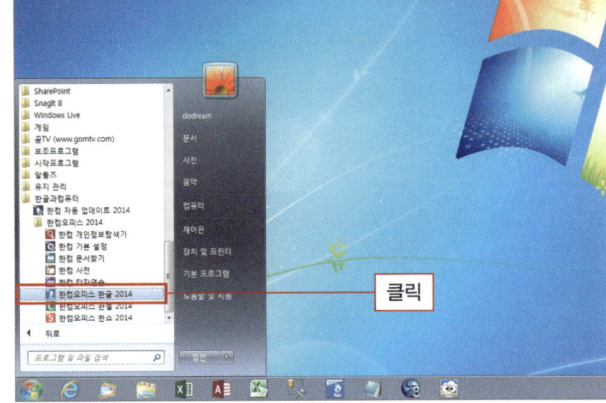

POINT
위의 그림은 Windows 7에서 캡처한 것입니다. Windows 8에서는 타일 모양의 아이콘이 나타납니다.

2 다음 이미지와 같이 한글 2014의 초기 화면이 나타납니다. 초기 화면은 한글을 실행한 후 설정한 옵션에 따라 조금씩 다르게 나타날 수 있습니다.

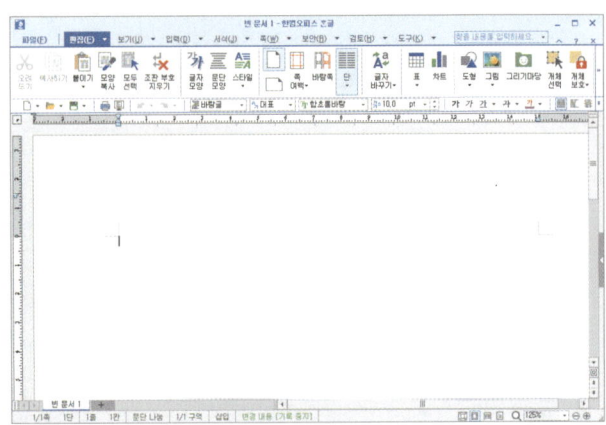

3 한글을 종료하려면 [파일] 메뉴에서 [끝]을 선택하거나 오른쪽 상단의 닫기(✕) 버튼을 클릭합니다.

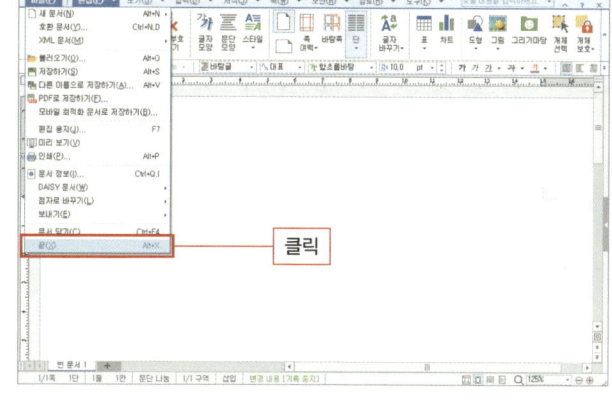

> **POINT**
> 한글을 종료하기 위해 Alt + F4 키 또는 Alt + X 키를 누르거나 제목 표시줄에서 마우스 오른쪽 버튼을 클릭하고 [닫기]를 선택해도 됩니다.

4 한글을 실행하고 내용을 입력했을 경우에는 종료 시 다음 그림과 같은 대화상자가 표시됩니다. 여기서는 [저장 안 함]을 클릭합니다.

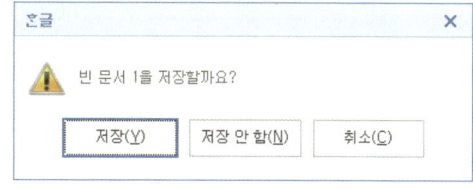

> **POINT**
> 파일명이 [빈 문서]일 때 [저장] 버튼을 클릭하면 [다른 이름으로 저장하기] 대화상자가 나타납니다. 파일명이 지정되어 있으면 해당 파일명으로 내용을 덮어씁니다. [취소] 버튼을 클릭하면 편집 화면으로 되돌아갑니다.

쌩초보 Level Up — 한글 2014의 버전 확인 방법

사용하고 있는 한글 2014의 버전을 확인할 때에는 오른쪽 상단의 도움말(?) 버튼을 클릭하고 [한컴오피스 한글 2014 정보]를 클릭합니다. 새로운 버전이 출시되었을 경우 업그레이드 여부를 확인할 수 있습니다.

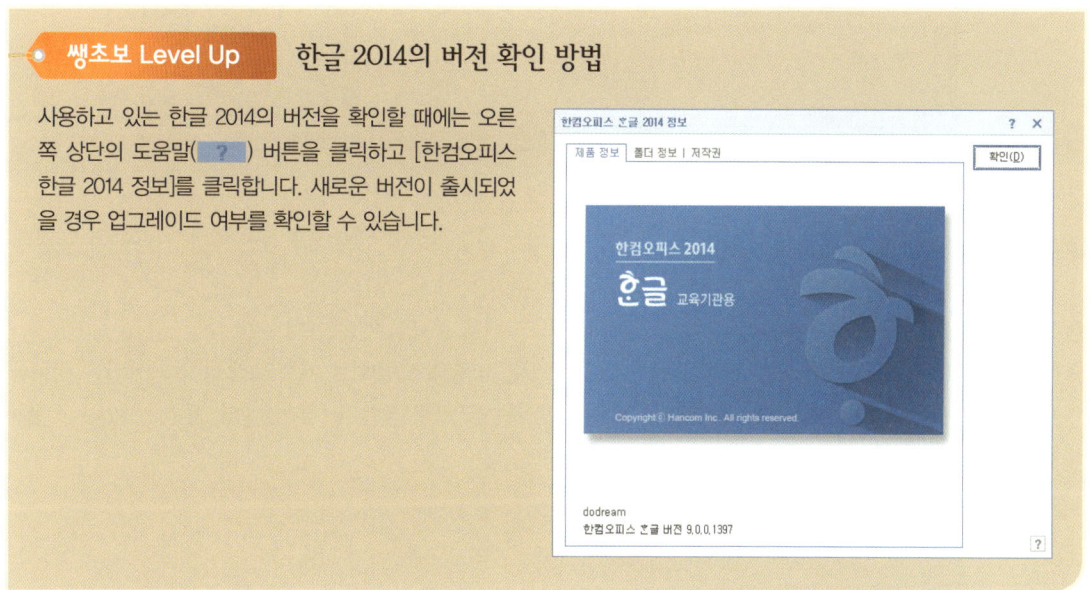

Part 1. 한글 2014의 기본 기능 50가지 **15**

한글 2014 화면 이해하기

한글을 사용하기 전에 미리 화면을 구성하고 있는 여러 요소에 대한 이해가 필요합니다. 한글의 화면 구성은 사용자가 원하는 모양으로 변경할 수도 있습니다.

◉ **Key Word** : 메뉴, 탭, 인터페이스

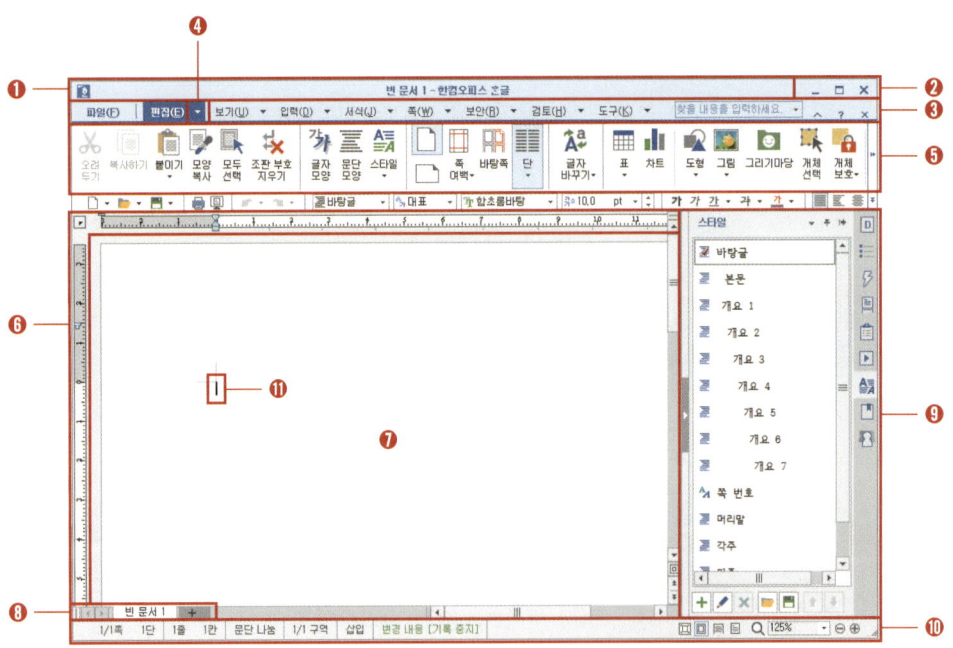

❶ **제목 표시줄** : 프로그램 이름과 파일명, 창 조절 버튼 등으로 구성되어 있습니다. 파일명을 저장하지 않은 문서의 경우 빈 문서1, 빈 문서2, … 형식으로 자동 설정된 이름이 표시됩니다.

❷ **창 조절 버튼** : 창의 크기를 조절하거나 이동할 때, 프로그램을 종료할 때 사용합니다.

❸ **메뉴 표시줄(메뉴 탭)** : 편집 작업을 하면서 사용할 수 있는 명령의 모음으로 메뉴의 오른쪽 드롭다운 버튼을 클릭하면 하위 메뉴가 표시되고, 메뉴 탭을 클릭하면 메뉴별 열림 상자가 나타납니다. 원하는 메뉴나 메뉴 탭을 클릭하여 해당 명령을 실행할 수 있습니다.

16 회사 실무에 힘을 주는 한글 2014

❹ **열림 상자** : 각 메뉴 탭에서 자주 사용하는 기능을 그룹별로 묶어서 표시합니다. 메뉴 탭을 클릭하면 관련된 열림 상자가 나타나며 상황에 따라 개체별, 상태별 열림 상자도 나타납니다. 예를 들어 그림을 선택하면 그림 개체에 대한 열림 상자가 표시됩니다.

❺ **서식 도구 모음** : 명령을 빠르게 실행할 수 있도록 자주 사용하는 명령을 아이콘으로 만들어 모아 놓은 것입니다.

❻ **눈금자** : 한글에는 가로 눈금자와 세로 눈금자가 있어 편집하고 있는 문서의 폭과 길이를 알 수 있습니다. 눈금자로 탭 설정과 왼쪽, 오른쪽 들여쓰기나 내어쓰기를 설정할 수 있고 개체의 가로/세로의 크기를 알 수도 있습니다.

❼ **편집 창** : 새로운 문서를 작성하거나 작성한 문서를 불러와 표시하는 곳으로, 편집 창의 크기는 사용자가 작업하기 편리하게 확대/축소하여 표시할 수 있습니다. 한글 2014부터는 편집 창의 표시 모양을 자유롭게 변경할 수도 있습니다.

❽ **문서 탭** : 새로운 문서를 작성할 수 있는 문서 탭을 하나 더 만듭니다. 문서 탭은 각각 별도의 파일을 불러오거나 편집할 수 있으며, 최대 30개까지 문서 탭을 만들 수 있습니다. 현재 작업하는 문서 탭은 탭의 색상이 반전되며, 이미 저장된 문서 탭은 글꼴 색이 다르게 표시됩니다. 탭 이동 버튼은 탭의 수가 많아서 탭이 모두 보이지 않을 때 표시 범위를 조정하기 위해 사용합니다.

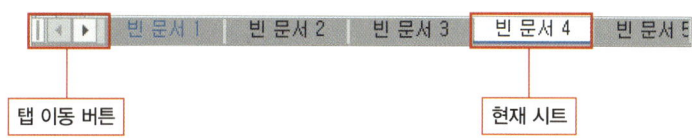

❾ **작업 창** : 문서의 편집 시간을 줄이고 작업 속도를 높여 문서 편집 작업을 효율적으로 할 수 있습니다. 사용자의 필요에 따라 보이거나 감출 수 있습니다. 전체 작업 창을 보이거나 감추도록 하려면 [보기] 탭의 [작업 창 숨기기]/[작업 창 보이기]를 선택합니다.

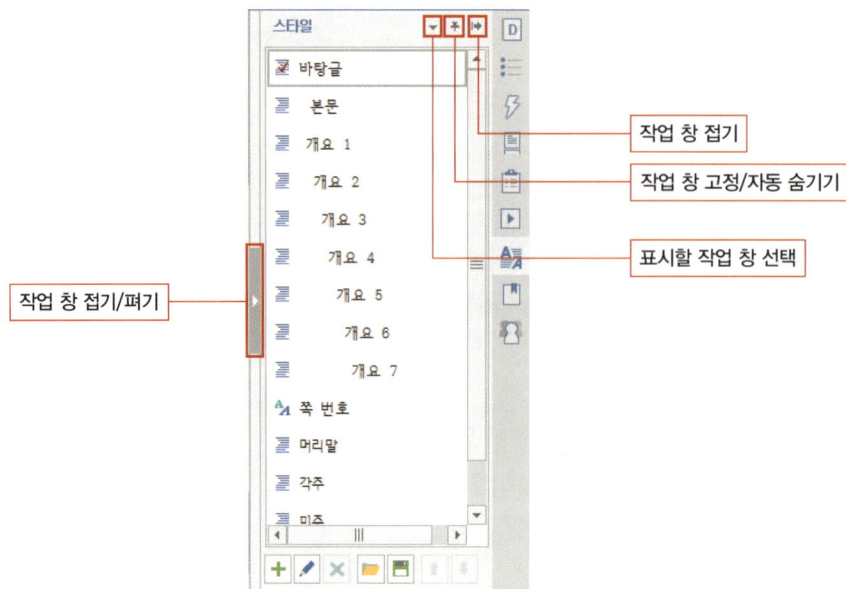

❿ **상황 표시줄** : 화면 맨 아래에 있는 줄로 커서가 있는 위치의 쪽, 단, 줄, 칸, 구역, 삽입/수정 등 사용자에게 필요한 정보를 알려주는 곳입니다.
⓫ **커서** : 문자를 입력하는 곳과 작업의 위치를 알려줍니다.

한글 2014 도구 상자 접기/표시 방법

문서를 편집할 때는 여러 가지 명령을 사용합니다. 명령을 실행할 때는 메뉴 탭을 클릭하고 열림 상자에서 아이콘을 선택하여 메뉴를 이용합니다. 또는 서식을 꾸밀 때 사용하는 서식 도구 상자를 이용할 수 있고, 열림 상자, 서식 도구 모음을 표시하거나 숨겨 편집 화면을 더 넓게 사용할 수도 있습니다.

◆ **Key Word** : 편집 화면 크기, 도구 상자 숨기기

1 메뉴 표시줄이나 열림 상자 영역에서 마우스 오른쪽 버튼을 클릭한 다음 [기본]의 체크를 해제합니다.

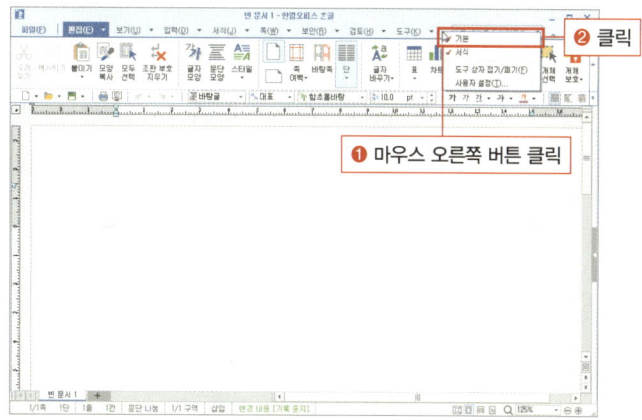

2 [기본] 메뉴가 해제되고 열림 상자가 화면에서 제거됩니다. 따라서 열림 상자가 있던 영역만큼 편집 화면은 더 넓어집니다. 작업 창을 숨기면 다음과 같이 넓은 편집 화면에서 문서를 작성하거나 편집할 수 있습니다. 메뉴 탭을 더블클릭해도 같은 기능이 실행됩니다.

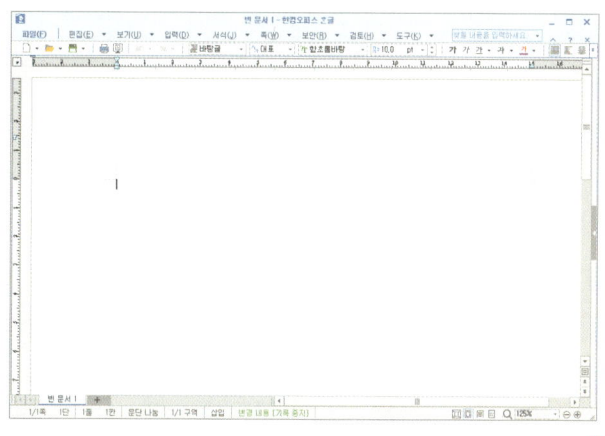

POINT

화면 오른쪽 상단의 도구 상자 접기/펴기 아이콘(▲)을 클릭하여 도구 상자를 표시하거나 숨길 수도 있습니다. 도구 상자 접기/펴기의 단축키는 Ctrl+F1입니다.

문서 창 모양 바꾸기

사용자가 원하는 모양으로 한글 2014의 문서 창과 스킨을 설정하는 방법에 대해 알아봅니다. 한글 2014에서는 창 두 종류, 스킨을 네 종류를 제공하며, 스킨 목록에서 기본 스타일을 선택한 경우에는 운영체제의 디스플레이 설정에 영향을 받지 않습니다.

Key Word : 스킨, 창 모양

1 문서 창의 기본 모양을 변경하기 위해 [보기] 탭의 [문서 창]에서 '문서 창 모양 설정'을 클릭합니다.

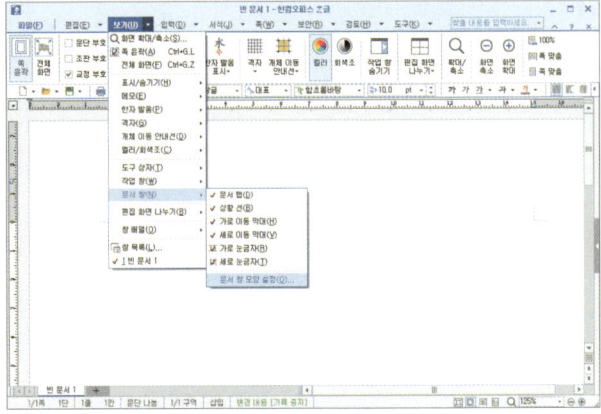

2 다음과 같이 [문서 창 모양] 대화상자가 표시되면 원하는 모양을 선택하고 [설정] 버튼을 클릭합니다.

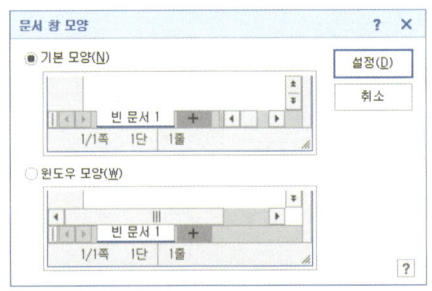

쌩초보 Level Up — 문서 창 모양의 종류

- **기본 모양** : 한글 2014에서 기본으로 사용하는 창 모양으로 문서 탭과 가로 이동 막대가 한 줄에 있고 아래에 상황 표시줄이 있습니다.
- **윈도우 모양** : 윈도우의 표준 모양으로 가로 이동 막대가 문서 탭의 위에 위치하고 문서 탭 다음 줄에 상황 표시줄이 있습니다.

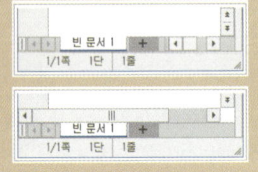

3 한글 2014의 창 모양이나 도구 상자, 단축키, 메뉴, 명령, 열림 상자 등을 설정하려면 [도구] 탭의 [사용자 설정]을 클릭합니다.

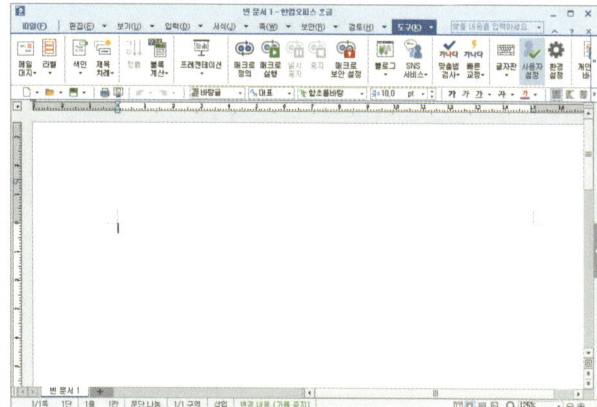

\POINT
열림 상자의 아이콘은 한글 2014 창 크기에 따라 한 화면에 표시되지 않을 수도 있습니다.

4 [사용자 설정] 대화상자에서 창의 모양을 변경하려면 [일반] 탭의 [프로그램 테마] 목록에서 원하는 테마를 선택하고 [닫기] 버튼을 클릭합니다.

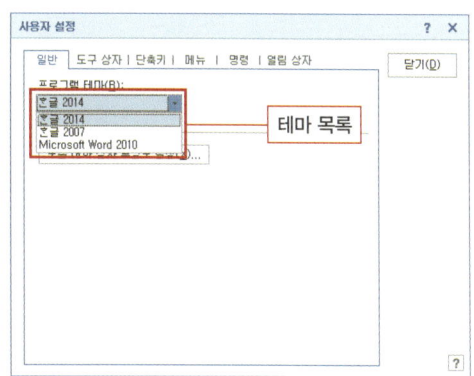

쌩초보 Level Up — 모든 대화상자 투명도 설정

한글 2014에서 표시되는 모든 대화상자의 투명도를 설정할 수 있습니다. [대화상자 투명도 설정 안 함] 옵션이 선택된 상태에서 '포인터가 비모드형 대화상자를 벗어나면 투명 처리'에 체크되어 있다면 대화상자를 투명하게 처리하지 않지만 마우스 포인터가 대화상자를 벗어나면 투명하게 처리됩니다.

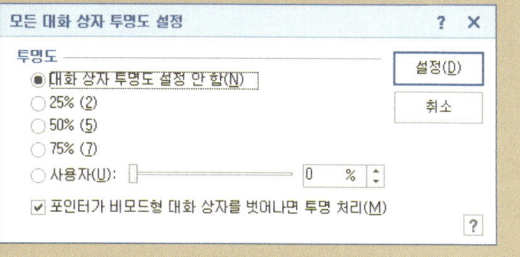

도움말 사용하기

문서 작업 중에 특정 기능에 대해 더 자세히 알고자 할 경우에는 도움말을 이용합니다. 한글 2014에서는 전체 기능에 대한 도움말과 현재 표시된 대화상자 내의 각 옵션에 대한 도움말을 각각 이용할 수 있습니다.

◐ Key Word : 도움말

1 메뉴 표시줄 오른쪽의 도움말 아이콘(?)을 클릭한 후 [도움말]을 선택하거나 F1 키를 누릅니다.

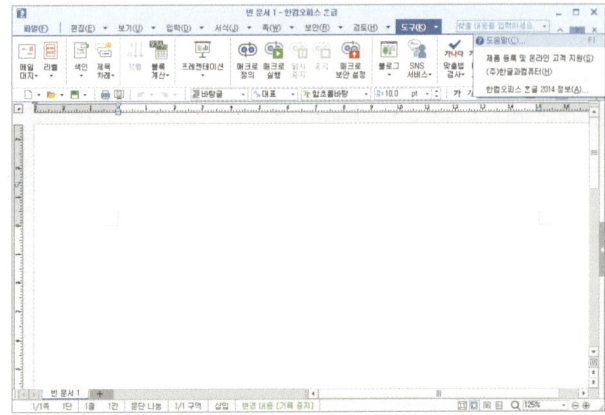

2 인터넷 브라우저 창에 한글 2014의 도움말 창이 나타납니다. 창의 왼쪽에는 도움말의 목차가 표시되고 오른쪽에서 선택한 목록의 자세한 설명을 볼 수 있습니다. 설명 창이 다른 도움말과 링크되어 있을 경우 밑줄 친 텍스트로 표시되며, 마우스를 클릭하면 해당 화면으로 빠르게 이동할 수 있습니다.

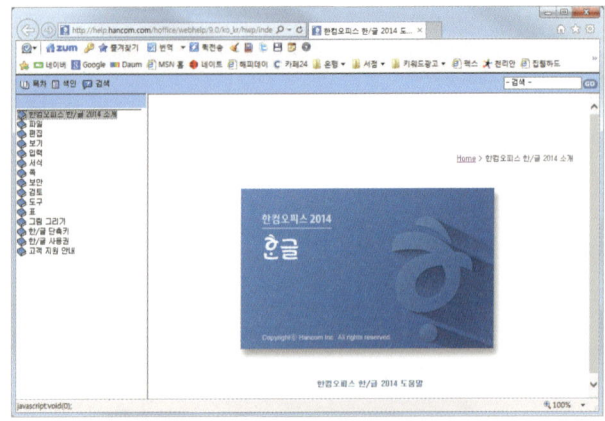

3 [목차] 탭에서 주제어를 클릭하면 하위 목록이 표시되며, 목록에서 원하는 항목을 찾아 클릭하면 오른쪽 창에 해당 기능의 도움말 내용이 표시됩니다. 다음 화면은 [보기]의 [표시/숨기기]에서 [문단 부호]를 선택한 것입니다.

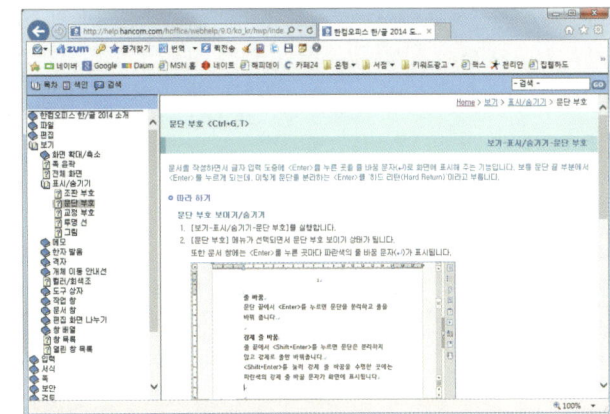

4 도움말이 표시된 창의 아래쪽에는 현재 정보와 관련된 기능이 하이퍼링크로 연결되어 있습니다. 여기에서 원하는 항목을 클릭합니다.

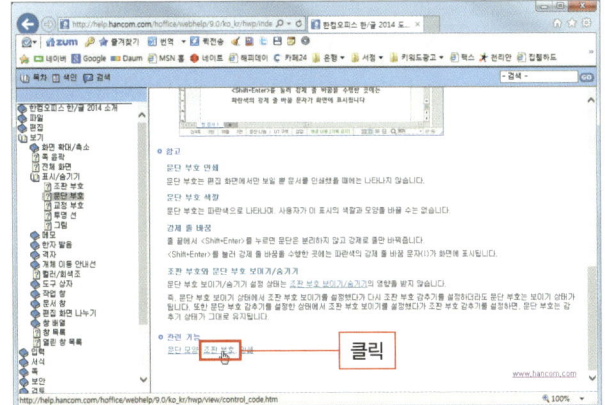

\POINT
다른 도움말과 연결되어 있는 텍스트 위에서 마우스 포인터가 🖑 모양으로 변하면 클릭합니다.

● 쌩초보 Level Up   도움말 아이콘의 의미

- 📘 : 하위 목록이 있지만 현재 하위 목록이 표시되어 있지 않습니다.
- 📖 : 하위 목록이 현재 표시되어 있습니다.
- ❓ : 클릭하면 도움말 오른쪽 창에 내용이 표시됩니다.

5 이번에는 [색인] 탭을 클릭한 다음 찾을 키워드 입력 상자에 '문단'을 입력합니다. '문단'으로 시작하는 모든 도움말 항목을 검색합니다.

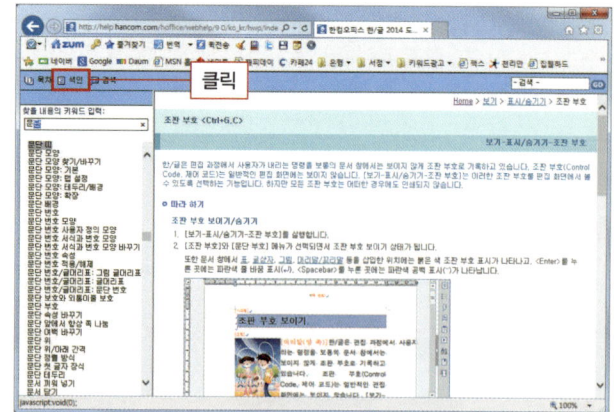

6 찾은 항목 중에서 원하는 항목을 클릭하면 선택한 항목에 대한 도움말을 볼 수 있습니다. 아래 그림은 '문서 닫기'를 더블클릭하여 도움말을 표시한 화면입니다.

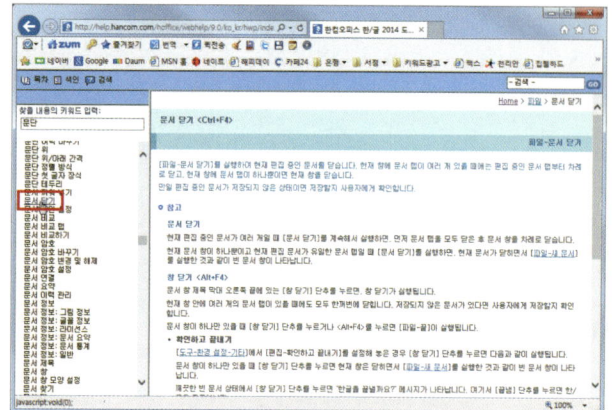

7 대화상자에서 도움말을 표시하는 과정을 알아봅니다. Alt + L 키를 눌러 [글자 모양] 대화상자가 나타나면 항목 위에서 마우스 오른쪽 버튼을 클릭합니다. 아래 그림은 [장평]에서 마우스 오른쪽 버튼을 클릭한 것입니다. 선택한 항목에 대한 간단한 설명이 표시됩니다.

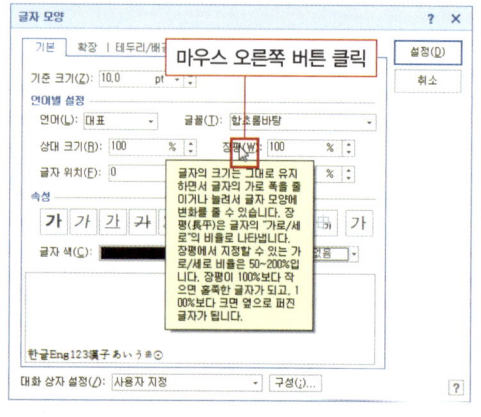

\POINT
대화상자의 ? 아이콘을 클릭한 후 항목을 클릭해도 도움말을 표시할 수 있습니다.

8 현재 표시된 대화상자 전체에 대한 도움말을 표시하려면 대화상자의 오른쪽 아래에 있는 ? 아이콘을 클릭합니다.

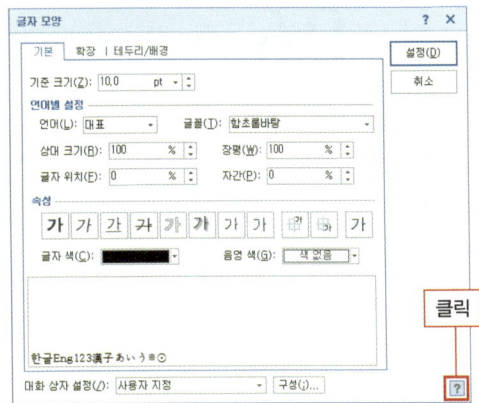

9 다음과 같이 인터넷 브라우저의 도움말 창에서 글자 모양에 대한 도움말을 확인할 수 있습니다.

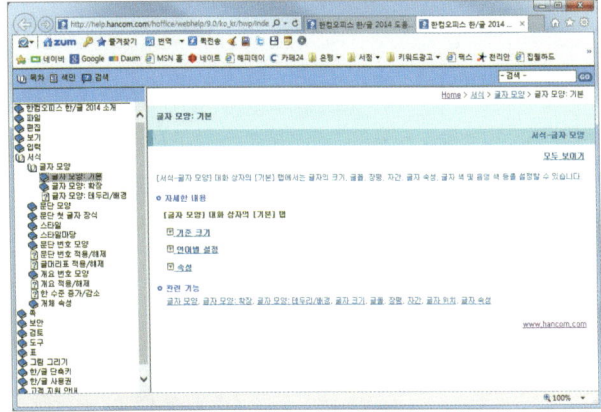

기본 작업 환경 설정하기

자동 저장 시간이나 저장 방식, 최근 편집한 문서를 여는 방법, 사용자 정보, 대표 글꼴 등록 등 한글에서 작업하기 위한 기본 환경을 설정하는 방법에 대해 알아봅니다. 환경 설정에서 지정한 값은 한글을 시작할 때 기본 값으로 사용됩니다. 여기서는 [환경 설정] 대화상자의 각 탭에서 중요한 항목을 설명합니다.

○ Key Word : 환경 설정

[도구] 탭의 [환경 설정]을 클릭하면 [환경 설정] 대화상자가 나타납니다. 대화상자의 각 탭에서 한글 2014의 작업 환경을 설정할 수 있습니다. 필요한 사항을 지정한 다음 [설정] 버튼을 클릭하면 한글을 실행할 때마다 지정한 사항이 자동으로 적용됩니다.

❶ [환경 설정]-[편집] 탭

- ▶ **자동 저장** : 편집을 시작한 후에 작업 여부에 관계없이 지정한 시간이 지나면 문서를 자동으로 저장합니다.
- ▶ **압축 저장** : 편집한 문서를 저장할 때 압축 저장 여부를 지정합니다. 문서를 압축하여 저장하면 디스크의 공간을 여유 있게 사용할 수 있지만 압축하지 않고 저장한 문서보다 읽어오는 시간이 걸린다는 단점이 있습니다.
- ▶ **백업 파일 만듦** : 문서를 저장할 때 동일한 폴더에 확장명을 '.bak'로 부여하여 백업 파일을 만들지 여부를 지정합니다. '.bak'는 복사본 파일이므로 원본 파일이 손상되었을 때 사용할 수 있습니다.
- ▶ **미리 보기 이미지 저장** : 불러오기 대화상자에서 미리 보기 아이콘을 클릭하면 문서의 첫 페이지를 이미지로 저장하여 표시합니다.
- ▶ **새 문서를 저장할 때 문서 암호 설정하기** : 새로운 문서를 작성하고 저장할 때 문서에 암호를 입력할 수 있는 대화상자를 표시합니다.
- ▶ **임시 폴더에 저장할 때 안내문 띄우기** : 임시 폴더에 저장된 문서를 불러와서 편집한 후 다시 임시 폴더에 저장할 경우 안내문을 표시합니다.
- ▶ **개인 정보 보호가 동작 중인 문서를 저장할 때 개인 정보 검색** : [보안] 탭의 [개인 정보 보호] 그룹에서 개인 정보 보호가 설정된 문서를 저장할 때 개인 정보의 검색 여부를 지정합니다.
- ▶ **동시 저장** : 편집한 문서를 저장할 때마다 HWPML 문서, 인터넷 문서(HTML), 텍스트 문서, 서식이 있는 문서(RTF), 플래시 문서, 프레젠테이션 문서 중의 한 가지를 설정한 폴더에 저장합니다.
- ▶ **새 창으로/현재 창에 새 탭으로** : 두 번째 문서를 불러올 때와 최근에 작업한 문서를 불러올 때 현재 창의 새 탭으로 불러올지 새로운 창에 불러올지를 선택합니다.
- ▶ **문서를 불러올 때 문서 첫 줄로 커서 이동** : 문서를 저장할 때 커서의 마지막 위치를 기억하지 않고 무조건 커서를 문서의 맨 처음으로 위치시켜 불러옵니다.
- ▶ **메뉴에 최근 문서 보이기** : 가장 최근에 작업한 문서를 [파일] 메뉴에 표시할지 여부를 지정합니다.
- ▶ **개요 번호 삽입 문단에 개요 스타일 자동 적용** : 개요를 적용할 때 개요 단계에 따라 스타일을 자동으로 적용할지의 여부를 지정합니다.
- ▶ **표 안에서 [Tab]으로 셀 이동** : 표 안에서 셀과 셀 사이로 커서를 이동할 때 [Tab]키를 이용할지 여부를 설정합니다. 내용이 입력된 표에서는 이 기능을 설정하여 커서를 쉽게 이동할 수 있습니다.
- ▶ **실시간 미리 보기 사용** : 글자 모양, 문단 모양 및 각종 도형 스타일, 그림 스타일, 글맵시 스타일 등을 적용하기 전에 결과를 편집 창에서 미리 확인할 수 있습니다.

❷ [환경 설정]-[글꼴] 탭

▶ 글꼴 보기 : 자주 사용하는 글꼴을 서식 도구 상자의 글꼴 선택 목록 앞쪽에 표시할 것인지 글꼴 목록 상자에서 글꼴의 모양을 표시할 것인지 여부를 설정합니다.

▶ 글꼴 목록 : 서식 도구 모음에서 글꼴을 선택할 때 글꼴 목록을 '모든 글꼴', '현재 글꼴', '제목 글꼴', '본문 글꼴', '꾸미기 글꼴' 탭으로 분류하여 표시하거나 모든 글꼴을 탭 구분 없이 표시하도록 설정합니다.

▶ 대표 글꼴 등록 : 이미 등록된 사용자 정의 글꼴을 수정하거나 등록합니다.

▶ 한글 전용 글꼴 검색 : 새로 추가된 글꼴을 검색하여 등록합니다. 검색하는 글꼴은 HTF 글꼴입니다.

❸ [환경 설정]-[사용자 정보] 탭

사용자 이름, 회사 이름, 직책, 부서 등 개인 정보를 입력하는 화면을 표시합니다. 여기서 지정한 개인 정보는 문서마당이나 문서 요약 등에서 사용됩니다.

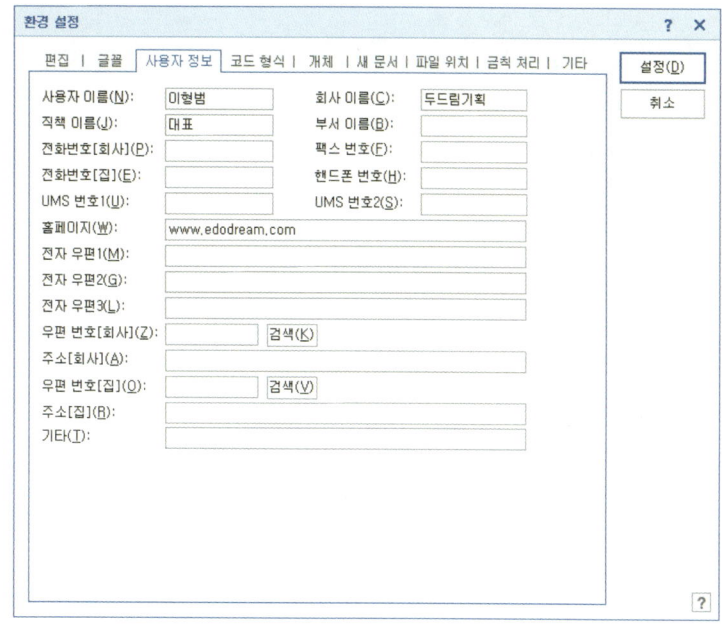

❹ [환경 설정]-[코드 형식] 탭

외국에서 보내온 문서를 편집하거나 다른 언어로 작성된 문서를 외국으로 보낼 때 해당 언어 코드의 파일 형식으로 변환하는 방법을 지정합니다. 코드 형식을 사용하면 문서를 각 언어별 표준 코드로 변환할 수 있습니다.

❺ [환경 설정]-[개체] 탭

▶ **일부분 선택만으로 개체 전체 선택** : [개체 선택] 아이콘을 클릭한 후 도형이나 그리기 개체, 그림 등의 개체를 선택할 때 해당 개체의 일부분만 포함해도 개체 전체가 선택되도록 설정합니다.

▶ **표 위치** : 마우스를 이용하여 그림이나 표 등을 삽입할 때 본문과의 배치 방법과 기준 위치 등을 설정합니다.

▶ **그림 개체 품질 높임** : 그림 개체가 포함된 문서를 불러올 때 그림을 선명하게 표시합니다.

▶ **풍선 도움말 표시** : 개체 위에 마우스 포인터가 위치하면 간략한 도움말을 표시합니다.

❻ [환경 설정]-[새 문서] 탭

▶ **용지 종류** : 편집할 용지의 종류와 가로/세로의 폭을 사용자가 설정할 수 있습니다.

▶ **용지 방향** : 용지를 가로 또는 세로 방향으로 사용할 것인지 설정합니다.

▶ **제본** : 책을 만들 때 제본할 형식을 지정합니다.

▶ **용지 여백** : 상하좌우 여백과 머리말, 꼬리말, 제본 여백 등을 설정합니다.

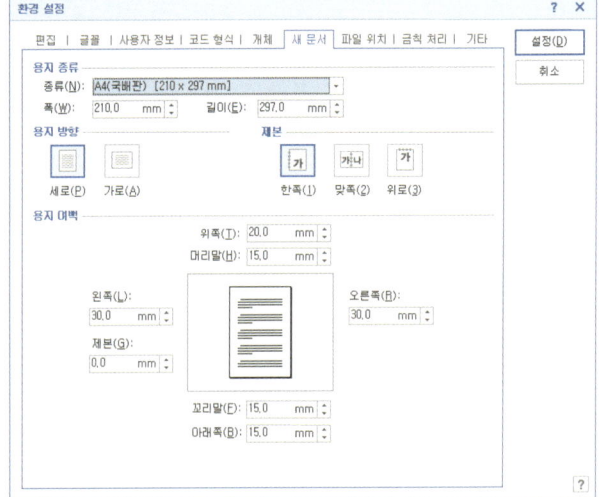

❼ [환경 설정]-[파일 위치] 탭

▶ **매크로와 상용구 파일** : 키 매크로 파일 (HWPWMKOR80.HMC)과 스크립트 매크로 파일(HWPWMKOR80.HMS), 상용구 파일(HWP.IDO)이 저장될 경로를 지정합니다.

▶ **바탕 문서** : [파일] 메뉴의 [새 문서/새 탭]으로 새로운 문서를 만들 때 사용하는 바탕 문서 파일(NORMAL.HWT)이 저장될 경로를 지정합니다.

▶ **사용자 정의 데이터** : 사용자가 추가한 데이터, 매크로, 상용구, 한자 단어 사전, 한자 새김 입력 사전, 빠른 교정, 입력 자동 명령 데이터, 맞춤법 개인 사전, 맞춤법 등록 기호, 로마자 등록 데이터 등을 저장해 놓고 필요한 경우 다시 불러 사용할 수 있습니다.

❽ [환경 설정]-[금칙 처리] 탭

▶ **금칙 처리 문자** : 행의 처음이나 마지막에 올 수 없는 문자나 기호 등을 등록해 놓을 수 있습니다.

▶ **줄 앞 금칙 문자(행두 금칙 문자)** : 행의 처음에 올 수 없는 문자로 . , ' " : ; ? !)] } 」 °F ℃ % 등이 있습니다.

▶ **줄 뒤 금칙 문자(행말 금칙 문자)** : 행의 마지막에 올 수 없는 문자로 ([{ ' " # № $ 등이 있습니다.

▶ **현재 설정 값을 새 문서에 적용** : 금칙 처리 문자를 사용자 설정으로 변경한 후 이 옵션을 선택하면 현재 편집하고 있는 문서와 [파일] 메뉴의 [새 문서/새 탭]으로 새로운 문서를 만들 때 사용하는 바탕 문서 파일(NORMAL.HWT)에 금칙 문자를 적용한 후 해제됩니다.

❾ [환경 설정]-[기타] 탭

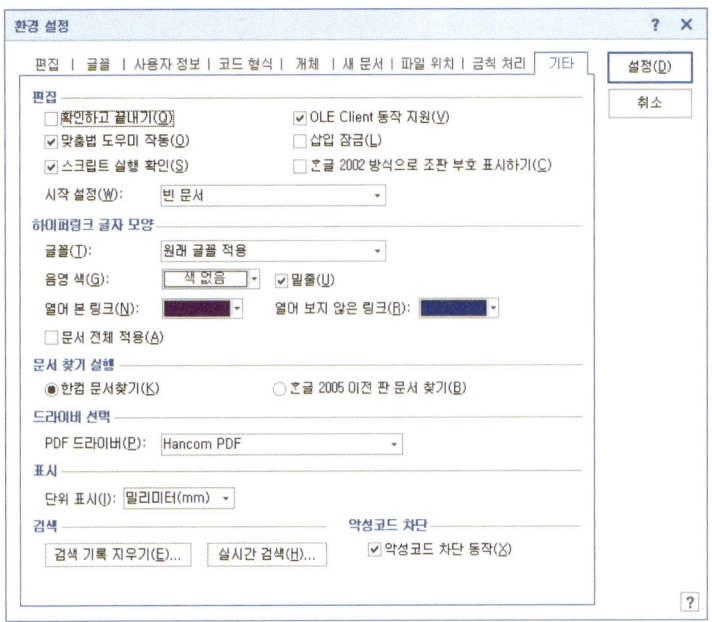

▶ 확인하고 끝내기 : 마지막 문서 편집 창을 닫을 때 한글의 종료 여부를 확인하도록 지정합니다.
▶ OLE Client 동작 지원 : 엑셀이나 파워포인트 등 OLE(개체 연결 및 삽입) 기능을 지원하는 프로그램에 한글 문서를 삽입했을 때 올바르게 실행되도록 설정합니다.
▶ 맞춤법 도우미 작동 : 작성하는 문서의 맞춤법을 자동으로 검사합니다.
▶ 삽입 잠금 : [Insert]를 누를 때마다 토글 되는 [삽입/수정]을 잠급니다.
▶ PDF 드라이버 : 프린터로 인쇄하지 않고 PDF(Portable Document Format) 파일로 문서를 만들 때 사용할 드라이버를 선택합니다.

문서 작성 처음부터 끝까지 따라 하기

한글 2014의 기본적인 기능을 이용하여 문서를 작성해 봅니다. 한글 2014의 많은 기능을 배우기에 앞서 간단한 문서를 작성해 보면 워드프로세서의 많은 기능을 배우는데 도움이 됩니다. 한글 2014에서 문서를 편집하고 인쇄한 후 종료하는 과정을 따라해 봅니다.

Key Word : 문서 작성, 워드프로세서 실기

1 이번 섹션에서는 문서를 다음과 같이 작성하고 '예제1.hwp'로 저장해 봅니다. 사용된 예문은 워드프로세서 실기 시험 유형입니다.

지구 환경문제 강연회 개최

최근에 환경문제(Environment Problem)에 대한 사회적 관심(Social Interest)이 높아지고 있습니다. 수질오염(Water Pollution), 대기오염(Air Pollution), 쓰레기 문제와 같은 환경문제에 대해서 사회적인 관심이 집중되는 이유는 무엇일까요? 환경문제가 우리의 삶을 위협할 만큼 심각한 수준(水準)에 이르렀기 때문일 것입니다. 환경을 보호(保護)하는 것은 내 이웃을 사랑하는 방법의 하나입니다. 우리 사회의 환경문제는 환경오염 물질이 대량화되고, 오염 물질이 유독화되고 있으며, 그 피해 지역은 광역화되고 있는 특징(特徵)을 보이고 있습니다.

환경문제는 각종 소비생활과 불가분의 관계가 있어서, 소비는 환경오염을 일으키는 가장 큰 요인 중의 하나입니다. 소비의 억제 없이 환경문제를 근본적으로 해결하기란 쉽지 않습니다. 이런 급박한 상황에서 저희 두드림자연사랑회에서는 강연회를 개최하고자 하오니 많이 참석하여 주시기 바랍니다.

◆ 다 음 ◆

1. 개최일시 : 2014. 7. 14(월) 14:00 ~ 17:20
2. 개최장소 : 두드림자연사랑회 문화회관
3. 참가대상 : 자연대상회 회원(會員) 및 각급 단체 기관장
4. 후   원 : 통일동산제지, ABC 통신, 네추널신문, (재)자연보존학회
5. 발표내용

일정	제목	발표자	소속	비고
14:00 - 14:20	수질오염(Water Pollution)	이병훈	수도관리소	
14:30 - 14:50	대기오염(Air Pollution)	성시호	취업대학교	
15:00 - 15:20	쓰레기(Trash) 문제	김호길	동강관리소	
15:30 - 15:50	소음 및 진동(Vibration)과 생활	정가은	합격대학교	
16:00 - 16:20	실내 공기 오염	김시범	드림사랑회	
16:30 - 16:50	일조(Sunshine) 장애와 건강	이중범	환경대학교	
17:00 - 17:20	전파(Electric Wave) 장애와 건강	전증배	전파연구원	

※ 참고사항
● 참석을 희망하시는 분은 2월 2일까지 전화나 메일로 본 회에 통보(通報)바랍니다.
● 기타 사항은 담당자 홍길순(☏ 02-5550-7770, E-Mail kilsunHong@dodream.com)에게 문의하시거나, 본 회의 Internet Homepage(http://www.edodream.com)를 참조하시기 바랍니다.

2010. 7. 20

두드림자연사랑회

2 한글 2014를 실행한 다음 [쪽] 탭의 [편집 용지]를 클릭하거나 F7 키를 누릅니다. [편집 용지] 대화상자가 나타나면 다음과 같이 편집 용지를 설정하고 [설정] 버튼을 클릭합니다.

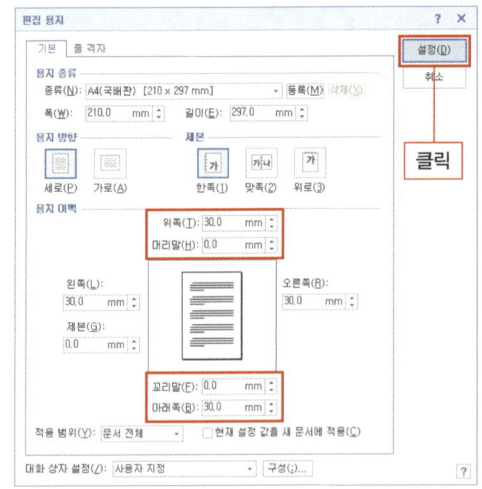

3 편집 화면에 다음과 같이 문장을 입력합니다. 한글과 영문 전환은 키보드의 [한/영] 키를 이용하고, 화면에 ' ┘'와 같은 표시가 있는 곳에서만 Enter 키를 눌러 줄을 바꿉니다.

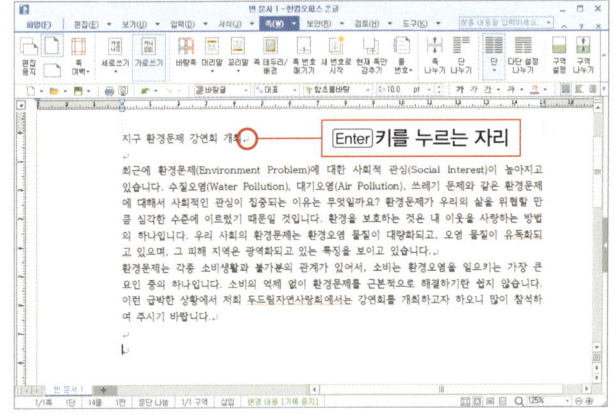

\POINT
입력한 내용이 편집 화면의 오른쪽 끝을 넘게 되면 자동으로 줄이 바뀌며, Enter 키는 강제로 줄을 바꿀 때만 사용합니다. 자동으로 줄이 바뀌는 것을 소프트 리턴(Soft Return), 강제로 줄을 바꾸는 것을 하드 리턴(Hard Return)이라고 합니다.

4 [입력] 탭의 [문자표]를 클릭하거나 Ctrl + F10 키를 누르면 [문자표 입력] 대화상자가 나타납니다. [호글 문자표] 탭에서 문자 영역을 '전각 기호(일반)'으로 선택합니다.

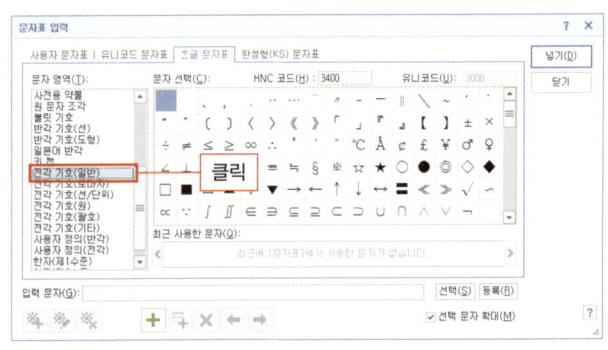

\POINT
선택한 문자 영역에 따라 문자 선택 영역에 표시되는 기호 문자가 달라집니다.

5 문자 선택 영역에서 '◆' 문자를 선택한 다음 [넣기] 버튼을 클릭합니다.

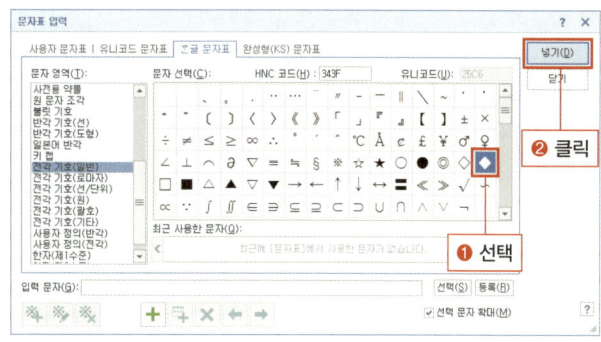

POINT

문자 선택 영역에서 특수 문자를 입력할 여러 가지 기호를 선택한 후 [넣기] 버튼을 클릭하면 선택한 모든 특수 문자를 한꺼번에 입력할 수 있습니다.

6 커서 위치에 선택한 기호 문자가 삽입되면 '다　음'을 입력하고 다시 같은 방법으로 '◆' 문자를 삽입합니다. 그런 다음 그림을 참고하여 '5. 발표내용'까지 입력합니다.

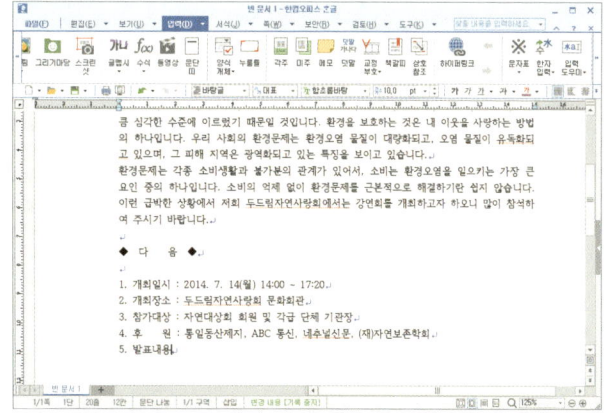

7 Enter 키를 눌러 줄을 바꾼 다음 [입력] 탭에서 표( ) 아이콘의 드롭다운 버튼을 클릭합니다. 표 상자에서 마우스를 움직여 8줄 5칸의 표를 만들고 클릭합니다.

POINT

[입력] 탭의 [표]를 클릭하거나 Ctrl + N + T 키를 눌러 [표 만들기] 대화상자에서 줄 수와 칸 수를 지정하고 [만들기] 버튼을 클릭해도 표를 만들 수 있습니다. [표 만들기] 대화상자를 이용하면 표의 크기와 속성, 한글 2014에서 제공하는 표 서식을 이용할 수 있습니다.

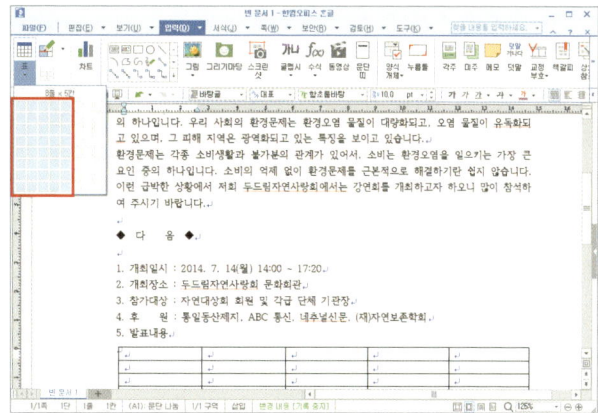

Part 1. 한글 2014의 기본 기능 50가지　**35**

8 다음과 같이 표가 만들어지면 [표] 메뉴의 [표/셀 속성]을 선택하거나 Ctrl+N+K 키를 누릅니다. 커서가 표 안에 위치해 있으면 [표] 탭이 자동으로 표시됩니다.

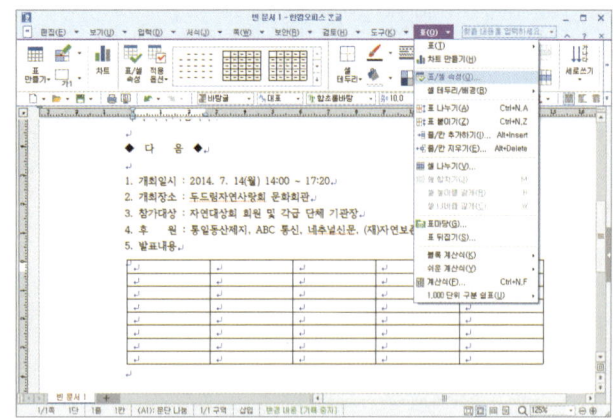

9 [표/셀 속성] 대화상자가 나타납니다. [기본] 탭에서 '글자처럼 취급'에 체크한 다음 [설정] 버튼을 클릭합니다.

POINT
'글자처럼 취급'은 표를 커다란 하나의 글자처럼 처리하는 방법입니다.

10 표 안에서 F5 키를 연속으로 세 번 누르면 표의 모든 셀이 블록으로 지정됩니다. 표의 첫 번째 셀에서 마우스 왼쪽 버튼을 클릭한 채 마지막 셀까지 드래그해서 셀 블록을 지정할 수도 있습니다.

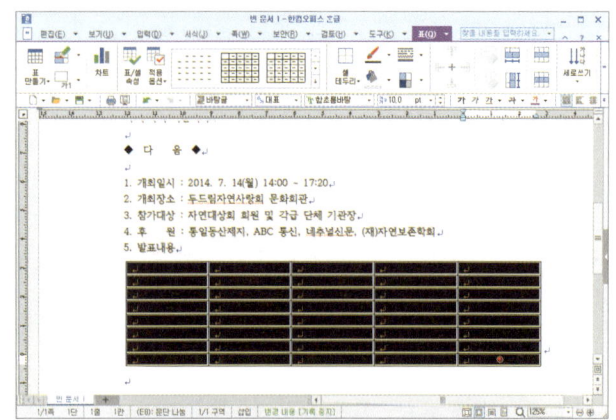

POINT
표를 구성하는 각각의 칸을 셀(Cell)이라고 부릅니다.

11 표의 모든 셀이 블록으로 지정된 상태에서 [표] 탭에서 [셀 테두리]의 드롭다운 버튼을 클릭합니다. 왼쪽과 오른쪽 선을 상징하는 아이콘을 각각 클릭하면 블록으로 설정한 표의 왼쪽과 오른쪽 실선이 지워집니다.

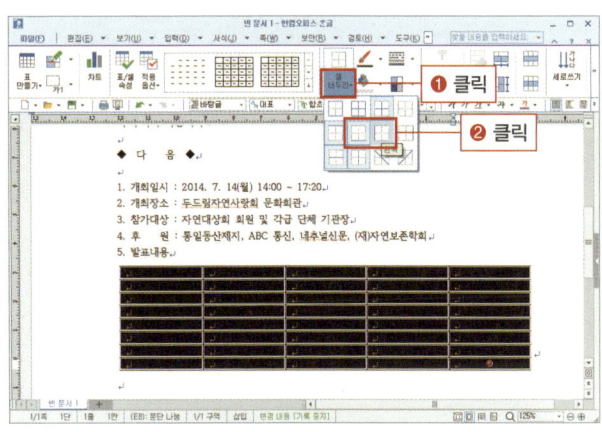

POINT
표 안에 커서가 위치해 있으면 선이 지워진 곳은 빨간색 점선으로 표시됩니다.

12 [표] 탭의 [셀 테두리 모양/굵기]에서 [셀 테두리 굵기]를 클릭한 후 '0.4mm'를 선택합니다.

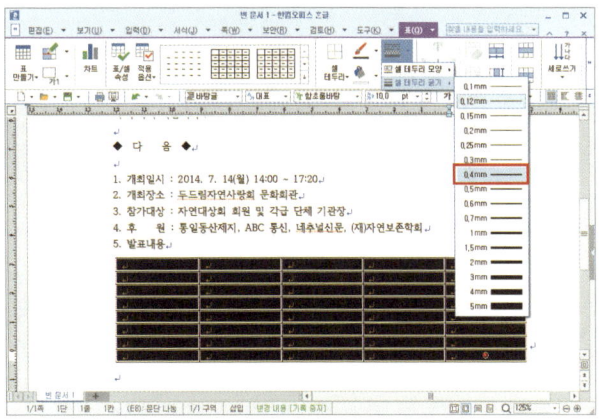

13 [표] 탭에서 [셀 테두리]의 드롭다운 버튼을 클릭한 후 위쪽과 아래쪽 선을 나타내는 아이콘을 각각 클릭합니다. 다음과 같이 표 테두리의 위쪽과 아래쪽 실선의 굵기가 변경됩니다.

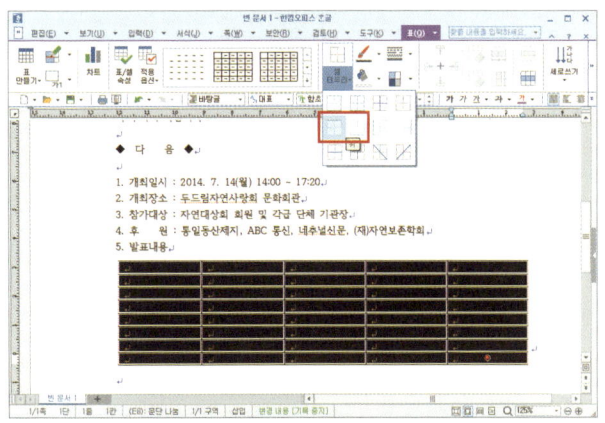

14 두 번째 행을 마우스로 드래그하여 블록으로 설정한 후 [표] 탭의 [셀 테두리 모양/굵기]에서 [셀 테두리 모양]을 클릭하여 두 줄 실선을 선택합니다.

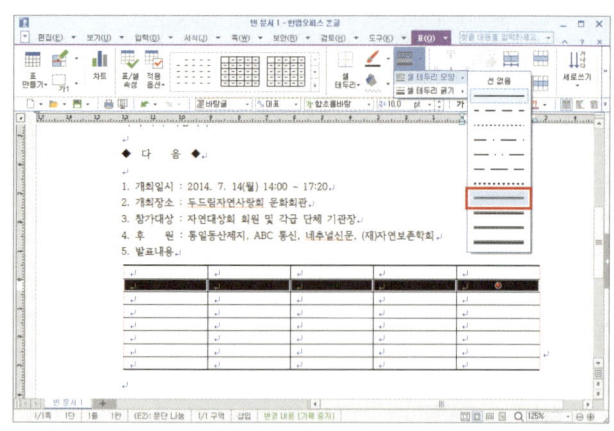

POINT
F5 키를 누르고 F8 키를 누르면 줄 블록을 설정할 수 있습니다.

15 [표] 탭에서 [셀 테두리]의 드롭다운 버튼을 클릭한 후 위쪽 선을 상징하는 아이콘을 클릭합니다. 다음과 같이 표 테두리의 위쪽 실선이 두 줄 실선으로 변경됩니다.

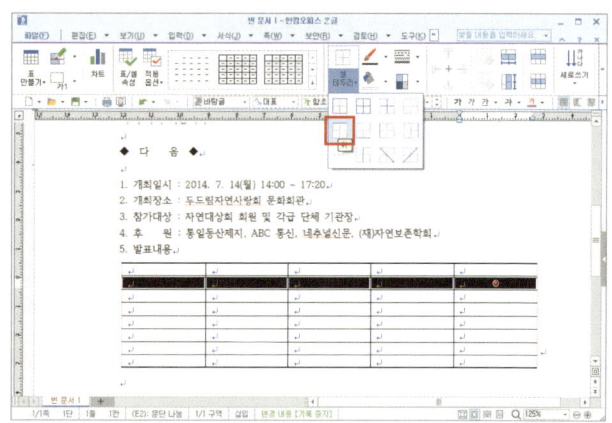

POINT
두 줄 실선으로 변경되지 않을 경우 표 밖으로 커서를 이동한 후 다시 블록으로 설정하여 지정합니다.

16 Esc 키를 눌러 블록을 해제하고 표의 세로줄을 마우스로 드래그하여 셀 너비를 적당하게 변경합니다.

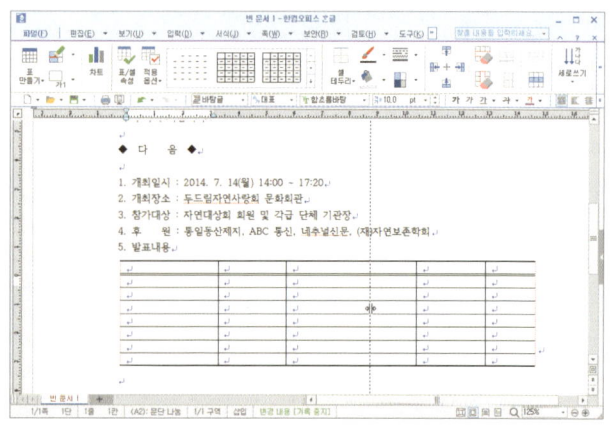

17 다음과 같이 셀 블록을 설정한 후 Ctrl +↓키를 두 번 눌러 셀의 세로 너비를 조정합니다.

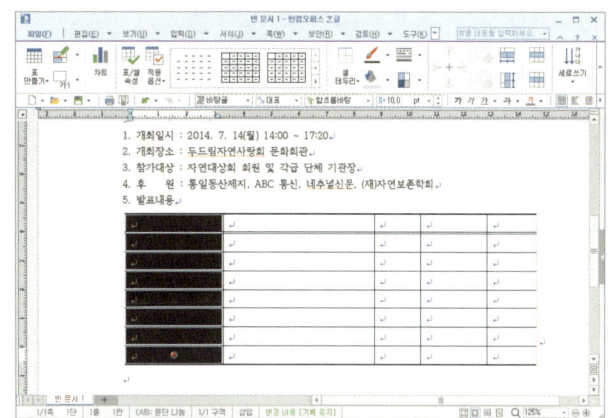

18 다음과 같이 셀 블록을 설정한 후 [표] 탭의 [셀 합치기]를 클릭하거나 M키를 누릅니다.

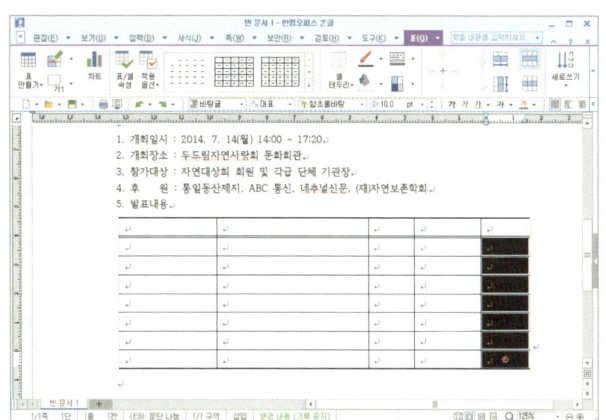

쌩초보 Level Up 셀 단축키 알아보기

- 셀 블록이 선택된 상태에서 Ctrl키와 방향키를 누르면 이웃된 셀의 크기가 조정되면서 표의 크기도 변경됩니다.
- 셀 블록이 선택된 상태에서 Shift키와 방향키를 누르면 선택된 셀만 크기가 조정되고 표의 크기에는 영향을 주지 않습니다.
- 셀 블록이 선택된 상태에서 Alt키와 방향키를 누르면 이웃된 셀의 크기가 조정되고 표의 크기에는 영향을 주지 않습니다.
- Esc키를 누르거나 표 밖에서 마우스를 클릭하면 셀 블록이 해제됩니다.

19 그림과 같이 내용을 입력합니다. 특수 문자는 Ctrl+F10키를 눌러 '전각 기호(일반)'에서 입력합니다.

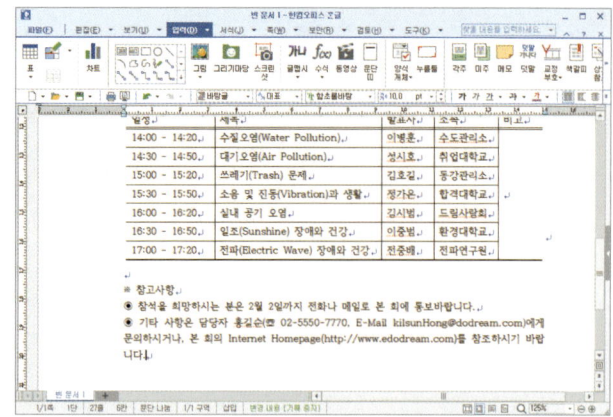

20 작성한 날짜와 회사명을 입력한 후 서식 도구 모음의 [저장하기] 아이콘을 클릭하거나 Alt+S키를 누릅니다. 저장할 폴더를 선택한 후 [파일 이름]에 '예제1'을 입력하고 [저장] 버튼을 클릭합니다.

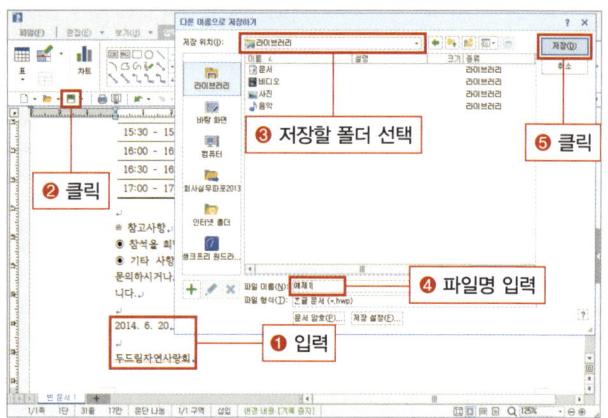

21 이제부터는 문단 모양이나 글자 모양을 변경하는 편집 과정을 진행해 봅니다. Ctrl+Page Up키를 눌러 커서를 문서의 처음으로 이동합니다.

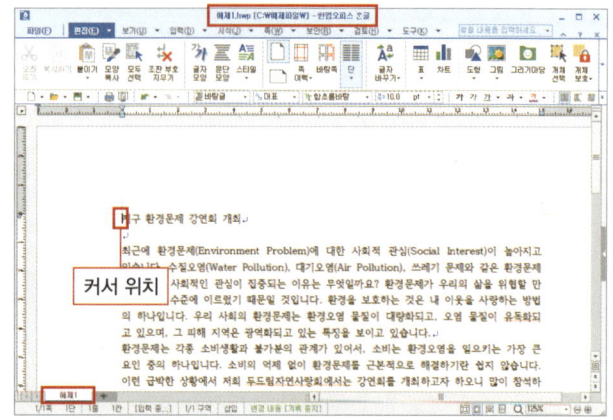

22 가운데로 정렬할 제목 단락 앞에 커서를 위치하고 [서식] 탭의 [문단 정렬]에서 '가운데 정렬'을 클릭합니다.

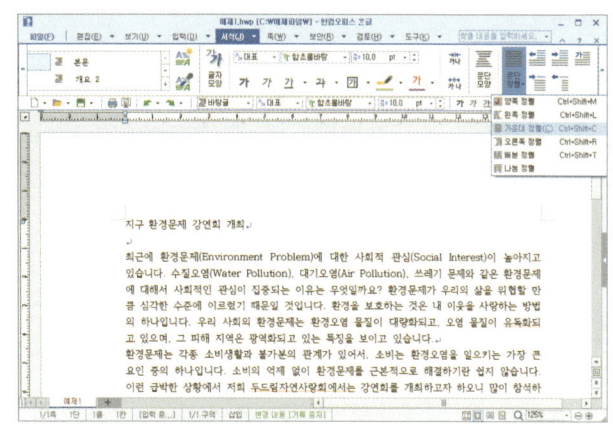

> **POINT**
> 문단 정렬은 현재 커서가 있는 문단에만 적용되며 여러 문단을 정렬하려면 블록으로 설정한 후 문단 정렬을 실행합니다. 문단 정렬에 대한 자세한 내용은 Section 31을 참조합니다.

23 글자 크기를 변경하기 위해 F3키를 누른 후 End키를 누릅니다. 현재 커서가 있는 위치부터 줄의 끝까지 블록이 설정됩니다. 서식 도구 모음에서 글자 크기를 '13pt'로 지정한 후 Enter키를 누릅니다.

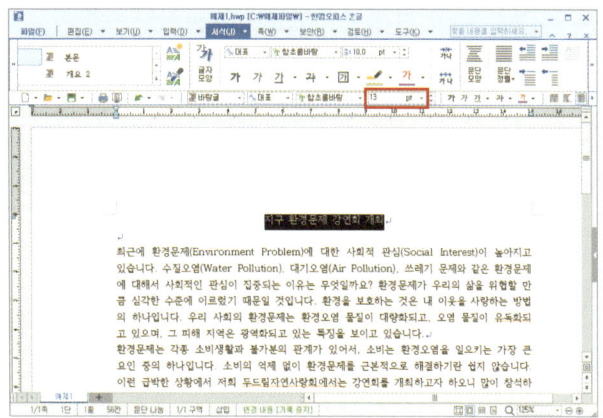

쌩초보 Level Up 커서 이동키

- ↑/↓/←/→ : 한 글자씩 상/하/좌/우로 이동합니다.
- Ctrl + ←/→ : 한 단어 왼쪽/오른쪽으로 이동합니다.
- Home/End : 줄의 처음/줄의 끝으로 이동합니다.
- Alt + Home/End : 문단의 처음/문단의 끝으로 이동합니다.
- Ctrl + Home/End : 화면의 처음/화면의 끝으로 이동합니다.
- Page Up/Page Down : 한 화면 앞으로/한 화면 뒤로 이동합니다.
- Alt + Page Up/Page Down : 앞 쪽의 처음으로/다음 쪽의 처음으로 이동합니다.
- Ctrl + Page Up/Page Down : 문서 전체의 처음으로/문서 전체의 끝으로 이동합니다.

24 마우스를 드래그하여 다음과 같이 블록을 설정한 후 [서식] 메뉴의 [문단 모양]을 선택하거나 Alt+T키를 누릅니다. [문단 모양] 대화상자의 [기본] 탭에서 [들여쓰기]를 '10pt'로 지정하고 [설정] 버튼을 누릅니다. 블록으로 설정된 모든 문단에 지정한 숫자만큼 들여쓰기 됩니다.

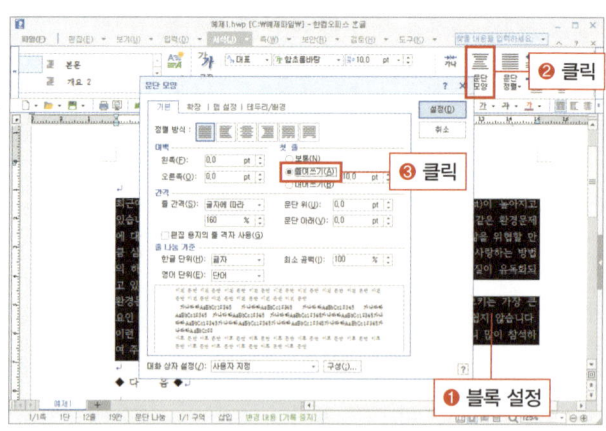

POINT
10pt는 한글 1글자, 영문 2글자에 해당합니다. 글자 크기는 단위가 표시된 곳을 클릭하면 단위를 변경하여 지정할 수도 있습니다.

25 본문의 '수준'이라는 단어 뒤에 커서를 위치하고 F9키를 누릅니다. 다음과 같이 단어가 블록으로 설정되고 [한자로 바꾸기] 대화상자가 나타납니다. 한자 목록에서 입력할 한자를 선택하고 [입력 형식]을 선택한 후 [바꾸기] 버튼을 클릭합니다.

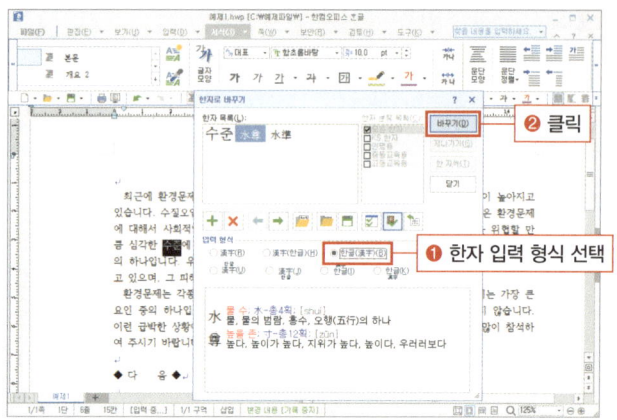

26 '보호', '특징', '회원'도 같은 방법으로 변환합니다. '◆ 다   음 ◆'이 입력된 줄로 커서를 이동한 후 글자를 가운데 정렬합니다.

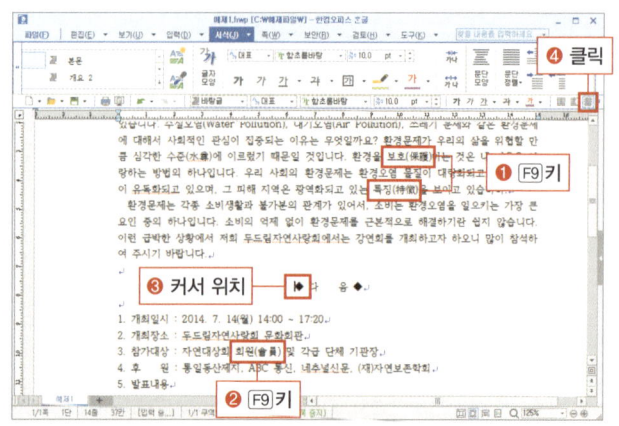

42 회사 실무에 힘을 주는 한글 2014

27 Ctrl 키를 누른 상태에서 드래그하여 다음과 같이 블록을 지정합니다. 서식 도구 모음에서 [가운데 정렬] 아이콘을 클릭합니다. 다음과 같이 블록이 설정된 부분만 셀의 가운데로 정렬됩니다.

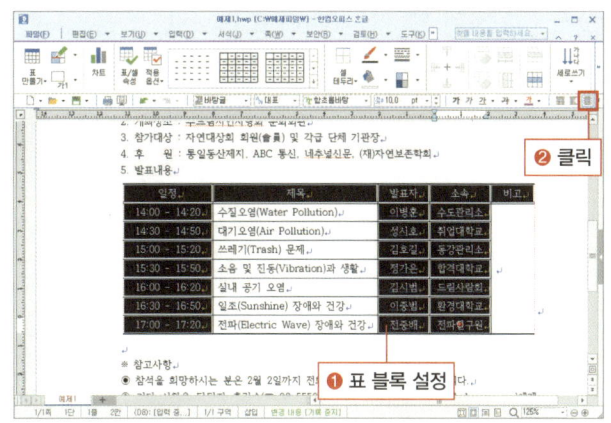

28 표 제목 부분만 드래그하여 블록으로 설정한 후 서식 도구 모음의 [진하게] 아이콘을 클릭합니다.

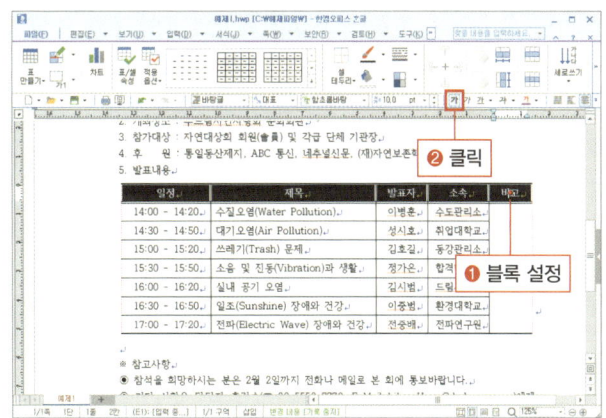

29 '참고사항'만 드래그하여 블록으로 설정한 후 서식 도구 모음의 글꼴 확장 버튼을 클릭하여 '맑은 고딕'을 선택합니다.

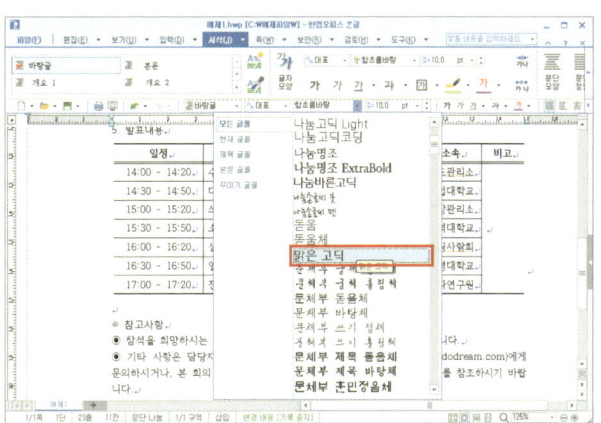

30 '통보' 뒤에 커서를 이동하고 F9 키를 눌러 한자로 변환합니다. '◉ 기타 사항'의 '기'자 앞에 커서를 위치한 후 Shift + Tab 키를 누르면 현재 커서 위치까지 들여쓰기 됩니다.

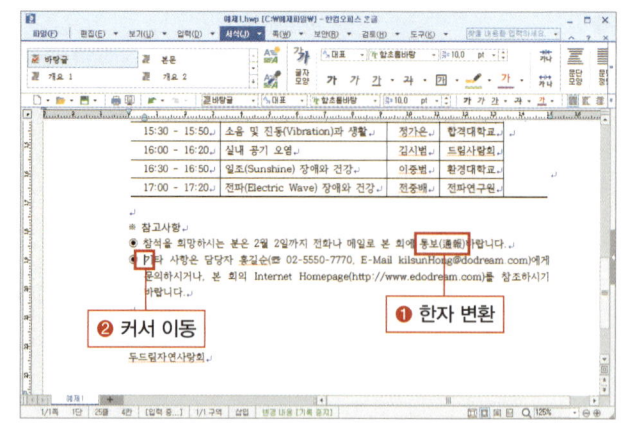

31 날짜가 입력된 곳으로 커서를 이동하여 가운데 정렬합니다. '두드림자연사랑회'를 블록으로 설정한 후 글꼴을 '돋움'으로 크기를 '11pt'로 설정하고 진하게 속성을 적용한 후 가운데 정렬합니다.

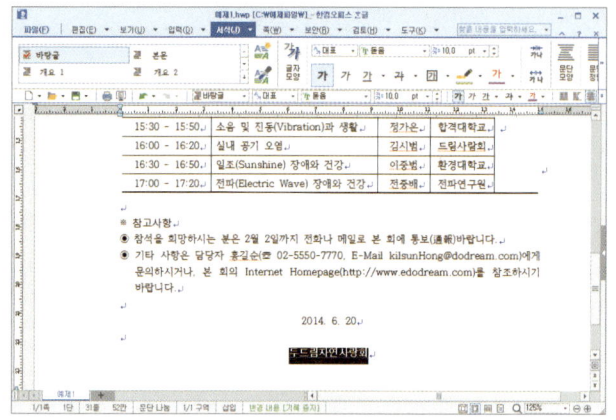

32 문서에 그림을 삽입해 봅니다. 커서를 '두드림자연사랑회' 앞으로 이동하고 [입력] 탭의 [그림] 아이콘을 클릭합니다. [그림 넣기] 대화상자에서 그림이 저장된 [예제 파일] 폴더를 클릭하고 삽입할 그림 파일을 선택합니다. '문서에 포함'과 '글자처럼 취급'에 체크한 후 [넣기] 버튼을 클릭합니다.

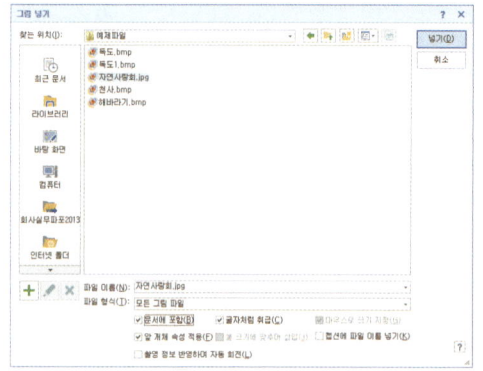

33 편집 화면에 그림이 삽입되면 그림을 클릭하고 [그림] 탭에서 가로와 세로 크기를 '5mm'로 설정합니다. 그림의 크기가 다음과 같이 조정됩니다.

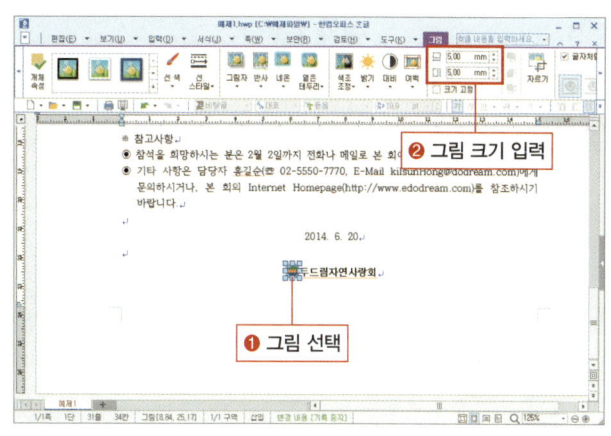

\POINT
그림을 선택한 후 크기 조절점을 드래그하면 그림 크기를 조정할 수 있습니다. 그림을 드래그 앤 드롭하면 원하는 곳으로 이동합니다.

34 인쇄될 결과를 화면으로 미리 보면 인쇄되는 모양을 확인할 수 있어 종이 낭비를 줄일 수 있습니다. 작성한 문서를 미리 보기하기 위해 서식 도구 모음의 미리 보기(🖨) 아이콘을 클릭합니다. 또는 [파일] 메뉴의 [미리 보기]를 클릭해도 됩니다.

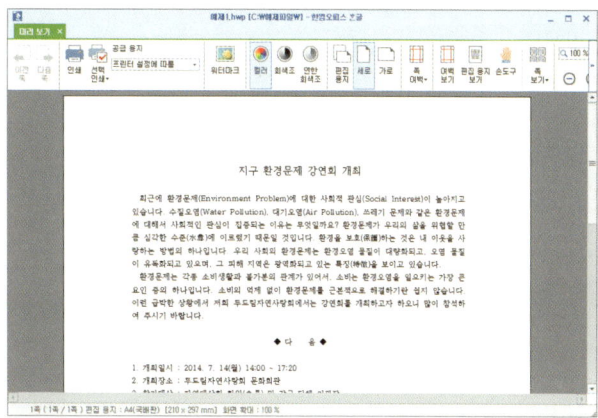

\POINT
필요에 따라 화면을 확대/축소하여 확인할 수 있으며, 보이지 않는 부분은 스크롤바를 움직여 확인합니다.

35 Esc 키를 눌러 미리 보기 창을 닫고 [파일] 메뉴의 [저장하기]나 Alt + S 키를 눌러 문서를 저장합니다. 편집이 완료된 문서만 닫으려면 [파일] 메뉴의 [문서 닫기]나 Ctrl + F4 키를 누릅니다.

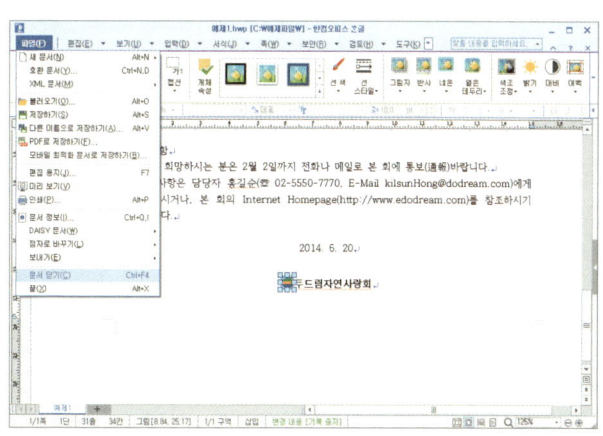

\POINT
메뉴 표시줄의 ✕를 클릭하면 현재 활성 된 문서를 닫을 수 있으며, 저장되지 않은 상태에서 문서를 닫으면 편집한 문서의 저장 여부를 확인합니다.

새 문서 만들기

새로운 문서를 작성하려면 새로운 편집 창을 열어야합니다. 새로운 편집 창은 새 탭으로 만들거나 한글 2014의 새로운 창으로 만들 수 있습니다. 새 탭이나 새 창에서 작업하는 내용은 별도의 내용으로 문서 편집이 완료되면 각각 저장해야 합니다.

Key Word : 불러오기, 새 탭   **예제파일** : 예제파일\예제1.hwp   **완성파일** : 완성파일\재직증명서.hwp

1 [파일] 메뉴에서 [불러오기]를 클릭하거나 Alt + O 키를 누릅니다. 또는 서식 도구 모음의 불러오기( ) 아이콘을 클릭합니다. [불러오기] 대화상자가 나타나면 문서가 저장된 폴더와 불러올 파일명을 선택한 후 [열기] 버튼을 클릭합니다.

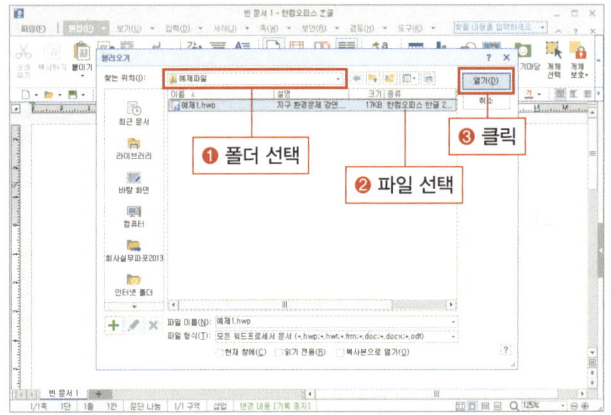

POINT
작성한 문서를 닫지 않고 새 창이나 새 탭을 열어 새로운 문서를 작성할 수도 있습니다.

2 편집 창에 불러온 문서가 표시됩니다. 이번에는 [파일] 메뉴에서 [새 문서]의 '새 탭'을 선택하거나 서식 도구 모음에서 새 문서( ) 아이콘의 드롭다운 버튼을 클릭한 후 '새 탭'을 선택합니다. 다음과 같이 현재 편집 창에 새로운 탭이 추가되면서 새로운 편집 화면이 표시됩니다.

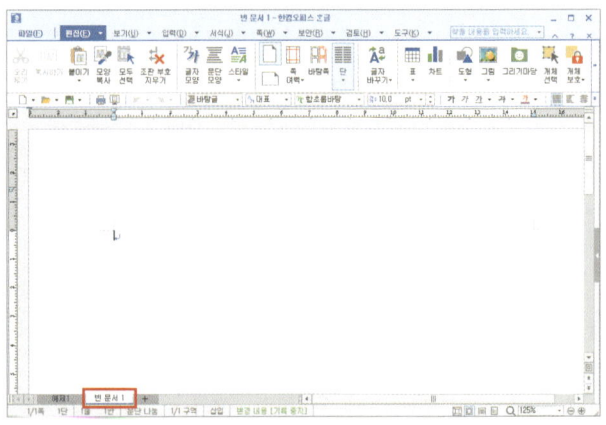

POINT
문서 탭에서 새 탭( ) 아이콘을 클릭하여 새로운 탭을 추가할 수도 있습니다.

3 새 탭에 다음과 같이 내용을 입력하고 '재직증명서.hwp'로 저장합니다.

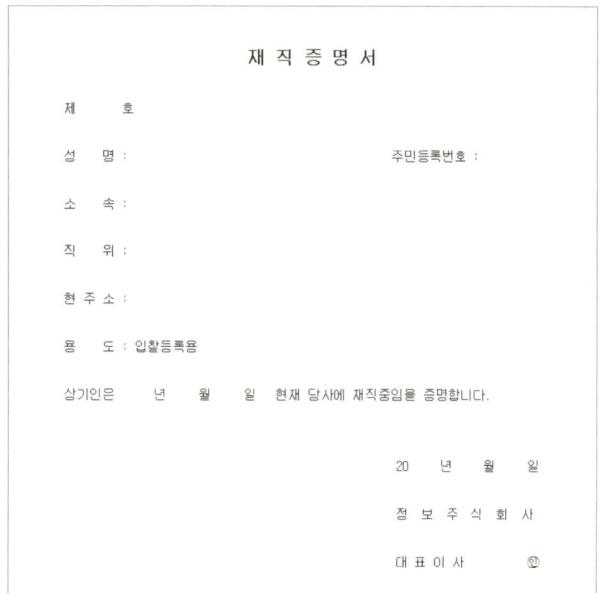

POINT

제목은 '굴림체', '16pt', '가운데 정렬'로 지정하고 나머지 내용은 '굴림체', '11pt'로 지정합니다. '㉑' 문자는 [입력] 메뉴의 [문자표]를 선택하고 문자 영역을 '사전용 약물'로 지정하여 입력합니다.

4 [파일] 메뉴의 [새 문서]를 선택하거나 Alt + N 키를 누르면 새로운 창이 하나 더 생성됩니다. 서식 도구 모음에서 새 문서( ) 아이콘을 클릭해도 됩니다. 한글 2014는 최대 30개까지 새 문서창을 열 수 있습니다.

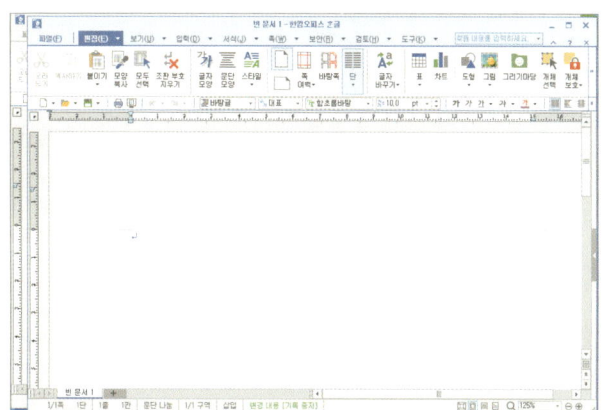

쌩초보 Level Up 문서 탭 살펴보기

- 하나의 문서 창 안에 만들 수 있는 문서 탭의 최대 개수는 30개입니다.
- 문서 탭을 전환하려면 Ctrl + Tab 키 또는 Ctrl + Shift + Tab 키를 누르거나 해당 탭을 클릭합니다.
- 문서 탭은 만든 순서대로 현재 문서 탭의 오른쪽에 '빈 문서n'으로 지정됩니다.
- 문서 탭의 순서를 바꾸려면 이동할 문서 탭을 다른 위치로 드래그 앤 드롭합니다.

편집 용지 정하기

편집 용지 설정에서는 문서를 편집하기 위한 종이의 종류를 정합니다. 종이를 가로로 쓸 것인지 세로로 쓸 것인지부터 종이의 상하좌우 여백을 어느 정도 남길 것인지 등을 미리 정하는 것입니다. 문서를 작성한 후 편집 용지를 설정하면 편집한 문서는 설정한 용지의 크기나 여백에 맞게 재정렬됩니다.

Key Word : 용지 방향, 여백, 제본, 줄 격자

1 [쪽] 탭의 [편집 용지]를 클릭하거나 F7 키를 누르면 [편집 용지] 대화상자가 나타납니다.

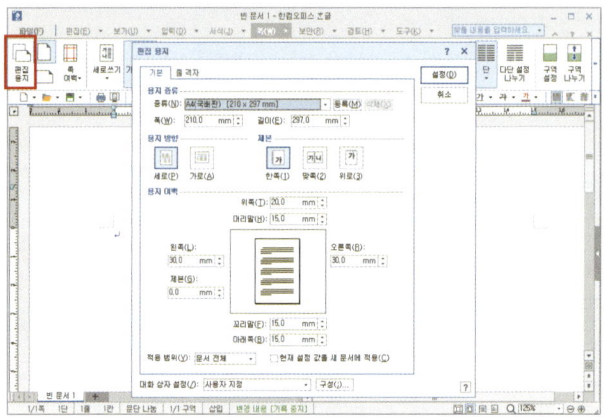

2 [용지 종류]의 드롭다운 버튼을 클릭하면 선택할 수 있는 용지의 종류가 나타납니다. 일반적으로 A4를 가장 많이 사용합니다.

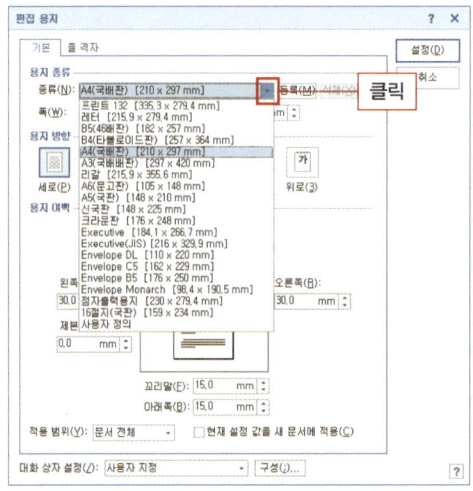

POINT
용지 종류를 선택하면 선택한 용지의 폭과 길이가 자동으로 표시됩니다. 폭과 길이는 최대 1188×1188mm, 최소 20×20mm 범위에서 사용자가 임의로 변경할 수 있습니다.

③ 용지 방향은 세로와 가로 중에서 선택할 수 있습니다. 여기서는 '가로'를 선택합니다. 미리 보기 창에서 선택한 용지의 방향을 확인합니다.

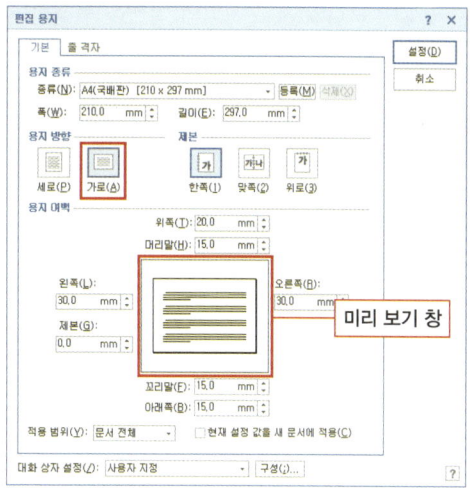

④ 제본에서 문서를 홀짝수 구별 없이 한 쪽으로 또는 위쪽으로 제본할 것인지 홀수 쪽과 짝수 쪽을 구별하여 제본할 것인지를 설정합니다. 홀수 쪽과 짝수 쪽에 따라 편집하는 용지의 좌우 여백이 달라집니다.

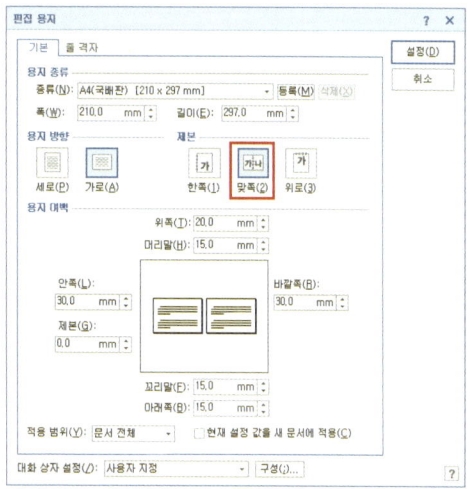

쌩초보 Level Up — 제본 위치 알아보기

- 제본을 맞쪽으로 선택하면 용지 여백의 왼쪽은 안쪽으로 오른쪽은 바깥쪽으로 변경됩니다.
- 책이 완성되면 항상 왼쪽에는 짝수 쪽이 오른쪽에는 홀수 쪽이 오게 됩니다.
- 제책을 '위로'로 지정하면 제본 여백을 설정하여 편집합니다.

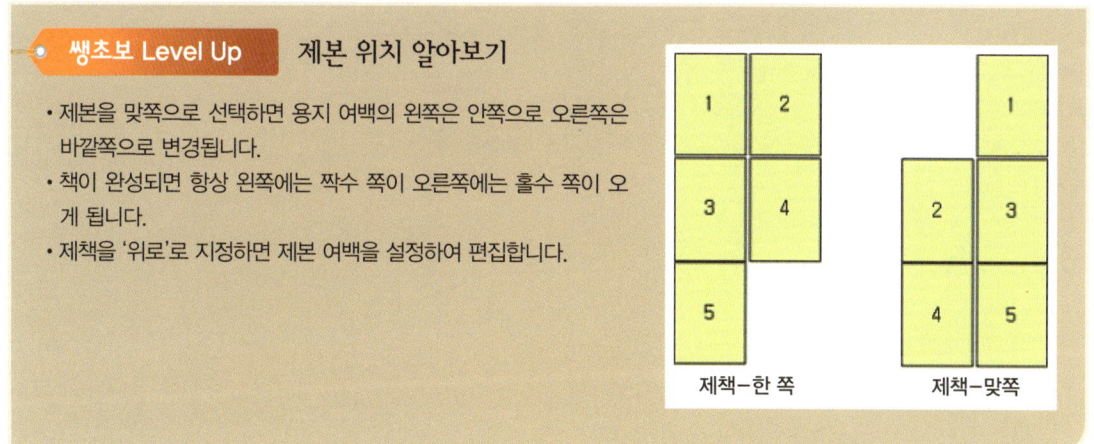

5 용지 여백은 편집한 문서의 본문 이외의 여백을 지정합니다. 위쪽이나 아래쪽 여백, 왼쪽이나 오른쪽 여백, 머리말이나 꼬리말 여백, 제본 여백 등을 지정할 수 있습니다.

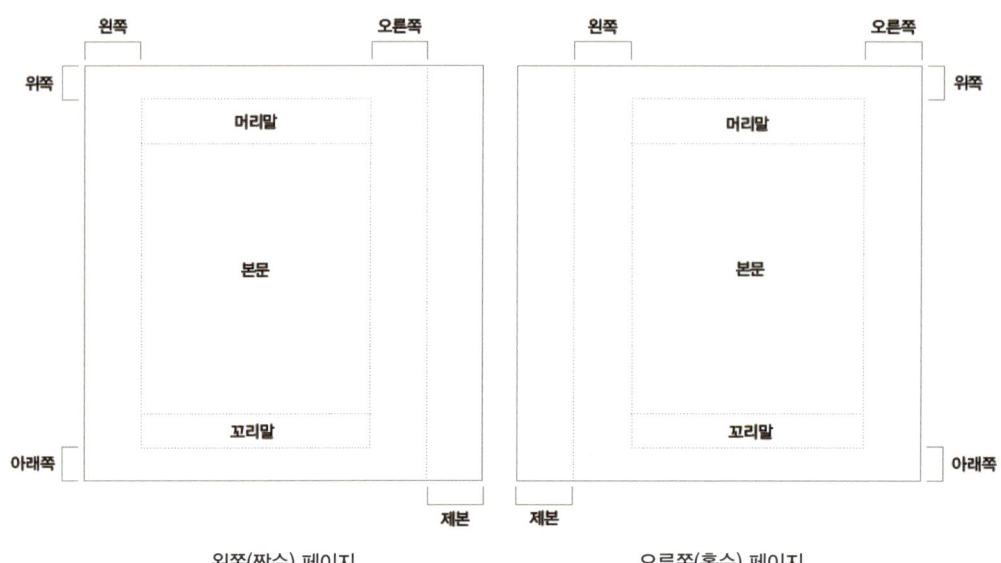

왼쪽(짝수) 페이지　　　　　　　　　　오른쪽(홀수) 페이지

6 [적용 범위]는 '1쪽부터 5쪽까지는 A4판으로 6쪽부터 7쪽은 B4판으로 8쪽부터 10쪽은 A5판으로'와 같이 편집 용지를 다르게 하여 문서를 편집할 때 사용합니다.

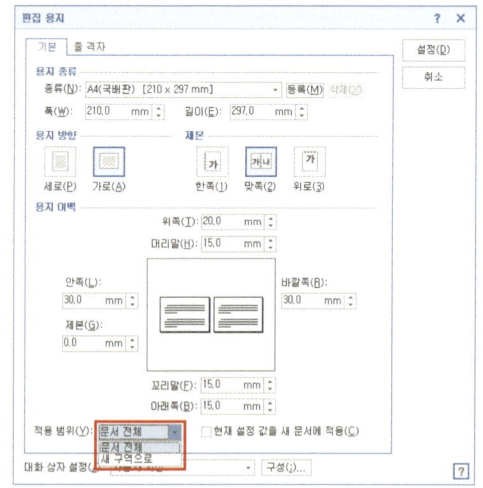

POINT

[문서 전체]는 설정한 용지를 문서 전체에 적용하고 [새 구역으로]는 현재 적용하고 있는 용지를 다른 용지로 설정합니다. 이때는 강제로 페이지 나누기가 적용됩니다.

7 한 쪽에 들어갈 줄 수나 한 줄에 들어갈 글자 수를 설정하려면 [줄 격자] 탭에서 지정합니다.

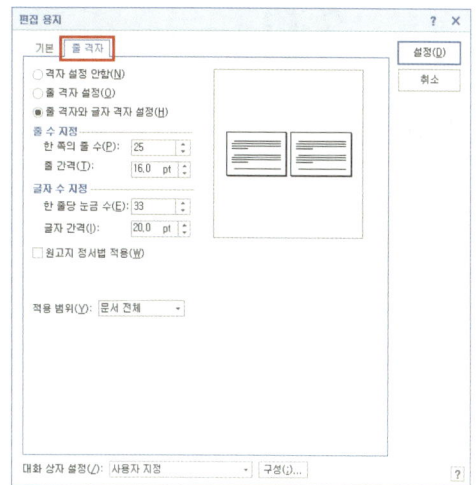

8 '원고지 정서법 적용'에 체크하면 마침표(.)나 쉼표(,) 큰따옴표/작은따옴표, 문장 부호, 영문자 등을 원고지 사용법에 맞추어 입력합니다. 줄 격자는 [격자 설정 안함]을 선택합니다. 편집 용지 설정을 적용하기 위해 [설정] 버튼을 누릅니다.

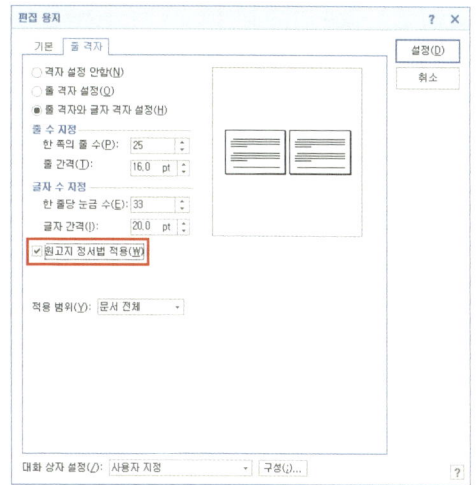

> **쌩초보 Level Up** [줄 격자] 탭 살펴보기
>
> - 신문이나 잡지 등에서 사용되는 다단 편집 이용 시 왼쪽 단과 오른쪽 단에 입력된 내용이 옆으로 줄이 맞아 보기 좋은 문서를 만들 때 사용할 수 있습니다.
> - A4 용지일 경우 10pt의 글자 크기를 사용할 때 한 쪽에 들어갈 수 있는 줄 수의 기본 값은 41줄입니다.
> - 전문적으로 편집에 종사하는 사용자가 사용할 때 유용합니다.
> - [도구] 메뉴의 [환경 설정]-[새 문서] 탭에서 편집 용지를 설정한 내용이 한글 2014를 실행할 때 기본 값으로 표시합니다.
> - 주로 이용하는 편집 용지는 [도구] 메뉴의 [환경 설정]에서 지정하고 필요에 따라 달라지는 편집 용지는 [쪽] 탭에서 지정합니다.

문서 저장하기

편집한 문서를 저장 장치에 저장하고 나중에 다시 불러와서 사용할 수 있습니다. 문서는 한글 2014의 형식에 맞게 저장되므로 다른 워드프로세서에서 불러오면 편집한 형식이 흐트러질 수 있고 또한 문서를 불러오지 못하는 경우도 있습니다.

Key Word : 다른 이름으로 저장, 파일 형식, 자동 저장

1 [파일] 메뉴의 [새 문서] 메뉴를 클릭하거나 Alt+N키를 눌러 다음과 같이 문서를 작성합니다.

2 [파일] 메뉴의 [저장하기]를 클릭하거나 Alt+S키를 누릅니다. 또는 서식 도구 모음의 저장하기( ) 아이콘을 클릭합니다. [다른 이름으로 저장하기] 대화상자에서 저장할 폴더를 선택하고 [파일 이름]을 '초청장'이라고 입력한 후 [저장] 버튼을 클릭합니다.

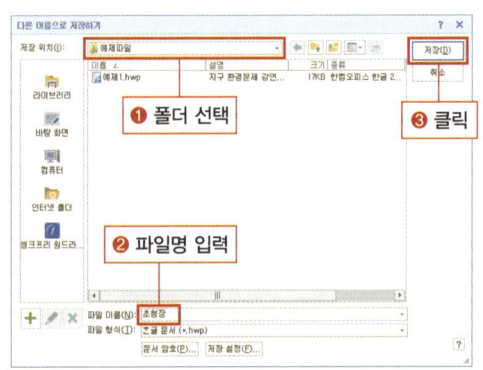

POINT
파일명이 지정되지 않은 상태에서 [저장하기] 명령을 실행하면 [다른 이름으로 저장하기] 대화상자가 나타나며 파일명이 지정된 상태에서는 나타나지 않습니다.

3 파일명을 지정하여 저장하면 제목 표시줄에 파일명과 저장된 경로명이 표시되고 문서 탭에 파일명이 표시됩니다.

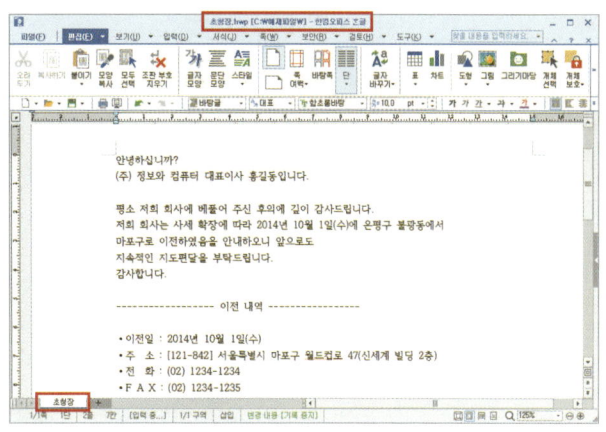

쌩초보 Level Up — 저장하기 대화상자 기능

① **저장할 위치 선택** : 작성한 문서를 저장할 폴더나 드라이브를 선택합니다.
② **명령 아이콘** : 저장할 위치를 설정하기 위한 명령을 수행합니다.
③ **빨리 가기** : 자주 사용하는 경로를 빨리 가기로 설정할 수 있습니다.
④ **빨리 가기 추가** : 새로운 빨리 가기를 추가로 등록합니다.
⑤ **파일 형식 선택** : 파일의 형식을 선택합니다.

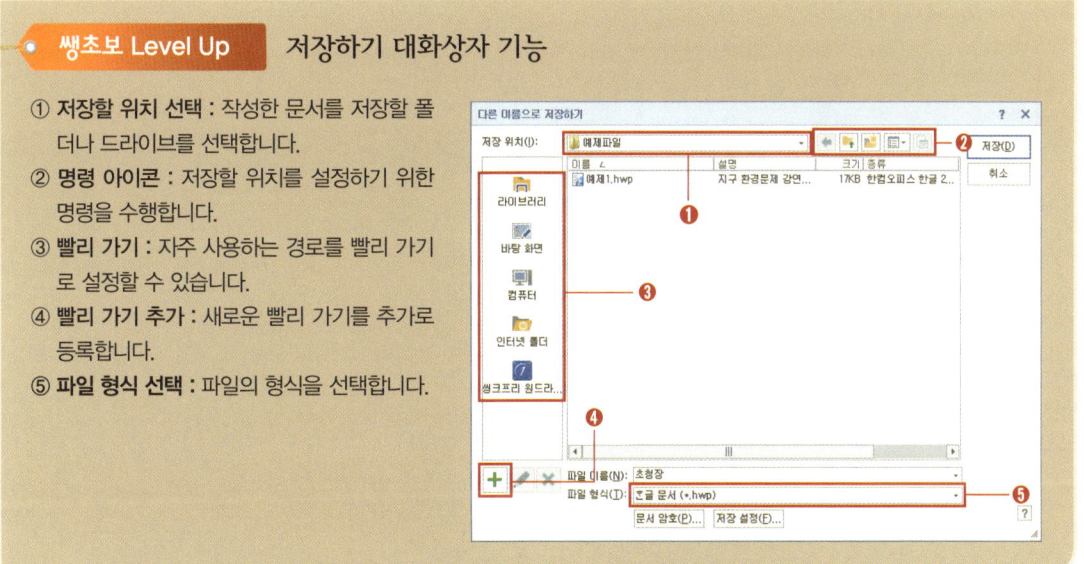

4 '초청장'이라는 이름으로 문서를 저장했는데 '초대장'이라는 다른 이름으로도 문서를 저장하여 보관하려면 [파일] 메뉴의 [다른 이름으로 저장하기]를 클릭하거나 Alt + V 키를 눌러 저장할 파일명을 지정합니다.

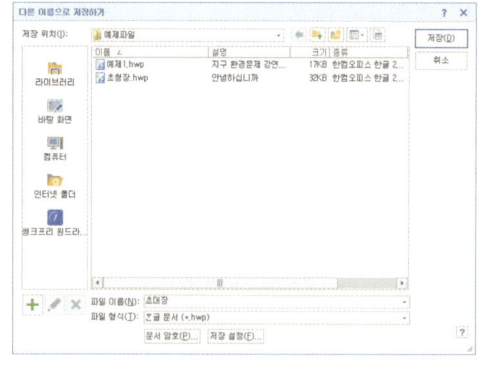

쌩초보 Level Up — 문서탭의 색상에 따른 정보

- 문서탭에 표시되는 글자색에 따라 저장된 상태를 알 수 있습니다.

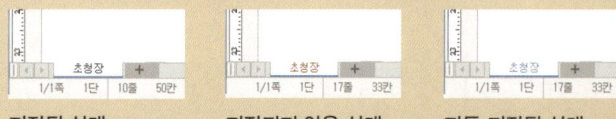

저장된 상태 / 저장되지 않은 상태 / 자동 저장된 상태

- 저장되지 않은 상태는 문서를 수정하고 저장해야 하는 문서입니다. 이 상태에서 컴퓨터 전원이 꺼지거나 예기치 않은 일이 발생할 경우 수정한 문서는 없어집니다.
- 자동 저장된 상태는 사용자가 저장을 하지 않고 일정 시간동안 작업한 경우 한글 2014가 문서 보호를 위해 자동으로 저장한 상태입니다. 따라서 컴퓨터에 이상이 생겼을 경우 다시 한글 2014를 실행하면 이전에 작업했던 내용을 다시 화면에 표시하여 문서를 보호합니다. 자동 저장되는 파일의 확장명은 ASV이며 임시 폴더에 저장됩니다. 한글을 정상적으로 종료했을 경우에는 파일이 삭제됩니다.

Section 11
암호로 문서 보호하기

중요한 문서는 보호 암호를 부여하여 타인이 마음대로 열어볼 수 없도록 설정할 수 있습니다. 암호를 모르면 문서를 열어 볼 수 없기 때문에 반드시 암호를 기억해야 합니다.

● Key Word : 보안, 암호 변경/해제

1 현재 편집 화면에 표시된 '초대장' 문서에 암호를 설정해 봅니다. [보안] 탭의 [문서 암호 설정] 아이콘을 클릭하고 [문서 암호 설정] 대화상자에 암호를 입력합니다.

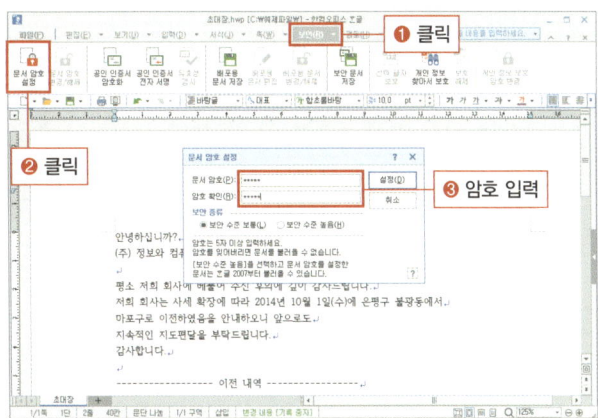

쌩초보 Level Up [문서 암호 설정] 대화상자 알아보기

- [암호 확인]에는 같은 [문서 암호]에 입력한 암호와 동일한 암호를 입력합니다. 암호를 정확하게 입력했는지 확인합니다.
- 암호는 최소 5글자에서 최대 44글자까지 입력할 수 있고 보안을 위해 *로 표시됩니다.
- 암호는 영문자, 숫자, 빈 칸 등을 모두 섞어서 사용할 수 있습니다.
- [보안 종류]를 '보안 수준 보통'으로 설정하면 한글 2007 이전 버전에서도 문서를 불러올 수 있지만 '보안 수준 높음'으로 설정하면 한글 2007 이후 버전부터 불러올 수 있습니다.

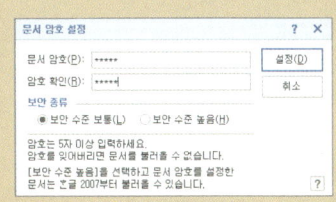

2 [설정] 버튼을 클릭한 후 문서를 저장하면 설정한 암호와 함께 문서가 재 저장됩니다. 현재 암호가 설정된 문서를 닫고 [파일] 메뉴의 [불러오기]를 선택하여 문서를 다시 열면 다음과 같이 [문서 암호] 대화상자가 나타납니다.

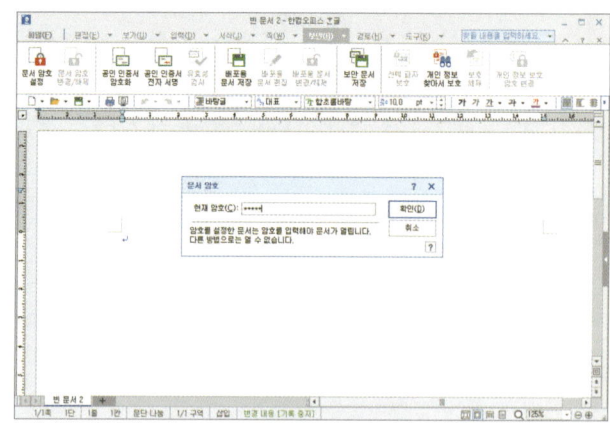

\POINT
설정한 암호를 입력하고 [확인] 버튼을 클릭하면 저장한 문서를 불러올 수 있습니다.

3 문서의 암호를 변경하려면 [보안] 탭의 [문서 암호 변경/해제]를 클릭합니다. 암호가 설정되어 있지 않은 문서는 이 아이콘이 비활성화되어 있습니다.

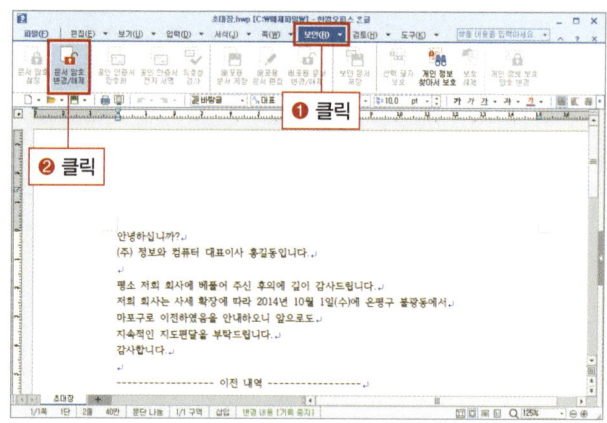

4 [암호 변경/해제] 대화상자에서 '암호 변경'을 선택합니다. [현재 암호]에 이전에 설정했던 암호를 입력하고 [새 암호]와 [암호 확인]에 변경할 암호를 정확하게 입력한 후 [변경] 버튼을 클릭합니다. 변경된 암호가 문서에 적용됩니다.

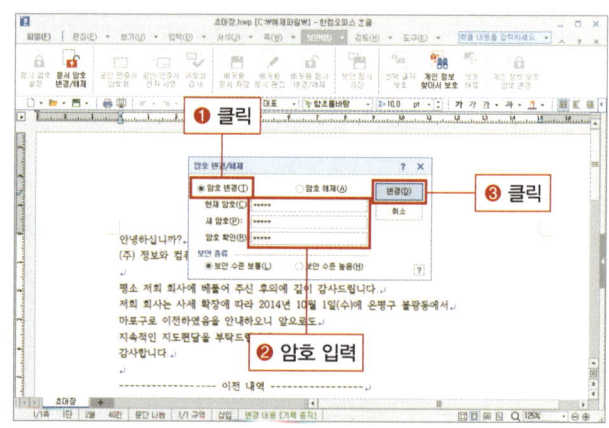

\POINT
현재 설정된 암호를 알아야만 문서의 암호를 변경할 수 있으며, '암호해제'를 선택한 후 현재 암호를 입력하고 [해제] 버튼을 클릭하면 문서의 암호가 해제됩니다.

Section 12

문서 불러오기

이미 완성하여 저장된 문서 내용을 확인하거나 수정, 편집하기 위해 다시 편집화면에 문서를 불러옵니다. 한글 2014에서는 이전 버전에서 작성했던 모든 문서와 다른 워드프로세서에서 작성한 문서를 불러올 수 있습니다.

Key Word : 파일 형식, 읽기 전용

1 '완성파일' 폴더에 저장된 '예제1.hwp'를 불러옵니다. [파일] 메뉴의 [불러오기]를 클릭하거나 Alt+O키를 누르면 [불러오기] 대화상자가 나타납니다.

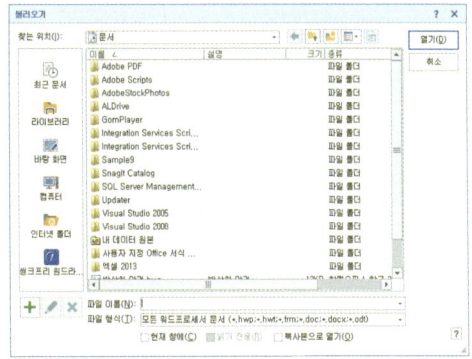

POINT
한글의 [불러오기] 대화상자는 가장 최근에 문서를 불러온 폴더를 기억하고 있습니다. 그러나 처음 한글을 실행한 경우 '문서' 폴더를 표시합니다.

2 파일을 불러올 폴더를 선택합니다.

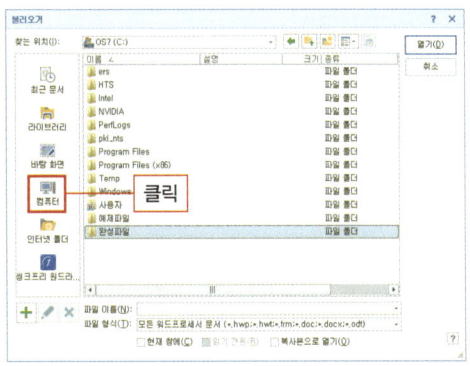

POINT
필자의 컴퓨터에는 불러올 파일의 경로가 'C:\완성파일'입니다. 실습 시 '완성파일' 폴더가 저장된 위치를 확인하세요.

Part 1. 한글 2014의 기본 기능 50가지

3 [불러오기] 대화상자에서 '완성파일' 폴더를 더블클릭하고 '예제1'을 선택한 후 [열기] 버튼을 클릭합니다.

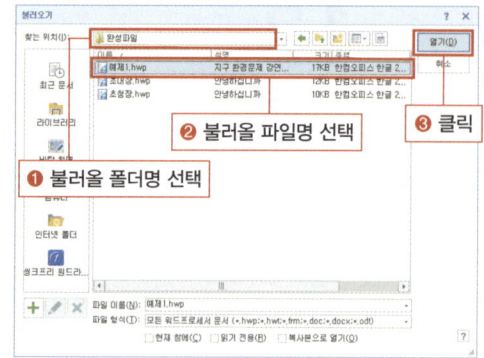

4 한글 문서 이외의 다른 형식의 문서를 불러오려면 불러오기 대화상자에서 파일 형식을 지정한 후 읽어올 수 있습니다.

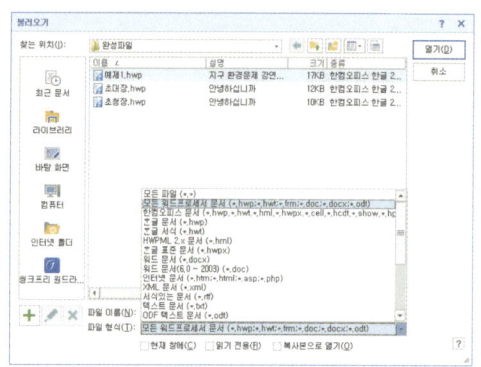

쌩초보 Level Up — [불러오기] 대화상자의 기능

- **현재 창에** : 이 옵션은 현재 창에 새 탭을 만들어 문서를 불러옵니다. 또는 [도구] 메뉴의 [환경 설정]–[편집] 탭의 불러오기를 [현재 창에 새 탭으로]가 선택되어 있어도 같은 결과가 나타납니다.
- **읽기 전용** : 파일을 읽기 전용 문서로 불러옵니다. 이 형식으로 불러오면 문서를 수정할 수 없습니다. 또한 읽기 전용 속성이 부여된 문서를 불러와도 문서를 수정할 수 없습니다.
- [도구] 메뉴의 [환경 설정]–[편집] 탭에서 최근 문서 열기의 [메뉴에 최근 문서 보이기]가 설정되어 있을 경우 [파일] 메뉴나 서식 도구 모음에서 불러오기( ) 아이콘의 드롭다운 버튼을 클릭하면 최근에 작업한 문서가 표시됩니다.

special TIP 한글 2014에서 불러올 수 있는 파일 형식

한글 2014에서 사용하는 기본적인 파일 형식은 *.hwp입니다. 하지만 이외에도 다양한 형식의 파일을 불러올 수 있습니다. 여기서는 한글 2014에서 확인할 수 있는 파일 형식을 알아봅니다.

- **인터넷 문서(*.htm, *.html, *.asp, *.php)** : 인터넷 문서의 기본 형식으로 쓰이는 HTML 형식의 문서를 읽어들입니다. HTML이란 Hyper Text Markup Language의 약자로 웹브라우저에 하이퍼텍스트 기능을 가진 문서를 만드는 언어입니다.

- **텍스트 문서(*.txt)** : 텍스트 파일 형식이란 문자, 숫자, 그리고 각종 기호들로만 이루어진 가장 기본적인 형태의 문서 파일 형식으로, 특수한 제어 문자나 그래픽 문자를 포함하고 있지 않습니다. 텍스트 문서를 읽을 때에는 줄 단위로 읽을 것인지 문단 단위로 읽을 것인지 지정해야 합니다. 줄 단위는 보통의 텍스트 파일을 읽어들이는 방식으로 각 줄마다 하나의 문단으로 간주하여 읽어들입니다. 문단 단위는 여러 줄을 계속 연결하여 한 문단으로 읽어들이고 빈 줄이 나올 때만 문단을 바꿉니다. 다른 워드 프로세서에서 작성한 문서의 내용을 살려 한글에서 편집하고 싶을 때 이 방식으로 읽어들입니다.

- **서식 있는 문서(*.rtf)** : RTF(Rich Text Format) 파일 형식은 각기 다른 응용 프로그램에서 만들어 둔 문서 정보들의 호환성을 최대한 유지하기 위한 파일 형식입니다.

- **hwpml 2.x 문서(*.hml)** : HWPML(Hangul Word Processor Markup Language) 파일 형식은 한글의 파일 형식을 Markup된 태그 구조로 나타낸 것으로, HTML과 같은 파일 형식의 Formatting Language입니다.

- **데이터베이스 문서(*.dbf)** : 데이터베이스용 파일인 DBF 파일을 읽어들입니다. DBF 파일을 읽을 때에는 [DBF 파일 읽기] 대화상자에서 읽기 방식과 읽을 레코드를 선택해야 합니다.

- **다른 워드 프로세서 파일 읽기** : 한글 고유의 문서 파일 형식(*.hwp)이 아닌 다른 워드프로세서에서 작성한 MS 워드 문서(*.doc), 훈민정음 문서(*.gul), 하나워드 문서(*.hna;*.kwp), 아리랑 문서(*.hwd), 一太郎 문서(*.jbw;*.j?w) 파일을 읽어들입니다.

Section 13

문서 합치기

현재 편집하고 있는 문서의 커서 위치에 이미 작성해서 보관중인 문서를 삽입할 수 있습니다. 이 기능으로 두 개 이상의 문서를 하나로 합칠 수도 있습니다.

Key Word : 삽입, 끼워 넣기

1 앞에서 만든 '예제1' 문서에 '초청장' 문서를 합쳐봅니다. 커서를 문서가 합쳐질 시작 위치로 이동시킵니다. 여기에서는 '예제1' 문서의 맨 뒤로 커서를 이동하고 Enter 키를 한 번 누릅니다.

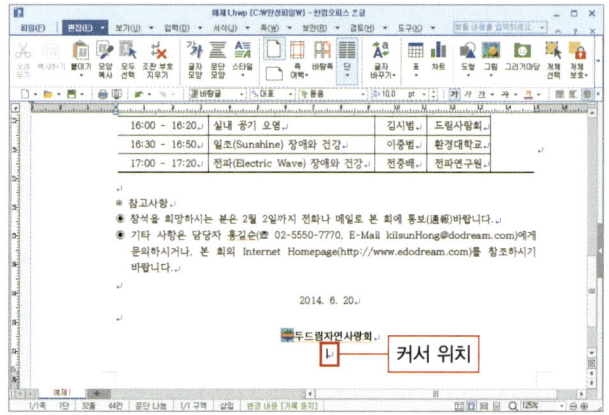

2 [입력] 메뉴에서 [문서 끼워 넣기]를 클릭하거나 Ctrl+O 키를 누릅니다. 커서 위치에 '초청장'을 선택하고 [넣기] 버튼을 클릭합니다.

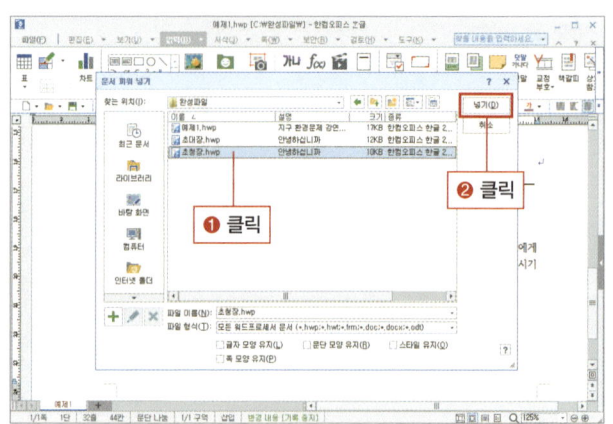

POINT
파일의 형식을 지정하면 한글 형식 이외의 다른 파일도 끼워 넣을 수 있습니다.

3 현재 커서가 위치한 곳부터 다음과 같이 문서가 삽입됩니다.

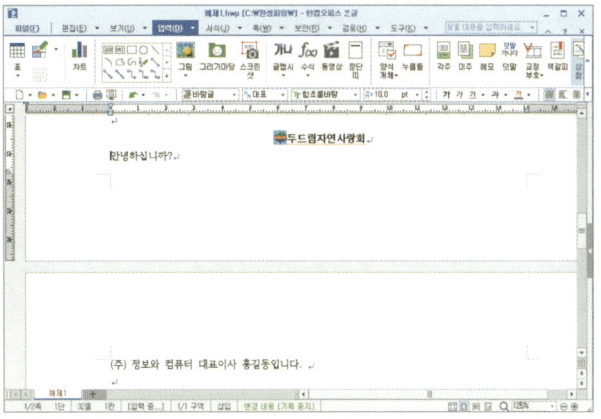

4 문서의 쪽 모양을 유지하면서 삽입하려면 [문서 끼워 넣기] 대화상자에서 '쪽 모양 유지'를 체크합니다. 커서 이후부터 페이지를 구역으로 나누어 문서가 다음과 같이 합쳐집니다.

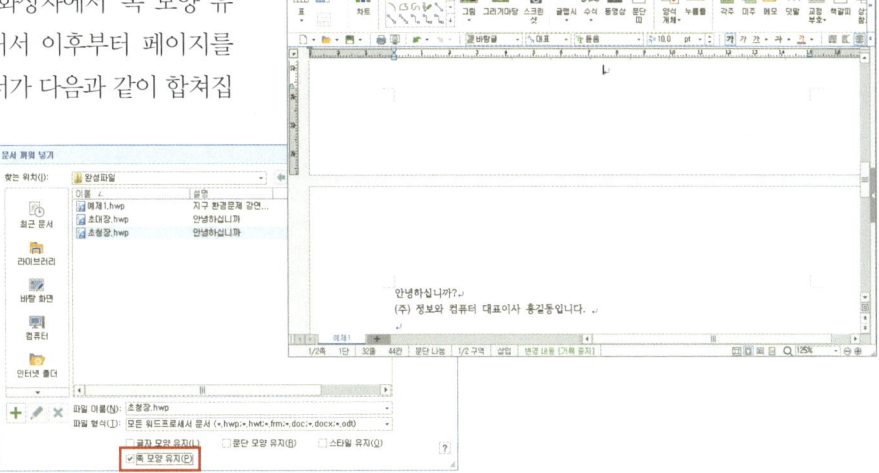

쌩초보 Level Up　[문서 끼워 넣기] 대화상자 알아보기

- **글자 모양 유지** : 끼워 넣을 문서의 글자 모양을 그대로 유지한 상태로 끼워 넣습니다.
- **문단 모양 유지** : 끼워 넣을 문서의 문단 모양을 그대로 유지한 상태로 끼워 넣습니다.
- **스타일 유지** : 끼워 넣을 문서에 사용된 스타일을 그대로 유지한 상태로 끼워 넣습니다.
- **쪽 모양 유지** : 현재 커서 위치를 기준으로 구역을 나눈 다음 새로 나누어진 구역에 삽입될 문서의 쪽 모양을 그대로 유지하면서 파일을 끼워 넣습니다.

Section 14
문서마당으로 쉽게 만들기

문서마당은 정형화된 서식 파일 등을 미리 만들어 놓고 필요할 때마다 불러와 빈 부분만 채워 문서를 빠르게 만들 수 있는 기능입니다. 이러한 서식 파일을 모아 놓은 폴더를 문서마당 꾸러미라고 부르며 한글 2014에서는 2,900여 종의 다양한 서식 파일을 제공합니다.

Key Word : 문서마당 꾸러미, 서식 파일

1 [도구] 메뉴의 [환경 설정]을 선택한 후 [사용자 정보] 탭에서 [사용자 이름], [회사 이름] 등을 입력합니다. 여기에 입력되는 내용은 문서마당에서 제공하는 서식 파일에 자동으로 입력됩니다.

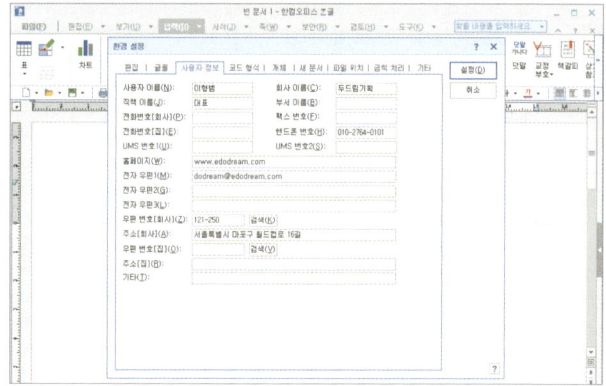

2 [파일] 메뉴의 [새 문서]에서 '문서마당'을 클릭하거나 Ctrl+Alt+N키를 누릅니다. [문서마당] 대화상자에서 [문서마당 꾸러미] 탭을 클릭합니다.

POINT
[최근 이용한 문서마당] 탭은 최근에 사용한 문서마당 꾸러미의 서식 파일을 표시합니다. [서식 파일 찾기] 탭은 문서마당 꾸러미 서식 파일의 일부 키워드를 입력하여 서식 파일을 찾습니다.

3 문서 분류 범주에서 '업무 문서'를 클릭하고 문서 목록에서 '견적서'를 선택합니다.

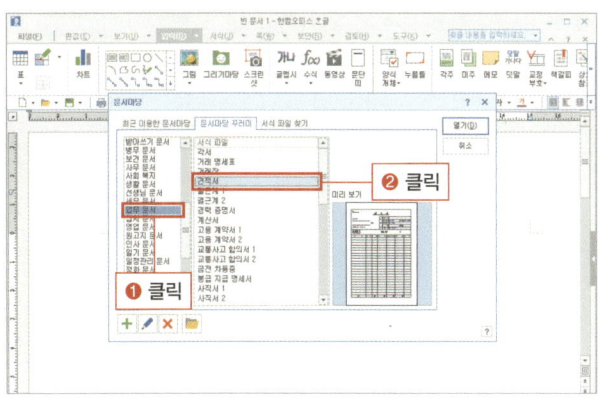

4 [열기] 버튼을 클릭하면 견적서의 서식 파일이 나타납니다. 문서마당 꾸러미 파일을 불러오면 제목 표시줄에는 문서명이 표시되지 않고 빈 문서로 표시됩니다.

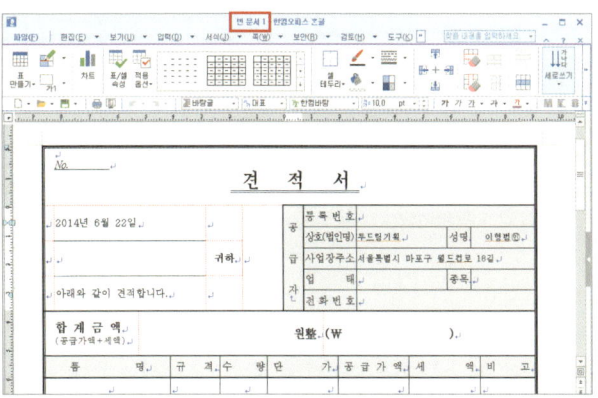

POINT
견적서에서 공급자 정보의 '상호'나 '이름', '주소' 등은 [도구] 메뉴의 [환경 설정]-[사용자 정보] 탭에서 입력한 내용을 필요한 곳에 자동으로 표시합니다.

쌩초보 Level Up — 문서 마당 정보

문서마당 꾸러미는 한글 2014가 설치된 폴더의 '\Shared\HwpTemplate\Doc\kor' 폴더 아래에 꾸러미별로 존재합니다.

Account(회계 문서)	Ad(광고지 문서)	Address(주소록 문서)	Affair(사무 문서)
Arch(건축 문서)	Bogun(보건 문서)	Business(영업 문서)	Calendar(달력 문서)
City(도시 문서)	Clean(정화 문서)	Const(건설 문서)	Contract(계약 문서)
Diary(일기 문서)	Dictation(받아쓰기 문서)	Element(학교 문서)	Envir(환경 문서)
Etc(생활 문서)	Fax(팩스용지 문서)	Home(가정 문서)	House(주택 문서)
Invite(초대장 문서)	Jibang(지방/축문 문서)	Jijuc(지적 문서)	Label(라벨 문서)
Letter(편지지 문서)	Manage(경영 문서)	Marriage(결혼 문서)	Milit(병무 문서)
Namecard(명함 문서)	pointbook(다이어리 문서)	Office(업무 문서)	Paper(가족신문 문서)
Park(조경 문서)	Personal(인사 문서)	Postcard(엽서 문서)	Present(프레젠테이션 문서)
Product(제품 문서)	Public(공공기관 문서)	Purchase(구매 문서)	Religion(종교 문서)
Sabog(사회 복지 문서)	Schedule(일정관리 문서)	Semu(세무 문서)	Student(학생 문서)
Teacher(선생님 문서)	Trade(무역 문서)	Traf(도로교통 문서)	Wongo(원고지 문서)
Writing(글씨 쓰기 문서)			

5 견적서에 기본 내용과 견적할 품명, 수량 등을 입력합니다. 견적할 수량이나 합계 등은 자동으로 계산되도록 미리 수식으로 정의되어 있습니다.

POINT
합계금액을 입력하여 완성한 후 문서를 '견적서-정보문화사'로 저장합니다.

쌩초보 Level Up 문서마당 서식 파일의 확장자

- 문서마당에서 제공하는 문서의 확장자는 '*.hwt'입니다. 문서마당에서는 한글 서식 파일만 불러올 수 있습니다.
- 서식 파일을 사용자의 필요에 따라 편집하여 저장하면 서식 파일 형식(*.hwt)으로 저장합니다.

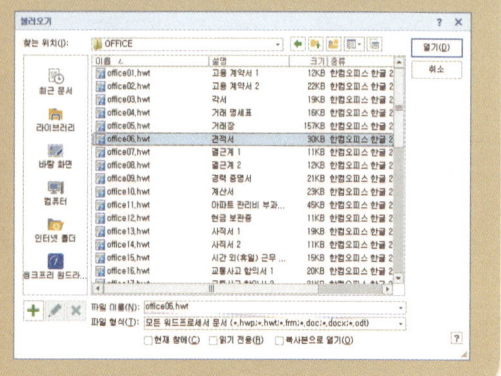

Section 15
특수 문자 입력하기

한글에서는 키보드를 통하여 입력할 수 없는 기호나 문자 등을 사용자가 선택하여 입력할 수 있습니다. 또한 2개 이상의 문자를 겹쳐서 새로운 모양의 문자를 입력하는 기능도 제공합니다. 한글 2014의 문자표에는 유니코드 문자표와 한글 문자표가 있으며 사용자가 쓰기 편한 문자표를 선택하여 입력할 수 있습니다.

◉ Key Word : 문자표, 글자 겹치기

1 특수 문자를 입력할 부분으로 커서를 위치시킨 후 [입력] 메뉴의 [문자표]를 선택하거나 Ctrl+F10 키를 누릅니다.

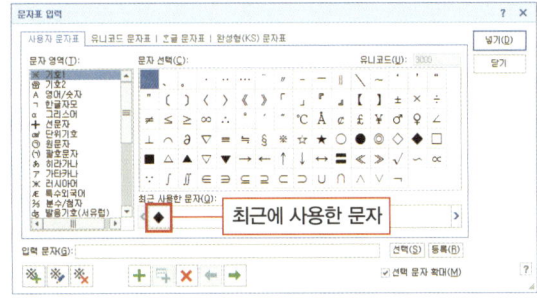

2 입력할 특수 문자가 속한 탭과 문자 영역을 선택합니다. 여기에서는 [흔글 문자표] 탭을 클릭하고 '키 캡'을 선택하였습니다.

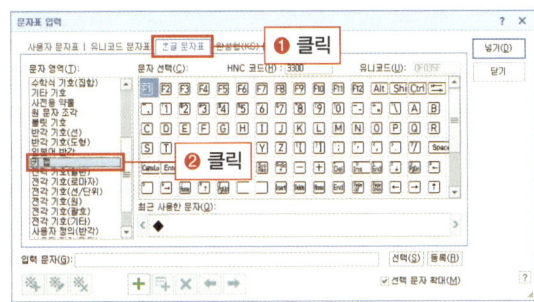

쌩초보 Level Up 문자표 기능

- 문자 영역과 문자 선택 이동키
  - Home/End : 표시된 문자 영역이나 문자 선택 목록의 가장 첫 글자나 마지막 글자로 이동
  - Page Up/Page Down : 표시된 문자 영역이나 문자 선택 목록의 한 화면 위로 아래로 이동
  - Ctrl+↑/Ctrl+↓ : 문자 선택 영역을 선택한 경우 현재 표시된 문자 영역 목록 이전 이후로 이동
- [선택] 버튼을 클릭하여 문자를 여러 개 선택한 후 [넣기] 버튼을 클릭하면 문자를 한꺼번에 입력할 수 있습니다.
- 사용자 문자표에 등록(➕) 단추는 자주 사용하는 기호를 [사용자 문자표] 탭에 등록하여 쉽게 입력할 수 있습니다.
- 최근 이용한 문자는 [최근 사용한 문자]에 나타납니다.

3 입력할 문자를 선택한 후 [넣기] 버튼을 클릭합니다. 입력할 문자를 선택할 때는 방향키를 이용하거나 마우스를 이용합니다. 선택된 문자는 확대되어 표시됩니다.

4 2개 이상의 문자를 조합하여 새로운 문자(◐)를 만들어 봅니다. [입력] 메뉴의 [글자 겹치기]를 클릭합니다.

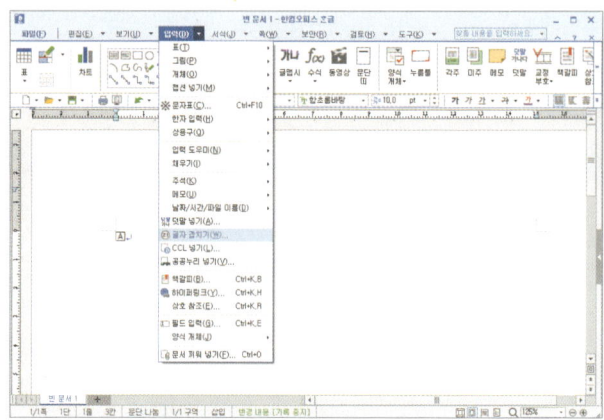

5 [글자 겹치기] 대화상자에서 반전된 원 문자(①)를 선택한 후 [겹쳐 쓸 글자]의 입력란을 클릭합니다.

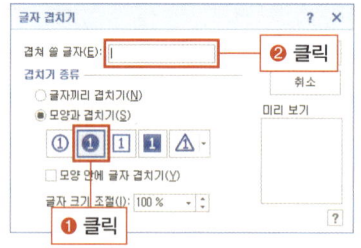

6 Ctrl+F10 키를 누르고 [문자표 입력] 대화상자에서 겹쳐 쓸 특수문자를 선택한 후 [넣기] 버튼을 클릭합니다. 다음과 같이 [글자 겹치기] 대화상자로 돌아오며 겹쳐 쓸 글자를 미리 볼 수 있습니다.

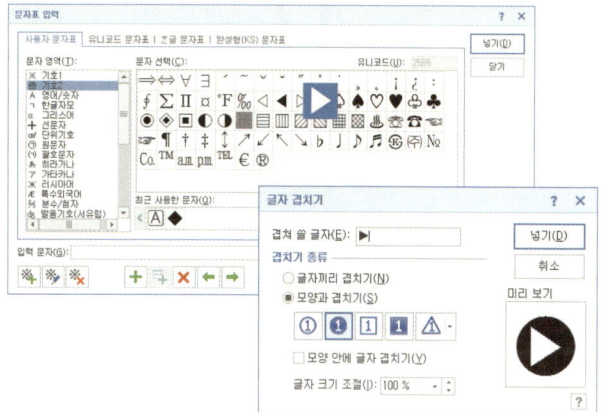

7 [글자 겹치기] 대화상자에서 [넣기] 버튼을 클릭하면 편집 화면의 커서가 있던 위치에 겹쳐 쓴 글자가 삽입됩니다.

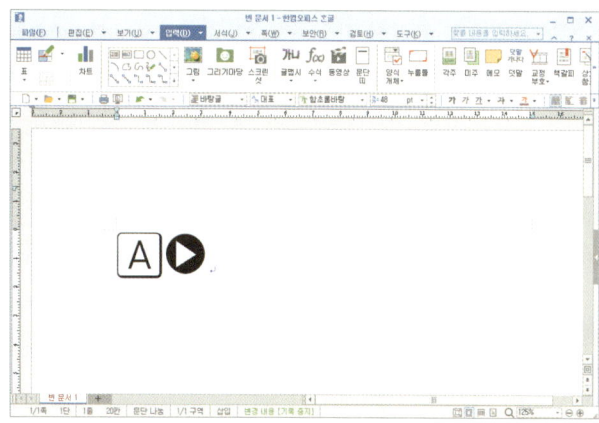

> **POINT**
> 글자 겹치기를 이용하면 원 문자나 사각형 문자 안에 ㊿과 같은 번호를 매길 수 있습니다.

쌩초보 Level Up 글자 겹치기

- **글자끼리 겹치기** : 입력한 글자가 모두 같은 위치에 겹쳐집니다.
- **모양과 겹치기**
  - ① : 원 문자 안에 숫자 또는 글자를 겹쳐 씁니다.
  - ❶ : 반전된 원 문자 안에 숫자 또는 글자를 겹쳐 씁니다.
  - ☐ : 사각형 안에 숫자 또는 글자를 겹쳐 씁니다.
  - ■ : 반전된 사각형 문자 안에 숫자 또는 글자를 겹쳐 씁니다.
  - ⚠ : 기타 모양 안에 숫자 또는 글자를 겹쳐 씁니다.
- **모양 안에 글자 겹치기** : 선택한 모양 안에 겹쳐 쓸 글자에 입력한 모든 문자를 겹쳐 씁니다. 모양 안에 글자 겹치기를 설정하지 않은 상태에서 '겹쳐 쓸 글자'에 12를 입력한 경우 ⑫와 같이 입력되지만 글자 겹치기를 설정하면 ②와 같이 입력됩니다.

Section 16
글자판 바꾸기

입력할 글자판을 선택하여 한글이나 영문을 입력합니다. 한글/영문을 입력할 수 있는 글자판이 기본으로 등록되어 있으며 한글 2014에서 선택할 수 있는 글자판의 종류는 한국어, 영문, 일어, 중국어, 외국어, 특수 문자 등이 있습니다.

➔ **Key Word** : 한/영 전환, 일본어 자판, 특수 기호 도형

1 현재 선택된 글자판의 배열을 확인하려면 [도구] 메뉴의 [글자판]에서 '글자판 보기'를 선택하거나 Alt + F1 키를 누릅니다.

POINT
마우스로 글자판을 클릭하여 입력할 수도 있습니다.
글자판을 닫으려면 Alt + F1 키를 누릅니다.

2 글자판을 새로 배당하려면 [도구] 메뉴의 [글자판]에서 '글자판 바꾸기'를 클릭하거나 Alt + F2 키를 누릅니다.

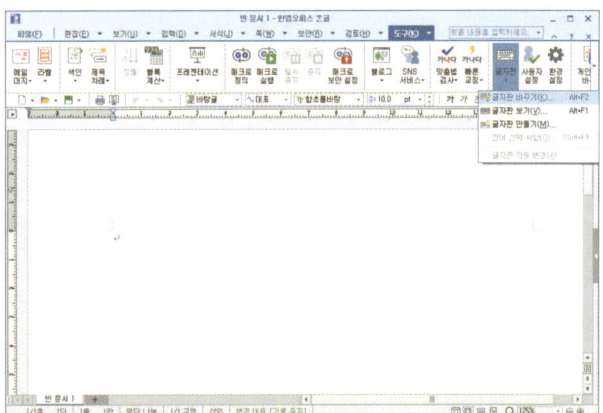

● **쌩초보 Level Up**   **글자판 배당과 전환키**

- **현재 글자판** : 현재 선택된 자판을 표시합니다. 또는 글자판을 배당하지 않고 현재 글자판만 바꾸어 입력할 때 선택할 수 있습니다. 이 경우 글자판 전환키를 누를 때까지만 사용할 수 있습니다.
- **제 1 글자판/제 2 글자판** : 왼쪽 Shift + Spacebar 나 [한/영]키로 선택할 수 있습니다.
- **제 3 글자판/제 4 글자판** : 오른쪽 Shift + Spacebar 로 선택할 수 있습니다.

3 새로 배당할 글자판을 클릭하여 언어를 선택하고 원하는 글자판을 선택합니다. 이와 같은 방법으로 자주 사용하는 자판을 4개까지 등록하여 사용할 수 있습니다.

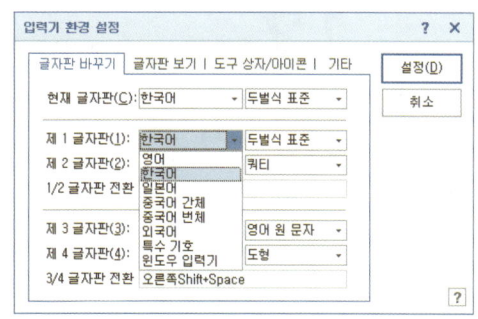

> **POINT**
> 글자판 배당 목록에서 '윈도우 입력기'를 선택하면 한글 2014에서 제공하는 입력기 대신 운영체제에서 제공하는 입력기(IME)를 사용합니다.

4 글자판을 전환하는 키를 변경하려면 [1/2 글자판 전환]에 커서를 두고 전환할 키를 누릅니다. 다음 화면은 [Ctrl]+[Shift]+[Spacebar]를 누른 화면입니다.

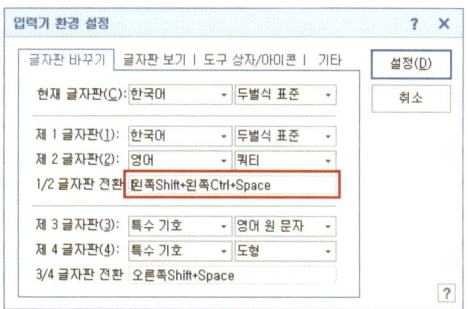

> **POINT**
> 글자판을 전환하는 키를 사용자가 원하는 키로 변경할 때는 이미 배당된 단축키와 중복되면 안 됩니다.

쌩초보 Level Up — 한글 2014 입력기 도구 상자

한글 2014에서 제공하는 입력기를 통해 글자판을 변경할 수 있습니다.

① 입력할 글자판의 언어를 선택합니다.
② 글자의 전각/반각 상태를 설정합니다.
③ 현재 언어가 일본어, 중국어 간체, 중국어 번체인 경우에만 활성화되며 변환 방식을 설정할 수 있습니다.
④ 현재 글자판의 종류를 선택합니다.
⑤ 현재 글자판의 설정을 바꿀 수 있습니다.
⑥ 현재 선택한 글자판의 배열을 볼 수 있습니다.
⑦ 입력기 도구 상자의 설정을 변경할 수 있습니다.
⑧ 도움말 대화상자가 나타납니다.

한글을 한자로 변환하기

입력되어 있는 한글을 한자 단어 사전과 개인이 등록한 한자 사전을 이용하여 한자로 바꿉니다. 한자로 바꿀 때는 커서 위치의 글자를 기준으로 바꾸며 단어가 등록되어 있을 경우 낱말 단위로 실행됩니다. 또한 블록을 설정하여 연속적으로 한자로 바꿀 수 있습니다.

Key Word : 한자로 바꾸기, 자전　　**예제파일** : 예제파일\결혼식 답례글.hwp　　**완성파일** : 완성파일\결혼식 답례글.hwp

1 예제 파일 폴더에서 문서를 불러옵니다.

2 커서를 '감사' 뒤로 이동한 후 [입력] 메뉴의 [한자 입력]에서 '한자로 바꾸기'를 클릭하거나 F9 키를 누릅니다.

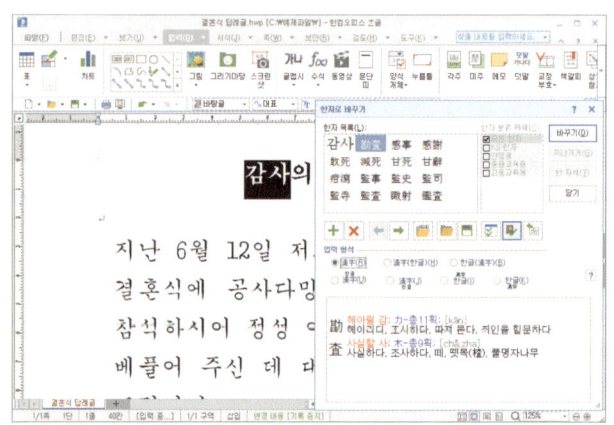

POINT

한자 사전에 등록된 단어가 있을 경우 해당하는 한자의 목록을 보여주며 등록된 단어가 없을 경우 커서 앞의 한 글자에 해당하는 한자를 보여줍니다.

3 변환할 한자를 선택한 후 [바꾸기] 버튼을 클릭합니다. 편집 화면에 선택한 단어가 한자로 변경됩니다.

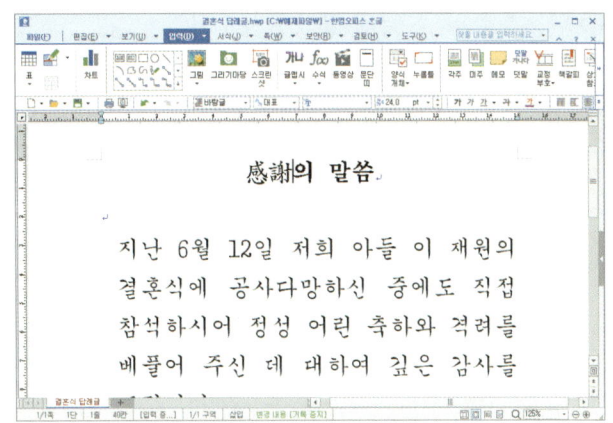

4 '이 재원'의 '이'자 뒤에 커서를 이동하고 F9키를 누릅니다. '李'자를 선택한 후 [바꾸기] 버튼을 클릭합니다.

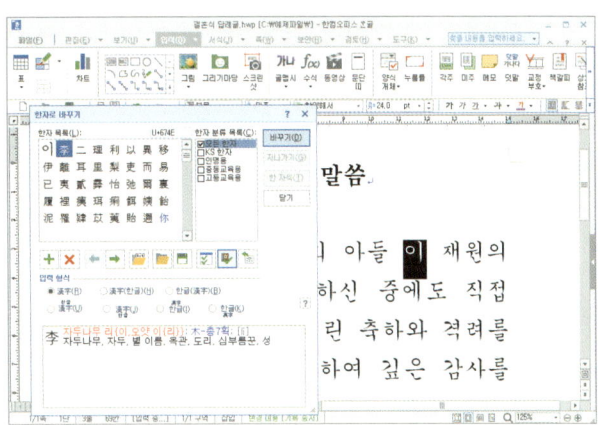

5 '재원'이란 이름은 '齋源'으로 변경할 것입니다. 커서를 '재원'의 뒤로 이동한 후 F9키를 누릅니다. 등록된 한자 단어가 없으므로 [닫기] 버튼을 클릭한 후 '재'자와 '원'자 뒤에 커서를 이동하여 각각 한자를 입력합니다.

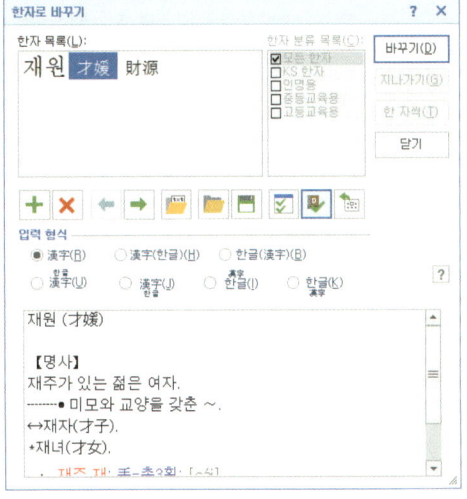

\POINT
새로운 한자 단어를 등록하는 방법은 다음 섹션에서 다룹니다.

6 같은 방법으로 다음과 같이 나머지 단어를 한자로 변경합니다.

쌩초보 Level Up — 한자 입력 형식

한글을 한자로 변경할 때 다음과 같은 입력 형식을 지정하여 변경할 수 있습니다.

- 漢字 : 한글을 한자로 대체하여 입력합니다.
- 漢字(한글) : 한자를 입력한 후 괄호 안에 한글을 입력합니다. → 結婚式(결혼식)
- 한글(漢字) : 한자를 괄호 안에 입력합니다. → 결혼식(結婚式)
- 漢字 : 한자 위에 한글을 입력합니다. → 結婚式
- 漢字 : 한자 아래에 한글을 입력합니다. → 結婚式
- 한글 : 한글 위에 한자를 입력합니다. → 결혼식
- 자전 보이기/감추기 : 선택한 한자의 음과 뜻, 부수 및 획수, 중국어 발음 등을 사용자가 확인하면서 선택할 수 있습니다.

Section 18
한자 단어 등록하기

한글에서 기본으로 제공하는 한자 단어는 16만 개 이상입니다. 사용자가 자주 사용하는 한자 단어가 없을 경우에는 사용자가 직접 단어를 추가로 등록하여 저장해 놓고 사용할 수도 있습니다. 회사명이나 상표명 등과 같은 한자 단어는 사용자가 추가하여 사용하면 편리합니다.

Key Word : 사용자 한자 사전

1 편집 화면에 등록할 단어를 입력합니다. 여기에서는 '정보문화사'라고 입력하고 [입력] 메뉴의 [한자 입력]에서 '한자 단어 등록'을 클릭하거나 Ctrl+Alt+F9 키를 누릅니다.

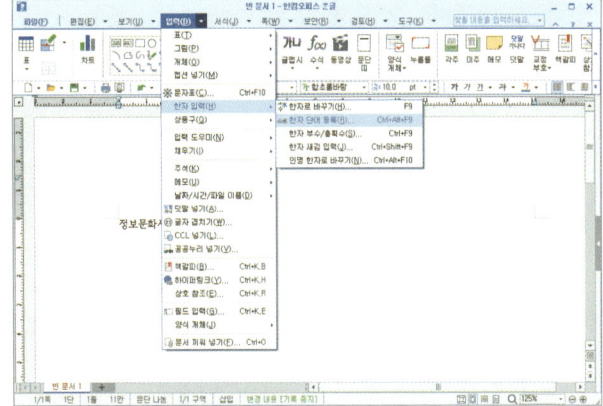

2 [바꾸기]에서 '한 글자씩 연속 바꾸기'를 선택하고 [한자로] 버튼을 클릭하여 한자로 변환합니다.

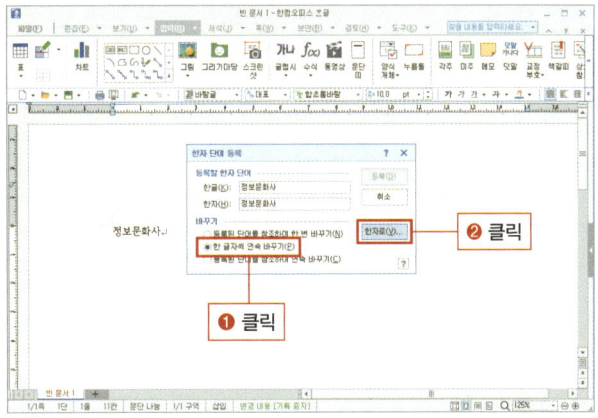

3 [등록] 버튼을 클릭하면 해당 단어가 사용자 한자 사전에 추가됩니다. [입력] 메뉴의 [한자 입력]에서 '한자로 바꾸기'를 클릭하거나 F9 키를 누르면 다음과 같이 등록된 한자를 표시합니다. [바꾸기] 버튼을 클릭하여 한자로 전환합니다.

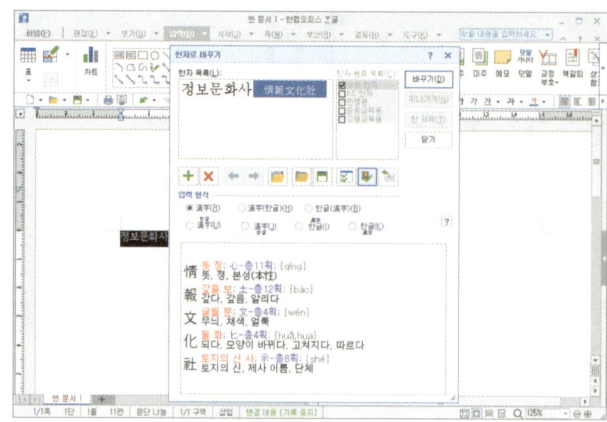

쌩초보 Level Up — 한자 단어 등록 대화상자

[한자 단어 등록] 대화상자에서 등록할 한글/한자 입력란에 입력되어 있지 않으면 사용자가 직접 입력하여 등록할 수 있습니다. 등록할 수 있는 글자 수는 2~12자 이내이며 빈칸 없이 붙여서 입력해야 합니다. 등록된 한자는 사용자 한자 사전(hjuser.dic)에 자동으로 추가합니다.

- **등록된 단어를 참조하여 한 번 바꾸기** : 한 번에 한 글자씩만 변환합니다.
- **한 글자씩 연속 바꾸기** : 한 번에 한 글자씩 연속으로 변환합니다.
- **등록된 단어를 참조하여 연속 바꾸기** : 한자 사전에 등록된 단어를 참조하여 연속적으로 변환합니다.

special TIP 기타 한자로 바꾸기 기능

앞의 두 섹션에서 배운 내용 외에도 한글을 한자로 바꾸는 기능은 다양합니다. 여기서는 앞에서 언급하지 않았던 한자로 바꾸기 기능에 대한 여러 가지 방법을 다룹니다.

- 한자로 바꾸기 대화상자 아이콘의 기능
  - ➕ (한자 단어 등록) : 새로운 한자 단어를 등록합니다.
  - ❌ (단어 지우기) : 등록된 단어를 삭제합니다.
  - ⬅ (앞으로 이동)/➡ (뒤로 이동) : 선택된 한자를 기준으로 앞으로/뒤로 이동합니다.
  - 📁 (사용자 한자 텍스트 파일 등록하기) : 저장할 위치와 파일명을 입력하여 저장합니다.
  - 📂 (사용자 한자 사전 불러오기) : 다른 곳에서 만든 사용자 한자 사전 파일을 한글 2014에서 사용할 수 있도록 불러옵니다.
  - 💾 (사용자 한자 사전 저장하기) : 사용자가 추가한 한자 단어와 한글 2014에서 기본으로 제공하는 단어를 저장하여 다른 워드프로세서에서 사용할 수 있습니다.
  - ☑ (선택 사항) : 한자로 바꿀 때 선택한 한자를 확대하거나 사용자가 많이 사용하는 한자를 앞으로 이동할 수 있습니다.
  - 📖 (자전 보이기) : 선택한 한자의 음과 뜻, 부수, 획수, 중국어 발음 기호 등을 보여줍니다.
  - 🔄 (처음 값으로) : 사용자가 임의로 변경한 한자 목록을 처음 값으로 되돌립니다.

- 한자를 한글로 바꾸기 : 한자로 변경된 문자 뒤로 커서를 이동한 후 F9 키를 누릅니다.

- 블록을 이용하여 일괄적으로 변환 : 한글로 변경할 영역을 블록으로 설정하여 [편집] 탭의 [글자 바꾸기]에서 [한글로 바꾸기]/[한자로 바꾸기]를 클릭하거나 Alt + F9, F9 키를 눌러 변경합니다.

- 한자 자전 : 편집 화면에 입력된 한자의 음과 뜻을 보여줍니다. 한자로 입력된 글자 뒤에 커서를 놓고 [검토] 탭의 [사전 모음]에서 [한자 자전]을 선택하거나 Shift + F9 키를 누릅니다.

부수나 새김으로 입력하기

모르는 한자를 입력할 때 한자의 총 획수나 부수를 이용하여 원하는 한자를 찾아 입력할 수 있습니다. 그리고 한자의 새김(음과 뜻)을 이용하여 입력할 수도 있습니다. 새김으로 입력할 수 있는 한자가 4,100여 가지 정도 등록되어 있고 사용자가 한자의 새김을 추가로 등록하여 사용할 수 있습니다.

Key Word : 한자 검색, 부수로 입력, 총획수로 입력

1 '晿'자를 부수로 입력해 봅니다. [입력] 메뉴의 [한자 입력]에서 '한자 부수/총획수'를 선택하거나 Ctrl + F9 키를 누릅니다.

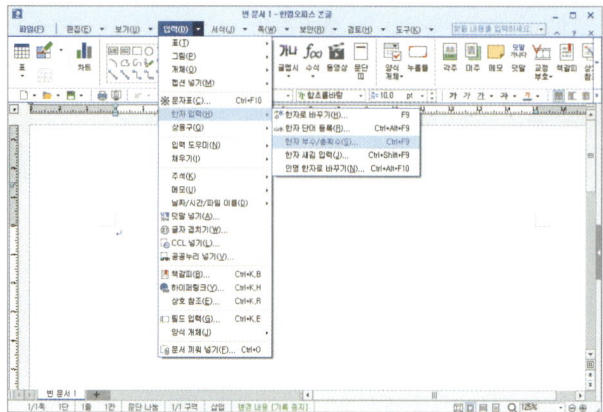

2 '晿'자의 부수는 '日'로 4획입니다. 따라서 [부수로 입력] 탭의 [부수 획수]에 '4'를 입력하고 '日'을 선택합니다.

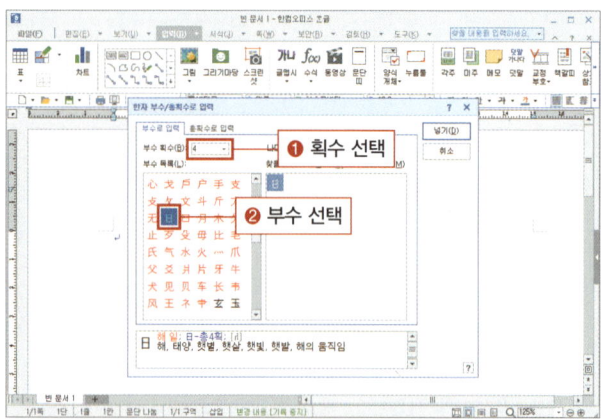

3 [나머지 획수]에 '4'를 입력하면 '日'의 부수에 해당하면서 나머지 획수가 4인 모든 한자를 찾아 표시합니다. 원하는 한자를 선택하고 [넣기] 버튼을 클릭하면 본문에 한자가 삽입됩니다.

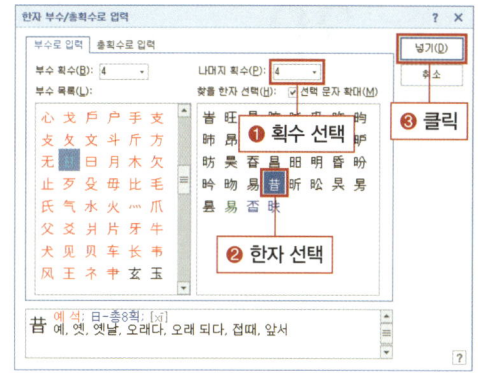

4 부수를 모를 경우 총획수를 이용하여 한자를 입력할 수 있습니다. '京'자를 입력해봅니다. [입력] 메뉴의 [한자 입력]에서 '한자 부수/총획수'를 선택하거나 Ctrl+F9키를 눌러 [총획수로 입력] 탭을 선택합니다.

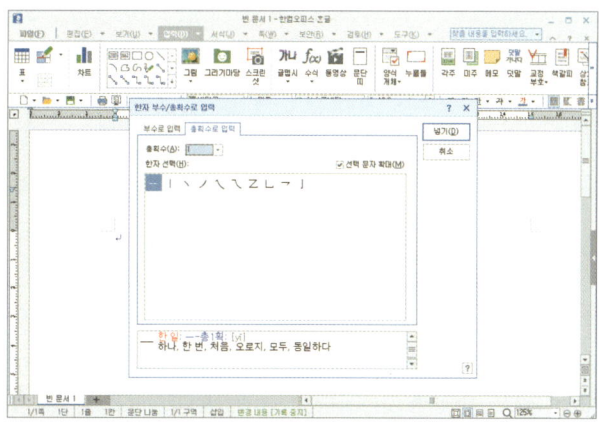

5 [총획수]에 8을 입력하고 한자 목록에서 입력할 한자를 선택하여 [넣기] 버튼을 클릭합니다.

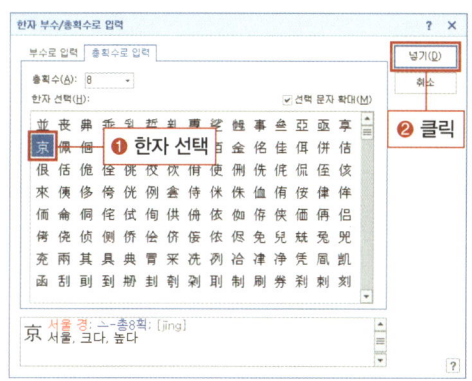

쌩초보 Level Up — 획수와 부수 입력

- 획수를 선택하면 해당하는 획수의 부수 목록을 보여줍니다.
- **[부수로 입력] 탭** : 부수를 알고 있는 한자에 대하여 해당 부수와 획수로 원하는 한자를 찾을 수 있습니다.
- **[총획수로 입력] 탭** : 부수를 정확히 모르는 한자는 총획수로 한자를 찾아 입력할 수 있습니다.

외국어 입력하기

한글 2014에서는 유럽 여러 나라에서 사용하는 알파벳 문자를 입력하거나 일본어, 중국어 등의 문자를 입력할 수 있습니다. 또한 보고서나 리포트를 작성할 때 외래어를 검색하여 올바른 외래어를 입력할 수도 있습니다.

Key Word : 일어 입력, 글자판

1 다음과 같은 일본어를 입력해 봅니다.

> ありがとうございます(아리가또우고자이마스)
> ごめえんください(고메엥꾸다사이)

2 [도구] 메뉴의 [글자판]에서 '글자판 바꾸기'를 클릭하거나 Alt + F2 키를 눌러 다음과 같이 [현재 글자판]을 '일본어'-'Hiragana'로 변경합니다.

3 편집 화면에 일본어 발음을 영어(ari-gadougogaimasu)로 입력하면 다음과 같이 일본어를 입력할 수 있습니다.

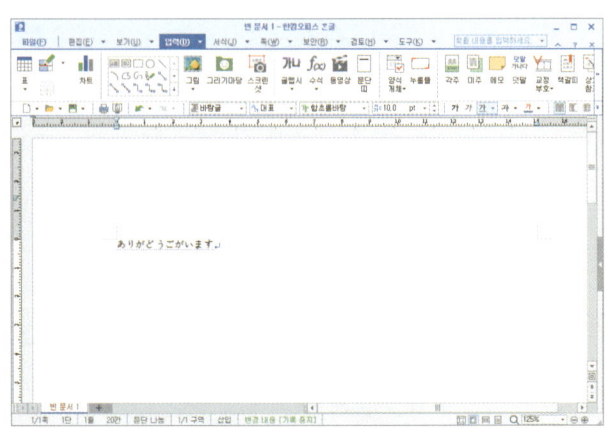

POINT

Spacebar 를 누르면 히라가나에 대응하는 한자를 선택할 수 있는 목록 상자를 표시합니다. Enter 키를 누르면 목록 상자를 표시하지 않습니다. Alt + F2 키를 눌러 글자판을 일본어로 선택하여 히라가나, 가타카나 중에 선택하여 입력합니다.

4 Enter 키를 눌러 입력을 종료합니다. 다음 줄에 일본어 발음을 영어로 'gomeen-nkudasai'로 입력합니다. 'ㅇ'발음은 'n'을 두 번 눌러 입력합니다.

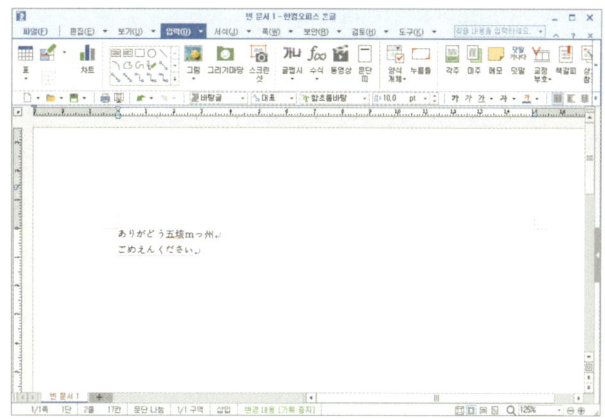

5 이번엔 유럽권에서 사용하는 알파벳 문자를 입력해봅시다. 'á'와 같은 문자를 입력하려면 [도구] 탭의 [글자판]에서 '글자판 자동 변경'의 체크를 해제합니다.

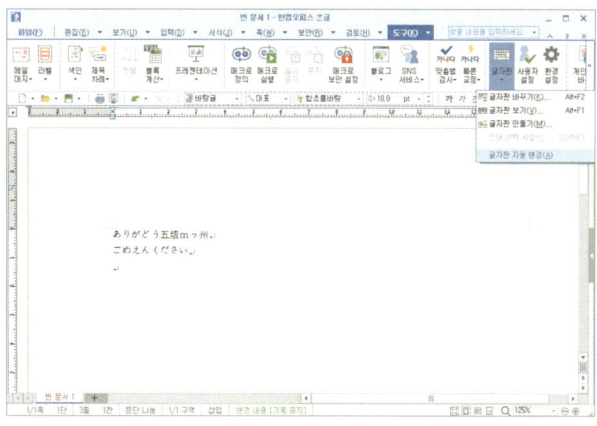

POINT
한글이나 영어를 입력할 수 있는 상태이어야 [글자판 자동 변경]이 활성화됩니다.

6 Ctrl+'키를 누른 후 'a'를 입력합니다. 편집 화면에 악성 떼기 'á'가 입력됩니다.

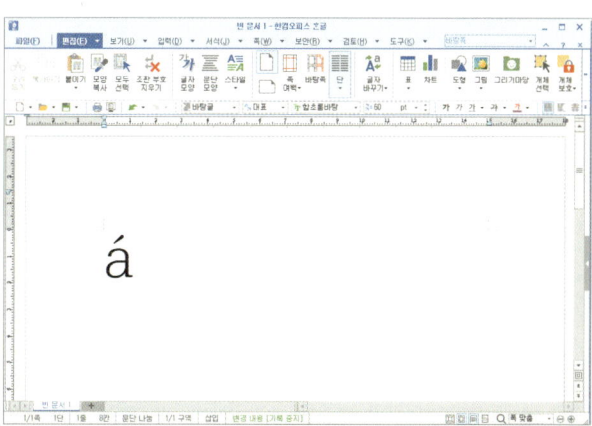

7 올바른 외래어를 검색하거나 특정 외래어에 해당하는 원어를 검색하려면 [입력] 메뉴의 [입력 도우미]에서 [외래어 표기]를 선택합니다. [외래어 표기] 대화상자의 [찾을 낱말]에 '에어로빅'을 입력하고 Enter 키를 누릅니다.

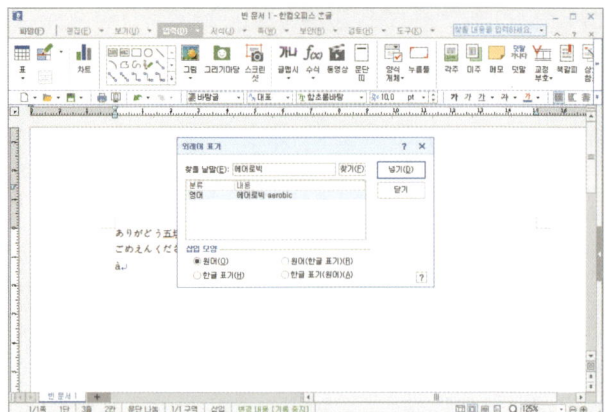

8 편집 화면에 삽입할 모양을 선택합니다. 여기에서는 [원어(한글 표기)]를 선택하여 입력했습니다.

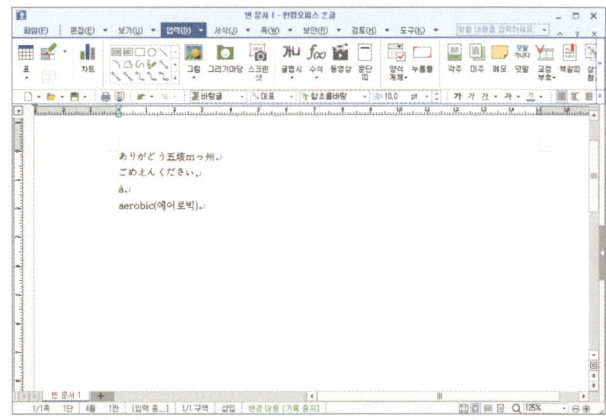

9 '사라'를 검색하여 결과를 확인합니다.

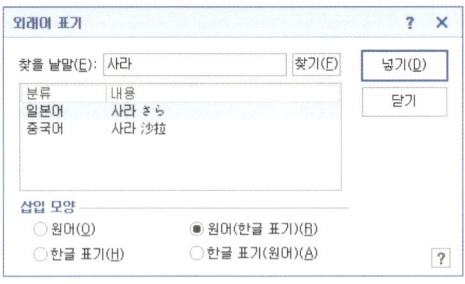

쌩초보 Level Up — 외래어 표기 삽입 방법

- **원어** : 원어로 편집 화면에 삽입합니다.
- **원어(한글 표기)** : 원어를 넣은 후 괄호 안에 한글로 표기된 외래어를 넣습니다.
- **한글 표기** : 외래어를 한글로 표기하여 넣습니다.
- **한글 표기(원어)** : 외래어를 한글로 표기하고 괄호 안에 원어를 넣습니다.

special TIP 외국어 문자 입력하기

앞에서 다룬 내용을 토대로 일본어를 입력하는 방법과 유럽 문자를 입력하는 방법을 더 자세하게 알아봅니다. 아래 표를 참고하면 한글 2014에서 일본어와 유럽 문자를 더욱 쉽게 입력할 수 있습니다.

일본어 글자판인 히라가나 가타가나를 선택하여 키보드로 직접 입력할 수 있습니다. 영어발음과 한글발음에 해당하는 일본어 표시는 다음과 같습니다.

한글(영어)	아(a)	이(i)	우(u)	에(e)	오(o)			
일어 Hiragana (일어 Katakana)	あ(ア)	い(イ)	う(ウ)	え(エ)	お(オ)			
한글(영어)	까(ka)	끼(ki)	꾸(ku)	께(ke)	꼬(ko)	갸(kya)	규(kyu)	교(kyo)
일어 Hiragana (일어 Katakana)	か(カ)	き(キ)	く(ク)	け(ケ)	こ(コ)	きゃ(キャ)	きゅ(キュ)	きょ(キョ)
한글(영어)	사(sa)	시(si)	스(su)	세(se)	소(so)	샤(sha)	슈(shu)	쇼(sho)
일어 Hiragana (일어 Katakana)	さ(サ)	し(シ)	す(ス)	せ(セ)	そ(ソ)	しゃ(シャ)	しゅ(シュ)	しょ(ショ)
한글(영어)	따(ta)	찌(chi)	쯔(tsu)	떼(te)	또(to)	챠(cha)	츄(chu)	쵸(cho)
일어 Hiragana (일어 Katakana)	た(タ)	ち(チ)	つ(ツ)	て(テ)	と(ト)	ちゃ(チャ)	ちゅ(チュ)	ちょ(チョ)
한글(영어)	나(na)	니(ni)	누(nu)	네(ne)	노(no)	냐(nya)	뉴(nyu)	뇨(nyo)
일어 Hiragana (일어 Katakana)	な(ナ)	に(ニ)	ぬ(ヌ)	ね(ネ)	の(ノ)	にゃ(ニャ)	にゅ(ニュ)	にょ(ニョ)
한글(영어)	하(ha)	히(hi)	후(hu)	헤(he)	호(ho)	햐(hya)	휴(hyu)	효(hyo)
일어 Hiragana (일어 Katakana)	は(ハ)	ひ(ヒ)	ふ(フ)	へ(ヘ)	ほ(ホ)	ひゃ(ヒャ)	ひゅ(ヒュ)	ひょ(ヒョ)
한글(영어)	마(ma)	미(mi)	무(mu)	메(me)	모(mo)	먀(mya)	(뮤)myu	묘(myo)
일어 Hiragana (일어 Katakana)	ま(マ)	み(ミ)	む(ム)	め(メ)	も(モ)	みょ(ミャ)	みゅ(ミュ)	みょ(ミョ)
한글(영어)	야(ya)		유(yu)		요(yo)			
일어 Hiragana (일어 Katakana)	や(ヤ)		ゆ(ユ)		よ(ヨ)			
한글(영어)	라(ra)	리(ri)	루(ru)	레(re)	로(ro)	랴(rya)	류(ryu)	료(ryo)
일어 Hiragana (일어 Katakana)	ら(リ)	り(リ)	る(ル)	れ(レ)	ろ(ロ)	りゃ(リャ)	りゅ(リュ)	りょ(リョ)
한글(영어)	와(wa)				우(wo)			
일어 Hiragana (일어 Katakana)	わ(ワ)				を(ヲ)			
한글(영어)	ㅇ(nn)							
일어 Hiragana (일어 Katakana)	ん(ン)							
한글(영어)	가(ga)	기(gi)	구(gu)	게(ge)	고(go)	갸(gya)	규(gyu)	교(gyo)
일어 Hiragana (일어 Katakana)	が(ガ)	ぎ(ギ)	ぐ(グ)	げ(ゲ)	ご(ゴ)	ぎゃ(ギャ)	ぎゅ(ギュ)	ぎょ(ギョ)
한글(영어)	자(za)	지(ji)	즈(zu)	제(ze)	조(zo)	쟈(ja)	쥬(ju)	jo(죠)
일어 Hiragana (일어 Katakana)	ざ(ザ)	じ(ジ)	ず(ズ)	ぜ(ゼ)	ぞ(ゾ)	じゃ(ジャ)	じゅ(ジュ)	じょ(ジョ)

한글(영어)	다(da)	디(di)	드(du)	데(de)	도(do)	댜(dya)	(듀)dyu	됴(dyo)
일어 Hiragana (일어 Katakana)	だ(ダ)	ぢ(ヂ)	づ(ヅ)	で(デ)	ど(ド)	ぢゃ(ヂャ)	ぢゅ(ヂュ)	ぢょ(ヂョ)
한글(영어)	바(ba)	비(bi)	부(bu)	베(be)	보(bo)	뱌(bya)	뷰(byu)	뵤(byo)
일어 Hiragana (일어 Katakana)	ざ(バ)	び(ビ)	ぶ(ブ)	べ(ベ)	ぼ(ボ)	びゃ(ビャ)	びゅ(ビュ)	びょ(ビョ)
한글(영어)	파(pa)	피(pi)	푸(pu)	페(pe)	포(po)	퍄(pya)	퓨(pyu)	표(pyo)
일어 Hiragana (일어 Katakana)	ぱ(パ)	ぴ(ピ)	ぷ(プ)	ぺ(ペ)	ぽ(ポ)	ぴゃ(ピャ)	ぴゅ(ピュ)	ぴょ(ピョ)

본문에서 직접 문자의 조합으로 입력하지 않고 [입력] 메뉴의 [문자표]를 클릭하거나 [Ctrl]+[F10]키를 선택해서 [유니코드 문자표] 탭의 [문자 영역]을 [라틴]으로 선택하여 입력할 수 있습니다. 'â'와 같은 유럽 문자를 입력하려면 [Ctrl]키를 이용하여 입력합니다. 아래 표는 유럽 문자 조합표입니다. 문자를 입력할 때 참고하면 편리합니다.

글쇠 조합	대문자	글쇠 조합	소문자	글쇠 조합	대문자	글쇠 조합	소문자
[Ctrl+`], A	À	[Ctrl+`], a	à	[Ctrl+~], N	Ñ	[Ctrl+~], n	ñ
[Ctrl+'], A	Á	[Ctrl+'], a	á	[Ctrl+`], O	Ò	[Ctrl+`], o	ò
[Ctrl+^], A	Â	[Ctrl+^], a	â	[Ctrl+'], O	Ó	[Ctrl+'], o	ó
[Ctrl+~], A	Ã	[Ctrl+~], a	ã	[Ctrl+^], O	Ô	[Ctrl+^], o	ô
[Ctrl+"], A	Ä	[Ctrl+"], a	ä	[Ctrl+~], O	Õ	[Ctrl+~], o	õ
[Ctrl+:], A	Ä	[Ctrl+:], a	ä	[Ctrl+"], O	Ö	[Ctrl+"], o	ö
[Ctrl+@], A	Å	[Ctrl+@], a	å	[Ctrl+:], O	Ö	[Ctrl+:], o	ö
[Ctrl+&], A	Æ	[Ctrl+&], a	æ	[Ctrl+&], O	Œ	[Ctrl+&], o	œ
[Ctrl+,], C	Ç	[Ctrl+,], c	ç	[Ctrl+/], O	Ø	[Ctrl+/], o	ø
[Ctrl+`], E	È	[Ctrl+`], e	è	[Ctrl+`], U	Ù	[Ctrl+`], u	ù
[Ctrl+'], E	É	[Ctrl+'], e	é	[Ctrl+'], U	Ú	[Ctrl+'], u	ú
[Ctrl+^], E	Ê	[Ctrl+^], e	ê	[Ctrl+^], U	Û	[Ctrl+^], u	û
[Ctrl+"], E	Ë	[Ctrl+"], e	ë	[Ctrl+"], U	Ü	[Ctrl+"], u	ü
[Ctrl+:], E	Ë	[Ctrl+:], e	ë	[Ctrl+:], U	Ü	[Ctrl+:], u	ü
[Ctrl+`], I	Ì	[Ctrl+`], i	ì	[Ctrl+'], Y	Ý	[Ctrl+'], y	ý
[Ctrl+'], I	Í	[Ctrl+'], i	í	[Ctrl+"], Y	Ÿ	[Ctrl+"], y	ÿ
[Ctrl+^], I	Î	[Ctrl+^], i	î	[Ctrl+:], Y	Ÿ	[Ctrl+:], y	ÿ
[Ctrl+"], I	Ï	[Ctrl+"], i	ï	[Ctrl+?]	¿	[Ctrl+!]	¡
[Ctrl+:], I	Ï	[Ctrl+:], i	ï	[Ctrl+], P	Þ	[Ctrl+]], p	þ
[Ctrl+`], D	Ð	[Ctrl+`], d	ð	[Ctrl+&], s	ß	[Ctrl+.]	·

Section 21
맞춤법 검사하기

한글 2014에서 제공하는 맞춤법 사전을 이용하면 한글, 한자, 영어 등 잘못된 단어를 찾아 올바른 낱말로 제시하여 보다 정확한 문서를 작성할 수 있습니다. 즉, 띄어쓰기, 보조용언, 높임법, 수사, 문장 부호 등의 모든 맞춤법을 검사합니다.

⊙ Key Word : 맞춤법, 교정　　　　　　　　　　　　　　　⊙ 예제파일 : 예제파일\자기소개서.hwp

1 [도구] 탭의 [맞춤법 검사]를 클릭하거나 F8 키를 누릅니다.

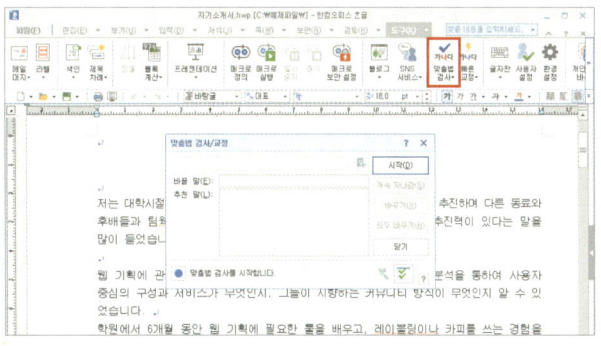

POINT
맞춤법 검사는 커서 이후부터 시작하며 문서 일부에 대해 맞춤법을 검사하려면 블록으로 지정합니다.

2 [시작] 버튼을 누르면 다음과 같이 맞춤법 검사기 사전에 등록된 낱말과 비교하여 다른 곳의 낱말을 찾아 표시해줍니다.

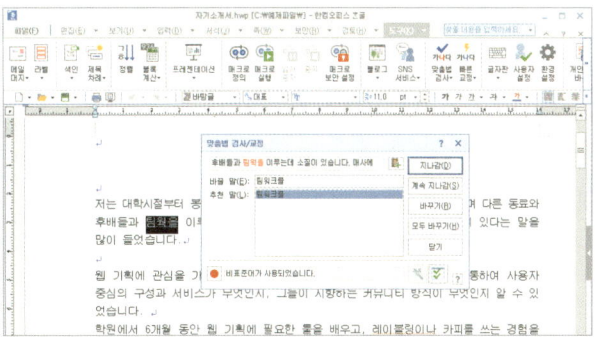

쌩초보 Level Up　　맞춤법 교정 대화상자

- [지나감] : 현재 지적한 낱말을 바꾸지 않습니다.
- [계속 지나감] : 현재 낱말에 대해 바꾸지 않고 지나가며 이후에 같은 낱말이 나와도 오류로 지적하지 않고 지나갑니다.
- [바꾸기] : 틀린 낱말을 현재 제시한 낱말로 바꿉니다.
- [모두 바꾸기] : 현재 낱말 이후에 같은 낱말로 쓰인 것까지 모두 바꿉니다.

3 맞춤법 검사기를 실행하다 보면 다음과 같이 사전에 없는 단어를 발견할 수 있습니다. 이때는 사용자가 편집 화면의 낱말을 클릭하여 수정할 수 있습니다.

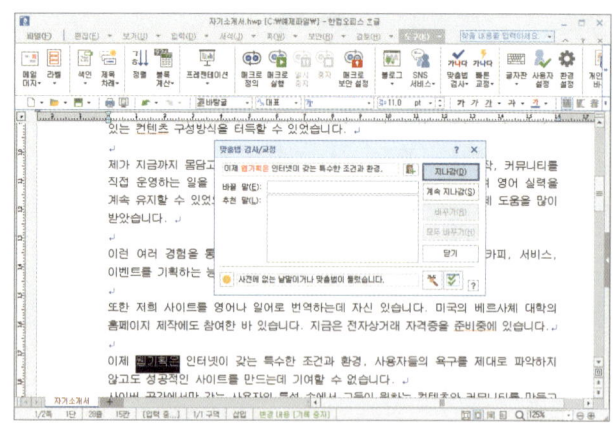

\POINT

편집 화면의 낱말을 클릭하여 교정하면 [지나감] 단추가 [재시작] 단추로 변경됩니다. 이 버튼을 클릭하여 맞춤법을 계속 진행합니다. 맞춤법 길잡이( )아이콘을 클릭하면 지적된 낱말에 대하여 자세한 도움말을 확인할 수도 있습니다.

4 본문의 맞춤법 검사가 끝나면 다음과 같이 [맞춤법 검사기] 대화상자가 나타납니다. [취소] 버튼을 눌러 맞춤법 검사를 종료합니다.

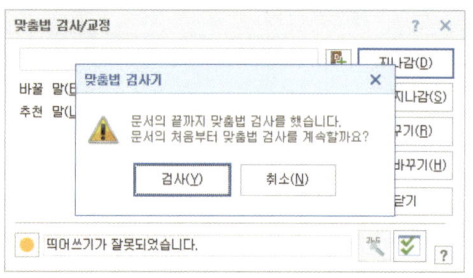

쌩초보 Level Up 맞춤법 도우미 작동 여부

문서 본문에 빨강색 밑줄이 그어진 단어는 맞춤법 검사기 사전에 등록된 낱말과 일치하지 않는 단어를 입력했을 경우 나타납니다. 맞춤법 도우미는 [도구] 메뉴의 [환경 설정]-[기타] 탭에 있는 [맞춤법 도우미 작동]이 설정되었을 때 실행되며, 밑줄이 그어진 단어 위에서 마우스 오른쪽 버튼을 클릭하고 제시하는 낱말을 선택하여 직접 수정할 수도 있습니다.

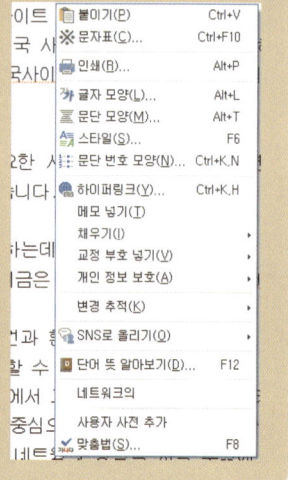

section 22

빠른 교정

사용자가 문서를 작성할 때 잘못 입력한 단어나 오타, 띄어쓰기가 있으면 자동으로 틀린 낱말을 고쳐주는 기능입니다. 이 기능은 한글, 영어, 한자, 특수문자를 교정하며, 어미와 조사에 대한 교정도 할 수 있습니다.

○ Key Word : 문법 자동 수정, 빠른 교정 사전

1 빠른 교정을 실행하기 위해서는 [도구] 탭의 [빠른 교정]에 있는 '빠른 교정 동작'에 체크되어 있어야 합니다. 편집 화면에 '이룰수없는'을 띄어쓰기 없이 입력하고 Spacebar 나 Enter 키, Tab 키 등을 누르면 '이룰 수 없는'으로 자동 변환됩니다.

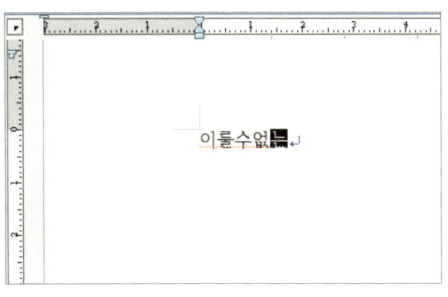
Spacebar 를 누르기 전

Spacebar 를 누른 후

2 빠른 교정 내용에 등록된 내용을 확인하거나 수정하려면 [도구] 탭의 [빠른 교정]에서 [빠른 교정 내용]을 클릭하거나 Shift + F8 키를 누릅니다.

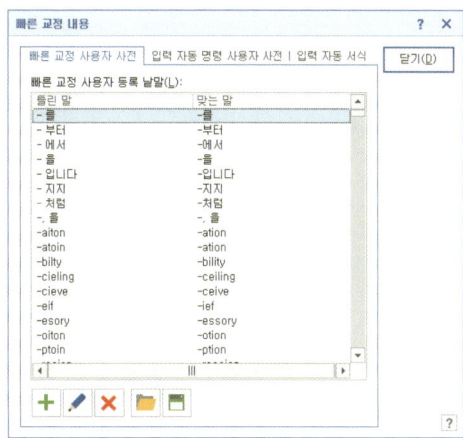

3 새로운 낱말을 등록하려면 빠른 교정 추가하기( ) 아이콘을 클릭합니다. 다음과 같은 대화상자에 틀리기 쉬운 말과 그에 대응하는 맞는 말을 입력합니다. 여기에서는 틀린 말에 '게세요'를 입력하고 맞는 말에 '계세요'를 입력한 후 [추가] 버튼을 클릭하면 빠른 교정 사용자 등록 낱말 목록에 등록됩니다.

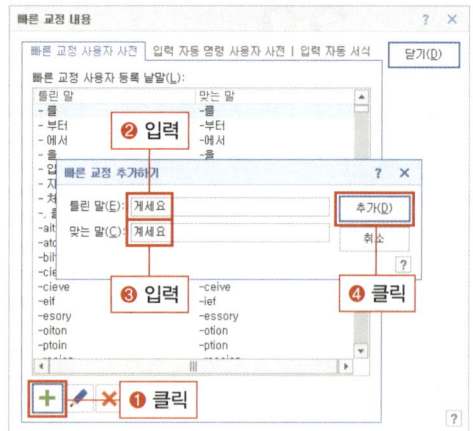

4 [닫기] 버튼을 눌러 편집화면으로 돌아온 후 '게세요'를 입력하면 낱말이 자동으로 변환됩니다.

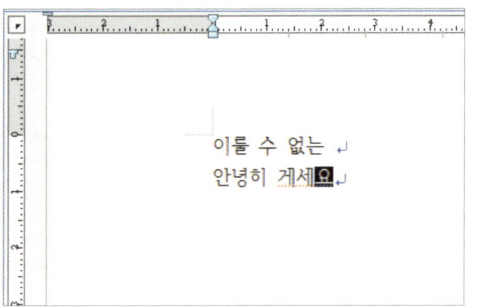 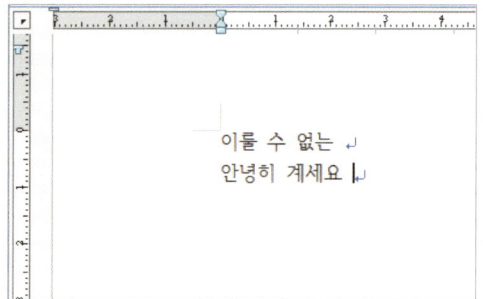

5 빠른 교정에 등록된 낱말을 수정하려면 수정할 낱말을 선택한 후 빠른 교정 편집하기( ) 아이콘을 클릭하여 수정합니다.

special TIP 빠른 교정 더 알아보기

여기서는 빠른 교정에 대해서 본문에서 다루지 못한 자세한 내용을 추가로 다룹니다. 빠른 교정을 활용하여 문서를 정확히 작성할 수 있도록 내용을 잘 익혀둡니다.

● 빠른 교정 동작

- 빠른 교정 동작이 실행될 때 효과음을 내려면 [도구] 탭의 [빠른 교정]에 '빠른 교정 효과음'이 설정되어 있어야 합니다.
- 빠른 교정 내용에 이미 등록되어 있는 목록을 기준으로 빠른 교정이 실행되며 필요에 따라 사용자가 추가하거나 수정하여 사용할 수 있습니다.

● 빠른 교정 데이터 추가

한글 2014는 기본적으로 1,300여개 이상의 빠른 교정 데이터를 가지고 있고 필요한 낱말을 사용자가 추가할 수 있습니다. 틀린 말과 맞는 말을 입력할 때는 다음과 같은 방법을 따라야 합니다.

- '휴게실', '문서' 등과 같은 독립된 낱말에는 '-' 기호를 넣지 않습니다.
- '-에는', '-를' 등과 같은 조사(토씨)나 어미(씨끝)에는 반드시 '-' 기호를 넣어야 합니다.
- '-ㄹ수없는'과 같이 받침으로 끝나는 단어를 '-ㄹ 수 없는'과 같이 등록할 수 있습니다.
- 틀린 말에는 빈칸을 하나만 쓸 수 있으며 맞는 말에는 제약이 없습니다.
- 특수문자는 Ctrl + F10 키를 눌러 문자표를 불러와 등록합니다.

● 빠른 교정 사전 편집

- 빠른 교정에 등록된 낱말을 삭제하려면 빠른 교정 지우기( ) 아이콘을 클릭합니다.
- 빠른 교정 사용자 사전에 등록되는 자료 파일은 QCRTUSER.DIC에 저장됩니다.
- 텍스트 파일로 별도 작성하여 빠른 교정 사전에 등록하려면 다음과 같은 형식으로 작성하여 유니코드 문서로 저장합니다.
  - 한총련 | 한국총학생연합
  - 전경련 | 전국경제인연합
  - 국문과 | 국어국문학과
  - 한글 | 한글과컴퓨터
  - 국과수 | 국립과학수사연구소
- 텍스트 파일로 작성된 내용을 빠른 교정 사용자 사전에 등록하려면 빠른 교정 불러오기( ) 아이콘을 클릭하여 저장된 텍스트 파일을 불러옵니다.

Section 23
사전 활용하기

맞춤법 검사에 쓰이는 풀이말, 임자말, 외래어 등이 사전에 등록되어 있는지 확인할 수 있습니다. 또한 문서를 작성하면서 모르는 영어 단어가 나왔을 때 한글 2014에서 제공하는 한컴 사전을 활용하면 문서 작성을 편리하게 할 수 있습니다.

Key Word : 맞춤법 검사, 한컴 사전, 단어 자동 인식

1 맞춤법 검사에 사용되는 낱말이 등록되어 있는지 확인하려면 [도구] 탭의 [맞춤법 검사] 아이콘을 클릭하거나 F8키를 누릅니다. [맞춤법 검사/교정] 대화상자가 나타나면 설정(☑) 버튼을 클릭합니다.

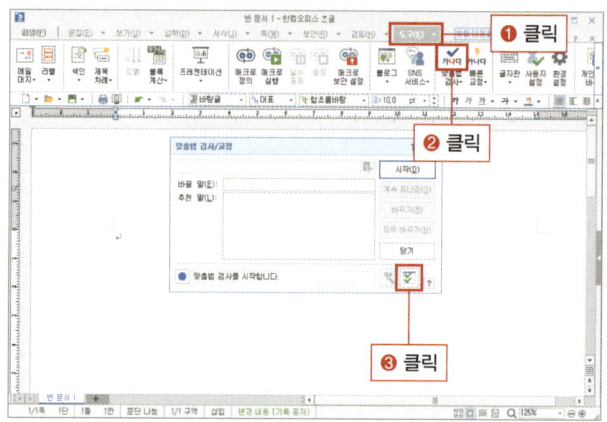

2 [맞춤법 검사/교정 설정] 대화상자에서 [사전 검색] 탭을 클릭합니다.

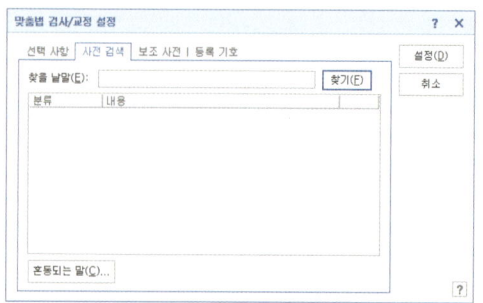

3 [찾을 낱말]을 입력하고 [찾기] 버튼을 클릭하면 찾을 낱말과 비슷한 발음으로 등록되어 있는 임자말이나 풀이말, 외래어 등이 나타납니다.

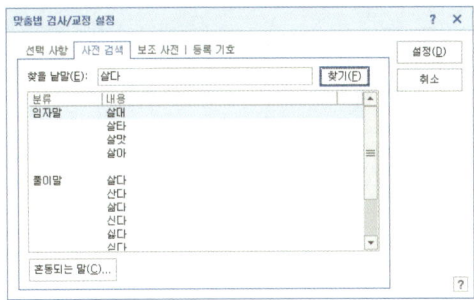 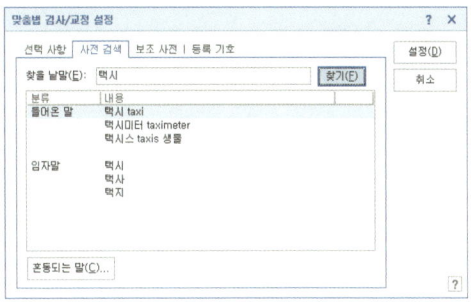

4 문서를 작성하거나 편집하면서 영어 단어나 일본어 등의 낱말의 뜻을 참고할 수도 있습니다. 편집 화면에 입력된 단어 위에 커서를 위치한 후 [검토] 탭의 [한컴 사전]을 클릭하거나 F12 키를 누릅니다.

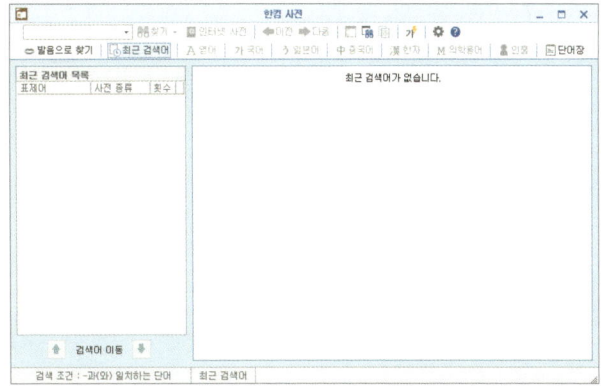

쌩초보 Level Up   [맞춤법 검사/교정 설정] 대화상자

- [선택 사항] 탭 : 띄어쓰기 검사, 이/히 검사, 중복된 낱말 검사, 영어 뒤의 조사, 문장 부호 검사, 보조 용언 띄기 검사 등 맞춤법 검사와 관련된 사항을 설정할 수 있습니다.
- [보조 사전] 탭 : 맞춤법 검사 시 사용할 보조 사전이나 사용자 보조 사전을 관리할 수 있습니다.
- [등록 기호] 탭 : 각종 기호들의 끝소리를 입력함으로써 조사가 알맞게 연결될 수 있도록 설정합니다. 즉, %(퍼센트) 기호를 입력했을 경우 '트'에 맞는 조사가 사용되었는지를 검사합니다.

5 검색할 단어를 입력한 후 Enter 키를 누르면 다음과 같이 한컴 사전에서 검색한 결과를 표시합니다.

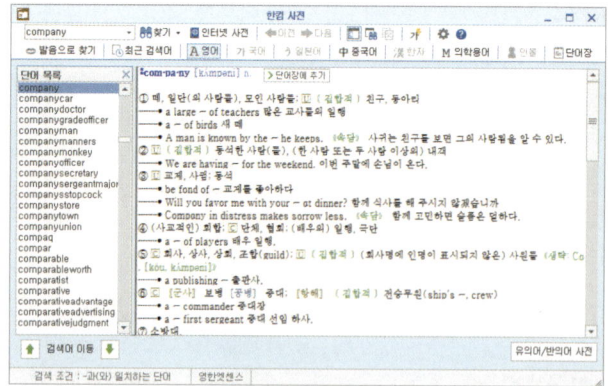

6 '컴퓨터'를 입력한 후 [발음으로 찾기]를 클릭하여 단어를 검색할 수 있습니다.

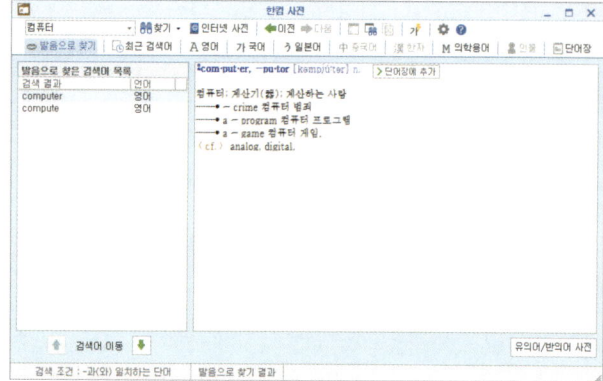

\POINT
[발음으로 찾기]는 영어, 중국어, 일어 사전에서 해당 낱말을 검색하여 표시합니다.

special TIP 한컴 사전의 기능

[한컴 사전] 대화상자의 [설정]에서 '단어 자동 인식'을 선택하면 사용자가 문서를 입력할 때 사전에 등록된 단어가 자동으로 인식되어 뜻을 확인할 수 있습니다. 검색된 단어를 단어장에 추가하는 등 사전에서 사용할 수 있는 다양한 기능에 대해 알아봅니다.

마우스 포인터가 단어를 자동으로 인식하도록 설정하기 위해 [한컴 사전] 대화상자에서 환경 설정(⚙) 아이콘을 클릭합니다. [환경 설정] 대화상자의 [기본 설정] 탭에서 '단어 자동 인식'을 선택하고 [설정] 버튼을 클릭합니다.

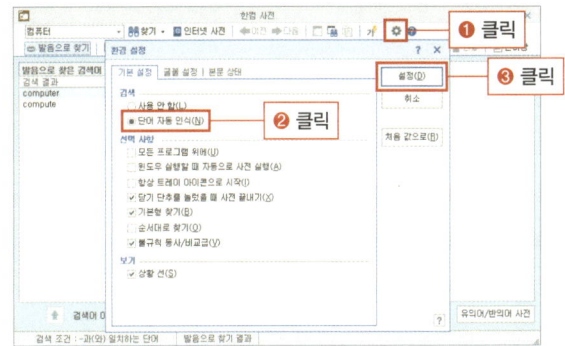

편집화면의 단어를 블록으로 설정하면 자동으로 단어를 인식하여 뜻을 표시합니다. 선택된 단어의 뜻풀이를 가진 사전이 자동으로 선택됩니다. 다른 종류의 사전에서 뜻풀이를 보려면 다른 사전을 클릭합니다.

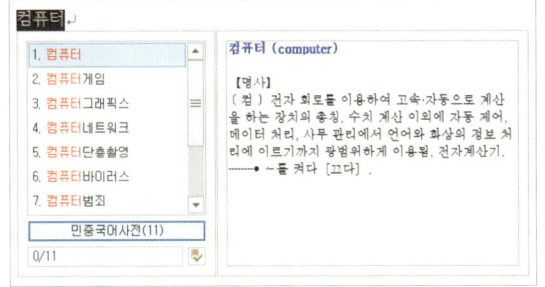

검색한 단어의 오른쪽에 표시되는 [▶단어장에 추가] 버튼을 클릭하면 사용자 폴더를 생성한 후 특정 단어를 저장합니다. 이렇게 저장된 단어들은 [단어장]을 클릭하여 확인할 수 있습니다.

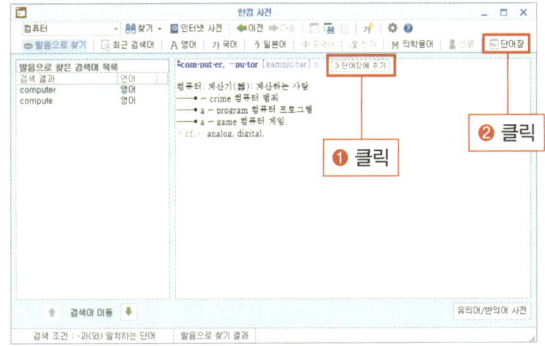

단어 설명 상자에서 마우스 오른쪽 버튼을 클릭하여 변화형, 의미, 숙어/관용구, 예문, 파생어, 참고 등의 표시 여부를 설정할 수 있으며, 검색한 단어의 설명 상자에서 특정 단어를 더블클릭하면 해당 단어를 다시 검색해볼 수도 있습니다.

Section 24
커서 이동키와 삭제키

문서는 커서가 있는 곳을 기준으로 문서를 수정할 수 있기 때문에 문서를 편집할 때는 커서를 빠르게 이동하는 방법을 알아야 합니다.

Key Word : 커서 이동 단축키, 실행 취소

❶ 커서 이동키

- ↑, ↓, →, ← : 커서를 상하좌우로 이동합니다.
- Ctrl + ← : 한 단어 왼쪽으로 이동합니다.
- Ctrl + → : 한 단어 오른쪽으로 이동합니다.
- Home : 줄의 처음으로 이동합니다.
- End : 줄의 끝으로 이동합니다.
- Alt + Home : 문단의 처음으로 이동합니다.
- Alt + End : 문단의 끝으로 이동합니다.
- Ctrl + Home : 현재 화면의 첫줄로 이동합니다.
- Ctrl + End : 현재 화면의 끝줄로 이동합니다.
- Page Up : 한 화면 위로 이동합니다.
- Page Down : 한 화면 아래로 이동합니다.
- Alt + Page Up : 한 쪽 앞으로 이동합니다.
- Alt + Page Down : 한 쪽 뒤로 이동합니다.
- Ctrl + Page Up : 문서의 처음으로 이동합니다.
- Ctrl + Page Down : 문서의 끝으로 이동합니다.
- Alt + G : 찾아가기 대화상자를 표시하여 특정 쪽이나 문단, 줄 등으로 이동할 수 있습니다.
- Tab : 탭이 설정된 위치로 커서를 이동합니다.
- Shift + Tab : 탭이 설정된 이전 위치로 커서를 이동합니다.
- Alt + ↑, ↓, →, ← : 커서는 움직이지 않고 화면만 상하좌우로 이동합니다.

❷ 글자 삭제키

- BackSpace : 커서 앞의 글자가 완성된 글자일 때 그 글자를 지웁니다. 한글을 입력 중일 때에는 글자의 음소를 하나씩 지웁니다.
- Delete : 커서 뒤의 글자를 한 자 지웁니다.
- Ctrl + T , Ctrl + Delete : 현재 커서가 있는 글자부터 그 뒤로 빈칸이 나온 다음 처음 나오는 글자의 앞부분까지를 지웁니다.
- Ctrl + BackSpace : 현재 커서의 바로 앞 글자부터 그 앞으로 빈칸이 나온 다음 처음 나오는 글자의 뒷부분까지를 지웁니다.
- Ctrl + Y : 현재 커서가 있는 줄을 지웁니다.
- Alt + Y : 현재 커서가 있는 곳으로부터 그 줄의 끝까지를 지웁니다. 그리고 그 이후의 문단이 다음 줄까지 계속 연결되는 경우에는 다음 줄을 끌어당겨서 이어줍니다.

쌩초보 Level Up 작업 되돌리기

- [편집] 메뉴의 [되돌리기]나 서식 도구 모음의 되돌리기( ) 아이콘을 클릭합니다. Ctrl + Z 키를 눌러도 됩니다.
- 사용자가 지우지 말아야 할 단어를 지웠을 경우 최근에 지운 내용을 기억하고 있다가 되살립니다.
- 바로 전에 실행한 명령을 취소하거나 입력한 내용을 지우는 등 문서 편집 과정에서 행하여진 동작을 다시 원래대로 되돌립니다.
- 문서 편집 작업을 하면서 발생하는 사용자의 실수를 최소한으로 줄여 주는 기능입니다.
- [되돌리기]로 취소한 명령을 다시 실행하려면 [편집] 메뉴의 [다시 실행]을 클릭하거나 Ctrl + Shift + Z 키를 이용합니다. 또는 서식 도구 모음의 다시 실행( ) 아이콘을 클릭합니다.
- 되돌리기를 할 내용은 256개까지 차례로 기억됩니다. 그러나 문서 편집에 해당되지 않는 작업 즉, 저장하기, 도구 상자 편집, 화면 확대 등과 같은 작업은 기억되지 않습니다.

블록 지정하기

블록이란 편집 기능이 적용될 범위를 미리 지정하는 것입니다. 본문의 일부 내용을 복사하거나 지울 때, 글자 모양이나 문단 모양을 바꿀 때 먼저 원하는 곳을 영역으로 지정하여 각종 기능을 적용할 수 있습니다.

◎ **Key Word** : 블록 설정 단축키, 모두 선택   ◎ **예제파일** : 예제파일\내용증명서.hwp

1 첫 줄 전체를 블록으로 지정하기 위해 커서를 줄의 맨 앞으로 이동합니다. F3 키를 누른 후 End 키를 누릅니다.

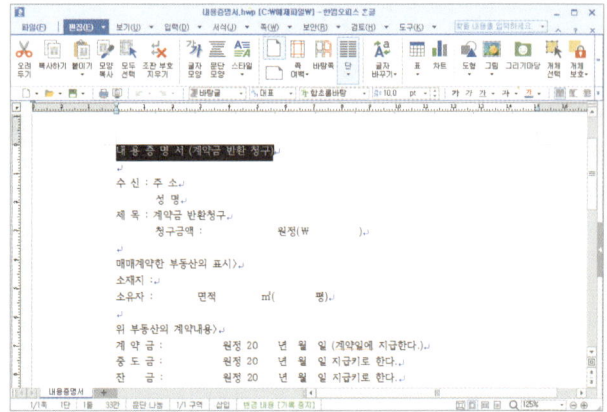

2 한 문단을 블록으로 설정하려면 F3 키를 연속으로 세 번 누릅니다.

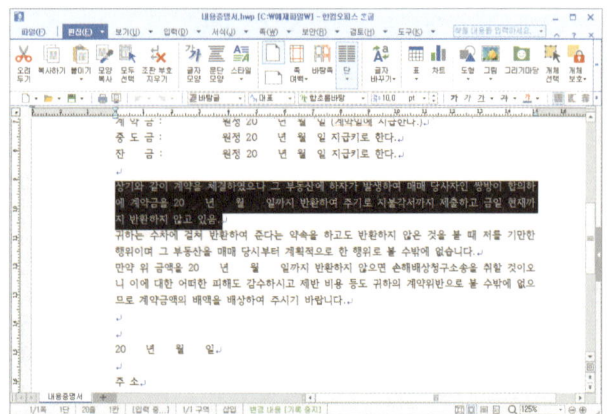

3 문서 전체를 블록으로 설정하려면 F3 키를 연속으로 네 번 누릅니다. 또는 [편집] 탭의 [모두 선택]을 클릭하거나 Ctrl + A 키를 누릅니다.

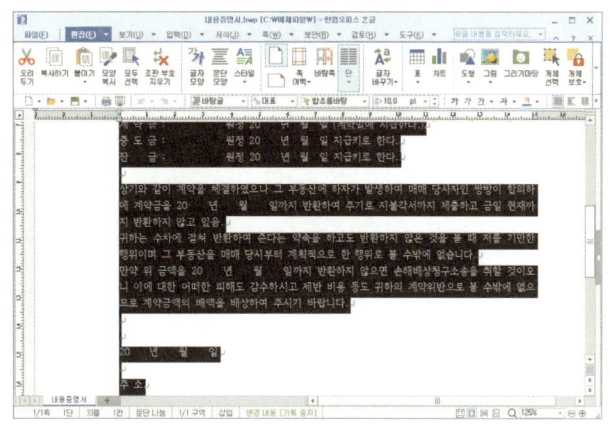

\POINT

따라 하기 ②번에서 문단 블록이 설정된 상태이므로 F3 키를 한 번 더 누르면 문서 전체가 블록으로 설정됩니다.

4 편집 화면의 왼쪽 여백에서 마우스 포인터의 방향이 바뀐 후에 클릭하면 한 줄을 블록으로 설정합니다.

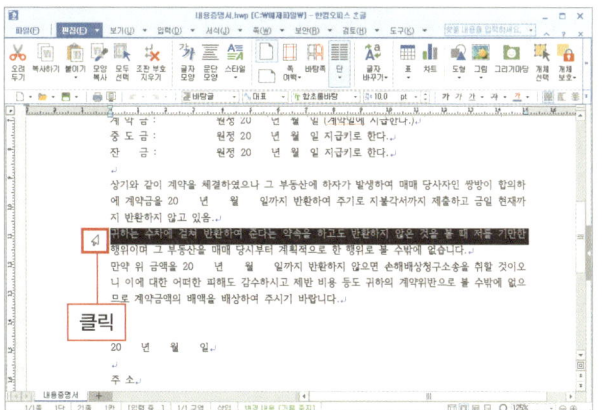

쌩초보 Level Up — 블록 상태에서 작업

- 블록이 설정되는 영역은 역상으로 바뀌며 블록은 마우스로 드래그하기, 키보드의 Shift 키와 같은 기능키와 방향키를 이용하기 등 여러 가지 방법이 있습니다. 블록을 해제하려면 Esc 키를 누르거나 마우스로 편집 화면을 클릭합니다.
- F3 키를 연속으로 두 번 누르면 낱말이 블록으로 설정되며, F3 키를 세 번 연속으로 누르면 한 문단이 블록으로 설정됩니다. 마우스로 낱말을 두 번 클릭하거나 세 번 클릭해도 됩니다.
- 왼쪽 여백에서 마우스를 클릭하면 한 줄이 블록으로 생성되고, 두 번 연속 클릭하면 한 문단이 블록으로 설정되며 세 번 연속으로 클릭하면 문서 전체가 블록으로 설정됩니다.
- 복사하기, 오려 두기, 지우기, 글자 바꾸기, 한글로 바꾸기, 모양 복사 적용, 로마자 변환, 블록 계산, 소트, 상용구 등록, 문자열을 표로 등의 작업은 반드시 블록을 설정해야 실행할 수 있습니다.
- 블록이 설정된 상태에서 내용을 입력하면, 블록으로 설정한 내용이 없어지면서 새로운 내용이 입력됩니다.

Section 26

복사하기

편집 화면의 내용을 일부 또는 전체를 선택하여 윈도우의 임시 기억장소인 클립보드에 저장한 후 원하는 곳에 붙여 넣을 수 있습니다. 이미 입력되어 있는 내용을 다른 곳에서 또 사용해야 할 경우 블록 복사하여 붙여 넣으면 문서를 간단하게 작성합니다.

Key Word : 클립보드, 붙이기

1 복사할 내용을 다음과 같이 블록으로 설정한 후 [편집] 탭의 [복사하기]를 클릭하거나 Ctrl+C 키를 누릅니다. 화면상에는 아무런 반응이 나타나지 않습니다.

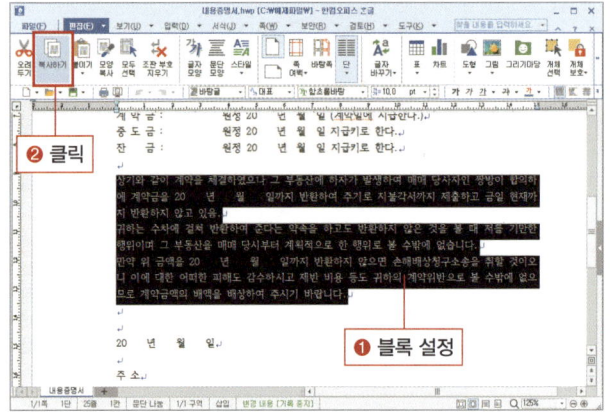

POINT

F3 키를 이용하여 블록을 설정하면 [복사하기] 명령이 실행된 후 블록이 해제됩니다. 마우스를 이용하여 블록을 설정하면 [복사하기] 명령이 실행된 후에도 블록이 해제되지 않습니다.

2 Esc 키를 눌러 블록을 해제한 후 복사한 내용이 붙여질 곳으로 커서를 이동합니다. 여기에서는 커서를 문서의 끝으로 이동한 후 Ctrl+Enter 키를 눌러 강제로 페이지를 나누기했습니다.

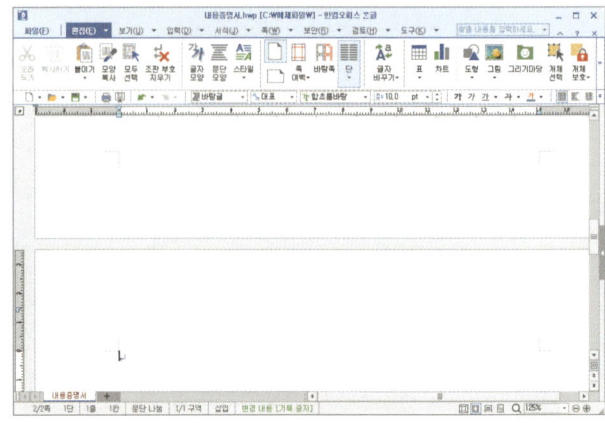

3 [편집] 탭의 [붙이기]를 선택하거나 Ctrl +V 키를 누릅니다. 다음과 같이 커서가 있던 곳에 복사된 내용이 붙여진 것을 확인할 수 있습니다.

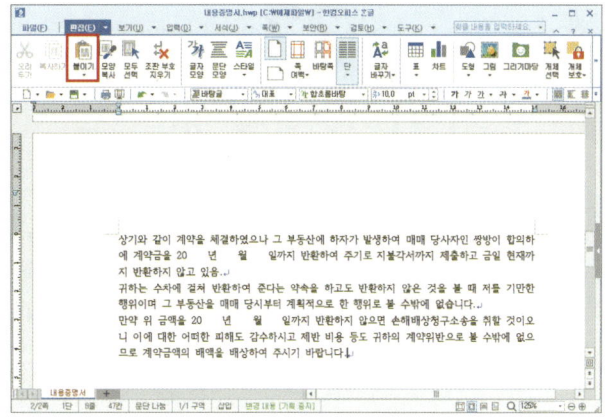

> **쌩초보 Level Up** 블록이 설정된 상태에서의 메뉴
>
> • 블록이 설정된 상태에서 사용할 수 없는 명령은 흐리게 표시되고 사용할 수 있는 명령은 진하게 표시됩니다.
> • 복사하기가 실행되면 블록으로 설정된 부분이 클립보드에 저장됩니다. 클립보드에는 [복사하기]나 [오려두기]한 내용이 최대 16개까지 기억되며 16개가 넘으면 맨 처음 기억되었던 내용부터 순차적으로 삭제됩니다.

Section 27

이동하기

문서를 이동하면 블록으로 설정된 부분을 지우면서 그 내용을 클립보드에 기억시킵니다. 이 기능은 이미 입력되어 있는 내용을 다른 위치로 이동할 때 주로 사용합니다. 클립보드에 기억된 내용은 붙이기를 실행하여 원하는 위치에 다시 붙여 넣어 쓸 수 있습니다.

● **Key Word :** 오려두기

1 이동할 부분을 다음과 같이 블록으로 설정합니다.

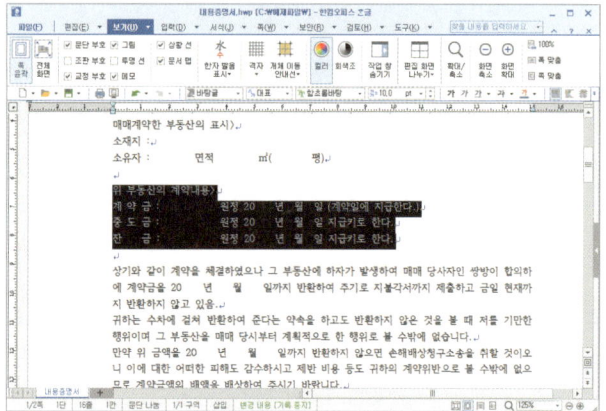

2 [편집] 탭의 [오려 두기]를 선택하거나 Ctrl+X 키를 누르면 블록으로 설정된 부분이 지워집니다. 그 이후의 내용은 오려두기 한 내용까지 당겨집니다.

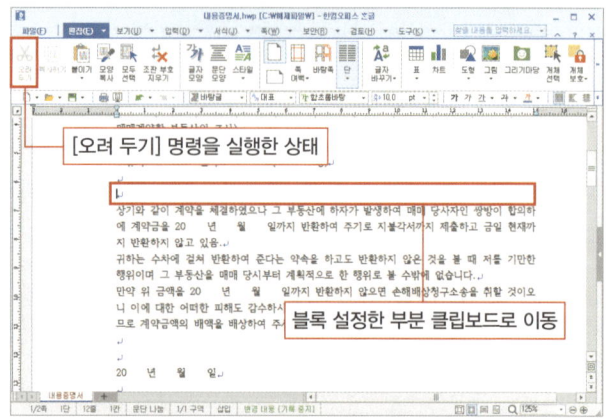

3 커서를 붙여 넣을 곳으로 이동한 후 [편집] 탭의 [붙이기]를 선택하거나 Ctrl+V 키를 누릅니다. 블록으로 설정되었던 내용이 커서 위치에 삽입됩니다.

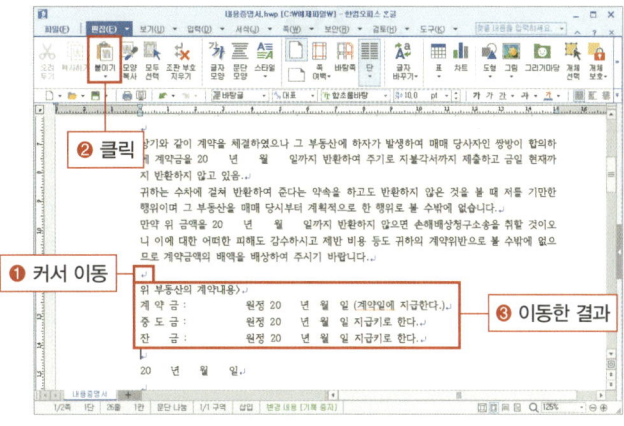

쌩초보 Level Up — 클립보드의 기능

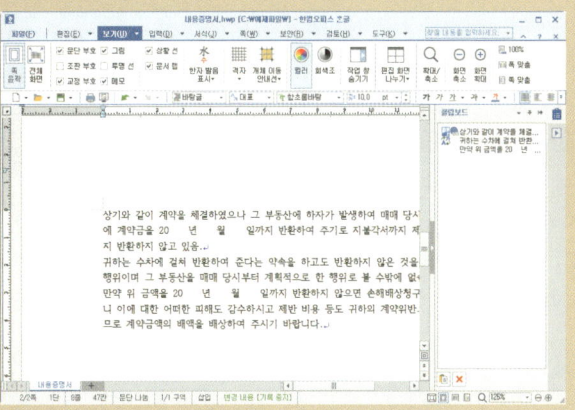

- 이전에 복사하거나 이동한 내용은 클립보드 작업 창을 표시한 후 선택하여 붙여 넣을 수 있습니다. [보기] 메뉴의 [작업 창]에서 [클립보드]를 선택하고 커서를 붙여 넣기 할 곳으로 이동한 후 클립보드 작업 창에서 붙여 넣을 내용을 클릭합니다.
- 클립보드는 윈도우의 임시 기억 장소로 한 번 클립보드에 기억된 내용은 여러 번 반복하여 붙여 넣을 수 있습니다.
- 필요한 내용이 있는 문서를 복사하여 다른 문서로 이동하여 붙여 넣을 수 있습니다.
- 클립보드에 저장된 내용은 한글 프로그램뿐만 아니라 다른 응용 프로그램에서도 같은 방법으로 붙여넣을 수 있습니다.
- 클립보드 작업 창에는 임시 저장된 내용의 일부를 보여줍니다.
- 클립보드 작업 창 하단의 모두 붙이기( ) 아이콘을 클릭하면 클립보드에 기억된 모든 내용을 현재 커서 위치에 순서대로 붙여 넣고 모두 지우기( ) 아이콘을 클릭하면 클립보드에 기억된 모든 내용을 지웁니다.

Section 28
골라 붙이기

다른 응용 프로그램에서 작업한 내용을 클립보드에 저장한 후 한글 2014 문서에 삽입합니다. 이때 텍스트 형식이나 인터넷 문서 형식 그대로 서식을 유지하면서 붙여 넣기 할 수 있습니다.

○ Key Word : 유니코드, 인터넷 문서

1 웹 브라우저나 다른 응용 프로그램에서 원하는 텍스트에 블록을 설정하고 마우스 오른쪽 버튼을 클릭한 후 [복사]를 선택합니다.

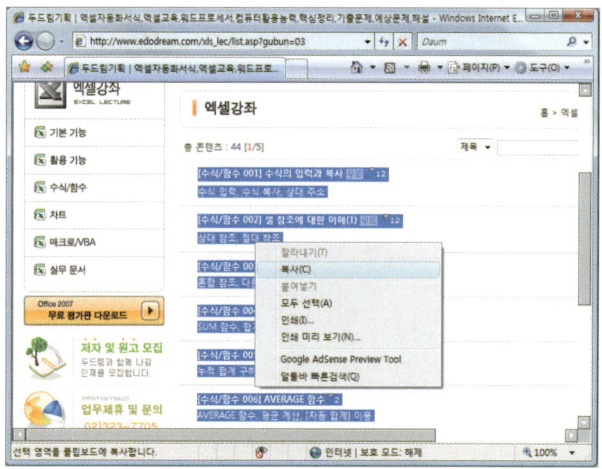

2 한글 2014로 돌아와서 [편집] 탭의 [붙이기]에서 '골라 붙이기'를 클릭하거나 Ctrl + Alt + V 키를 누릅니다.

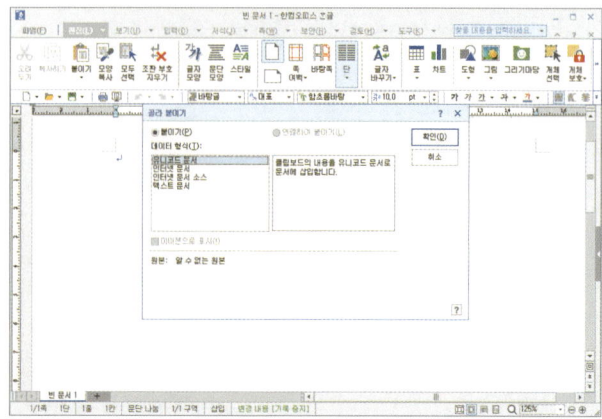

3 [유니코드 문서]나 [텍스트 문서]를 선택하여 붙여 넣으면 다음과 같이 서식 없이 텍스트만 붙여 넣습니다.

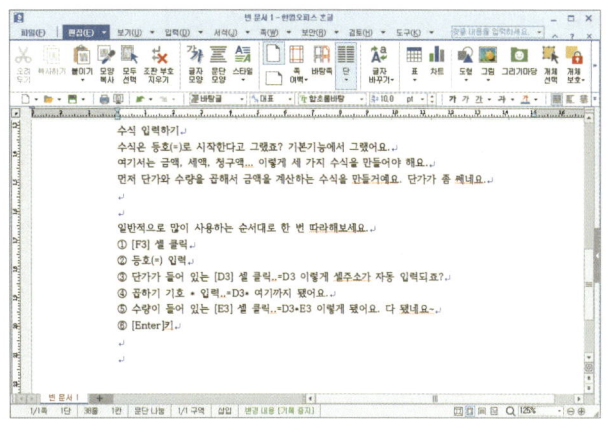

POINT

[골라 붙이기] 대화상자의 [유니코드 문서]나 [텍스트 문서]는 [편집] 메뉴의 [붙이기] 기능과 같습니다. [도구] 메뉴의 [환경 설정]-[코드 형식] 탭의 [클립보드로부터 붙이기] 항목에서 HTML 문서를 붙일 때 형식을 지정할 수 있습니다.

4 '인터넷 문서' 형식을 선택하여 붙여넣기하면 웹 브라우저에서 표시된 모양과 같은 모양으로 붙여 넣어집니다.

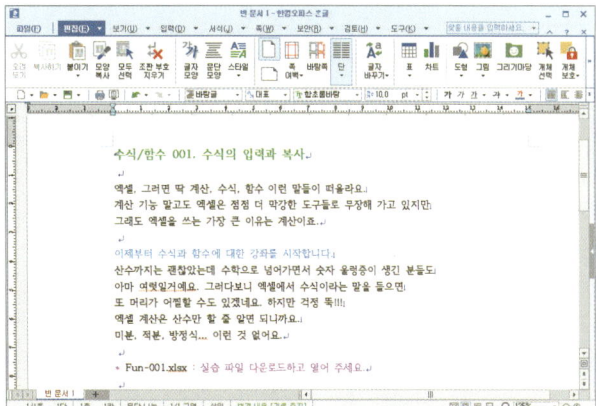

쌩초보 Level Up 골라 붙이기의 데이터 형식

- **유니코드 문서** : 전 세계에서 사용하는 모든 문자를 붙여 넣을 수 있습니다.
- **인터넷 문서** : 웹 브라우저에 표시된 형태대로 붙여 넣을 수 있습니다. 또한 Table 태그를 이용하면 인터넷 문서로 만든 문서는 표 안에 붙여 넣기 됩니다. 인터넷 그림을 복사한 후 골라 붙이기를 실행하면 [장치 독립 비트맵] 형식이 표시되어 독립적인 그림으로 편집 화면에 삽입됩니다.
- **인터넷 문서 소스** : 인터넷 문서의 기본 형식으로 사용되는 HTML 태그를 포함하여 붙여 넣습니다. HTML은 Hyper Text Markup Language의 약자로 웹 브라우저에 하이퍼텍스트 기능을 가진 문서를 만드는 언어입니다.
- **텍스트 문서** : 일반적인 문자, 숫자 그리고 각종 기호들만 이루어진 가장 기본적인 형태의 정보를 가지고 있는 문서입니다. 이 문서에는 특수한 제어 문자나 그래픽 문자를 포함하지 않습니다.

5 [인터넷 문서 소스] 형식을 선택하여 붙여 넣기 하면 HTML 태그를 포함하여 붙여 넣기 됩니다.

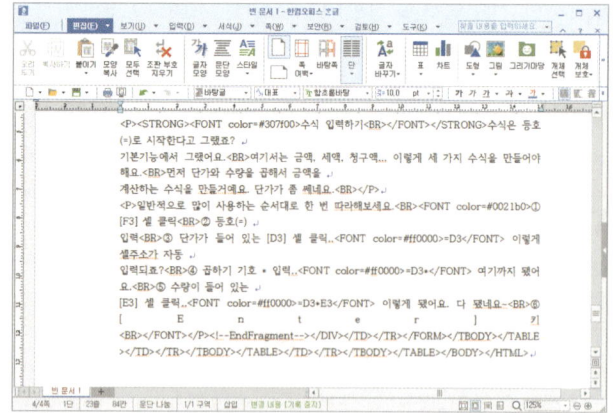

6 폴더 창의 파일을 복사한 후 [골라 붙이기]를 실행하면 [연결하여 붙이기] 옵션을 선택할 수 있습니다.

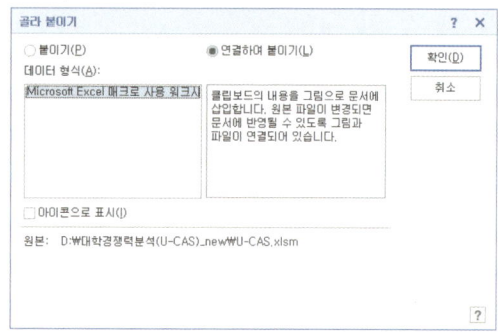

쌩초보 Level Up 골라 붙이기 대화상자의 기능

- **연결하여 붙이기** : 원본 파일과 연결되므로 원본의 내용이 변경되면 문서에 삽입된 그림이나 파일의 내용이 함께 반영됩니다.
- **비트맵 이미지** : 복사한 데이터 형식이 그림 파일일 경우에 표시됩니다.
- **Shortcut** : 복사한 데이터 형식이 바로 가기일 경우에 표시됩니다.
- **Package** : 복사한 데이터 형식이 폴더나 등록되지 않은 파일 등의 개체일 경우에 표시됩니다.
- **Hwp 문서** : 복사한 데이터 형식이 한글 문서일 경우에 표시됩니다.
- **Microsoft Office Excel 워크시트** : 복사한 데이터 형식이 엑셀 문서일 경우에 표시됩니다.
- **아이콘으로 표시** : 복사한 파일의 내용이 삽입되지 않고 아이콘으로 표시됩니다. 삽입된 아이콘을 더블클릭하면 연결된 프로그램이 실행되면서 내용을 확인할 수 있습니다.

Section 29
글자 모양 바꾸기

입력할 내용이나 입력된 내용을 블록으로 설정하여 글자 모양을 일괄적으로 변경합니다. 글자 모양은 글꼴이나 글자 크기, 장평, 자간 등을 지정할 수 있고 글자 색 및 글자 속성 즉, 기울임(이탤릭체), 진하게, 그림자, 외곽선, 첨자 등을 지정할 수 있습니다.

Key Word : 글꼴, 자간, 글자 속성   **예제파일** : 예제파일\손익계산서.hwp   **완성파일** : 완성파일\손익계산서.hwp

1 글꼴을 변경할 부분을 다음과 같이 블록으로 설정합니다.

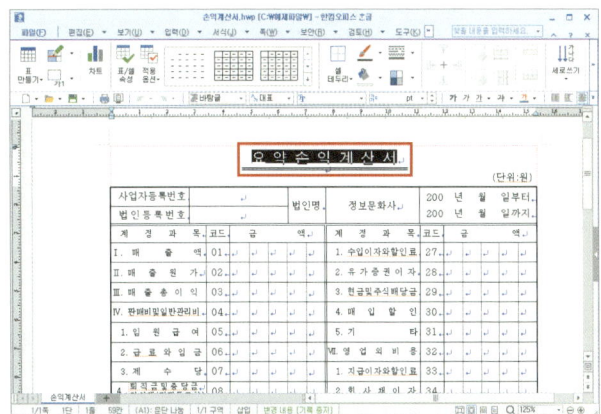

2 [서식] 탭의 [글자 모양]을 클릭하거나 [Alt]+[L]키를 누릅니다. [글자 모양] 대화상자의 [기본] 탭에서 [글꼴]을 클릭하여 '견명조'를 선택합니다.

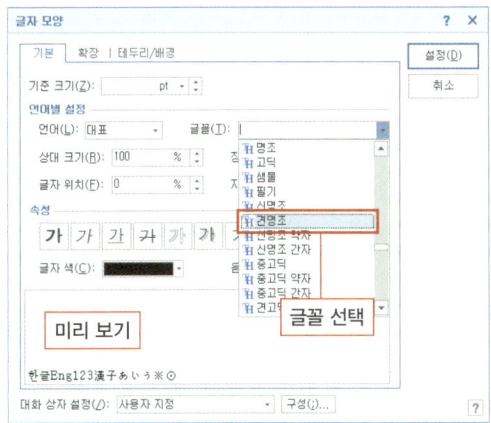

Part 1. 한글 2014의 기본 기능 50가지   **103**

3 블록으로 설정되었던 부분의 글꼴이 변경됩니다. 마우스를 드래그하여 셀 블록을 지정합니다.

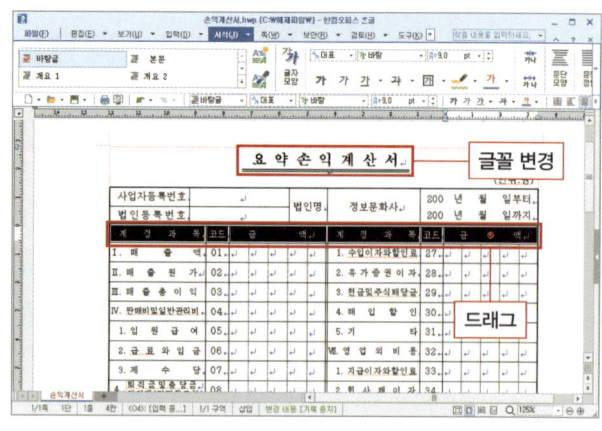

POINT
셀 블록은 표에서 일정 영역을 지정하는 것으로 F5 키를 이용하거나 마우스를 드래그하여 지정할 수 있습니다.

4 서식 도구 모음의 진하게(가) 아이콘을 클릭하고 [글꼴]에서 '굴림'을 선택합니다.

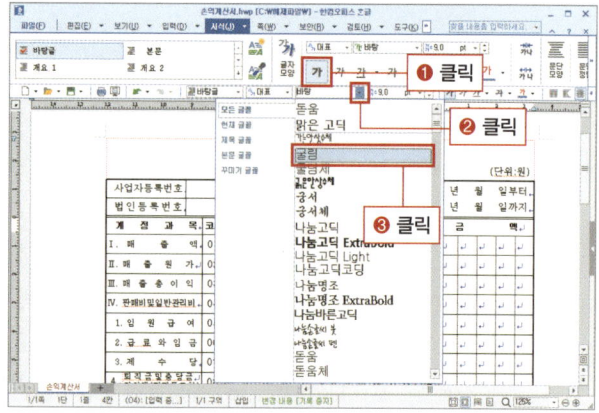

5 계정 과목의 로마자 숫자로 입력된 셀을 다음과 같이 선택한 후 [글꼴]을 '굴림'으로 [크기]를 '9pt'로 지정합니다.

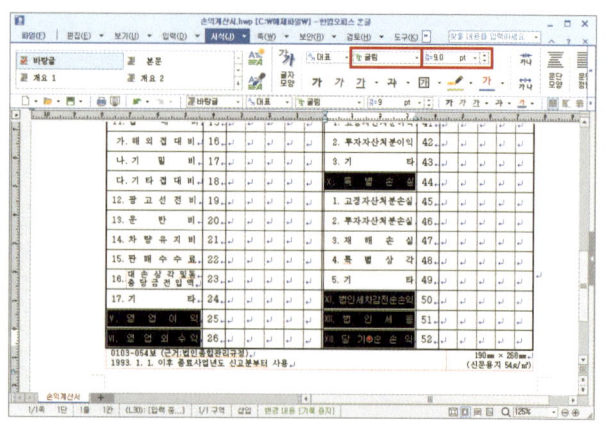

POINT
떨어져 있는 여러 셀을 선택할 때는 Ctrl 키를 누른 상태에서 선택합니다.

special TIP 다양한 글꼴의 지정

한글 2014에서는 글꼴을 사용하여 문서를 다양하게 표현할 수 있습니다. 여기서는 글자의 크기를 표현할 수 있는 여러 가지 방법들을 알아봅니다.

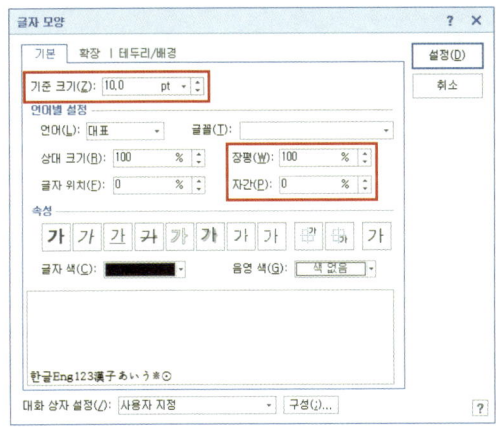

- 한글에서 사용하는 글자 크기 단위로는 포인트(pt), 센티미터(cm), 인치(inch), 파이카(pi), 밀리미터(mm), 급(geup), 픽셀(px), 글자(ch)가 있으며 기본적으로 포인트 단위를 사용합니다. 1pt는 0.35mm이고 1inch는 2.54mm이며, 14.2geup는 10pt와 같습니다.

- 장평 : 글자의 가로/세로 비율입니다. 지정할 수 있는 범위는 50~200%이며 100%를 기준으로 작으면 홀쭉한 글자가 되고 크면 옆으로 퍼진 글자가 됩니다.

- 자간 : 글자와 글자 사이의 간격을 말합니다. 지정할 수 있는 범위는 −50~50%이며 0을 기준으로 작은 숫자를 입력하면 글자와의 간격이 좁아지고 큰 숫자를 입력하면 글자의 사이 간격이 넓어집니다.

형광펜 사용하기

문서를 여러 사람이 공동으로 작성하거나 회람할 때 문서의 중요한 부분을 표시할 수 있는 기능입니다. 필요시 문서를 인쇄할 때 형광펜으로 표시한 부분을 인쇄할 수 있으며 글자 모양에서 음영을 주는 것보다 간편하게 표시할 수 있습니다.

Key Word : 형광펜, 색상　　　**예제파일 :** 예제파일\내용증명서.hwp　　　**완성파일 :** 완성파일\내용증명서.hwp

1 [서식] 탭의 형광펜( ) 아이콘을 클릭합니다. 마우스 포인터가 펜 모양으로 변경되면 표시할 부분으로 이동하여 마우스 왼쪽 버튼을 클릭한 상태로 드래그합니다.

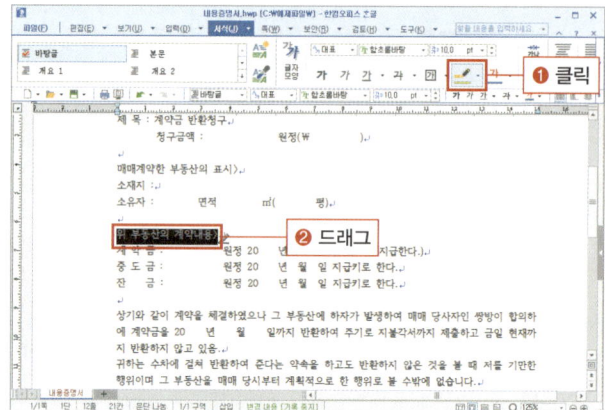

2 표시할 부분의 마지막에서 마우스 왼쪽 버튼을 놓으면 글자 위에 선택된 색상이 적용됩니다.

3 형광펜으로 표시된 색을 지우려면 형광펜 아이콘의 드롭다운 버튼을 눌러 [색 없음]을 클릭하고 형광펜 색이 칠해진 곳을 드래그합니다.

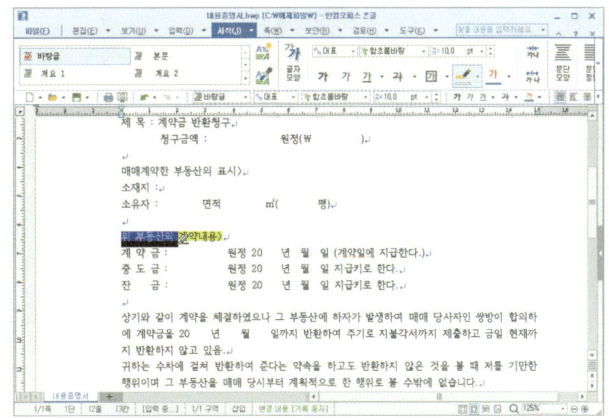

4 형광펜 색상을 사용자가 원하는 색으로 선택한 후 다음과 같이 표시해 봅니다.

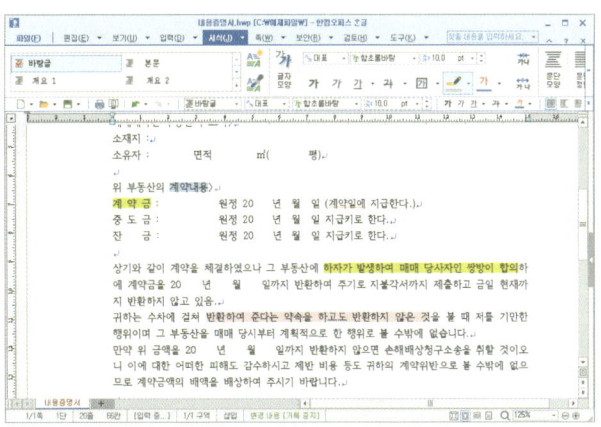

쌩초보 Level Up — 형광펜의 색상 변경

- 형광펜 아이콘 오른쪽의 드롭다운 버튼을 눌러 원하는 색상을 클릭합니다.
- [다른 색]을 클릭하면 형광펜에서 사용할 색을 다양하게 선택할 수 있습니다.
- 색 골라내기( ) 아이콘을 클릭하면 화면 내에 표시된 색을 골라낼 수 있습니다.
- 색상 테마( ) 아이콘을 클릭하면 테마별 색상을 선택할 수 있습니다.

Part 1. 한글 2014의 기본 기능 50가지 **107**

문단 정렬하기

문단이란 문맥에 따라 줄이 바뀌는 부분이며, 한글에서는 사용자가 Enter 키를 누른 곳까지를 문단이라고 부릅니다. 문단을 정렬하는 명령을 실행하면 커서가 있는 위치의 문단이 적용되고 나머지 문단에는 영향을 미치지 않습니다. 여러 문단에 같은 모양을 적용할 때는 블록으로 설정하여 변경합니다.

● **Key Word** : 가운데 정렬   ● 예제파일 : 예제파일\서울여성영화제.hwp   ● 완성파일 : 완성파일\서울여성영화제.hwp

1 첫 줄을 블록으로 지정한 후 [글꼴]은 '굴림' [크기]는 '13pt'로 설정하고 Esc 키를 눌러 블록을 해제합니다.

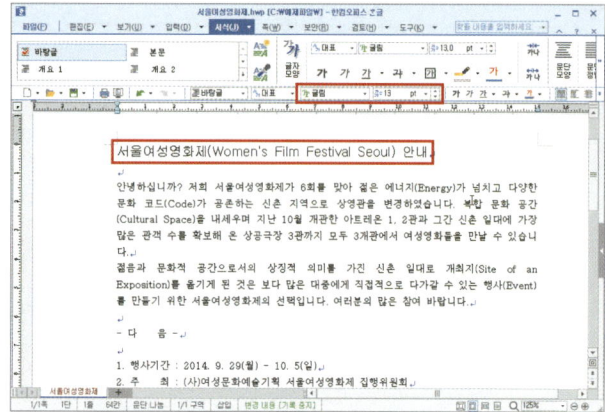

2 [서식] 탭의 [문단 모양]을 클릭하거나 Alt + T 키를 누릅니다.

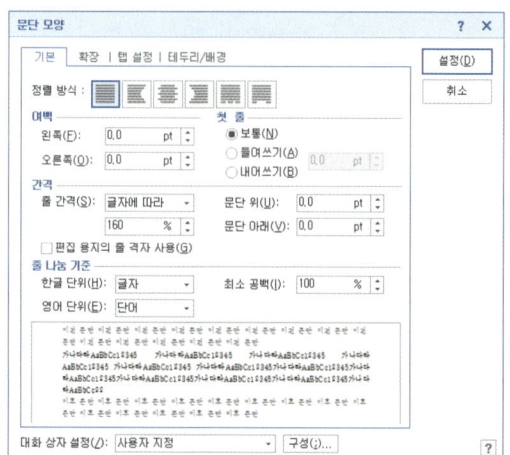

3 [정렬 방식]에서 '가운데 정렬(≡)'을 선택하고 [설정] 버튼을 클릭합니다.

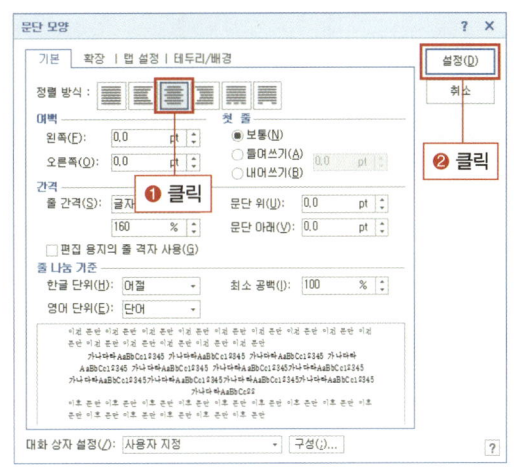

\POINT
정렬 방식이나 여백, 간격, 들여쓰기 등을 지정하면 미리 보기 창에 설정한 형태가 표시됩니다.

4 커서가 있는 문단이 가운데 정렬됩니다.

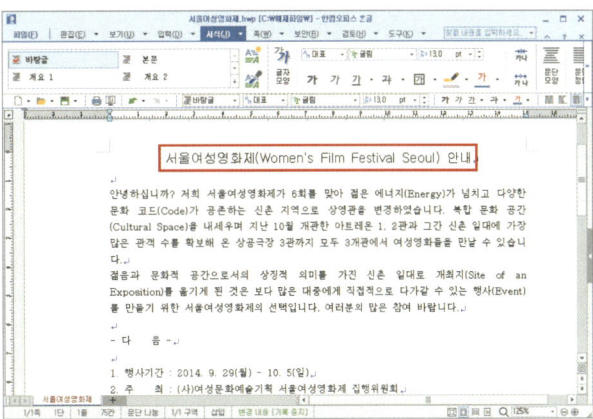

쌩초보 Level Up 문단 모양의 정렬 방식

- 커서 위치의 문단 모양이나 글자 모양은 Enter 키를 누르면 다음 문단에도 그대로 적용됩니다.
- **양쪽 정렬(≡)** : 문서의 양쪽 끝을 가지런하게 맞춥니다. 문서의 본문에 일반적으로 사용되는 정렬 방식입니다.
- **왼쪽 정렬(≡)** : 왼쪽 선을 기준으로 맞춥니다.
- **가운데 정렬(≡)** : 글자를 가운데로 모읍니다. 제목이나 표 내에서 주로 사용됩니다.
- **오른쪽 정렬(≡)** : 오른쪽 선을 기준으로 맞춥니다.
- **배분 정렬(≡)** : 문서의 양쪽 끝을 맞추되 글자 사이를 일정하게 띄우는 정렬 방식입니다.
- **나눔 정렬(≡)** : 문서의 양쪽 끝을 맞추되 낱말 사이를 일정하게 띄우는 정렬 방식입니다.

5 '- 다　음 -'이 입력된 곳으로 커서를 이동하여 서식 도구 모음의 가운데 정렬(≡) 아이콘을 클릭합니다.

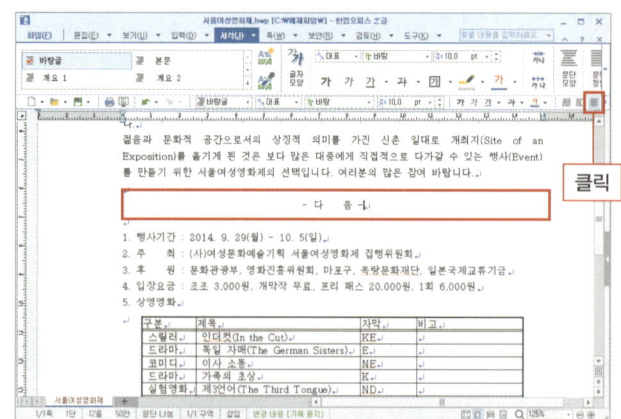

6 다음과 같이 표의 일부를 블록으로 설정한 후 서식 도구 모음의 가운데 정렬(≡) 아이콘을 클릭합니다.

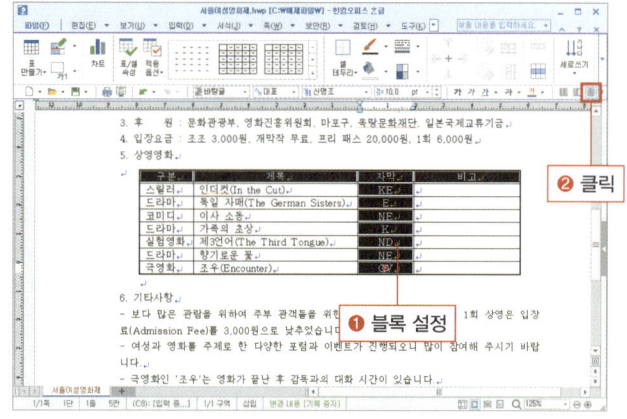

\POINT
서로 떨어져있는 셀은 Ctrl 키를 누른 상태에서 드래그하여 블록을 설정합니다.

7 편집 화면 마지막 부분으로 커서를 이동하여 다음과 같이 블록을 설정합니다. 서식 도구 모음의 가운데 정렬(≡) 아이콘을 클릭합니다. Esc 키를 눌러 블록을 해제합니다.

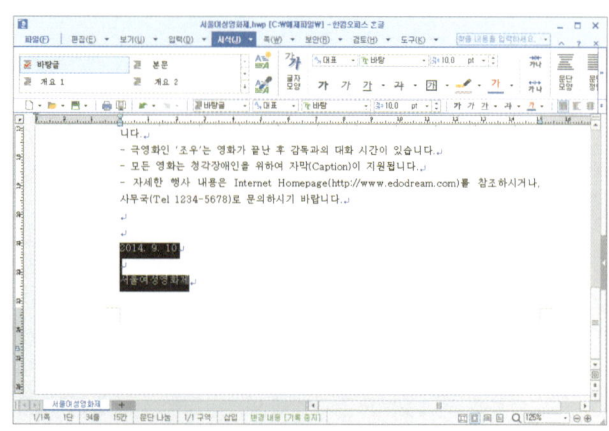

\POINT
여러 문단을 한 번에 정렬하려면 정렬할 문단을 모두 블록으로 설정합니다.

문단 여백과 줄 간격 지정하기

현재 문단의 왼쪽 여백과 오른쪽 여백을 지정합니다. 문단 여백은 편집 용지의 왼쪽과 오른쪽 여백을 지정한 데서 다시 추가로 남길 여백을 지정하고, 줄 간격은 입력된 내용의 줄과 줄 사이의 간격을 지정합니다.

○ **Key Word** : 문단 모양   ○ **예제파일** : 예제파일\서울여성영화제1.hwp   ○ **완성파일** : 완성파일\서울여성영화제1.hwp

1 여백을 지정할 문단으로 커서를 이동합니다.

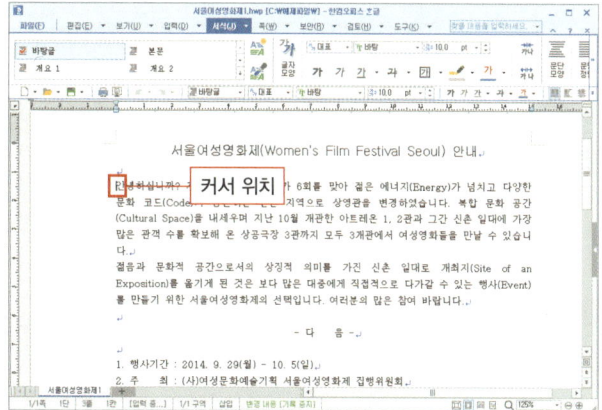

2 [서식] 탭의 [문단 모양] 아이콘을 클릭하거나 Alt+T키를 누릅니다. [여백]에서 [왼쪽]과 [오른쪽]을 각각 '10pt'로 설정합니다.

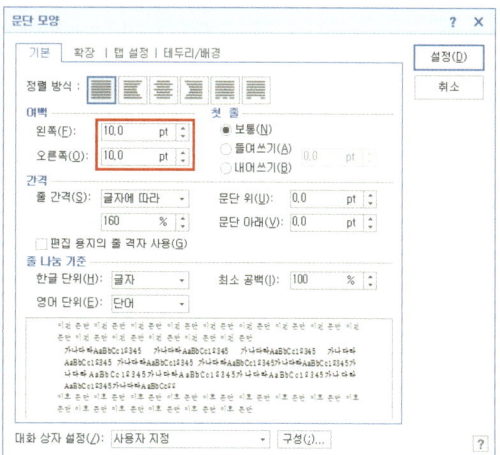

Part 1. 한글 2014의 기본 기능 50가지 **111**

3 [설정] 버튼을 누르면 다음과 같이 왼쪽과 오른쪽에 지정한 숫자만큼 여백이 생깁니다.

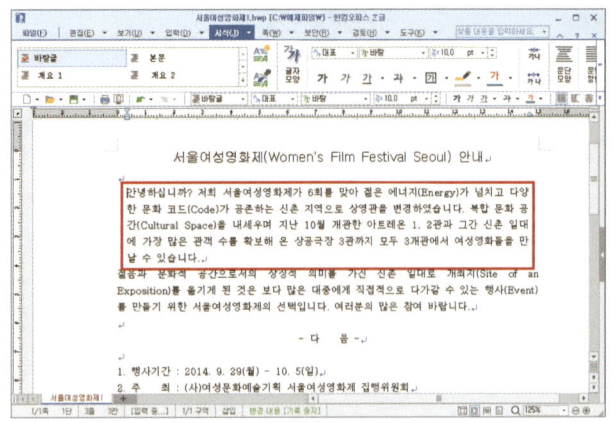

4 문단과 문단 사이의 간격을 설정해 봅니다. [서식] 탭의 [문단 모양] 아이콘을 클릭하거나 Alt + T 키를 눌러 [문단 아래]를 '20pt'로 설정합니다.

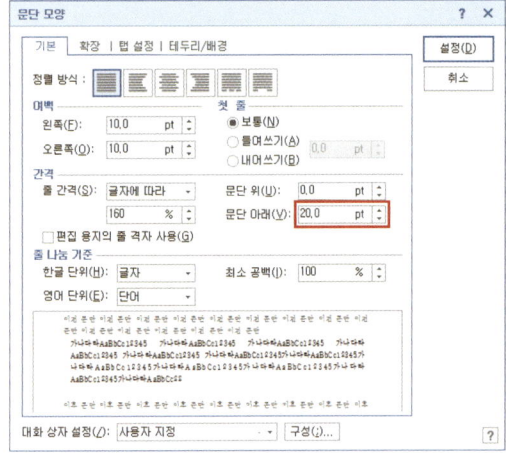

> ● 쌩초보 Level Up   [문단 모양] 대화상자의 각 항목 기능
>
> - **줄 간격** : 현재 줄과 바로 아랫줄의 간격을 지정합니다. 일반적으로 글자에 따라 퍼센트(%) 단위로 지정하는 비례 줄 간격으로 해당 문단의 가장 큰 글자의 높이에 비례해서 설정됩니다.
> - **문단 위/아래** : 커서를 기준으로 현재 문단의 위나 바로 다음 문단의 아래 여백을 지정할 수 있습니다. 즉, 문단과 문단 사이의 여백을 줄 간격과 별도로 지정할 수 있습니다.
> - **줄 나눔 기준** : 한 낱말의 일부분이 오른쪽 여백에 걸려서 낱말 전체가 다음 줄로 넘어가면 낱말과 낱말 사이의 간격이 넓어집니다. 이런 경우 마지막에 걸리는 낱말을 어떤 기준으로 걸리지 않게 할지 지정합니다.

5 다음과 같이 현재 커서가 있는 문단 아래의 간격이 넓어집니다.

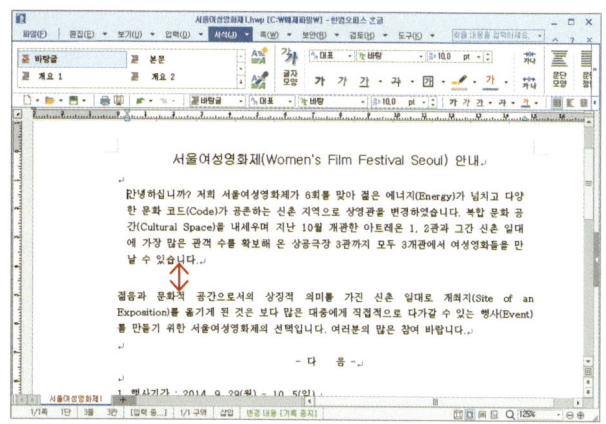

6 다음 문단의 [줄 나눔 기준]을 지정해 봅니다. 세 번째 문단의 영어 줄 나눔 기준은 '단어'로 설정되어 있기 때문에 한 단어(Exposition) 전체가 다음 줄로 이동되어 있습니다. 커서를 세 번째 문단으로 이동한 후 Alt+T 키를 누릅니다. [줄 나눔 기준]에서 [영어 단위]를 '글자'로 선택하고 [설정] 버튼을 누릅니다.

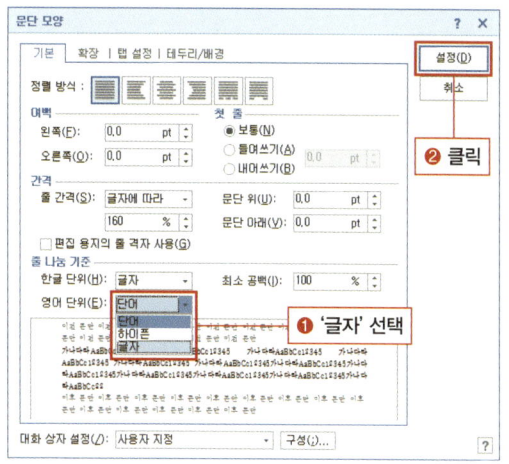

7 다음 화면과 같이 영어 단어가 글자 단위로 재 정렬됩니다.

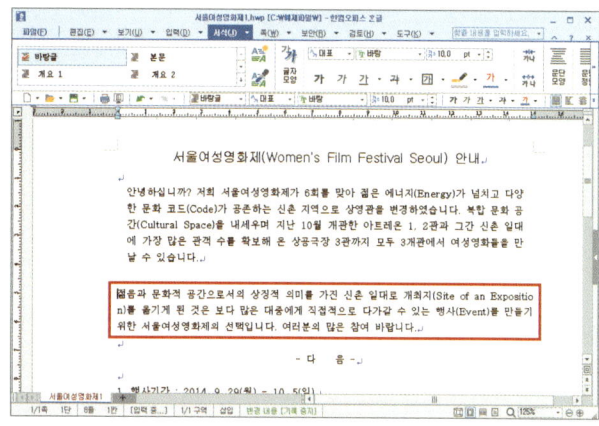

8 서식 도구 모음의 되돌리기( ) 아이콘을 눌러 이전 상태로 되돌립니다. Alt+T 키를 누르고 [최소 공백]을 '80%'로 설정합니다.

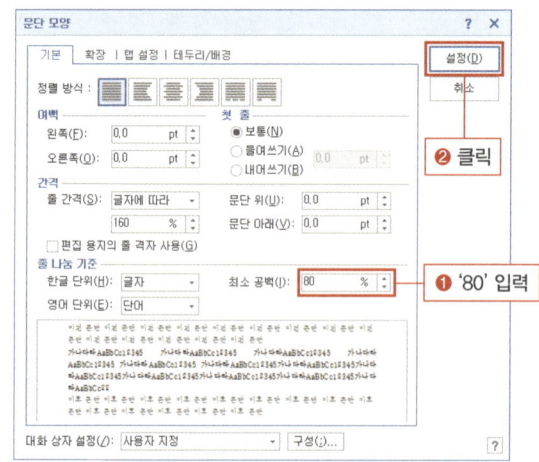

9 낱말과 낱말 사이의 간격을 좁혀 영어 단어가 잘리는 것을 방지할 수 있습니다.

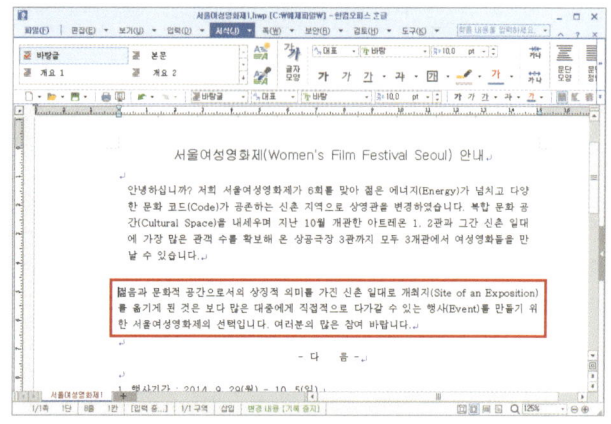

POINT
[최소 공백]은 현재 문단의 낱말과 낱말 사이에 있는 빈칸의 폭을 나타냅니다. 범위는 25~100%까지 지정할 수 있으며, 값이 작을수록 낱말 간격이 좁아집니다.

10 이번에는 줄 간격을 넓혀보도록 하겠습니다. 다음과 같이 블록을 설정합니다. Alt+T 키를 눌러 [줄 간격]을 '250%'로 지정하고 [설정] 버튼을 클릭합니다.

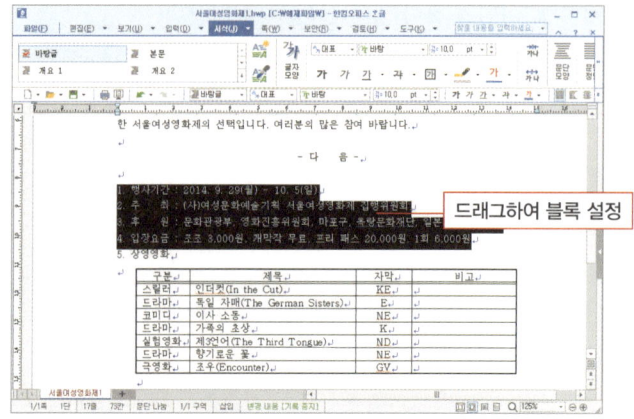

11 글에 내어쓰기를 지정해 보겠습니다. 다음과 같이 블록을 설정합니다. Alt+T키를 눌러 [여백]의 [왼쪽]을 '15pt'로 지정하고 [내어쓰기]를 '11pt'로 지정한 후 [설정] 버튼을 클릭합니다.

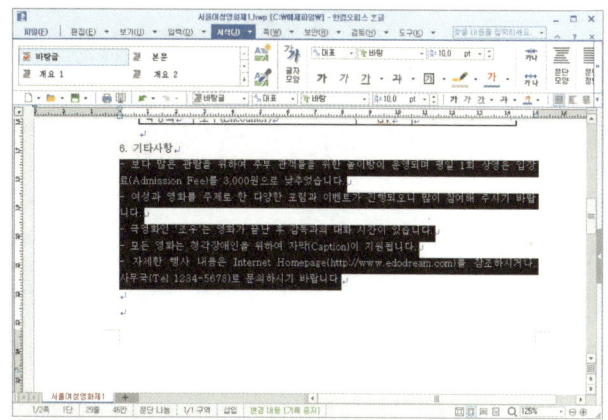

12 다음과 같이 왼쪽 여백이 15pt 만큼 띄어졌고 첫 행은 11pt 만큼 내어쓰기 된 문서가 만들어졌습니다.

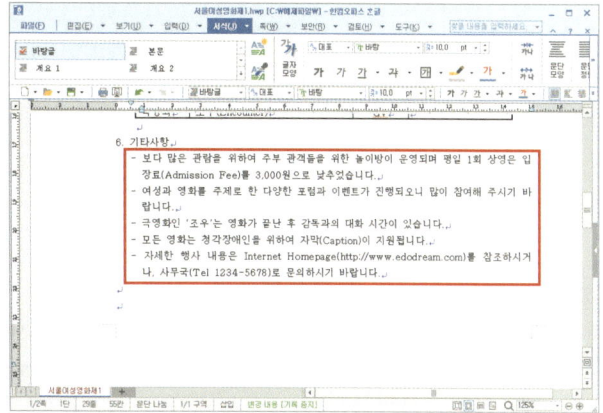

\POINT
첫 번째 줄의 시작 지점에 상관없이 현재 커서 위치를 문단의 시작점으로 하는 첫 줄 내어쓰기를 하려면 Shift+Tab 키를 누릅니다.

문단 테두리로 꾸미기

여러 문단으로 이루어진 문서를 특정 문단에 테두리를 넣어 보기 좋게 꾸밀 수 있는 기능입니다. 테두리 모양은 13가지의 선 종류 중에 선택할 수 있으며 테두리가 그려질 방향을 선택하여 다양한 선을 적용할 수 있습니다.

- Key Word : 문단 모양, 테두리/배경
- 예제파일 : 예제파일\각서.hwp
- 완성파일 : 완성파일\각서.hwp

1 테두리를 지정할 문단에 커서를 위치한 후 [서식] 탭의 [문단 모양] 아이콘을 클릭하거나 [Alt]+[T]키를 누릅니다. [문단 모양] 대화상자의 [테두리/배경] 탭을 선택합니다.

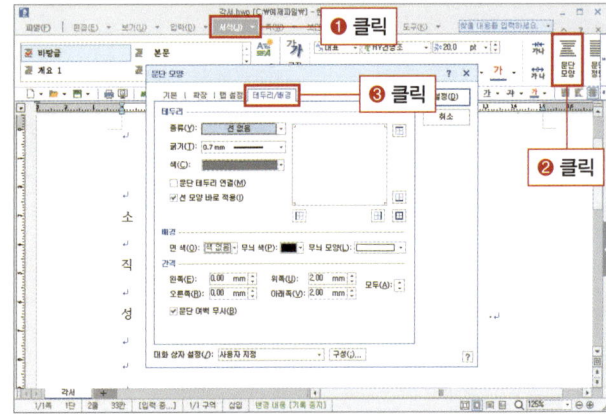

POINT
여기에서는 커서를 '각서'에 위치하였습니다.

2 선의 굵기나 색을 다양하게 선택할 수 있습니다. 테두리의 종류를 선택하면 선의 굵기와 색이 선택한 테두리에 맞게 지정됩니다. 여기에서는 모두(■) 버튼을 클릭하여 상하좌우 모든 테두리를 적용하였습니다.

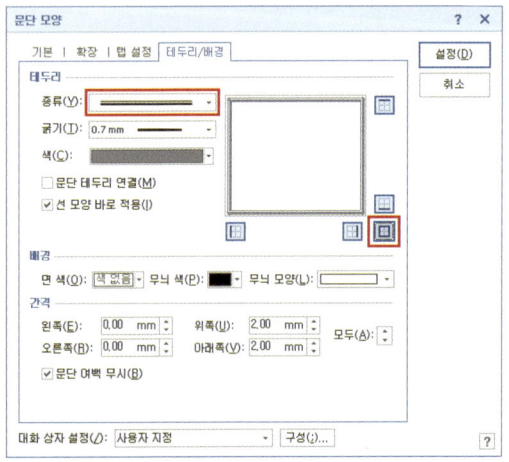

POINT
간격 그룹에서 [모두] 버튼을 누르면 왼쪽, 오른쪽, 위쪽, 아래쪽 간격을 동시에 지정할 수 있습니다.

3 '문단 여백 무시'에 체크하면 [편집 용지] 대화상자에서 정한 편집 쪽 여백을 무시하고 본문이 입력된 부분만 테두리로 두릅니다.

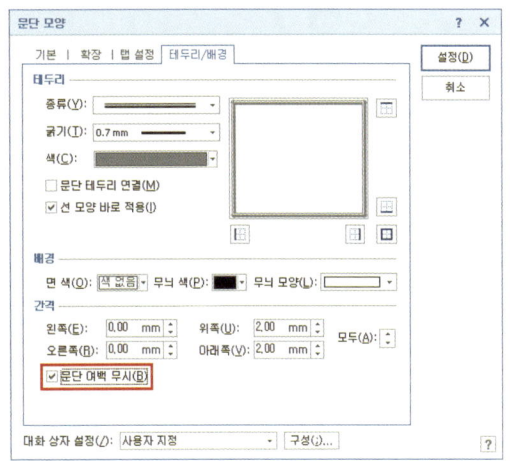

4 [설정] 버튼을 누르면 다음과 같이 커서가 위치한 문단에 선택한 선으로 테두리가 그려집니다.

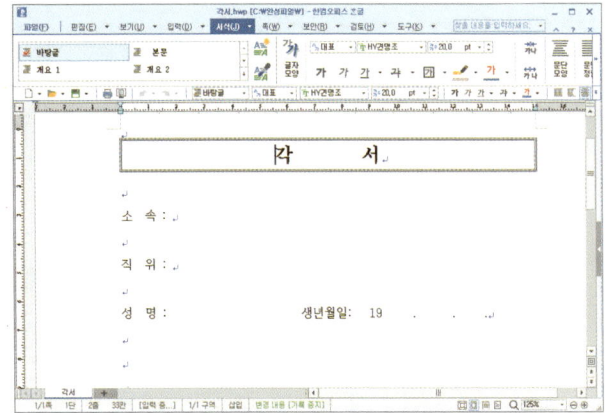

쌩초보 Level Up — 테두리/배경의 항목

- **문단 테두리 연결** : 두 개 이상의 문단에 대하여 현재 문단과 이어지는 다음 문단들을 하나의 문단 테두리로 연결합니다.
- **선 모양 바로 적용** : 테두리가 그려질 방향이 선택된 상태에서 선의 종류를 선택하면 테두리 모양을 미리 보기에서 바로 확인할 수 있습니다. 이 항목이 선택 해제되어 있으면 선의 종류를 선택한 후 테두리 방향 버튼을 눌러야만 해당 테두리의 모양을 확인할 수 있습니다.

배경색으로 문단 꾸미기

여러 문단으로 이루어진 문서의 특정 문단에 배경색을 넣어 보기 좋게 꾸밀 수 있습니다. 배경색은 사용자가 원하는 색상을 선택하여 지정할 수 있으며 무늬와 무늬 모양도 지정할 수 있습니다.

● **Key Word** : 문단 모양, 배경, 무늬   ● 예제파일 : 예제파일\각서1.hwp   ● 완성파일 : 완성파일\각서1.hwp

1 여러 문단에 걸쳐 배경색을 지정하려면 블록을 설정합니다. 다음 화면과 같이 배경색으로 꾸밀 문단을 블록으로 설정합니다.

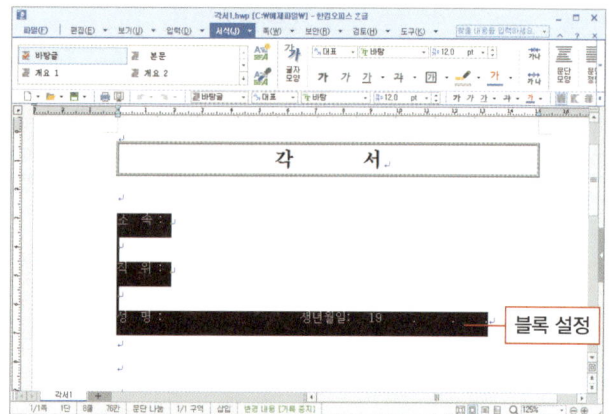

2 [서식] 탭의 [문단 모양]을 클릭하거나 Alt+T키를 누릅니다. [문단 모양] 대화상자에서 [테두리/배경] 탭을 클릭한 후 [배경]의 [면 색]을 지정합니다.

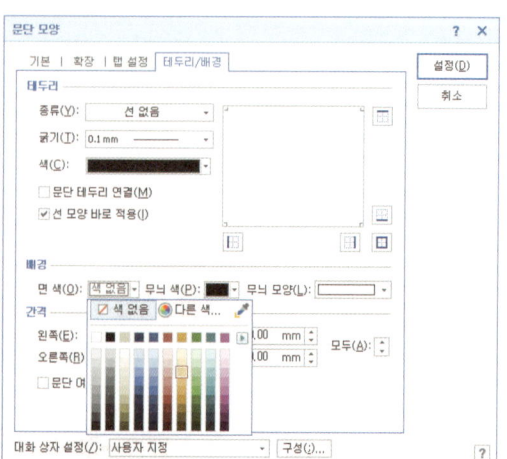

> **POINT**
> 문단 테두리와 배경색을 각각 지정하여 적용할 수 있습니다. 팔레트에 원하는 색상이 없을 경우 [다른 색…]을 선택하면 사용자가 색상을 만들 수도 있습니다.

3 [무늬 색]을 눌러 무늬 모양에 사용될 색을 선택합니다.

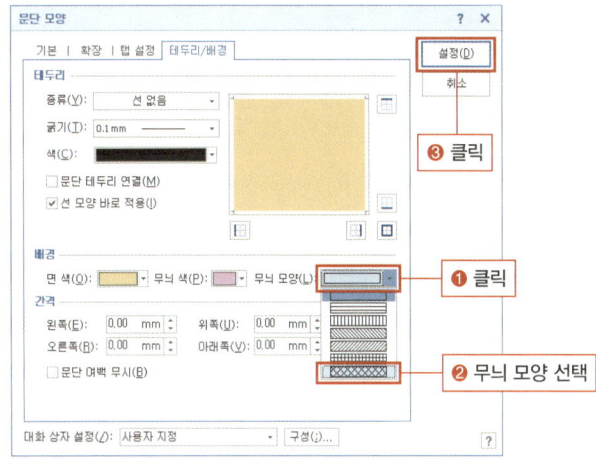

\POINT
[무늬 색]을 흰색으로 선택하고 [무늬 모양]을 지정하면 배경에 무늬가 표시되지 않습니다.

4 [무늬 모양]에서 원하는 모양을 선택하고 [설정] 버튼을 클릭합니다.

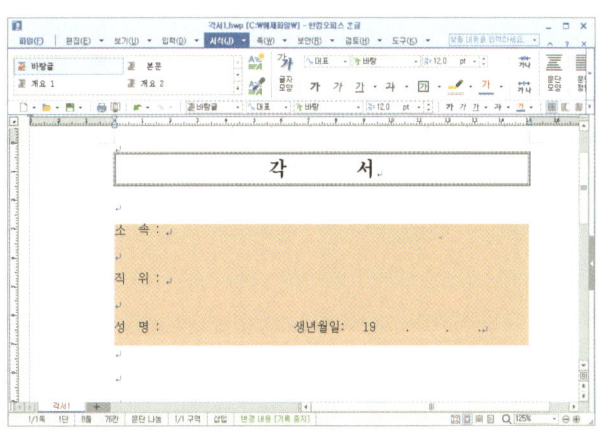

\POINT
첫 번째 무늬 모양은 무늬가 표시되지 않습니다.

5 블록을 해제하면 다음과 같이 여러 문단이 동시에 배경색으로 표시된 것을 확인할 수 있습니다.

Part 1. 한글 2014의 기본 기능 50가지 **119**

6 무늬를 지정한 곳을 다시 블록으로 설정한 후 Alt+T키를 눌러 문단 모양 대화상자의 [테두리/배경] 탭에서 '문단 여백 무시'에 체크합니다. [설정] 버튼을 클릭합니다.

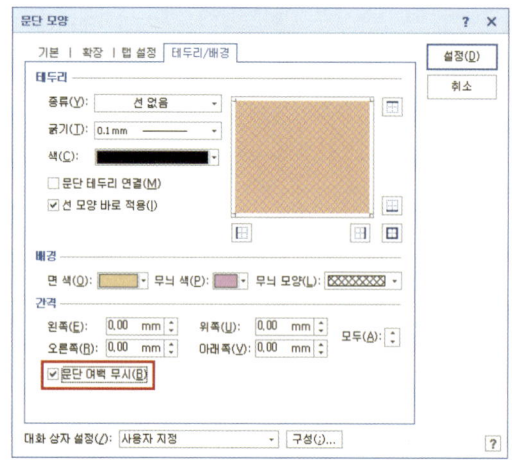

7 블록을 해제하면 다음과 같이 문단 여백을 무시하여 배경색이 적용된 것을 확인할 수 있습니다.

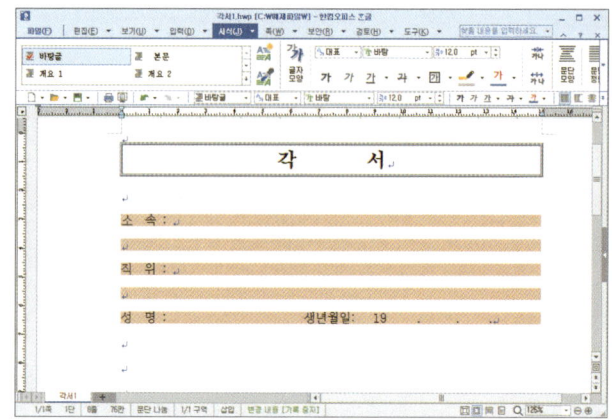

8 문단 맨 위쪽과 아래쪽에 테두리 선을 넣을 수도 있습니다. 블록을 설정한 후 Alt+T키를 눌러 다음과 같이 테두리와 간격을 지정하고 [설정] 버튼을 누릅니다.

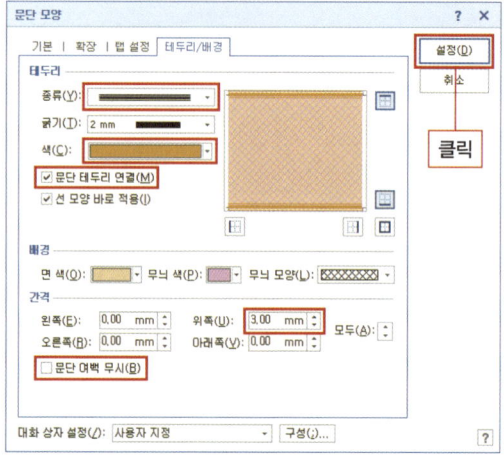

문단 첫 글자 장식하기

문단 첫 글자 장식은 문단의 첫 번째 글자를 강조하는 방법입니다. 첫 번째 글자의 글꼴, 테두리, 장식 모양 등을 지정하여 글자를 독특하게 꾸밀 수 있습니다.

◐ **Key Word** : 첫 글자   ◐ **예제파일** : 예제파일\이상한 나라의 앨리스.hwp   ◐ **완성파일** : 완성파일\이상한 나라의 앨리스.hwp

1 '더 이상 소녀가'로 시작하는 문단으로 커서를 이동한 다음 [서식] 메뉴의 [문단 첫 글자 장식]을 클릭합니다. 또는 [서식] 탭의 문단 첫 글자 장식( ) 아이콘을 클릭합니다.

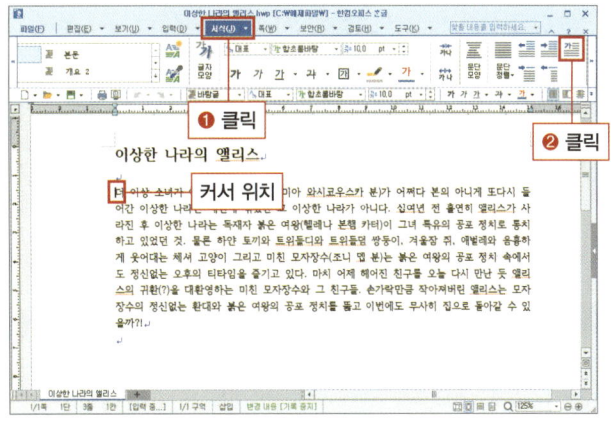

POINT
블록을 지정한 상태에서는 이 명령을 사용할 수 없습니다.

2 [문단 첫 글자 장식] 대화상자에서 모양을 3줄( )로 선택합니다. 글꼴과 선 종류, 선 굵기, 선 색과 면 색, 본문과의 간격 등을 지정한 다음 [설정] 버튼을 클릭합니다.

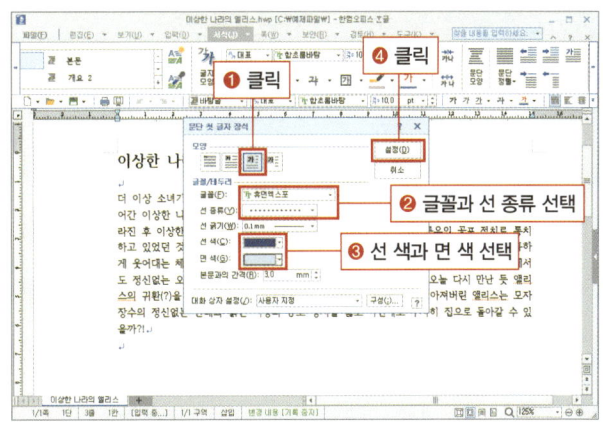

POINT
문단 첫 글자를 장식한 다음 해제할 때는 [문단 첫 글자 장식] 대화상자에서 모양을 없음( )으로 지정하고 [설정] 버튼을 클릭합니다.

Part 1. 한글 2014의 기본 기능 50가지

3 다음과 같이 커서가 위치한 문단의 첫 번째 글자가 지정한 모양으로 꾸며집니다.

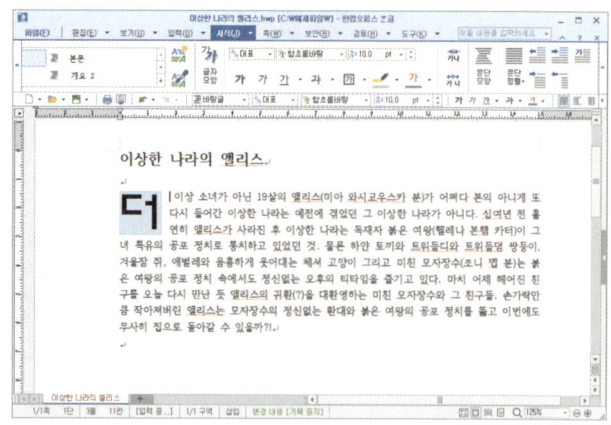

쌩초보 Level Up 문단 첫 글자 장식 모양

[문단 첫 글자 장식] 대화상자에서 장식 모양을 없음, 2줄, 3줄, 여백 중에서 선택할 수 있습니다. '없음'은 첫 글자 장식을 해제할 때 사용합니다.

- **2줄 모양** : 장식 글자를 문단 왼쪽 끝에 맞추고 본문은 장식 글자 오른쪽에 2줄만 걸치도록 배열합니다.

- **3줄 모양** : 장식 글자를 문단 왼쪽 끝에 맞추고 본문은 장식 글자 오른쪽에 3줄만 걸치도록 배열합니다.

- **여백 모양** : 장식 글자의 크기를 3줄 모양과 같은 크기로 만들어 문단의 왼쪽 여백 바깥쪽에 배열합니다. 편집 화면에서 여백 모양의 장식 글자를 확인하려면 쪽 윤곽 보기로 전환해야 합니다.

Section 36
문단 번호 매기기

여러 개의 항목을 나열할 때 문단 시작 부분에 번호를 매기거나 글머리표를 붙이는 기능입니다. 문단 번호는 7단계까지 다단계 번호를 매길 수 있으며 문단 번호를 사용한 문장의 순서가 변경되었을 때 문단 번호도 자동으로 바뀝니다.

Key Word : 글머리표, 문단 수준, 그림 글머리표 **완성파일** : 완성파일\문단번호.hwp

1 한글 2014의 빈 문서를 열어 [서식] 메뉴의 [문단 번호 모양]을 선택하거나 Ctrl+K, N키를 누릅니다.

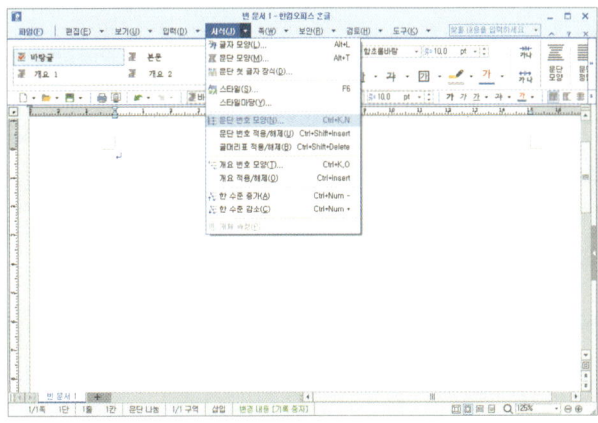

POINT
문단 번호는 문단 단위로 적용됩니다. 내용이 입력되어 있는 문단에 문단 번호를 지정하려면 원하는 문단으로 커서를 이동하거나 여러 문단을 블록으로 지정한 다음 명령을 실행합니다.

2 [문단 번호/글머리표] 대화상자의 [문단 번호] 탭에서 문단 번호 모양을 선택한 다음 [설정] 버튼을 클릭합니다.

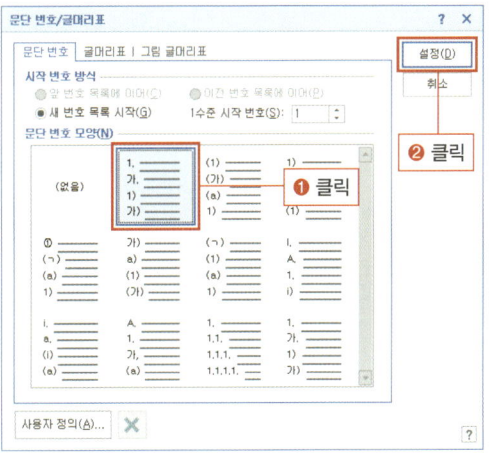

3 1 수준의 번호가 표시되면 다음과 같이 내용을 입력하고 Enter 키를 누릅니다. 그러면 다음 문단에 문단 번호가 증가되어 삽입됩니다.

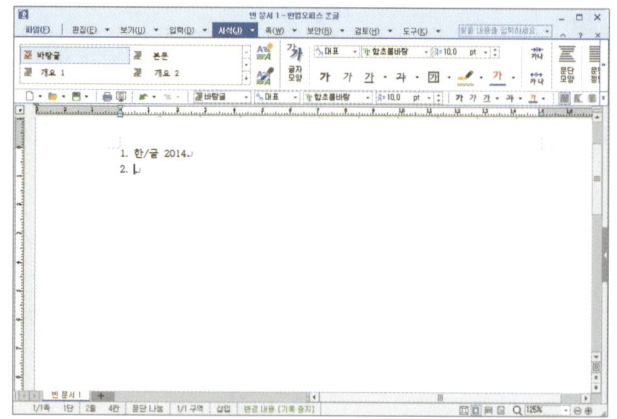

4 문단 번호를 2 수준으로 만들려면 Ctrl 키를 누른 상태에서 + 키를 누릅니다. 문단 번호가 2 수준으로 변경되면 내용을 입력하고 Enter 키를 누릅니다. 같은 방법으로 다시 3 수준 문단 번호로 만든 다음 나머지 내용을 입력합니다.

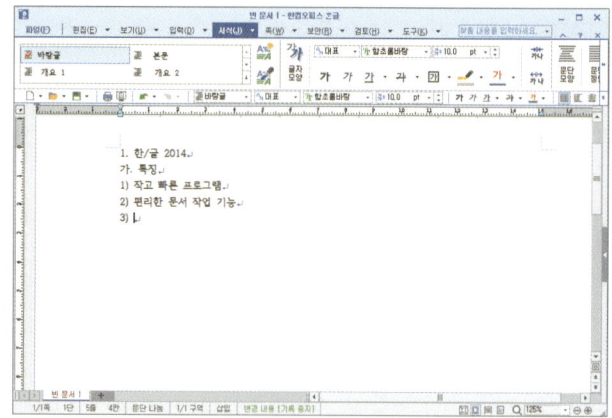

POINT

[서식] 메뉴의 [한 수준 감소]를 선택해도 됩니다.

쌩초보 Level Up — 시작 번호 방식 메뉴 알아보기

- **앞 번호 목록에 이어** : 현재 문단의 앞쪽에서 가장 가까운 문단 번호에 계속 이어 문단 번호를 매깁니다.
- **새 번호 목록 시작** : 현재 문단부터 새 문단 번호를 매기기 시작합니다. 시작 번호를 사용자가 임의로 지정할 수 있습니다.
- **이전 번호 목록에 이어** : 문단 번호가 설정된 문단 사이에 다른 문단 번호 속성이 있는 문단을 삽입했을 때 현재 위치의 문단 번호를 이전 번호 목록에 이어서 매깁니다.

5 3 수준 문단 번호에서 Ctrl 키를 누른 채 숫자 키패드의 −를 누르면 2 수준 문단 번호로 변경됩니다. 이와 같이 문단 번호의 수준을 조정하면서 다음의 내용을 모두 입력합니다. 여기서는 모두 3 수준 문단 번호까지 사용하였습니다.

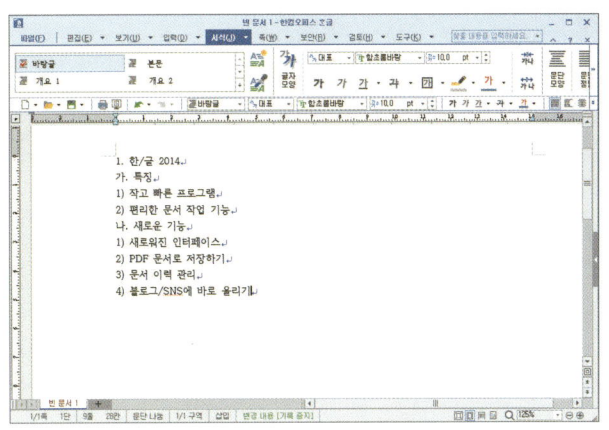

POINT
[서식] 메뉴의 [한 수준 증가]를 선택해도 됩니다.

6 문단 번호의 모양을 변경해 보겠습니다. [서식] 메뉴의 [문단 번호 모양]을 선택합니다. [문단 번호/글머리표] 대화상자의 [문단 번호] 탭에서 [사용자 정의] 버튼을 클릭합니다.

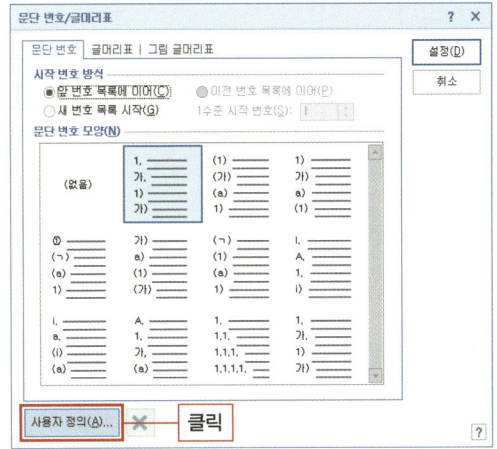

7 [수준]에서 '1 수준'을 선택합니다. [번호 서식]을 '제^1장.'과 같이 변경하고 [번호 모양]을 지정합니다. '글자 모양 지정'에 체크하고 [글자 모양] 버튼을 클릭하여 번호의 글자 모양을 지정한 후 [설정] 버튼을 클릭합니다.

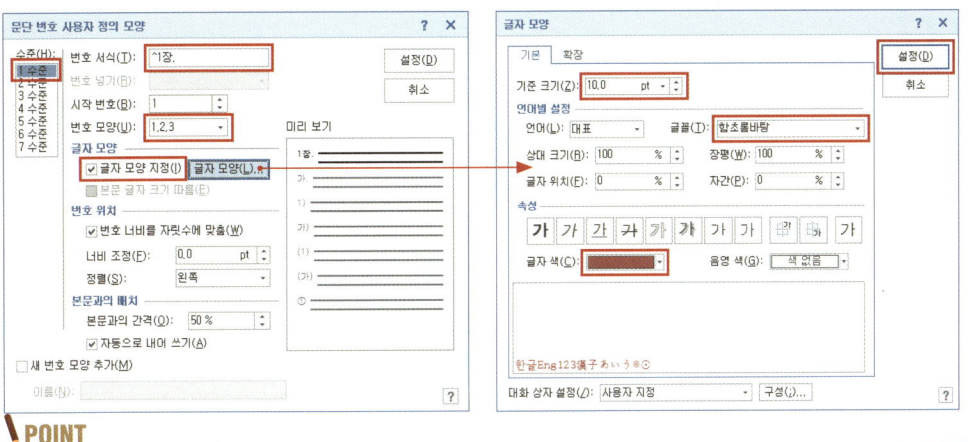

POINT
'본문 글자 크기 따름'에 체크하면 글자 모양에서 지정한 글자 크기를 무시하고 본문의 글자 크기로 문단 번호를 표시합니다.

8 [수준]에서 '2 수준'을 선택한 다음 현재 수준 번호 서식을 변경합니다.

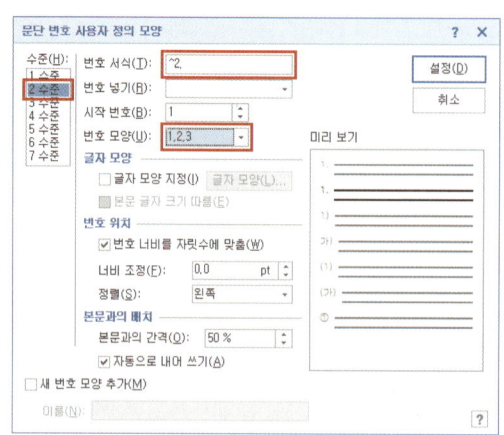

\POINT
'자동으로 내어 쓰기'에 체크하면 번호가 차지하는 너비만큼 자동으로 문단을 내어 쓰기 하여 본문의 세로 위치를 가지런하게 맞춥니다.

9 '3 수준'을 선택한 다음 현재 수준 번호 서식을 변경합니다. [번호 서식]의 '^3' 앞에 커서를 놓은 다음 [번호 넣기]에서 '2 수준'을 선택합니다. 다시 번호 서식 상자에서 '^2-^3' 형식이 되도록 2 수준과 3 수준 사이에 '-'을 입력하고 번호 모양도 변경한 후 [설정] 버튼을 클릭합니다.

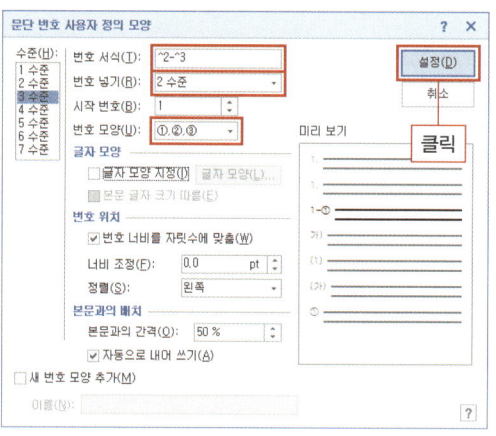

\POINT
번호 넣기는 상위 수준의 문단 번호를 현재 수준과 함께 표시하는 기능으로 2 수준 이상에서만 사용할 수 있습니다. 번호 서식에서 '^' 표시는 문단 번호를 자동으로 증가시키는 코드이므로 지우지 않습니다.

10 [문단 번호/글머리표] 대화상자에서 다시 [설정] 버튼을 클릭하면 다음과 같이 문단 번호의 모양이 변경됩니다.

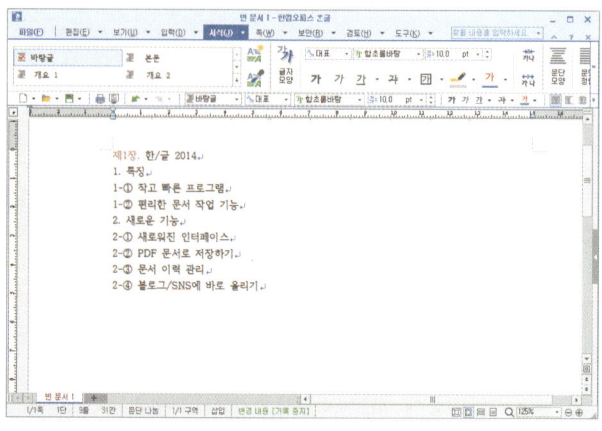

\POINT
[서식] 메뉴의 [문단 번호 적용/해제]를 선택하거나 Ctrl + Shift + Insert 키를 눌러 현재 문단 번호를 지우거나 다시 나타낼 수 있습니다.

11 이번에는 글머리표/그림 글머리표를 사용해 봅니다. [서식] 메뉴의 [문단 번호 모양]을 선택한 다음 [문단 번호/글머리표] 대화상자의 [글머리표] 탭이나 [그림 글머리표] 탭에서 원하는 모양을 선택하고 [설정] 버튼을 클릭합니다.

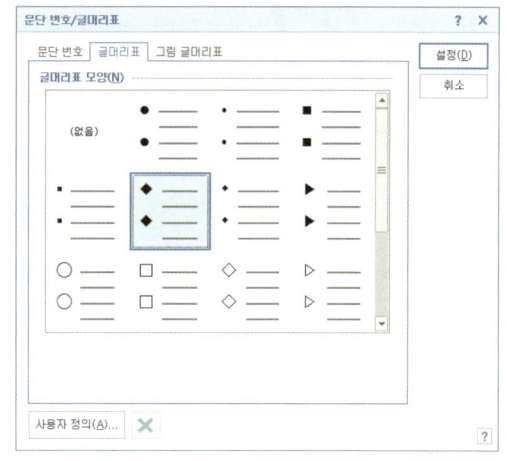

POINT
글머리표는 여러 개의 항목을 나열할 때 문단 번호 대신 문단의 시작 위치에 기호나 그림을 붙여 가면서 입력하는 기능입니다. 항목의 순서가 중요하지 않을 때는 문단 번호 대신 글머리표를 사용할 수 있습니다.

12 선택한 글머리표의 모양이나 글자 모양 등을 변경하려면 [사용자 정의] 버튼을 누르고 [글머리표 사용자 정의 모양] 대화상자에서 작업합니다.

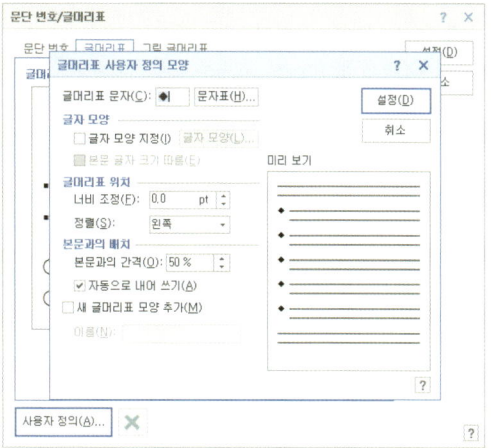

Section 37
탭 사용하기

탭(Tab)은 키보드에서 Tab 키를 눌렀을 때 한 번에 특정 위치로 커서를 이동하여 간격을 띄울 때 사용합니다. 여러 개의 항목을 입력할 때 세로 위치를 가지런하게 맞추기 위해 많이 사용하는 기능입니다.

Key Word : 눈금자, 자동 탭   　　　　　　　　　　　　　　　　　　　　　**완성파일** : 완성파일\탭.hwp

1 이번 섹션은 빈 문서에서 시작합니다. 단축키 Alt+T를 눌러 [문단 모양] 대화상자를 연 다음 [탭 설정] 탭을 클릭합니다. [탭 위치]에 '30pt'를 입력하고 [추가] 버튼을 클릭합니다.

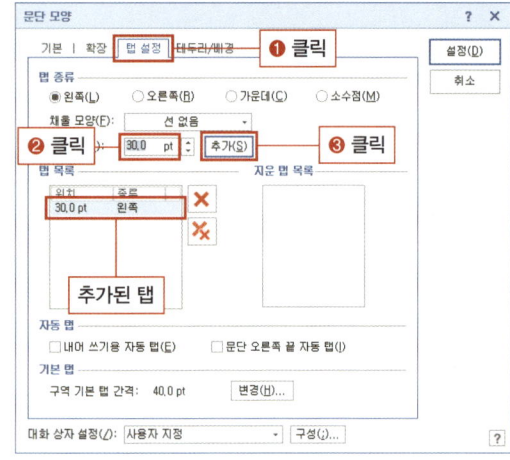

POINT
탭은 문단 단위로 적용됩니다.

2 탭 목록에 지정한 탭이 추가됩니다. 이번에는 [탭 종류]를 '가운데'로 선택하고 [탭 위치]를 '120pt'로 입력한 다음 [추가] 버튼을 클릭합니다. 탭이 추가되면 [설정] 버튼을 클릭합니다.

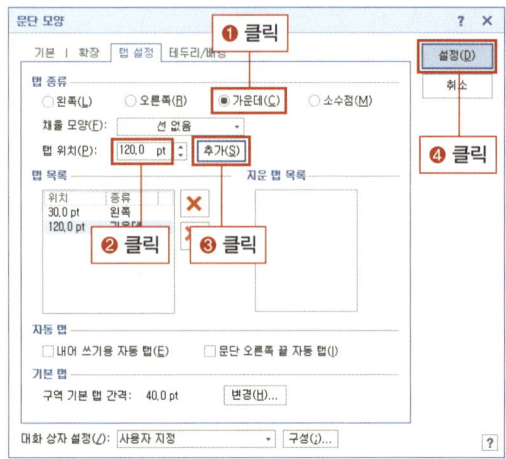

3 Tab 키를 누르면 왼쪽 탭 위치로 커서가 이동합니다. '이름'을 입력하고 다시 Tab 키를 누르면 가운데 탭 위치로 커서가 이동합니다. '회원구분'을 입력합니다.

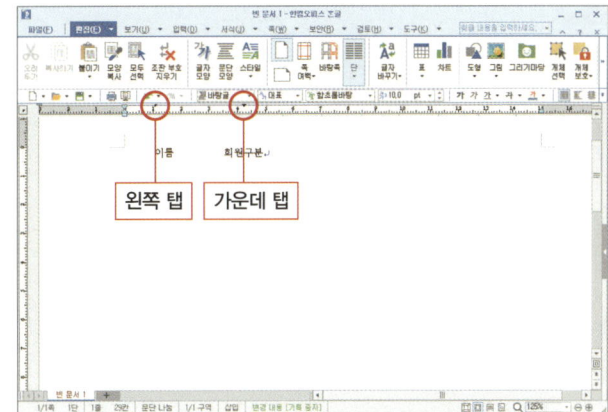

POINT
가로 눈금자에 설정한 탭 위치가 표시됩니다.

4 가로 눈금자의 왼쪽 끝에 있는 탭 종류 변경 아이콘(▶)을 클릭해서 오른쪽 탭으로 변경한 다음 가로 눈금자에서 원하는 부분을 클릭하면 오른쪽 탭을 추가할 수 있습니다.

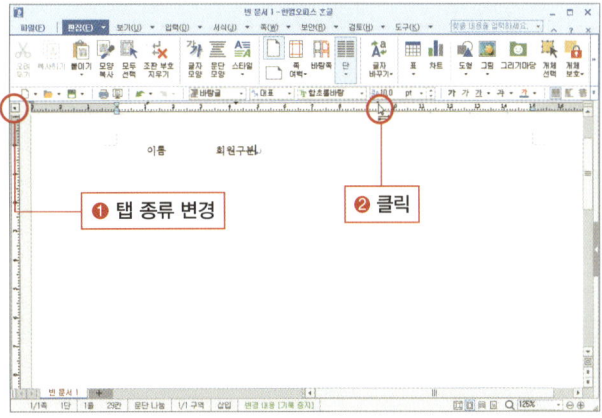

POINT
탭 종류 변경 아이콘은 가로 눈금자와 세로 눈금자가 모두 표시된 상태에서만 나타납니다.

쌩초보 Level Up 탭(Tab) 자세히 알아보기

- **탭의 종류**
  - **왼쪽 탭** : 내용의 왼쪽 시작 부분을 가지런하게 맞춥니다.
  - **오른쪽 탭** : 내용의 오른쪽 끝 부분을 가지런하게 맞춥니다.
  - **가운데 탭** : 내용의 가운데 부분을 가지런하게 맞춥니다.
  - **소수점 탭** : 숫자의 소수점 부분을 탭 위치에 가지런하게 맞춥니다.

- **가로 눈금자에서 탭 설정하기**
  - 탭 종류를 지정하고 가로 눈금자에서 탭이 없는 부분을 클릭하면 탭이 추가됩니다.
  - 탭 표시를 눈금자 바깥쪽으로 끌어다 놓으면 탭이 지워집니다.
  - 탭 표시에서 마우스 왼쪽 버튼을 누른 채 드래그하면 탭의 위치가 이동됩니다.
  - Ctrl 키를 누른 채 탭 표시를 드래그하면 현재 탭이 복사됩니다.
  - 가로 눈금자 위에서 마우스 오른쪽 버튼을 누르면 탭 설정에 관련된 빠른 메뉴가 표시됩니다.

5 [서식] 탭의 [문단 모양]을 클릭하거나 Alt +T키를 눌러 [문단 모양] 대화상자를 불러옵니다. [탭 설정] 탭을 클릭하고 [탭 목록]의 '오른쪽'을 선택합니다. [채울 모양]을 '점선'으로 지정하고 [추가] 버튼을 클릭한 후 [설정] 버튼을 클릭합니다.

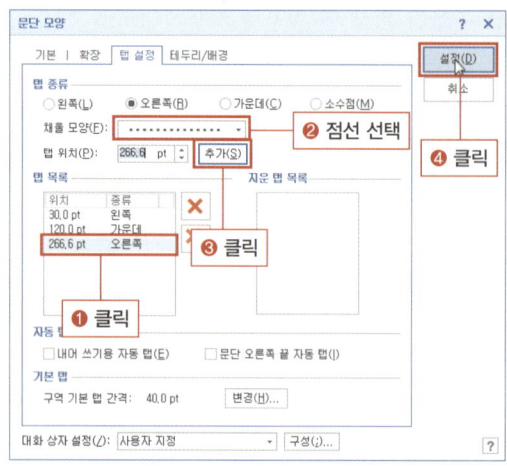

POINT

채울 모양을 지정하면 낱말 끝 부분에서 현재 탭의 시작 부분까지 탭에 의해 생긴 공백을 지정한 선 모양으로 채워줍니다.

6 Tab 키를 눌러가면서 다음과 같이 문서 내용을 입력합니다.

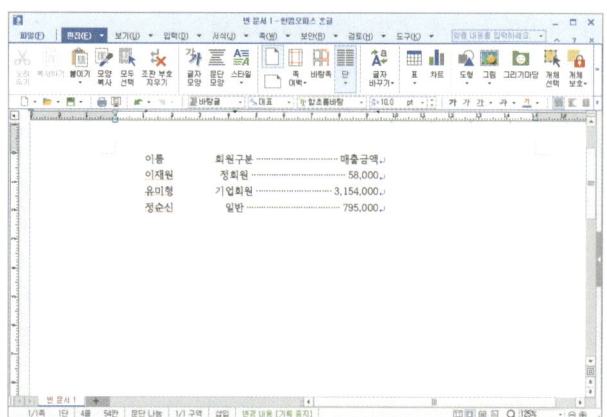

쌩초보 Level Up — 기본 탭과 자동 탭

- **기본 탭** : 기본적으로 40pt(영문 8글자) 간격으로 왼쪽 탭이 설정되어 있습니다. 탭을 설정하지 않았더라도 Tab 키를 누르면 커서가 기본 탭 위치로 이동합니다. 기본 탭은 가로 눈금자의 눈금 아래 부분에 세로 선으로 표시되어 있습니다. 사용자가 탭을 추가하면 추가한 탭의 왼쪽에 있는 기본 탭은 모두 사라집니다.

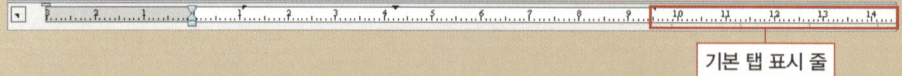

기본 탭 표시 줄

- **내어 쓰기용 자동 탭** : [문단 모양] 대화상자의 [탭 설정] 탭에서 '내어 쓰기용 자동 탭'에 체크하면 문단 왼쪽 끝에 맞추어 왼쪽 탭을 하나 넣어 줍니다. 자동 탭은 문단의 내어 쓰기나 왼쪽 여백을 변경하면 그에 따라 자동으로 탭의 위치가 변경됩니다.

- **문단 오른쪽 끝 자동 탭** : 기본 탭을 모두 지우고 문단 오른쪽 끝에 오른쪽 탭을 하나 넣어 줍니다. 자동 탭을 사용하면 문단의 오른쪽 여백을 변경했을 때 탭의 위치가 자동으로 바뀝니다.

Section 38
모양 복사하기

현재 커서 위치의 글자 모양이나 문단 모양 등을 한꺼번에 다른 위치로 복사할 때 사용하는 기능입니다. 어떤 글자 모양이나 문단 모양 등을 여러 곳에 반복적으로 사용해야 하는 경우 간단하고 빠르게 원하는 모양을 복사하여 적용시킬 수 있습니다.

Key Word : 글자 모양 복사, 문단 모양 복사 　　**예제파일** : 예제파일\섬여행.hwp 　　**완성파일** : 완성파일\섬여행.hwp

1 예제 파일을 열고 복사할 모양이 설정되어 있는 곳으로 커서를 이동한 다음 [편집] 탭의 [모양 복사]를 클릭하거나 Alt + C 키를 누릅니다.

POINT
모양 복사를 실행할 때는 블록이 지정되어 있으면 안 됩니다.

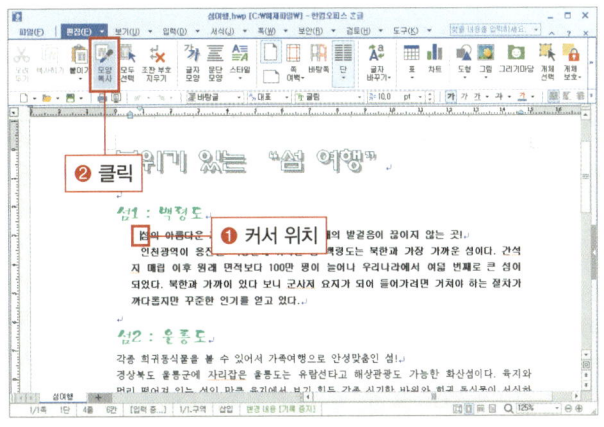

2 [모양 복사] 대화상자가 실행되면 [본문 모양 복사]에서 '글자 모양과 문단 모양 둘 다 복사'를 선택하고 [복사] 버튼을 클릭합니다. 글자 모양과 문단 모양 중 하나만 복사할 수도 있습니다.

POINT
[글자 스타일]과 [문단 스타일]은 커서 위치의 스타일을 복사합니다. 셀 모양 복사는 표 안에서 현재 셀의 셀 속성과 선 모양 등을 복사할 때 사용합니다.

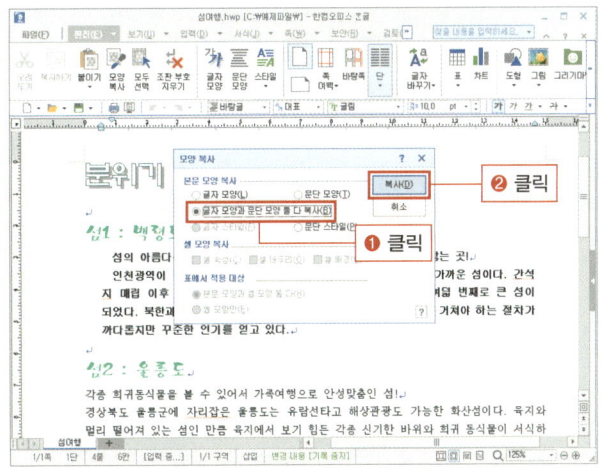

③ 글자 모양과 문단 모양이 복사될 부분을 블록으로 지정한 다음 [편집] 탭의 [모양 복사] 아이콘을 클릭하거나 Alt+C키를 누릅니다. 그러면 다음과 같이 복사한 글자 모양과 문단 모양이 적용됩니다.

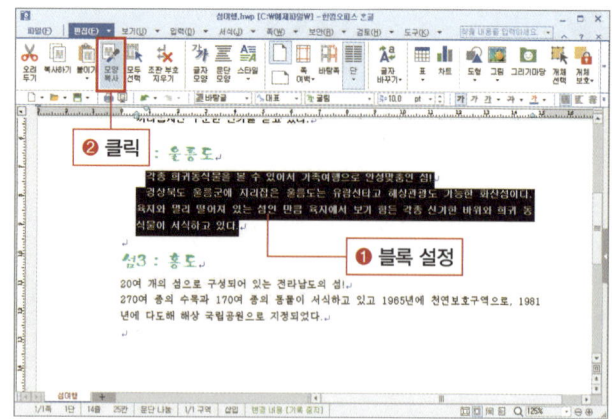

④ 같은 방법으로 다음과 같이 블록을 지정하고 Alt+C키를 눌러 복사한 모양을 적용합니다. 한 번 복사한 모양은 다른 모양이 복사될 때까지 계속 사용할 수 있습니다.

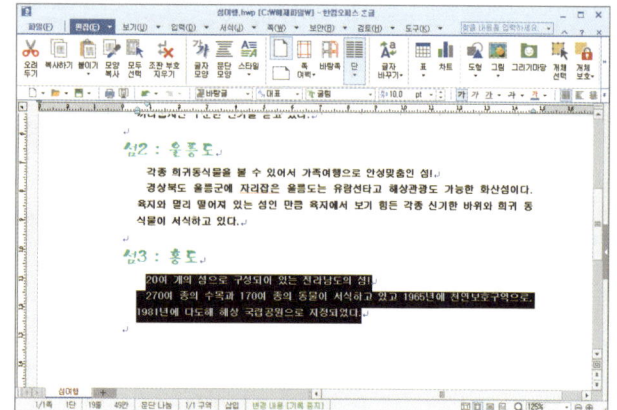

\POINT

블록을 지정하지 않은 상태에서 Alt+C키를 누르면 커서 위치의 모양을 임시 저장소에 기억시키는 기능이 실행됩니다. 블록을 지정한 상태에서 Alt+C키를 누르면 임시 저장소에 기억되어 있는 모양을 블록으로 지정한 부분에 적용합니다.

쌩초보 Level Up 표에서 셀 모양 복사와 적용

- **셀 속성 복사** : 커서가 위치 된 셀의 안 여백, 세로 정렬 상태, 제목 셀 속성, 한 줄로 입력, 세로쓰기 등의 셀 속성을 복사합니다.
- **셀 테두리 복사** : 커서가 위치 된 셀의 테두리 종류와 굵기, 색상, 대각선 모양, 적용 방향 등의 선 모양을 복사합니다.
- **셀 배경 복사** : 커서가 위치 된 셀의 배경 채우기 속성을 그대로 복사합니다.
- **모양 복사 적용** : 복사한 셀 모양은 셀 안의 내용을 블록(F3키)으로 설정하거나 셀 블록(F5키)을 설정한 다음 [모양 복사]를 실행하여 기억된 모양을 덮어씁니다.

쪽 테두리와 배경 사용하기

쪽 테두리는 문서의 각 쪽마다 본문을 에워싸는 테두리 선을 표시하며 배경을 설정하면 바탕색이나 무늬, 그러데이션, 그림 등을 넣어 문서를 꾸밀 수 있습니다. 여기서는 홀수 쪽과 짝수 쪽에 각각 서로 다른 쪽 테두리와 배경을 지정하는 과정을 알아봅니다.

Key Word : 문서 꾸미기, 테두리, 배경 **예제파일** : 예제파일\근로기준법.hwp **완성파일** : 완성파일\근로기준법.hwp

1 [쪽] 탭의 [쪽 테두리/배경]을 클릭합니다.

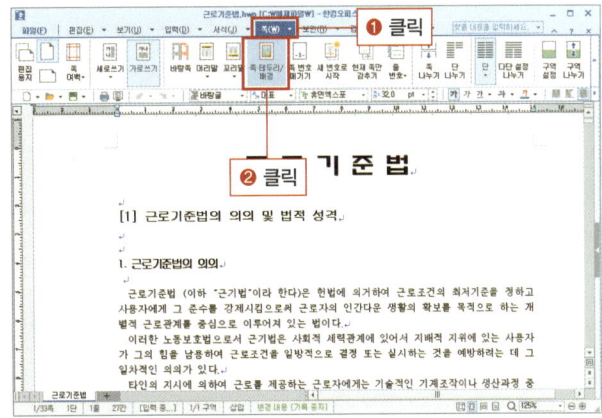

2 [쪽 테두리/배경] 대화상자의 [테두리] 탭에서 [테두리/배경 종류]는 '홀수 쪽'으로, 테두리의 [종류]는 '실선'으로 선택하고 모두 (□) 아이콘을 클릭합니다. 테두리의 [위치]는 '종이 기준'을 선택합니다.

> **POINT**
> 테두리 위치를 '종이 기준' 또는 '쪽 기준'으로 선택한 다음 왼쪽, 오른쪽, 위쪽, 아래쪽의 간격을 지정합니다. '종이 기준'을 선택하면 편집 용지의 가장자리부터 안쪽으로 지정한 간격만큼 떨어진 위치에 테두리가 놓입니다. '쪽 기준'을 선택하면 본문 편집 영역에서 바깥쪽으로 지정한 간격만큼 떨어진 위치에 테두리가 놓입니다.

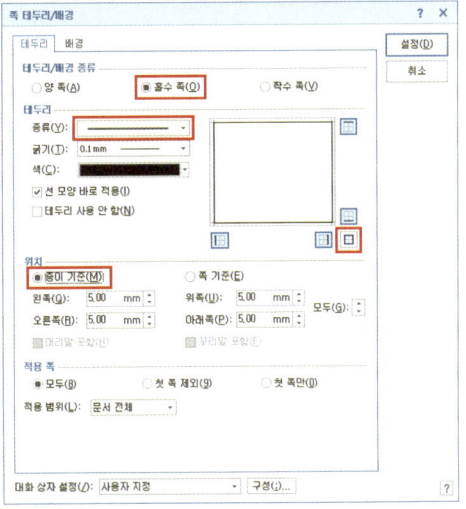

Part 1. 한글 2014의 기본 기능 50가지 **133**

❸ [배경] 탭을 클릭한 다음 [채우기]의 [색]을 선택합니다. '면 색'과 '무늬 색', '무늬 모양'을 각각 지정하고 [채울 영역]을 '테두리'로 지정한 다음 [설정] 버튼을 클릭합니다.

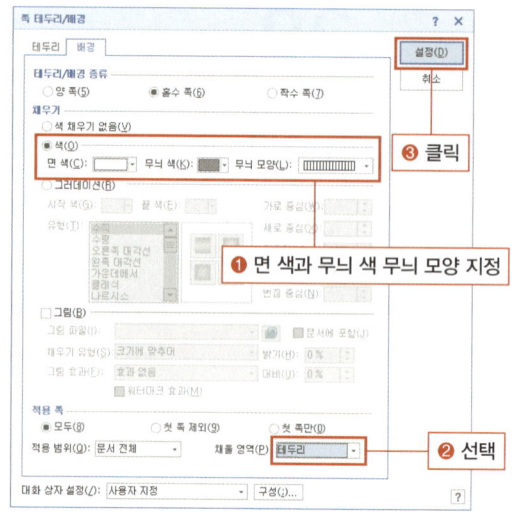

\POINT
채울 영역을 종이로 지정하면 종이 전체에, 쪽으로 지정하면 용지 여백을 제외한 쪽 크기에, 테두리로 지정하면 쪽 테두리에 맞추어 배경이 채워집니다.

❹ 서식 도구 모음의 미리 보기(🖵) 아이콘을 클릭해서 미리 보기 화면으로 전환한 다음 쪽 테두리와 배경이 어떻게 적용되는지 직접 확인합니다. 확인이 끝나면 미리 보기를 종료합니다.

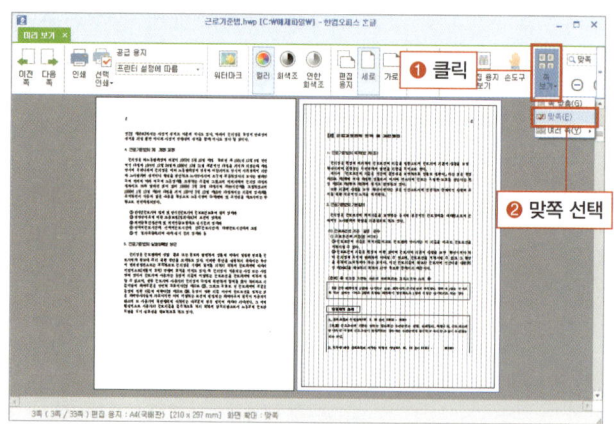

\POINT
편집 화면에서는 쪽 테두리와 배경을 제대로 확인할 수 없으므로 미리 보기에서 확인합니다.

❺ 이번에는 짝수 쪽의 테두리와 배경을 설정해 보겠습니다. [쪽] 탭의 [쪽 테두리/배경] 아이콘을 클릭한 다음 [쪽 테두리/배경] 대화상자의 [테두리] 탭에서 테두리/배경이 적용될 쪽과 테두리 종류, 테두리 위치 등을 설정합니다.

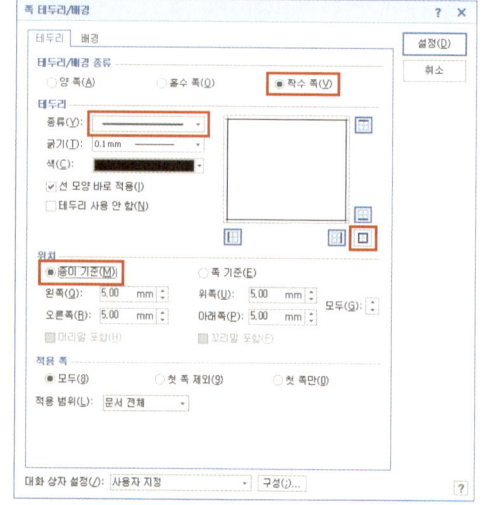

134 회사 실무에 힘을 주는 한글 2014

6 [배경] 탭에서 [그러데이션] 옵션을 선택합니다. '시작 색'과 '끝 색'을 각각 지정하고 [유형]에서 '수평'을 선택합니다. [채울 영역]을 '종이'로 지정하고 [설정] 버튼을 클릭합니다.

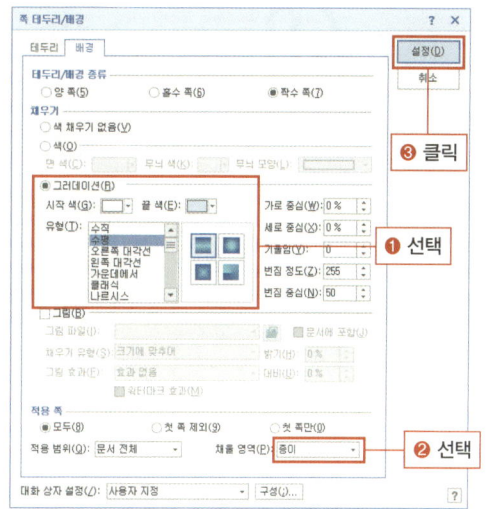

\POINT
그러데이션에 대한 자세한 내용은 그리기 개체에서 다룹니다.

7 미리 보기 화면에서 쪽 테두리와 배경의 적용 결과를 확인해 봅니다. 다음과 같이 홀수 쪽과 짝수 쪽에 각각 다른 쪽 테두리와 배경이 사용되었습니다. 확인이 끝나면 미리 보기를 종료합니다.

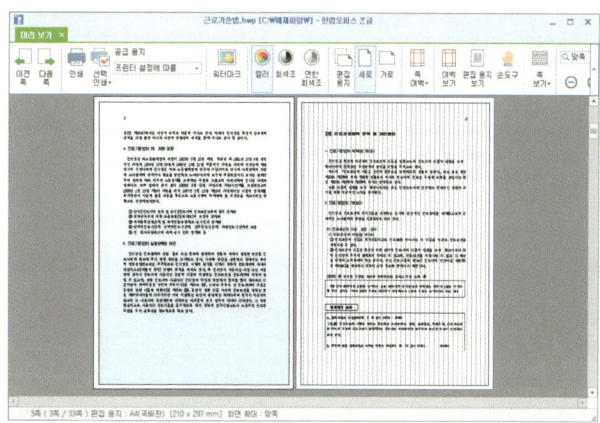

쌩초보 Level Up — 그림 배경 사용하기

[쪽 테두리/배경] 대화상자의 [배경] 탭에서 '그림' 옵션을 클릭하면 [그림 넣기] 대화상자가 나타납니다. 배경을 채울 그림 파일을 지정하고 [넣기] 버튼을 클릭합니다. 채우기 유형과 그림 효과 등을 지정하고 [설정] 버튼을 클릭하면 선택한 배경 그림이 나타납니다.

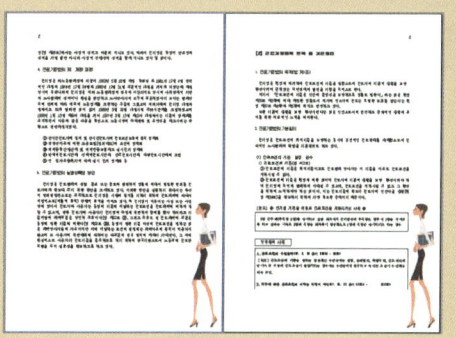

- **채우기 유형** : '크기에 맞추어'는 그림의 원래 크기를 무시하고 현재 쪽 크기에 맞게 그림을 확대 또는 축소해서 채웁니다. '가운데로'는 그림의 원래 크기대로 쪽의 가운데에 그림을 삽입합니다. '바둑판식으로'는 그림의 원래 크기대로 반복해서 쪽을 채웁니다. 각 유형마다 그림의 위치를 모두, 가로/위, 가로/아래, 세로/왼쪽, 세로/오른쪽 등으로 선택할 수 있습니다.
- **그림 효과** : 그림을 원래대로 표시할 것인지 회색조나 흑백으로 표시할 것인지 지정합니다.
- **워터마크 효과** : 그림의 밝기와 대비를 조정하여 원래 그림보다 희미하게 표시합니다.

Section 40

찾기

찾기는 현재 문서에서 특정 문자열을 찾아 커서를 이동하는 기능입니다. 긴 문서에서 원하는 내용을 찾아 빠르게 이동하고 싶을 때 찾기 기능을 사용할 수 있습니다. 찾을 내용을 입력하고 찾기를 실행하면 해당 내용을 찾아 블록으로 표시합니다.

● Key Word : 온전한 낱말, 아무개 문자　　　　　　　　　　　● 예제파일 : 예제파일\안내장.hwp

1 커서를 문서의 처음(단축키 : Ctrl + Pg Up)으로 이동합니다. [편집] 메뉴의 [찾기]에서 '찾기'를 선택하거나 Ctrl + Q , F 키를 누릅니다.

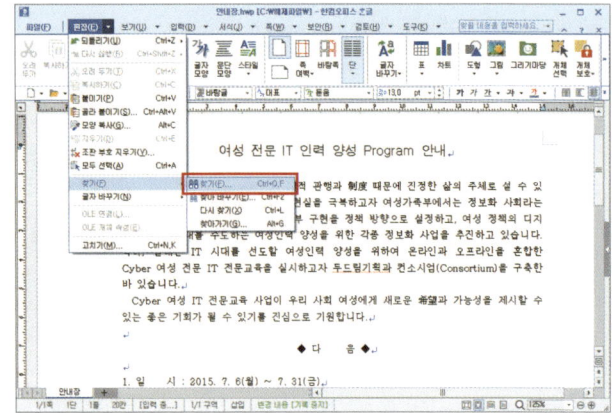

POINT
블록을 지정하고 찾기를 실행하면 블록으로 지정된 영역에서만 찾습니다.

2 찾을 내용에 '여성'을 입력하고 [선택 사항]에서 '온전한 낱말'에 체크합니다. [찾을 방향]을 '아래쪽'으로 설정하고 [다음 찾기] 버튼을 클릭합니다.

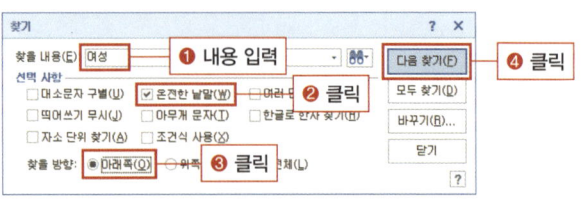

POINT
찾을 방향이 '아래쪽'이면 현재 커서의 위치를 기준으로 아래 방향으로 찾기를 실행합니다. 찾을 방향은 '아래쪽', '위쪽', '문서 전체' 중에서 선택할 수 있습니다.

3 '여성'을 찾으면 다음과 같이 블록이 설정됩니다. 계속해서 다음 단어를 찾으려면 [다음 찾기] 버튼을 클릭합니다.

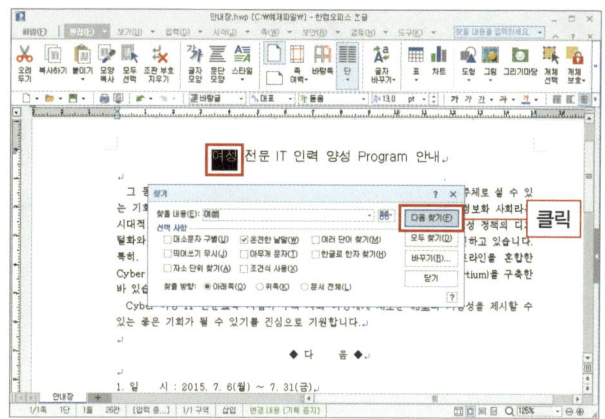

4 다음 '여성'을 찾아 블록이 설정됩니다. 선택 사항에서 '온전한 낱말'을 선택했기 때문에 '여성은', '여성가족부에서는' 등의 내용은 찾지 않습니다. 원하는 위치의 '여성'을 찾았으면 [닫기] 버튼을 클릭해서 [찾기] 대화상자를 닫습니다.

\POINT
[찾기] 대화상자는 자동으로 닫히지 않습니다.

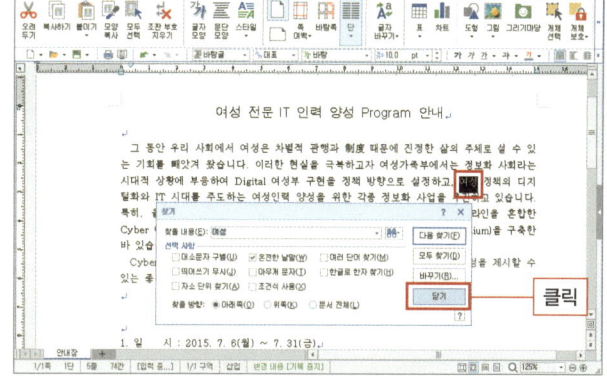

쌩초보 Level Up 찾기 선택 사항

- **대소문자 구별** : 영어 대소문자를 구별합니다. 'Word'를 찾을 때 'word' 또는 'WORD'는 찾지 않습니다.
- **온전한 낱말** : 찾을 내용과 완전히 일치하는 문자열만 찾습니다. '냉면'을 찾을 때 '물냉면' 또는 '냉면집' 등은 찾지 않습니다.
- **여러 단어 찾기** : 쉼표(,)나 세미콜론(;)으로 구분하여 찾을 내용에 여러 단어를 입력한 후 이것을 한꺼번에 찾습니다. '냉면;쫄면'을 찾을 내용에 입력하여 찾으면 '냉면'과 '쫄면'을 모두 찾습니다.
- **띄어쓰기 무시** : 찾을 내용에 입력한 내용에서 띄어쓰기를 무시한 것도 함께 찾습니다. '여성 인력'을 찾으면 '여성인력'도 함께 찾습니다.
- **아무개 문자** : 물음표(?)나 별표(*) 문자를 이용해서 찾을 내용을 지정합니다. 물음표(?)는 임의의 한 글자, 별표(*)는 임의의 여러 글자를 나타냅니다. '*면'은 면으로 끝나는 모든 단어를 찾고, '소??'는 소로 시작하는 세 글자로 된 단어를 찾습니다.
- **한글로 한자 찾기** : 찾을 내용에 입력한 단어를 한글뿐 아니라 한자까지 함께 찾습니다. '한국'을 찾을 때 '韓國'도 함께 찾을 수 있습니다.
- **자소 단위 찾기** : 찾을 내용에 입력한 자소 단위까지 찾기를 수행합니다. '한국ㅅ'을 찾으면 '한국사', '한국송' 등을 찾습니다.
- **조건식 사용** : 더욱 세밀한 찾기가 필요할 경우 미리 정해진 예약 기호들을 사용하여 찾을 내용을 지정합니다.

section 41
찾아 바꾸기

현재 문서에서 특정 문자열을 찾아 다른 문자열로 바꿀 때 찾아 바꾸기 기능을 사용합니다. 찾아 바꾸기에서 문자열을 찾기 위해 찾기 명령과 마찬가지로 여러 가지 선택 사항을 사용할 수 있습니다.

◦ **Key Word** : 바꾸기, 모두 바꾸기   ◦ 예제파일 : 예제파일\안내장.hwp   ◦ 완성파일 : 완성파일\안내장.hwp

1 이전 섹션의 예제 파일을 계속 사용합니다. 커서를 문서의 처음으로 이동하고 [편집] 메뉴의 [찾기]에서 '찾아 바꾸기'를 선택하거나 Ctrl + F2 키를 누릅니다. [찾아 바꾸기] 대화상자에서 찾을 내용을 '여성'으로 입력하고 바꿀 내용을 '여성(女性)'으로 입력한 다음 [바꾸기] 버튼을 클릭합니다.

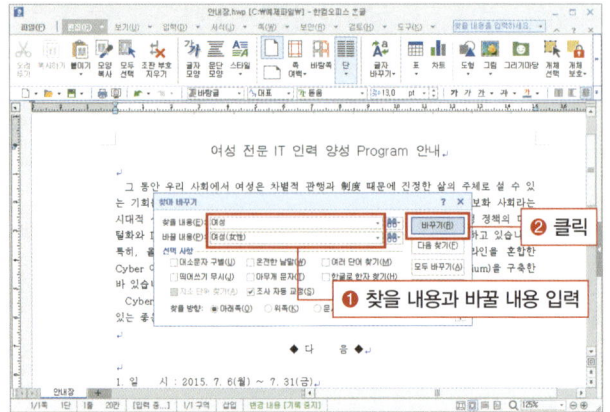

POINT
선택 사항과 찾을 방향은 [찾기] 대화상자에서와 같은 기능을 수행합니다.

2 첫 번째 '여성'을 찾아 블록이 설정됩니다. 아직 바꾸기는 실행되지 않았습니다. 현재 찾은 내용을 바꿀 내용으로 바꾸려면 [바꾸기] 버튼을 클릭합니다.

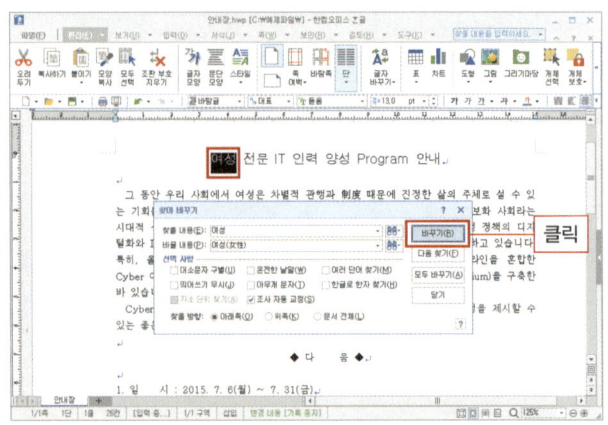

POINT
현재 찾은 내용을 바꾸지 않고 다음 내용을 찾으려면 [바꾸기] 버튼을 클릭하는 대신 [다음 찾기] 버튼을 클릭합니다.

3 찾은 내용을 바꿀 내용으로 변경한 후 다음 '여성'을 찾아 다시 블록이 설정됩니다. 이번에는 일일이 확인하지 않고 한꺼번에 바꾸기 위해 [모두 바꾸기] 버튼을 클릭합니다.

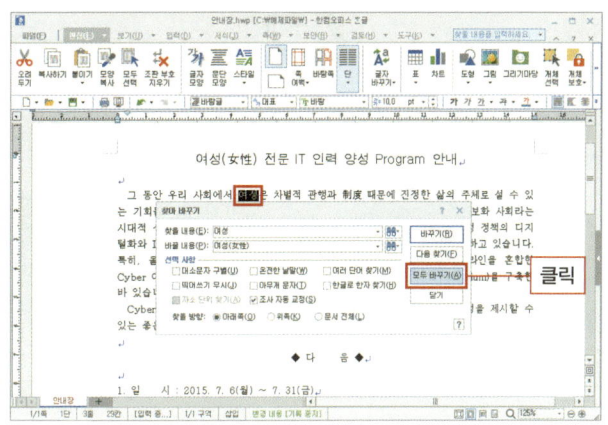

4 다음과 같이 몇 번 바꾸기가 실행되었는지 메시지가 표시됩니다. 문서 중간부터 바꾸기를 실행한 경우에는 [찾음] 버튼을 클릭해서 문서 처음부터 계속 바꾸기를 실행할 수 있습니다. 여기서는 [취소] 버튼을 클릭합니다.

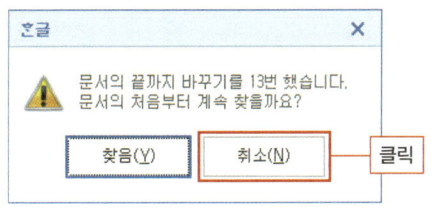

5 [찾아 바꾸기] 대화상자에서 [닫기] 버튼을 클릭하여 대화상자를 닫습니다. 편집 화면에서 바꾸기 결과를 확인합니다.

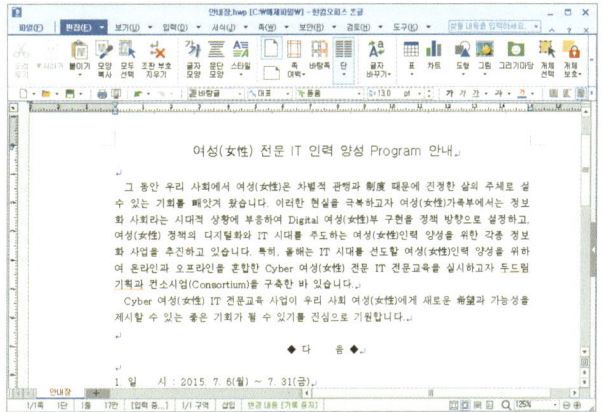

모양으로 찾기와 바꾸기

찾기와 찾아 바꾸기를 수행할 때 글자 모양이나 문단 모양까지 지정하여 찾기 또는 바꾸기를 수행할 수 있습니다. 예를 들면 글꼴을 '바탕'으로 지정한 '여성'이라는 단어를 찾아 진하게, 빨간 색의 '남성'으로 바꾸기를 수행할 수 있습니다.

○ **Key Word** : 서식 찾기   ○ **예제파일** : 예제파일\안내장2.hwp   ○ **완성파일** : 완성파일\안내장2.hwp

1 문서의 처음으로 커서를 이동한 후 [편집] 메뉴의 [찾기]에서 '찾아 바꾸기'를 선택하거나 Ctrl + F2 키를 누릅니다. [찾아 바꾸기] 대화상자에서 찾을 내용을 '여성'으로 입력한 다음 찾을 내용 상자의 오른쪽 끝에 있는 서식 찾기( ) 아이콘을 클릭합니다.

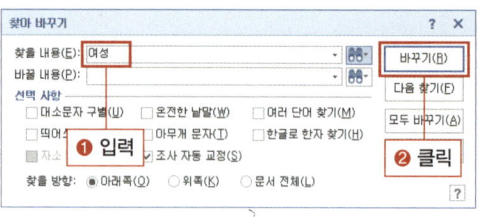

2 서식 찾기 메뉴가 표시되면 '찾을 글자 모양'을 클릭합니다.

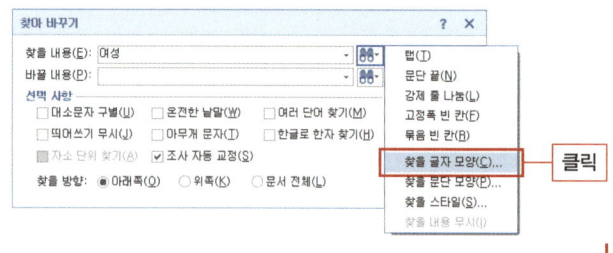

\POINT

탭, 문단 끝, 강제 줄 나눔, 고정폭 빈 칸, 묶음 빈 칸 등을 선택하면 해당되는 특수 기호(^t, ^n, ^l, ^s, ^r)가 찾을 내용에 추가됩니다. 이러한 특수 기호만 찾거나 특수 기호와 함께 다른 문자열을 결합하여 찾기를 수행할 수 있습니다.

3 [글자 모양] 대화상자에서 글꼴을 '바탕'으로 지정한 다음 [설정] 버튼을 클릭합니다. 이렇게 하면 글꼴이 '바탕'인 '여성'만 찾는다는 의미가 됩니다.

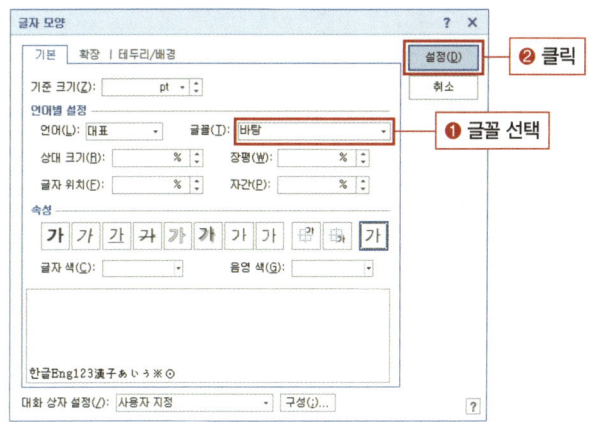

4 이번에는 바꿀 내용에 아무 것도 입력하지 않은 상태에서 바꿀 내용 상자의 오른쪽 끝에 있는 서식 찾기( ) 버튼을 클릭하고 '바꿀 글자 모양'을 선택합니다.

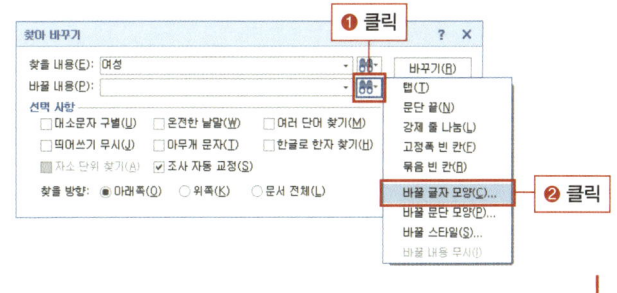

▌POINT
찾을 내용이나 바꿀 내용의 서식 찾기에서 '찾을 문단 모양', '바꿀 문단 모양' 메뉴를 사용하면 문단 모양을 찾고 바꾸는 작업을 수행할 수 있습니다.

5 [글자 모양] 대화상자에서 속성의 진하게(가) 버튼을 클릭하고, 글자 색과 음영색을 각각 지정한 다음 [설정] 버튼을 클릭합니다.

▌POINT
속성에서 보통 모양(가) 아이콘을 클릭하면 다른 속성 버튼을 선택할 수 있는 상태로 활성화됩니다.

6 바꿀 내용의 서식 찾기(🔍▼) 버튼을 다시 클릭한 다음 '바꿀 내용 무시'를 선택합니다.

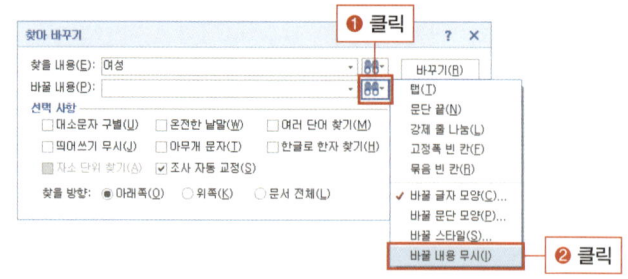

POINT

'바꿀 내용 무시'는 바꿀 글자 모양이나 문단 모양, 스타일 등을 지정한 경우에만 선택하거나 해제할 수 있습니다.

7 찾을 내용과 바꿀 내용, 그리고 서식까지 모든 지정이 끝나면 [모두 바꾸기] 버튼을 클릭합니다. 바꾸기 실행 결과가 표시되면 [취소] 버튼을 클릭하고 [찾아 바꾸기] 대화 상자를 닫으면 결과를 확인할 수 있습니다.

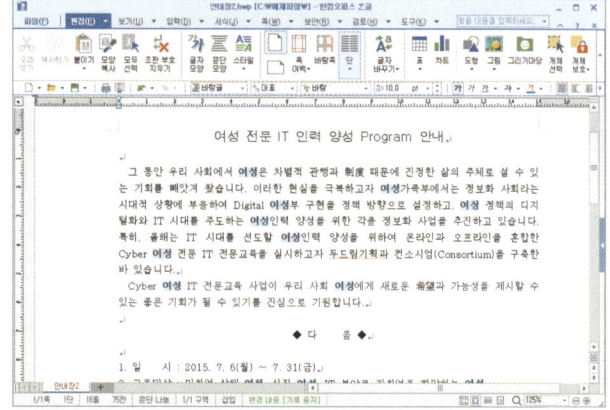

인쇄 모양 미리 보기

미리 보기는 프린터로 인쇄할 문서를 화면에서 미리 확인해 보는 기능입니다. 미리 보기에서 실제 인쇄될 문서의 모든 내용을 그대로 확인할 수 있어 프린터로 인쇄하여 모양을 수정하는 것보다 종이의 낭비를 줄이고 시간을 절약할 수 있습니다.

● **Key Word :** 미리 보기, 여러 쪽 보기　　　　　● 예제파일 : 예제파일\매매계약서.hwp

1 예제 파일을 불러온 다음 [파일] 메뉴의 [미리 보기]를 선택하거나 서식 도구 모음의 미리 보기(🖨) 아이콘을 클릭합니다.

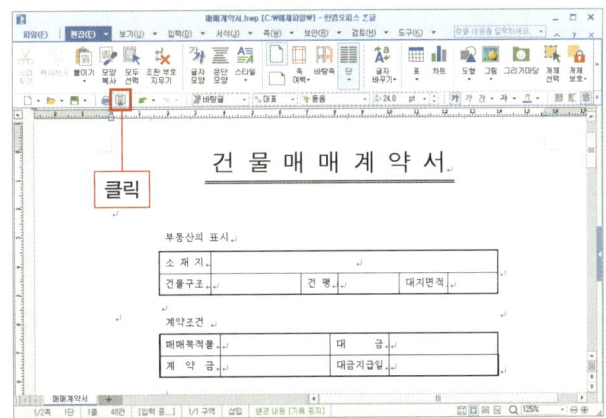

2 미리 보기 창이 열리고 현재 쪽이 인쇄할 모양으로 나타납니다. [쪽 보기]의 [여러 쪽]을 선택하고 가로로 두 쪽이 되도록 '1줄×2칸'을 선택합니다.

> **POINT**
> 인쇄될 모양의 미리 보기 화면 위로 마우스 포인터를 이동하면 마우스 포인터가 확대 돋보기 모양(🔍)으로 변합니다. 클릭하면 해당 부분을 중심으로 확대 표시되고 확대된 상태에서 다시 클릭하면 이전 보기 상태로 축소됩니다.

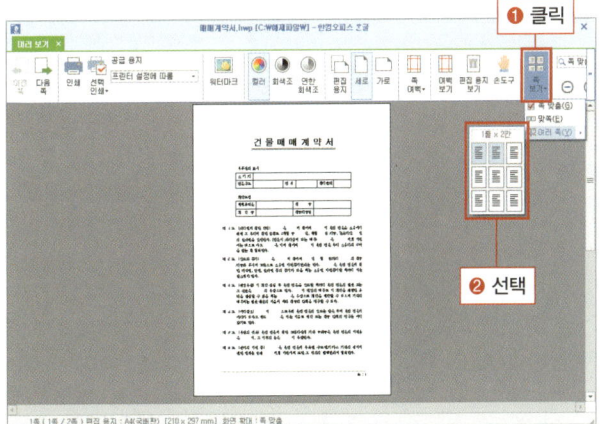

3 다음과 같이 두 쪽이 한 화면에 나란히 표시됩니다. 여백 보기(	) 아이콘을 클릭하면 편집 용지에서 설정한 여백이 빨간색 점선으로 표시됩니다. 미리 보기에서 인쇄 모양을 확인한 다음 인쇄(	) 아이콘을 클릭해서 문서를 프린터로 인쇄하거나, Esc 키를 눌러 편집 화면으로 돌아갈 수 있습니다.

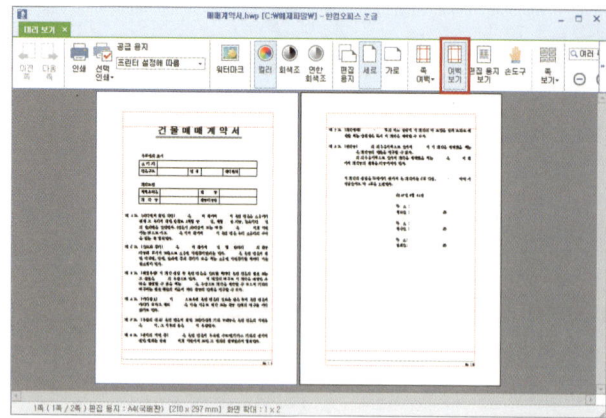

> **쌩초보 Level Up**   **미리 보기 도구 상자**
>
> - **이전 쪽, 다음 쪽** : 현재 미리 보기 된 페이지를 기준으로 다음 쪽이나 이전 쪽으로 이동합니다.
> - **인쇄** : [인쇄] 대화상자가 나타나며 인쇄에 대한 여러 사항을 설정하여 프린터로 인쇄할 수 있습니다.
> - **선택 인쇄** : 문서를 출력할 때 포함될 개체(그리기, 그림, 양식, 누름틀, 형광펜, 교정부호, 메모, 편집 용지 표시 선 등)를 선택합니다.
> - **공급 용지** : 프린터에서 공급할 종이의 종류를 설정합니다.
> - **워터마크** : 인쇄할 때에만 적용되어 나타나도록 그림이나 글자 워터마크를 설정합니다. 워터마크는 문서 배경으로 사용됩니다.
> - **컬러/회색조/연한 회색조** : 미리 보기 화면과 인쇄할 때 원본 색상 그대로, 회색조, 연한 회색조로 설정하여 인쇄합니다.
> - **편집 용지** : [편집 용지] 대화상자를 표시하여 편집 용지의 종류와 여백 등을 새로 지정할 수 있습니다.
> - **세로, 가로** : 인쇄될 용지의 방향을 설정합니다.
> - **쪽 여백** : 한글 2014에서 미리 설정한 값으로 쪽 여백을 선택합니다.
> - **여백 보기** : 편집 용지에서 지정한 용지의 상하 좌우 여백과 머리말 및 꼬리말 여백을 빨간색 점선으로 표시합니다.
> - **편집 용지 보기** : 편집 용지에서 지정한 용지 종류의 크기를 녹색 선으로 표시합니다.
> - **손 도구** : 미리 보기를 확대해 문서 일부가 보이지 않을 때 상하, 좌우로 끌어 이동할 수 있습니다.
> - **쪽 보기** : 미리 보기 방식을 변경합니다. 쪽 맞춤, 맞쪽, 여러 쪽으로 설정할 수 있습니다.
> - **확대/축소** : 지정한 크기 비율만큼 용지의 크기를 확대하거나 축소하여 표시합니다. 돋보기 아이콘은 클릭할 때마다 화면의 25%씩 축소하거나 확대합니다.
> - **현재 쪽 편집** : 미리 보기를 종료하면서 현재 미리 보기 된 쪽의 첫 번째 줄로 돌아갑니다.
> - **닫기**(=[미리 보기] 탭의 [×]) : 미리 보기를 종료하고 편집 화면의 이전 커서 위치로 돌아갑니다.

Section 44

인쇄하기

문서를 프린터로 인쇄하는 기능입니다. [인쇄] 대화상자에서 인쇄 범위와 인쇄 매수를 비롯하여 각종 선택 사항을 설정하여 프린터로 문서를 인쇄할 수 있습니다.

Key Word : 파일로 인쇄, 한 부씩 찍기   **예제파일** : 예제파일\근로기준법.hwp

1 [파일] 메뉴의 [인쇄]를 선택하거나 서식 도구 모음의 인쇄( ) 아이콘을 클릭합니다.

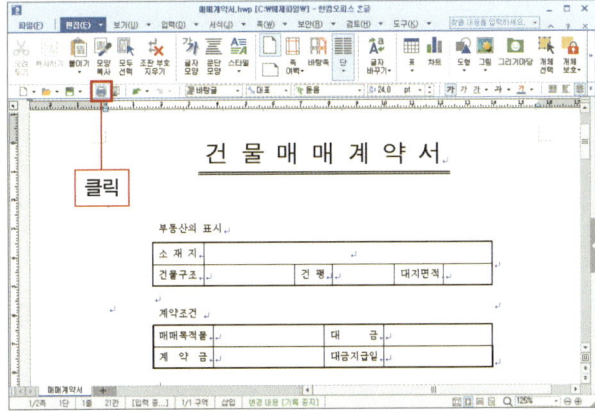

\POINT
인쇄의 단축키는 Ctrl + P 또는 Alt + P 입니다.

2 [인쇄] 대화상자의 [프린터 선택]에서 인쇄에 사용될 프린터를 선택하고 [인쇄 범위]와 [인쇄 매수], [인쇄 방식] 등을 지정한 후 [인쇄] 버튼을 클릭하면 문서가 프린터로 출력됩니다.

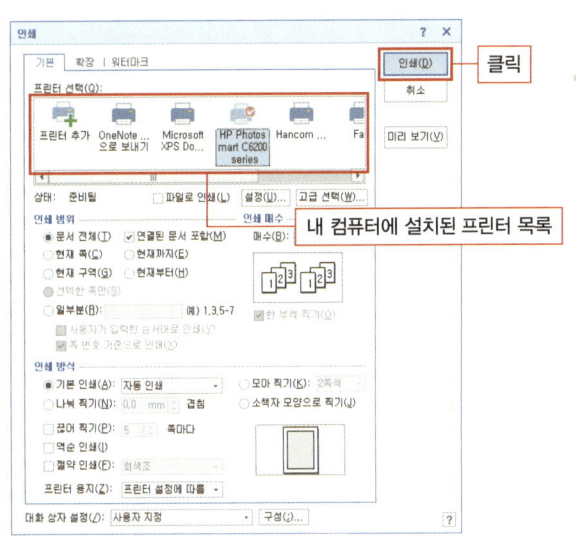

Part 1. 한글 2014의 기본 기능 50가지 **145**

special TIP 인쇄 선택 사항

인쇄하는 상황에 따라 인쇄 설정을 다르게 하면 여러 가지 모양으로 문서를 인쇄할 수 있습니다. 인쇄 선택 사항에 따른 인쇄 모양을 살펴보고 가장 효과적인 방법으로 문서를 인쇄합니다.

● [인쇄] 대화상자 [기본] 탭

- **프린터 선택** : 내 컴퓨터에 설치된 프린터 목록 중에서 인쇄에 사용될 프린터를 선택합니다.
- **파일로 인쇄** : 인쇄 결과를 종이에 출력하지 않고 *.prn 형식의 파일로 디스크에 저장합니다. 이렇게 인쇄 결과를 파일로 저장하면 한글 프로그램이 설치되어 있지 않은 시스템에서도 한글에서 인쇄한 것과 똑같이 인쇄할 수 있습니다.

*.prn 파일 만들기	① [인쇄] 대화상자의 [기본] 탭에서 '파일로 인쇄' 옵션을 선택합니다. ② [인쇄] 버튼을 클릭합니다. ③ [다른 이름으로 저장하기] 대화상자에서 파일 이름을 입력한 후 [저장] 버튼을 클릭합니다.
*.prn 파일 인쇄하기	① 윈도우의 [시작] 버튼을 눌러 [명령 프롬프트]를 실행합니다. ② 파일 이름이 'ABC.PRN'일 경우 다음과 같이 입력하고 Enter 키를 누릅니다. 　C:\>COPY ABC.PRN LPT1

- **인쇄 범위** : 인쇄할 문서의 범위를 쪽 단위로 지정합니다.

문서 전체	현재 문서 전체와 함께 연결된 문서까지 인쇄합니다.
연결된 문서 포함	문서 전체를 인쇄할 때 [파일] 메뉴의 [문서 정보]에 있는 [일반] 탭에서 [문서 연결]로 설정한 파일의 인쇄 여부를 결정합니다.
현재 쪽	현재 커서가 있는 쪽만 인쇄합니다.
현재 구역	문서가 여러 구역으로 나뉘어져 있을 때 현재 커서가 있는 구역만 인쇄합니다.
현재부터	현재 커서가 있는 쪽부터 마지막 쪽까지 인쇄합니다.
현재까지	문서의 첫 번째 쪽부터 현재 커서가 있는 쪽까지 인쇄합니다.
선택한 쪽만	문서 일부를 블록으로 지정하고 인쇄 명령을 실행했을 때, 블록으로 설정된 부분이 포함된 모든 쪽을 인쇄합니다.
일부분	인쇄할 쪽 번호나 범위를 직접 입력하여 인쇄합니다. 예를 들어 '1,3,5-8'로 지정하면 1쪽과 3쪽을 인쇄하고 5쪽부터 8쪽까지를 인쇄합니다.

- 인쇄 매수 : 같은 내용의 문서를 인쇄 매수에 지정한 숫자만큼 반복해서 인쇄합니다. 인쇄 매수는 1장부터 1000장 사이에서 지정할 수 있습니다. '한 부씩 찍기'에 체크하면 1-2-3, 1-2-3, 1-2-3과 같은 쪽 순서로 인쇄하고, 체크하지 않으면 1-1-1, 2-2-2, 3-3-3과 같은 쪽 순서로 인쇄합니다.
- 인쇄 방식 : 편집 용지를 바꾸지 않고 인쇄 결과의 크기나 배치 방식을 지정하여 여러 쪽을 한 장의 종이에 모아서 인쇄하거나 작은 용지에 한 쪽의 내용을 나누어 인쇄합니다.

기본 인쇄	- 자동 인쇄 : 편집 용지와 같은 크기의 공급 용지를 사용하여 한 쪽의 내용을 한 장의 종이에 인쇄합니다. - 공급 용지에 맞추어 : 편집 용지와 다른 크기의 공급 용지를 사용할 때 공급 용지의 크기에 맞추어 자동으로 문서의 내용을 확대 또는 축소하여 인쇄합니다.
나눠 찍기	편집 용지가 공급 용지보다 클 때 한 쪽의 내용을 여러 장의 종이에 나누어 인쇄합니다.
모아 찍기	공급 용지 한 장에 지정한 쪽수만큼 모아서 인쇄합니다. 확대/축소 비율이 자동으로 조절됩니다.
끊어 찍기	지정한 쪽수만큼 인쇄한 다음 사용자에게 다음 인쇄를 위한 준비가 되었는지 확인합니다. 확인 단계에서 인쇄를 계속하거나 인쇄를 멈추도록 할 수 있습니다.
역순 인쇄	지정된 인쇄 범위에서 가장 마지막 쪽을 가장 먼저 인쇄합니다. 가장 첫 쪽은 가장 마지막에 인쇄됩니다.
프린터 용지	인쇄에 사용될 프린터 용지를 선택합니다.

○ [인쇄] 대화상자 [확장] 탭

- 확대/축소 : 문서를 임의의 크기로 확대 또는 축소해서 인쇄할 때 가로 비율과 세로 비율을 지정합니다. 확대/축소 비율은 10%와 500% 사이에서 지정할 수 있습니다.
- 가로 세로 같은 비율 유지 : 가로 비율 또는 세로 비율을 지정하면 가로 세로 비율이 자동으로 조절됩니다.
- 인쇄용 머리말/꼬리말 : 머리말은 용지의 윗부분 왼쪽에 꼬리말은 용지의 아랫부분에 지정한 내용을 인쇄합니다. 머리말이나 꼬리말을 넣을 옵션을 선택한 후 [편집] 버튼을 눌러 편집할 수 있습니다.

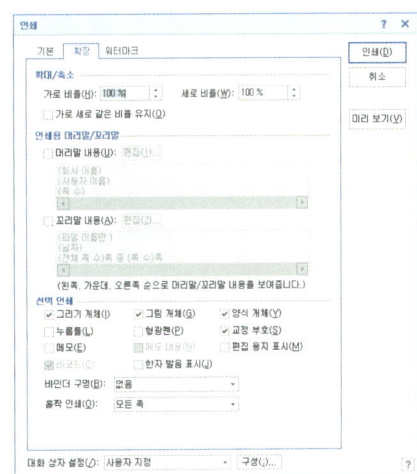

- **선택 인쇄** : 사용자가 필요에 맞게 인쇄할 때 필요한 각종 선택 사항을 지정합니다.

그리기 개체	문서에 삽입한 그리기 개체의 인쇄 여부를 선택합니다. '그리기 개체'의 체크를 해제하면 그리기 개체 위치에 자리만 표시하고 실제로 그리기 개체는 인쇄하지 않습니다.
그림 개체	문서에 삽입한 그림 파일을 인쇄할 것인지 선택합니다. '그림 개체'의 선택을 해제하면 그림 위치에 그림 테두리만 인쇄되고 실제 그림 파일은 인쇄되지 않습니다.
양식 개체	양식 개체를 인쇄할 것인지 선택합니다.
누름틀	문서에 들어 있는 누름틀을 인쇄할 것인지 선택합니다.
형광펜	문서에 있는 형광펜의 인쇄 여부를 선택합니다.
교정 부호	문서에 표시한 교정 부호의 인쇄 여부를 선택합니다.
메모	문서에 있는 메모의 인쇄 여부를 선택합니다.
편집 용지 표시	인쇄용지에 편집 용지의 크기를 표시합니다.
바인더 구멍	인쇄한 문서에 구멍을 뚫어 바인더에 철을 해 두는 용도로 출력할 때 사용할 바인더 종류에 따라 구멍이 뚫릴 자리를 표시하여 인쇄합니다.
홀짝 인쇄	양면 인쇄를 지원하지 않는 프린터에서 양면으로 문서를 인쇄할 때 '홀수 쪽'으로 문서 전체를 인쇄한 다음 인쇄물을 뒤집어 다시 프린터에 넣고 '짝수 쪽'으로 인쇄하면 양면 인쇄와 같은 결과를 얻을 수 있습니다.

● [인쇄] 대화상자 [워터마크] 탭

인쇄할 때에만 문서에 적용되어 나타나도록 그림 워터마크 및 글자 워터마크를 설정할 수 있습니다.

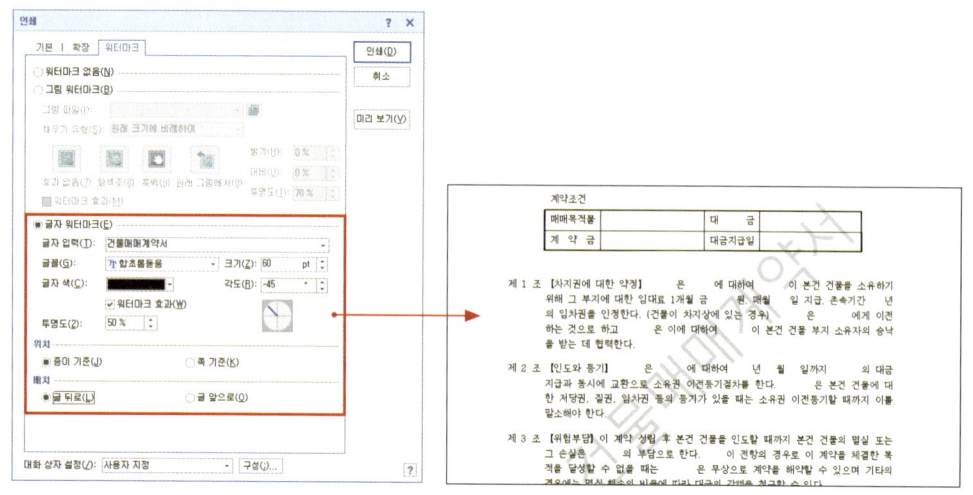

상용구 만들기

상용구는 문서에서 자주 쓰이는 문자열을 따로 등록해 놓은 다음 필요할 때마다 준말을 입력하여 본말 전체가 입력되도록 하는 기능입니다. 내용이 길거나 복잡한 문자열을 상용구로 등록해서 사용하면 빠르고 편리하게 문서를 작성할 수 있습니다. 단순한 글자뿐만 아니라 표, 그림 등의 모든 내용을 상용구로 등록합니다.

Key Word : 준말, 본말   **예제파일** : 예제파일\상용구.hwp   **완성파일** : 완성파일\상용구.hwp

1 첫 번째 줄에 있는 제목 '맛있는 요리 만들기'를 블록으로 지정하고 [입력] 메뉴의 [상용구]에서 '상용구 등록'을 선택하거나 Alt +I 키를 누릅니다.

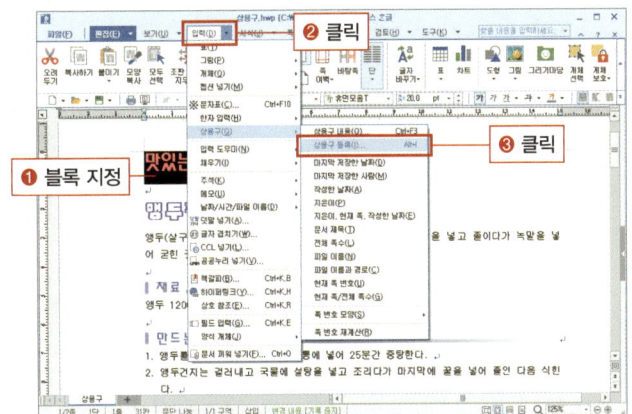

2 [상용구 등록] 대화상자가 나타나고 [준말]에 블록으로 지정한 내용의 첫 번째 글자가 등록되어 있습니다.

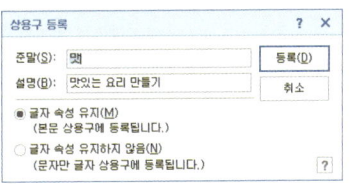

3 [준말]을 '제목'으로 바꾸고 '글자 속성 유지' 옵션이 선택되어 있는 상태에서 [등록] 버튼을 클릭합니다. 준말은 최대 10글자까지 입력할 수 있습니다.

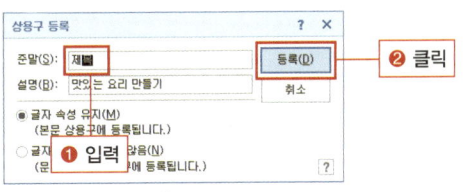

POINT

'글자 속성 유지'를 선택하면 블록으로 지정한 내용을 서식과 함께 본문 상용구에 등록합니다. '글자 속성 유지하지 않음'은 서식을 제외하고 글자만 글자 상용구에 등록합니다.

4 글자뿐 아니라 그림이나 표 등의 개체도 상용구에 등록할 수 있습니다. '재료' 그림을 클릭하여 선택한 다음 Alt+I키를 누르면 [본문 상용구 등록] 대화상자가 나타납니다. [준말]에 '재료'를 입력하고 [설명]에 '재료 이미지'를 입력한 다음 [설정] 버튼을 클릭합니다.

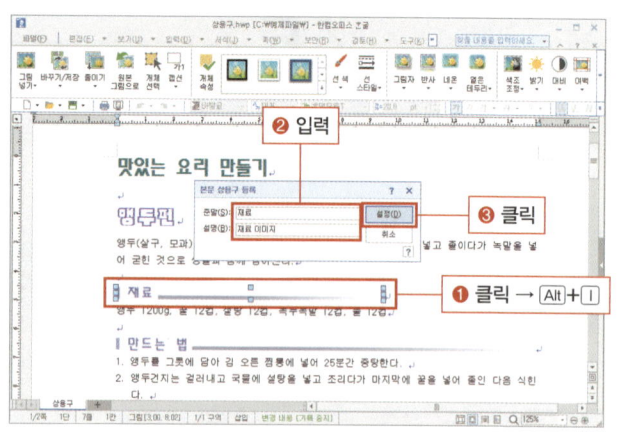

POINT
표나 그림은 항상 본문 상용구로 등록됩니다.

5 같은 방법으로 '만드는 법' 그림을 클릭한 다음 Alt+I를 누르면 [본문 상용구 등록] 대화상자가 나타납니다. [준말]을 '요리법'이라고 입력하고 [설명]에 '만드는법 이미지'를 입력한 다음 [설정] 버튼을 클릭합니다.

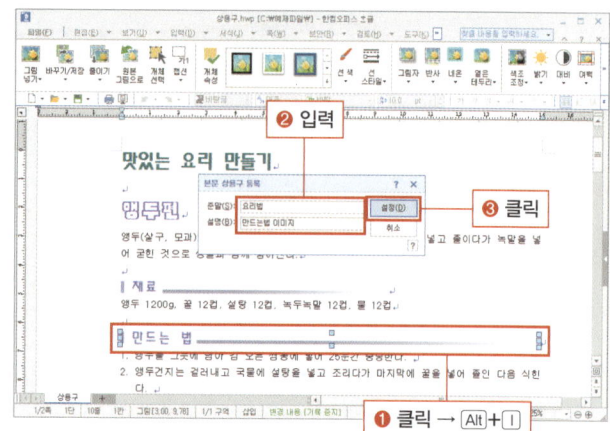

쌩초보 Level Up — 상용구 등록 개수

글자 상용구나 본문 상용구는 각각 1,024개까지 등록할 수 있습니다. 상용구 개수가 1,024개를 넘어갈 경우에는 가장 오래된 상용구부터 자동으로 제거됩니다. 등록된 글자 상용구는 별도의 파일에 저장하여 차후 등록된 상용구 파일(*.IDO)을 불러와 등록할 수 있습니다. 한 번 정의한 상용구는 다음에 한글을 사용할 때 그대로 사용할 수 있습니다.

6 마지막 줄에 있는 내용을 다음과 같이 블록으로 지정한 다음 [입력] 메뉴의 [상용구]에서 '상용구 등록'을 선택하거나 Alt + I 키를 누릅니다.

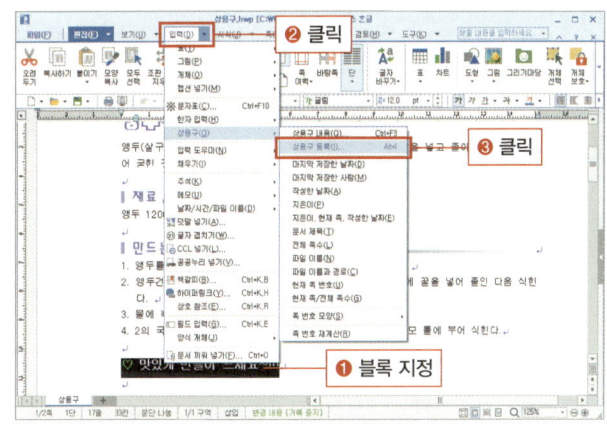

7 [상용구 등록] 대화상자에서 [준말]을 '하트'로 변경하고 '글자 속성 유지 않음' 옵션을 선택한 다음 [등록] 버튼을 클릭합니다. 이렇게 해서 모두 4개의 상용구를 정의하였습니다.

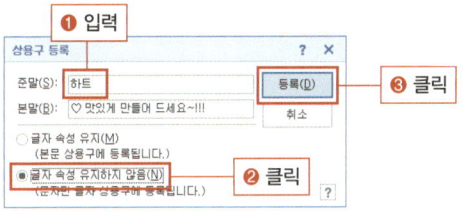

8 두 번째 페이지의 첫 번째 줄에서 '제목'을 입력하고 Alt + I 키를 누르면 다음과 같이 준말이 '제목'으로 정의되어 있는 상용구의 내용이 자동으로 입력됩니다.

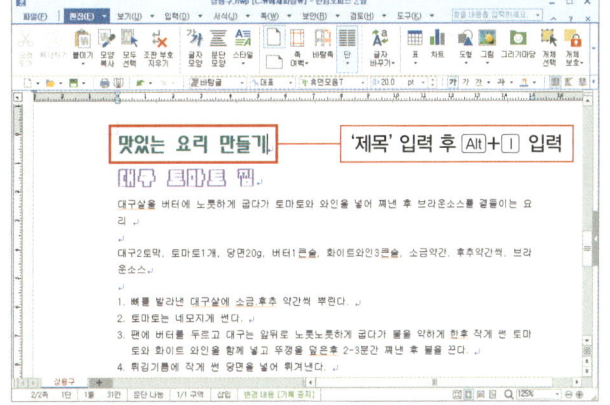

블록이 지정되어 있을 때 Alt + I 키를 누르면 상용구 등록 명령을 실행하고, 블록이 지정되어 있지 않으면 입력한 준말을 본말로 바꿉니다.

9 이번에는 [상용구] 대화상자를 이용하여 상용구로 등록한 내용을 삽입해 봅니다. 재료 그림을 삽입할 위치로 커서를 이동한 다음 [입력] 메뉴의 [상용구]에서 '상용구 내용'을 선택합니다.

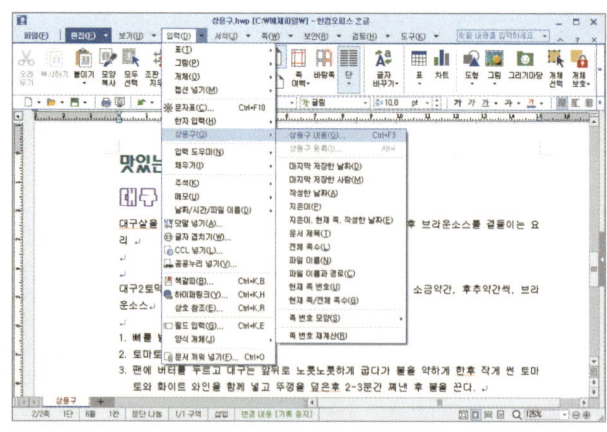

\POINT
'상용구 내용'의 단축키는 입니다.

10 [상용구] 대화상자가 나타나면 [본문 상용구] 탭에서 '재료'를 선택하고 [넣기] 버튼을 클릭합니다.

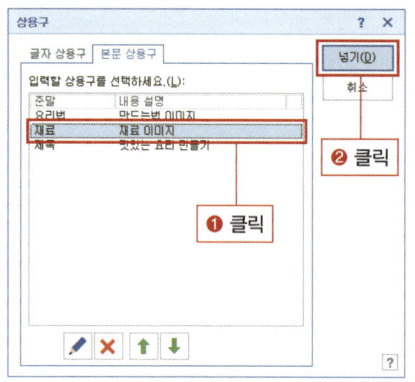

11 커서 위치에 준말이 '재료'로 정의되어 있는 그림이 삽입됩니다.

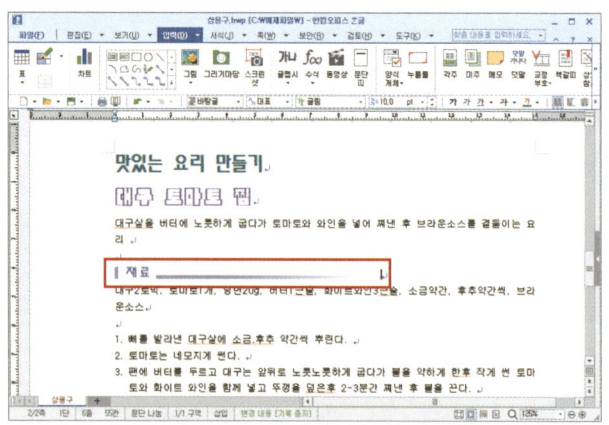

\POINT
'재료'를 입력하고 Alt + I 키를 눌러도 같은 결과를 얻을 수 있습니다.

12 같은 방법으로 준말이 '요리법'으로 정의되어 있는 그림을 다음과 같이 삽입합니다.

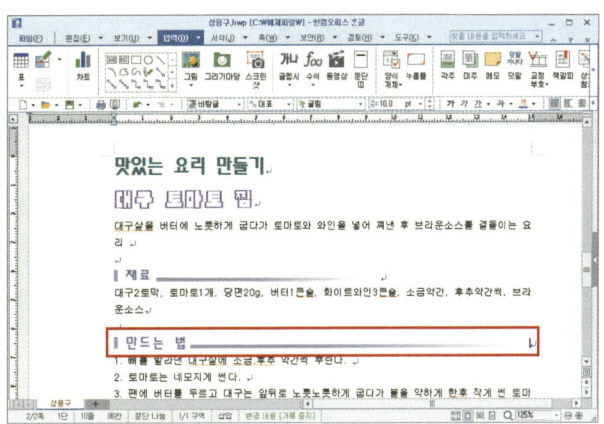

POINT
문서에서 '요리법'을 입력하고 Alt+I 키를 누르거나 Ctrl+F3 키를 누른 다음 [상용구] 대화상자의 [본문 상용구] 탭에서 '요리법'을 선택하고 [넣기] 버튼을 클릭합니다.

13 두 번째 쪽의 마지막 위치로 커서를 이동한 다음 '하트'를 입력하고 Alt+I 키를 눌러 상용구를 입력합니다. '하트'는 글자 상용구이기 때문에 현재 커서가 위치한 부분의 서식을 그대로 따라 갑니다.

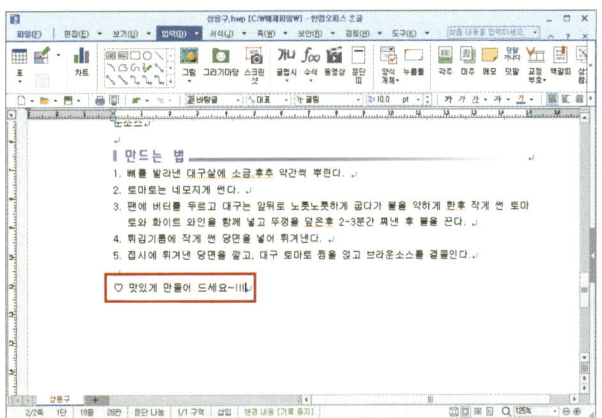

POINT
Ctrl+F3 키 눌러 [상용구] 대화상자의 [글자 상용구] 탭에서 '하트'를 선택한 다음 [넣기] 버튼을 클릭해도 됩니다.

상용구 편집하기

[상용구] 대화상자를 사용하면 상용구에 등록되어 있는 준말이나 본말의 내용을 수정할 수 있습니다. 글자 상용구는 준말과 본말을 모두 수정할 수 있지만, 본문 상용구는 준말에 대한 설명만 수정할 수 있습니다.

Key Word : 준말, 본말, 상용구 수정

1 [입력] 메뉴의 [상용구]에서 '상용구 내용'을 선택하거나 Ctrl+F3키를 누릅니다.

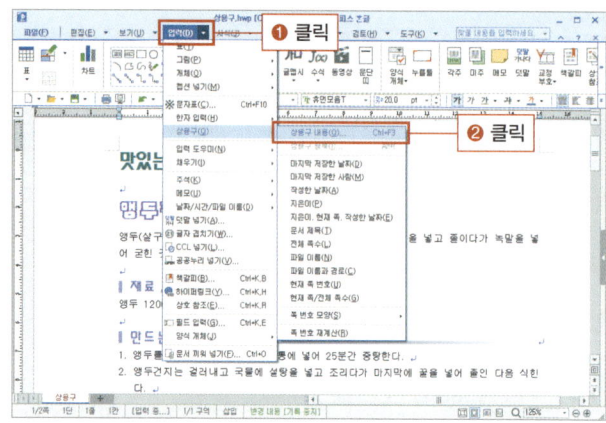

2 [상용구] 대화상자의 [글자 상용구] 탭에서 '하트'를 선택하고 상용구 편집하기(✎) 아이콘을 클릭합니다.

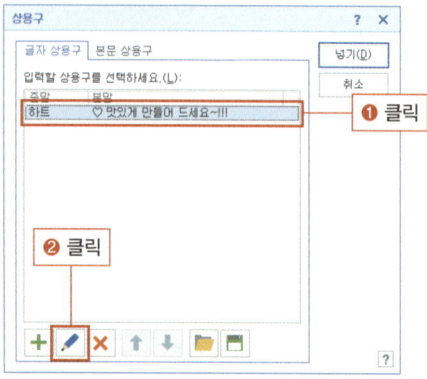

3 [상용구 편집하기] 대화상자에서 [준말]을 '끝말'로 수정한 다음 [설정] 버튼을 클릭합니다.

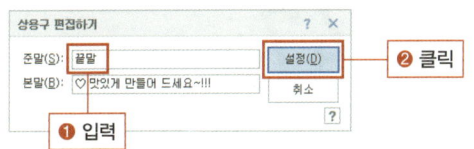

4 다음과 같이 상용구의 준말이 수정되었습니다.

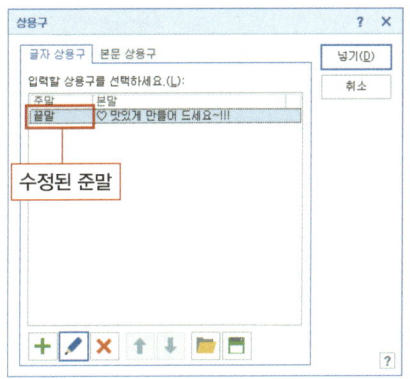

5 상용구를 목록에서 지우려면 지울 상용구를 선택하고 상용구 지우기( ) 아이콘을 클릭합니다. 다음과 같이 [상용구 지우기] 대화상자가 나타나면 [지움] 버튼을 클릭합니다.

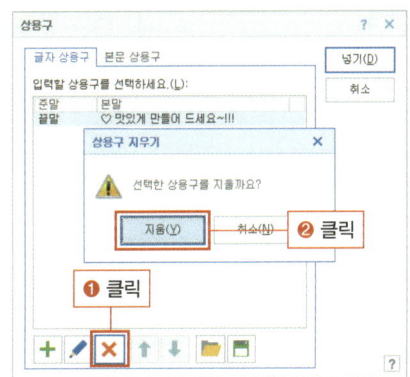

6 선택한 상용구가 제거됩니다. [취소] 버튼을 클릭하면 [상용구] 대화상자가 닫힙니다.

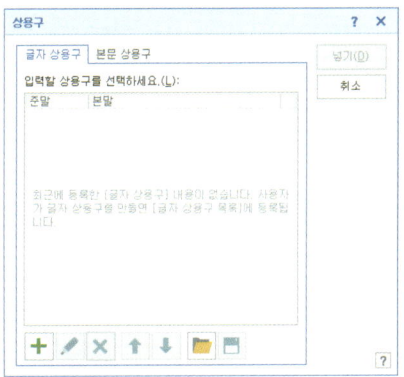

\POINT
목록에 등록된 상용구의 순서를 변경합니다. 순서를 바꿀 상용구를 선택한 다음 한 줄 위로 이동하기( )나 한 줄 아래로 이동하기( ) 아이콘을 사용하여 순서를 조정합니다.

상용구 저장하기와 불러오기

등록되어 있는 글자 상용구를 상용구 파일(*.IDO)로 저장한 다음 다른 컴퓨터에 설치된 한글에서 같은 상용구를 사용할 수 있습니다. 상용구 대화상자에서 상용구 파일을 불러오면 불러온 상용구 내용은 기존의 상용구 내용에 삽입됩니다. 상용구를 파일로 저장할 때는 글자 상용구만 저장되고 본문 상용구는 저장되지 않습니다.

◉ **Key Word** : 상용구 파일, 상용구 끼워넣기

1 이번 섹션에서는 새로운 상용구를 등록하는 과정부터 시작합니다. [입력] 메뉴의 [상용구]에서 '상용구 내용'을 선택하거나 Ctrl+F3 키를 누릅니다.

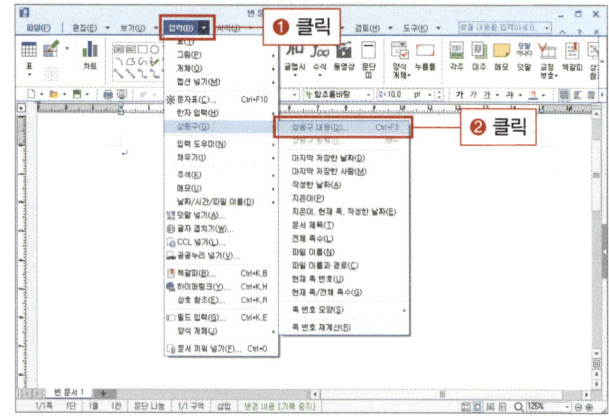

2 먼저 몇 개의 글자 상용구를 추가한 다음 이것을 파일로 저장하는 과정을 살펴보겠습니다. [상용구] 대화상자의 [글자 상용구] 탭에서 상용구 추가하기(+) 아이콘을 클릭합니다.

3 [상용구 추가하기] 대화상자가 나타나면 [준말]과 [본말]을 사용자 임의로 입력하고 [설정] 버튼을 클릭합니다.

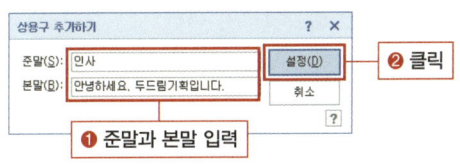

4 같은 방법으로 다음과 같이 상용구를 몇 개 더 추가합니다. 이렇게 등록한 글자 상용구를 파일로 저장하기 위해 글자 상용구 저장하기( ) 아이콘을 클릭합니다.

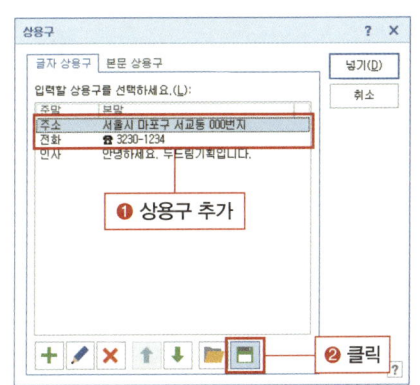

5 [글자 상용구 저장하기] 대화상자가 나타나면 [파일 이름]을 '상용구연습'으로 입력하고 [저장] 버튼을 클릭합니다. 글자 상용구 파일의 확장자는 '*.IDO'로 설정됩니다.

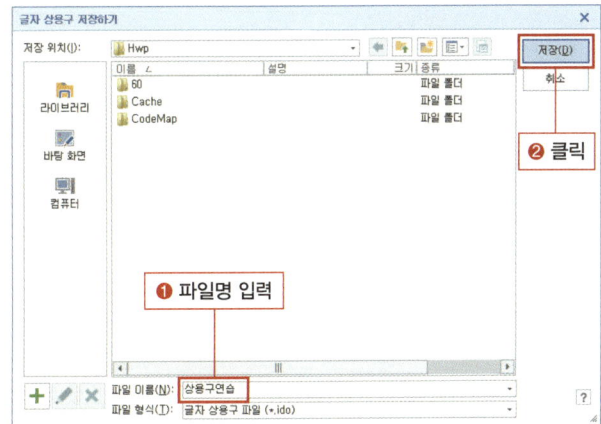

\POINT
상용구 파일을 저장할 폴더 위치를 변경할 수 있습니다.

6 저장한 상용구 파일을 불러오는 과정을 실습하기 위해 상용구 지우기( ) 아이콘을 이용하여 모든 상용구를 지웁니다. 그런 다음 글자 상용구 불러오기( ) 아이콘을 클릭합니다.

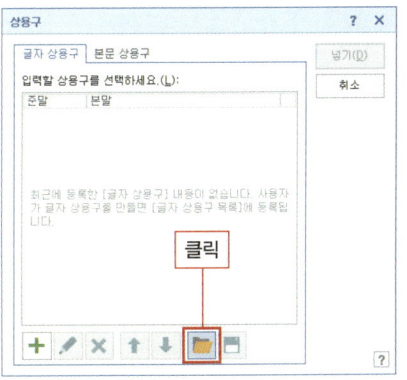

\POINT
다른 컴퓨터에서 한글 2014를 실행한 후 저장된 상용구 파일을 불어온 후 삽입할 수 있습니다.

7 [글자 상용구 불러오기] 대화상자가 나타나면 앞에서 저장한 '상용구연습.ido' 파일을 선택하고 [열기] 버튼을 클릭합니다.

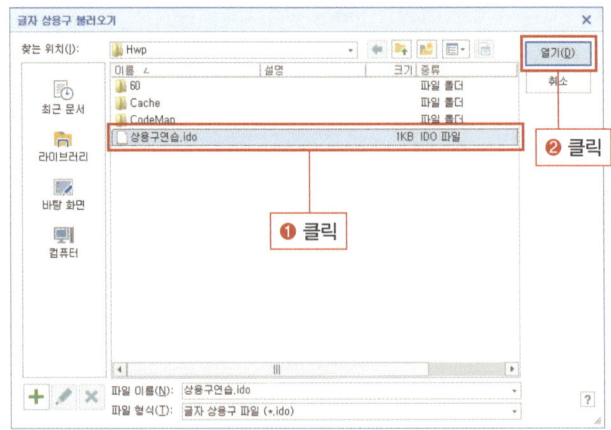

8 다음과 같이 상용구 파일에 저장되어 있는 글자 상용구 내용이 목록에 표시됩니다.

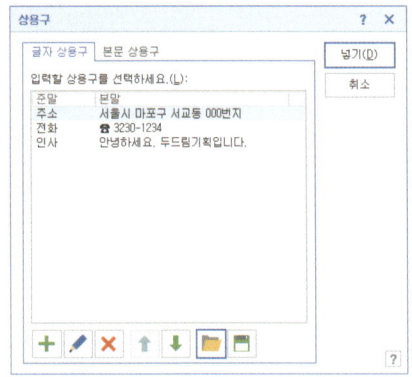

쌩초보 Level Up 　상용구 끼워 넣기

- 현재 등록되어 사용하고 있는 상용구에 다른 곳에서 저장해놓은 상용구를 추가합니다.
- 상용구를 끼워 넣을 때 현재 상용구와 읽어오는 상용구 파일에 같은 이름의 준말이 있으면 새로 읽어온 본말로 기존의 본말을 덮어 씁니다.
- 한글 2014에서 불러오는 상용구 파일 형식은 *.ido이며, 한글 97에서 저장한 상용구 파일은 불러올 수 없습니다.
  ① [입력] 메뉴의 [상용구]에서 [상용구 내용]을 선택하거나 Ctrl+F3 키를 누릅니다.
  ② [상용구] 대화상자가 나타나면 [글자 상용구] 탭에서 글자 상용구 불러오기( ) 아이콘을 클릭합니다.
  ③ [글자 상용구 불러오기] 대화상자가 나타나면 불러올 상용구 파일(*.ido)을 선택한 다음 [열기] 버튼을 클릭합니다.
  ④ 불러온 상용구의 내용이 목록 아래에 추가됩니다.

Section 48

스타일 만들기

자주 사용하는 글자 모양이나 문단 모양을 미리 스타일로 만들어 놓으면 필요할 때 선택하여 글자 모양과 문단 모양을 한꺼번에 바꿀 수 있습니다. 스타일은 보통 긴 문서에서 일관성 있는 문단 모양을 유지하기 위한 용도로 사용합니다.

Key Word : 스타일 편집, 모양 일괄 변경 **예제파일** : 예제파일\최저임금제도.hwp **완성파일** : 완성파일\최저임금제도.hwp

1 첫 번째 줄의 내용을 블록으로 지정한 다음 글자 모양과 문단 모양 등을 지정합니다. 원하는 대로 글자 모양과 문단 모양을 설정했으면 [서식] 메뉴의 [스타일]을 선택하거나 F6 키를 누릅니다.

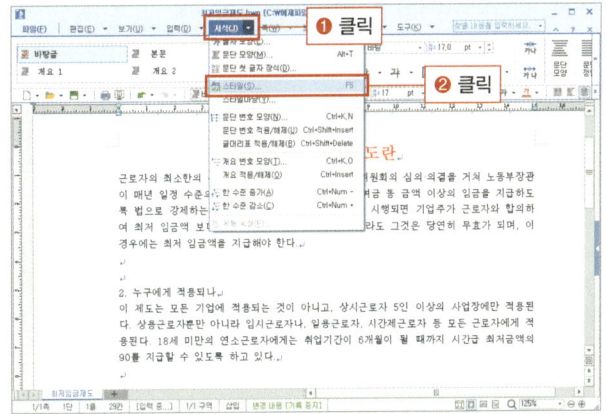

2 [스타일] 대화상자가 나타나면 스타일 추가하기(➕) 아이콘을 클릭합니다.

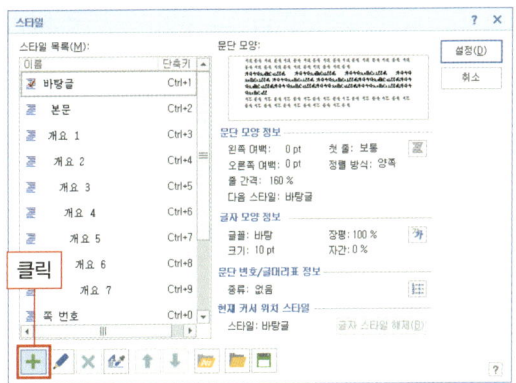

Part 1. 한글 2014의 기본 기능 50가지 **159**

3 [스타일 추가하기] 대화상자에서 [스타일 이름]을 '제목'으로 입력하고 [스타일 종류]는 '문단'을 선택합니다. [다음 문단에 적용할 스타일]에 '새 스타일'을 선택하고 [추가] 버튼을 클릭합니다.

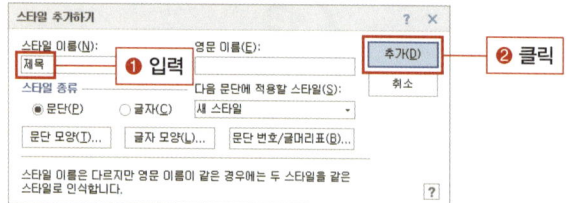

\POINT
[스타일 종류]에서 '문단'을 선택하면 글자 모양과 문단 모양이 스타일에 등록됩니다. '글자'를 선택하면 문단 모양은 무시하고 글자 모양만 스타일에 등록됩니다.

4 [스타일 목록]에 새로 만든 '제목' 스타일이 표시됩니다. 이렇게 새로 만든 스타일을 현재 커서가 있는 문단에 적용하기 위해서 [설정] 버튼을 클릭합니다.

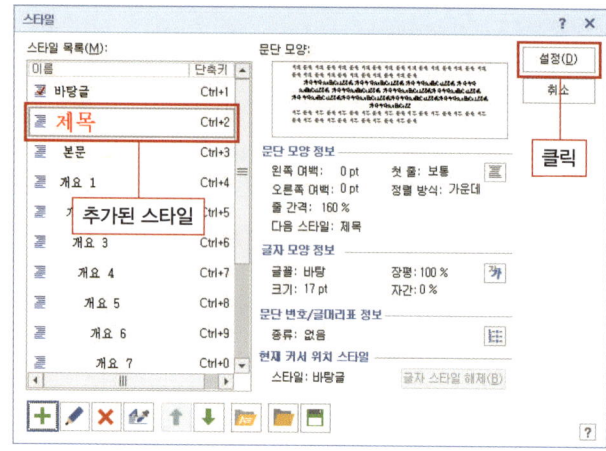

\POINT
스타일 목록에서 선택한 스타일의 글자 모양과 문단 모양 등 적용된 스타일 정보는 오른쪽에서 확인할 수 있습니다.

5 커서가 있던 문단에 '제목' 스타일이 적용되었습니다. 현재 문단에 적용된 스타일은 [서식] 탭이나 서식 도구 모음에서 확인할 수 있습니다.

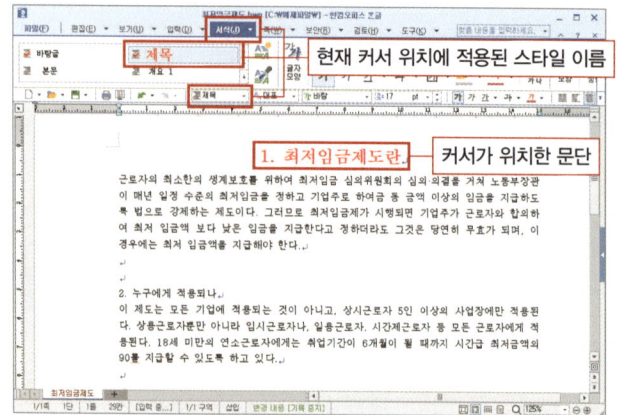

160 회사 실무에 힘을 주는 한글 2014

6 커서를 두 번째 제목이 있는 곳으로 이동합니다. [서식] 탭의 스타일 목록에서 '제목' 스타일로 마우스 포인터를 이동하면 해당하는 스타일이 편집화면의 커서 위치에 미리보기 됩니다.

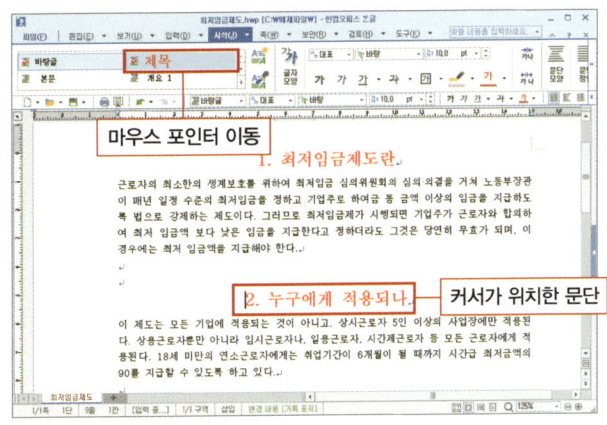

\POINT
현재 문서에 적용되고 있는 스타일은 스타일 아이콘에 체크 표시(✓)가 되어있습니다.

7 '제목' 스타일을 적용하기 위해 클릭하면 다음과 같이 커서가 위치한 문단에 선택한 스타일이 적용됩니다. 스타일을 이용하면 글자 모양과 문단 모양 등을 한꺼번에 변경할 수 있습니다.

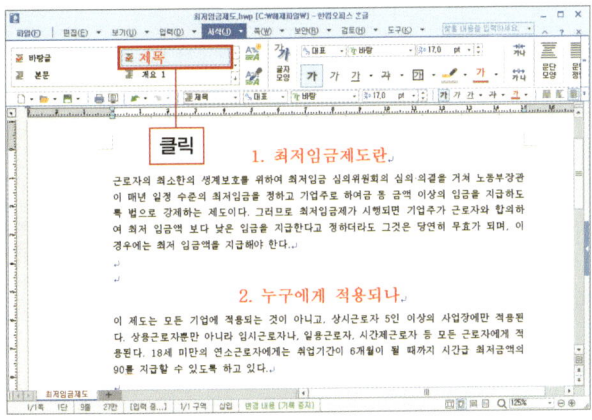

\POINT
여러 문단에 같은 스타일을 적용할 때는 스타일을 선택하기 전에 미리 블록을 지정합니다.

8 같은 방법으로 나머지 제목에도 '제목' 스타일을 적용하여 다음과 같이 글자 모양과 문단 모양을 변경합니다.

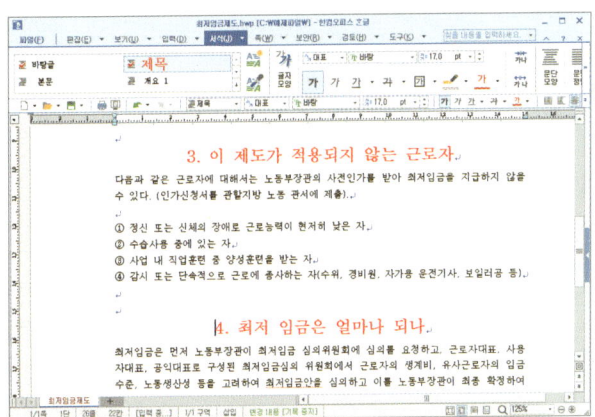

9 스타일을 수정하기 위해 F6키를 눌러 [스타일] 대화상자를 나타냅니다. 스타일 목록에서 '제목' 스타일을 선택한 다음 스타일 편집하기( ) 아이콘을 클릭합니다.

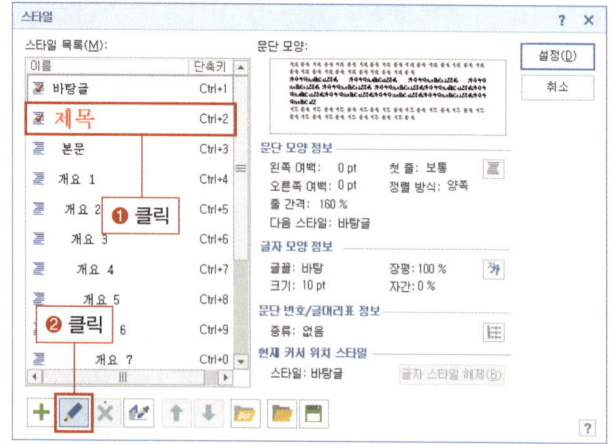

10 [스타일 편집하기] 대화상자가 나타나면 [글자 모양] 버튼을 클릭합니다.

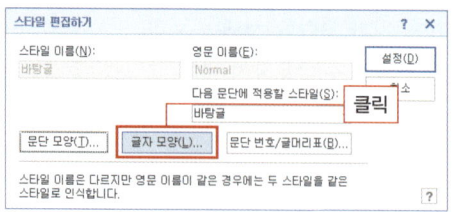

11 [글자 모양] 대화상자에서 기준 크기와 장평, 속성, 글자 색 등을 다음과 같이 변경한 다음 [설정] 버튼을 클릭합니다.

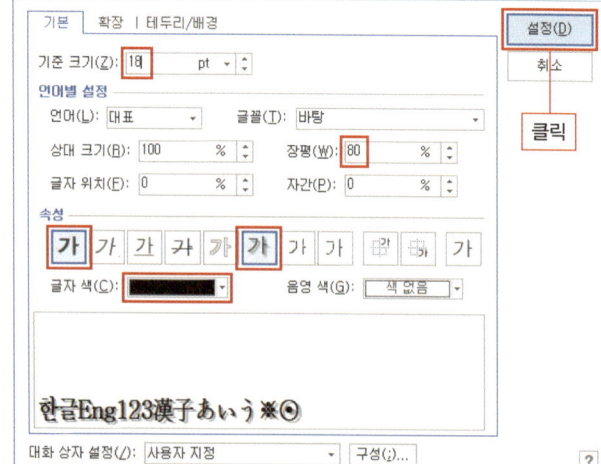

POINT
스타일 목록에서 '제목'에 해당하는 스타일 제목 모양이 이전과 다르게 변경된 것을 확인할 수 있습니다. 스타일 제목을 보는 것만으로도 어떤 글자 모양과 문단 모양이 적용되었는지 확인할 수 있습니다.

12 [스타일] 대화상자로 돌아가서 다시 [설정] 버튼을 클릭합니다. [스타일 편집하기] 대화상자에서 [문단 모양] 또는 [문단 번호/글머리표] 버튼을 클릭하여 문단 모양을 변경할 수도 있습니다. [취소] 버튼을 클릭하여 [스타일] 대화상자를 닫습니다.

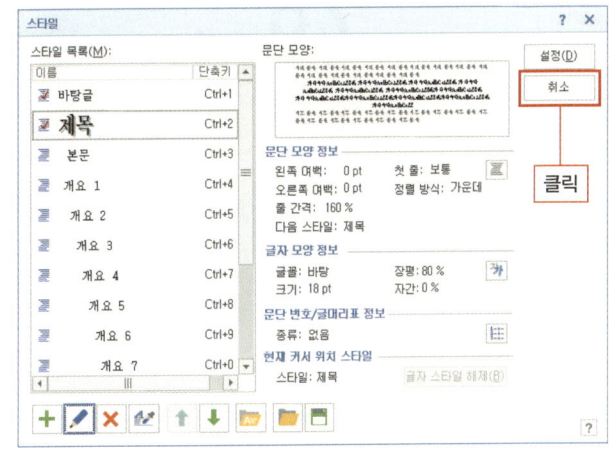

\POINT
스타일 제목을 보는 것만으로도 어떤 글자 모양과 문단 모양이 적용되었는지 확인할 수 있습니다.

13 다음과 같이 '제목' 스타일이 적용되어 있는 문단의 글자 모양과 문단 모양이 한꺼번에 변경됩니다. 사용자가 직접 글자 모양이나 문단 모양을 스타일 내용과 다르게 변경한 부분에는 적용되지 않습니다.

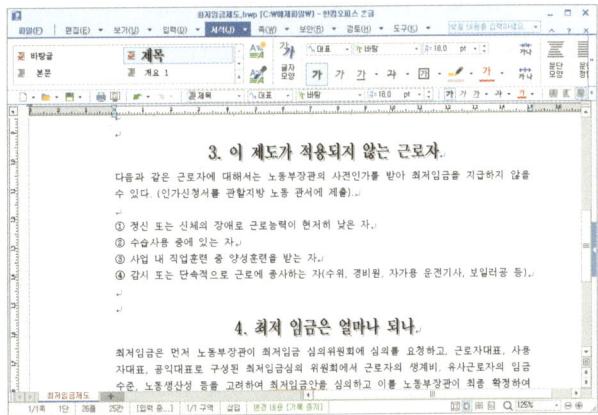

쌩초보 Level Up — 스타일 지우기

- [스타일] 대화상자의 [스타일 목록]에서 지울 스타일을 선택하고 스타일 지우기(✕) 아이콘을 클릭합니다.
- 만약 문서에 지우려고 하는 스타일이 적용되어 있을 경우에는 지울 스타일 대신 적용할 다른 스타일을 선택해야 합니다.

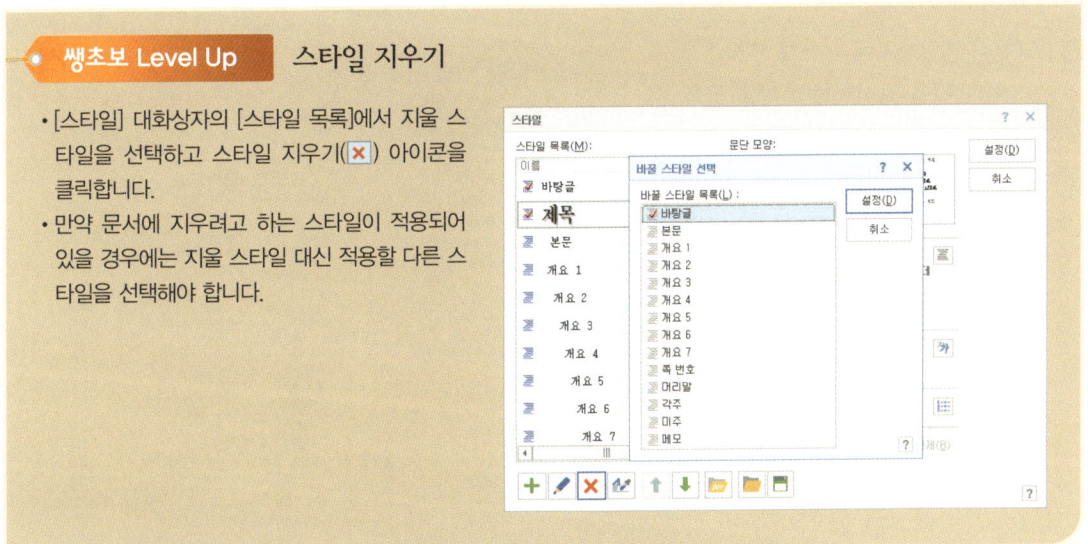

다른 문서에서 스타일 가져오기

스타일 가져오기는 따로 저장해 놓은 스타일 파일(*.STY)이나 다른 한글 문서를 불러와서 현재 문서에 이용하는 기능입니다. 여기서는 예제 파일에 적용되어 있는 스타일을 스타일 파일(*.STY)로 저장한 다음 이 스타일 파일을 다른 문서에서 가져오는 과정으로 스타일 가져오기 기능을 학습합니다.

Key Word : 스타일 파일, 스타일 마당　　　　　　　　　　　　　**예제파일** : 예제파일\스타일연습.hwp

1 [서식] 메뉴의 [스타일]을 선택하거나 F6 키를 누릅니다.

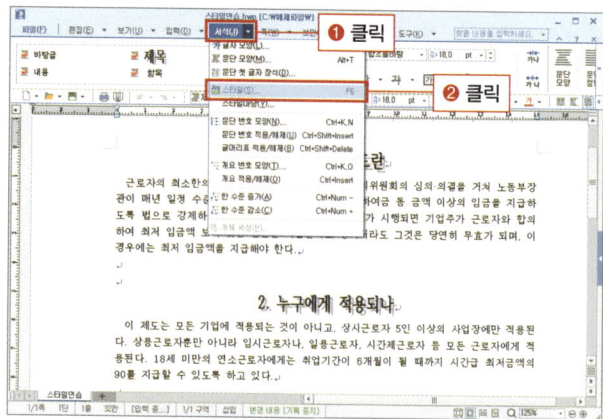

2 [스타일] 대화상자에는 현재 문서에 정의된 스타일 목록을 표시합니다. 스타일을 별도의 파일로 저장하기 위해 스타일 내보내기 (📤) 아이콘을 클릭합니다.

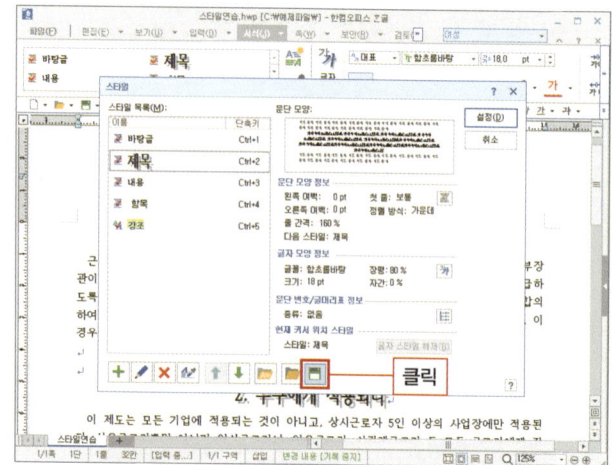

3 [스타일 내보내기] 대화상자가 열리면 파일 선택 상자의 드롭다운 버튼을 누르고 '새 스타일 파일'을 선택합니다.

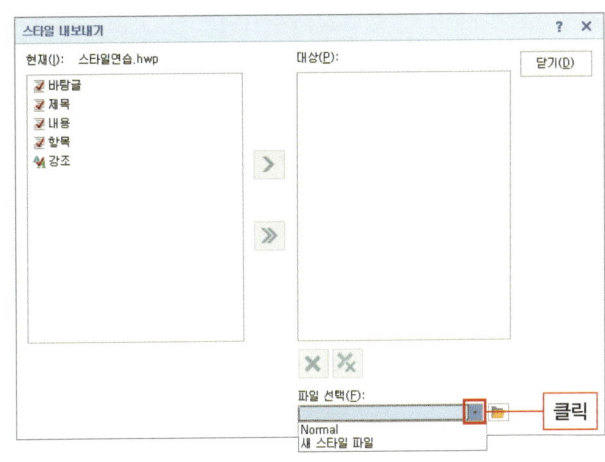

POINT

기존 파일로 스타일을 내보내려면 파일 선택(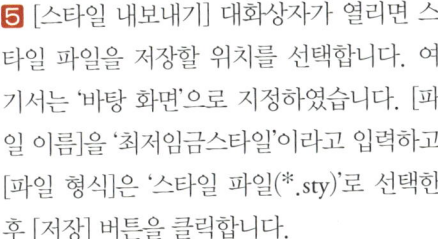) 아이콘을 클릭한 다음 다른 한글 문서(*.HWP)나 스타일 파일(*.STY)을 선택하여 대상 파일을 지정합니다.

4 [새 스타일 파일] 대화상자의 [제목]에 '최저임금제도'를 입력합니다. [파일 이름]에서 내보낼 폴더를 선택하기 위해 스타일 내보내기( ) 아이콘을 클릭합니다.

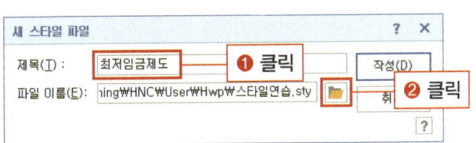

5 [스타일 내보내기] 대화상자가 열리면 스타일 파일을 저장할 위치를 선택합니다. 여기서는 '바탕 화면'으로 지정하였습니다. [파일 이름]을 '최저임금스타일'이라고 입력하고 [파일 형식]은 '스타일 파일(*.sty)'로 선택한 후 [저장] 버튼을 클릭합니다.

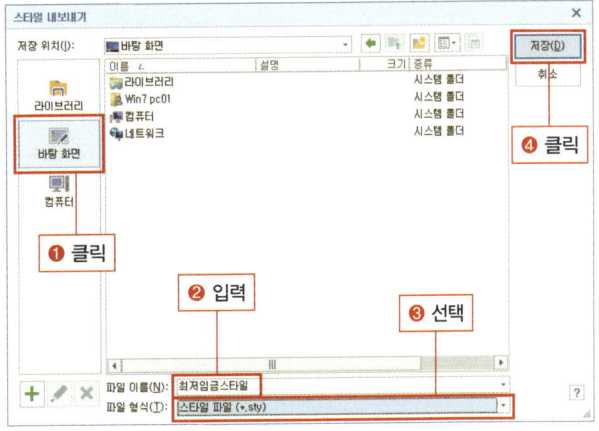

6 [새 스타일 파일] 대화상자에 지정한 스타일 파일의 경로와 파일 이름이 표시되면 [작성] 버튼을 클릭합니다.

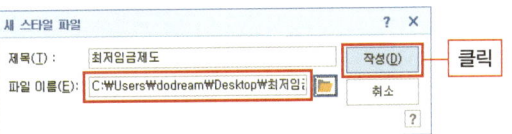

7 [스타일 내보내기] 대화상자에서 현재 문서에 있는 스타일 중 대상 파일에 복사할 스타일을 선택하고 [>] 버튼을 클릭하여 대상 목록으로 추가합니다. 여기서는 모든 스타일을 대상 목록에 추가한 다음 [닫기] 버튼을 클릭합니다.

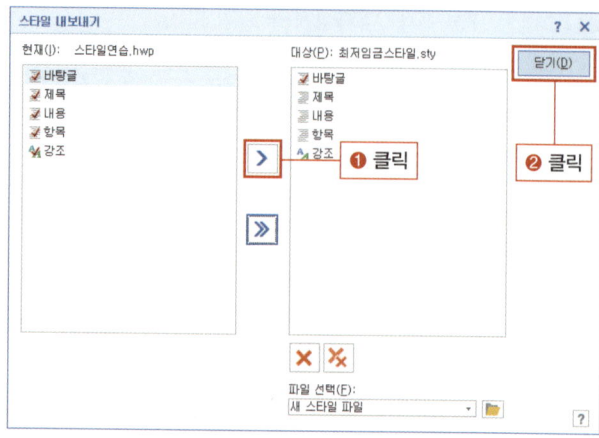

> **POINT**
>
> 현재 스타일의 모든 스타일을 대상 스타일로 복사할 때는 모두 복사하기(») 버튼을 클릭하면 모든 스타일을 복사할 것인지 확인하는 메시지가 표시됩니다. 중복되는 스타일명이 있으면 [스타일 덮어쓰기] 경고창이 표시되며 여기서 [모두]나 [복사], [복사 안 함] 또는 [취소] 버튼을 클릭하여 원하는 작업을 할 수 있습니다.

8 다음과 같이 스타일 파일을 저장할 것인지 확인하는 대화상자가 나타나면 [저장] 버튼을 클릭합니다.

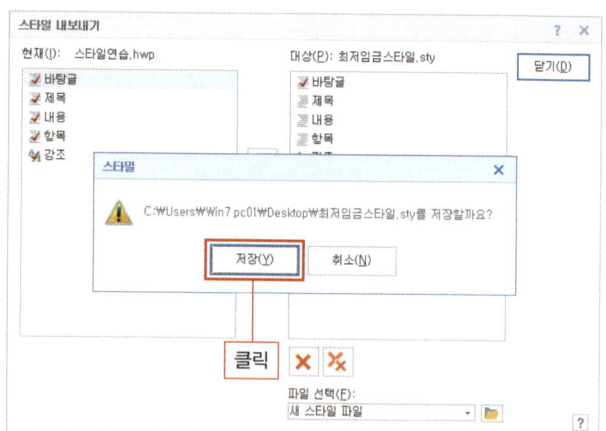

9 스타일 내보내기 작업이 모두 끝났으므로 [스타일] 대화상자로 돌아오면 [취소] 버튼을 클릭해서 대화상자를 닫습니다. 예제 파일도 닫아줍니다.

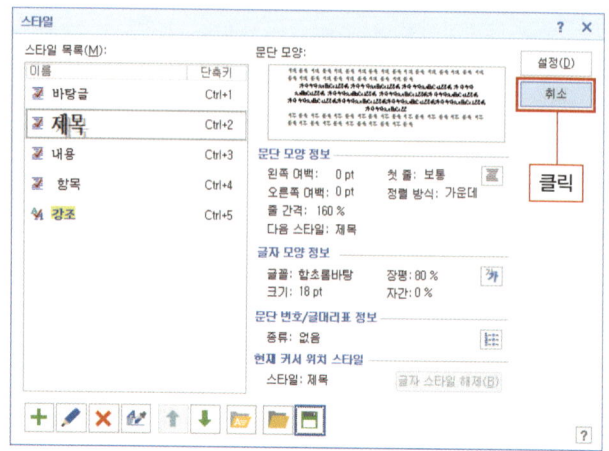

10 빈 문서에서 앞에서 저장한 스타일 파일을 가져오는 과정을 실습해 봅니다. [서식] 메뉴의 [스타일] 선택하거나 F6 키를 누른 후 [스타일] 대화상자에서 스타일 가져오기 (📁) 아이콘을 클릭합니다.

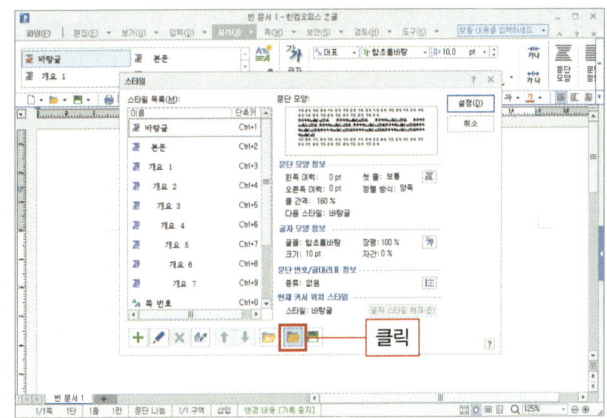

11 [스타일 가져오기] 대화상자가 나타나면 가져올 스타일 파일을 지정하기 위해서 파일 선택(📁) 아이콘을 클릭합니다.

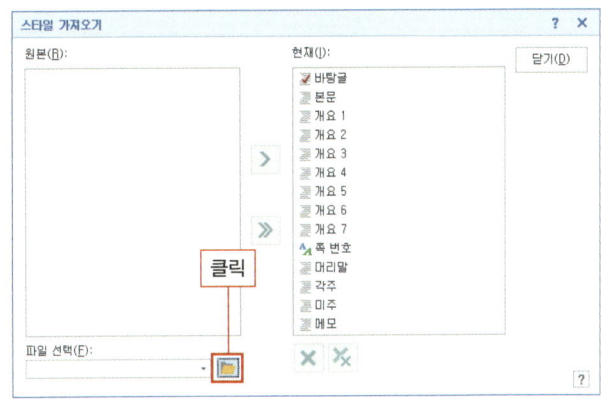

12 [불러오기] 대화상자에서 [바탕 화면]을 선택한 후 '최저임금스타일.sty'를 찾아 선택하고 [열기] 버튼을 클릭합니다. 여기서는 앞에서 바탕 화면에 스타일을 저장했기 때문에 [바탕 화면]을 선택했습니다.

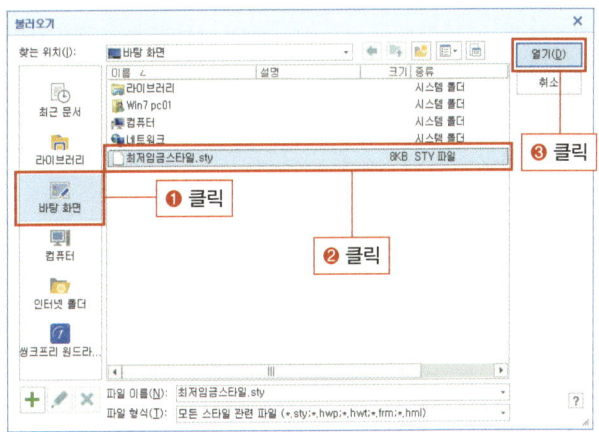

POINT
스타일을 다른 폴더에 저장했을 경우에는 불러올 파일이 저장된 폴더를 선택해야 합니다.

Part 1. 한글 2014의 기본 기능 50가지 **167**

13 [스타일 가져오기] 대화상자의 원본 목록을 보면 선택한 스타일 파일에 저장되어 있는 스타일 목록이 표시됩니다. 원본 파일의 모든 스타일을 가져오기 위해 모두 복사하기 (≫) 버튼을 클릭합니다.

14 '원본 파일의 스타일을 모두 현재 파일에 복사할까요?'라는 대화상자가 나타나면 [복사] 버튼을 클릭합니다.

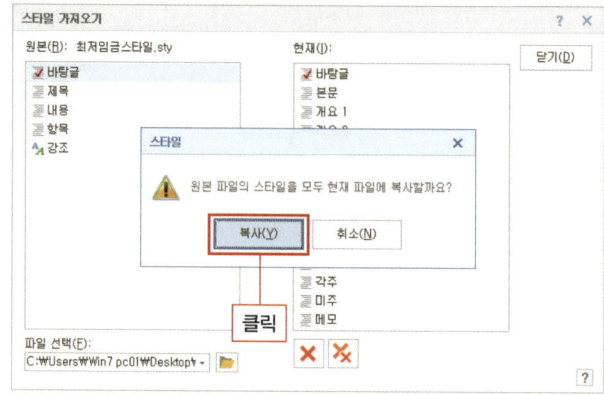

15 원본과 현재 문서에 같은 이름의 스타일이 있으면 다음과 같이 [스타일 덮어쓰기] 대화상자가 나타납니다. [복사] 버튼을 클릭하면 현재 파일의 스타일을 무시하고 원본에 있는 스타일을 복사합니다.

POINT

[모두] 버튼을 클릭하면 이후에 다시 같은 이름의 스타일을 발견할 경우 확인 대화상자를 표시하지 않고 무조건 복사합니다. [복사 안 함] 버튼은 현재 스타일을 그대로 유지하고자 할 때 클릭합니다.

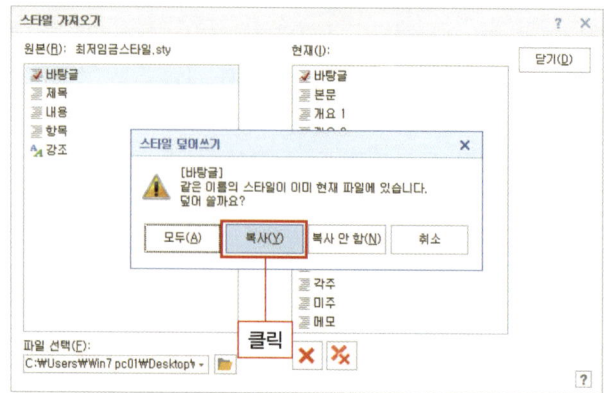

16 [스타일 가져오기] 대화상자의 [현재] 목록에 원본 파일의 스타일이 모두 추가된 것을 확인하면 [닫기] 버튼을 클릭합니다.

14 [스타일 가져오기] 대화상자에서 가져온 스타일이 현재 파일의 스타일 목록에 추가된 것을 알 수 있습니다.

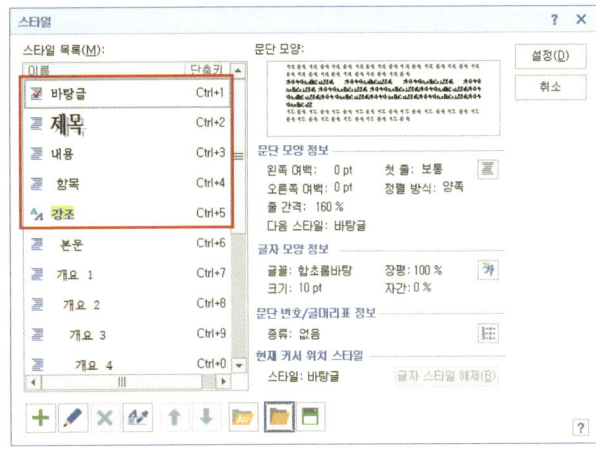

쌩초보 Level Up 스타일마당

- 스타일마당은 문서 종류에 따라 한글에서 제공하는 스타일을 적용하여 현재 문서의 모양을 변경하는 기능입니다. 스타일마당에는 몇 개의 자주 쓰이는 스타일 묶음이 용도별로 들어 있습니다.

- **스타일마당 적용하기**
① 한글에서 제공하는 기본 스타일을 사용하여 문서를 작성한 다음 [서식] 메뉴의 [스타일마당]을 선택합니다.
② [스타일마당] 대화상자에서 원하는 스타일을 선택하고 스타일 모양을 확인한 후 [적용] 버튼을 클릭합니다.
③ 현재 문서에서 기본 스타일을 사용한 부분이 선택한 스타일마당의 문단 모양과 글자 모양으로 일괄적으로 변경됩니다.

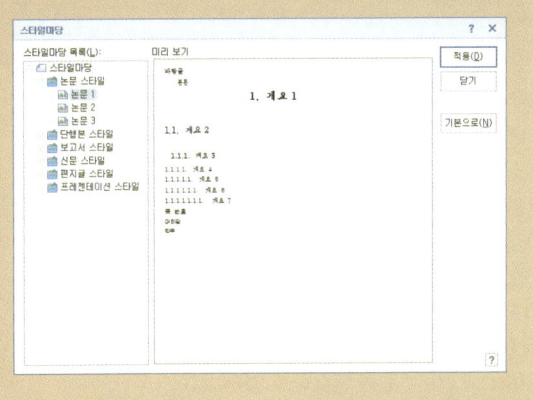

책갈피 사용하기

책갈피는 문서의 특정 위치에 표시를 해두고 현재 커서 위치에 상관없이 표시해 둔 위치로 빠르게 이동하는 기능입니다. 책갈피는 본문뿐만 아니라 그림이나 표, 글상자, 머리말이나 꼬리말 등에도 삽입할 수 있습니다.

- **Key Word** : 조판 부호, 쉬운 책갈피
- **예제파일** : 예제파일\고용보험제도.hwp
- **완성파일** : 완성파일\고용보험제도.hwp

1 책갈피를 지정하려면 책갈피로 설정할 위치로 커서를 이동해야 합니다. '1. 고용보험제도란' 앞에 커서를 놓고 [입력] 탭의 [책갈피] 아이콘을 클릭하거나 Ctrl + K , B 키를 누릅니다.

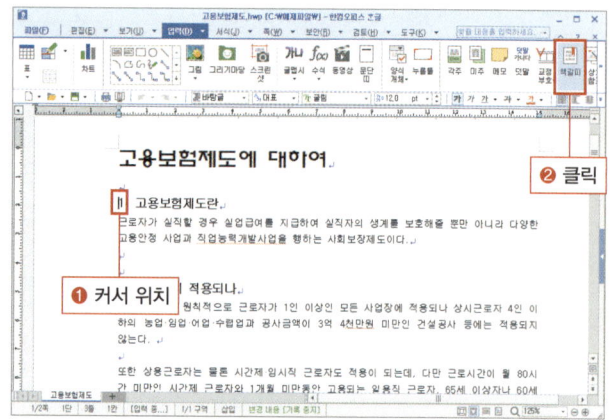

2 [책갈피] 대화상자가 나타나고 책갈피 이름이 자동으로 입력되어 있습니다. 현재 상태에서 그대로 [넣기] 버튼을 클릭합니다. 책갈피의 이름을 변경하려면 [책갈피 이름]에 직접 입력합니다.

\POINT

[책갈피 목록]에서 책갈피를 선택하고 이름 바꾸기 ( ) 아이콘을 클릭하면 책갈피의 이름을 변경할 수 있으며, 삭제( ) 아이콘을 클릭하면 선택한 책갈피를 지웁니다. 책갈피를 이름을 입력할 때는 이미 등록된 것과 같은 이름을 등록할 수 없습니다.

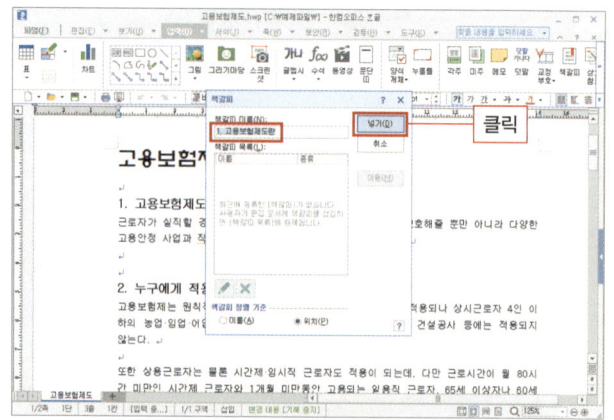

3 커서 위치에 책갈피가 설정됩니다. 책갈피가 삽입된 표식을 확인하려면 [보기] 탭의 [조판 부호]에 체크합니다.

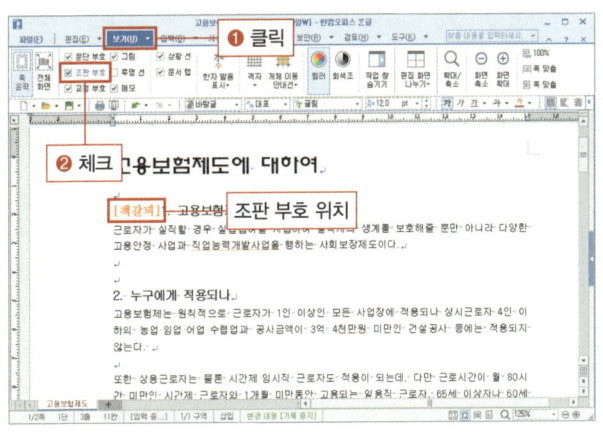

POINT
책갈피는 문서를 작성하는데 아무런 영향을 끼치지 않습니다. [조판 부호]가 설정된 상태에서만 책갈피가 삽입된 위치를 확인할 수 있습니다.

4 앞의 과정을 참고하여 그림과 같이 책갈피를 삽입합니다. 등록한 책갈피는 [책갈피 목록]에서 확인할 수 있으며, [책갈피 정렬 기준]에서 '이름'이나 '위치'로 책갈피 목록을 정렬할 수 있습니다. 책갈피가 삽입된 곳으로 이동하려면 책갈피를 선택하고 [이동] 버튼을 클릭합니다.

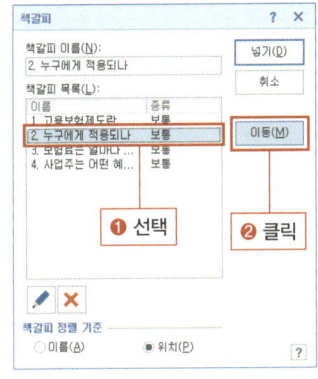

POINT
블록을 지정한 상태에서 책갈피를 만들면 '블록 책갈피'가 만들어집니다. [책갈피] 대화상자에서 블록 책갈피를 선택하여 이동하면 커서 이동과 동시에 블록이 설정됩니다.

쌩초보 Level Up — 쉬운 책갈피

- 쉬운 책갈피는 문서를 편집하면서 단축키를 사용하여 최대 10개까지 책갈피를 표시해 두고, 필요할 때 단축키를 사용하여 책갈피 위치로 커서를 이동하는 기능입니다.
- **쉬운 책갈피 만들기** : 위치를 표시할 곳에서 Ctrl+K, 1, Ctrl+K, 2~Ctrl+K, 0 중에서 하나를 누르면 쉬운 책갈피를 삽입할 수 있습니다.
- **쉬운 책갈피로 이동하기** : Ctrl+Q를 누른 상태에서 책갈피를 설정한 번호를 누르면 쉬운 해당 문단 위치로 커서를 이동합니다. 쉬운 책갈피는 문단 단위로 기억되기 때문에 해당 문단의 맨 앞으로 커서가 이동됩니다.

ㅎ/ㅏ/ㄴ/ㄱ/ㅡ/ㄹ 2/0/1/4

한컴오피스 2014

한글

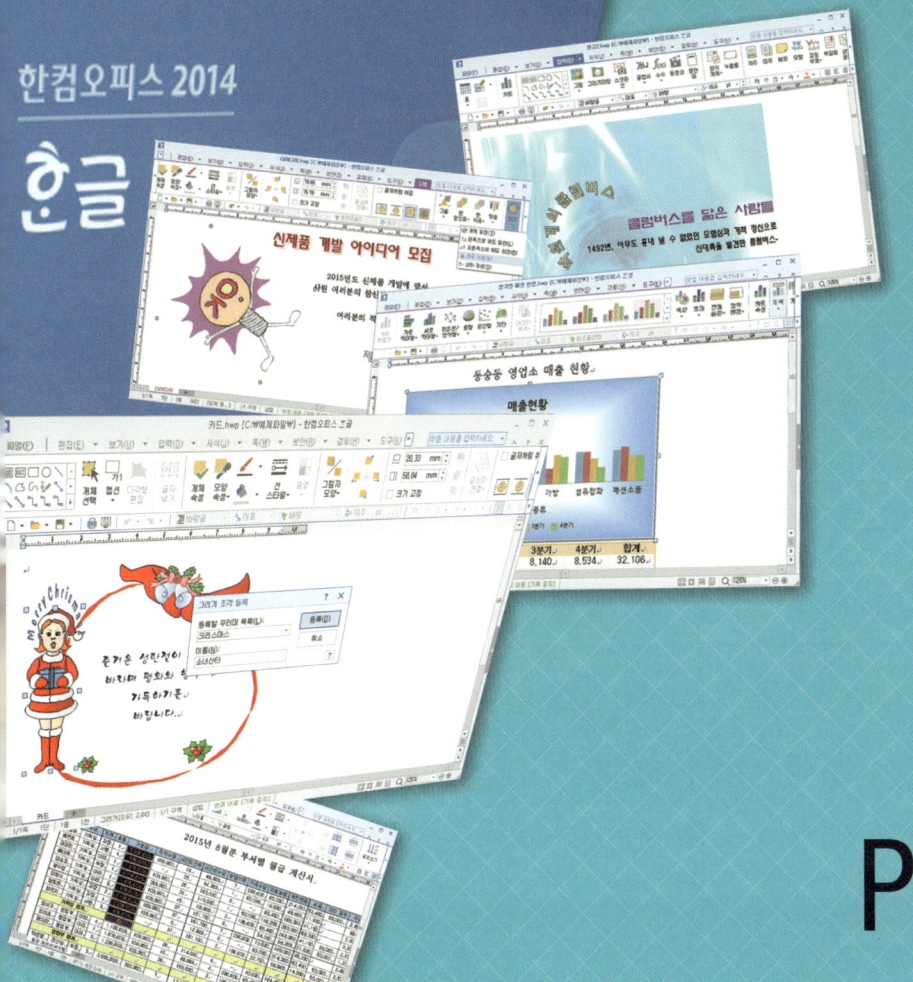

Part 2
한글 2014의
활용 기능 50가지

워드프로세서의 표 기능을 이용하면 많은 서식을 그릴 수 있습니다. 이번 파트에서는 표를 작성하는 방법과 표의 각 셀을 꾸미는 방법, 표를 이용하여 차트를 그리는 방법, 계산식을 설정한 후 숫자를 입력하면 자동으로 결과를 표시하는 방법 등을 배웁니다. 또한 고급스러운 문서를 만들기 위하여 문서에 그림, 글상자, 글맵시, 도형, 선 등의 개체를 삽입하고 수정하는 방법과 조판 기능을 이용하여 제목 차례나 찾아보기 등을 만드는 방법 등에 대해 배웁니다.

표 만들기

표는 복잡한 내용을 일목요연하게 정리할 때 가장 적합한 도구라고 할 수 있습니다. 여기서는 간단한 형식의 표를 직접 만들면서 문서를 작성할 때 가장 많이 사용되는 표 작성 과정을 이해합니다.

Key Word : 글자처럼 취급, 셀 블록 지정   **완성파일** : 완성파일\결근계.hwp

1 표를 이용하여 빈 문서에 결근계 양식을 작성해 보겠습니다. 편집 화면을 넓게 보면서 편집하기 위해 [보기] 탭의 [쪽 윤곽]을 클릭한 후 첫 번째 줄에 제목을 입력하고 서식을 '견고딕, 20pt, 가운데 정렬'로 지정합니다.

POINT
첫 줄에서 Enter 키를 누르면 글자 속성과 문단 속성이 그대로 적용됩니다. Enter 키를 누른 후 Ctrl + 1 키를 눌러 원래의 바탕글 스타일로 변경합니다.

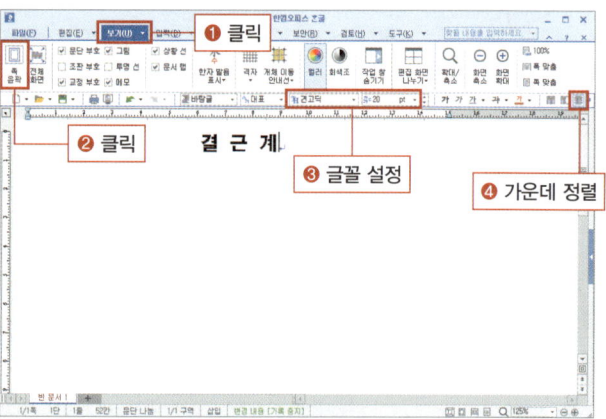

2 제목 아래에서 한 줄을 띄우고 세 번째 줄에서 [입력] 탭의 [표]를 클릭하거나 Ctrl + N, T 키를 누릅니다. [표 만들기] 대화상자에서 [줄 수]에 '5', [칸 수]에 '2'를 입력하고 '글자처럼 취급'에 체크한 후 [만들기] 버튼을 클릭합니다.

POINT
'마우스 끌기로 만들기'에 체크하면 마우스 왼쪽 버튼을 클릭한 채 드래그하여 원하는 크기로 표를 만들 수 있습니다.

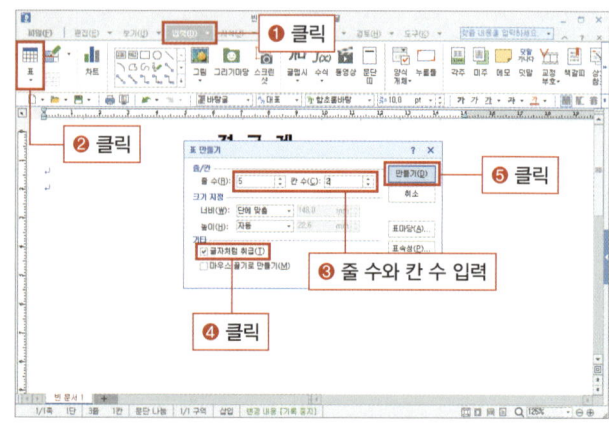

3 다음과 같이 커서 위치에 5줄 2칸의 표가 만들어집니다. '글자처럼 취급'에 체크했기 때문에 표 하나가 커다란 글자로 취급됩니다. 커서가 표 안에 있으면 자동으로 [표] 탭이 활성화됩니다.

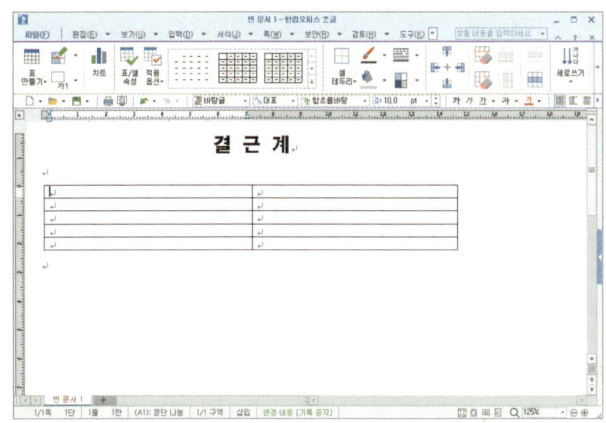

4 세로 경계선에서 마우스 포인터가 ⇔ 모양이 되면 마우스를 클릭한 상태에서 왼쪽으로 드래그하여 첫 번째 칸의 너비를 줄여줍니다.

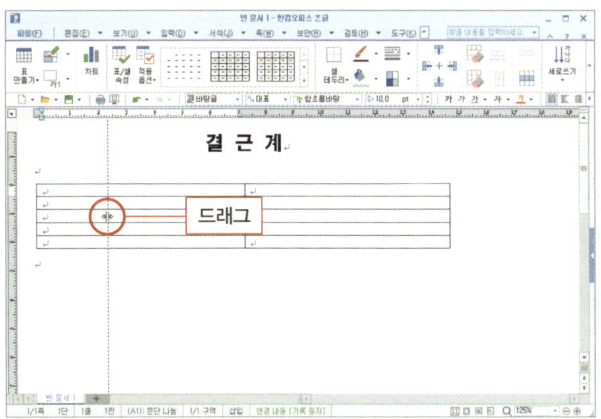

POINT
줄 높이를 조정할 때는 줄과 줄 사이의 경계선에서 마우스 포인터가 ⇕ 모양이 되었을 때 마우스를 클릭한 채 드래그합니다.

5 첫 번째 칸에 다음과 같이 내용을 입력합니다. 2행 2열의 셀로 커서를 이동한 다음 F5키를 누르면 셀에 블록이 지정됩니다. 이 상태에서 [표] 탭의 [셀 나누기] 아이콘을 클릭하거나 S키를 누릅니다.

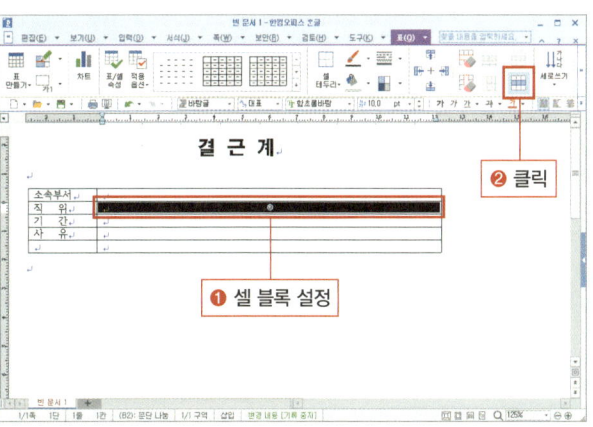

POINT
표의 각 칸을 셀이라고 부릅니다. 마우스로 셀을 클릭하거나 키보드의 방향키를 이용해서 커서를 원하는 셀로 이동할 수 있습니다.

6 [셀 나누기] 대화상자에서 '줄 수'의 체크를 해제하고 '칸 수'에 '3'을 입력한 후 [나누기] 버튼을 클릭합니다.

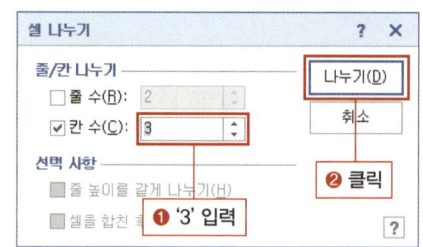

7 하나의 셀이 세 개의 칸으로 나누어지면 칸 경계선을 드래그하여 너비를 그림과 같이 조정한 후 '성명'을 입력합니다.

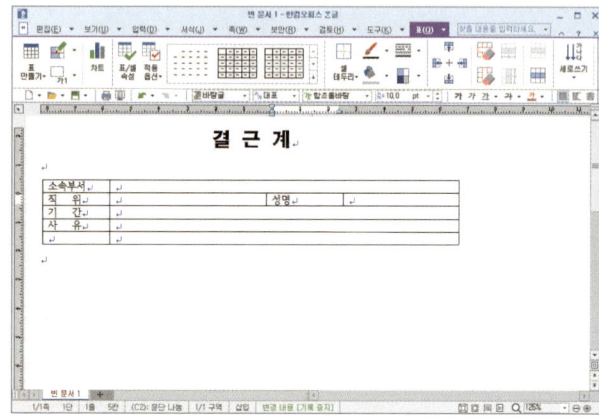

\POINT
셀 블록을 해제할 때는 Esc 키를 누릅니다.

8 마지막 줄의 첫 번째 셀에서 마우스를 클릭한 상태로 다음 칸까지 드래그하여 셀 블록을 지정합니다. 그런 다음 [셀 합치기] 아이콘을 클릭하거나 M 키를 누릅니다.

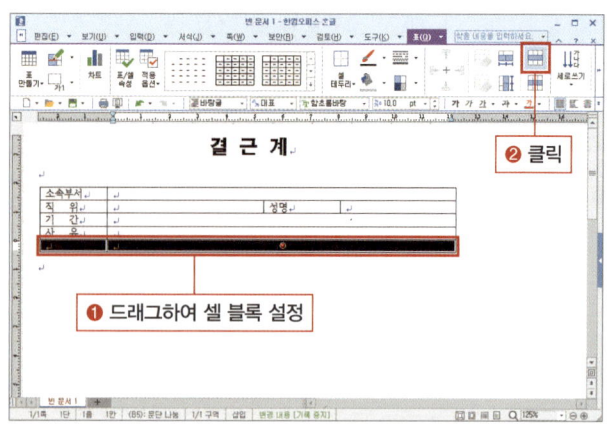

9 두 개의 칸이 하나의 칸으로 합쳐지면 다음 그림과 같이 내용을 입력합니다. 셀에서 Enter 키를 누르면 자동으로 줄 높이가 늘어납니다.

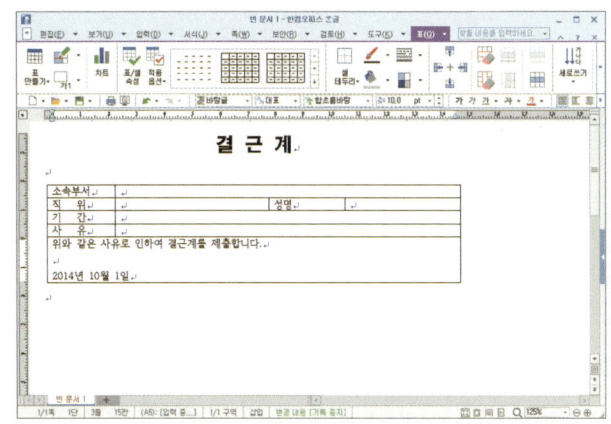

10 1행 1열에서 마우스를 클릭한 채 4행 1열까지 드래그하여 셀 블록을 지정합니다. Ctrl 키를 누른 상태에서 2행 3열의 칸을 클릭하고, 계속 Ctrl 키를 누른 상태에서 마지막 행을 클릭합니다. 다음과 같이 셀 블록이 지정되면 가운데 정렬을 선택합니다.

POINT

서로 떨어져 있는 셀을 블록으로 설정하기 위해서는 Ctrl 키를 누른 상태에서 마우스 왼쪽 버튼을 클릭하거나 드래그합니다.

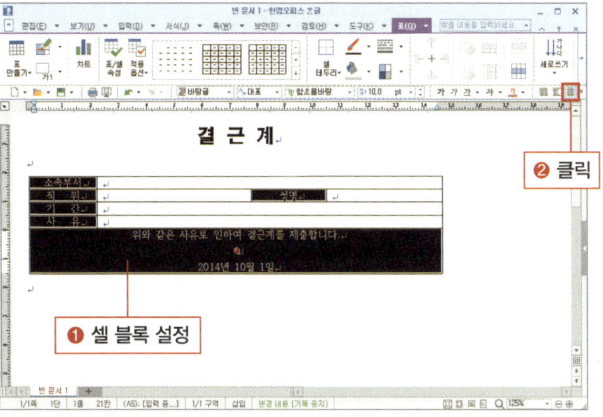

11 일부 셀이 블록으로 선택된 상태에서 F5 키를 한 번 더 누르면 표 전체가 블록으로 지정됩니다. 글자 크기를 '12pt'로 지정하고 Ctrl 키를 누른 상태에서 ↓ 키를 여러 번 눌러 줄 높이를 늘려줍니다. 문서 작업을 마치면 Esc 키를 눌러 블록을 해제하고 '결근계.hwp'로 저장합니다.

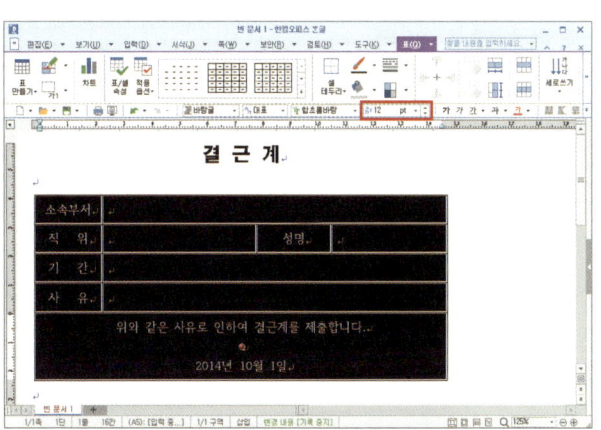

special TIP 셀 블록 설정하기와 표 만들기 아이콘

표 안에서 셀의 글자 모양이나 문단 모양을 바꿀 때, 테두리나 배경을 바꿀 때 등 셀을 편집하기 전에 원하는 셀들만 셀 블록으로 설정합니다. 여기에서는 셀을 블록으로 지정하는 방법과 표 만들기 아이콘을 이용하여 표를 쉽게 만드는 방법에 대해 다룹니다.

● 셀 블록 설정하기

❶ 마우스로 셀 블록 설정하기

- Ctrl 키를 누른 상태에서 특정 셀을 클릭하면 하나의 셀만 셀 블록으로 설정됩니다.
- 셀 블록을 시작할 셀에서 마우스를 클릭한 채 드래그하면 마우스가 지나간 셀이 모두 셀 블록으로 설정됩니다.
- 셀 블록을 시작할 셀에 커서를 놓고 Shift 키를 누른 채 셀 블록의 마지막 셀을 클릭하면 시작 셀부터 마지막 셀까지 직사각형 모양의 셀 블록이 설정됩니다.
- 셀 블록을 설정한 다음 Ctrl 키를 누른 상태에서 다른 셀 블록을 지정하면 불연속적인 여러 개의 셀 블록을 설정할 수 있습니다.

❷ 키보드로 셀 블록 지정하기

- 셀 안에 커서를 놓고 F5 키를 누르면 하나의 셀만 셀 블록으로 설정됩니다.
- F5 키를 두 번 누른 다음 화살표 방향키를 누르면 커서가 지나간 셀이 모두 셀 블록으로 설정됩니다.
- F5 키를 세 번 누르면 표 전체가 셀 블록으로 설정됩니다.
- F5 키를 누르고 F8 키를 누르면 가로 줄 전체가 셀 블록으로 설정되고, F5 키를 누르고 F7 키를 누르면 세로 줄 전체가 셀 블록으로 설정됩니다.

● 표 만들기 아이콘

[표] 탭의 [표 만들기] 아이콘을 클릭하면 [표 만들기] 대화상자가 나타납니다. [표 만들기] 아이콘의 드롭다운 버튼을 누르면 바둑판 모양의 표 상자가 나타납니다. 원하는 줄 수와 칸 수가 될 때까지 표 상자에서 마우스를 움직인 다음 마우스 왼쪽 버튼을 클릭하면 표가 만들어집니다.

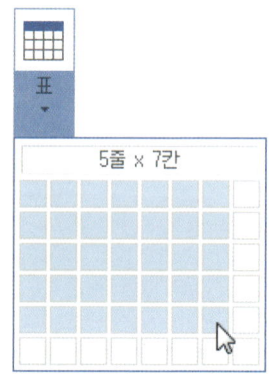

Section 02

셀 크기 조정하기

표를 구성하는 각각의 칸을 셀이라 하며 셀은 표 편집의 기본 단위가 됩니다. 표는 각 셀의 크기를 임의로 수정하여 표를 만들게 되는데 여기서는 마우스나 키보드를 이용하여 셀의 크기를 자유롭게 조정하는 방법에 대해 살펴보겠습니다.

Key Word : 셀 높이, 셀 너비

1 [입력] 탭의 [표] 아이콘을 클릭하거나 Ctrl+N, T키를 누릅니다. [표 만들기] 대화상자에서 [줄 수]는 '10', [칸 수]는 '7'로 입력한 다음 '글자처럼 취급'에 체크한 후 [만들기] 버튼을 클릭합니다.

2 커서 위치에 10줄 7칸의 표가 만들어집니다. 마우스를 이용하여 셀 크기를 조절하는 방법부터 살펴보겠습니다. 3열의 오른쪽 경계선에서 마우스 포인터가 ↔ 모양이 되었을 때 마우스 왼쪽 버튼을 클릭한 채 왼쪽으로 드래그합니다. 3열 전체의 너비가 줄어듭니다.

POINT
마우스로 경계선을 드래그하면 전체 표의 크기는 변하지 않고 해당 행이나 열의 크기만 조정됩니다.

❸ 5행의 아래쪽 경계선에서 마우스 포인터가 모양이 되면 Ctrl 키를 누른 상태에서 마우스를 드래그하여 아래쪽으로 이동합니다. 5행의 높이가 늘어나면서 표 전체의 높이도 늘어납니다.

POINT

Ctrl 키를 누른 채 표 경계선을 드래그하여 크기를 조정하면 해당 행 또는 열의 크기가 늘거나 줄면서 표 전체 크기도 그만큼 늘거나 줄게 됩니다.

❹ 이번에는 Shift 키를 누른 상태에서 5행 4열의 셀 오른쪽 경계선을 왼쪽으로 드래그합니다. 그러면 다른 셀의 크기는 변하지 않고 해당 셀의 너비만 줄어듭니다.

POINT

Shift 키를 누른 채 표 경계선을 드래그하여 크기를 조정하면 해당 셀의 크기만 늘리거나 줄입니다. 셀에 내용이 입력되어 있을 때는 현재 내용보다 더 작은 크기로 줄일 수 없습니다.

❺ 키보드의 방향키를 이용하여 셀이나 표 크기를 조정할 때는 먼저 셀을 블록으로 설정해야 합니다. 6행 1열의 셀에서 마우스를 드래그하여 다음과 같이 모두 3행 2열 크기의 셀 블록을 지정합니다.

6 셀 블록이 설정된 상태에서 Ctrl 키를 누른 채 화살표 방향키를 여러 번 눌러봅니다. 블록으로 지정한 셀의 높이와 너비를 조정할 수 있습니다. Ctrl 키와 화살표 방향키를 함께 사용하면 표 전체 크기도 함께 조정됩니다.

POINT
- Alt + 화살표 방향키 : 셀 블록으로 설정한 셀이 들어 있는 줄이나 칸 전체의 크기를 바꾸고 표 전체 크기는 그대로 유지합니다.
- Shift + 화살표 방향키 : 셀 블록으로 설정한 셀의 크기만 바꾸고 표 전체의 크기는 그대로 유지합니다.

쌩초보 Level Up — 셀 높이와 너비를 같게 만들기

- 셀 블록을 지정한 다음 [표] 메뉴의 [셀 높이를 같게] 아이콘을 선택하거나 H 키를 누르면 셀 블록에 있는 모든 셀의 높이가 동일하게 조정됩니다.
- 셀 블록을 지정한 다음 [표] 메뉴의 [셀 너비를 같게] 아이콘을 선택하거나 W 키를 누르면 셀 블록에 있는 모든 셀의 너비가 동일하게 조정됩니다.
- [셀 높이 같게] 또는 [셀 너비를 같게] 명령을 실행할 때는 셀 블록이 반드시 직사각형 형태여야 합니다.

줄/칸 추가하기와 지우기

표를 만든 다음 새로운 줄이나 칸을 추가하는 방법과 함께 필요 없는 줄이나 칸을 삭제하는 방법에 대해 살펴보겠습니다. 실습을 위해 표를 만들 때 마우스 끌기로 만드는 방법에 대해서도 함께 알아보겠습니다.

◉ Key Word : 줄/칸 편집

1 [입력] 탭의 [표] 아이콘을 클릭하거나 Ctrl+N, T 키를 누릅니다. [표 만들기] 대화상자에서 [줄 수]와 [칸 수]를 모두 '7'로 지정한 다음 '마우스 끌기로 만들기'에 체크하고 [만들기] 버튼을 클릭합니다.

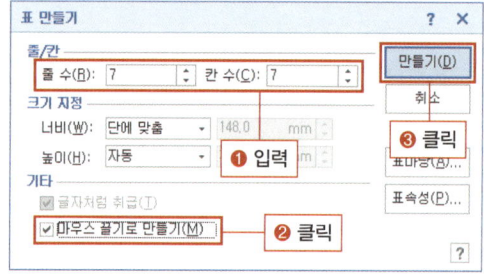

2 표가 시작될 위치에서 마우스를 클릭하고 원하는 크기만큼 드래그합니다.

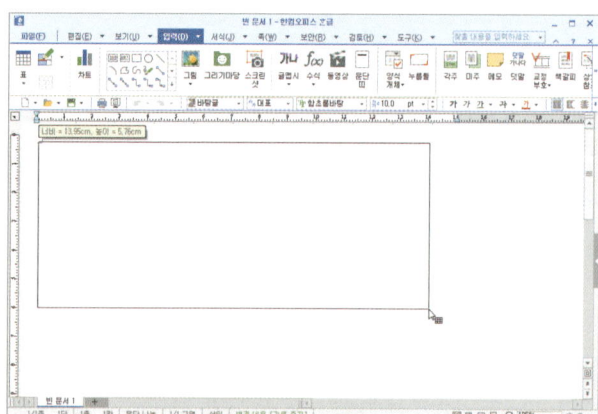

182 회사 실무에 힘을 주는 한글 2014

3 마우스를 드래그한 크기로 표가 만들어집니다.

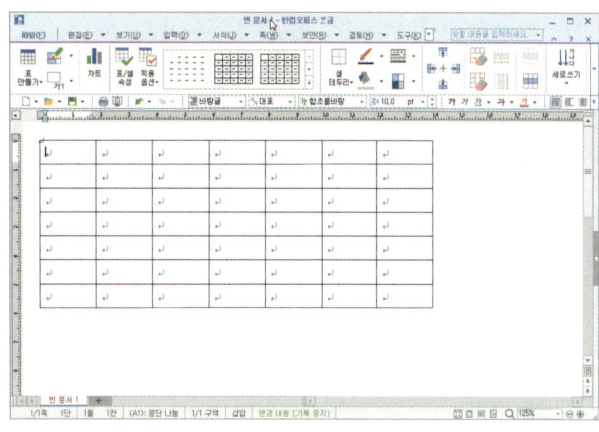

POINT
이렇게 만든 표는 글자처럼 취급되지 않고 자리 차지로 배치됩니다. 본문과의 배치 방법은 'Section 7. 표/셀 속성 이용하기'에서 자세하게 다룹니다.

4 표 안에 커서가 있을 때 [편집] 메뉴의 [고치기]를 선택하거나 Ctrl+N, K 키를 누릅니다. [표/셀 속성] 대화상자의 [기본] 탭에서 '글자처럼 취급'에 체크하고 [설정] 버튼을 클릭합니다.

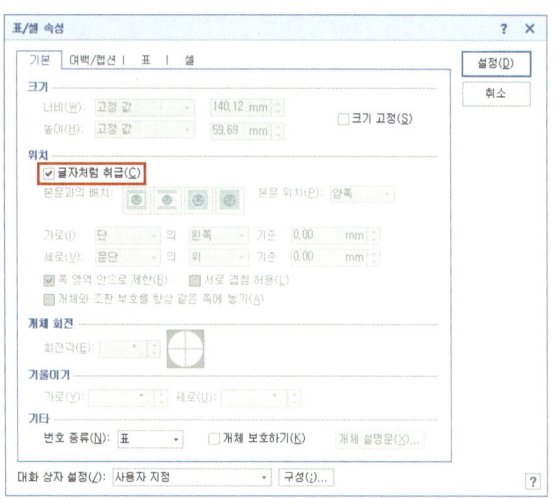

5 이제 표가 일반 글자처럼 취급됩니다. 표의 각 셀에 다음과 같이 내용을 입력하고 글자 모양과 문단 모양을 임의로 설정합니다. 여기서는 글자의 속성은 '진하게', 문단 모양은 '가운데 정렬'로 설정하였습니다.

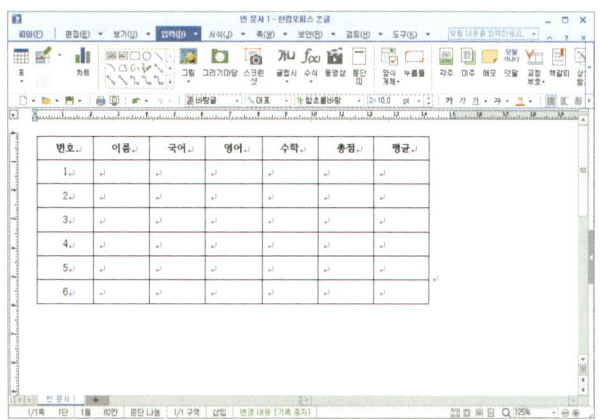

POINT
마우스로 셀 블록을 지정한 다음 서식 도구 모음을 이용하면 쉽게 글자 모양이나 문단 모양을 설정할 수 있습니다.

6 번호 '3'이 입력되어 있는 첫 번째 칸의 4번째 줄에 커서를 두고 [표] 메뉴의 [줄/칸 추가하기]를 선택하거나 Alt + Insert 키를 누릅니다.

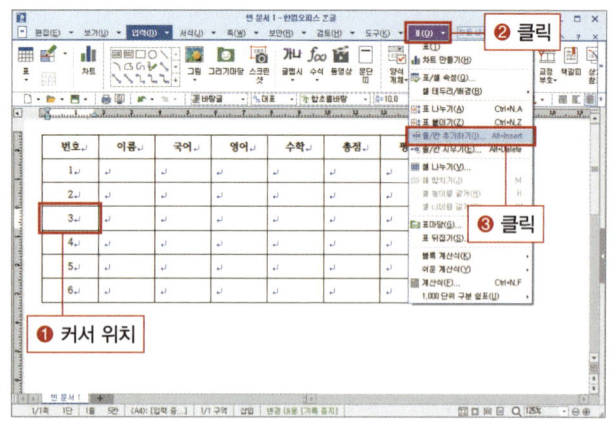

7 [줄/칸 추가하기] 대화상자가 나타나면 [추가]에서 '위쪽' 아이콘을 클릭하고 [줄/칸 수]에 '3'을 입력합니다. [추가] 버튼을 클릭합니다.

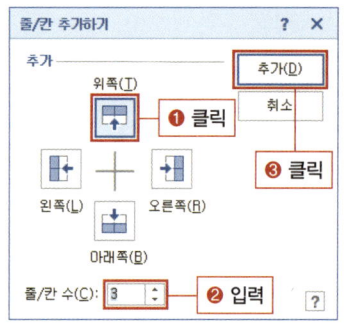

8 다음과 같이 커서가 있던 줄의 위쪽에 3개의 줄이 추가됩니다.

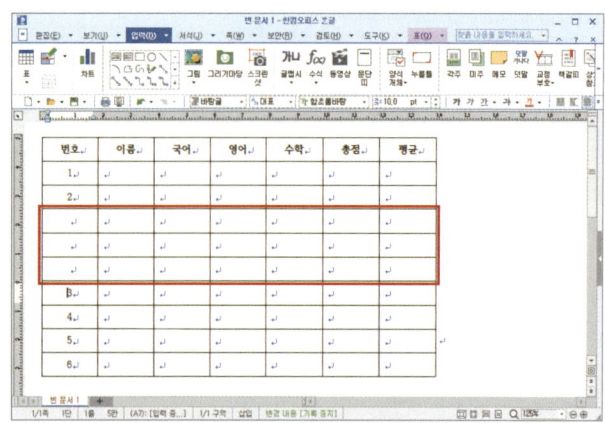

\POINT
표의 마지막 셀에서 Tab 키를 누르면 아래쪽에 줄이 추가됩니다. 또 표에 있는 임의의 셀에서 Ctrl + Enter 키를 누르면 현재 줄 아래쪽에 줄이 추가됩니다.

9 이번에는 '국어'가 입력되어 있는 셀로 커서를 이동한 다음 [표] 메뉴의 [줄/칸 지우기]를 선택하거나 Alt + Delete 키를 누릅니다.

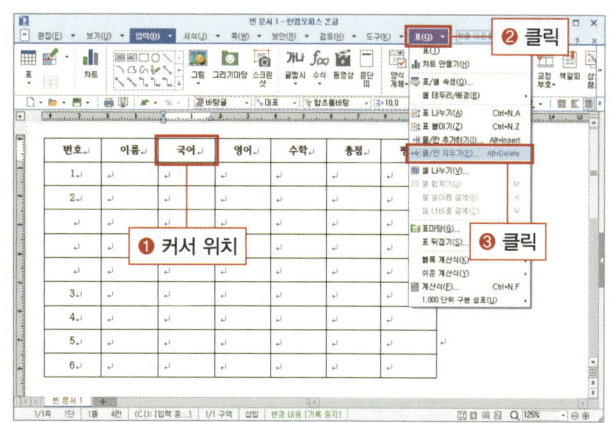

10 [줄/칸 지우기] 대화상자가 나타나면 [지우기]에서 '칸'을 선택하고 [지우기] 버튼을 클릭합니다.

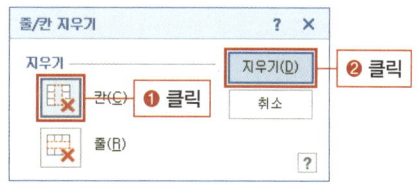

11 다음과 같이 커서가 있던 세로 칸 전체가 지워집니다.

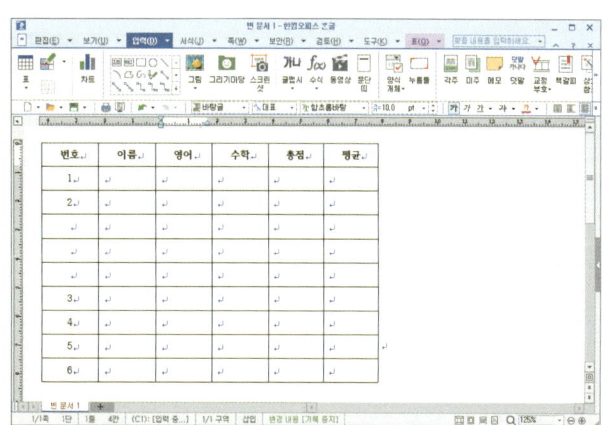

쌩초보 Level Up — [표] 탭의 [줄/칸 편집] 아이콘을 이용하여 줄/칸 추가하기와 지우기

- 현재 커서 위치에서 아래에 줄 추가하기( ) 아이콘을 클릭하여 줄 아래에 새로운 줄을 추가할 수 있습니다. 여러 셀에 블록이 설정되어 있으면 실행할 수 없습니다.
- 현재 커서 위치에서 오른쪽에 칸 추가하기( ) 아이콘을 클릭하면 칸 오른쪽에 새로운 칸이 추가됩니다. 이 아이콘 역시 여러 셀에 블록이 설정되어 있으면 사용할 수 없습니다.
- 줄 지우기( ) 아이콘을 클릭하면 현재 커서가 있는 줄 전체가 지워지고, 칸 지우기( ) 아이콘을 클릭하면 현재 커서가 있는 칸 전체가 지워집니다. 여러 셀에 블록이 설정되어 있으면 실행할 수 없습니다.

12 여러 개의 줄이나 칸을 한 번에 지우려면 먼저 원하는 부분을 셀 블록으로 지정합니다.

POINT
[줄/칸 지우기] 명령은 2칸 이상의 셀을 블록으로 설정하면 실행할 수 없습니다.

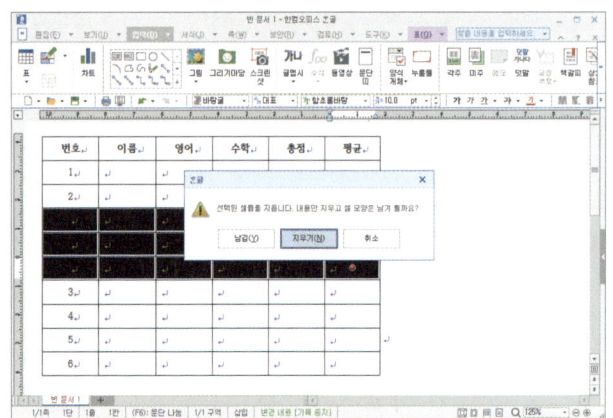

13 [편집] 메뉴의 [지우기]를 선택하거나 Ctrl+E 키를 누릅니다. '선택된 셀들을 지웁니다. 내용만 지우고 셀 모양은 남겨 둘까요?' 라는 메시지가 나타나면 [지우기] 버튼을 클릭합니다.

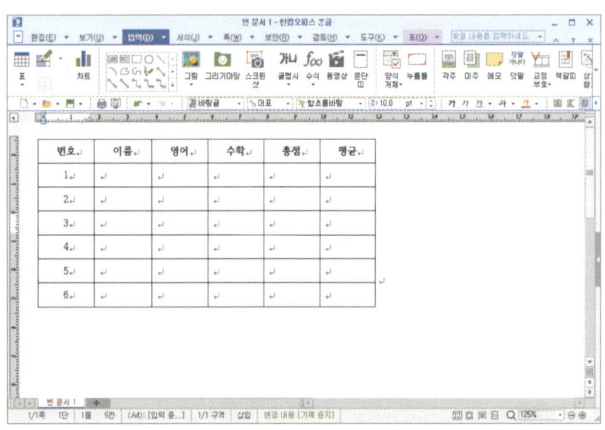

14 셀 블록으로 지정한 세 줄이 모두 지워진 것을 확인할 수 있습니다.

셀 나누기와 합치기

표에서 하나의 셀을 여러 개의 셀로 나누거나 반대로 여러 개의 셀을 하나로 합치는 방법에 대해 살펴봅니다. 셀 나누기는 하나의 셀이나 셀 블록으로 설정되어 있는 셀을 여러 개의 칸이나 줄로 나눌 수 있습니다. 셀 합치기는 셀 블록으로 지정한 여러 개의 셀을 하나의 셀로 합칩니다.

◯ Key Word : 셀 편집

1 [입력] 탭의 [표] 아이콘을 클릭하거나 Ctrl+N, T키를 누릅니다. [표 만들기] 대화상자에서 [줄 수]와 [칸 수]에 모두 '7'을 입력하고 '글자처럼 취급'에 체크한 다음 [만들기] 버튼을 클릭합니다.

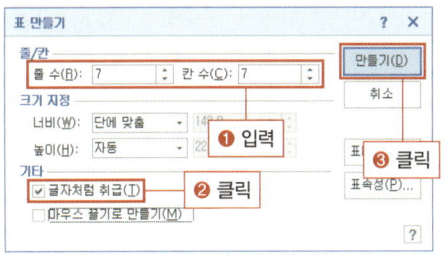

\POINT

'마우스 끌기로 만들기'에 체크되어 있으면 '글자처럼 취급'을 선택할 수 없습니다.

2 여러 셀에 걸쳐 셀 나누기를 할 때는 셀 블록을 설정합니다. 그리고 [표] 탭의 [셀 나누기] 아이콘을 클릭하거나 S키를 누릅니다.

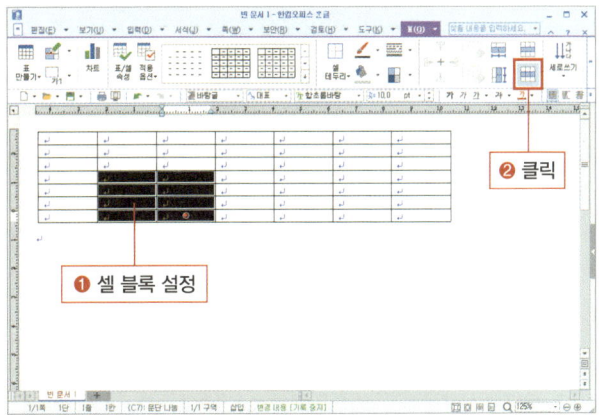

\POINT

하나의 셀에서 셀 나누기를 실행하려면 셀을 나눌 셀로 커서를 이동한 다음 [셀 나누기] 아이콘을 클릭합니다. 셀 나누기 S키는 셀 블록 상태에서만 사용할 수 있습니다.

3 [셀 나누기] 대화상자가 나타나면 [줄 수]와 [칸 수]에 '2'를 입력하고 [나누기] 버튼을 클릭합니다.

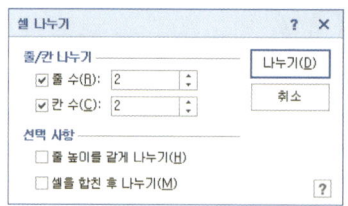

\POINT
'줄 수' 또는 '칸 수' 하나만 선택해서 사용할 수도 있습니다. '줄 높이를 같게 나누기'에 체크하면 줄을 나눈 다음 줄 높이를 모두 같게 조정하고, '셀을 합친 후 나누기'에 체크하면 블록 설정한 셀을 하나의 셀로 합친 다음 지정한 줄 수와 칸 수로 나눕니다.

5 이번에는 여러 개의 셀을 하나로 합치는 방법을 알아봅니다. 여러 개의 셀을 하나로 합치기 위해 다음과 같이 셀 블록을 지정합니다.

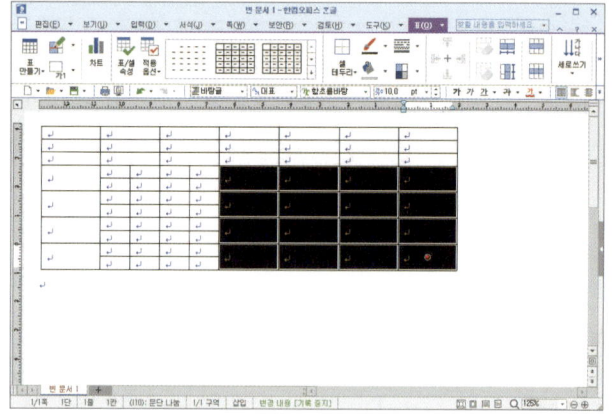

6 [표] 탭의 [셀 합치기] 아이콘을 선택하거나 M키를 누르면 다음과 같이 블록으로 설정된 모든 셀이 하나의 셀로 합쳐집니다.

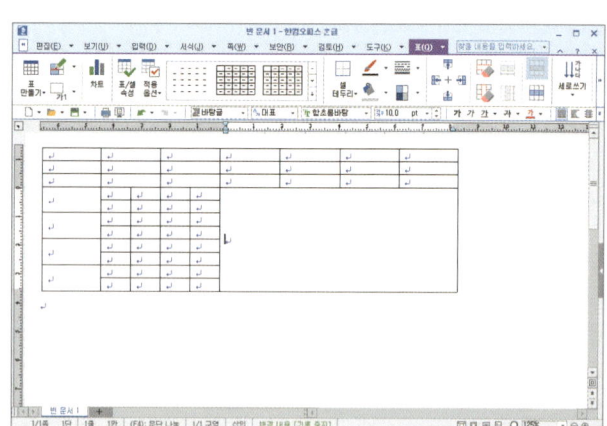

셀 테두리 바꾸기

표를 구성하고 있는 각 셀마다 여러 종류의 셀 테두리를 지정할 수 있습니다. 셀 테두리는 11가지의 선 종류 중에서 선택할 수 있으며 또 선의 종류에 굵기와 색을 지정하여 여러 형태로 테두리를 그릴 수 있습니다. 또 셀에 원하는 방향으로 대각선을 그릴 수도 있습니다.

◉ **Key Word :** 테두리, 대각선   ◉ **예제파일 :** 예제파일\시간표.hwp   ◉ **완성파일 :** 완성파일\시간표.hwp

1 문서는 모두 두 개의 표로 작성되어 있습니다. 첫 번째 표 안으로 커서를 이동한 다음 F5키를 눌러 셀 블록을 설정하고 [표] 메뉴의 [셀 테두리/배경]에서 '각 셀마다 적용'을 선택하거나 L키를 누릅니다.

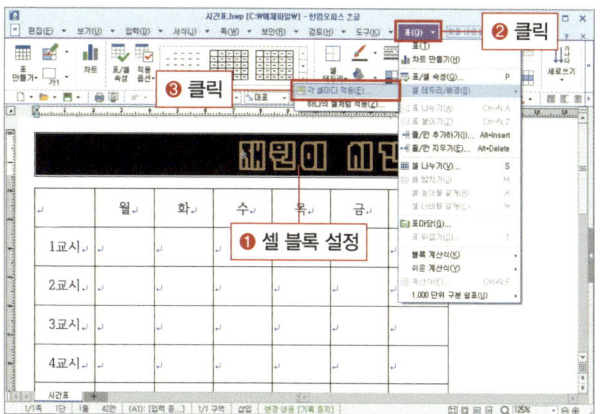

2 [셀 테두리/배경] 대화상자의 [테두리] 탭을 선택합니다. 여기에서 '선 모양 바로 적용'의 체크를 해제한 다음 테두리의 [종류]를 '선 없음'으로 선택합니다. 위쪽, 왼쪽, 오른쪽 테두리 버튼을 각각 클릭합니다.

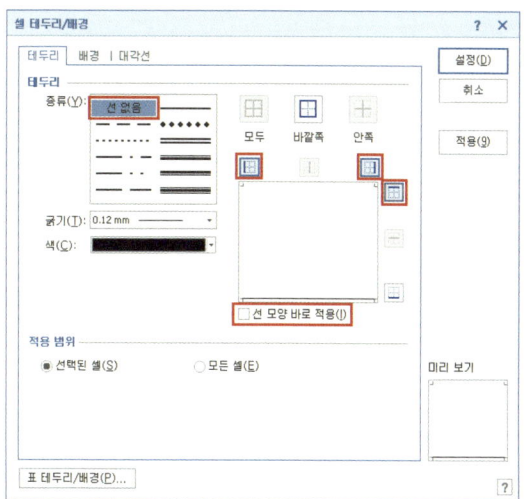

POINT

'선 모양 바로 적용'에 체크되어 있으면 테두리 종류나 굵기, 색 등을 선택하는 순간 표에 바로 적용됩니다. 체크박스의 체크를 해제하면 적용할 방향의 테두리 버튼을 눌러야만 해당 테두리의 모양이 바뀝니다.

Part 2. 한글 2014의 활용 기능 50가지 **189**

3 테두리 종류와 굵기, 색 등을 다음과 같이 선택한 후 아래쪽 테두리 버튼을 클릭합니다. [설정] 버튼을 클릭합니다.

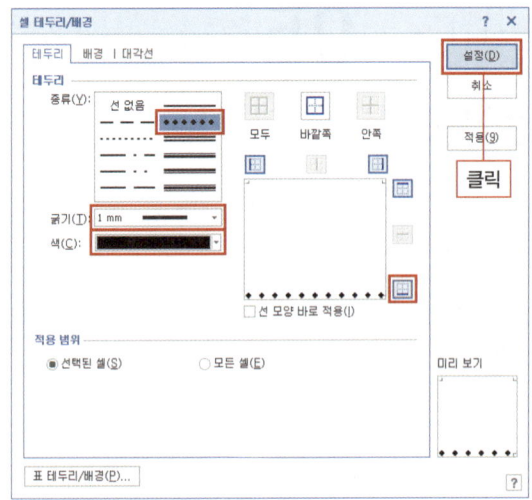

4 Esc 키를 눌러 셀 블록을 해제하면 첫 번째 표에 테두리가 적용된 결과를 확인할 수 있습니다.

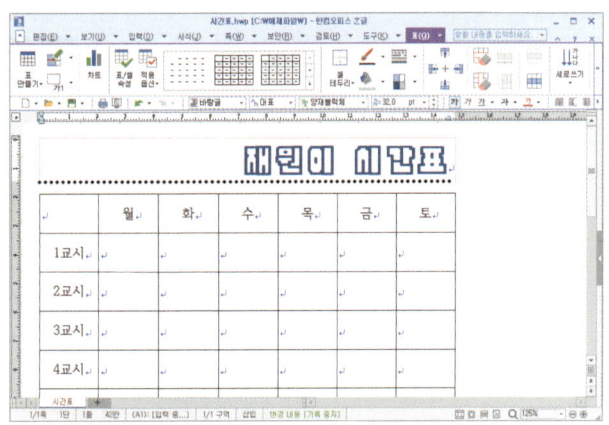

POINT
표 안에 커서가 있으면 '선 없음'으로 지정된 테두리는 빨간 색의 투명 선으로 표시되고, 표 밖으로 커서를 이동하면 투명 선이 감춰집니다. 단, [보기] 탭의 '투명 선'에 체크되어 있으면 커서를 표 밖으로 이동해도 투명 선이 표시됩니다.

5 두 번째 표의 첫 번째 줄을 드래그하여 셀 블록으로 설정한 다음 L 키를 누릅니다. 그림과 같이 테두리 종류와 아래쪽 테두리 버튼을 클릭한 다음 [설정] 버튼을 클릭합니다.

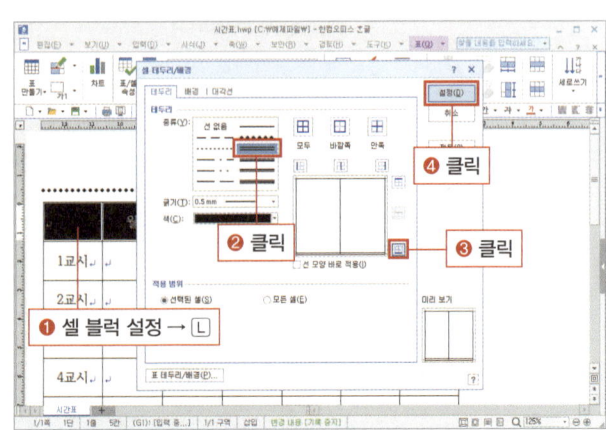

POINT
첫 번째 줄에 있는 임의의 셀에서 F5 키를 누르고 다시 F8 키를 누르면 현재 줄 전체를 셀 블록으로 지정할 수 있습니다.

6 F5 키를 한 번 더 눌러 표 전체를 셀 블록으로 지정합니다. [표] 메뉴의 [셀 테두리/배경]에서 '하나의 셀처럼 적용'을 선택합니다.

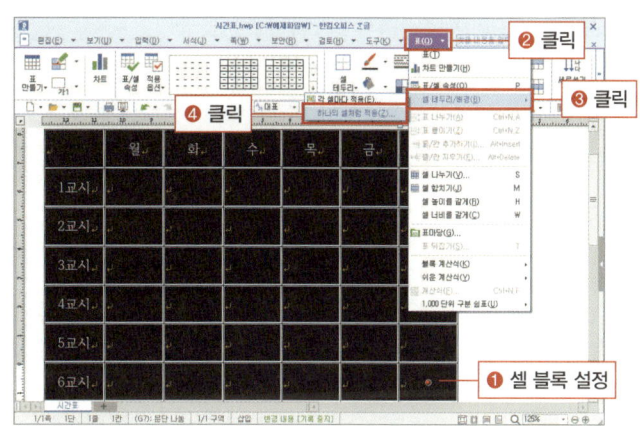

\POINT
셀 블록을 지정하고 L 키를 누르는 것은 [표] 메뉴의 [셀 테두리/배경]에서 '각 셀마다 적용' 메뉴를 선택한 것과 같습니다.

7 [셀 테두리/배경] 대화상자의 [테두리] 탭에서 테두리 종류와 굵기, 색을 지정한 다음 바깥쪽 모두 버튼을 누르고 다시 [설정] 버튼을 클릭합니다.

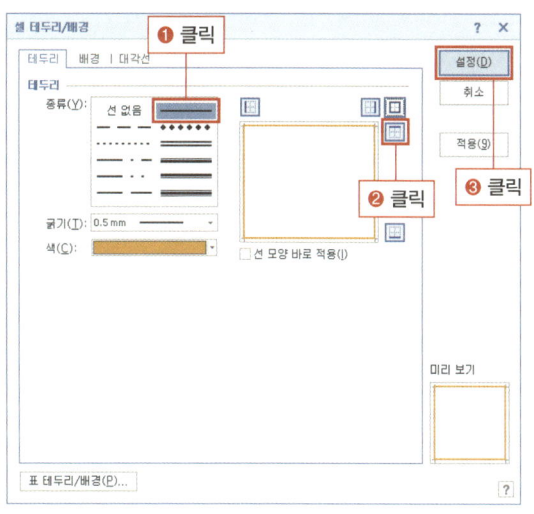

\POINT
만약 [표] 메뉴의 [셀 테두리/배경]에서 '각 셀마다 적용'을 선택하고 바깥쪽 모두 테두리를 설정하면 각 셀마다 바깥쪽의 모든 테두리가 적용됩니다.

8 블록을 해제하면 표 전체가 하나의 셀처럼 취급되어 바깥쪽의 모든 테두리가 변경됩니다. 첫 번째 셀을 클릭하여 다음과 같이 셀 블록을 설정한 다음 L 키를 누릅니다.

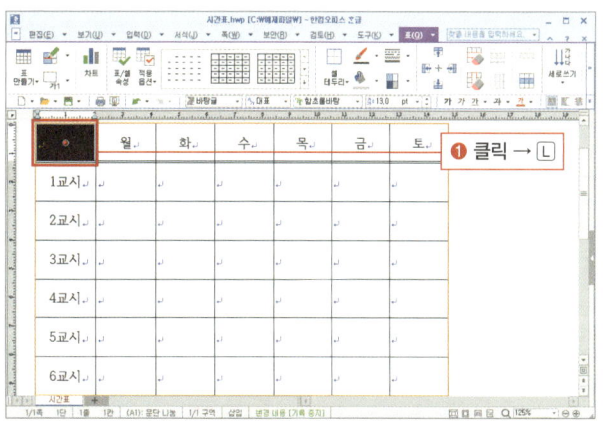

9 [셀 테두리/배경] 대화상자의 [대각선] 탭에서 왼쪽 위에서 오른쪽 아래로 된 대각선을 선택한 다음 [설정] 버튼을 클릭합니다. 대각선에도 선의 종류와 굵기, 색 등을 지정할 수 있습니다.

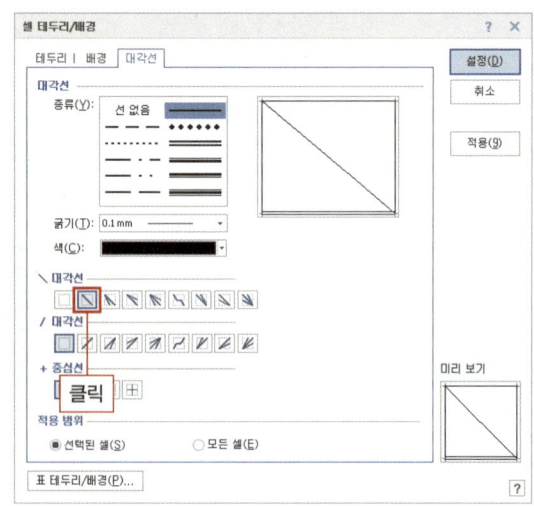

POINT

[설정] 단추 대신 [적용] 버튼을 클릭하면 현재 설정된 테두리 또는 대각선 모양을 적용하고 대화상자를 닫지 않습니다. 이렇게 하면 계속해서 다른 테두리 또는 대각선 작업을 실행할 수 있습니다.

10 Esc 키를 눌러 블록을 해제합니다. 다음과 같이 첫 번째 셀에 대각선이 그려집니다.

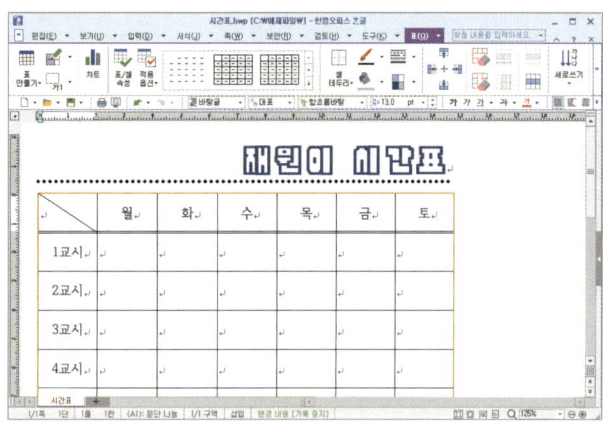

POINT

대각선은 왼쪽 위에서 오른쪽 아래로, 오른쪽 위에서 왼쪽 아래로 두 방향에 대해 각각 8가지 모양을 그릴 수 있고 두 가지 방향을 한꺼번에 지정할 수도 있습니다.

셀 배경 바꾸기

셀의 배경을 색, 무늬, 그러데이션, 그림 등을 사용하여 채우는 방법에 대해 살펴봅니다. 셀 배경은 셀 단위로 적용하거나 셀 블록으로 지정한 여러 셀을 한 단위로 사용하여 적용합니다.

Key Word : 셀 꾸미기, 그러데이션　　**예제파일** : 예제파일\주간계획표.hwp　　**완성파일** : 완성파일\주간계획표.hwp

1 먼저 색과 무늬로 배경을 지정하는 방법을 살펴봅니다. 두 번째 줄을 드래그하여 행 전체를 셀 블록으로 지정한 다음 [표] 메뉴의 [셀 테두리/배경]에서 '각 셀마다 적용'을 클릭합니다.

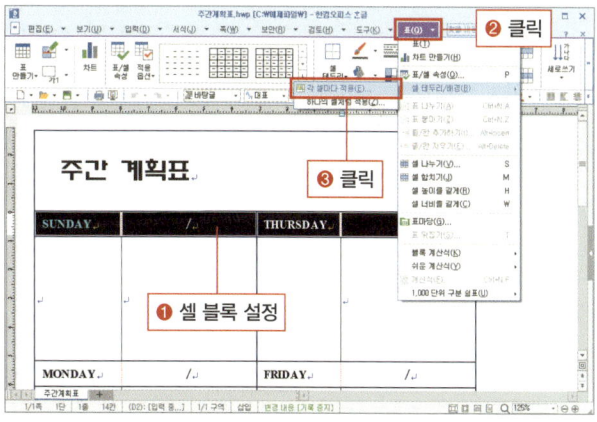

POINT
두 번째 줄에 있는 임의의 셀에서 F5 키를 누르고 F8 키를 누르면 줄 전체가 셀 블록으로 설정됩니다. [셀 테두리/배경]의 단축키는 C 키입니다.

2 [셀 테두리/배경] 대화상자의 [배경] 탭을 선택하고 '색' 옵션을 선택합니다. 면 색과 무늬 색, 무늬 모양 등을 지정한 다음 [설정] 버튼을 클릭합니다. 면 색만 지정하거나 무늬 색과 무늬 모양만 지정해서 셀 배경을 설정할 수도 있습니다.

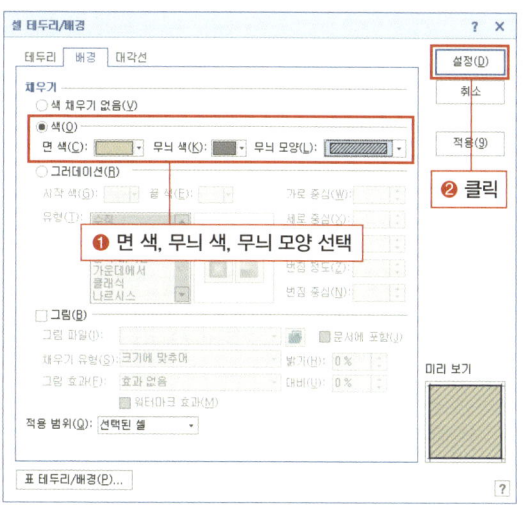

POINT
현재 셀에 설정되어 있는 셀 배경을 지울 때는 '색 채우기 없음' 옵션을 선택하고 [설정] 버튼을 클릭합니다.

3 두 번째 줄에 지정한 면 색과 무늬로 셀 배경이 설정됩니다. 이번에는 세 번째 줄 전체를 셀 블록으로 지정한 다음 [표] 메뉴의 [셀 테두리/배경]에서 '하나의 셀처럼 적용'을 클릭합니다.

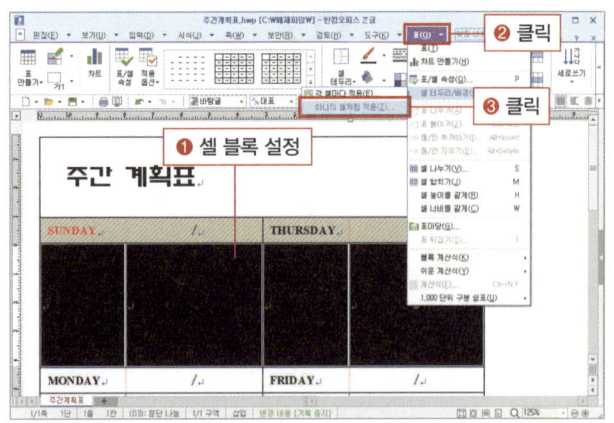

4 [셀 테두리/배경] 대화상자의 [배경] 탭에서 '그러데이션' 옵션을 선택합니다. 그러데이션의 시작 색과 끝 색을 선택하고 [유형]에서 '수직'을 선택한 다음 [설정] 버튼을 클릭합니다.

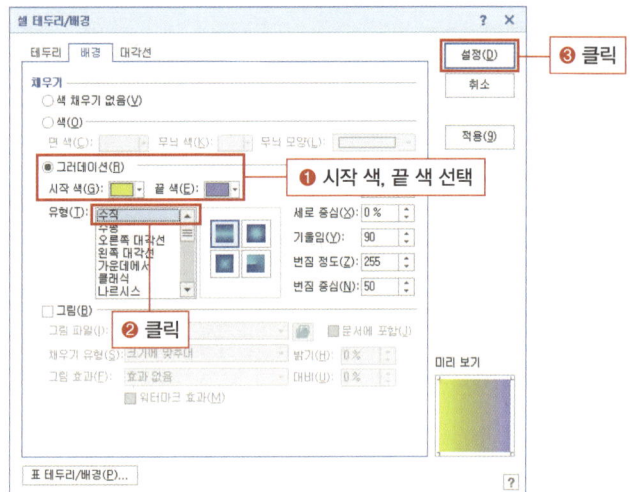

POINT

유형 목록에서 미리 만들어져 있는 그러데이션 유형을 선택하면 시작 색과 끝 색, 중심, 기울임, 번짐 등에 대한 값이 자동으로 정해집니다. 원하는 항목만 변경하여 그러데이션을 사용자 지정할 수 있습니다.

쌩초보 Level Up — 셀 음영 비율 조정하기

[표] 탭의 셀 배경 색( ) 아이콘을 이용하여 색을 선택하면 현재 셀 또는 셀 블록으로 설정된 모든 셀에 무늬가 없는 단색으로 셀 배경색이 칠해집니다. 셀 배경색을 설정한 다음 [표] 탭의 셀 음영( ) 아이콘을 클릭하면 셀 음영의 비율을 증가하거나 감소할 수 있습니다.

5 셀 블록으로 지정한 세 번째 줄의 모든 셀이 하나의 셀처럼 처리되어 지정한 그러데이션으로 배경이 채워집니다. 계속해서 표의 첫 번째 줄을 클릭하고 ⓒ키를 누릅니다.

POINT
셀 블록이 설정된 상태에서 다른 셀을 선택하면 셀 블록 상태가 계속 유지됩니다. ⓒ키는 [셀 테두리/배경] 대화상자의 [배경] 탭을 바로 선택합니다.

6 [셀 테두리/배경] 대화상자의 [배경] 탭에서 '그림'에 체크합니다.

POINT
그림을 배경으로 지정할 때 '그림' 옵션을 선택하면 [그림 넣기] 대화상자가 나타납니다.

7 [그림 넣기] 대화상자에서 셀 배경으로 사용할 그림 파일을 선택하고 [넣기] 버튼을 클릭합니다.

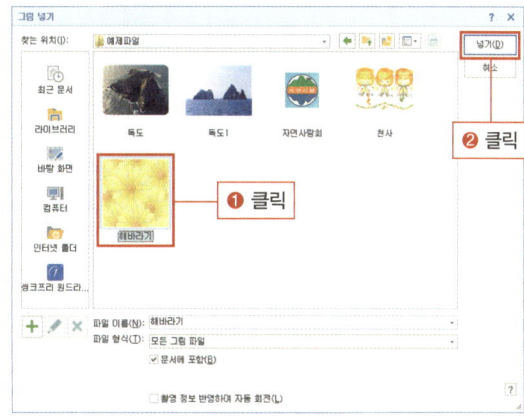

POINT
그림파일 : 예제파일\해바라기.bmp

8 [셀 테두리/배경] 대화상자로 돌아오면 필요에 따라 채우기 유형과 그림 효과, 밝기와 대비 등을 지정하고 [설정] 버튼을 클릭합니다. 여기서는 기본 옵션을 그대로 사용하였습니다.

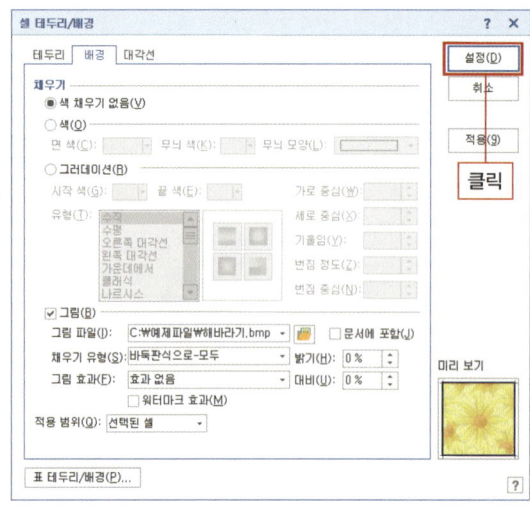

9 블록을 해제하면 다음과 같이 지정한 셀 배경에 그림이 채워집니다. 채우기 유형을 바둑판식이나 가운데로 지정하면 색이나 그러데이션과 함께 그림을 표시할 수도 있습니다.

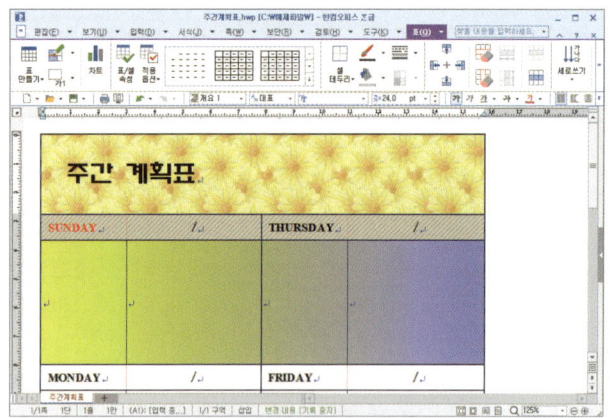

special TIP 그러데이션과 그림으로 셀 채우기

표를 사용하여 문서를 작성하는 과정에서 그러데이션과 그림을 이용하면 셀을 꾸밀 수 있습니다. 그러데이션과 그림으로 셀을 채우는 법을 익혀 표를 시각적으로 극대화합니다.

● 그러데이션으로 채우기

- **유형** : 그러데이션 유형 목록에는 시작 색과 끝 색, 모양, 중심, 기울임, 번짐 정도 등을 미리 정해 놓은 다양한 모양의 그러데이션이 들어 있습니다. 여기서 원하는 유형을 선택한 다음 시작 색과 끝 색을 비롯하여 모양, 중심 등의 옵션을 변경할 수 있습니다.
- **모양** : 그러데이션의 모양을 줄무늬, 원형, 사각형, 원뿔 중에서 선택합니다.

　　줄무늬　　　　　　원형　　　　　　사각형　　　　　　원뿔

- **가로/세로 중심** : 가로 중심과 세로 중심을 어느 위치에 둘 것인지 전체에 대한 백분율(%)로 중심을 지정합니다.

　가로/세로 20%　　가로 30%/세로 50%　　가로 50%/세로 30%　　가로/세로 70%

- **기울임** : 그러데이션 기울기의 각도를 0부터 359도 사이에서 지정합니다.

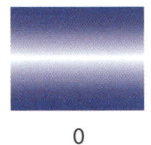   

　　　0　　　　　　　50　　　　　　　120　　　　　　　200

- **번짐 정도** : 시작 색과 끝 색의 색 퍼짐 단계를 0부터 255단계 사이에서 지정합니다. 번짐 정도가 255에 가까울수록 더 부드럽게 색이 번지는 효과를 냅니다.

　　　100　　　　　　　50　　　　　　　20　　　　　　　40

- **번짐 중심** : 번짐 정도의 기준을 0부터 100 사이에서 지정합니다. 번짐 정도를 100으로 지정하고 번짐 중심을 30으로 지정하면 시작 색의 위치부터 30의 영역까지를 50단계의 번짐으로 채우고 나머지 70단계의 영역을 50단계의 번짐으로 채웁니다.

● 그림으로 채우기

- **문서에 포함** : 셀 배경을 채운 그림 파일을 문서 파일 안에 완전히 포함시킬 때 선택합니다. 이렇게 하면 그림 파일을 따로 보관하지 않아도 되지만 문서 파일의 크기가 커진다는 단점이 있습니다.
- **채우기 유형** : 바둑판식, 가운데로, 크기에 맞추어 중에서 셀을 그림 파일로 채우는 방식을 선택합니다.

바둑판식 : 세로/왼쪽   바둑판식 : 가로, 위   가운데로   크기에 맞추어

- **바둑판식** : 그림 파일의 원래 크기대로 셀을 채웁니다. 셀이 그림 파일보다 작으면 그림의 일부분만 나타나고, 셀이 그림 파일보다 크면 반복해서 그림을 나타냅니다.
- **가운데로** : 그림 파일의 원래 크기대로 셀 가운데에 그림을 표시합니다.
- **크기에 맞추어** : 그림 파일의 원래 크기를 무시하고 현재 셀 크기에 맞게 그림의 크기를 확대하거나 축소해서 나타냅니다.

- **그림 효과** : 그림에 그레이 스케일이나 흑백 처리 등의 효과를 지정합니다. 워터마크 효과를 선택하면 밝기를 70%, 대비를 -50%로 조정하여 원래 그림을 밝고 명암 대비가 적은 그림으로 표시합니다.

효과없음   회색조   흑백   워터마크 효과

- **밝기와 대비** : 밝기는 그림의 밝기를 -100부터 100 사이에서 조절합니다. 대비는 그림의 명암을 -100부터 100 사이에서 조절합니다.

표/셀 속성 이용하기

표/셀 속성 명령은 본문에 삽입한 표와 본문과의 배치 방법을 비롯하여 표의 위치와 여백, 캡션, 셀 간격, 셀 속성 등을 지정할 때 사용합니다.

Key Word : 개체 속성, 셀 간격, 본문과의 배치

예제파일 : 예제파일\각서의 작성 요령.hwp
완성파일 : 완성파일\각서의 작성 요령.hwp

1 표의 테두리를 클릭하여 표를 선택한 다음 [표] 메뉴의 [표/셀 속성]을 선택하거나 P 키를 누릅니다.

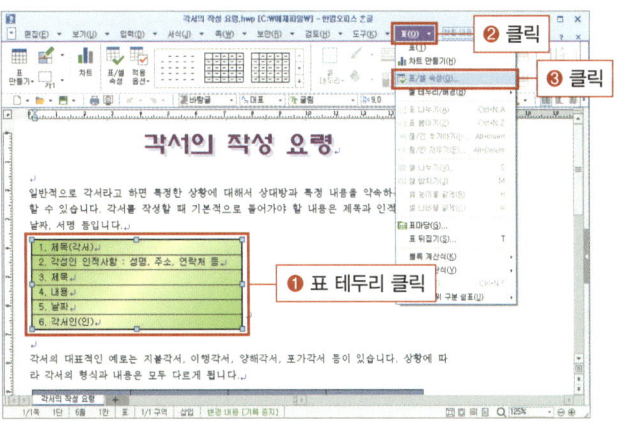

POINT
표 테두리에서 마우스 오른쪽 버튼을 클릭한 후 [개체 속성]을 선택하거나 표 테두리를 더블클릭해도 됩니다.

2 [표/셀 속성] 대화상자의 [기본] 탭에서 '글자처럼 취급'의 체크를 해제합니다. [본문과의 배치]를 '어울림( )'으로 선택하고 [본문 위치]를 '왼쪽'으로 지정합니다.

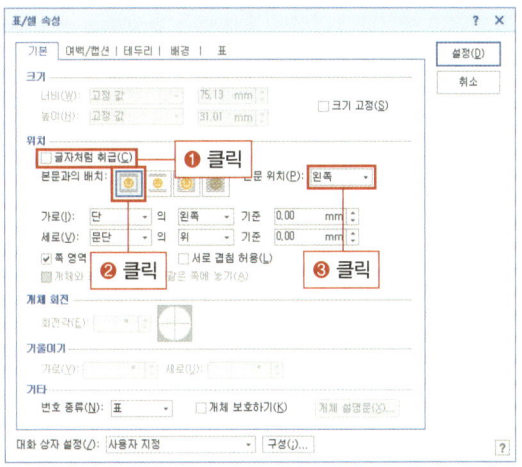

POINT
'글자처럼 취급'의 체크를 해제해야 본문과의 배치 방법을 선택할 수 있습니다.

Part 2. 한글 2014의 활용 기능 50가지 **199**

3 [여백/캡션] 탭으로 이동한 다음 [바깥 여백]의 [왼쪽]을 '3mm'로 조정하고 [설정] 버튼을 클릭합니다.

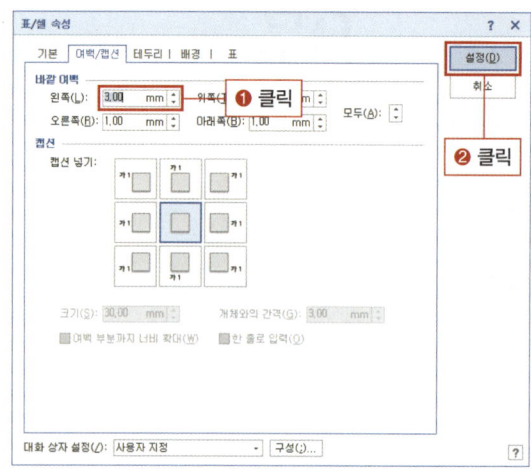

POINT
왼쪽, 오른쪽, 위쪽, 아래쪽 바깥 여백을 모두 동일하게 조정할 때는 '모두' 옆의 화살표 버튼을 클릭합니다.

4 표 위에서 마우스를 클릭한 상태로 원하는 위치까지 끌어다 놓습니다. 만약 표 안에 커서가 있는 상태라면 표의 테두리 선을 클릭한 채 끌기 합니다.

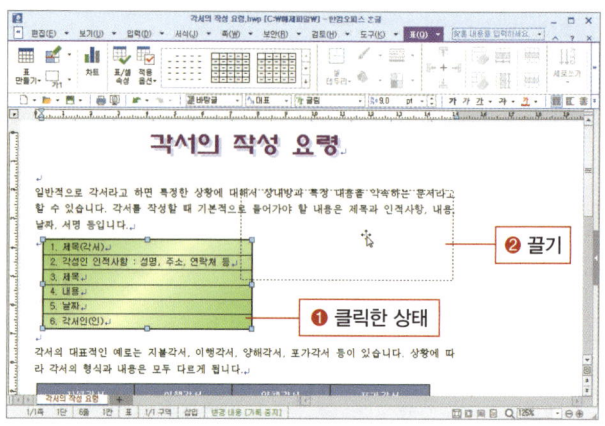

POINT
Alt 키를 누른 상태에서 표를 클릭하면 표 전체가 선택 상태가 됩니다.

5 다음과 같이 표가 본문과 '어울림' 상태로 배치됩니다. 표 선택 상태를 해제하려면 Esc 키를 누르거나 표 이외의 본문을 클릭합니다.

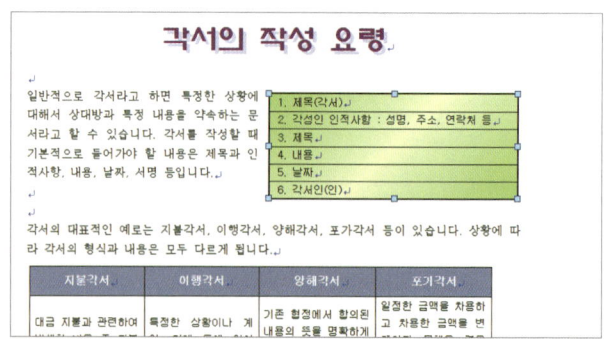

6 문서 아래쪽에 있는 두 번째 표를 선택한 다음 [표] 메뉴의 [표/셀 속성]을 선택하거나 P키를 누릅니다.

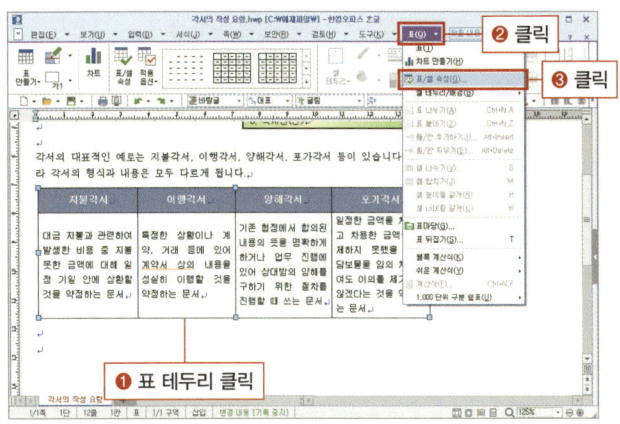

7 [표/셀 속성] 대화상자의 [테두리] 탭에서 '셀 간격'에 체크하고 '1.00mm'로 지정한 후 [설정] 버튼을 클릭합니다.

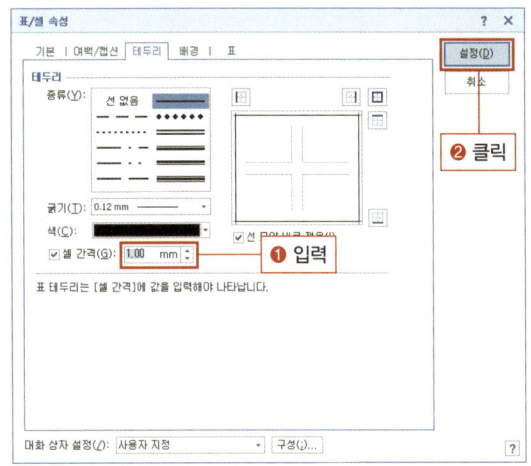

8 셀 간격이 설정된 표는 다음과 같습니다.

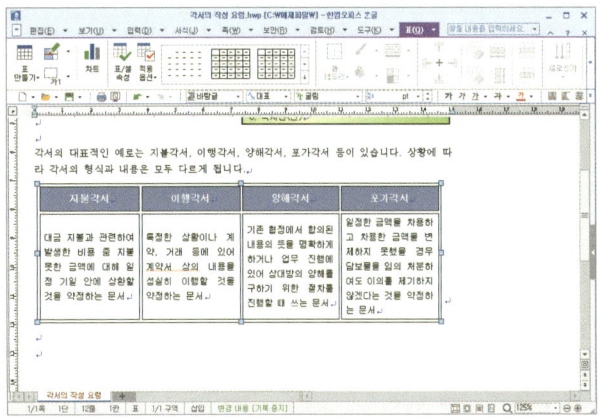

Part 2. 한글 2014의 활용 기능 50가지 201

9 이번에는 두 번째 표에서 두 번째 줄의 모든 셀을 블록으로 지정한 다음 [표] 메뉴의 [표/셀 속성]을 선택하거나 P키를 누릅니다. [표/셀 속성] 대화상자가 나타나면 [셀] 탭의 [세로 정렬]에서 '위'를 선택한 다음 [설정] 버튼을 클릭합니다.

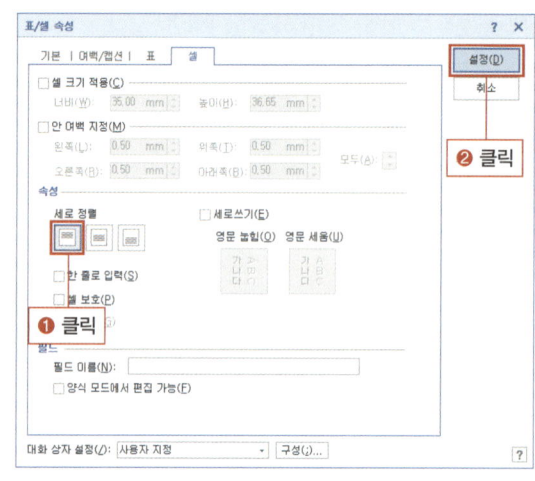

\POINT
'세로쓰기'를 선택하면 셀 안의 내용을 세로로 쓸 수 있습니다.

10 다음과 같이 두 번째 줄에 있는 모든 셀의 내용이 셀의 위쪽에 맞추어 정렬됩니다.

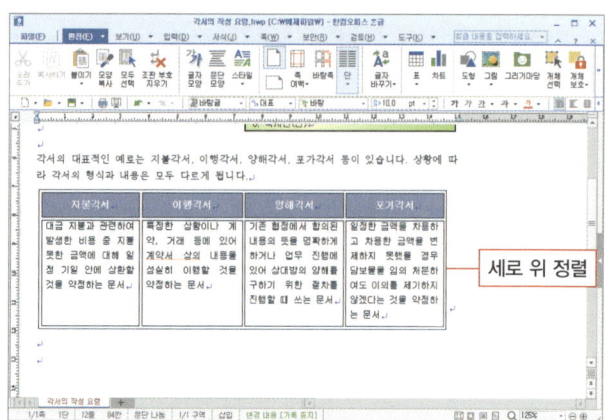

\POINT
[표] 탭의 [셀 편집] 그룹에서 현재 셀이나 셀 블록에 대해 가로 및 세로 정렬 방식을 쉽게 선택할 수 있습니다.

쌩초보 Level Up — 여러 쪽에 걸친 표

한글 2014는 표가 한 쪽에 모두 들어가지 못하면 쪽이 나누어지는 위치에서 자동으로 표를 나누어줍니다. [표/셀 속성] 대화상자의 [표] 탭에서 여러 쪽 지원에 대해 설정할 수 있습니다. 하지만 표의 기준 위치가 '글자처럼 취급'으로 설정되어 있으면 표를 다음 쪽으로 나눌 수 없습니다.

- '쪽 경계에서' 상자의 드롭다운 버튼을 누르고 '나눔', '셀 단위로 나눔', '나누지 않음' 중 하나를 선택하여 표를 다음 쪽으로 넘기는 방법을 선택합니다. '나눔'은 쪽 경계에 걸리는 줄부터 다음 줄로 넘기고, '셀 단위로 나눔'은 쪽 경계에 걸리는 셀 전체를 다음 쪽으로 넘깁니다. '나누지 않음'을 선택하면 쪽 크기를 벗어나는 표 내용이 화면에 나타나지 않게 됩니다.
- '제목 줄 자동 반복'을 선택하면 각 쪽의 표 맨 위에 표 제목 줄을 자동으로 넣어줍니다. 제목 줄을 자동으로 반복하기 위해 표의 첫 번째 줄을 블록으로 설정하고 [표/셀 속성] 대화상자의 [셀] 탭에서 '제목 셀'을 선택합니다.

special TIP 표와 본문과의 배치 방법

표를 선택한 다음 [표] 메뉴의 [표/셀 속성]을 선택하면 나타나는 [표/셀 속성] 대화상자에서 본문과의 배치에 따른 표의 작성 방법에 대해 알아봅니다. 표의 배치 방법에 따라 문서의 배치가 달라집니다.

- **글자처럼 취급** : 표를 보통 글자와 완전히 똑같이 취급합니다. 표가 있는 문단에 글을 입력하거나 지우면 표의 위치도 함께 변경됩니다.

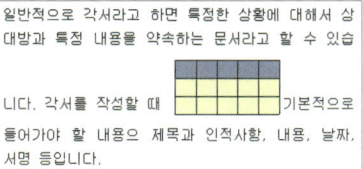

- **어울림** : 표와 본문을 같은 줄에 나란히 배치합니다. 본문과의 배치를 '어울림'으로 지정하면 본문 위치에서 본문을 표의 어느 쪽에 둘 것인지를 선택할 수 있습니다.

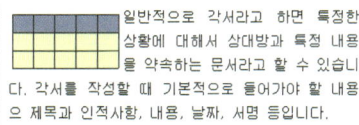

- **자리차지** : 표가 있는 영역에는 본문이 올 수 없는 배치 방법입니다. 본문은 표의 위와 아래에만 올 수 있습니다.

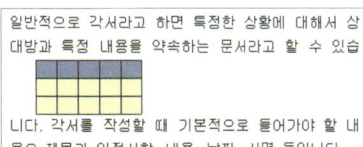

- **글 뒤로** : 표가 본문의 배경처럼 사용됩니다.

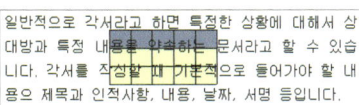

- **글 앞으로** : 표가 본문의 위에 놓이게 됩니다. 표에 셀 배경색을 사용한 경우 본문 내용을 덮어 가릴 수 있습니다.

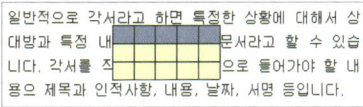

- **서로 겹침 허용** : 표를 '어울림'이나 '자리차지'로 지정한 경우 표끼리 서로 겹쳐지지 않고 서로의 영역만큼 떨어지게 됩니다. 이 항목을 선택하면 '어울림'이나 '자리차지'로 지정한 표끼리 서로 겹쳐 놓을 수 있습니다.

표 테두리와 배경

표 테두리와 배경을 설정하려면 표의 셀 간격이 설정되어 있어야 합니다. 셀 간격이 설정된 표에서 표의 외곽 테두리 모양을 바꾸거나 표의 모든 셀에 걸쳐 나타나는 배경을 설정하여 표를 꾸밀 수 있습니다.

Key Word : 테두리, 배경, 그러데이션, 셀 간격   **예제파일** : 예제파일\04월 달력.hwp   **완성파일** : 완성파일\04월 달력.hwp

1 표 테두리를 클릭하여 표를 선택한 후 [표] 메뉴의 [표/셀 속성]을 클릭하거나 P키를 누릅니다.

POINT
여기서는 [보기] 메뉴의 [화면 확대/축소]를 선택한 후 '폭 맞춤'으로 비율을 설정하였습니다.

2 [표/셀 속성] 대화상자의 [테두리] 탭에서 '셀 간격'에 체크하고 '1mm'로 지정합니다.

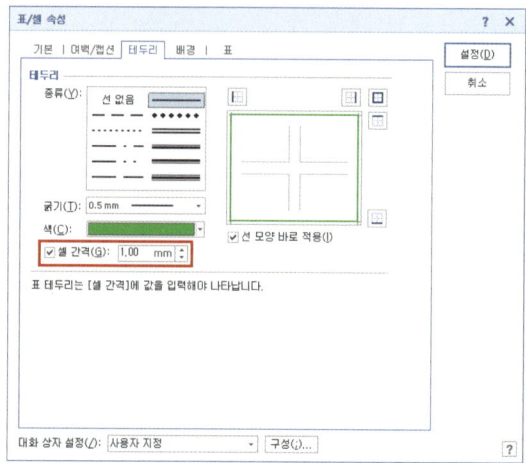

POINT
표 전체에 테두리를 그리기 위해서는 셀 간격이 설정되어야 합니다.

3 테두리의 종류와 굵기, 테두리 색을 다음과 같이 선택하고 모든 테두리에 적용합니다.

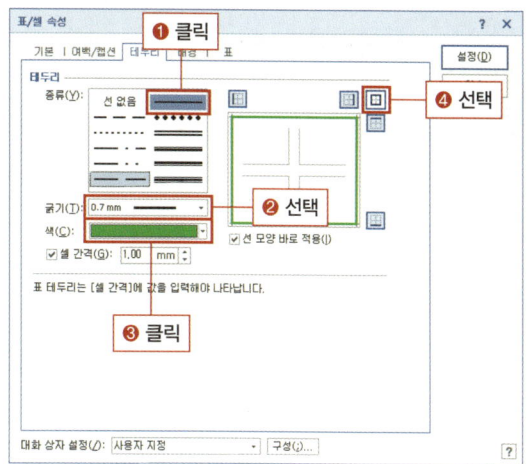

4 [배경] 탭을 선택한 다음 [그러데이션] 옵션을 선택합니다. 시작 색과 끝 색을 임의로 지정한 후 [유형]에서 '수평'을 선택합니다.

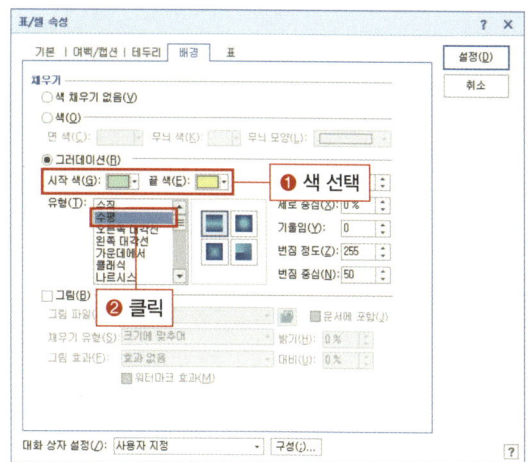

5 그러데이션과 함께 표 배경에 그림 파일을 사용해 봅니다. '그림'에 체크한 다음 그림 선택( ) 아이콘을 클릭합니다.

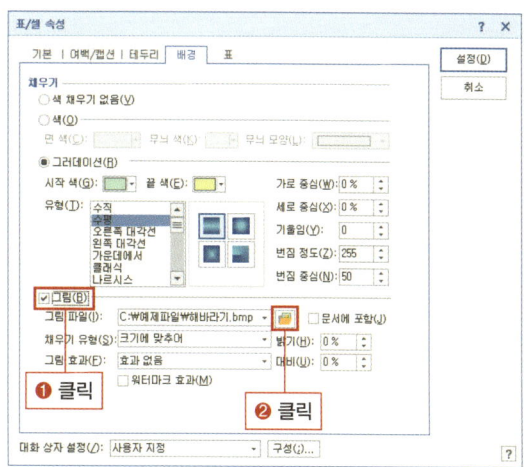

6 [그림 넣기] 대화상자가 나타나면 표의 배경으로 넣을 그림 파일을 선택하고 [넣기] 버튼을 클릭합니다.

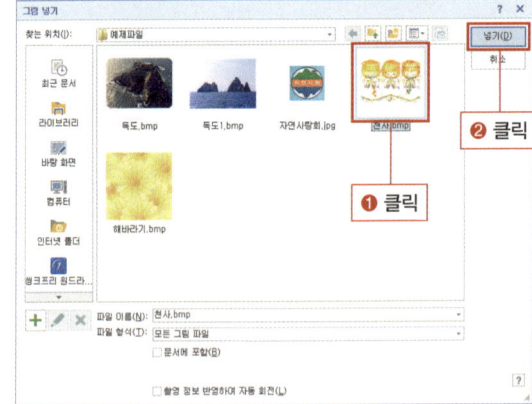

POINT
그림파일 : 예제파일\'천사.bmp'

7 [표/셀 속성] 대화상자로 돌아오면 [채우기]의 [유형]에서 '오른쪽 아래로'를 선택한 다음 [설정] 버튼을 클릭합니다.

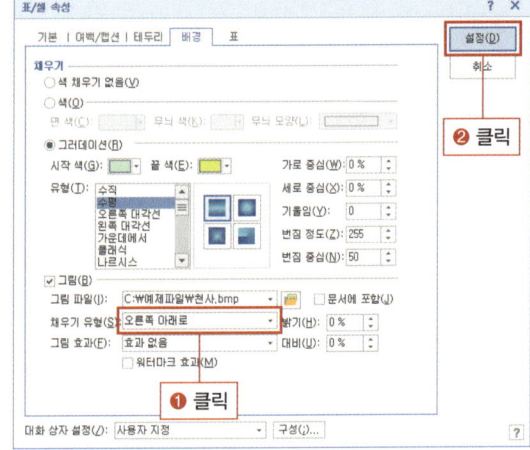

POINT
채우기는 색상과 그러데이션을 동시에 지정할 수 없습니다.

8 지금까지 선택한 표 테두리와 그러데이션, 그림 등이 다음과 같이 나타납니다.

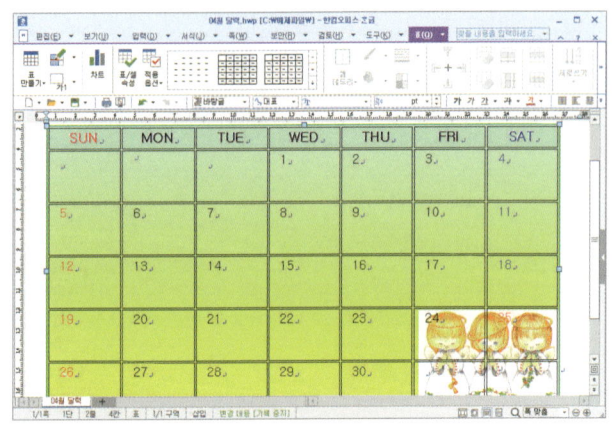

셀 복사하기와 이동하기

표에서 셀을 복사하거나 올려놓은 다음 다른 위치에 붙이기를 실행하는 방법으로 셀을 복사 또는 이동할 수 있습니다. 복사 또는 오려 두기한 셀을 표 안에서 붙이기를 실행하면 [셀 붙이기] 대화상자가 표시되어 셀을 붙이는 방식을 선택할 수 있습니다.

○ **Key Word** : 셀 붙이기 ○ 예제파일 : 예제파일\월일정표.hwp ○ 완성파일 : 완성파일\월일정표.hwp

1 다음과 같이 표에서 셀 블록을 지정한 다음 [편집] 탭의 [오려 두기] 아이콘을 클릭하거나 Ctrl+X 키를 누릅니다.

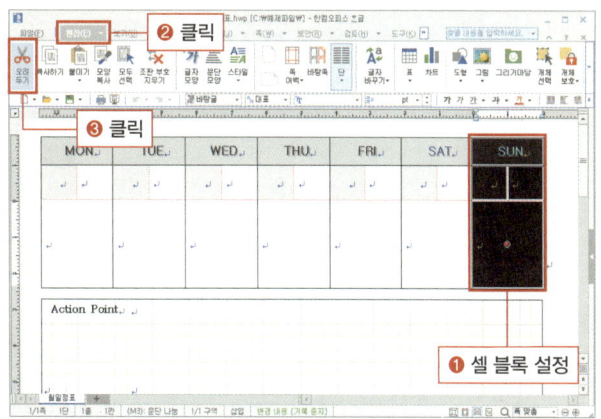

2 오려두기를 할 때 선택된 셀 블록이 줄 전체나 칸 전체를 포함하는 직사각형 모양이면 다음과 같은 대화상자가 표시됩니다. 여기서는 [지우기] 버튼을 클릭합니다.

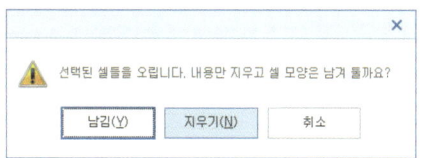

3 셀 블록으로 설정된 줄 전체가 오려두기 됩니다. 커서를 표의 첫 번째 셀로 이동한 다음 [편집] 탭의 [붙이기] 아이콘을 클릭하거나 Ctrl+V키를 누릅니다.

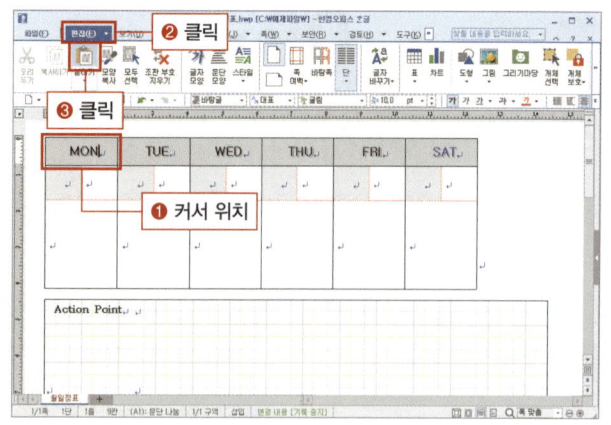

4 [셀 붙이기] 대화상자가 나타나면 [붙이기]에서 '왼쪽' 아이콘을 클릭하고 [붙이기] 버튼을 클릭합니다.

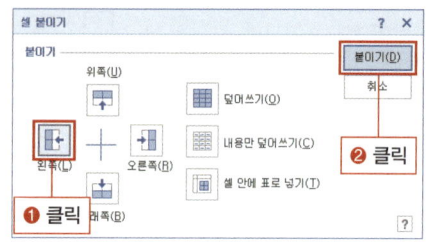

5 커서가 있던 셀의 왼쪽에 오려두기한 셀 블록이 다음과 같이 삽입됩니다.

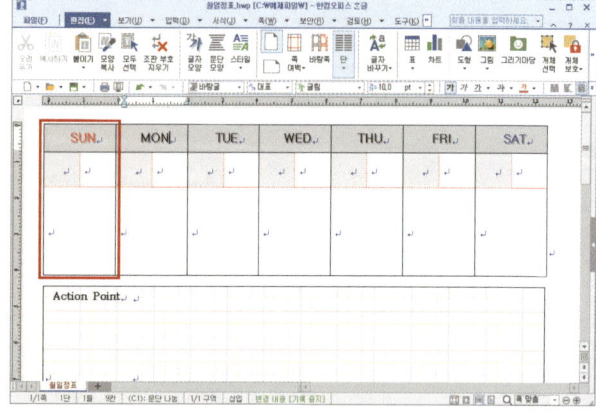

POINT

[셀 붙이기] 대화상자에서 '덮어 쓰기' 옵션을 선택하면 현재 커서 위치의 셀부터 오려 두기한 셀 블록을 덮어씁니다.

6 이번에는 다음과 같이 표의 두 번째 줄부터 세 번째 줄까지 셀 블록으로 설정한 다음 [편집] 탭의 [복사하기] 아이콘을 클릭하거나 Ctrl+C 키를 누릅니다.

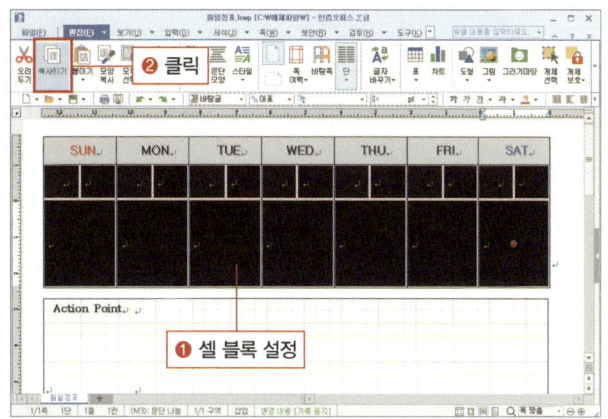

7 표의 마지막 줄 첫 번째 칸을 클릭하여 셀 포인터를 이동합니다. [편집] 탭의 [붙이기] 아이콘을 클릭하거나 Ctrl+V 키를 누릅니다.

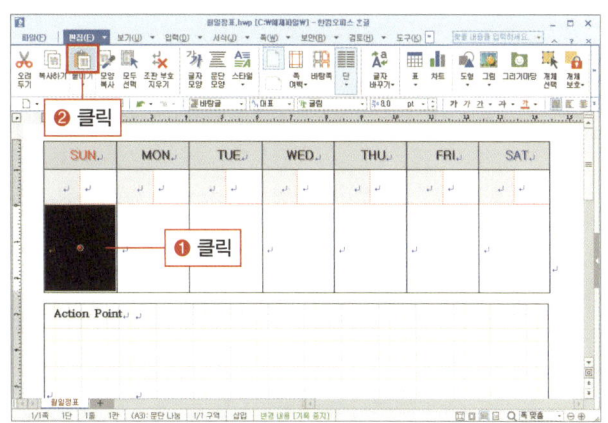

8 [셀 붙이기] 대화상자에서 '아래쪽에 끼워 넣기' 아이콘을 선택하고 [붙이기] 버튼을 클릭합니다.

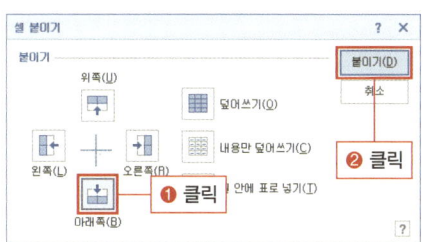

9 현재 선택된 셀을 기준으로 아래쪽에 복사됩니다. 계속해서 Ctrl+V 키를 세 번 더 눌러 월 일정표를 완성합니다.

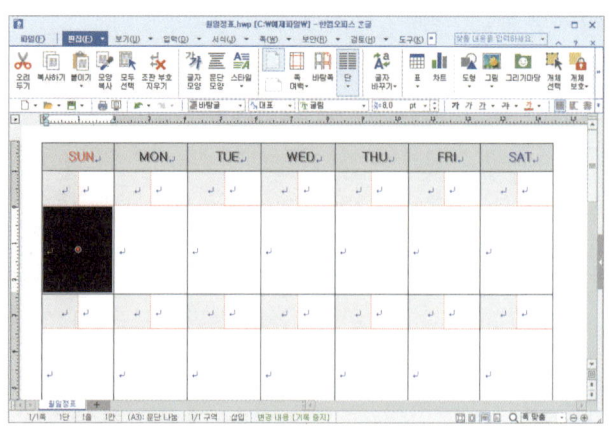

● 쌩초보 Level Up   **셀 모양 복사하기**

셀 안에서 [편집] 메뉴의 [모양 복사]를 선택하거나 Alt+C 키를 눌러 모양 복사 명령을 이용하여 셀 모양 복사 옵션을 선택할 수 있습니다. 셀 속성, 셀 테두리, 셀 배경 등 원하는 항목을 선택해서 글자 모양이나 문단 모양과 함께 셀 모양까지 복사합니다. 복사한 모양을 적용할 셀을 셀 블록으로 지정한 다음 Alt+C 키를 누르면 복사한 모양이 해당 셀에 적용됩니다.

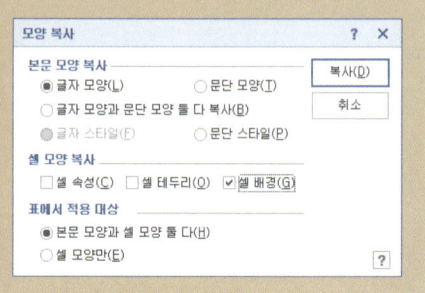

section 10
표에 캡션 달기

표나 그림, 글상자 등의 개체에 붙이는 제목을 캡션(Caption)이라고 합니다. 여기서는 문서의 표에 캡션을 붙이고 캡션의 위치와 캡션 간격을 조정하는 방법에 대해 살펴봅니다. 표에 캡션을 이용하여 제목을 작성하면 표를 이동할 때 캡션도 함께 이동됩니다.

● Key Word : 캡션   ● 예제파일 : 예제파일\사업계획서.hwp   ● 완성파일 : 완성파일\사업계획서.hwp

1 문서의 표 안을 클릭한 후 [입력] 메뉴의 [캡션 넣기]에서 '아래'를 선택합니다.

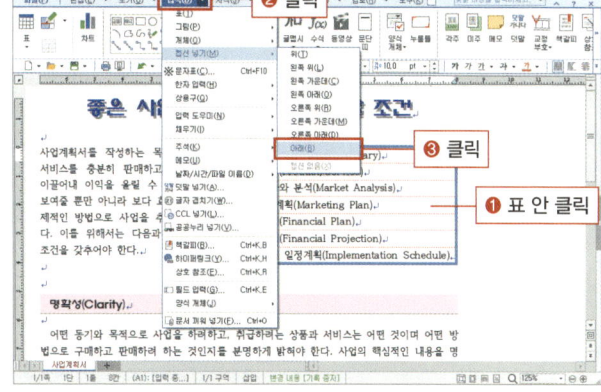

POINT
기본 설정된 캡션 위치로 캡션을 삽입하려면 Ctrl+N, C 키를 누릅니다.

2 표 아래에 '표 번호' 형식으로 텍스트가 자동 입력됩니다. 여기에 추가적으로 내용을 입력할 수 있습니다.

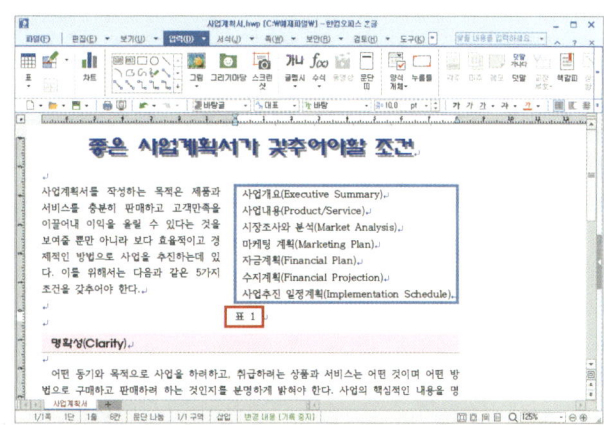

3 Delete 또는 Back Space 키를 사용하여 표 번호를 지운 다음 캡션 내용을 입력하고 서식 도구 모음을 이용하여 글꼴과 크기, 정렬을 설정합니다. 여기서는 '사업계획서의 구성'을 입력한 다음 '굴림, 10pt, 오른쪽 정렬'로 설정하였습니다.

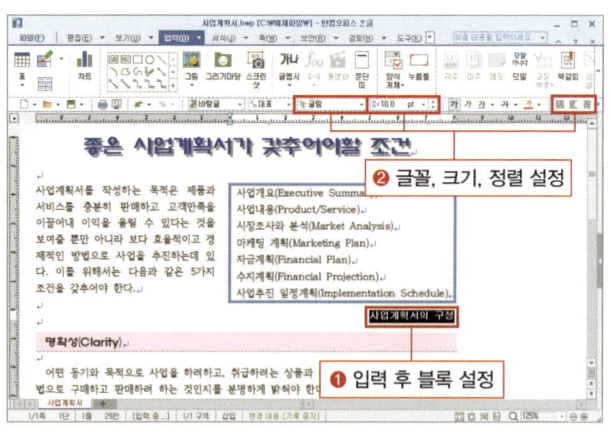

POINT
표 번호를 다시 넣으려면 캡션에서 마우스 오른쪽 버튼을 클릭하고 [번호 넣기]를 선택합니다.

4 표 안에서 [편집] 메뉴의 [고치기]를 선택하거나 Ctrl + N, K 키를 누릅니다. [표/셀 속성] 대화상자의 [여백/캡션] 탭에서 [캡션 넣기]를 '위쪽'으로 설정하고 [개체와의 간격]을 '1mm'로 지정한 다음 [설정] 버튼을 클릭합니다.

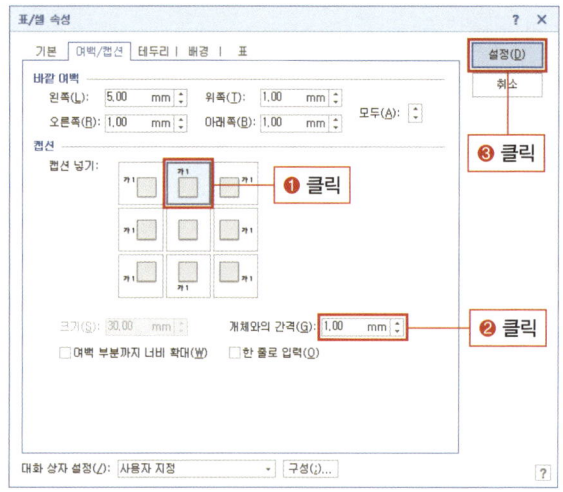

POINT
캡션의 위치와 개체와의 간격은 표에 캡션을 붙이고 난 다음에만 설정할 수 있습니다. 개체와의 간격은 표와 캡션과의 간격으로 음수 값도 사용할 수 있습니다.

5 다음과 같이 캡션의 위치와 표와의 간격이 변경됩니다. 캡션이 있는 부분을 클릭하면 캡션 내용을 수정할 수 있습니다. 캡션을 지우려면 캡션에서 마우스 오른쪽 버튼을 클릭한 다음 '캡션 없음'을 선택합니다.

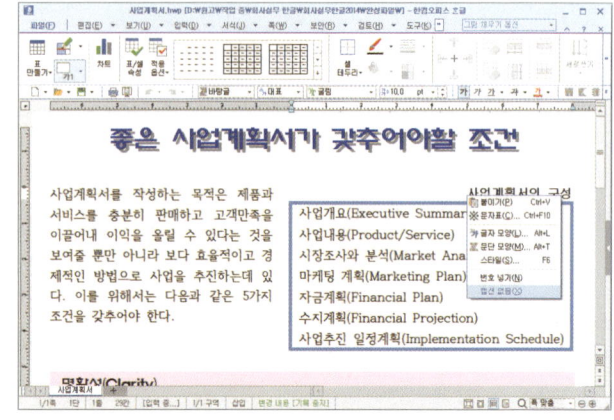

POINT
Delete 나 Backspace 키를 사용하여 캡션 내용을 지우면 내용만 지워지고 영역은 그대로 남아 있습니다.

표 그리기와 표 지우개

마우스를 연필처럼 움직여 표를 만들 때 표 그리기 기능을 사용합니다. 표 그리기를 사용하면 표에 줄이나 칸을 추가하고 대각선을 그리거나 선의 모양과 색 등을 쉽게 변경할 수 있습니다. 표 지우개는 표에서 줄이나 칸을 지울 때 사용합니다.

Key Word : 표 직접 그리기, 지우개   **예제파일** : 예제파일\기안지.hwp   **완성파일** : 완성파일\기안지.hwp

1 커서를 표 안으로 이동시키고 [표] 탭의 표 그리기( ) 아이콘을 클릭한 후 '표 그리기'를 실행합니다. 마우스 포인터가 연필 모양으로 변경되면 다음과 같이 원하는 부분에서 마우스를 클릭한 채 드래그하여 테두리를 그릴 수 있습니다.

POINT
표를 그리기 전에 [표] 탭의 [셀 테두리 색], [셀 배경 색], [셀 테두리 모양/굵기] 등의 아이콘을 클릭하여 그리려는 테두리 스타일을 먼저 설정할 수 있습니다.

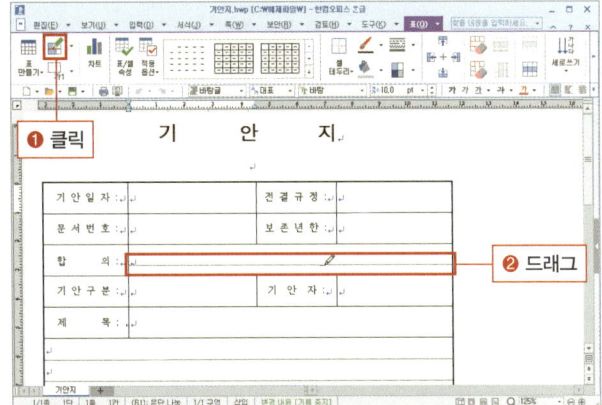

2 마우스를 이용하여 다음과 같이 줄과 칸을 만듭니다.

POINT
새로 표를 만들 때는 표 그리기( ) 아이콘을 클릭한 다음 사각형 모양의 표 테두리를 먼저 그리고 줄과 칸을 그립니다.

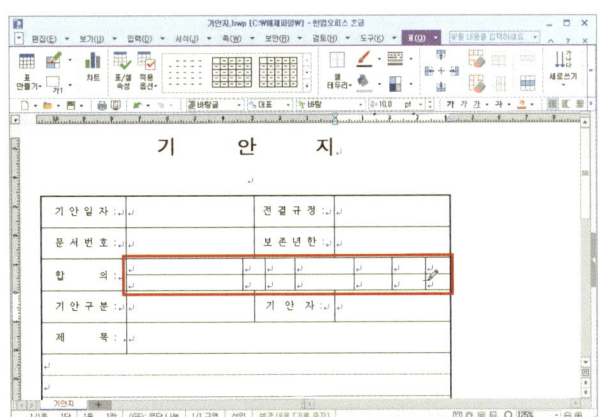

3 [표] 탭에서 표 그리기(✏️·) 아이콘의 드롭다운 버튼을 클릭하여 '표 지우개'를 선택하면 마우스 포인터가 지우개 모양으로 바뀝니다. 지우려는 선 위를 마우스를 클릭한 채 드래그합니다.

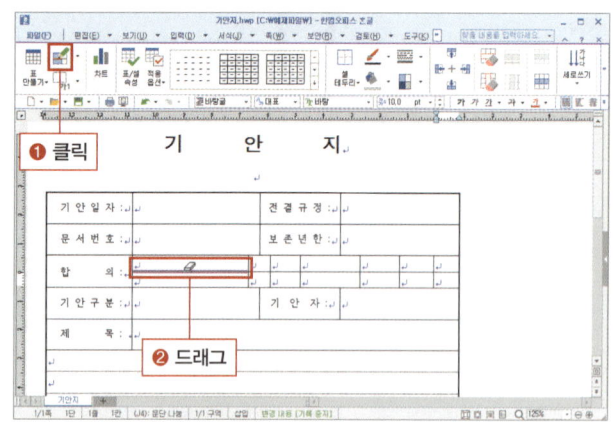

4 인접한 셀과 현재 셀이 하나의 셀로 만들어집니다. 다음과 같이 결재란을 수정한 후 텍스트를 입력합니다. Esc 키를 누르면 표 지우개 선택을 해제할 수 있습니다.

POINT
표의 테두리 부분을 표 지우개로 드래그하면 테두리가 투명 선으로 바뀝니다.

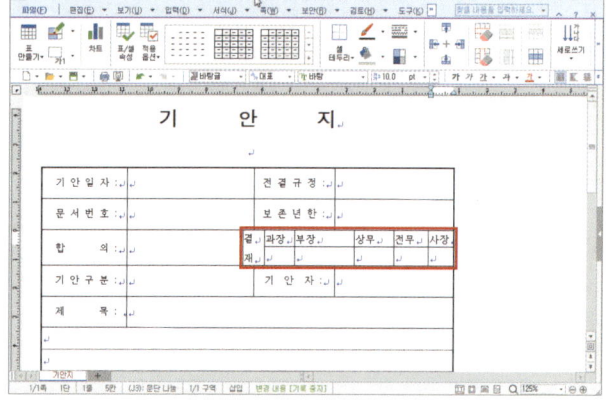

5 다음과 같이 '과장'부터 '사장'이 입력된 부분과 그 다음 줄을 블록으로 지정한 후 [표] 메뉴를 클릭하고 [셀 너비를 같게]를 선택하거나 W 키를 누릅니다.

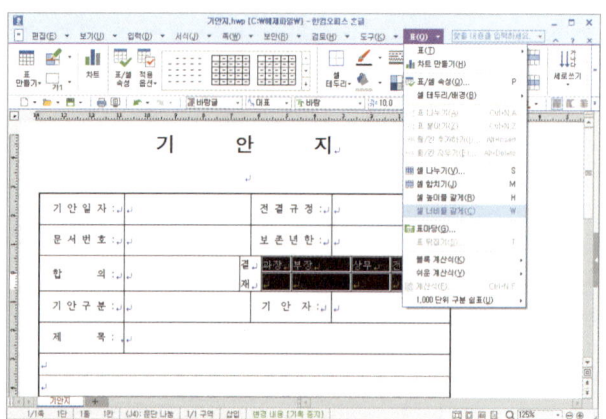

6 셀 너비가 일정하게 배분되었으면 결제 도장이 찍힐 부분을 클릭하고 Ctrl+↓ 키를 눌러 높이를 조절한 후 결재가 입력된 셀의 폭을 줄입니다.

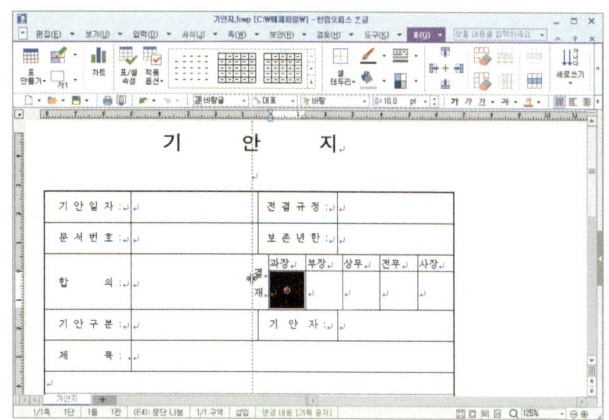

7 이번에는 선 모양을 투명하게 만들어 보겠습니다. [표] 탭의 [표 그리기]에서 '표 그리기'를 클릭한 다음 [셀 테두리 모양/굵기]의 [셀 테두리 모양]을 클릭하고 '선 없음'을 선택합니다. 마우스를 클릭한 상태로 투명하게 그릴 부분을 드래그합니다.

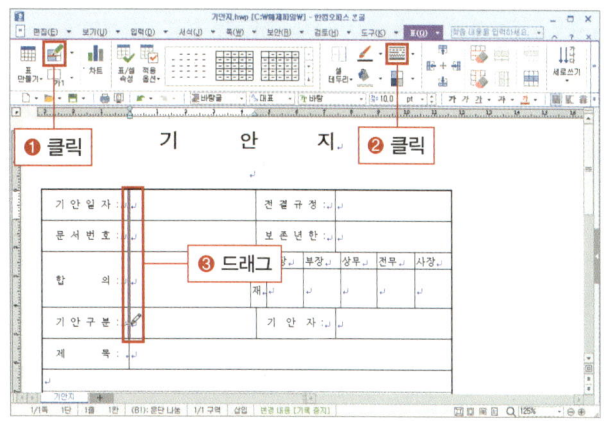

8 다음과 같이 투명 선으로 만들 부분을 모두 마우스로 드래그하여 표를 완성합니다. 표 그리기가 모두 끝나면 Esc 키를 눌러 표 그리기 상태를 해제합니다.

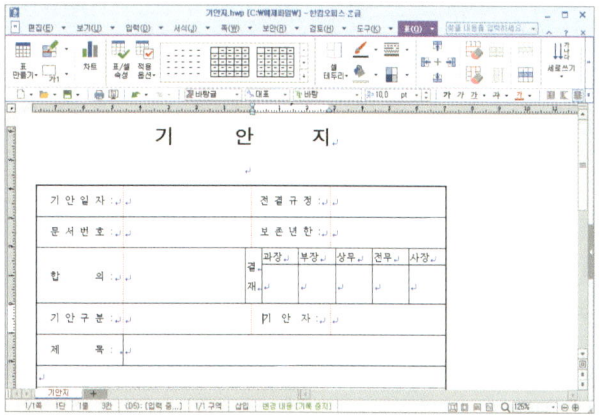

Part 2. 한글 2014의 활용 기능 50가지 215

표 나누기와 표 붙이기

표 나누기는 하나의 표를 적당한 위치에서 두 개 이상으로 나누는 기능입니다. 하나의 표가 다음 쪽으로 넘어가는 경우 원하는 위치에서 표 나누기를 실행할 수 있습니다. 반대로 표 붙이기를 실행하면 두 개 이상의 표를 하나의 표로 합칠 수 있습니다. 현재 표와 다음 표 사이에 빈칸과 문단 부호만 존재할 경우 두 개의 표를 하나로 합칩니다.

◎ Key Word : 표 분리, 표 합치기 ◎ 예제파일 : 예제파일\지불요청서.hwp

1 커서를 예제 문서의 7번째 줄로 이동합니다. [표] 메뉴의 [표 나누기]를 선택하거나 Ctrl+N, A키를 누릅니다.

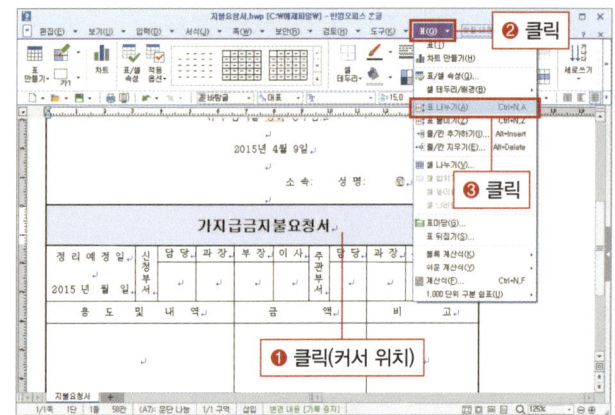

2 커서가 위치한 7번째 줄부터 표가 나뉩니다. 표를 두 개로 나누면 나눠진 표는 이전 표의 표 속성을 그대로 가져갑니다.

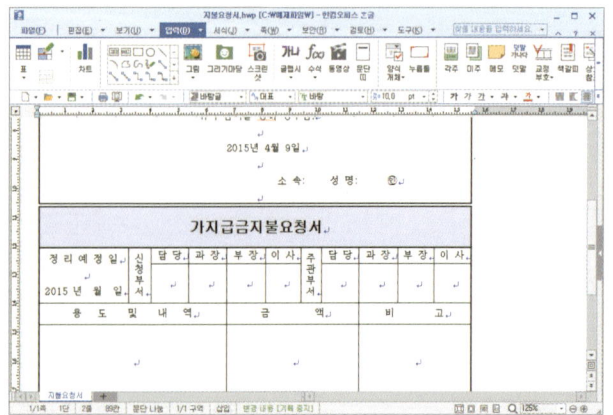

\POINT
표의 첫 번째 셀에서 표 나누기를 실행하면 표 나누기를 할 수 없다는 경고문이 나타납니다. 첫 번째 셀에서는 표를 나눌 수 없습니다.

3 이번에는 나눠진 두 개의 표를 하나로 합쳐 보겠습니다. 앞에 있는 표 안으로 커서를 이동한 다음 [표] 메뉴의 [표 붙이기]를 선택하거나 Ctrl+N, Z키를 누릅니다.

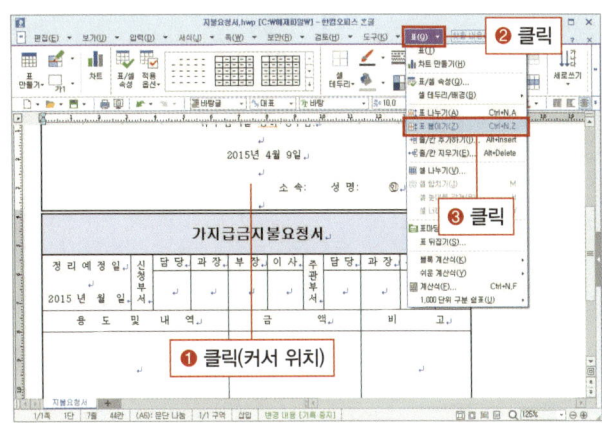

4 현재 표 다음에 있는 표가 현재 표의 뒤에 붙게 됩니다. 합쳐진 표의 너비는 두 개의 표 중에서 너비가 더 큰 표에 맞춰집니다.

POINT
표와 표 사이에 글자나 그림, 글상자 등 표가 아닌 다른 내용이 있으면 표 붙이기를 실행할 수 없습니다.

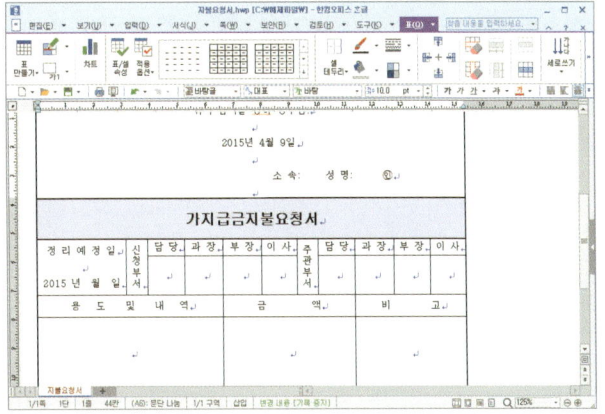

표와 문자열 서로 바꾸기

표를 이용하여 만든 문서를 문자열로 변환하거나 표를 이용하지 않고 탭이나 일정하게 빈 칸을 띄워 만든 문서를 표로 만들 수 있습니다. 표로 만들어진 문서를 문자열로 변환할 때는 분리 기호를 선택하여 전환할 수 있습니다.

◐ **Key Word** : 표 문자 분리, 탭   ◐ **예제파일** : 예제파일\제품판매내역.hwp   ◐ **완성파일** : 완성파일\제품판매내역.hwp

1 문자열로 변환할 표 안으로 커서를 이동합니다. [표] 메뉴의 [표]에서 '표를 문자열로'를 선택합니다.

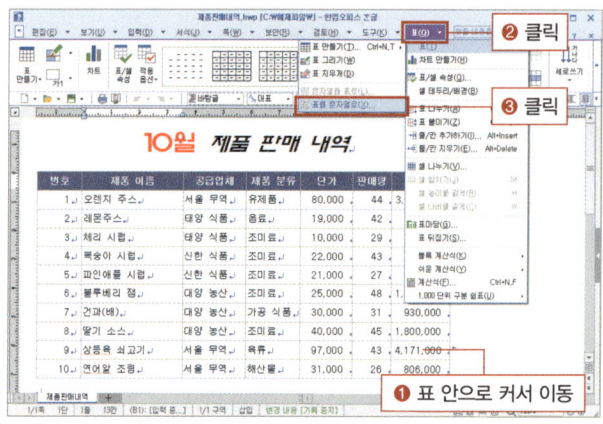

\ POINT
표를 문자열로 만들 때 표 테두리 부분을 클릭하여 표를 선택한 다음 명령을 실행해도 됩니다. 단, 표 전체나 일부를 셀 블록으로 설정했을 때는 [표를 문자열]로 명령을 실행할 수 없습니다.

2 [표를 문자열로 만들기] 대화상자에서 분리 방법을 '탭'으로 지정한 다음 [설정] 버튼을 클릭합니다.

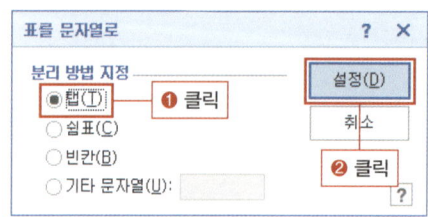

3 다음과 같이 셀과 셀의 내용이 탭으로 구분되고 표의 줄은 Enter 키로 구분되어 문자열로 변환됩니다.

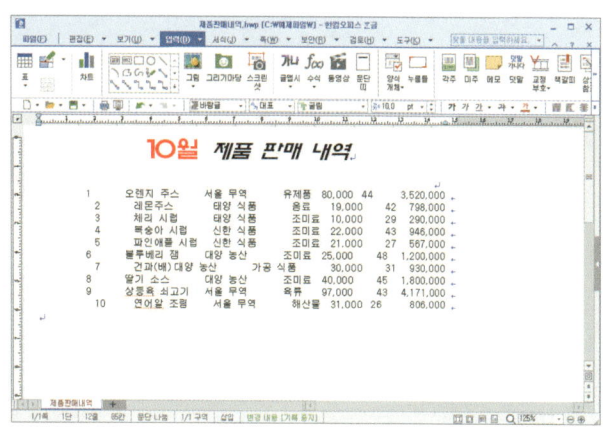

▌POINT
표의 첫 번째 줄은 글자 색이 흰색으로 설정되어 있기 때문에 화면에 아무것도 없는 것처럼 보입니다.

4 이번에는 문자열을 다시 표로 변환해 보겠습니다. 글자 색이 흰색으로 되어 있는 첫 번째 줄을 포함하여 마지막 줄까지 블록을 지정한 다음 [입력] 메뉴의 [표]에서 '문자열을 표로' 메뉴를 선택합니다.

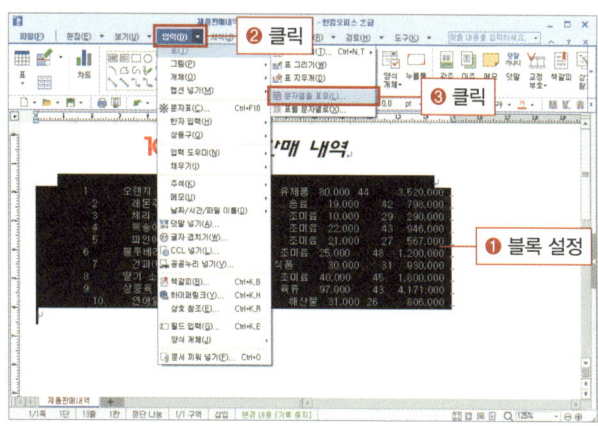

5 [문자열을 표로] 대화상자에서 '분리 방법 지정' 옵션을 선택합니다. 앞에서 표를 문자열로 만들 때 분리 방법을 탭으로 지정했기 때문에 여기서도 '탭'을 선택합니다. [설정] 버튼을 클릭합니다.

▌POINT
'자동으로 넣기' 옵션을 선택하면 낱말과 낱말 사이의 Tab 이나 3칸 이상의 빈 칸을 하나의 셀로 만들고 Enter 는 줄로 만들어 줍니다.

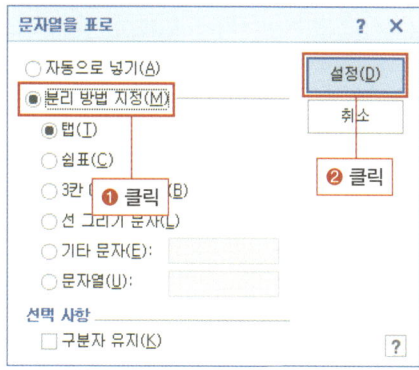

Part 2. 한글 2014의 활용 기능 50가지 **219**

6 블록으로 지정한 문자열이 다음과 같이 표로 변환되었습니다.

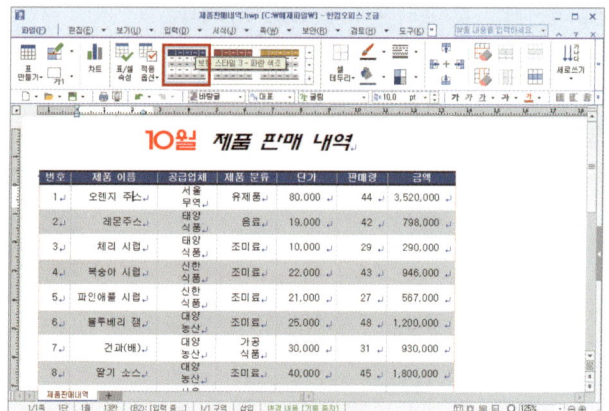

POINT
문자열을 표로 변환하면 표의 본문과의 배치 방법이 '자리차지'로 설정됩니다.

7 표 안으로 커서를 이동한 후 [표] 탭의 스타일 목록에서 적용할 표 모양을 클릭하여 다음과 같이 표 스타일을 바꾼 후 셀 크기를 조정하여 표를 완성합니다.

POINT
표 스타일은 '보통 스타일 3 - 파란 색조'를 선택하였습니다.

표마당 사용하기

표마당은 표의 테두리와 배경 등의 모양을 미리 만들어 놓은 것으로 이미 만들어진 표의 모양을 제공된 표 서식에서 선택하여 쉽고 빠르게 변경할 때 사용합니다. 표를 만들기 전에 먼저 표마당에서 원하는 표 서식을 선택한 다음 표를 만들 수도 있습니다.

◯ **Key Word** : 표마당, 표 스타일   ◯ **예제파일** : 예제파일\판매보고서.hwp   ◯ **완성파일** : 완성파일\판매보고서.hwp

1 예제 파일을 열고 표 안으로 커서를 이동합니다. [표]에서 [표마당] 메뉴를 선택합니다.

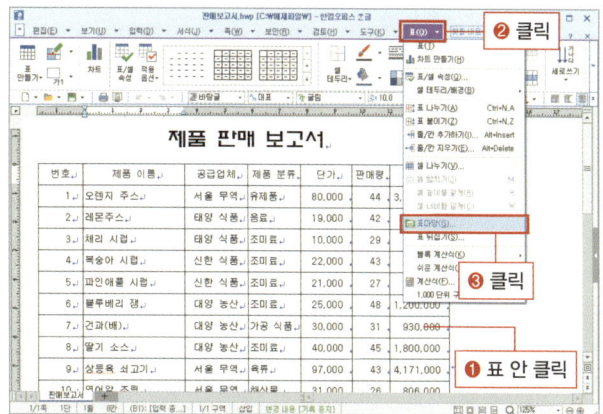

2 [표마당] 대화상자의 표마당 목록에서 '밝은 스타일 1 – 파란 색조'를 선택한 다음 [설정] 버튼을 클릭합니다.

POINT
적용할 서식에서 테두리와 셀 배경, 글자 모양과 문단 모양을 선택한 서식으로 덮어쓸 것인지 여부를 지정합니다. 또, 적용 대상에서 선택한 표 서식을 적용할 줄이나 칸을 선택할 수 있습니다. 선택하지 않은 항목은 원래 표 모양을 그대로 유지합니다.

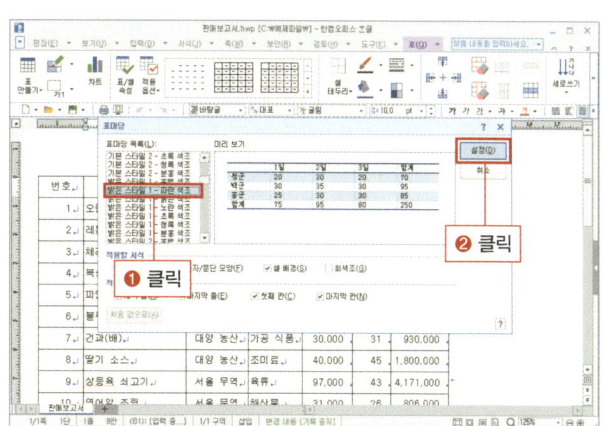

3 표의 모양이 표마당에서 선택한 서식으로 한 번에 변경됩니다.

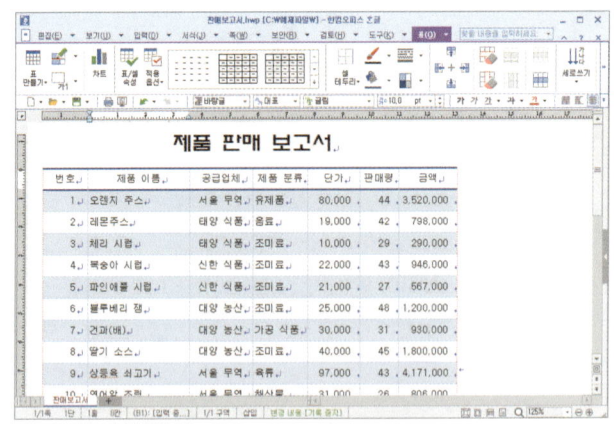

4 표 스타일 기능을 이용하여 표 모양을 변경할 수도 있습니다. 변경할 표 안으로 커서를 이동한 후 [표] 탭의 스타일 목록에서 적용할 표 스타일을 선택합니다.

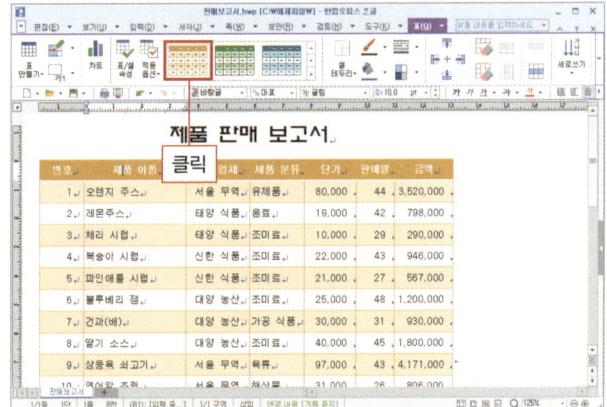

POINT
표 스타일 목록의 오른쪽 아래에 있는 자세히( )를 클릭하면 다양한 표 스타일을 선택할 수 있습니다.

• 쌩초보 Level Up   표마당을 선택해서 표 만들기

이미 만들어진 표에 표마당을 적용하는 것이 아니라 표를 만들기 전에 미리 표마당에서 원하는 표 서식을 선택하여 만들 수도 있습니다. [표] 탭의 [표 만들기] 아이콘을 클릭한 다음 [표 만들기] 대화상자에서 [표마당] 버튼을 클릭하여 표 서식을 지정하면 됩니다.

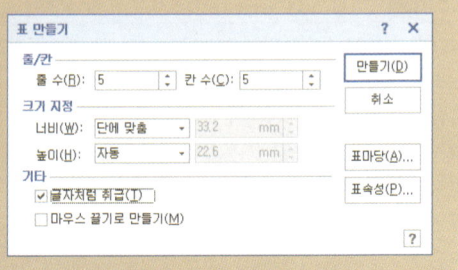

자동 채우기 사용하기

표에서 셀 블록으로 지정한 일부 셀에 입력되어 있는 내용이 규칙적일 때 이 규칙을 사용하여 셀 블록으로 지정한 셀 전체에 자동으로 내용을 입력하는 기능입니다. 예를 들어 일련번호를 입력할 때 1과 2를 먼저 입력해둔 다음 셀 블록을 지정하고 자동 채우기를 실행하면 3, 4, 5, … 순서로 셀에 번호를 자동으로 채울 수 있습니다.

◐ **Key Word** : 일련 번호, 표 뒤집기, 채우기 목록
◐ 예제파일 : 예제파일\자동채우기.hwp
◐ 완성파일 : 완성파일\자동채우기.hwp

1 첫 번째 표에서 첫 번째 줄의 두 셀에 '10'과 '20'을 각각 입력하고 F5 키를 3번 눌러 표의 모든 셀을 블록으로 지정한 다음 [입력] 메뉴의 [채우기]에서 '표 자동 채우기'를 선택하거나 A 키를 누릅니다.

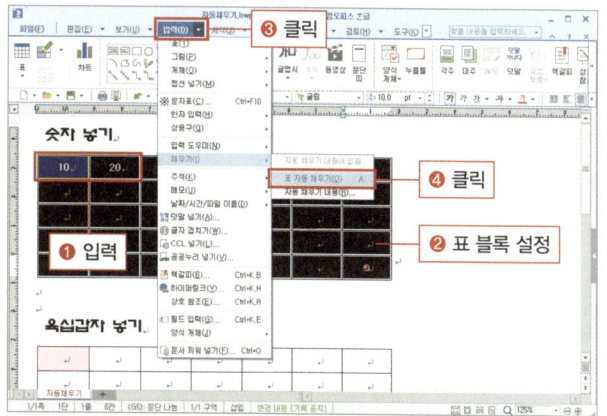

2 셀 블록으로 설정한 모든 셀에 다음과 같이 순서대로 숫자가 채워집니다.

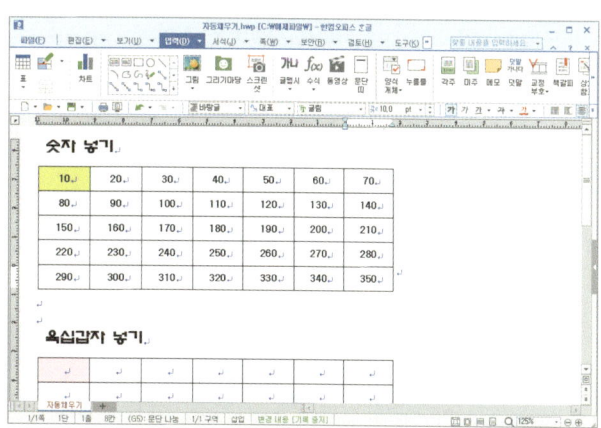

\POINT

셀 블록의 줄과 칸의 개수가 서로 다르면 더 많은 개수의 줄이나 더 많은 개수의 칸을 기준으로 자동 채우기가 실행됩니다. 셀 블록의 줄과 칸의 개수가 같을 때는 줄부터 채웁니다.

Part 2. 한글 2014의 활용 기능 50가지 **223**

3 이번에는 두 번째 표에서 두 개의 셀에 각각 '갑자'와 '을축'을 입력합니다. 표의 모든 셀을 셀 블록으로 지정한 다음 [입력] 메뉴의 [채우기]에서 [표 자동 채우기]를 선택하거나 [A]키를 누릅니다.

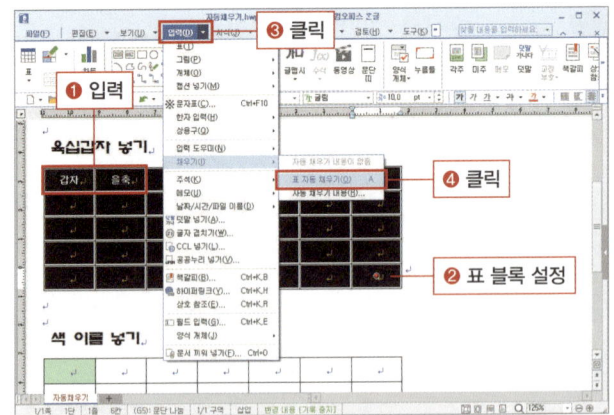

4 다음과 같이 셀 블록으로 지정한 모든 셀에 육십갑자가 차례대로 입력됩니다.

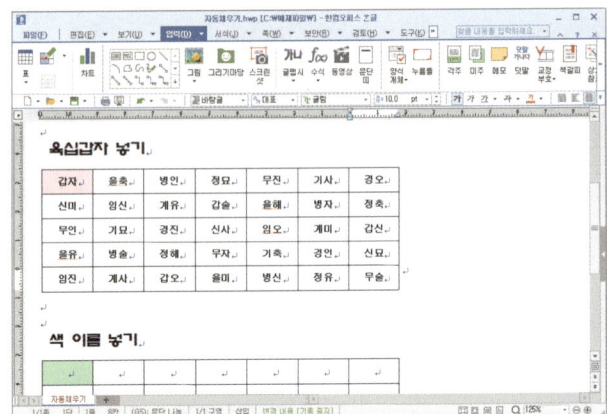

\POINT
입력 내용에서 규칙을 발견할 수 없으면 같은 내용으로 셀 블록 전체를 반복해서 채웁니다. 숫자와 문자가 섞여 있고 숫자에서 규칙을 발견되면 숫자만 규칙대로 채우고 나머지 문자는 똑같이 복사해서 채웁니다.

쌩초보 Level Up — 표 뒤집기

표 뒤집기 기능은 선택한 표를 줄이나 칸을 기준으로 뒤집거나 90도씩 회전하는 기능입니다. 표 안에 커서를 두고 [표] 메뉴의 [표 뒤집기]를 선택한 다음 [표 뒤집기] 대화상자에서 뒤집기 방식을 선택하고 [뒤집기] 버튼을 클릭하면 표가 뒤집어집니다. '여백 뒤집기'를 선택하면 표를 뒤집을 때 표의 안쪽 여백도 함께 뒤집어집니다.

5 이번에는 사용자가 직접 자동 채우기 목록을 만든 다음 사용하는 과정을 살펴보겠습니다. [입력] 메뉴의 [채우기]에서 '자동 채우기 내용'을 선택합니다.

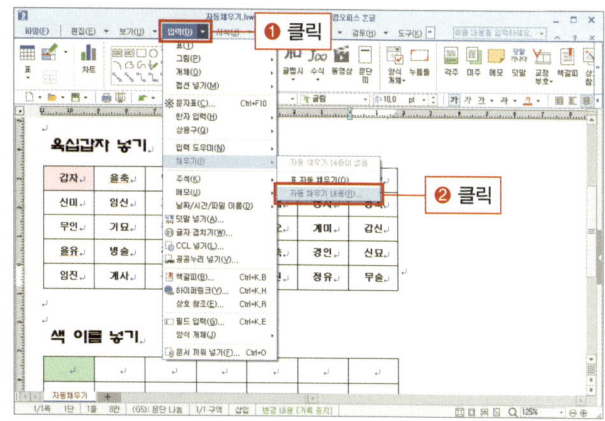

6 [자동 채우기 내용] 대화상자의 [기본] 탭에서 한글 2014에서 기본적으로 제공하는 자동 채우기 목록을 확인할 수 있습니다. 이 목록은 수정하거나 삭제할 수 없습니다.

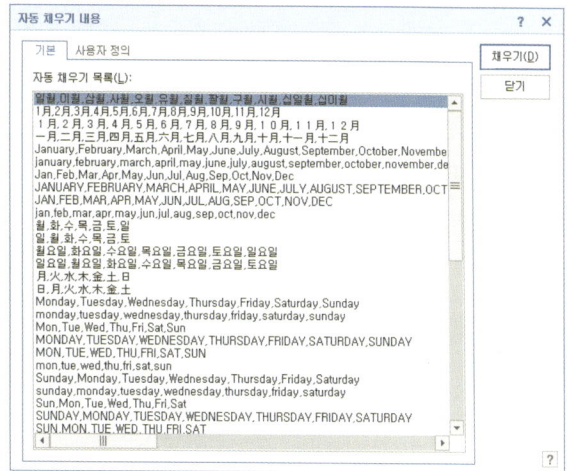

7 [사용자 정의] 탭에서 사용자가 임의로 목록을 만들어 추가할 수 있습니다. 제목을 '무지개'로 입력하고 내용 입력란에는 각 줄마다 다음과 같이 입력한 후 추가(+) 버튼을 클릭합니다.

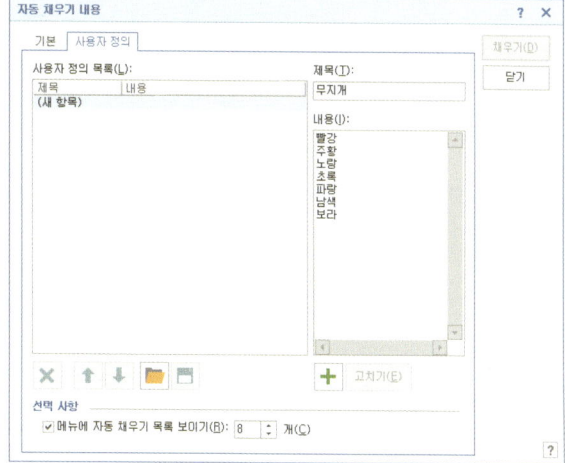

\POINT
항목과 항목의 구분은 Enter 키로 하고, 마지막 항목을 입력한 다음에는 Enter 키를 누르지 않습니다.

8 추가(+) 버튼을 클릭하면 다음과 같이 사용자 정의 목록에 추가됩니다. [닫기] 버튼을 클릭하여 [자동 채우기 내용] 대화상자를 닫습니다.

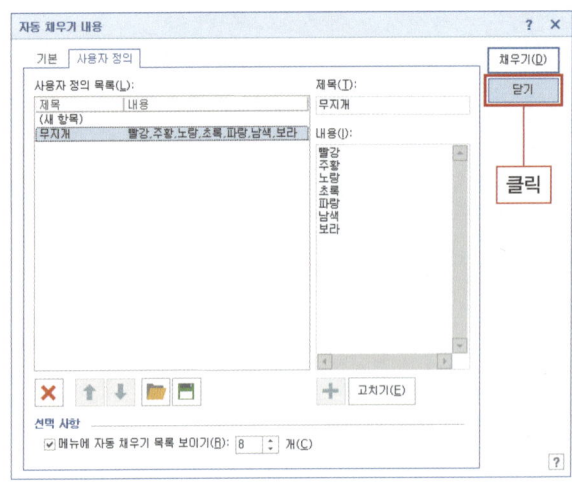

> **POINT**
> [사용자 정의] 탭에서 추가한 목록을 선택한 후 고치기(E) 버튼을 클릭하면 항목을 수정할 수 있고, ✕ 버튼을 클릭하면 선택한 목록을 삭제할 수 있습니다.

9 이제 사용자가 만든 자동 채우기 목록을 사용해 보겠습니다. 세 번째 표에서 F5 키를 3회 눌러 표 전체를 블록으로 설정하고 [입력] 메뉴의 [채우기]로 이동하여 사용자가 정의한 목록을 클릭합니다.

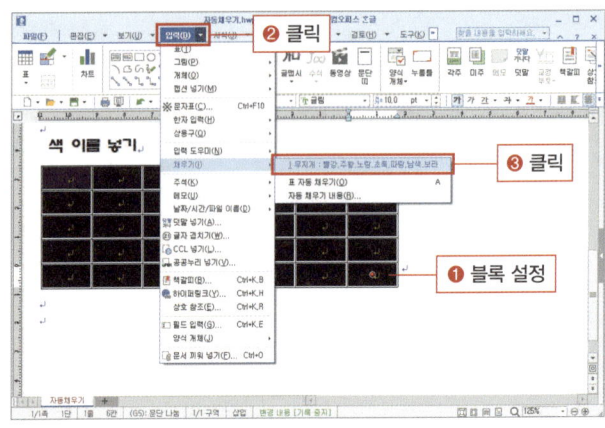

> **POINT**
> 첫 번째 셀에 '빨강', 두 번째 셀에 '주황'을 입력한 후 표 전체를 블록으로 설정하고 A 키를 눌러도 됩니다.

10 셀 블록으로 지정한 모든 셀에 다음과 같이 사용자가 정의한 자동 채우기 목록의 내용이 입력됩니다.

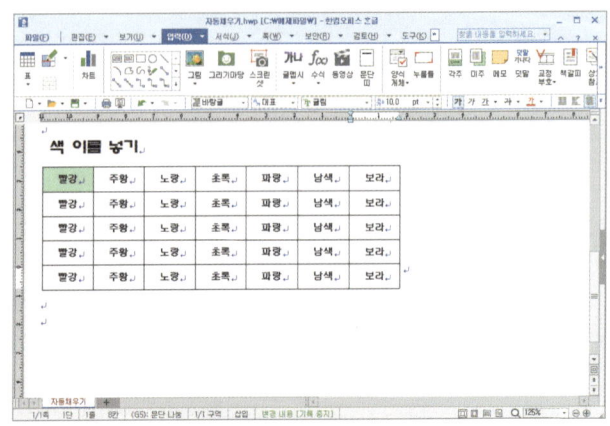

크기 순서대로 정렬하기

문서의 내용 중 글자나 숫자, 일자 등을 오름차순이나 내림차순으로 재배열할 때 사용하는 기능입니다. 즉, 주소록이나 전화번호 혹은 거주지나 나이별로 정렬할 수 있습니다. 정렬이 되는 단위는 문단이며 특정 필드를 기준으로 정렬할 수 있습니다.

Key Word : 오름차순, 내림차순, 필드 **예제파일** : 예제파일\매출내역.hwp **완성파일** : 완성파일\매출내역.hwp

1 정렬할 부분을 블록으로 설정한 후 [도구] 탭의 [정렬] 아이콘을 클릭합니다. 여기에서는 매출목록 전체를 범위로 지정하였습니다.

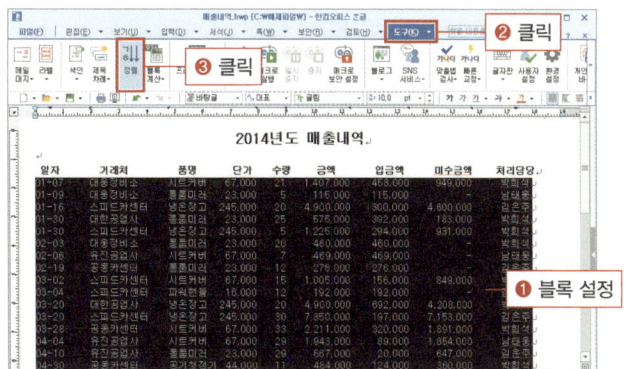

POINT
정렬할 부분은 두 문단 이상 지정해야 정렬을 실행할 수 있습니다.

2 [정렬] 대화상자의 [정렬 기준]에서 첫 번째 기준 위치는 '문단'으로 형식은 '글자(하파타)'로 설정합니다. [실행] 버튼을 클릭합니다.

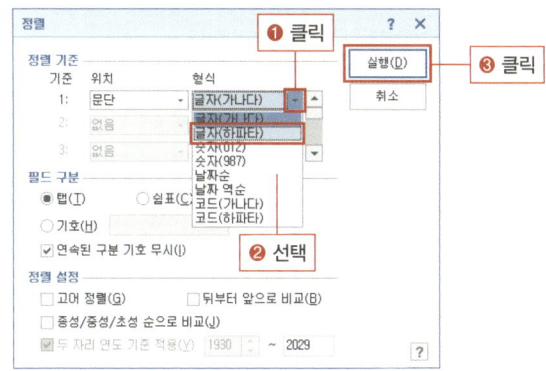

쌩초보 Level Up — 정렬 형식

- **글자** : 한글이나 영문 등 보통의 문자열을 정해진 위치에 따라 첫 글자부터 차례로 비교하여 정렬합니다.
- **숫자** : 정해진 위치에 있는 내용을 숫자로 인식하여 값의 크기에 따라 정렬합니다. 예를 들어 '10, 2, 1, 20'을 [글자] 형식으로 정렬하면 '1, 10, 2, 20'으로 정렬되지만 [숫자] 형식으로 정렬하면 '1, 2, 10, 20'으로 정렬합니다.
- **날짜** : 날짜 입력 형식에 맞게 입력된 날짜에 대하여 년, 월, 일을 인식하여 정렬합니다.
- **코드** : 한글이나 한자, 영문 대소문자 등을 사전식 발음 순서로 정렬하지 않고 유니코드의 코스 순서로 정렬합니다.

3 다음과 같이 첫 번째 문단의 글자를 기준으로 내림차순 정렬합니다.

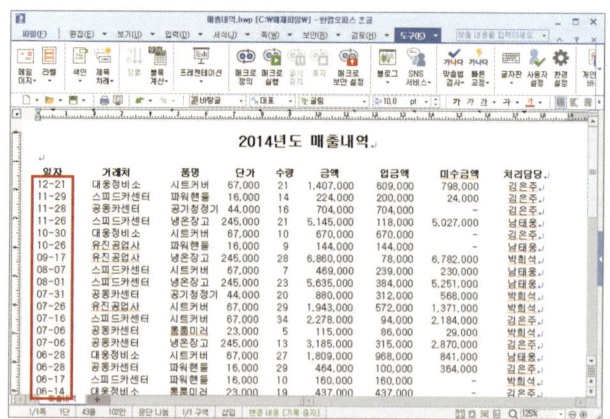

4 '품명'을 기준으로 정렬하되 '품명'이 같을 경우 '수량'이 많은 순으로 정렬합니다. 정렬할 부분을 블록으로 설정한 후 [도구] 탭의 [정렬] 아이콘을 클릭하여 첫 번째 기준 위치와 두 번째 기준 위치, 형식을 다음과 같이 선택하고 [실행] 버튼을 클릭합니다.

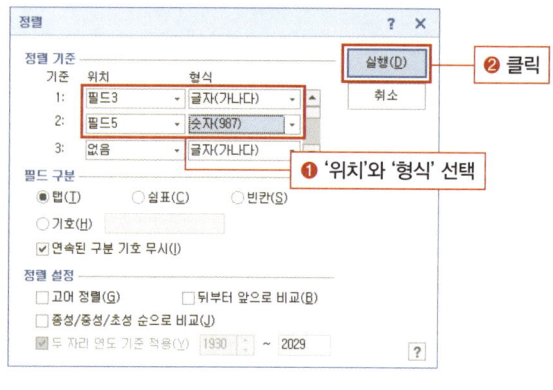

POINT

'품명'이 세 번째 열에 입력되었기 때문에 '필드3'으로 지정하고 '수량'은 다섯 번째 열에 입력되었기 때문에 '필드5'를 선택합니다. 필드 구분은 이미 탭으로 되어 있으므로 선택하지 않아도 됩니다. 그러나 다른 기호로 필드가 구분되어 있을 경우 필요한 항목으로 선택해야 합니다.

5 다음과 같이 '품명'을 기준으로 정렬하되 '품명'이 같으면 '수량'이 많은 순부터 정렬합니다.

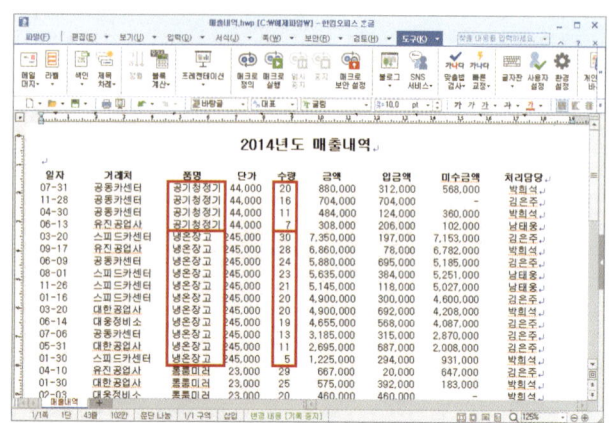

Section 17
블록 계산식 사용하기

표 안에서 셀 블록을 설정하여 블록 합계, 블록 평균, 블록 곱 등의 계산 결과를 마지막 셀에 구합니다. 따라서 합계나 평균 등이 필요한 성적표, 가계부 등과 같이 값을 입력한 후 한 번에 계산하고자 할 때 사용할 수 있습니다.

◐ **Key Word** : 합계, 평균, 자동 계산
◐ 예제파일 : 예제파일\월급 계산서(부서별).hwp
◐ 완성파일 : 완성파일\월급 계산서(부서별).hwp

1 부서별 기본급 합계를 구하기 위해 다음과 같이 셀 블록을 설정합니다. 반드시 계산 결과가 구해질 셀에 셀 블록의 마지막 점이 위치해야 합니다.

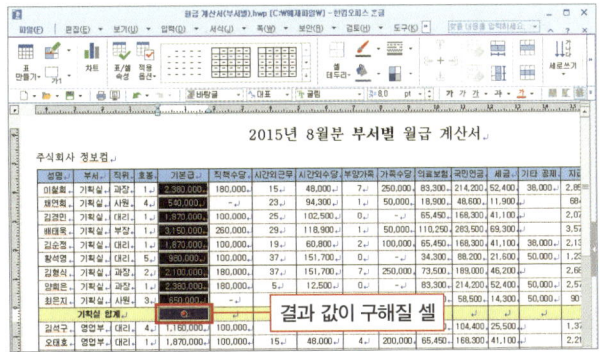

POINT
한글 2014에서는 마지막에 선택된 셀에 빨강색 점이 표시됩니다.

2 [표] 메뉴의 [블록 계산식]에서 '블록 합계'를 선택하거나 Ctrl + Shift + S 키를 누릅니다. 다음과 같이 셀 블록이 설정된 합이 구해집니다.

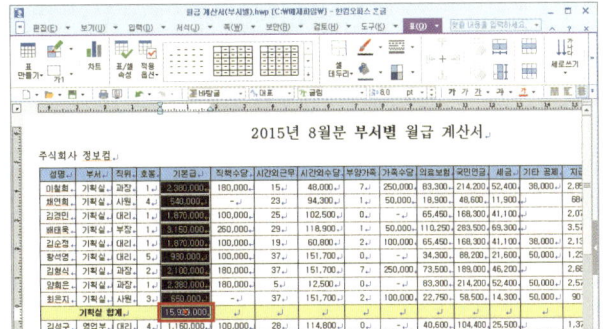

• **쌩초보 Level Up**   계산식이 입력된 곳의 표시

• 셀 블록을 해제한 후 결과 값이 계산된 곳으로 커서를 이동해 보면 결과 값 앞뒤에 겹낫표(『 』)로 묶여진 것을 확인할 수 있습니다. 상황 표시줄에는 여기에 해당하는 계산식 '=SUM(?2:?10)'이 표시됩니다.
• '=SUM(?2:?10)' : 계산식은 가로로는 A, B, C, D… 의 순서로 정해지고 세로로는 1, 2, 3, 4… 와 같은 순서로 정해집니다. 따라서 (?2:?10)은 가로로 임의 문자가 대치되고 세로는 2행부터 10행까지 정해져 있으므로 계산식을 같은 행의 다른 셀로 복사해도 올바른 결과를 얻을 수 있습니다.

❸ 계산이 완료된 셀을 더블클릭하여 블록으로 설정한 후 Ctrl+C 키를 눌러 복사합니다. 커서를 같은 행의 '직책수당' 합계가 들어갈 곳으로 이동한 후 Ctrl+V 키를 눌러 붙이기를 실행합니다.

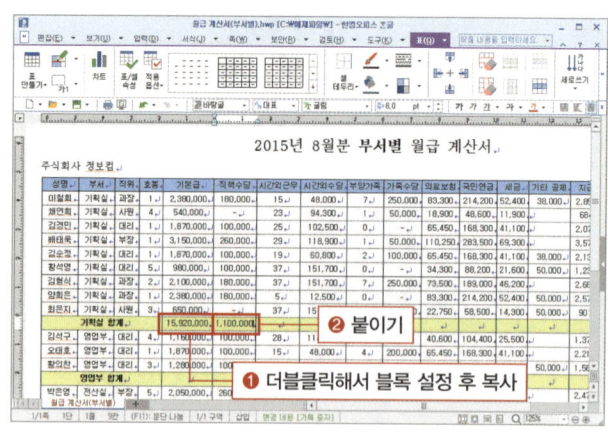

POINT
계산식을 복사할 때는 누름틀을 포함해서 복사해야 합니다. 누름틀 내에 있는 값만 복사하면 단지 텍스트만 복사되므로 원하는 결과를 얻을 수 없습니다.

❹ 다음과 같이 계산식이 복사될 셀 나머지 11행을 모두 블록으로 설정합니다.

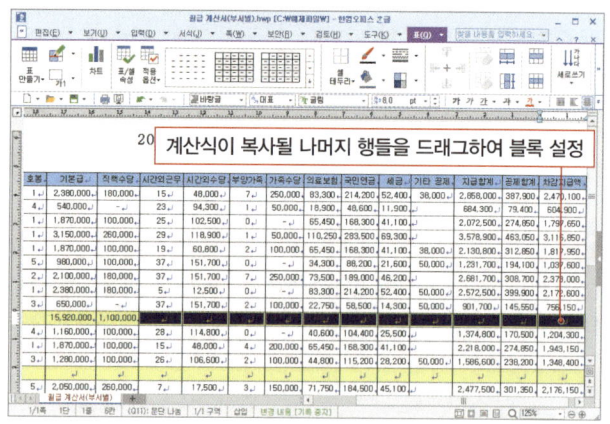

❺ Ctrl+V 키를 눌러 계산식을 붙이기하여 합계를 구합니다. 위의 과정으로 영업부, 전산실, 총무부, 홍보부의 합계도 셀 블록을 설정하여 합계를 구합니다.

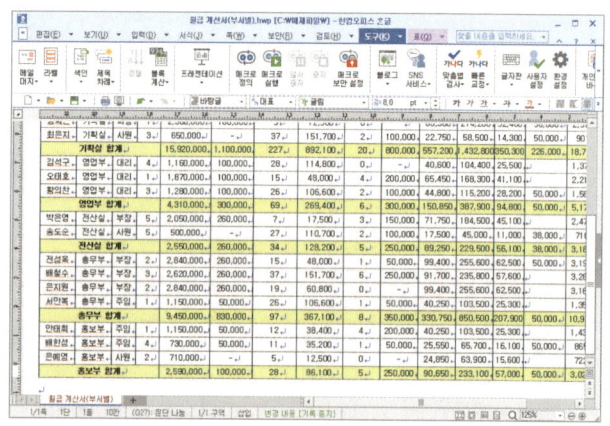

230 회사 실무에 힘을 주는 한글 2014

쉬운 계산식 사용하기

커서가 있는 셀을 기준으로 가로 합계, 세로 합계, 가로 평균, 세로 평균, 가로 곱, 세로 곱 등을 계산합니다. 따라서 가로 나 세로 전체를 대상으로 하기 때문에 셀 블록을 설정할 필요가 없습니다.

○ **Key Word** : 세로 합계, 필드 합계

○ 예제파일 : 예제파일\월급 계산서(12월분).hwp
○ 완성파일 : 완성파일\월급 계산서(12월분).hwp

1 합계가 구해질 셀 '기본급'의 마지막 줄을 클릭하여 커서를 이동한 후 [표] 메뉴의 [쉬운 계산식]에서 '세로 합계'를 선택하거나 Ctrl + Shift + V 키를 누릅니다.

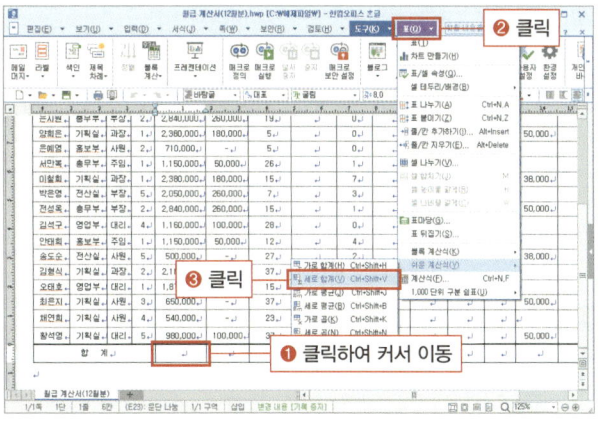

\POINT
계산식에 포함된 셀 값이 변경되면 계산된 결과 값은 자동으로 재계산됩니다.

2 '직책 수당', '시간외수당', '가족수당', '의료보험' 등의 나머지 필드에 대한 합계를 구하기 위해 '기본급' 합계가 구해진 셀을 더블 클릭하여 블록을 설정한 후 Ctrl + C 키를 눌러 복사합니다. 합계를 구할 각 필드를 셀 블록으로 설정하고 Ctrl + V 키를 누릅니다.

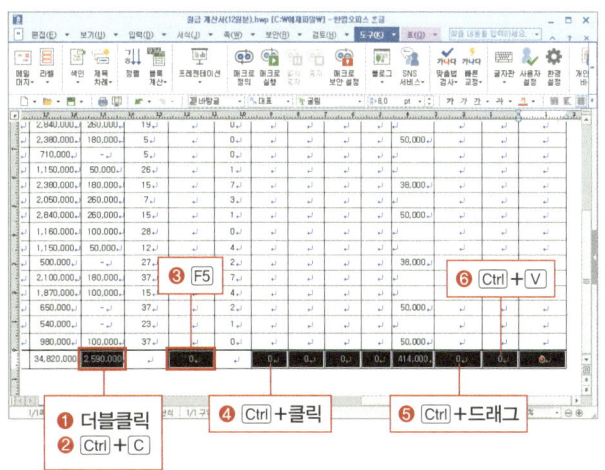

직접 계산식 만들어 넣기

한글 2014에서 제공하는 함수와 사용자가 수식을 직접 작성하여 원하는 값을 계산할 수 있습니다. 사칙연산을 포함하여 합계, 평균 등의 함수와 범위 지정자로 구성된 계산식을 작성합니다.

◐ **Key Word** : 계산식 입력, 함수   ◐ **예제파일** : 예제파일\제품판매내역.hwp   ◐ **완성파일** : 완성파일\제품판매내역.hwp

1 이전 섹션에서 사용하던 예제 파일을 이용합니다. 커서를 '시간외수당'의 첫 번째 셀로 이동하여 [표] 메뉴의 [계산식]을 선택하거나 Ctrl + N , F 키를 누릅니다.

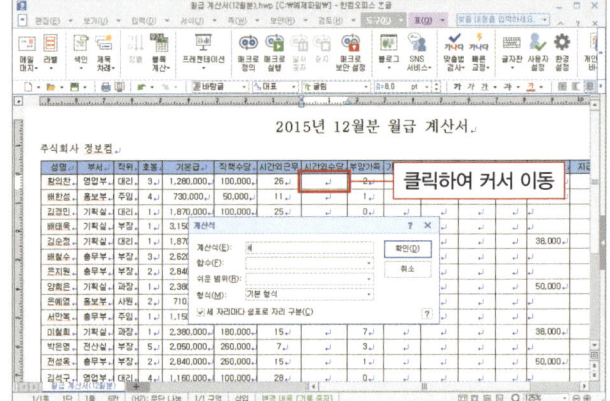

2 [계산식]에 '=4800*G?'를 입력하고 [확인] 버튼을 클릭합니다. [G] 열에는 시간외근무한 시간이 입력되어 있고 시간 당 '4,800'원씩 계산한 것입니다. 커서가 위치된 셀에 '시간외수당'이 구해집니다.

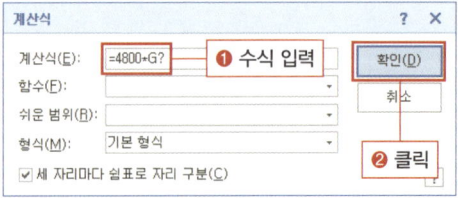

\POINT

계산식을 입력할 때는 '='나 '@'을 입력하고 난 후 함수나 식을 입력합니다.

> ● **쌩초보 Level Up**   **함수 목록과 쉬운 범위**
>
> • **함수** : 한글 2014에서 제공하는 함수를 나열합니다. 원하는 함수를 선택하면 계산식에 자동으로 입력됩니다.
> • **쉬운 범위** : 현재 셀을 기준으로 왼쪽, 오른쪽, 위쪽, 아래쪽 범위를 정합니다.
> • **형식** : 계산된 결과를 어떻게 나타낼 것인지 결정합니다. 정수형, 소수점 이하 자리 수를 선택하여 지정할 수 있습니다.

3 '가족수당'을 구할 셀로 커서를 이동한 후 [표] 메뉴의 [계산식]을 선택합니다. 계산식 입력란에 '=50000*I?'를 입력하여 부양가족 수에 5만원을 곱하여 계산합니다.

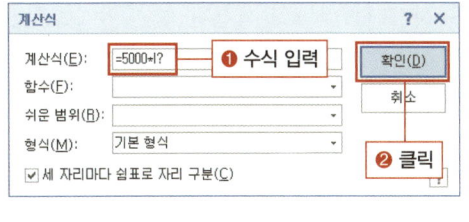

POINT
'세 자리마다 쉼표로 자리 구분'에 체크하면 계산된 결과 값을 천 단위마다 쉼표(,)로 자리를 구분합니다.

4 '의료보험', '국민연금', '세금' 등은 다음과 같은 계산식을 적용하여 구합니다.

- 의료 보험 : =E?*0.026
- 국민 연금 : =E?*0.045
- 세금 : =E?*0.022

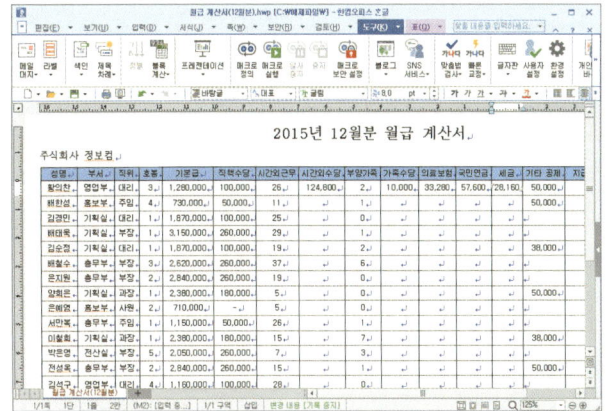

5 '지급합계'는 '=SUM(E?:F?,H?,J?)'와 같은 계산식으로 구합니다. 즉, E열부터 F열까지의 합과 H열과 J열의 합을 구합니다.

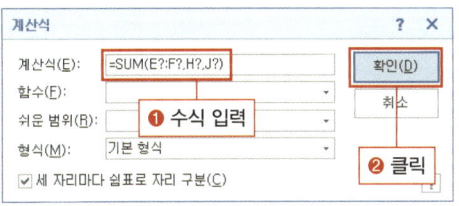

6 '공제합계'는 K열부터 M열까지이므로 '=SUM(K?:M?)'과 같은 계산식으로 구합니다. 즉, K열부터 M열까지의 합을 구합니다.

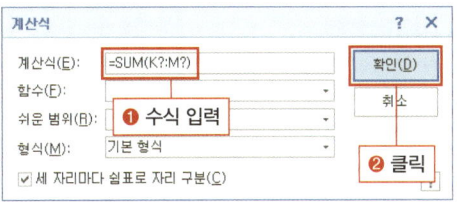

7 '차감지급액'은 '지급합계'에서 '공제합계'를 빼면 되므로 '=O?-P?'와 같은 계산식으로 구합니다. 이로써 한 사람에 대한 월급을 계산했습니다.

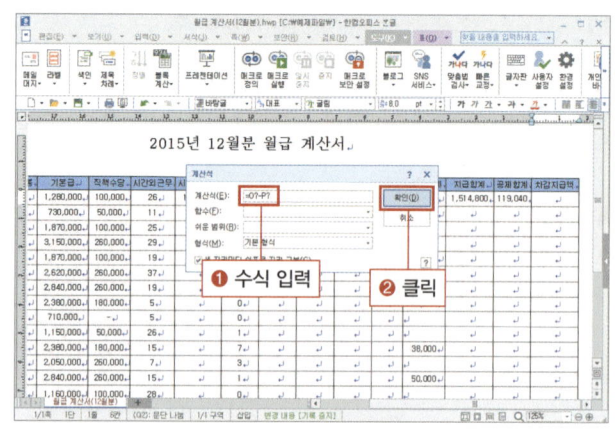

8 나머지 사원에 대해서는 계산식을 복사하여 붙여넣기 방법으로 작업을 완성할 수 있습니다. 다음과 같이 '시간외수당'이 구해진 값을 더블클릭하여 계산식을 블록으로 지정한 후 Ctrl+C키를 누릅니다.

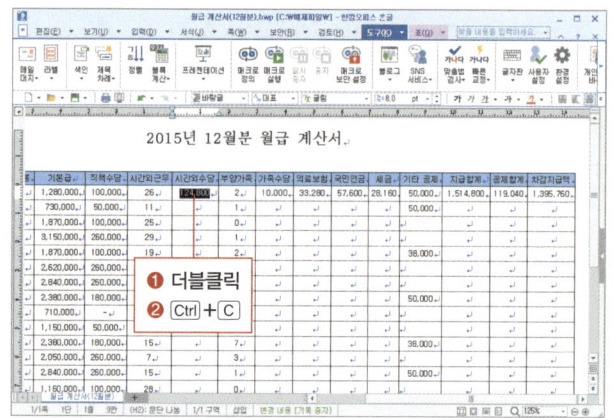

9 '시간외수당'의 계산식을 붙여 넣을 셀을 드래그하여 모두 블록으로 지정하고 Ctrl+V를 눌러 수식을 붙여 넣으면 '시간외수당'을 한꺼번에 구할 수 있습니다. 같은 방법으로 다른 항목도 계산식을 복사하여 붙여 넣어 월급 계산서를 완성합니다.

POINT
블록으로 지정된 셀은 붙여 넣기가 실행되면 자동으로 해제됩니다.

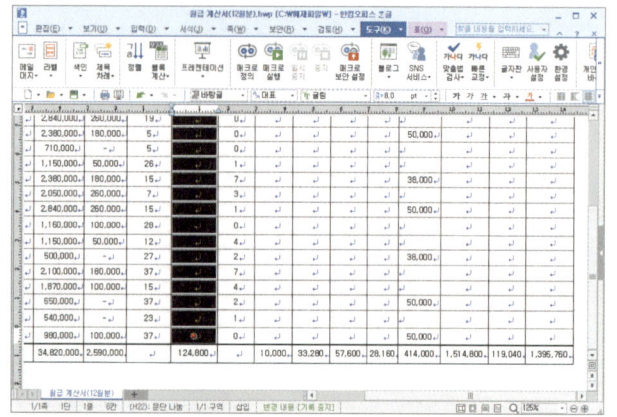

special TIP 계산식에 필요한 정보

한글 2014에서 계산식을 입력할 때 필요한 정보를 추가로 알아봅니다. 한글에서도 엑셀과 같이 시트 함수를 이용할 수 있어 계산식이 필요한 문서도 쉽게 작성할 수 있습니다.

- **셀 번호** : 커서를 셀과 셀 사이로 이동하면 상황선에 셀 주소를 표시합니다. 셀 주소는 표에서 계산식을 만들 때 사용됩니다.

A1	B1	C1	D1	E1
A2	B2	C2	D2	E2
A3	B3	C3	D3	E3
A4	B4	C4	D4	E4
A5	B5	C5	D5	E5

- 함수 다음에 계산될 셀을 입력할 때는 소괄호 안에 셀 이름을 입력해야 합니다. 소괄호 안의 셀 이름과 셀 이름 사이는 쉼표(,)나 콜론(:)으로 구분하며 쉼표는 떨어져 있는 셀을 각각 나타내며 콜론은 연이어진 셀을 의미하는 기호입니다.

    (예) A1셀부터 E1셀의 합 : =SUM(A1:E1)   A1, B2, A4, D5 셀의 합 : =SUM(A1, B2, A4, D5)

- 계산식이 입력된 셀 값이 수정되면 그 결과가 자동으로 반영됩니다. 그러나 계산 결과를 임의로 수정한 경우에는 셀의 내용을 수정하거나 계산식을 다시 고치기 전까지는 재계산을 하지 않습니다.

- 한글 2014의 시트 함수

SUM	지정한 범위의 셀들에 대한 합을 계산합니다.	AVERAGE (=AVG)	지정한 범위의 셀들에 대한 평균을 계산합니다.
PRODUCT	지정한 범위의 셀들에 대한 곱을 계산합니다.	MIN	지정한 범위의 셀들에 대한 최소 값을 계산합니다.
MAX	지정한 범위의 셀들에 대한 최대 값을 계산합니다.	COUNT	지정한 범위의 셀들에 대해 공백이 아닌 셀의 수를 헤아립니다.
COS	하나의 셀에 대한 코사인 값을 계산합니다.	SIN	하나의 셀에 대한 사인 값을 계산합니다.
TAN	하나의 셀에 대한 탄젠트 값을 계산합니다.	ACOS	하나의 셀에 대한 아크 코사인 값을 계산합니다.
ASIN	하나의 셀에 대한 아크 사인 값을 계산합니다.	ATAN	하나의 셀에 대한 아크 탄젠트 값을 계산합니다.
ABS	하나의 셀에 대한 절대 값을 계산합니다.	EXP	하나의 셀에 대한 e의 거듭제곱 값을 계산합니다.
LOG	하나의 셀에 대한 자연로그 값(밑이 e인 로그)을 계산합니다.	LOG10	하나의 셀에 대한 상용로그 값(밑이 10인 로그)을 계산합니다.
SQRT	하나의 셀에 대한 양의 제곱근을 계산합니다.	RADIAN	도(일반각)를 라디안(호도법)으로 계산합니다.
SIGN	하나의 셀에 대하여 양수 값이면 1, 0이면 0, 음수값이면 -1로 계산합니다.	FLOOR	하나의 셀에 대하여 작거나 같은 최대 정수를 계산합니다.
CEILING	하나의 셀에 대하여 크거나 같은 최소 정수를 계산합니다.	INT	하나의 셀에 대하여 소수점을 무시하고 정수 값만 계산합니다.
ROUND	하나의 셀에 대하여 지정한 자릿수에서 반올림합니다.	MOD	두 개의 셀에 대한 나눗셈의 나머지를 계산합니다.

 20
차트 만들기

차트는 자료의 변화를 알아보기 쉽게 그래프 형식으로 제공하는 기능입니다. 차트는 표에 입력된 데이터를 기본으로 작성되며 표 전체나 표 일부를 블록으로 설정하여 차트를 만들 수 있습니다.

- **Key Word** : 차트
- **예제파일** : 예제파일\분기별 매출 현황.hwp
- **완성파일** : 완성파일\분기별 매출 현황.hwp

1 차트로 만들 셀을 드래그하여 다음과 같이 셀 블록으로 설정합니다.

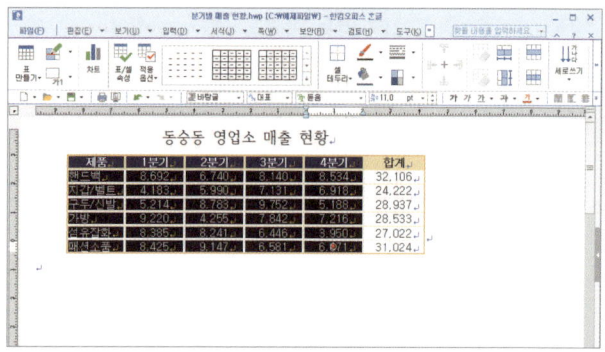

POINT
비연속적인 셀을 블록으로 설정할 때는 Ctrl 키를 누른 상태에서 셀 블록을 설정합니다.

2 [표] 탭이나 [입력] 탭의 [차트] 아이콘을 클릭하면 다음과 같이 셀 블록으로 정해진 범위로 차트가 만들어 집니다.

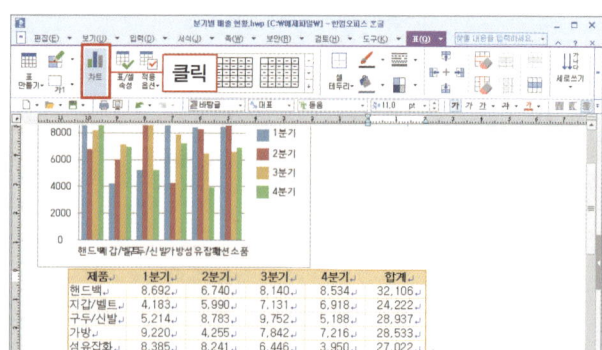

쌩초보 Level Up — 차트와 표의 연동

- 셀 블록을 설정하지 않으면 한글 2014의 기본 값으로 현재 커서 위치에 차트를 만듭니다.
- 표 전체를 셀 블록으로 설정하거나 표의 일부를 셀 블록으로 설정하여 차트를 만들면 셀 블록으로 설정된 표의 입력 내용과 연동된 차트를 만듭니다.
- 차트가 만들어 질 때 표의 제일 첫 칸은 차트에 내용이 표시되지 않습니다(위의 화면에서 '제품'이 입력된 셀).

차트 편집하기

차트를 만들면 셀 블록으로 설정한 자료를 가지고 2차원 막대 차트를 만듭니다. 자료의 종류에 차트 모양을 선택할 수 있으며 차트 제목과 범례 등을 편집할 수도 있습니다.

◉ **Key Word** : 차트 마법사, 범례, 데이터 수정

◉ **예제파일** : 예제파일\분기별 매출 현황[2].hwp
◉ **완성파일** : 완성파일\분기별 매출 현황[2].hwp

1 앞의 섹션에서 사용된 예제 파일을 이어서 사용합니다. 차트를 더블클릭하여 차트 편집 상태로 전환합니다. 차트 위에서 마우스의 오른쪽 버튼을 클릭한 후 '차트 마법사'를 선택합니다.

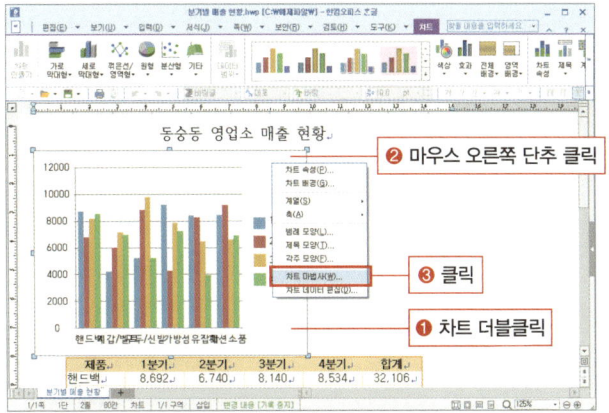

2 차트 마법사 1단계 대화상자에서 기본으로 선택된 '묶은 세로 막대형'을 선택하고 [다음] 버튼을 클릭합니다.

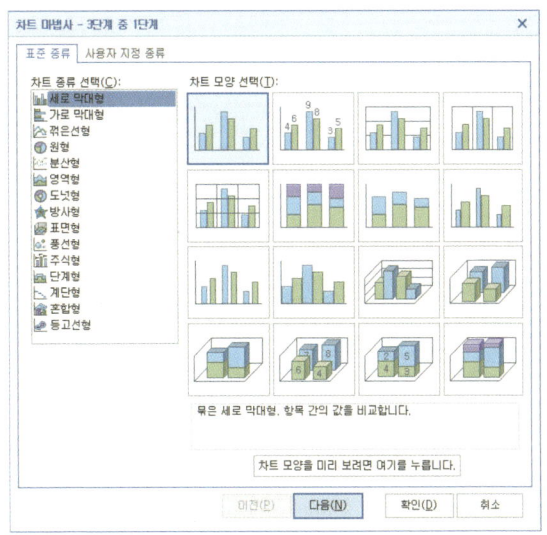

Part 2. 한글 2014의 활용 기능 50가지 **237**

3 차트 마법사 2단계에서는 차트 방향을 설정할 수 있습니다. [방향]에 '열'을 선택하고 [다음] 버튼을 클릭합니다.

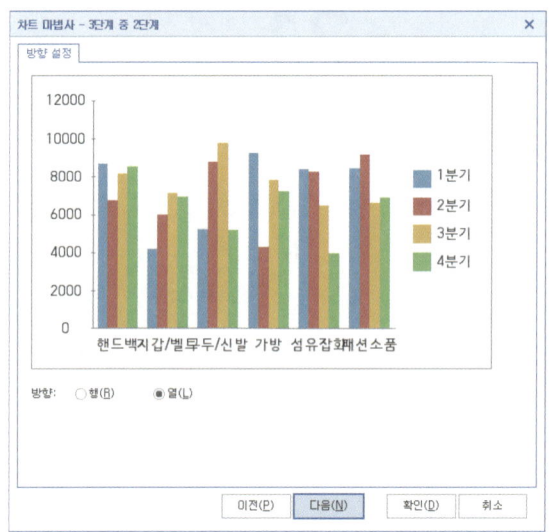

4 차트 마법사 마지막 단계로 이동됩니다. [차트 제목]은 '매출현황'으로 [(X)항목 축]은 '제품종류'라고 입력합니다.

POINT
차트 마법사 마지막 단계에서는 차트의 제목, 축, 눈금선, 범례, 배경색, 데이터 레이블 등을 설정할 수 있습니다.

쌩초보 Level Up 차트 종류

- 차트의 종류를 왼쪽 목록창에서 선택하면 선택한 차트에 대한 차트 모양을 오른쪽 미리 보기 창에서 선택할 수 있습니다.
- **2차원 차트** : X, Y 축의 관계를 표현한 평면의 차트로 영역, 세로 막대, 꺾은선, 단계, 혼합, 원, 가로 막대, 주식, 계단, 풍선, 등고선, 분산, 혼합 방사, 방사가 있습니다.
- **3차원 차트** : X, Y, Z축의 관계를 표현한 입체형 차트로 영역, 세로 막대, 꺾은선, 단계, 혼합, 원, 가로 막대, 누적 막대, 계단, 도넛, 표면, 분산이 있습니다.

5 [범례] 탭을 선택하고 [범례의 배치]에서 [아래쪽]을 선택한 후 [확인] 버튼을 클릭합니다.

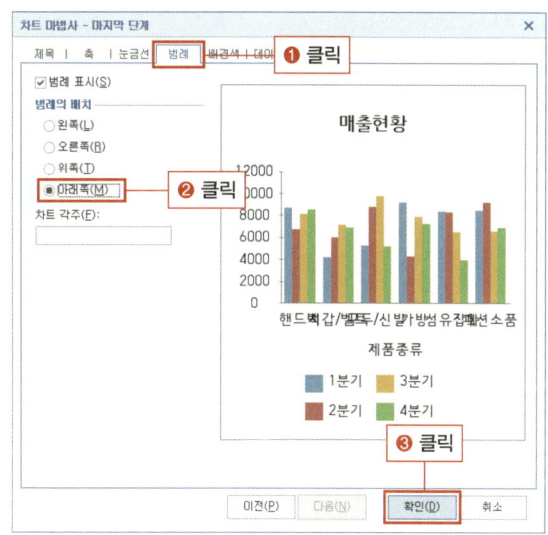

6 다음과 같이 차트 제목과 X(항목) 축, 범례가 표시된 차트로 수정되었습니다.

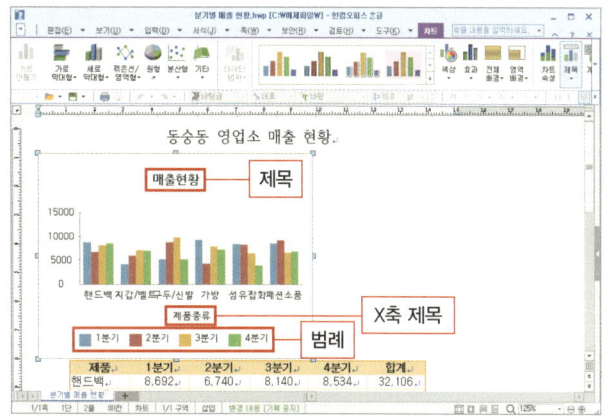

7 마우스로 빈 공간을 클릭하여 차트 편집을 해제한 후 다시 차트를 클릭합니다. 차트의 테두리 크기 조절점을 드래그하여 다음과 같이 차트 크기를 적당히 조정합니다.

크기를 조절할 때는 조절점을 마우스로 클릭하여 원하는 크기만큼 드래그합니다.

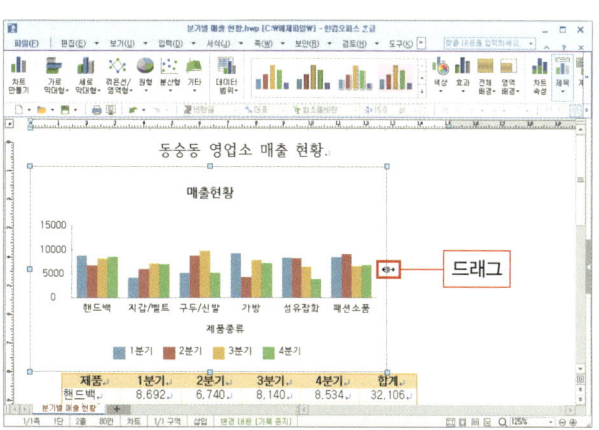

8 차트를 더블클릭하여 차트 편집 상태에서 '매출현황' 제목을 더블클릭합니다. 다음과 같이 [제목 모양] 대화상자가 표시되면 [글자] 탭에서 [크기]를 '15'로 입력하고 [설정] 버튼을 클릭합니다.

\POINT
[제목 모양] 대화상자에서는 제목의 배경이나 글자 정렬 방법, 글꼴 종류나 크기, 제목의 위치를 변경할 수 있습니다.

9 범례를 더블클릭하여 [글자] 탭에서 [크기]를 '7', [속성]을 '보통 모양'으로 지정하고 [설정] 버튼을 클릭합니다.

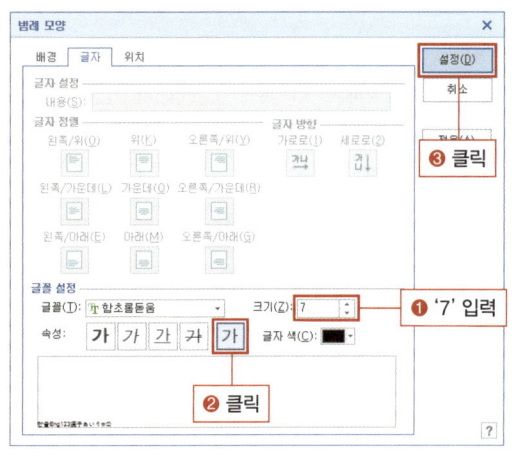

10 차트에 반영된 자료를 변경할 필요가 있거나 새로운 자료를 추가할 때는 차트에서 마우스 오른쪽 버튼을 클릭하고 '차트 데이터 편집'을 클릭합니다.

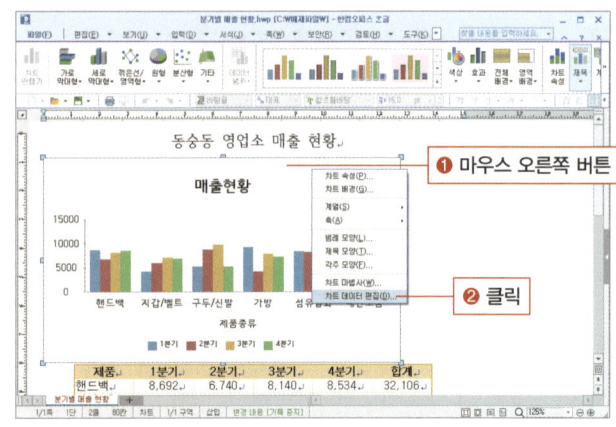

11 데이터를 수정하려면 수정할 데이터가 입력된 셀을 더블클릭하여 데이터를 입력합니다. 다음과 같은 자료로 변경한 후 [확인] 버튼을 클릭합니다.

| 지갑/벨트 | 6,313 | 3,237 | 5,231 | 7,818 |

POINT

차트에 반영된 표 데이터를 수정하면 차트에 바로 적용됩니다. 그러나 [차트 데이터 편집] 대화상자를 이용하여 데이터를 수정해도 표의 내용에는 반영되지 않으며 차트 편집을 마치면 표에 입력된 데이터로 차트가 수정됩니다.

12 빈 곳을 클릭하여 차트 편집을 마친 후 차트를 드래그하여 적당한 위치에 배치합니다. 편집 화면에서 차트에 사용된 데이터를 임의로 변경하면 그에 따른 차트 모양도 변경됩니다. 아래 그림은 '4사분기' 매출을 모두 0으로 변경한 후 차트의 모양입니다.

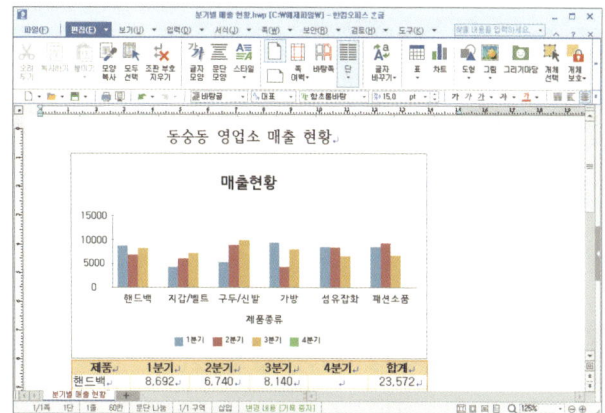

쌩초보 Level Up — 데이터에 따른 효과적인 차트 종류

- **막대, 선, 막대/선, 혼합, 누적 막대, 영역, 주식 차트** : 영업 실적이나 주식의 동향을 파악하는데 효과적입니다.
- **가로 막대 차트** : 각 제품에 대한 연도별 영업 실적을 표현하는데 효과적입니다.
- **원, 도넛형 차트** : 전체에 대한 일부분을 표현하는 것으로 시장 점유율이나 점수별 학생 수 등을 표현하는데 효과적입니다.
- **막대 차트** : 주기적인 분포로 연령별 종업원 수나 성과를 표현하는데 효과적입니다.
- **막대, 주식 차트** : 특정 데이터의 범위를 표현하는데 효과적이므로 특정 월의 강수량 등을 비교할 때 주로 사용됩니다.
- **방사형, 등고선, 표면 차트** : 데이터의 균형이나 일치성을 표현하는 것으로 단계별 성과에 대한 개인 성과를 비교하는데 효과적입니다.
- **계단형 차트** : 지속적인 데이터를 표현하는데 효과적이므로 진도표 등에 많이 사용됩니다.
- **막대, 분산형 차트** : 변수간의 상관관계를 나타내는데 효과적이므로 기온에 따른 전력 소비량 등을 표현하는데 효과적입니다.

차트 꾸미기

차트를 구성하고 있는 배경이나 제목, 범례, 축, 계열 등에 무늬를 넣거나 숫자 표현 방법 등을 사용자 의도대로 꾸밀 수 있습니다.

○ **Key Word** : 차트 배경   ○ **예제파일** : 예제파일\분기별 매출 현황[3].hwp   ○ **완성파일** : 완성파일\분기별 매출 현황[3].hwp

1 앞 섹션에서 사용된 예제 파일을 이어서 사용합니다. 차트를 더블클릭하여 차트 편집 상태로 전환합니다. 차트 위에서 마우스 오른쪽 버튼을 클릭한 후 단축 메뉴에서 [차트 배경]을 선택합니다.

POINT
차트를 구성하고 있는 각 개체 영역을 더블클릭하면 차트 개체의 모양을 변경할 수 있는 대화상자를 표시합니다.

2 [배경] 탭에서 [그러데이션]을 선택하고 [유형]을 '사각형'으로 지정합니다. '그림자'에 체크하고 [위치]에 '3pt'를 입력한 후 [설정] 버튼을 클릭합니다.

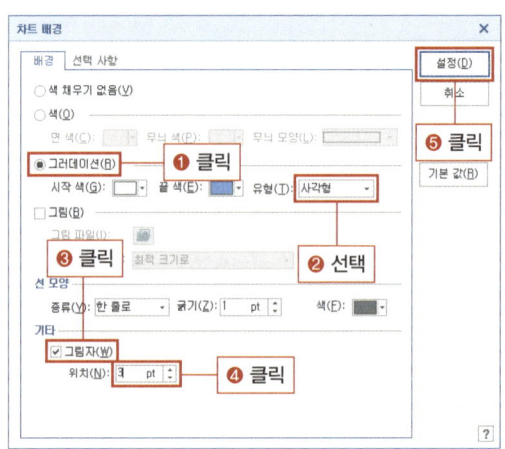

POINT
그림자 위치가 양수일 때는 그림자가 차트 면의 하단과 오른쪽에 표시되고 음수일 경우에는 위쪽과 왼쪽에 표시됩니다. 수치의 증감에 따라 그림자의 크기가 달라집니다.

242 회사 실무에 힘을 주는 한글 2014

3 다시 차트에서 마우스 오른쪽 버튼을 클릭하고 [제목 모양]을 선택하여 면 색과 선 모양, 그림자 등을 다음과 같이 지정합니다. [설정] 버튼을 클릭합니다.

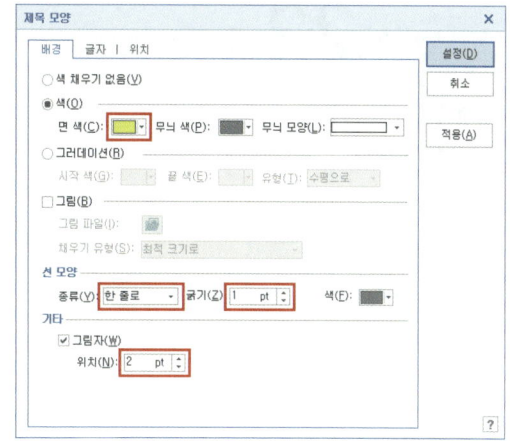

4 그림과 같이 면에는 사각 모양의 그러데이션과 그림자가 만들어지고 제목 모양 또한 변경되었습니다. 제목을 클릭한 후 다음과 같이 크기를 조절하여 가운데로 이동합니다. 다른 항목도 같은 방법으로 꾸밀 수 있습니다.

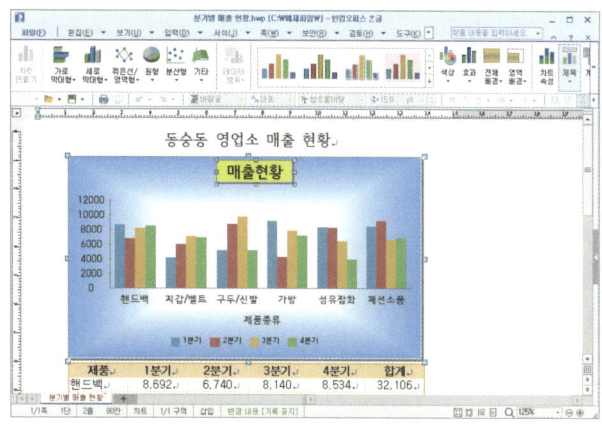

> **쌩초보 Level Up**   차트 배경의 추가 정보
>
> - [차트 배경] 대화상자에서 지정하는 모양은 차트의 배경 전체에 대하여 적용합니다.
> - 차트의 면 모양은 그러데이션 외에 사용자가 원하는 색상으로 칠할 수 있고 그림으로도 배경을 설정할 수 있습니다.
> - 선 종류를 선택하여 테두리를 그릴 수 있습니다.
> - [선택 사항] 탭에서 차트를 구성하고 있는 제목, 각주, 범례 등의 표시 여부를 설정할 수 있습니다.

그림 삽입과 크기 조절하기

편집하는 문서에 그림을 넣거나 도형을 그리는 기능이 있습니다. 그림을 넣는다는 것은 이미 준비된 그림을 현재 커서 위치에 삽입하는 기능입니다. 그림은 문서에 포함할 수도 있으며 그림이 저장된 위치의 정보를 참고하여 문서에 표시할 수도 있습니다.

Key Word : 문서에 포함, 글자처럼 취급   **예제파일** : 예제파일\독도의 고찰.hwp   **완성파일** : 완성파일\독도의 고찰.hwp

1 [입력] 탭의 [그림] 아이콘을 클릭하거나 Ctrl+N, I 키를 누릅니다. [그림 넣기] 대화상자가 나타나면 문서에 넣을 그림을 선택하고 [넣기] 버튼을 클릭합니다.

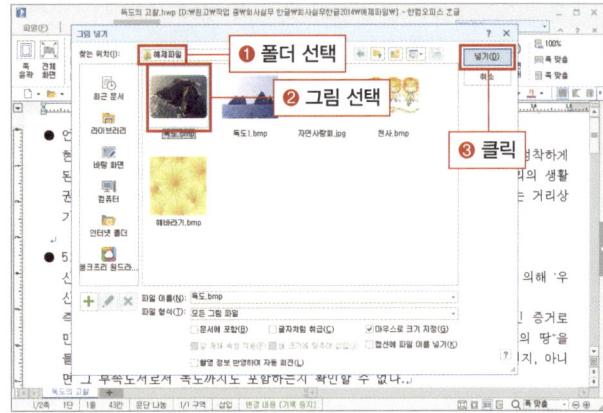

POINT
그림파일 : 예제파일\'독도.bmp'

쌩초보 Level Up   [그림 넣기] 대화상자

- **문서에 포함** : 그림을 문서에 포함할 지의 여부를 지정합니다. 이 항목이 선택된 상태에서 그림을 넣으면 문서 파일에 그림이 포함되고 해제된 상태에서 그림을 넣으면 외부 그림 파일과 연결만 됩니다. 그림을 문서에 포함하면 그림 파일을 따로 보관하지 않아도 됩니다.
- **글자처럼 취급** : 그림을 하나의 글자처럼 취급하여 삽입합니다.
- **마우스로 크기 지정** : 이 항목을 선택하고 그림을 선택한 후 [넣기] 버튼을 누르면 마우스로 드래그하여 그림 크기 및 그림이 넣어질 위치를 정한 후 그림을 넣을 수 있습니다.

2 다음과 같이 커서가 있는 문단에 그림을 넣습니다.

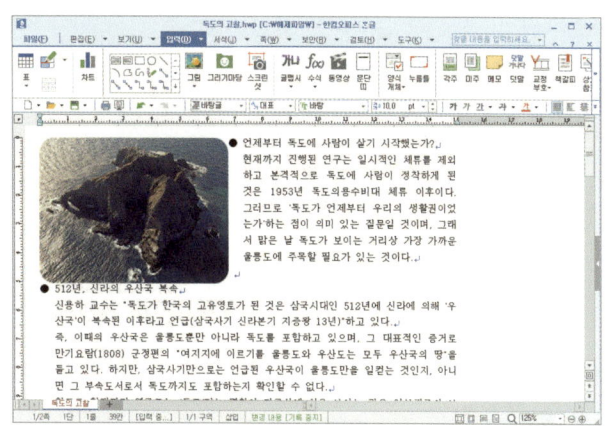

3 그림이 삽입된 위치를 변경하려면 그림을 클릭한 채 원하는 곳으로 드래그합니다.

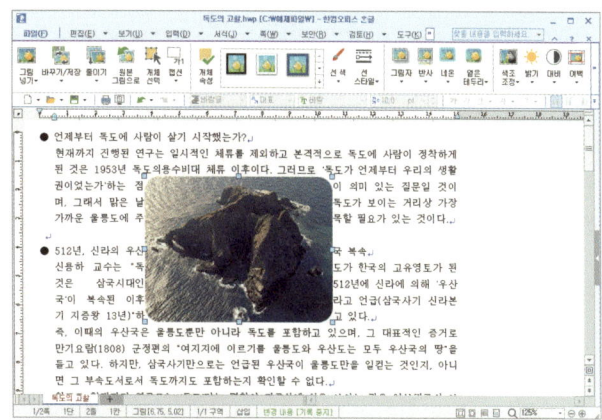

4 크기 조절점을 드래그하면 그림의 크기를 조절할 수 있습니다.

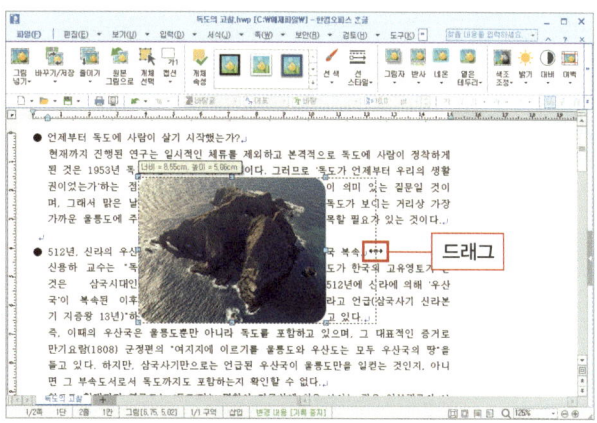

Part 2. 한글 2014의 활용 기능 50가지　**245**

5 그림이 선택된 상태에서 [편집] 메뉴의 [고치기]를 선택하거나 Ctrl+N, K 키를 누릅니다. [개체 속성] 대화상자의 [기본] 탭에서 너비와 높이 값을 직접 입력하여 크기를 조절할 수 있습니다.

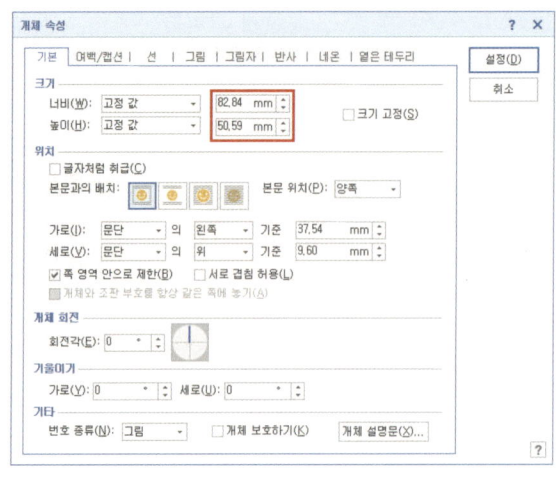

\POINT
그림을 더블클릭해도 개체 속성 대화상자를 표시할 수 있습니다.

6 [그림] 탭을 클릭합니다. [확대/축소 비율]의 확대/축소 아이콘 중에서 원하는 크기를 선택할 수 있습니다.

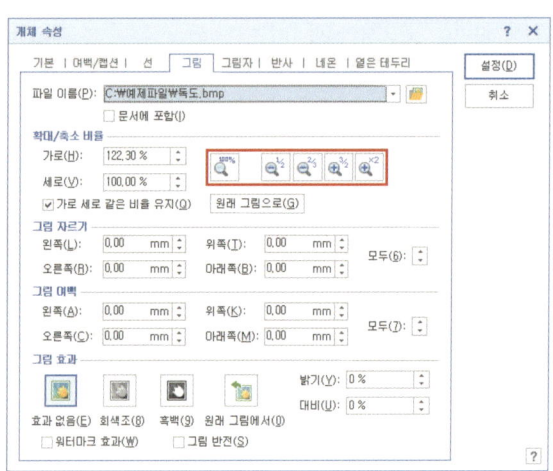

\POINT
'가로 세로 같은 비율 유지'에 체크하면 가로나 세로의 증감 버튼을 누를 때 그림의 크기를 같은 비율로 조절합니다.

쌩초보 Level Up — 그림 크기 조절의 추가 정보

- 모서리의 조절점을 드래그하면 가로 세로의 크기를 비례적으로 조절할 수 있습니다.
- 그림을 선택한 상태에서 글자판의 Shift 키를 누른 채 각 방향 화살표 키를 눌러 그림의 크기를 조절할 수 있습니다.
  - Shift+← : 그림의 너비를 1mm 줄입니다.
  - Shift+→ : 그림의 너비를 1mm 늘립니다.
  - Shift+↑ : 그림의 높이를 1mm 줄입니다.
  - Shift+↓ : 그림의 높이를 1mm 늘립니다.
- 그림을 선택한 상태에서 Shift 키를 누른 채 크기 조절점을 드래그하면 그림을 자를 수 있습니다.

7 문서에 넣어진 그림 파일명의 경로나 파일명이 길 경우 [파일 이름] 입력란을 클릭하여 이름을 확인할 수 있습니다.

POINT

'문서에 포함'에 체크하면 문서에 연결된 그림을 문서에 포함시킬 수 있습니다.

> **쌩초보 Level Up** [기본] 탭의 크기의 너비와 높이 항목
>
> • **크기 고정** : 이 항목을 선택하면 그림 크기를 변경할 수 없습니다.
> • 그림의 너비와 높이 기준을 '고정 값, 종이에 따라, 쪽에 따라, 단에 따라, 문단에 따라' 중에서 선택할 수 있습니다. [고정 값]은 입력한 값이 그대로 개체의 크기가 되는 절대 값이고 종이, 쪽, 문단, 단은 각 기준에 대한 퍼센트(%)로 개체의 크기를 입력하는 상대 값입니다.

special TIP 그림 정보 확인하기

[파일] 메뉴의 [문서 정보]를 선택하거나 Ctrl+Q, I 키를 눌러 [문서 정보] 대화상자가 나타나면 [그림 정보] 탭을 클릭합니다. 문서에 연결되거나 삽입된 그림 목록이 표시됩니다.

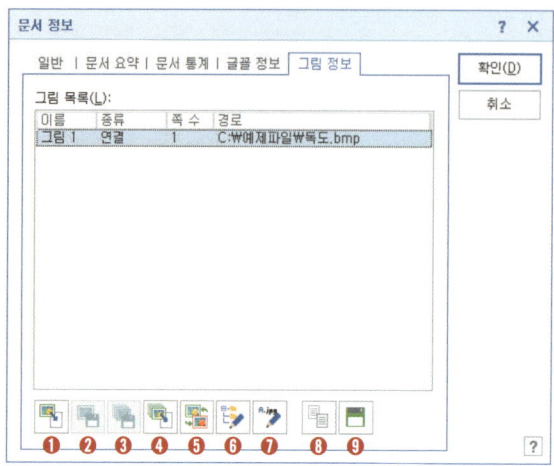

❶ : 문서에 연결된 그림 파일을 삽입된 그림으로 바꿉니다. 여러 파일을 동시에 삽입 그림으로 바꾸려면 Shift 키나 Ctrl 키를 이용하여 선택할 수 있습니다. 이미 삽입 그림으로 넣어진 그림은 이 기능을 사용할 수 없습니다.

❷ : 문서에 삽입된 그림 파일을 저장하면서 연결된 파일로 바꿉니다.

❸ : 문서에 포함된 삽입 그림을 외부 프로그램에서 사용할 수 있도록 BMP 형식으로 저장합니다.

❹ : 현재 문서에 넣어진 모든 그림 파일을 한 번에 삽입된 그림으로 바꿉니다.

❺ : 목록에서 선택한 그림을 다른 그림 파일로 바꿉니다.

❻ : 현재 문서에 넣어진 그림 파일의 경로를 다시 지정합니다.

❼ : 현재 문서에 넣어진 그림 파일의 형식을 다시 지정합니다.

❽ : 선택한 그림의 경로를 복사하여 클립보드에 저장합니다. 편집 화면에서 Ctrl+V 키를 눌러 복사된 그림 경로를 붙여 넣을 수 있습니다.

❾ : 선택한 그림 목록을 지정한 형식의 텍스트 파일로 저장할 수 있습니다.

그림의 본문 배치 방법 알기

한글 2014에서는 그림을 다양한 방법으로 배치할 수 있습니다. 그림을 글자처럼 취급하거나 본문에 그림이 놓일 위치를 정할 수 있습니다. 필요에 따라 그림 위에 글자를 놓이게 할 수 있고 그림 뒤에 글자가 놓이도록 할 수도 있습니다.

Key Word : 글자처럼 취급, 어울림   **예제파일** : 예제파일\독도의 고찰.hwp   **완성파일** : 완성파일\독도의 고찰.hwp

1 앞의 섹션에서 사용된 예제 파일을 이어서 사용합니다. 그림을 마우스로 더블클릭한 후 [개체 속성] 대화상자의 [기본] 탭에서 '글자처럼 취급'에 체크하고 [설정] 버튼을 클릭합니다.

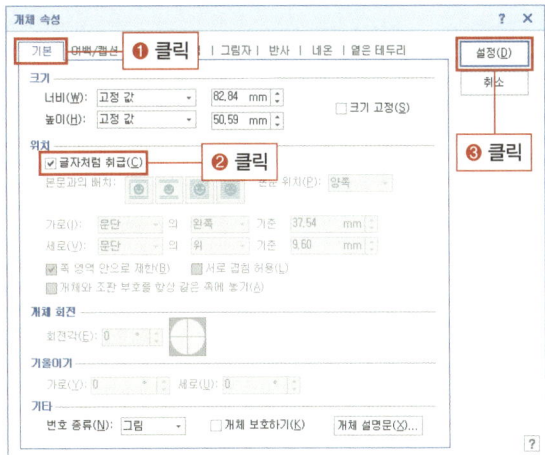

POINT
개체를 선택하지 않고 선택할 개체 뒤에 커서를 위치한 후 [편집] 메뉴의 [고치기]를 선택하거나 Ctrl + N, K 키를 누르면 커서 앞에 있는 개체가 선택되면서 [개체 속성] 대화상자가 나타납니다.

쌩초보 Level Up — 글자처럼 취급

- 문단의 정렬이나 들여 쓰기/내어 쓰기 등의 기능을 모두 적용됩니다.
- 그림의 크기에 따라 글자의 줄 간격에 영향을 줍니다.
- 그림의 조판 기호가 있는 곳에 실제 그림이 표시됩니다.

2 다음과 같이 개체가 글자와 같은 위치로 배열됩니다.

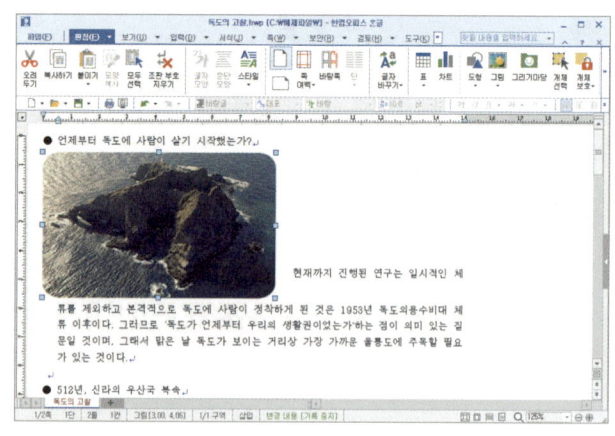

\POINT
그림은 문단 첫 번째로 입력되었고 다음부터 글자가 표시되어 있습니다. 그림이 크기 때문에 현재 줄의 줄 간격이 넓어진 것을 확인할 수 있습니다.

3 다시 그림을 더블클릭한 후 [개체 속성] 대화상자의 [기본] 탭에서 '글자처럼 취급'의 체크를 해제합니다. [어울림] 아이콘을 선택한 후 [설정] 버튼을 클릭합니다.

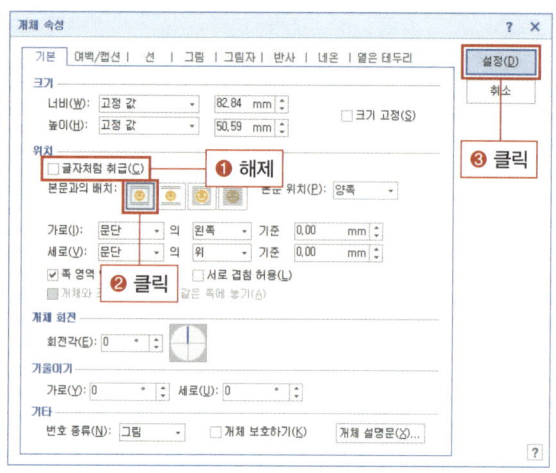

\POINT
[어울림]으로 배치할 경우 본문이 위치될 곳을 사용자가 임의로 정할 수 있습니다. 왼쪽, 오른쪽, 양쪽, 큰 쪽 중에서 선택합니다.

4 다음과 같이 본문과 그림의 배치가 변경됩니다.

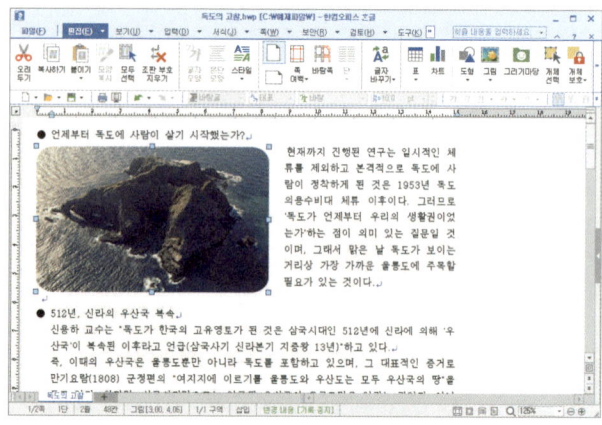

5 그림을 다른 곳으로 드래그하여 이동할 수도 있습니다.

POINT
그림 테두리에 여백이 설정되지 않았기 때문에 본문의 글자와 여백이 없습니다.

6 그림의 바깥쪽 여백을 설정하려면 [개체 속성] 대화상자의 [여백/캡션] 탭에서 바깥 여백을 지정합니다. [설정] 버튼을 누르면 본문과 그림의 여백이 지정됩니다.

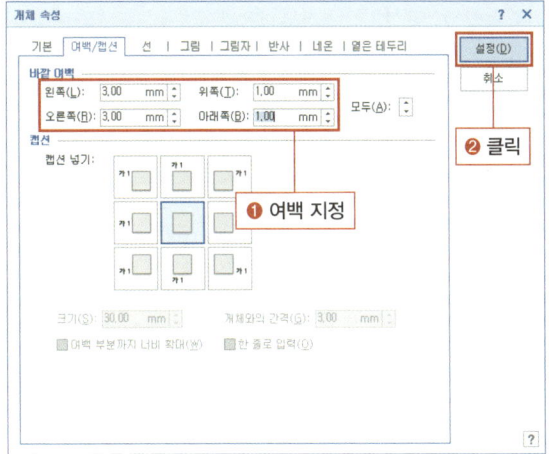

POINT
바깥 여백의 왼쪽, 오른쪽, 위쪽, 아래쪽을 모두 같은 값으로 지정하려면 [모두] 옆의 화살표를 누릅니다.

7 [개체 속성] 대화상자에서 [기본] 탭의 [자리 차지] 아이콘을 클릭하고 [설정] 버튼을 클릭합니다.

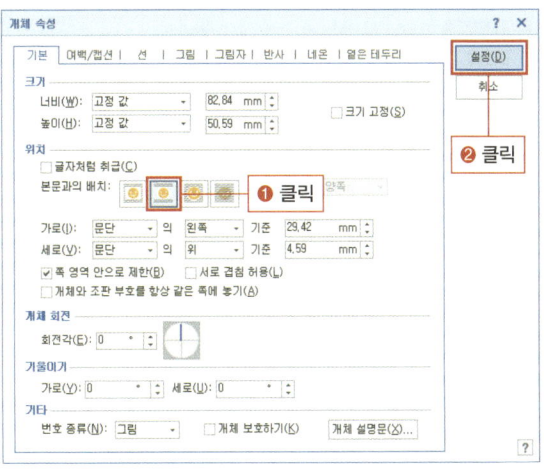

Part 2. 한글 2014의 활용 기능 50가지 **251**

8 다음 화면과 같이 개체의 높이만큼 줄을 차지하고 있기 때문에 개체가 있는 영역에는 본문이 오지 않습니다.

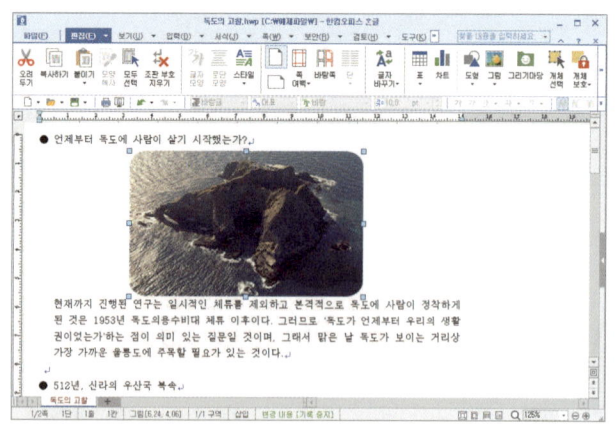

9 [개체 속성] 대화상자의 [기본] 탭에서 [글 뒤로] 아이콘을 클릭하고 [설정] 버튼을 클릭합니다. 그림이 글 뒤로 배치되기 때문에 다음과 같이 글자가 그림 위에 놓입니다.

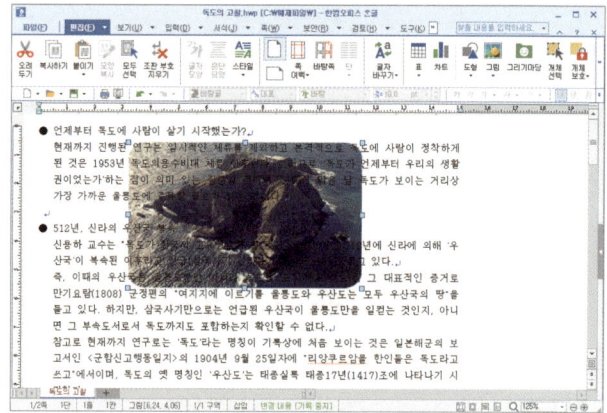

10 그림을 글자 뒤로 위치시키면 그림이 진해서 글자가 잘 보이지 않습니다. 이때에는 [개체 속성] 대화상자에서 [그림] 탭의 '워터마크 효과'에 체크한 후 [설정] 버튼을 클릭합니다.

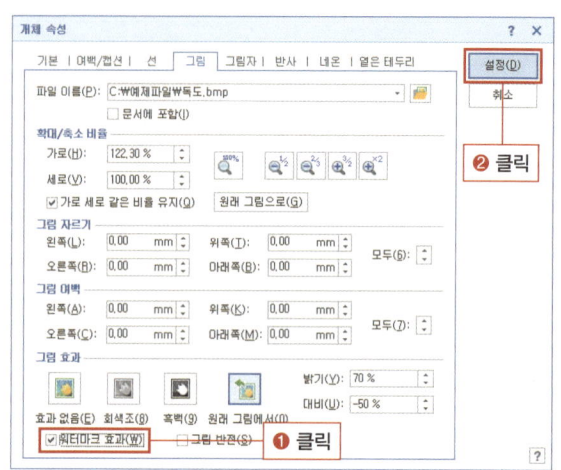

\POINT
그림 효과 목록에서 회색조, 흑백 등을 선택하여 그림에 보다 다양한 효과를 줄 수 있습니다.

11 다음과 같이 그림이 흐려져서 글자를 선명하게 볼 수 있으며 그림을 배경으로 사용할 수 있습니다.

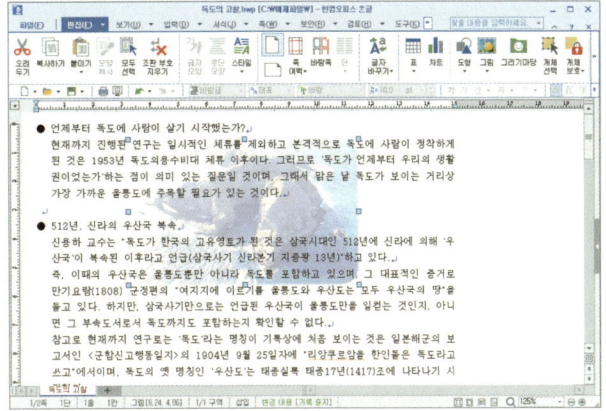

12 [개체 속성] 대화상자에서 [그림] 탭의 '워터마크 효과'의 체크를 해제한 후 [기본] 탭에서 [글 앞으로] 아이콘을 선택하고 [설정] 버튼을 클릭합니다. 글자 앞으로 그림이 위치하기 때문에 글자가 그림에 가려져 보이지 않습니다.

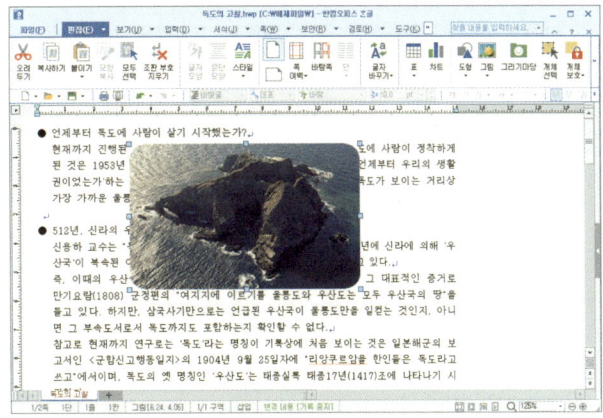

special TIP 그림 위치 선정의 추가 정보

그림을 더블클릭하면 나타나는 [개체 속성] 대화상자의 [기본] 탭에서는 그림의 본문 배치 방법을 설정할 수 있습니다. 그림의 배치 방법에 따라 문서의 모양이 달라집니다.

- **쪽 영역 안으로 제한** : 개체의 세로 위치 기준이 문단일 때 개체의 세로 위치가 쪽 영역 밖으로 나가면 개체를 다음 쪽으로 넘깁니다. 편집할 수 있는 위쪽과 아래쪽 여백, 머리말과 꼬리말 공간을 제외한 자리에 개체가 위치할 수 있도록 합니다.
- **서로 겹침 허용** : 그림이나 표 등을 어울림이나 자리차지로 지정한 경우 개체끼리 겹쳐지지 않고 서로의 영역만큼 떨어지게 됩니다. 이 항목을 선택하면 [어울림]이나 [자리차지]로 지정된 경우에도 서로 겹쳐놓을 수 있습니다.
- **개체와 조판 부호를 항상 같은 쪽에 놓기** : 마우스 끌기로 개체를 삽입하면 개체가 놓여 있는 위치와 해당 개체의 조판 부호가 어느 곳에 삽입되는지 모릅니다. 이때 이 항목을 선택하면 문서를 편집하는 도중에 개체가 다음 쪽으로 넘어가거나 당겨지더라도 해당 개체의 조판 부호를 함께 같은 쪽으로 옮겨줍니다.
- **개체 보호하기** : 개체가 있는 위치를 이동할 수 없도록 보호합니다. 이 항목을 선택하면 개체를 마우스로 이동할 수 없습니다.
- **한글 2014에 삽입할 수 있는 그림 형식**
    - AI : 어도비의 일러스트레이터용 그림 형식
    - CDR : 코렐 드로우용 그림 형식
    - CGM : 외곽선 방식의 그림 형식
    - EMF : 윈도우 확장 외곽선 방식의 그림 형식
    - WMF : 윈도우 표준 외곽선 방식의 그림 형식
    - HPGL : HP 플로터용 그림 형식
    - PP3 : 파워포인트용 그림 형식
    - BMP : 윈도우 표준 비트맵 그림 형식
    - DXF : 오토캐드용 그림 형식
    - DRW : 디자이너용 그림 형식
    - HDR : 한/그림의 벡터 그림 형식
    - WPG : 워드퍼펙 드로우용 그림 형식
    - PICT : 애플 드로우용 그림 형식
    - PS : 포스트스크립트 형식의 출력용 파일
    - EPS : 포스트스크립트용 언어를 제한해서 만든 그림 형식
    - GIF : 컴퓨서브에서 만든 통신을 위해서 주로 이용하는 그림 형식
    - JPEG : 트루컬러의 화질을 그대로 보존하면서도 파일의 크기를 획기적으로 줄이는 그림 형식
    - PCX : Zsoft의 페인트 브러시용 비트맵 그림 형식
    - PDF : 어도비 아크로뱃 문서 형식(Portable Document Format)
    - PIC : 로터스 1-2-3에서 그래프를 나타낼 때 사용하는 그림 형식
    - PLT : 옛날 버전의 오토캐드에서 만든 벡터 그림 형식
    - PNG : 웹 디자인을 위하여 만들어진 그림 형식(Portable Network Graphic)
    - TIFF : 어도비에서 만든 호환성이 넓은 DTP용 그림 형식

글상자로 제목 꾸미기

여러 단에 걸쳐 커다란 제목을 넣거나 본문 중간에 박스형으로 요약 글을 넣을 때 많이 사용하는 기능입니다. 글상자에 크기와 채우기 효과, 테두리의 모양이나 색상을 넣어 자유롭고 다양한 제목이나 내용을 넣을 수 있습니다.

◯ **Key Word** : 글자 모양, 글상자

◯ 예제파일 : 예제파일\일본 100대 기업 창업성공 분석.hwp
◯ 완성파일 : 완성파일\일본 100대 기업 창업성공 분석.hwp

1 [입력] 탭의 개체 목록에서 가로 글상자(▤) 아이콘을 선택하거나 Ctrl+N, B키를 누릅니다. 마우스 포인터가 십자(+)로 변경되면 글상자를 위치시킬 곳에서 드래그하고 글상자에 '일본 100대 기업 창업 성공 아이템 분석 자료'를 입력합니다.

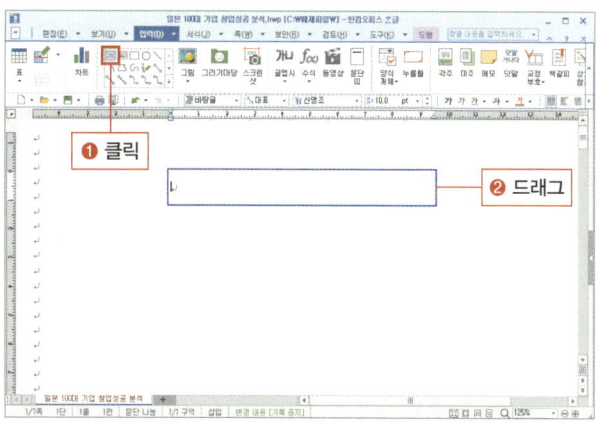

POINT
테두리 선의 스타일은 [도형] 탭의 [선 스타일]에서 변경할 수 있습니다.

2 입력한 문장을 블록으로 설정하고 Alt+L키를 누릅니다. [글자 모양] 대화상자가 나타나면 다음과 같이 지정하고 [설정] 버튼을 클릭합니다.

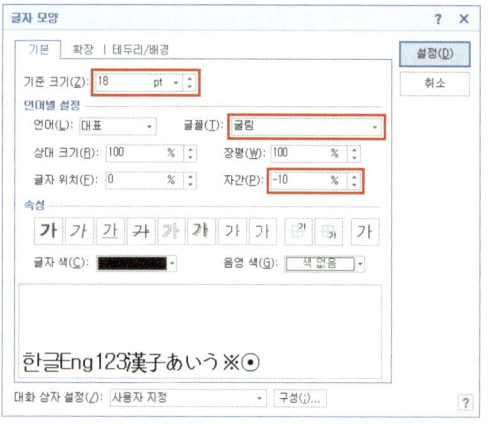

Part 2. 한글 2014의 활용 기능 50가지 **255**

3 글상자 테두리를 클릭한 후 글상자의 크기를 다음과 같이 변경하여 한 줄에 입력될 수 있도록 합니다.

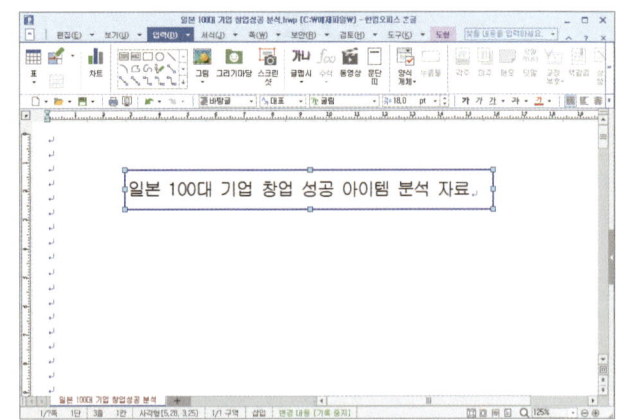

4 글상자를 더블클릭하거나 Ctrl+N, K 키를 누릅니다. [개체 속성] 대화상자가 나타나면 [채우기] 탭에서 [그러데이션] 목록의 '일출'을 선택합니다.

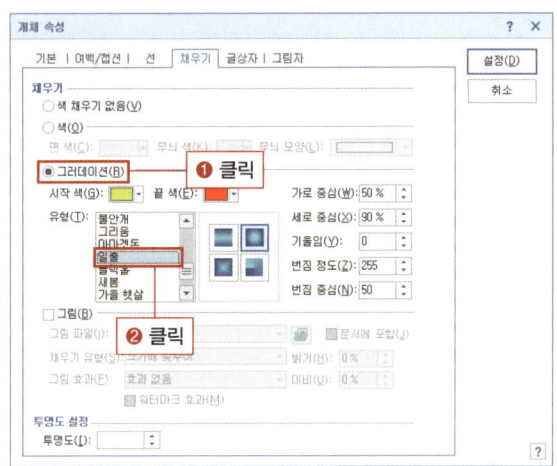

5 [글상자] 탭을 선택하여 글상자의 안쪽 여백을 모두 '2'로 설정합니다.

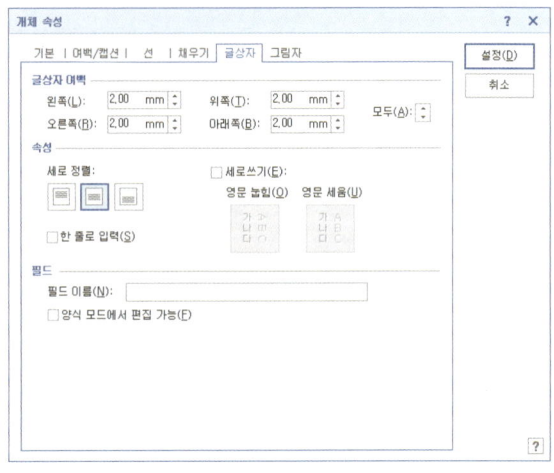

> **POINT**
> '한 줄로 입력'에 체크하면 글상자의 크기에 따라 자간이 좁아지면서 한 줄로 입력됩니다.

6 [선] 탭을 클릭한 후 [선]에서 선의 색과 종류, 굵기 등을 설정하고 [사각형 모서리 곡률]에서 '반원'을 선택합니다.

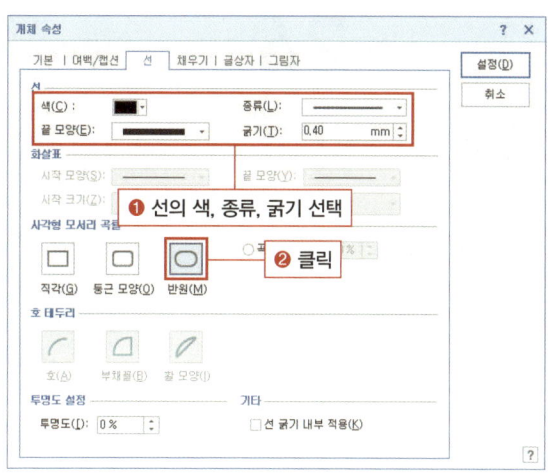

7 [기본] 탭을 클릭한 후 [위치]의 [가로]를 '쪽'의 '가운데' 기준으로 선택하고 [설정] 버튼을 클릭합니다.

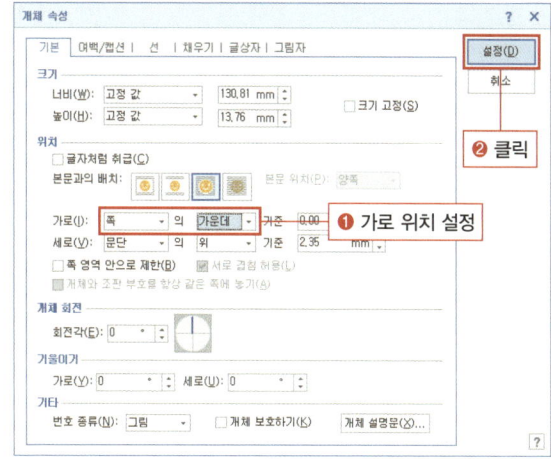

\POINT
글상자가 위치하는 곳을 쪽의 폭에서 가운데로 정렬합니다.

8 다음과 같이 글상자가 쪽의 가운데로 위치하고 반원의 그러데이션으로 변경됩니다.

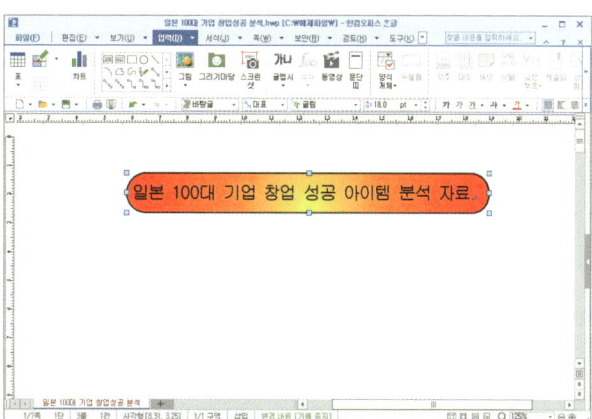

\POINT
모서리가 반원으로 변경되면서 제목이 두 줄로 되었다면 글상자의 크기를 늘려 위의 그림과 비슷하게 조정합니다.

Part 2. 한글 2014의 활용 기능 50가지 257

글맵시로 멋진 제목 만들기

글자에 여러 가지 효과를 부여해서 문서 제목이나 강조해야 할 내용을 꾸밀 때 글맵시 개체를 사용합니다. 글자를 구부리거나 글자의 외곽선과 면에 색이나 채우기 효과를 지정하고 그림자 등을 추가하여 글자를 꾸밀 수 있습니다.

Key Word : 개체, 글맵시   **예제파일** : 예제파일\광고.hwp   **완성파일** : 완성파일\광고.hwp

1 첫 번째 줄에서 [입력] 탭의 [글맵시] 아이콘의 드롭다운 버튼을 클릭하고 원하는 글맵시 종류를 선택합니다.

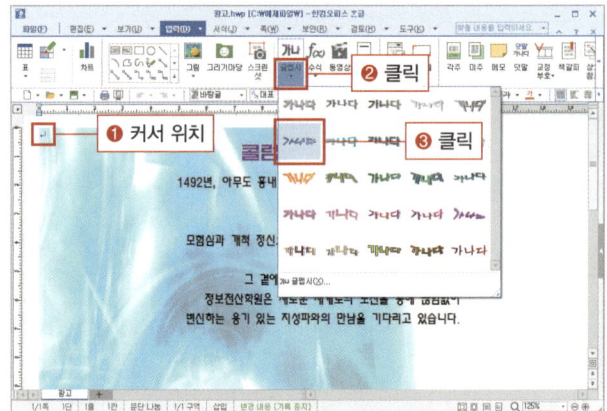

2 [글맵시 만들기] 대화상자의 [내용]에 '학원계의 콜럼버스'라고 입력하고, [글꼴]을 다음과 같이 변경한 다음 [설정] 버튼을 클릭합니다.

3 다음과 같이 선택한 글맵시가 문서에 삽입됩니다.

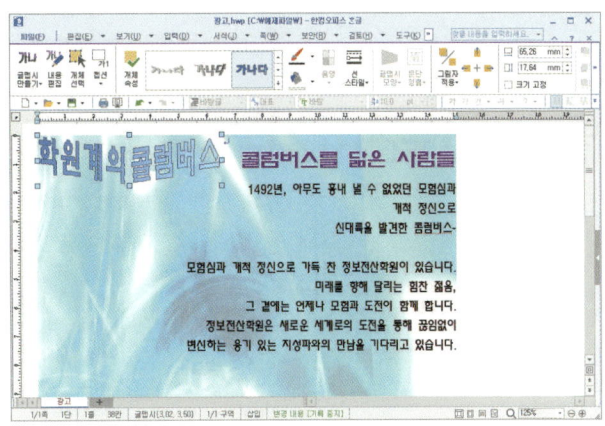

POINT
기본적으로 글맵시 개체는 본문과의 배치 방식이 '어울림'으로 설정됩니다.

4 글맵시 개체를 더블클릭하면 [개체 속성] 대화상자가 나타납니다. [기본] 탭에서 [위치]의 '글자처럼 취급'에 체크하고 [설정] 버튼을 클릭합니다.

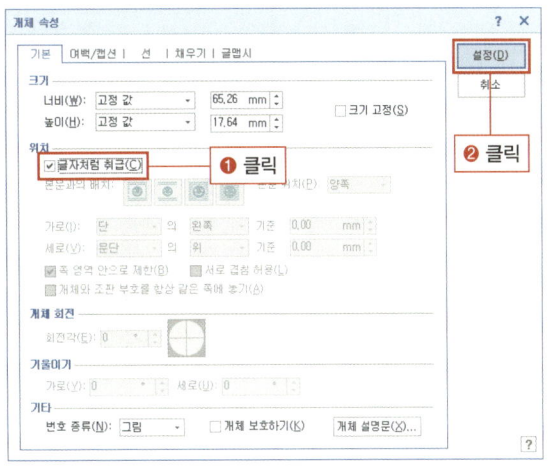

POINT
글맵시 개체를 선택하고 Ctrl + N , K 키를 눌러도 됩니다.

5 글맵시 개체의 크기 조절점을 마우스로 드래그하여 개체의 크기를 적당히 조정합니다. Esc 키를 눌러 글맵시 개체 선택을 해제하고 오른쪽 정렬합니다.

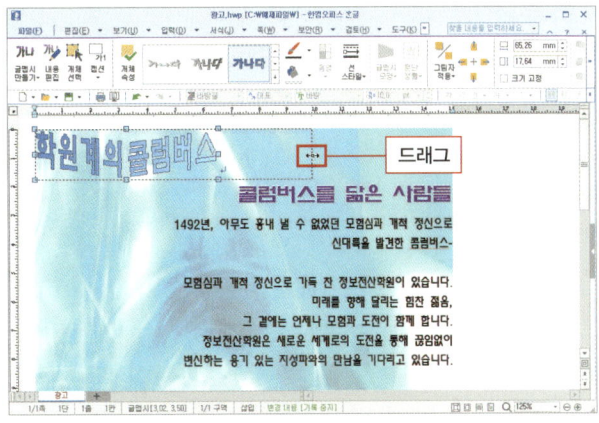

section 27
글맵시 꾸미기

문서에 삽입한 글맵시 개체의 내용을 수정하거나 글자 모양을 바꾸고 그림자 등의 효과를 지정하여 보다 시각적으로 표현할 수 있습니다. [글맵시] 탭의 여러 아이콘을 사용하여 글맵시를 꾸미는 과정을 살펴봅니다.

> Key Word : 글맵시 모양, 개체 회전 > 예제파일 : 예제파일\광고2.hwp > 완성파일 : 완성파일\광고2.hwp

1 문서에 삽입되어 있는 글맵시 개체를 더블클릭한 후 [글맵시] 탭에서 원하는 글맵시 모양을 선택하고 [설정] 버튼을 클릭합니다.

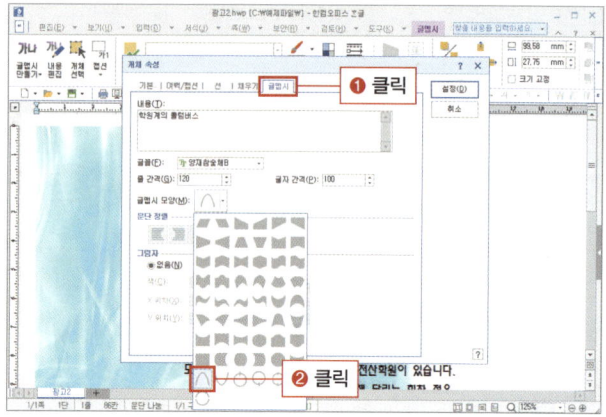

\POINT
글맵시 내용이나 글꼴 등은 [글맵시] 탭의 [내용 편집] 아이콘을 클릭한 후 [글맵시 고치기] 대화상자에서 수정할 수 있습니다.

2 글맵시의 글자 색을 바꾸려면 [글맵시] 탭에서 [채우기] 아이콘의 드롭다운 버튼을 클릭하고 원하는 색을 선택합니다. 이때 색상 팔레트에 원하는 색이 없을 경우 색상 테마(▶) 아이콘을 클릭하거나 [다른 색]을 클릭하여 원하는 색을 선택합니다.

3 다음과 같이 글맵시의 글자 색이 변경된 것을 확인할 수 있습니다.

> **POINT**
>
> 글자를 무늬, 그러데이션, 그림 등으로 채우려면 글맵시를 더블클릭하고 [개체 속성] 대화상자의 [채우기] 탭에서 지정해야 합니다.

4 글맵시를 더블클릭하면 [개체 속성] 대화상자가 나타납니다. [선] 탭에서 선의 색과 종류, 굵기 등을 지정한 다음 [설정] 버튼을 클릭합니다.

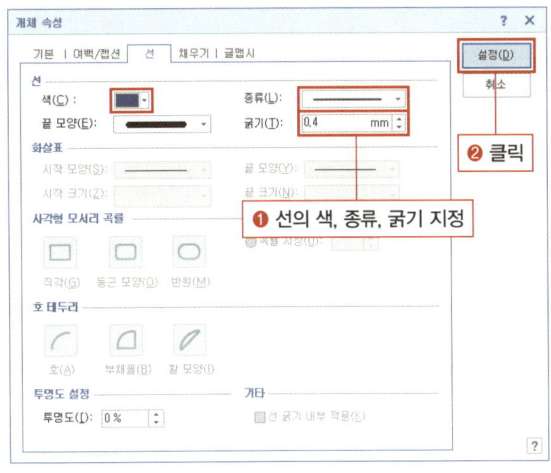

> **POINT**
>
> [선]의 [종류]에서 '선 없음'을 선택하면 지정한 선의 색과 끝 모양, 굵기 등이 글맵시에 적용되지 않습니다.

5 이번에는 글맵시를 회전시켜 보겠습니다. [글맵시] 탭의 [회전]에서 '개체 회전'을 클릭한 후 조절점을 마우스로 드래그하여 개체를 회전합니다.

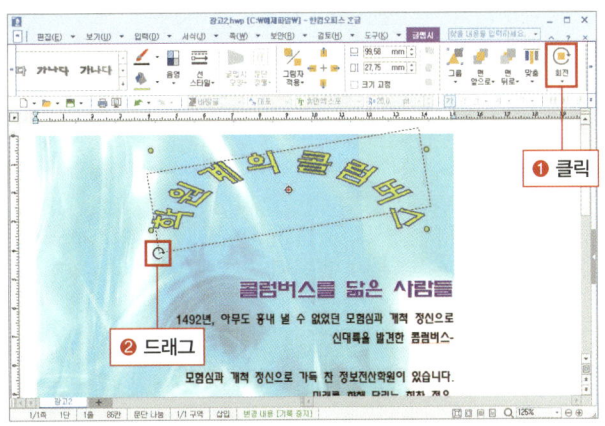

6 개체 회전이 끝나면 Esc 키를 눌러 회전 상태를 해제합니다. 글맵시의 크기와 위치를 조정하여 문서를 다음과 같이 완성합니다.

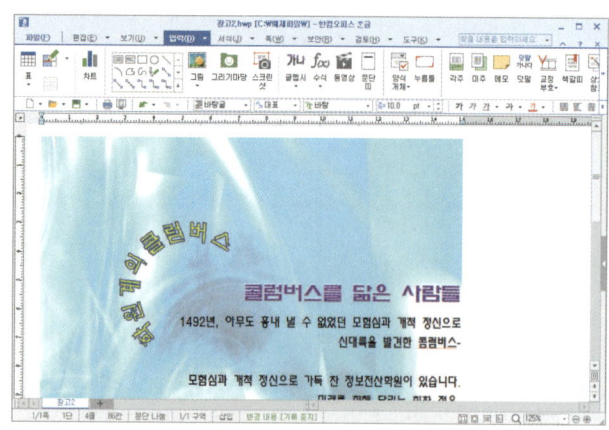

쌩초보 Level Up — 글맵시에 그림자 설정하기

- 글맵시 개체를 클릭한 후 [글맵시] 탭의 [그림자 적용] 아이콘에서 그림자를 설정합니다.
- 글맵시의 내용과 글꼴, 글맵시 모양, 그림자 등을 일괄적으로 변경하려면 글맵시 개체를 더블클릭하여 [개체 속성] 대화상자의 [글맵시] 탭에서 수정합니다.
- [개체 속성] 대화상자의 [글맵시] 탭에서는 그림자의 색과 X 위치, Y 위치를 지정할 수 있습니다. X 위치와 Y 위치는 글자 크기에 비례해서 -48부터 48까지 지정할 수 있습니다. 음수 값을 지정하면 글자의 왼쪽과 위쪽에, 양수 값을 지정하면 글자의 오른쪽과 아래쪽에 그림자가 표시됩니다.

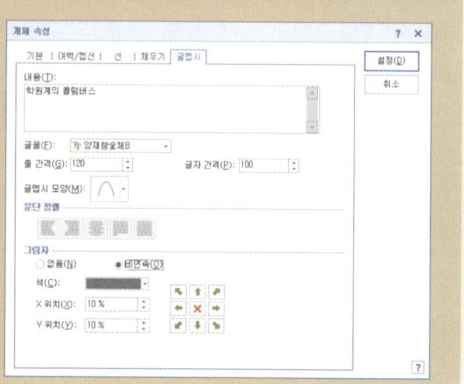

그리기 개체로 도형 그리기

한글 2014의 그리기 개체를 이용하여 편집 화면의 어느 곳에서나 직접 도형을 그릴 수 있습니다. 도형을 그릴 때는 [입력] 탭에서 원하는 도형이나 직선 등의 아이콘을 이용합니다. 그리기 개체를 이용하여 여러 가지 도형을 그리는 과정을 살펴봅니다.

Key Word : 도형, 자유선, 다각형 편집

1 도형을 그리기 전에 새로 그리는 도형의 선과 면 색을 설정해 보겠습니다. [입력] 탭의 개체 모음에서 자세히(▾) 버튼을 클릭한 후 '새 그리기 속성'을 선택합니다.

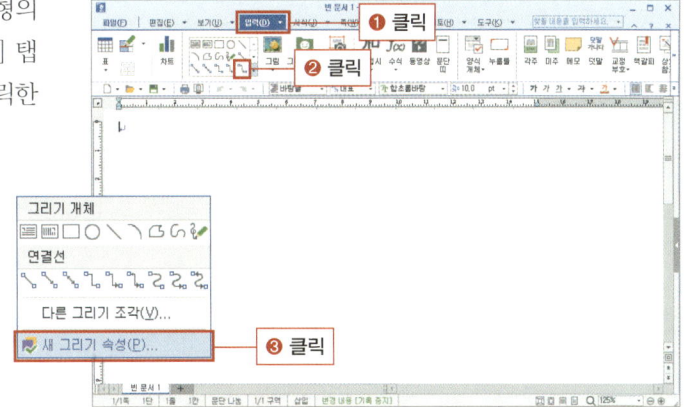

2 [새 그리기 속성] 대화상자가 나타나면 [선] 탭에서 선의 색과 종류, 끝 모양, 굵기 등을 지정합니다.

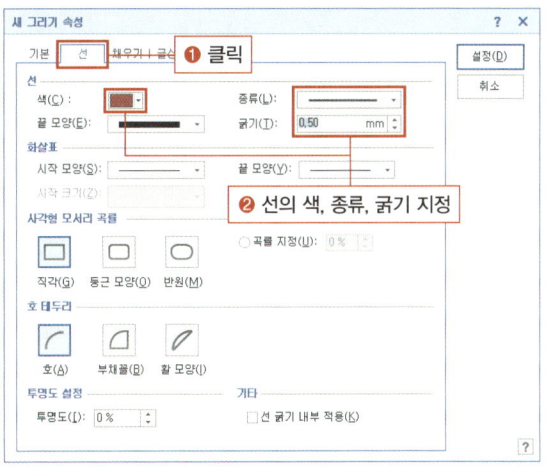

POINT
새 그리기 속성에서 지정한 모든 속성은 새로 그리는 도형에 기본적으로 적용됩니다.

Part 2. 한글 2014의 활용 기능 50가지 **263**

3 [채우기] 탭에서 [색] 옵션을 선택한 다음 면 색을 지정하고 [설정] 버튼을 클릭합니다. 무늬 색과 무늬 모양은 따로 변경하지 않았습니다.

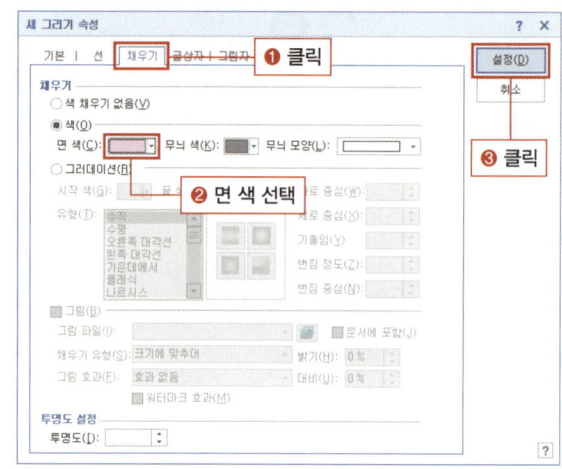

4 그리기 개체 종류 중 직선(↘)을 클릭한 후 직선의 시작 부분에서 마우스 왼쪽 버튼을 클릭한 채 드래그하여 선을 그립니다.

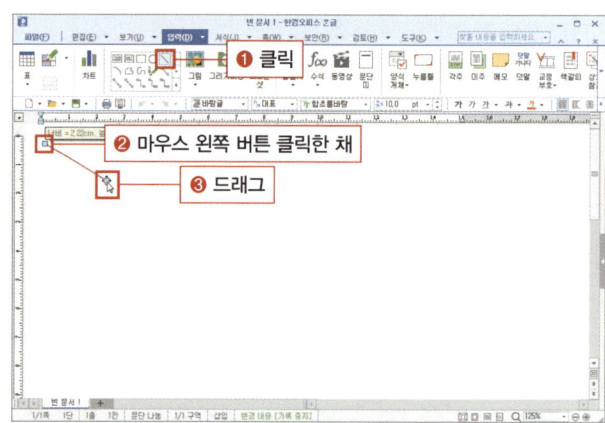

5 다음과 같이 직선이 선택한 새 그리기 속성으로 그려집니다. 그리기 개체가 선택된 상태이기 때문에 [도형] 탭이 표시됩니다. [도형] 그룹의 직사각형(□), 타원(○), 호(◠)를 각각 선택한 후 다음과 같이 도형을 그립니다.

\POINT
도형에 표시된 크기 조절점(작은 네모점)을 드래그하여 도형 크기를 조정할 수 있습니다.

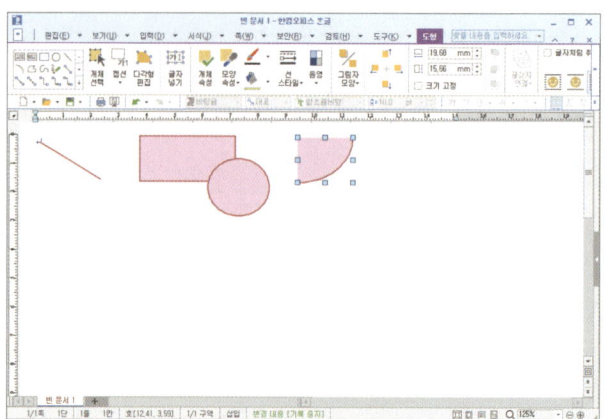

6 다각형(⌒)을 선택한 다음 다각형의 시작점을 클릭합니다. 그리고 다른 꼭짓점으로 마우스를 이동한 다음 다시 클릭합니다. 그러면 두 꼭짓점이 직선으로 연결됩니다. 이런 방법으로 계속해서 꼭짓점을 클릭하면서 다각형을 그립니다. 다각형 그리기를 끝내려면 끝점에서 더블클릭합니다.

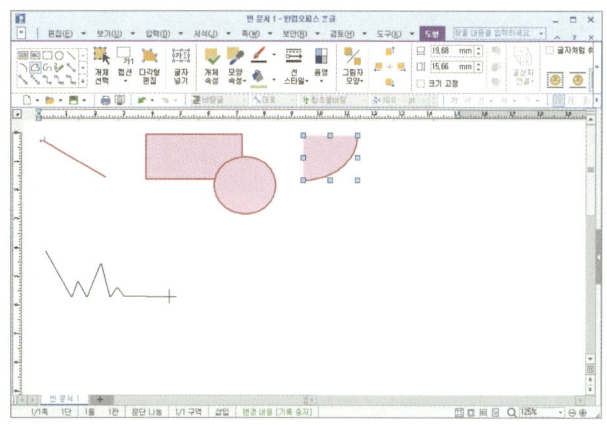

7 다음과 같이 다각형이 만들어집니다.

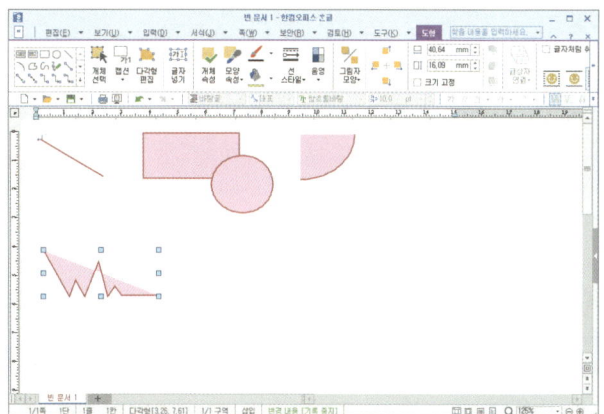

\POINT
끝점을 더블클릭하지 않고 시작점 근처 2mm 범위 안에서 클릭하면 닫힌 다각형이 그려집니다. 다각형을 그리는 도중에 BackSpace 키를 누르면 최근에 클릭한 꼭짓점이 취소되고 바로 전 단계로 돌아갑니다.

쌩초보 Level Up — 도형을 그리는 여러 가지 방법

- **Shift 키+그리기** : 도형 아이콘을 선택하고 Shift 키를 누른 상태에서 도형을 그리면 15도 각도의 직선, 너비와 높이가 똑같은 정사각형, 반지름의 길이가 똑같은 원을 그릴 수 있습니다.
- **Ctrl 키+그리기** : Ctrl 키를 누른 상태에서 도형을 그리면 도형의 중심부터 시작해서 그릴 수 있습니다. 마우스 왼쪽 버튼을 클릭하기 시작한 지점이 도형의 중심점이 됩니다.
- **기본 크기로 그리기** : 도형 아이콘을 선택하고 편집 화면에서 마우스 왼쪽 버튼을 클릭하면 기본 크기의 도형이 바로 그려집니다.
- **연속해서 그리기** : 도형 아이콘을 더블클릭하면 한 번 도형을 그린 이후에도 계속 아이콘이 눌려진 상태로 있습니다. 계속해서 도형을 그리고 도형 그리기가 모두 끝나면 눌려진 도형 아이콘을 다시 한 번 클릭하여 그리기 상태를 끝냅니다.

08 곡선도 다각형과 같은 방법으로 그립니다. 곡선(⌒)을 선택한 다음 시작점부터 각 꼭짓점을 차례로 클릭한 후 끝점에서 더블클릭합니다.

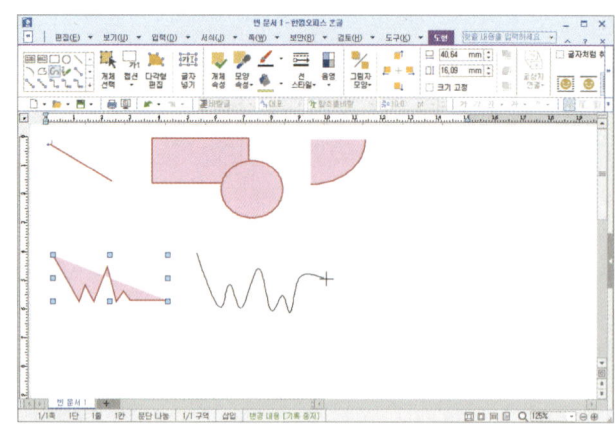

09 다음과 같이 꼭짓점과 꼭짓점이 곡선으로 연결된 곡선 도형이 그려집니다.

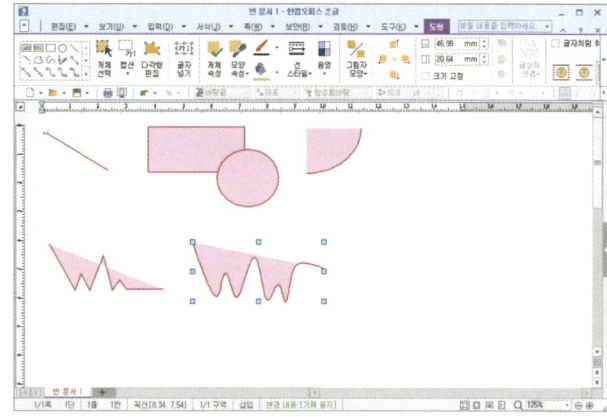

POINT

곡선을 그릴 때 Ctrl 키를 누른 채 그리면 일시적으로 직선이 그려집니다. 이 방법으로 직선과 곡선을 함께 그릴 수 있습니다.

10 자유선(✎)을 선택한 다음 마우스 왼쪽 버튼을 클릭한 채 원하는 대로 드래그하여 도형을 그립니다. 자유선(✎)은 계속 선택된 상태로 있기 때문에 연필로 그리듯이 그림을 그릴 수 있습니다.

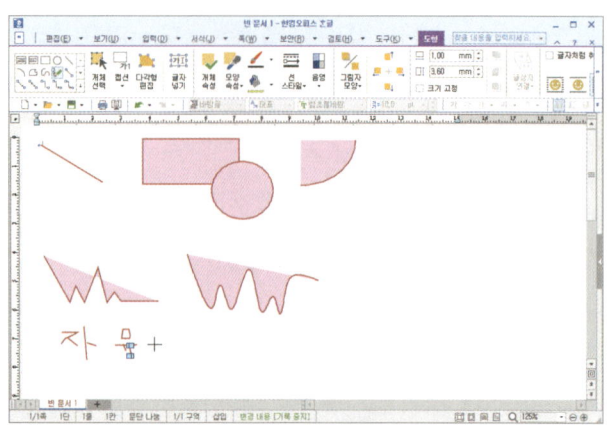

11 그리기가 모두 끝나면 Esc 키를 누르거나 마우스로 빈 곳을 클릭하여 선택 상태를 해제합니다.

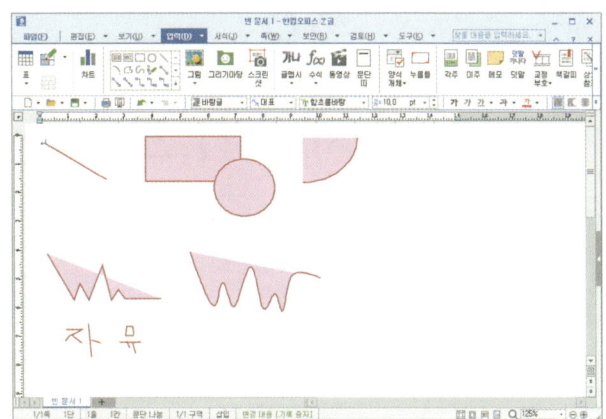

\POINT
자유선은 새 그리기 속성에서 '선' 속성만 따라가고 '채우기' 속성은 적용되지 않습니다. 항상 투명한 모양으로 그려집니다.

쌩초보 Level Up — 다각형 편집하기

다각형, 곡선, 타원 개체를 선택하고 마우스 오른쪽 버튼을 눌러 [다각형 편집]을 클릭하면 선택한 개체를 수정할 수 있습니다. [다각형 편집] 상태에서는 각 개체의 꼭짓점에 점(노드)이 표시됩니다. 이 점을 다른 곳으로 이동하거나 새로운 점을 추가하고 기존에 있던 점을 삭제하는 등의 동작으로 다각형, 곡선, 타원을 편집할 수 있습니다.

- **점 이동** : 다각형 편집 상태에서 꼭짓점에 표시된 점 위에서 마우스 왼쪽 버튼을 누른 채 다른 위치로 끌어다 놓으면 점이 이동됩니다.

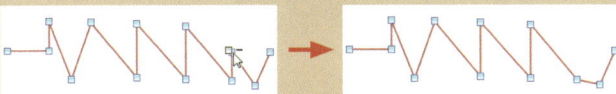

- **점 추가** : 점을 추가할 선 위에서 마우스 왼쪽 버튼을 누른 채 새 꼭짓점이 놓일 위치까지 끌어다 놓으면 점이 추가됩니다.

- **점 삭제** : Ctrl 키를 누른 상태에서 삭제할 점을 클릭하면 점이 삭제됩니다. 점이 삭제되면 양쪽의 점이 선으로 연결됩니다.

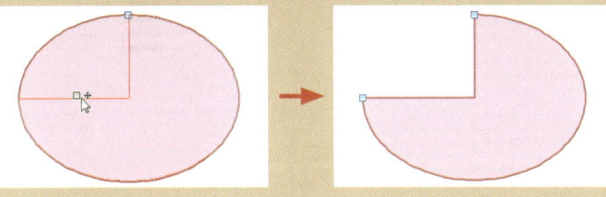

- **타원 편집** : 타원을 [다각형 편집]하면 타원 위에 하나의 점이 표시됩니다. 이 점을 마우스로 드래그하여 타원을 호나 부채꼴 도형으로 바꿀 수 있습니다.

선 모양과 채우기 모양

도형의 선 색이나 채우기 색은 도형을 그리기 전에 미리 지정하거나 도형을 그린 다음 다른 색으로 바꿀 수 있습니다. 여기서는 미리 만들어 놓은 도형의 선 색과 채우기 색을 변경하는 과정을 살펴보겠습니다.

○ Key Word : 선 색, 선 굵기, 선 종류, 채우기   ○ 예제파일 : 예제파일\시선집중.hwp   ○ 완성파일 : 완성파일\시선집중.hwp

1 첫 번째 사각형을 클릭하여 선택한 후 [도형] 탭에서 [선 색]의 드롭다운 버튼을 클릭한 후 원하는 색을 선택합니다.

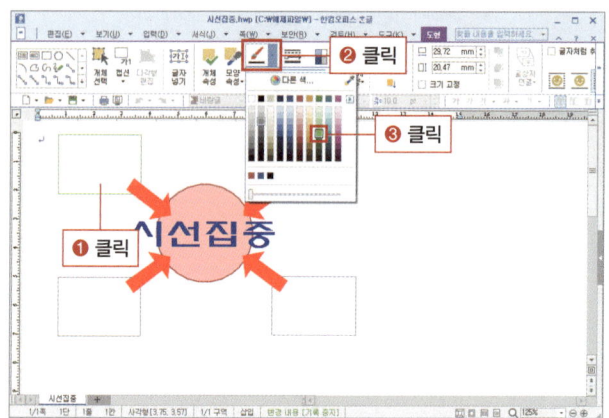

2 선 색이 변경되면 이번에는 [선 스타일] 아이콘을 클릭한 후 '선 굵기'를 선택합니다. 원하는 선 굵기가 없을 경우 [다른 선]을 선택한 다음 선 굵기를 지정할 수 있습니다.

\POINT

한글 2014에서는 글자 모양, 문단 모양 및 각종 도형 스타일, 그림 스타일, 글맵시 스타일 등을 적용하기 전에 적용 결과를 편집 창에서 미리 확인해 볼 수 있는 미리 보기 기능이 추가되었습니다. 이 기능은 [도구] 메뉴 [환경 설정]의 [편집] 탭에 있는 '실시간 미리 보기 사용'에 체크되어 있어야 사용할 수 있습니다.

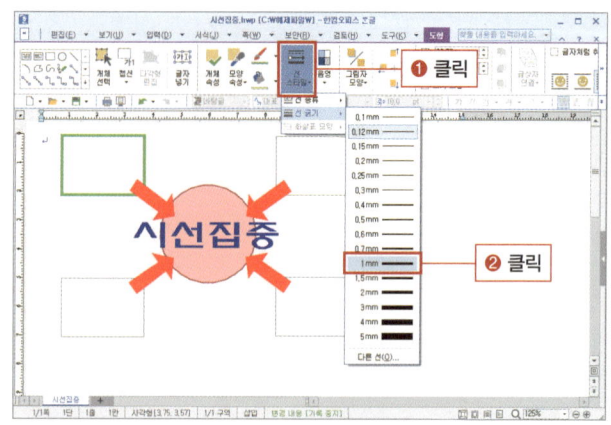

3 선 굵기가 변경되면 계속해서 [선 스타일]의 '선 종류' 아이콘을 클릭한 후 선 모양을 선택합니다.

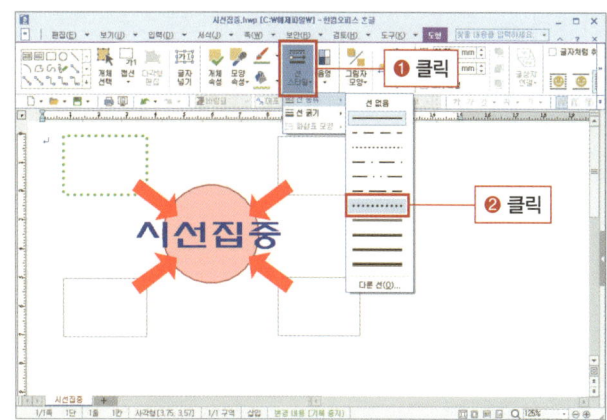

4 같은 방법으로 나머지 세 개의 직사각형에 대해서도 선 색과 선 굵기, 선 모양을 각각 변경하여 다음과 같이 서식을 변경해 봅니다.

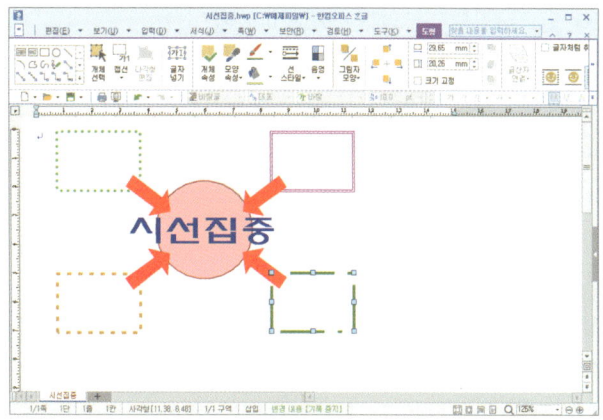

쌩초보 Level Up — 개체의 이동, 복사, 삭제

- **개체 이동** : 개체를 클릭해서 선택한 다음 마우스를 클릭한 채 다른 위치로 드래그하면 개체가 이동됩니다. Shift 키를 함께 누른 상태에서 개체를 이동하거나 복사하면 수직이나 수평으로 줄을 맞추어 이동하거나 복사할 수 있습니다.
- **개체 복사** : Ctrl 키를 누른 상태에서 개체를 드래그하면 개체가 복사됩니다.
- **개체 삭제** : 개체를 선택하고 Delete 키를 누르면 개체가 삭제됩니다.

5 이번에는 도형의 면을 채우는 색을 지정해 보겠습니다. 화살표 도형을 선택한 다음 [채우기] 아이콘을 클릭한 후 색을 선택합니다.

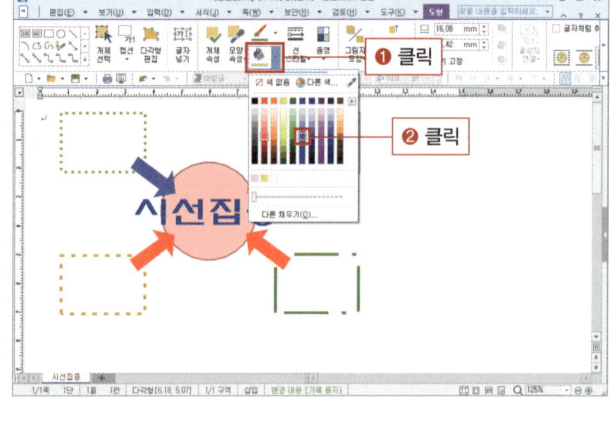

\POINT
[선 색] 아이콘이나 [채우기] 아이콘을 클릭하면 현재 선택되어 있는 색으로 변경됩니다. 다른 색을 선택할 때는 오른쪽의 드롭다운 버튼을 눌러 원하는 색으로 선택할 수 있습니다.

6 같은 방법으로 나머지 화살표 도형도 각각 면 색을 변경하여 다음과 같이 작성합니다.

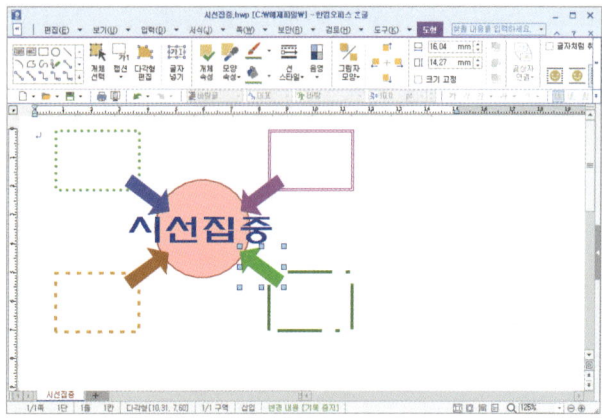

\POINT
면 색을 지정한 다음 [음영] 아이콘을 클릭하여 음영 비율을 조절하면 면 색의 밝기를 조정할 수 있습니다.

7 이번엔 무늬, 그러데이션, 그림 등으로 도형의 면을 채우는 방법을 알아봅니다. 가운데의 타원을 더블클릭하면 나타나는 [개체 속성] 대화상자에서 [채우기] 탭의 [그러데이션] 옵션을 선택하고 시작색, 끝 색, 유형 등을 지정한 후 [설정] 버튼을 클릭합니다. 다음과 같이 선택한 타원 도형의 면 색이 그러데이션 효과로 채워집니다.

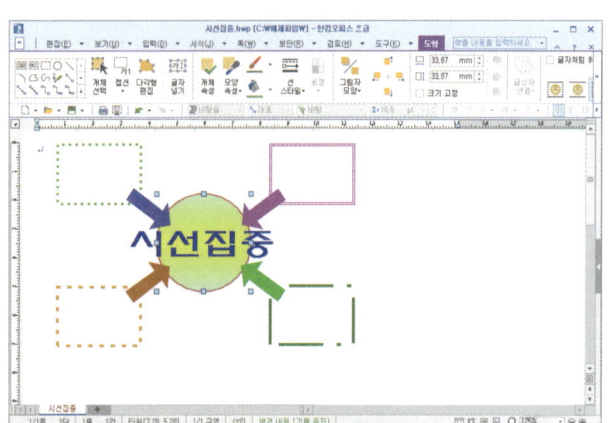

\POINT
무늬나 그림 등을 이용해서 도형을 채울 때도 같은 방법을 사용합니다.

special TIP 개체 선택하기

그리기 개체를 편집하거나 모양을 변경하려면 먼저 개체를 선택해야 합니다. 다음 방법 중 하나를 사용하면 개체를 효율적으로 선택할 수 있습니다.

- **하나의 개체 선택** : 마우스 왼쪽 버튼으로 해당 개체를 클릭하면 선택됩니다.
- **여러 개체 선택** : 첫 번째 개체를 클릭한 다음 Shift 키를 누른 상태로 다른 개체를 클릭하면 여러 개의 개체를 한꺼번에 선택할 수 있습니다. Shift 키를 누른 상태에서 이미 선택되어 있는 개체를 다시 클릭하면 해당 개체의 선택이 해제됩니다.
- **개체가 겹쳐있을 때 선택** : 하나의 개체가 다른 개체에 완전히 겹쳐 있어 마우스로 선택할 수 없을 때에는 Alt 키를 누른 채 클릭합니다. 클릭할 때마다 겹친 개체들이 돌아가며 선택됩니다.
- **다음 개체를 선택할 때** : 하나의 개체를 선택한 후 Tab 키를 누를 때마다 현재 쪽에 있는 모든 개체들이 차례로 돌아가며 선택됩니다.
- **F11 키로 선택** : 현재 커서 위치에 그리기 개체, 그림, 표, 수식, 글맵시 중의 어느 한 가지 개체가 있으면 해당 개체를 선택하고, 하이퍼링크, 블록 책갈피, 누름틀 등의 내용이 있으면 해당 내용을 블록으로 설정합니다.
- **마우스로 여러 개체 선택** : [편집] 탭, [도형] 탭, [그림] 탭, [글맵시] 탭의 [개체 선택] 아이콘을 클릭한 다음 선택하고자 하는 개체가 모두 들어가도록 마우스로 드래그하면 사각형 안에 포함된 모든 개체가 선택됩니다. 개체 선택이 끝나면 Esc 키나 [개체 선택] 아이콘을 다시 클릭하여 개체 선택 상태를 종료합니다.
- **일부분 선택만으로 개체 전체 선택** : [도구] 메뉴 [환경 설정]의 [개체] 탭에서 '일부분 선택만으로 개체 전체 선택'에 체크가 되어 있으면 마우스로 여러 개체를 선택할 때 개체 선택 영역에 포함되지 않고 일부만 선택되더라도 개체를 선택할 수 있습니다.

그리기 개체의 순서 바꾸기

한글 2014에서 도형 등을 그리면 그린 순서대로 쌓입니다. 즉, 가장 마지막에 그린 개체가 맨 위에 위치하게 되어 처음에 그린 개체를 가릴 수 있습니다. 필요에 따라 겹쳐진 개체가 보이지 않을 경우 서로 자리를 바꾸어야 할 때 정렬 기능을 사용합니다.

ⓒ **Key Word** : 정렬, 맨 뒤로, 개체 묶기

1 [입력] 탭의 개체 목록에서 직사각형(□)을 이용하여 다음과 같이 세 개의 직사각형을 서로 겹치게 그립니다. 가장 마지막에 그린 직사각형이 가장 위에 놓입니다.

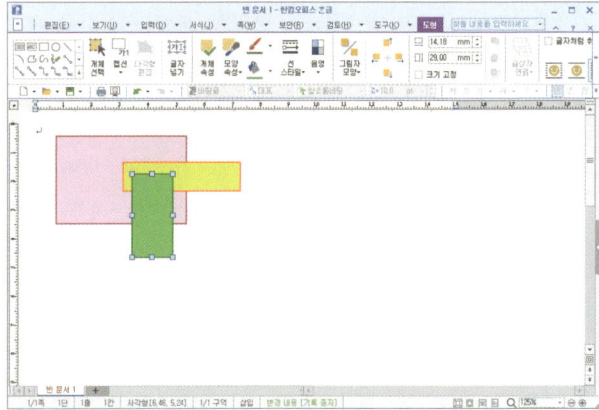

\POINT
[도형] 탭의 [선 색], [채우기] 아이콘을 사용하여 직사각형의 선 색과 채우기 색을 변경합니다.

2 타원(○) 아이콘을 선택하여 다음과 같이 타원을 그립니다.

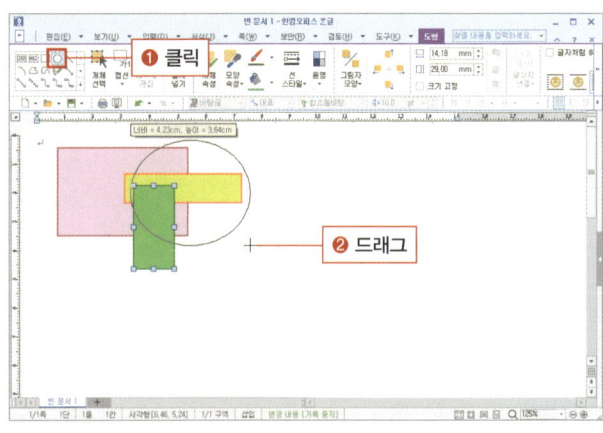

\POINT
본문 텍스트와 도형이 서로 겹쳐질 경우에는 도형을 선택하고 [도형] 탭에서 '글 앞으로', '글 뒤로', '어울림' 등을 선택하여 도형과 본문의 배치 방법을 변경할 수 있습니다.

3 타원의 선 색과 면 색을 임의로 지정합니다. 가장 마지막에 그린 도형이 다른 도형보다 가장 위에 놓이게 되어 이전에 그린 도형의 일부가 가려져 있습니다. [도형] 탭의 [맨 뒤로] 아이콘을 클릭하거나 Shift + Page Down 키를 누릅니다. 타원이 다른 도형들 맨 뒤에 배치됩니다.

\POINT
도형을 맨 앞으로 가져오려면 도형을 선택하고 [도형] 탭에서 [맨 앞으로] 아이콘을 클릭하거나 Shift + PgUp 키를 누릅니다.

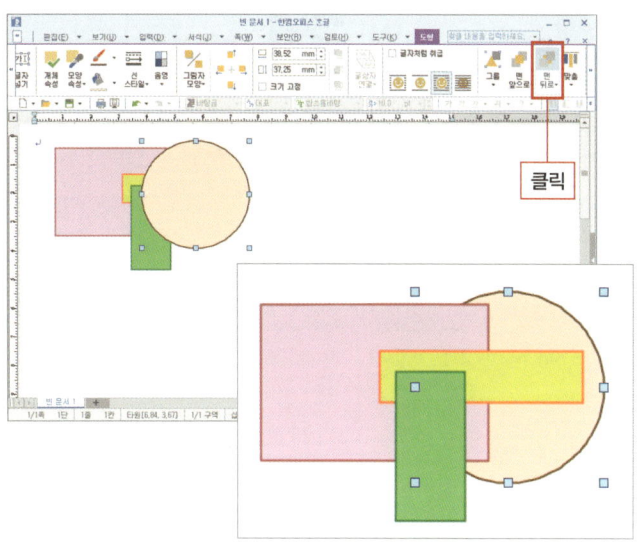

4 이번에는 맨 앞에 있는 직사각형을 선택한 다음 [도형] 탭에서 [맨 뒤로]의 드롭다운 버튼을 클릭하고 '뒤로'를 선택합니다. 다음과 같이 선택한 도형이 한 단계 뒤로 배치됩니다.

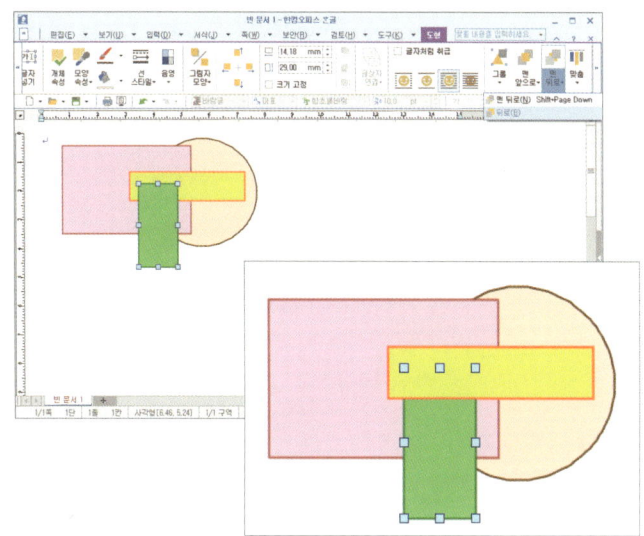

쌩초보 Level Up 개체 그룹

- **개체 묶기**: 두 개 이상의 도형을 선택하고 [도형] 탭의 [그룹]에서 '개체 묶기'를 실행하면 선택한 도형이 하나의 도형으로 묶여집니다. 개체를 묶으면 개체를 이동하거나 복사할 때, 크기를 조정할 때 묶인 개체가 한꺼번에 이동 또는 복사되고 크기가 조정됩니다.
- **개체 풀기**: 하나로 묶어진 도형을 선택하고 [도형] 탭의 [그룹]에서 '개체 풀기'를 실행하면 그룹화되었던 도형이 풀어집니다.

그리기 개체의 회전과 대칭

그리기 개체를 선택한 다음 이것을 회전시키거나 좌우로 또는 상하로 뒤집을 수 있습니다. 개체의 회전은 1도부터 360도 사이에서 자유롭게 회전시킵니다. 대칭은 개체의 중심점을 기준으로 개체의 좌우를 뒤집거나 상하를 뒤집는 기능입니다.

💡 **Key Word** : 회전, 뒤집기   예제파일 : 예제파일\아이디어.hwp   완성파일 : 완성파일\아이디어.hwp

1 그리기 개체를 클릭하여 선택한 후 [도형] 탭의 [회전]에서 '오른쪽으로 90도 회전'을 클릭합니다.

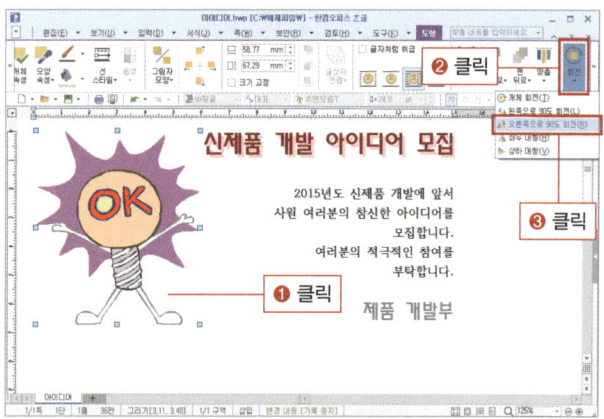

\POINT
개체가 본문과의 배치 방법의 '글자처럼 취급'에 체크되어 있으면 개체를 회전시킬 수 없습니다.

2 개체가 오른쪽 시계 방향으로 90도 회전합니다. 이번에는 개체가 선택된 상태에서 [회전]의 '개체 회전'을 선택합니다. 개체 가운데에 회전 중심점이 생기고 개체의 각 모서리에 초록색 모양의 회전 표시가 나타납니다.

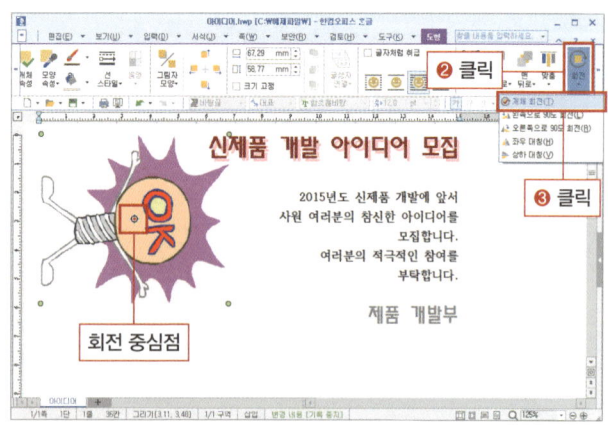

\POINT
그림 파일을 선택해서 회전시키면 그림의 틀만 회전하고 틀에 맞추어 그림을 확대하거나 축소시켜 보여 줍니다.

3 먼저 회전 중심점을 마우스로 드래그하여 이동한 다음 모서리에 있는 회전 표시 중 하나에서 마우스 왼쪽 버튼을 클릭한 채 드래그하여 개체를 회전합니다.

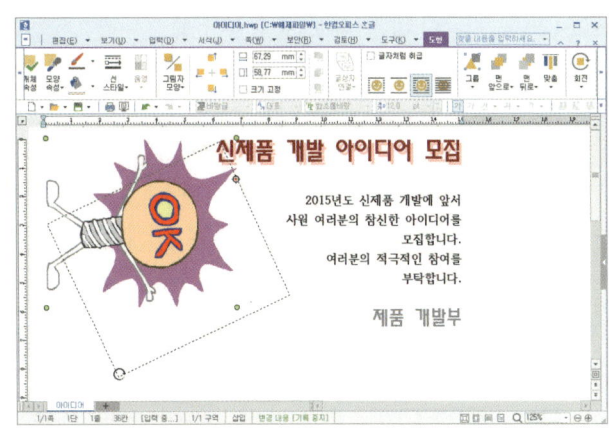

\POINT
개체는 회전 중심점을 기준으로 회전합니다. 개체를 회전할 때 Ctrl 키를 누른 채 회전 표시를 드래그하면 15도씩 회전합니다.

4 다음과 같이 개체 회전점을 중심으로 원하는 만큼 회전시킬 수 있습니다.

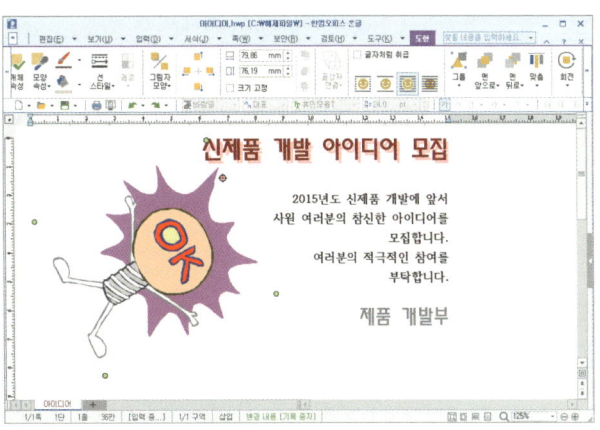

5 이번에는 개체를 대칭 이동해 보겠습니다. 개체가 선택된 상태에서 [도형] 탭의 [회전]에서 '좌우 대칭'을 클릭합니다. 다음과 같이 개체의 중심점을 기준으로 개체의 좌우가 서로 바뀝니다.

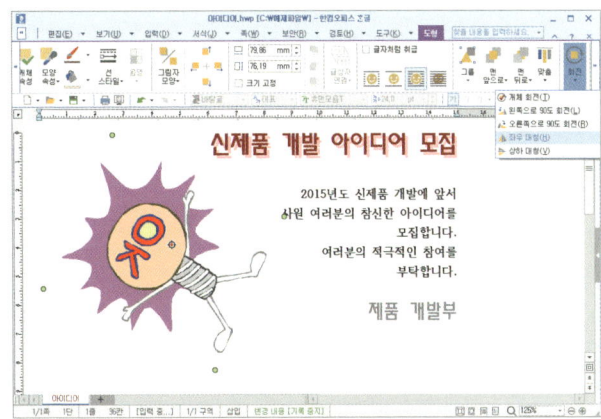

6 이번에는 [도형] 탭의 [회전]에서 '상하 대칭'을 클릭합니다.

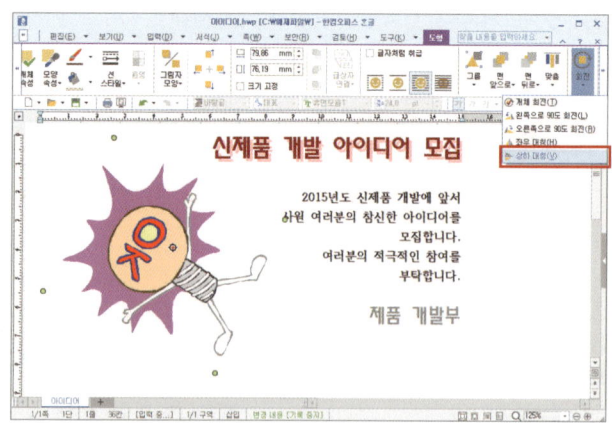

7 선택한 개체의 중심점을 기준으로 개체의 상하가 서로 바뀝니다.

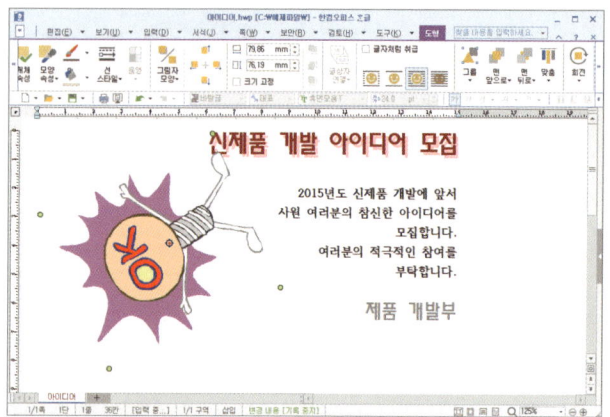

그리기 개체의 맞춤과 배분

2개 이상의 그리기 개체를 선택하고 기준 개체를 지정하여 개체의 위치를 상하 또는 좌우로 가지런하게 정렬할 수 있습니다. 또 3개 이상의 개체를 선택하고 개체 사이의 위/아래 간격 또는 왼쪽/오른쪽 간격을 똑같이 배분할 수도 있습니다.

◯ **Key Word** : 그림 정렬, 배분　　◯ 예제파일 : 예제파일\VISION.hwp　　◯ 완성파일 : 완성파일\VISION.hwp

1 '2015년 VISION' 글상자를 클릭하고 [Shift] 키를 누른 상태에서 오른쪽에 있는 타원 도형을 클릭하여 동시에 선택합니다. 그런 다음 [도형] 탭의 [맞춤]에서 '오른쪽 맞춤'을 선택합니다.

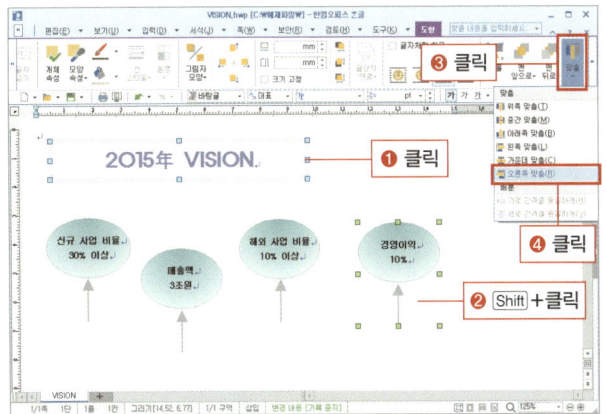

POINT
여러 개의 개체를 선택하면 가장 마지막으로 선택한 개체가 기준 개체가 됩니다. 기준 개체는 작은 네모 점이 밝은 옥색으로 표시됩니다. 다른 개체를 클릭해서 기준 개체를 변경할 수 있습니다.

2 두 개의 개체 중 나중에 선택한 기준 개체를 기준으로 오른쪽 끝에 맞추어 다음과 같이 정렬합니다.

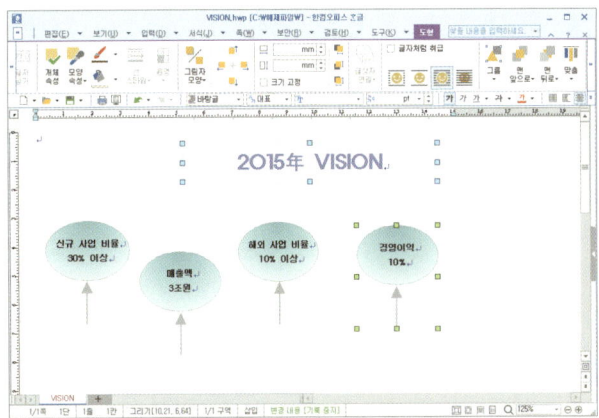

POINT
[맞춤]에서 [왼쪽 맞춤], [가운데 맞춤], [오른쪽 맞춤] 명령을 사용하여 개체의 수직 방향은 그대로 유지한 채 수평 방향으로만 개체를 맞출 수 있습니다.

Part 2. 한글 2014의 활용 기능 50가지　**277**

3 이번에는 아래에 있는 4개의 타원 도형을 모두 선택하고 [도형] 탭의 [맞춤]에서 '위쪽 맞춤'을 선택합니다.

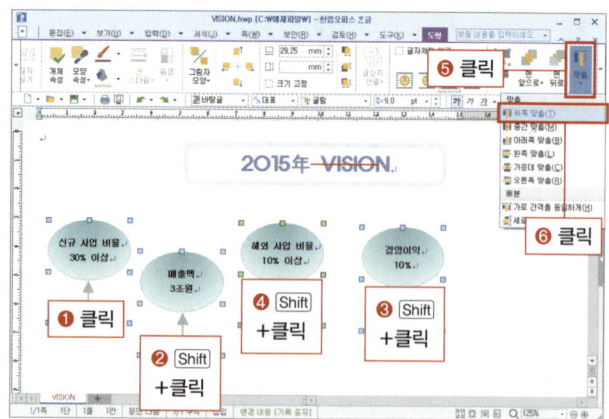

4 기준 개체로 지정한 세 번째 개체의 위에 맞추어 나머지 개체가 나란히 정렬됩니다.

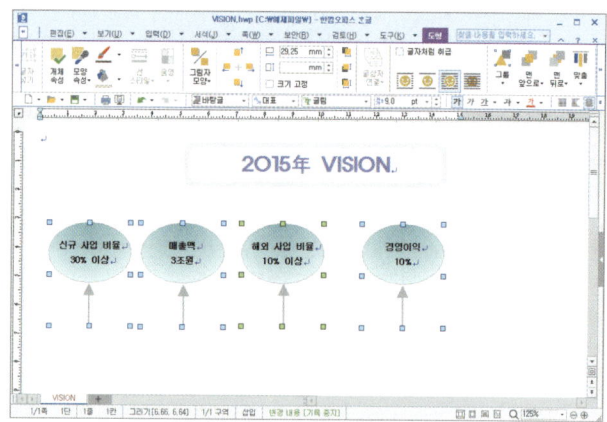

5 4개의 타원 도형이 선택되어 있는 상태에서 이번에는 [맞춤]의 '가로 간격을 동일하게'를 클릭합니다.

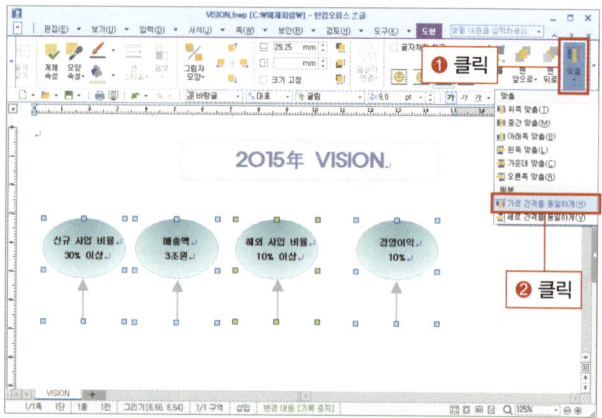

6 다음과 같이 선택한 도형의 왼쪽과 오른쪽 도형을 기준으로 두 번째와 세 번째 도형의 가로 간격이 배분되어 조정됩니다.

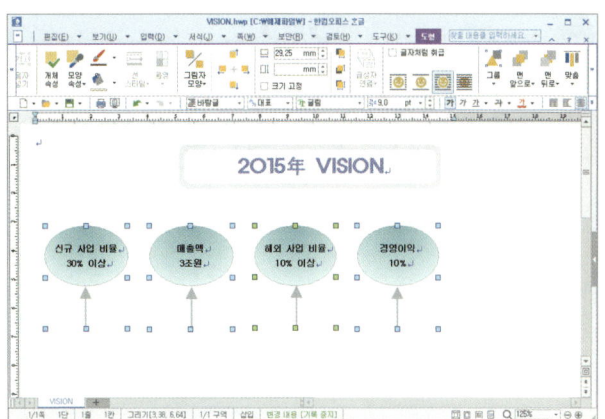

7 다시 한 번 [도형] 탭에서 [맞춤]의 '세로 간격을 동일하게'를 선택하여 세로의 위치를 조정합니다.

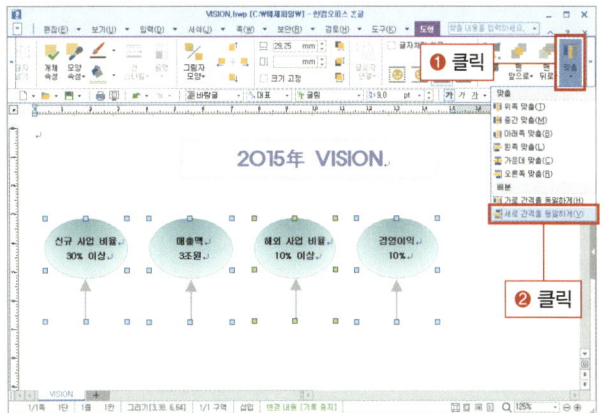

POINT
가로 간격이나 세로 간격을 조정하려면 3개 이상의 개체를 선택한 다음 실행해야 합니다.

Section 33

그리기마당으로 문서 꾸미기

그리기마당에는 한글 2014에서 그리기 기능을 이용하여 그린 그림 조각이나 클립아트 등을 미리 만들어 제공합니다. 이렇게 등록된 그리기 조각이나 클립아트는 필요할 때마다 선택하여 문서에 삽입할 수 있고 또한 사용자가 그린 그림을 등록해 둘 수도 있습니다. 그리기마당을 사용하면 그림을 그리는데 드는 시간과 노력을 많이 절약할 수 있습니다.

Key Word : 그리기 조각, 클립아트

1 [입력] 탭의 그리기마당() 아이콘을 클릭하면 [그리기마당] 대화상자가 나타납니다. [그리기 조각] 탭에서 '전통(미풍양속)' 꾸러미를 선택하고 개체 목록 중 '닭싸움'을 선택합니다.

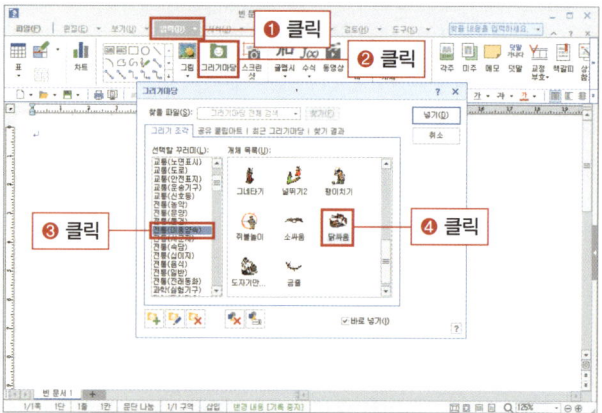

POINT
'바로 넣기'에 체크되어 있으면 [그리기마당] 대화상자를 닫지 않고 편집 화면에 선택한 그리기 조각을 바로 삽입할 수 있습니다.

2 편집 화면에 마우스 왼쪽 버튼을 클릭한 채 삽입될 크기만큼 드래그합니다. 다음과 같이 선택한 그리기 조각이 편집 화면에 삽입됩니다. 아직 [그리기마당] 대화상자는 닫히지 않은 상태입니다.

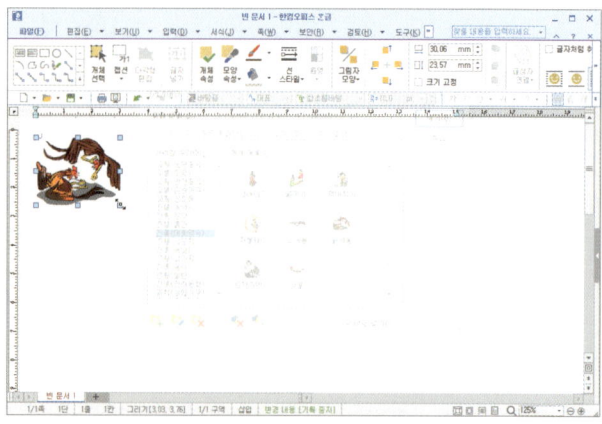

POINT
마우스로 드래그하지 않고 클릭하면 그리기 조각이 기본 크기로 삽입됩니다.

3 마우스 포인터를 [그리기마당] 대화상자 위로 이동한 후 '전통(전래동화)' 꾸러미를 선택하고 개체 목록 중 '청개구리'를 선택합니다. '바로 넣기'의 체크를 해제한 후 [넣기] 버튼을 클릭합니다.

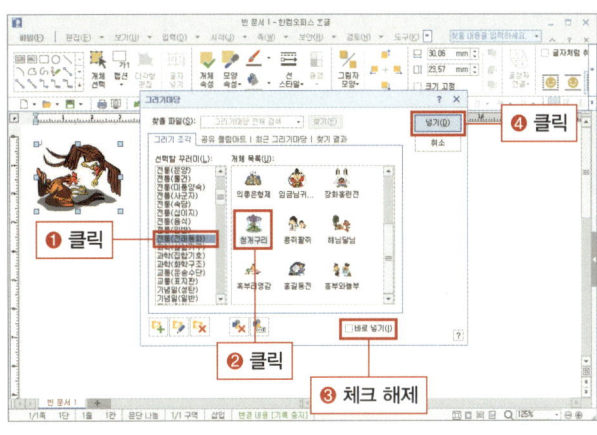

POINT
'바로 넣기'의 체크를 해제하면 [그리기마당] 대화상자를 닫은 후 편집 화면에 선택한 그리기 조각을 삽입할 수 있습니다.

4 대화상자가 닫히면 편집 화면에서 마우스로 원하는 크기만큼 드래그하여 삽입합니다.

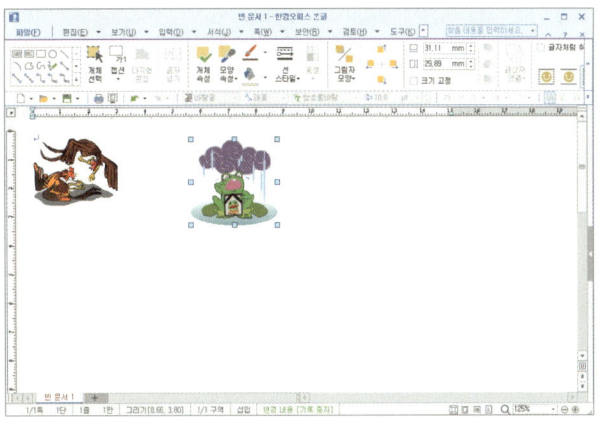

5 [입력] 탭에서 그리기마당( ) 아이콘을 클릭합니다. [그리기마당] 대화상자의 [공유 클립아트] 탭에서 '단순화'를 선택하고 [개체 목록]에서 '이메일'을 선택한 후 [넣기] 버튼을 클릭합니다.

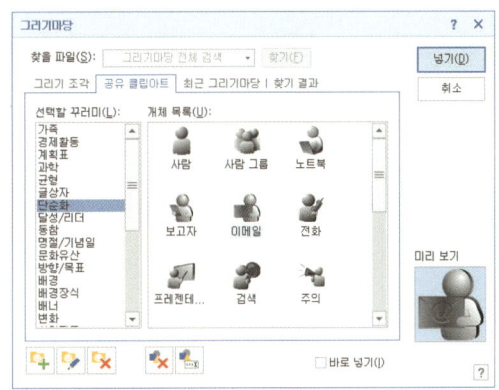

6 클립아트가 삽입될 크기만큼 드래그하여 다음과 같이 삽입합니다.

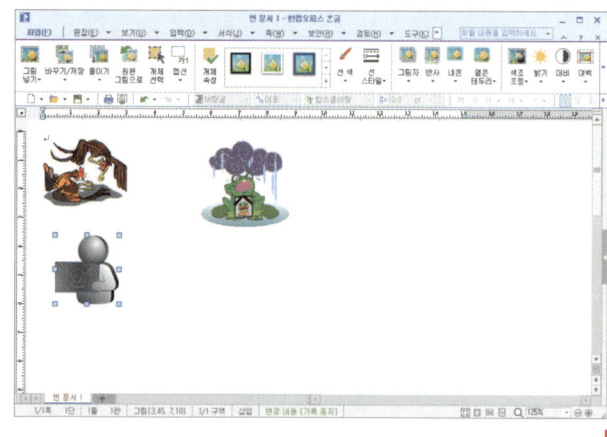

\POINT

[찾기], [찾아 바꾸기], [그리기마당], [맞춤법 검사/교정] 등의 대화상자는 비모드형 대화상자로 대화상자를 띄워 놓은 상태에서도 편집 창으로 커서를 옮겨 편집할 수 있는 대화상자를 말합니다. [도구] 메뉴의 [사용자 설정]을 클릭하고 [일반] 탭의 [모든 대화상자 투명도 설정] 버튼을 클릭한 후 '포인터가 비모드형 대화상자를 벗어나면 투명 처리'에 체크하여 설정합니다.

쌩초보 Level Up — 그리기마당에서 찾기

그리기마당에는 많은 종류의 그리기 조각과 클립아트가 저장되어 있습니다. 필요에 따라 적절한 키워드로 검색하여 원하는 개체를 빠르게 찾아 삽입할 수 있습니다. [그리기마당] 대화상자의 [찾을 파일]에 검색할 키워드를 입력하고 [찾기] 버튼을 클릭합니다. 입력한 키워드로 연관된 모든 그리기 조각이나 클립아트를 검색하여 [찾기 결과] 탭에 표시합니다.

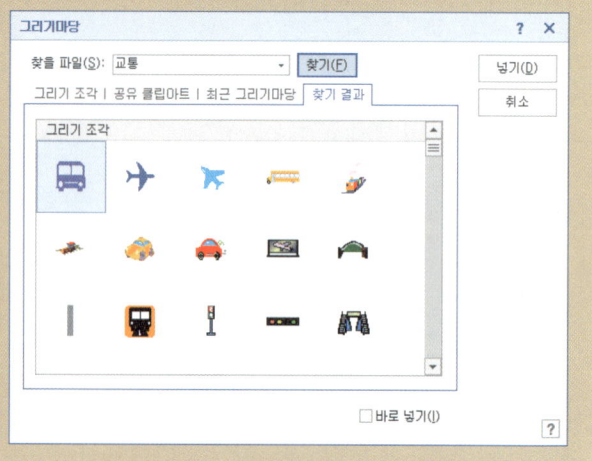

꾸러미 관리하기

그리기마당에서 같은 종류의 그리기 조각끼리 또는 같은 종류의 클립아트끼리 모아 놓은 것을 꾸러미라고 합니다. 꾸러미는 사용자가 필요에 의해 새로 만들어 그리기 마당에 등록하거나 기존 꾸러미의 경로를 변경하고 지울 수 있습니다. 이번 섹션에서는 꾸러미를 관리하는 여러 방법에 대해 살펴보겠습니다.

◐ **Key Word** : 새 꾸러미 　　　　◐ 예제파일 : 예제파일\카드.hwp　　◐ 완성파일 : 완성파일\카드.hwp

1 예제 파일을 불러오면 여러 개의 그리기 개체로 꾸며진 그림이 있습니다. [입력] 탭에서 그리기마당( ) 아이콘을 클릭합니다.

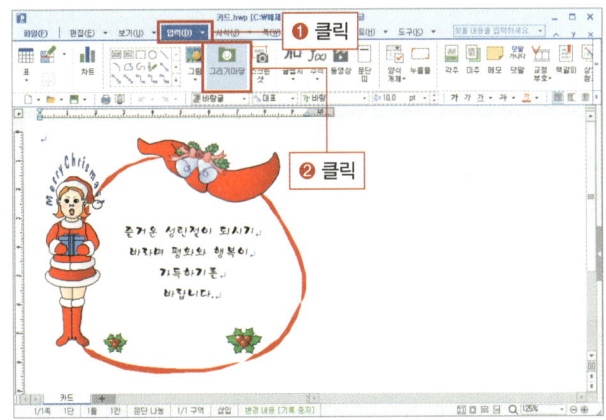

2 [그리기마당] 대화상자의 [그리기 조각] 탭에 새 꾸러미를 만들기 위해 새 꾸러미( ) 아이콘을 클릭합니다.

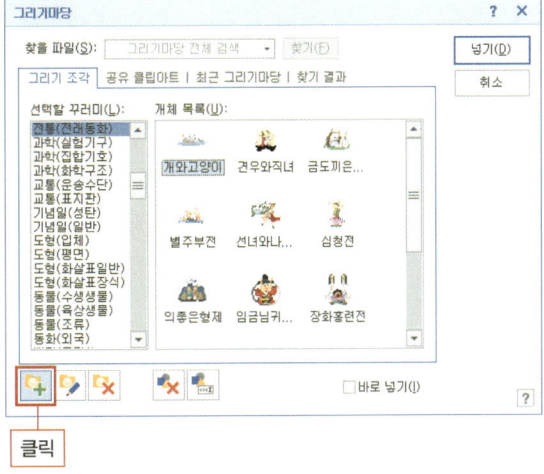

Part 2. 한글 2014의 활용 기능 50가지　**283**

3 [새 꾸러미] 대화상자에서 [꾸러미 이름]에 '크리스마스'를 입력하고 [새 꾸러미 만들기] 옵션이 선택된 상태에서 [설정] 버튼을 클릭합니다.

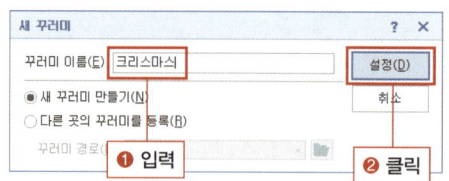

4 [그리기 조각] 탭에 '크리스마스' 꾸러미가 새로 만들어 진 것을 확인한 후 [취소] 버튼을 클릭해서 대화상자를 닫습니다.

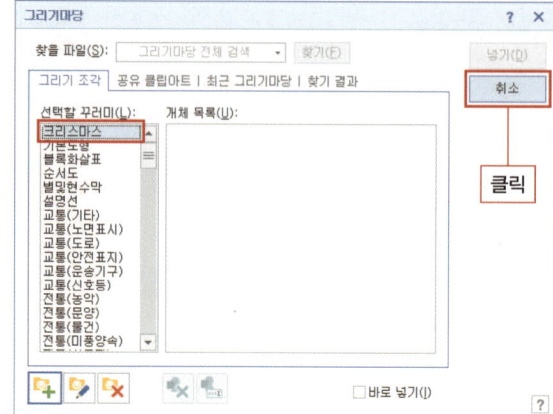

\POINT
그리기 조각에 새 꾸러미를 만들면 'C:\Users\사용자\AppData\Roaming\HNC\User\Shared90\HwpTemplate\Draw' 폴더에 지정한 꾸러미 이름으로 새 폴더가 만들어집니다.

5 편집 화면의 그림에서 꾸러미에 등록할 그리기 개체를 마우스 오른쪽 버튼으로 클릭한 다음 '그리기마당에 등록'을 선택합니다.

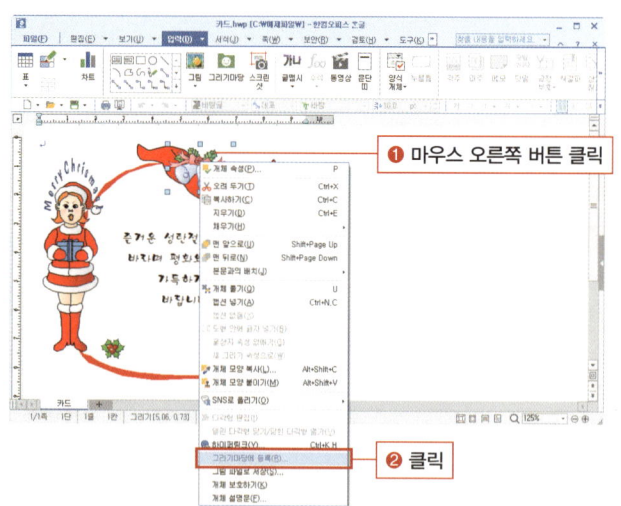

6 [그리기 조각 등록] 대화상자가 표시되면 [등록할 꾸러미 목록]에서 '크리스마스'를 선택하고 이름에 '장식종'을 입력한 다음 [등록] 버튼을 클릭합니다.

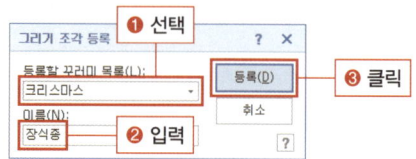

7 같은 방법으로 삽입된 그림 중 소녀 산타 그림을 '크리스마스' 꾸러미에 '소녀산타'로 등록합니다.

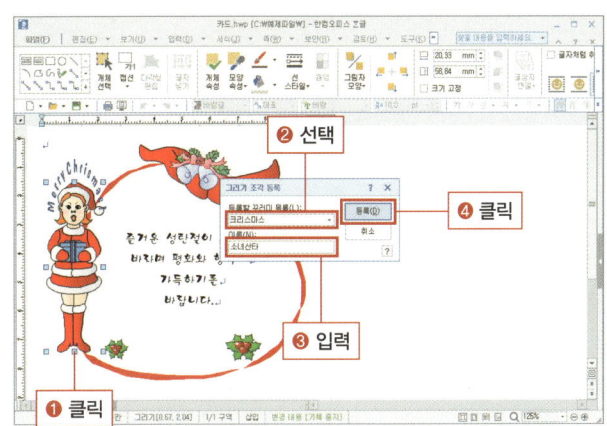

8 [입력] 탭에서 그리기마당( ) 아이콘을 클릭합니다. [그리기마당] 대화상자의 [그리기 조각] 탭에서 '크리스마스' 꾸러미를 선택하면 새로 등록한 개체 목록이 표시됩니다. 이렇게 등록한 꾸러미는 다른 문서에서도 쉽게 가져다 쓸 수 있습니다.

> **POINT**
> 꾸러미 고치기( ) 아이콘을 클릭하면 선택한 꾸러미의 이름이나 경로를 변경할 수 있고, 꾸러미 지우기( ) 아이콘을 클릭하면 선택한 꾸러미를 지울 수 있습니다. 개체 지우기( ) 아이콘이나 개체 이름 바꾸기( ) 아이콘을 클릭하여 선택한 개체를 지우거나 이름을 변경할 수도 있습니다.

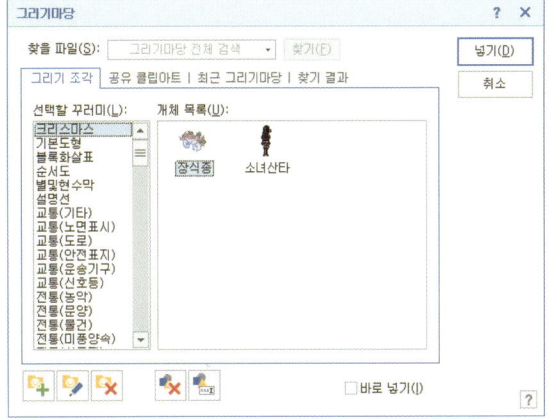

9 이번에는 특정 폴더에 저장된 그림 전체를 [클립아트] 탭에 새 꾸러미로 등록합니다. [공유 클립아트] 탭에서 새 꾸러미( ) 아이콘을 클릭합니다.

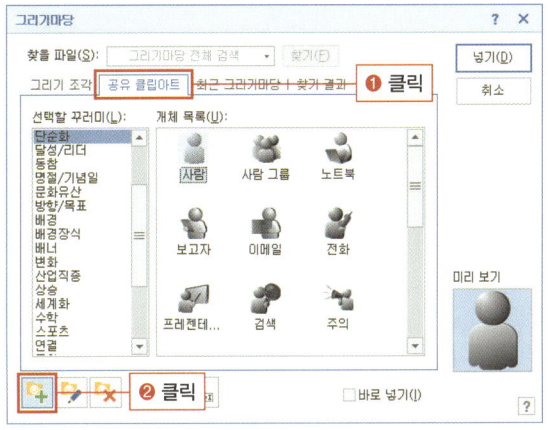

10 [새 꾸러미] 대화상자에서 [꾸러미 이름]에 '이것저것'을 입력하고 [다른 곳의 꾸러미를 등록] 옵션을 선택합니다. 꾸러미 경로를 지정하기 위해 경로 지정 아이콘을 클릭합니다.

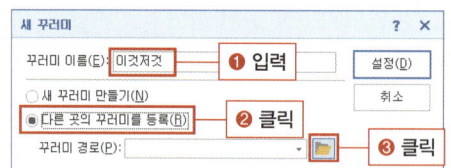

11 [경로] 대화상자에서 꾸러미로 등록할 폴더를 선택한 다음 [설정] 버튼을 클릭합니다.

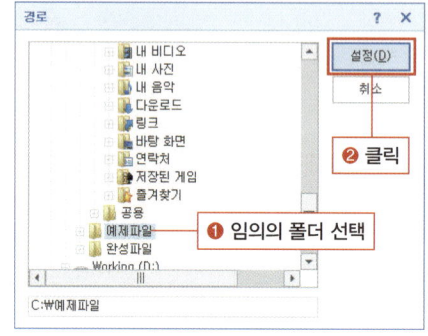

\POINT
그림이나 사진이 저장된 임의의 폴더를 선택합니다.

12 [새 꾸러미] 대화상자의 꾸러미 경로에 선택한 폴더의 전체 경로가 표시되면 [설정] 버튼을 클릭합니다.

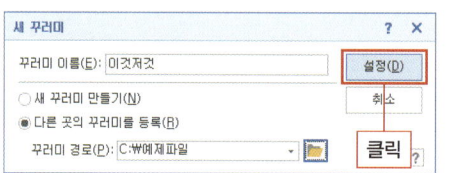

13 [클립아트] 탭에 선택한 폴더가 새 꾸러미 '이것저것'으로 등록되었습니다. 폴더를 등록해두면 필요시 특정 폴더에서 쉽고 빠르게 그림을 선택하여 문서에 삽입할 수 있습니다.

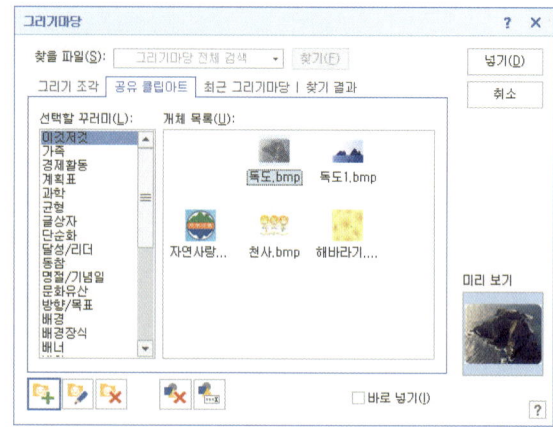

수식 만들기

한글의 수식 입력 기능을 사용하면 문서에 간단한 산술식부터 복잡한 수학식, 화학식 등을 편리하게 입력할 수 있습니다. 수식 편집기에서 제공하는 수식 템플릿과 수식용 예약어를 사용하여 수식을 손쉽게 작성할 수 있도록 도와줍니다. 여기서는 수식 편집기를 사용하여 수식 개체를 삽입하는 과정을 살펴보겠습니다.

Key Word : 분수, 위첨자, 로만체   **예제파일** : 예제파일\방정식문제.hwp   **완성파일** : 완성파일\방정식문제.hwp

1 예제 파일에서 '(1)' 뒤에 커서를 놓고 [입력] 탭의 [수식] 아이콘을 클릭하거나 Ctrl + N, M키를 누릅니다.

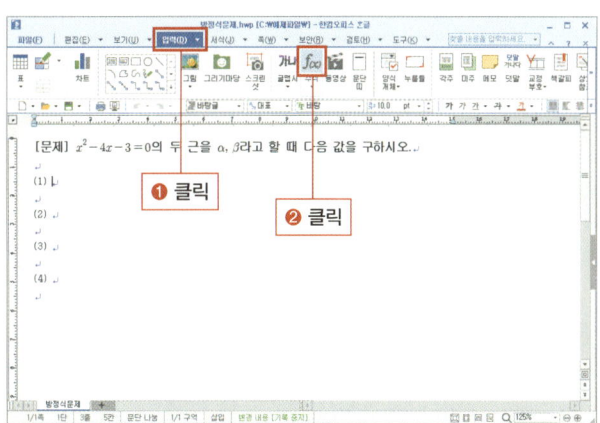

2 다음과 같이 [수식 편집기] 화면이 실행됩니다. 화면 위쪽이 수식 편집 영역이고 아래쪽이 수식 스크립트를 입력하는 영역입니다. [수식 편집기] 화면의 수식 도구 모음에서 [분수] 아이콘을 클릭합니다.

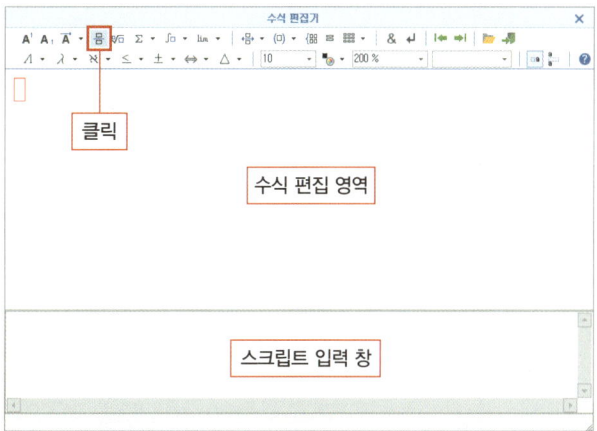

POINT

수식 편집 영역이나 스크립트 입력 창에서 수식을 작성합니다. 스크립트 입력 창은 약속된 수식 예약어나 명령어를 직접 입력하여 수식을 만들 때 사용하는 곳으로 예전 버전의 수식 작성 방법에 더 익숙한 사용자를 위한 것입니다. 여기서는 수식 편집 영역에서 수식을 작성하는 방법으로 설명합니다.

3 수식 편집 영역에 분수식이 표시되고 커서는 분자 입력 위치에 나타납니다.

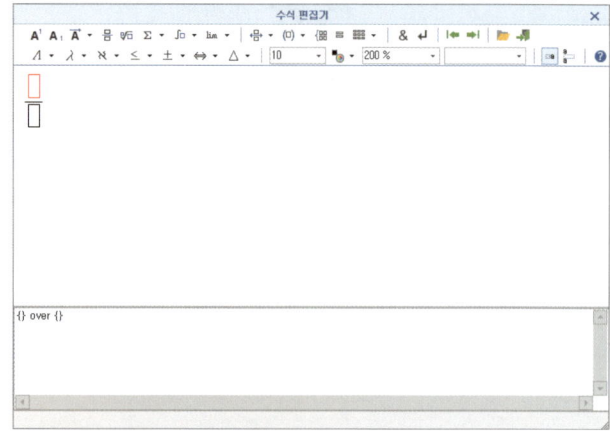

\POINT
수식 도구 상자에 있는 아이콘을 사용하면 수식 명령어를 입력하지 않고도 필요한 수식을 빈 칸에 입력하는 방식으로 수식을 만들 수 있습니다.

4 분자를 '1'로 입력한 다음 Tab 키를 눌러 분모 칸으로 커서를 이동합니다. 수식 도구 모음에서 [그리스 소문자] 아이콘을 누르고 'α' 문자를 선택합니다.

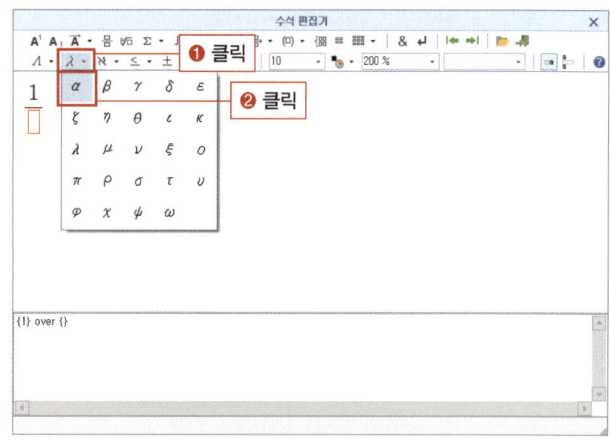

\POINT
수식 편집 영역에서 다음 항목으로 이동할 때는 Tab 키, 이전 항목으로 이동할 때는 Shift + Tab 키를 누릅니다. 입력할 부분을 마우스로 클릭해도 됩니다.

5 분자가 입력되면 Tab 키를 누르고 '+'를 입력합니다. 그런 다음 앞에서와 같은 방법으로 [분수] 아이콘을 클릭하고 분자 '1'을 입력합니다. Tab 키를 눌러 분모 칸으로 이동한 다음 [그리스 소문자] 아이콘을 클릭한 후 'β'를 선택합니다. 수식이 모두 완성되면 넣기( ) 아이콘을 클릭하여 수식 편집을 마칩니다.

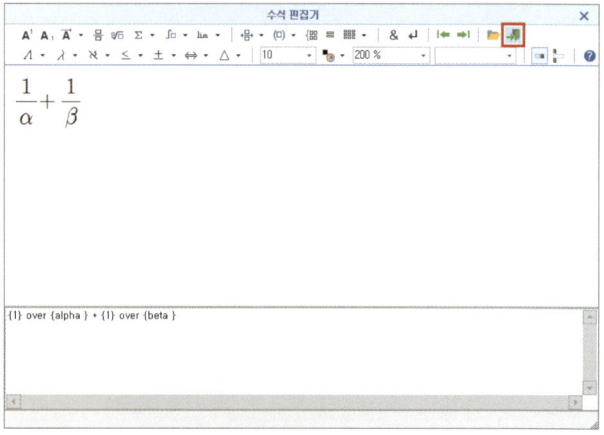

6 편집 화면의 커서 위치에 다음과 같이 수식 개체가 삽입됩니다. 수식을 더블클릭하면 수식 내용을 수정할 수 있습니다.

POINT
수식 개체를 선택하고 Delete 키를 누르면 수식이 삭제됩니다.

7 '(2)' 다음으로 커서를 이동하고 [수식] 아이콘을 클릭하여 다음과 같이 수식을 입력합니다.

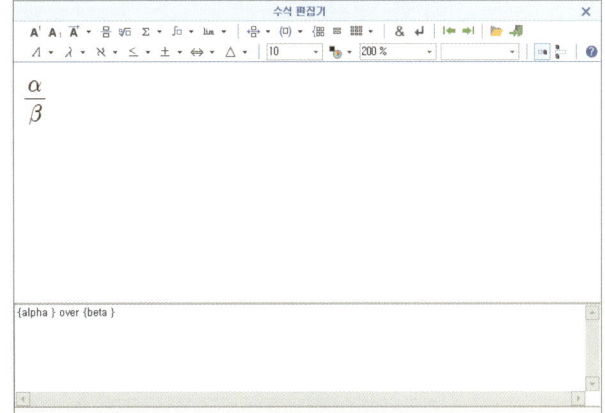

POINT
[수식 편집기]의 수식 도구 모음에서 [분수] 아이콘을 클릭한 후 분자와 분모는 [그리스 소문자] 아이콘을 이용하여 각각 입력합니다.

쌩초보 Level Up — 수식 글꼴 설정

수식 편집기에서 영문을 입력하면 기본적으로 이탤릭체로 표시됩니다. 수식에 쓰이는 기본 함수들은 기울임 글꼴이 아니라 로만체로 표시됩니다. 수식 편집기에 입력하는 글꼴 속성을 전환하려면 수식을 입력하기 전에 스크립트 입력창에 글꼴 전환 명령어를 입력한 후 Enter 키를 누르고 수식 편집 영역에 글자를 입력합니다. 로만체나 볼드체로 입력하는 도중에 Tab 키를 누르면 해당 속성이 해제됩니다. 다음 전환 명령어를 사용하여 글꼴 속성을 변경할 수 있습니다.

- rm : 로만체로 전환
- it : 로만체 입력 도중 이탤릭체로 전환
- bold : 볼드체로 전환

8 수식 도구 모음의 [위첨자] 아이콘을 클릭합니다. 다음과 같이 분모에 위첨자를 입력할 수 있는 칸이 표시됩니다.

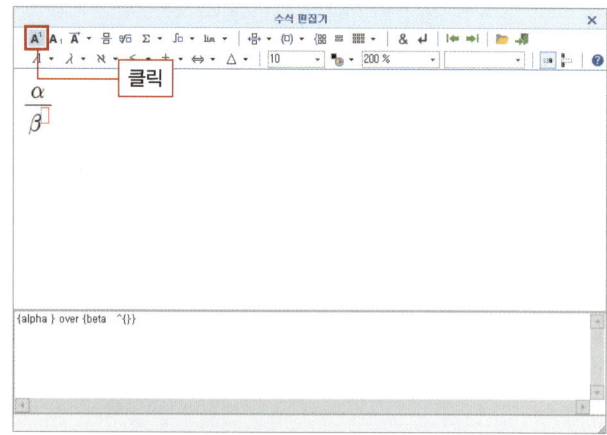

9 위 첨자 칸에 '2'를 입력한 다음 Tab 키를 눌러 위첨자 입력을 마칩니다. Tab 키를 다시 누르고 '+'를 입력합니다. 이전과 같은 방법으로 다음과 같이 수식을 만든 다음 넣기( ) 아이콘을 클릭하여 수식을 입력합니다.

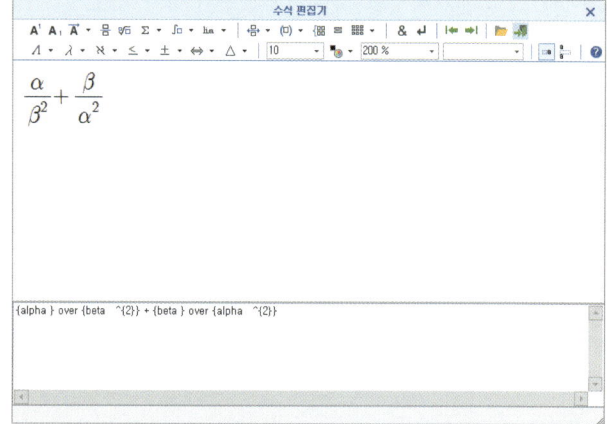

10 커서 위치에 작성한 수식 개체가 삽입됩니다. 3번과 4번 수식은 직접 만들어 문서에 삽입합니다.

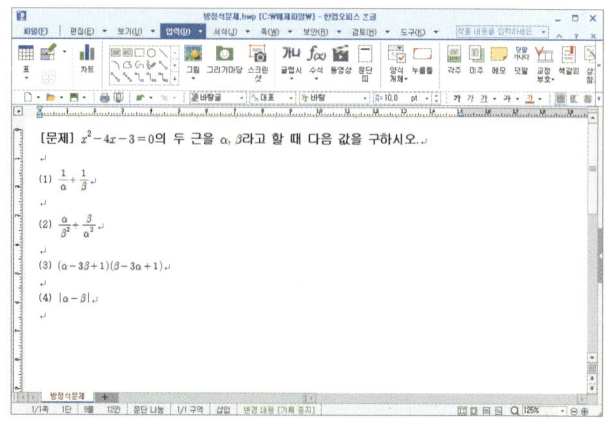

프레젠테이션하기

한글에서 작성한 문서를 이용하여 간단한 프레젠테이션을 실행할 수 있습니다. 프레젠테이션 기능을 이용하면 그림이나 그러데이션으로 배경 화면을 설정하고 화면 전환 효과나 효과음 등을 지정하여 전체 화면으로 문서 내용을 나타낼 수 있습니다.

◎ Key Word : 화면 전환, 효과음　　◎ 예제파일 : 예제파일\수학공식.hwp　　◎ 완성파일 : 완성파일\수학공식.hwp

1 [도구] 탭의 [프레젠테이션]에서 '프레젠테이션 설정'을 클릭합니다.

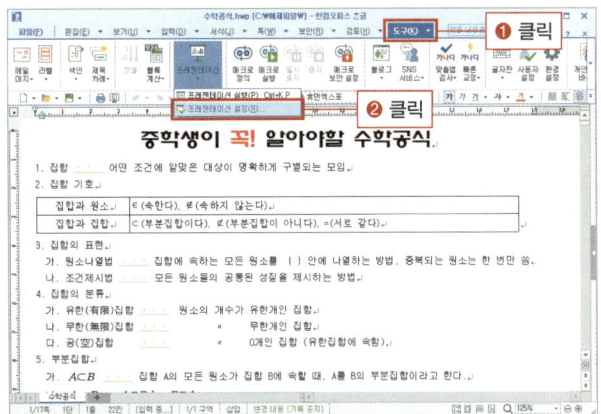

2 [프레젠테이션 설정] 대화상자의 [배경 화면] 탭에서 그러데이션 유형을 '클래식'으로 지정합니다. 다른 옵션은 기본적으로 설정된 값을 그대로 사용하였습니다.

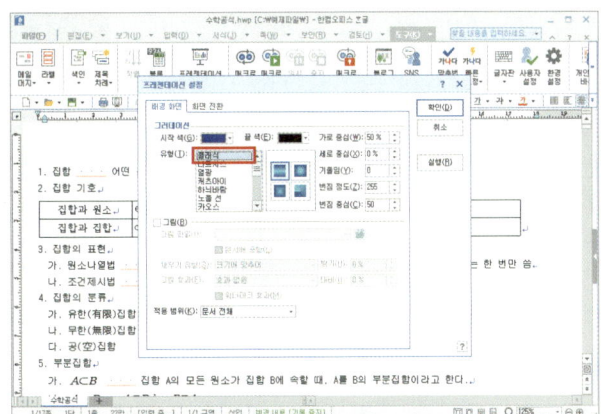

POINT

프레젠테이션의 배경 화면을 그림으로 채우려면 [그림] 옵션을 선택한 다음 배경으로 사용할 그림 파일과 채우기 유형, 그림 효과 등을 지정합니다.

3 [화면 전환] 탭을 클릭하고 [화면 전환]에서 '오른쪽 블라인드'를 선택합니다. [선택 사항]에서 '검은색 글자를 흰색으로'와 '자동 시연'에 체크한 다음 [전환 시간]을 '600초'로 지정합니다. 설정이 끝나면 [실행] 버튼을 클릭합니다.

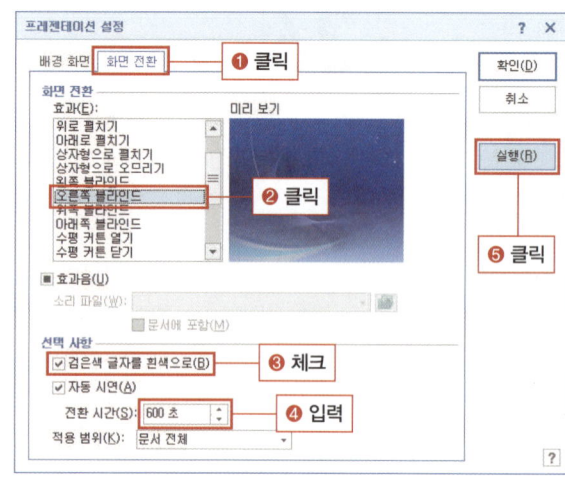

POINT

프레젠테이션 설정만 하고 바로 실행하지 않으려면 [확인] 버튼을 클릭합니다. 차후 [도구] 탭의 [프레젠테이션]에서 '프레젠테이션 실행'을 클릭하여 프레젠테이션을 실행할 수 있습니다.

4 다음과 같이 전체 화면 상태로 프레젠테이션 설정에서 지정한 배경 화면 위에 현재 문서의 내용이 표시됩니다. 화면에서 마우스 오른쪽 버튼을 클릭한 다음 '11-17'-'15'를 클릭하면 이동할 쪽을 선택할 수 있습니다.

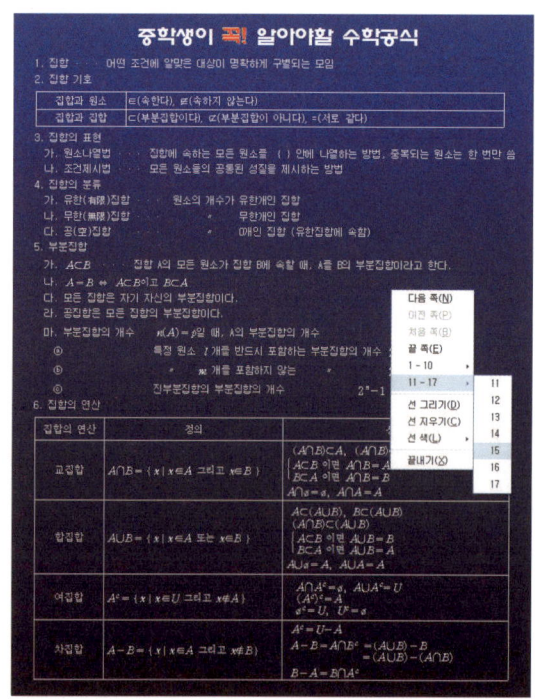

POINT

'다음 쪽', '이전 쪽', '처음 쪽', '끝 쪽' 중에서 선택하거나 쪽 번호를 선택해서 원하는 쪽으로 빠르게 이동할 수 있습니다. [프레젠테이션 설정] 대화상자의 [화면전환] 탭에 '자동 시연'이 체크되어 있으면 PgUp 키와 PgDn 키 등을 이용해서 다음 쪽, 이전 쪽으로 이동할 수 없습니다.

5 15쪽의 내용이 화면에 표시됩니다. 다시 마우스 오른쪽 버튼을 클릭하고 '선 그리기'를 선택합니다.

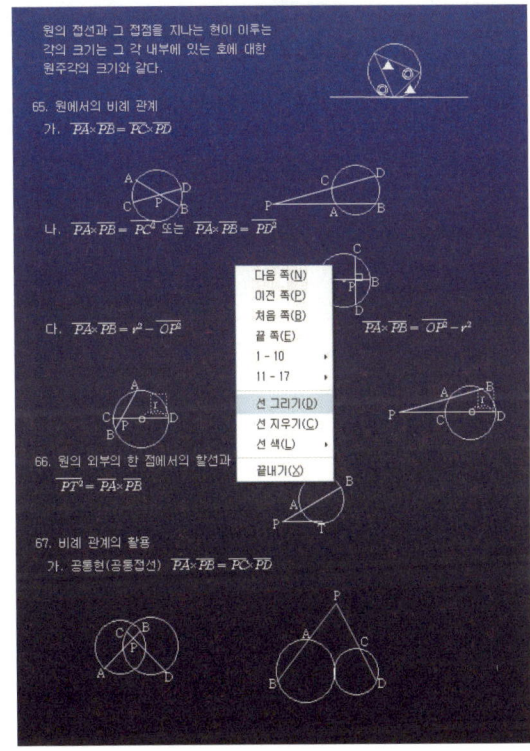

\POINT
기본적으로 지시선의 색은 빨간 색입니다. '선 색' 메뉴를 선택하면 지시선의 색을 바꿀 수 있습니다.

6 마우스 포인터의 모양이 연필 모양으로 바뀌면 마우스 왼쪽 버튼을 클릭한 채 드래그하여 특정 부분을 강조하기 위해 지시 선을 그릴 수 있습니다.

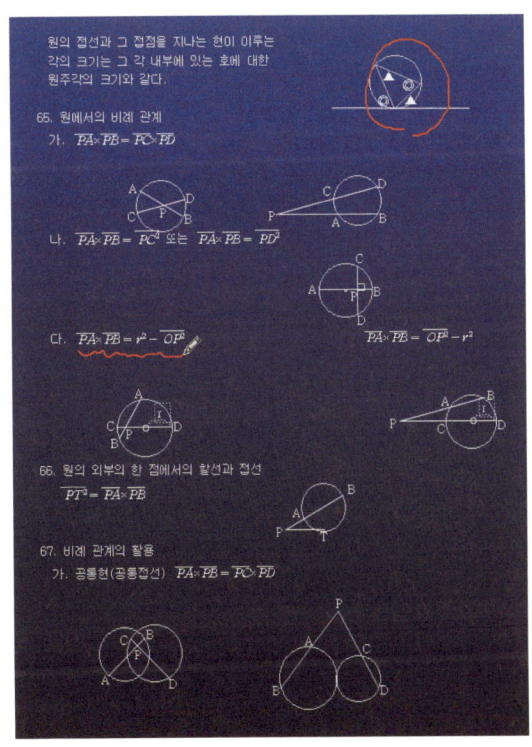

\POINT
화면에 그린 지시선을 지우려면 마우스 오른쪽 버튼을 클릭하고 '선 지우기' 메뉴를 선택합니다. 프레젠테이션 상태에서 선 그리기로 그린 지시선이 한꺼번에 지워집니다. 프레젠테이션을 종료하려면 마우스 오른쪽 버튼을 클릭하고 [끝내기] 메뉴를 선택하거나 Esc 키를 누릅니다. 프레젠테이션 설정에서 지정한 각 옵션들은 파일을 저장할 때 함께 저장됩니다.

바탕쪽으로 일관성 있는 레이아웃 만들기

문서 전체에 공통적으로 적용되는 모양을 작성할 때 사용하는 기능으로 바탕쪽을 사용합니다. 바탕쪽은 홀수 쪽과 짝수 쪽을 따로 지정할 수 있고 장이나 절마다 다른 모양의 바탕쪽을 만들 수도 있습니다.

● Key Word : 바탕쪽, 문단 띠
● 예제파일 : 예제파일\시장점유율 확대를 위한 마케팅 기획서.hwp
● 완성파일 : 완성파일\시장점유율 확대를 위한 마케팅 기획서.hwp

1 바탕쪽 작성 시 편집 화면의 변화되는 모양을 확인하기 위해 상황 표시줄에서 [쪽 윤곽]과 [폭 맞춤]을 설정합니다.

POINT
[보기] 탭에서 [쪽 윤곽] 아이콘을 클릭하고 '폭 맞춤'을 설정해도 됩니다.

2 [쪽] 탭에서 [바탕쪽] 아이콘을 클릭합니다. [바탕쪽] 대화상자에서 바탕쪽의 종류는 '양쪽'으로, [적용되는 범위]는 '첫 구역부터'로 선택하고 [만들기] 버튼을 클릭합니다.

POINT
바탕쪽을 수정할 때도 [쪽] 탭의 [바탕쪽] 아이콘을 클릭합니다.

3 다음과 같이 바탕쪽을 만들 수 있는 편집 창이 표시되고 [바탕쪽] 탭이 나타납니다.

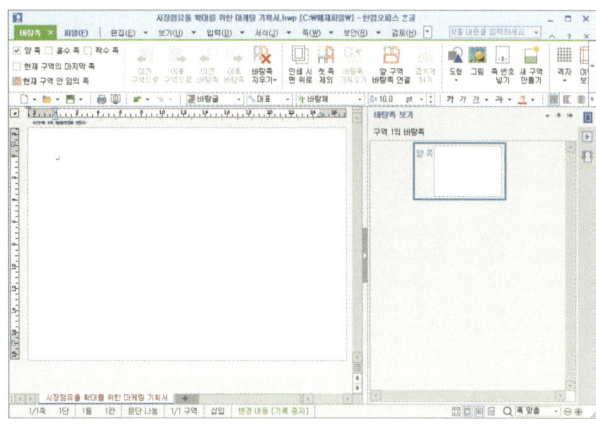

> **POINT**
> 바탕쪽을 편집하는 화면에서도 글자 입력, 표 만들기, 그림 그리기 등 일반 편집화면에서 작업할 수 있는 기능을 거의 모두 이용할 수 있습니다.

4 [입력] 탭의 [문단 띠] 아이콘을 클릭하거나 Ctrl+N, L 키를 눌러 선을 그립니다. 그려진 선을 더블클릭한 후 [개체 속성] 대화상자의 [기본] 탭에서 다음과 같이 선의 크기, 선의 위치 등을 설정합니다.

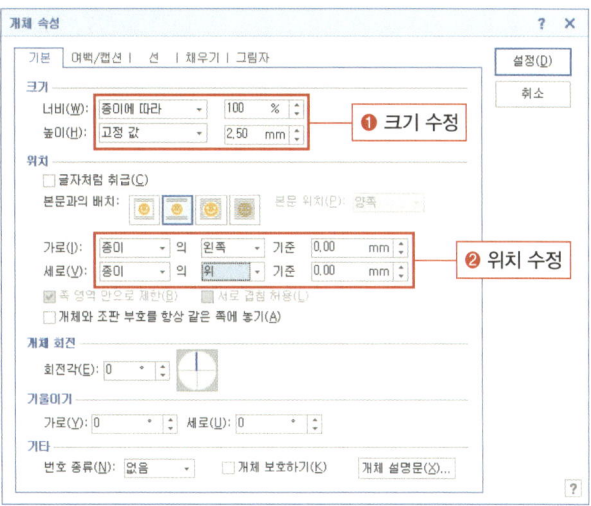

쌩초보 Level Up — 바탕쪽의 종류 및 적용 범위

- **양쪽** : 홀수 쪽과 짝수 쪽 모두에 적용되는 바탕쪽을 만듭니다. 한 구역 안에 '양쪽' 바탕쪽과 '홀수 쪽' 바탕쪽을 만드는 경우 짝수 쪽에는 '양쪽' 바탕쪽이 나타나고 홀수 쪽에는 '홀수 쪽' 바탕쪽이 나타납니다.
- **홀수 쪽** : 홀수 쪽에만 적용되는 바탕쪽을 만듭니다.
- **짝수 쪽** : 짝수 쪽에만 적용되는 바탕쪽을 만듭니다.
- **현재 구역 마지막 쪽** : 현재 커서가 위치한 구역의 마지막 쪽에 바탕쪽을 만듭니다.
- **현재 구역 안 임의 쪽** : 현재 커서가 위치한 임의 쪽에 바탕쪽을 만듭니다.
- **현재 구역부터** : 현재 커서가 위치한 이후부터 바탕쪽을 만듭니다.
- **첫 구역부터** : 문서 전체에 대해 바탕쪽을 만듭니다.

5 [채우기] 탭에서 면색을 지정한 후 [설정] 버튼을 클릭합니다.

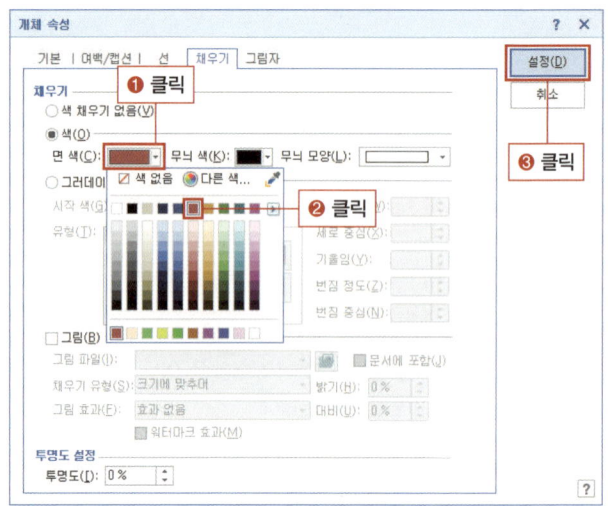

6 다음과 같이 종이 폭의 길이에 맞게 문단 띠가 수정됩니다. Ctrl 키를 누른 상태에서 선을 드래그하여 화면 하단에 복사합니다.

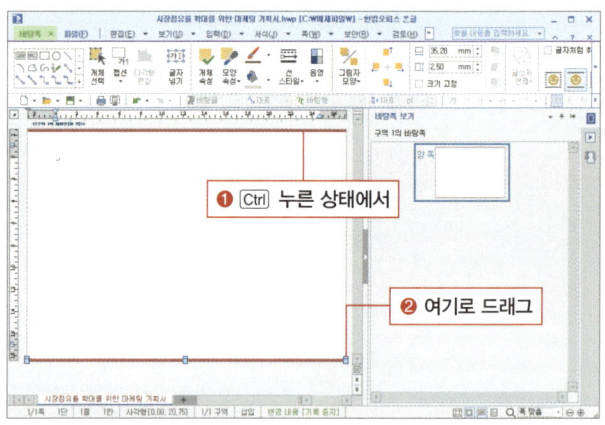

7 [바탕쪽] 탭 옆의 [×]를 클릭하여 바탕쪽의 편집을 마칩니다. 각 페이지를 확인해 보면 모두 바탕쪽에서 그려진 문단 띠가 적용되어 표시됩니다.

\POINT
특정 쪽의 바탕쪽이나 머리말, 꼬리말, 쪽 번호 등을 감추고자 할 때는 [쪽] 탭의 [현재 쪽만 감추기]를 클릭하여 감출 내용을 선택하면 됩니다.

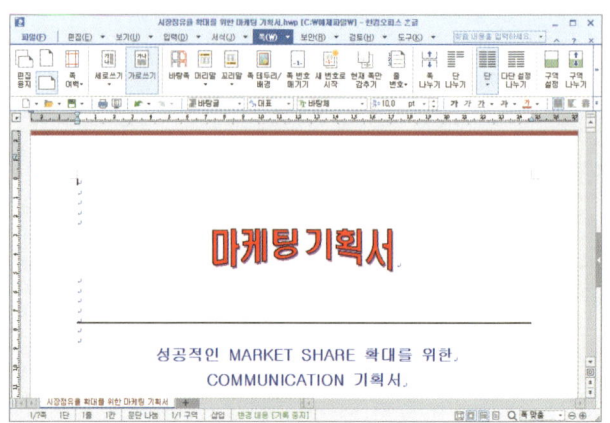

머리말/꼬리말 만들기

페이지의 맨 위쪽과 아래쪽에 머리말/꼬리말 영역에 고정적으로 반복되는 내용을 넣는 기능입니다. 머리말과 꼬리말에는 주로 책의 제목이나 장 제목, 쪽 번호 등을 넣습니다. 한 문서에 여러 개의 머리말과 꼬리말이 있을 경우 다음 머리말이나 꼬리말을 만나기 전까지 이전의 머리말과 꼬리말을 표시합니다.

Key Word : 짝수 쪽, 홀수 쪽, 찾아가기   **예제파일** : 예제파일\마케팅 기획서.hwp   **완성파일** : 완성파일\마케팅 기획서.hwp

1 머리말이 시작될 페이지로 이동하여 [쪽] 탭의 [머리말] 아이콘을 클릭한 후 '위쪽'의 '짝수 쪽'을 선택하고 '모양 없음'을 클릭합니다.

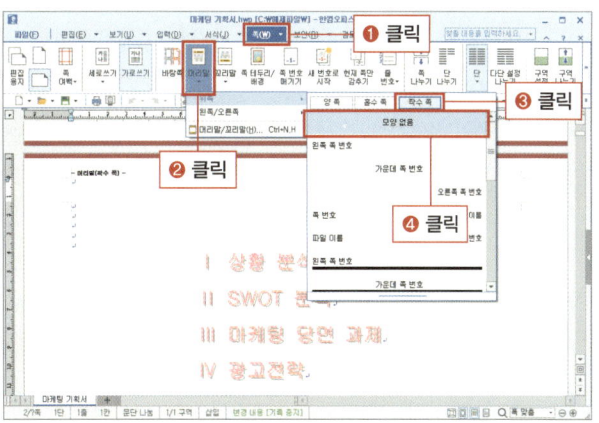

POINT
머리말의 단축키는 Ctrl+N, H이며, 책을 펼쳤을 때 왼쪽에는 짝수 쪽이 오른쪽에는 홀수 쪽이 위치합니다. 주로 왼쪽에는 책 제목이나 장 제목을, 오른쪽에는 소제목이나 절 제목을 표시합니다.

2 다음과 같이 머리말 짝수 쪽을 편집할 수 있는 화면이 표시됩니다. 머리말의 내용을 '마케팅 기획서'로 입력하고 글꼴과 크기를 설정합니다. 글꼴은 '바탕체', 크기는 '12pt', 글자 색은 '빨강 – 10% 어둡게'로 각각 지정했습니다.

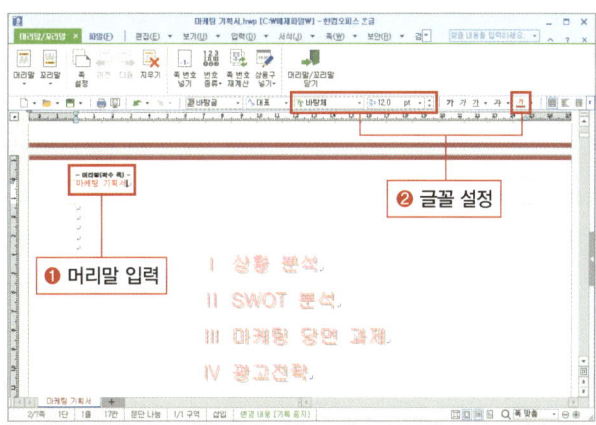

POINT
머리말이나 꼬리말을 입력할 수 있는 상태가 되면 자동으로 [쪽 윤곽]이 설정 상태로 전환됩니다. 머리말이나 꼬리말 편집을 끝내더라도 [쪽 윤곽] 상태는 계속 유지됩니다.

3 [머리말/꼬리말] 탭의 [×]를 클릭하거나 [머리말/꼬리말 닫기] 아이콘을 클릭합니다.

\POINT
[머리말]이나 [꼬리말]이 입력된 부분을 더블클릭하면 [머리말/꼬리말] 편집 상태로 전환됩니다.

4 이번에는 홀수 쪽 머리말을 삽입해 봅니다. [쪽] 탭의 [머리말]에서 '위쪽'-'홀수 쪽'을 클릭한 후 '모양 없음'을 클릭합니다.

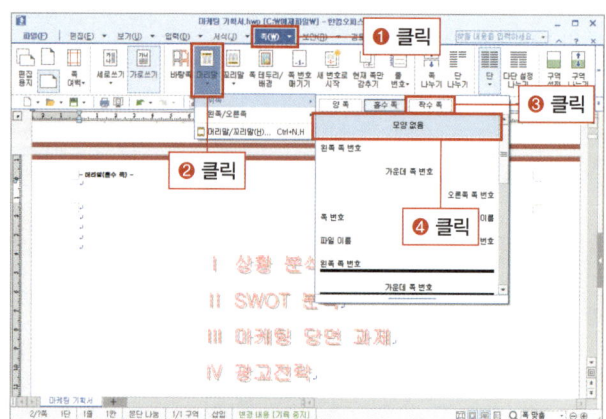

5 다음과 같이 '1. 상황분석'을 입력한 후 글꼴은 '바탕체', 크기는 '12pt', 글자색은 '빨강 - 10% 어둡게', '오른쪽 정렬' 합니다.

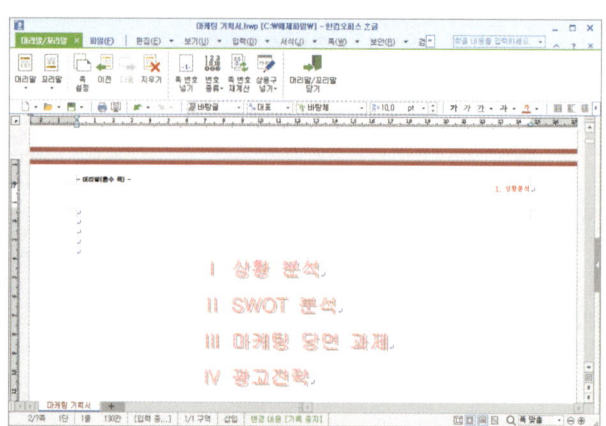

6 [머리말/꼬리말 닫기] 아이콘을 클릭하여 머리말 편집을 종료하고 편집 화면의 홀수 페이지로 이동하여 머리말을 확인합니다.

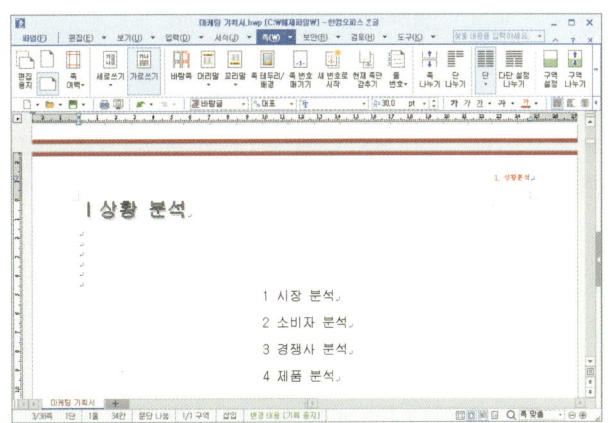

7 이번에는 페이지 하단에 페이지 번호를 넣어봅니다. 2쪽으로 이동하여 [쪽] 탭의 [꼬리말]을 클릭하고 위치는 '양쪽'으로 꼬리말의 종류는 음영이 있는 '가운데 쪽 번호'를 선택합니다.

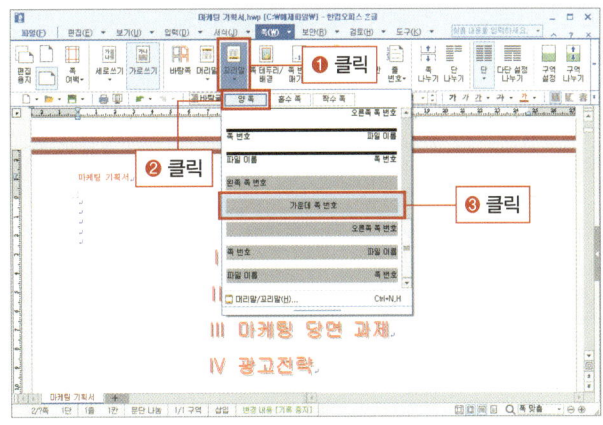

8 페이지 하단으로 이동해 보면 다음과 같이 [꼬리말] 메뉴에서 선택된 스타일이 적용되어 있습니다.

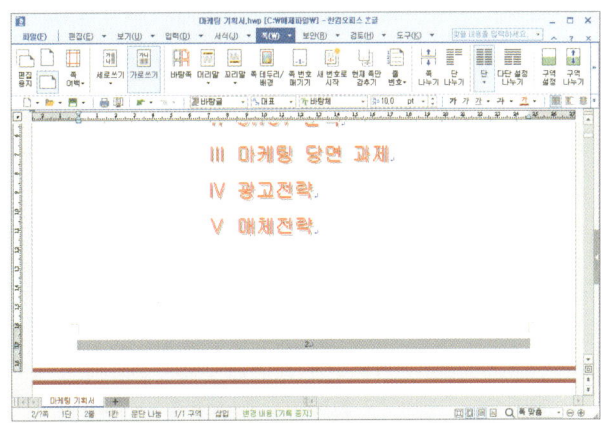

9 예제 파일의 23쪽으로 이동하면 머리말의 내용과 해당 페이지에 입력된 장의 제목이 맞지 않습니다. [쪽] 탭의 [머릿말]-'위쪽'에서 '홀수 쪽'-'모양 없음'을 선택하고 장 제목에 맞는 머리말을 새로 입력합니다.

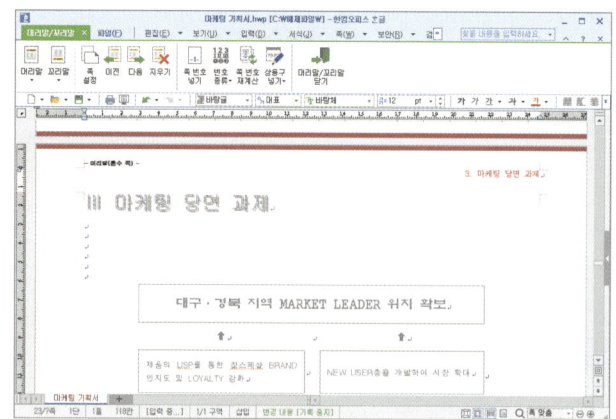

10 [머리말/꼬리말 닫기] 아이콘을 클릭하여 머리말 편집을 종료한 후 31쪽도 같은 방법으로 장의 제목에 맞게 수정합니다.

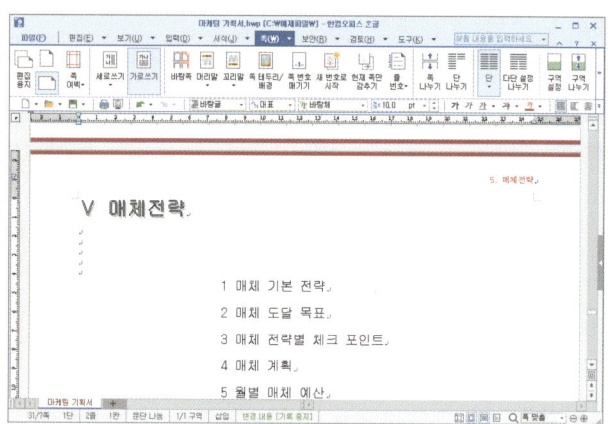

쌩초보 Level Up — 인쇄용 머리말/꼬리말 설정과 찾아가기

- [파일] 메뉴의 [인쇄]를 선택하면 나타나는 [인쇄] 대화상자의 [확장] 탭에서 머리말이나 꼬리말을 넣어 인쇄할 수 있습니다. 단, 인쇄용 머리말/꼬리말을 넣을 때는 정해진 내용만 넣을 수 있습니다.
- 다단으로 편집한 문서에 머리말/꼬리말을 만들어도 머리말/꼬리말 영역은 1단으로 만들어집니다.
- 머리말이나 꼬리말, 쪽, 구역, 줄, 스타일, 조판부호, 책갈피 등이 만들어진 위치를 찾아갈 때는 [편집] 메뉴의 [찾기]에서 [찾아가기]를 선택합니다.

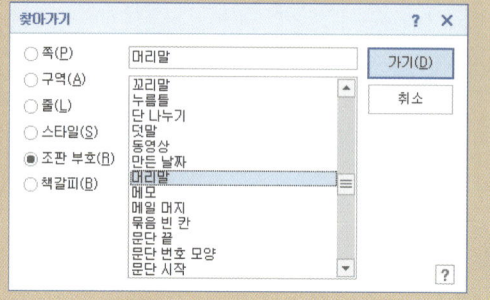

제목 차례 만들기

단행본 책이나 논문 작성에서 본문의 제목, 표, 그림, 수식 등이 삽입된 줄을 한 곳에 모아 어느 쪽에 위치하고 있는지 쪽 번호를 붙여주는 기능입니다. 사용자가 원하는 곳에 차례 표식을 붙여 만들 수 있고 스타일이나 개요가 적용된 문단만 모아서 만들 수 있습니다.

Key Word : 차례, 스타일   **예제파일** : 예제파일\차례 만들기.hwp   **완성파일** : 완성파일\차례 만들기.hwp

1 차례가 만들어질 제목이 있는 쪽으로 이동한 후 차례 표시를 삽입할 낱말 앞이나 뒤에 커서를 놓고 [도구] 탭의 [제목 차례]에서 '제목 차례 표시'를 클릭하거나 Ctrl + K , T 키를 누릅니다.

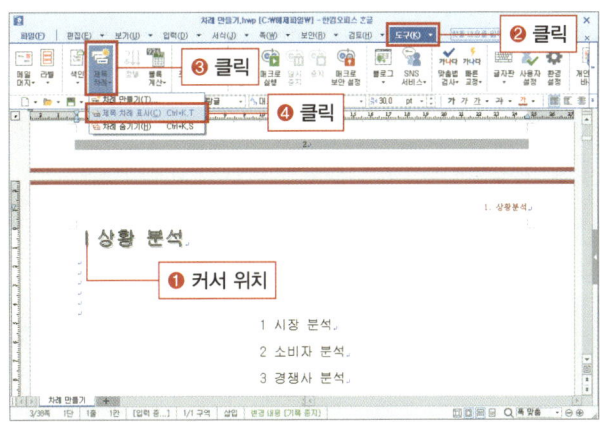

2 제목 차례 표시를 확인하려면 [보기] 탭의 '조판 부호'에 체크합니다. 또는 Home 키를 눌러 문단의 시작 위치로 이동하여 상황 표시 줄에서 제목 차례 표식을 확인합니다.

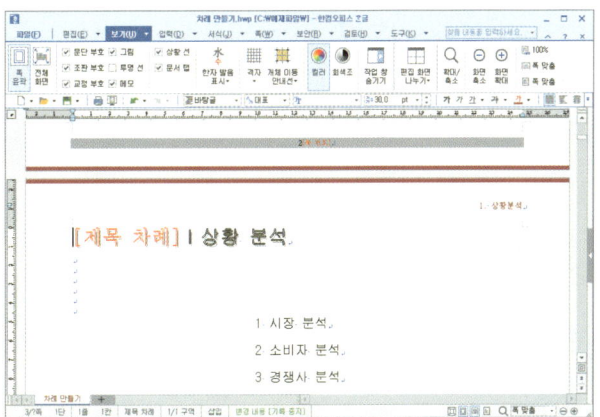

POINT
제목 차례 표시를 지우려면 조판 부호가 표시되도록 설정한 상태에서 조판 부호 앞에 커서를 위치시켜 놓은 후 Delete 키로 삭제할 수 있습니다.

3 4쪽으로 이동하여 다음과 같이 제목 차례 표시를 삽입합니다.

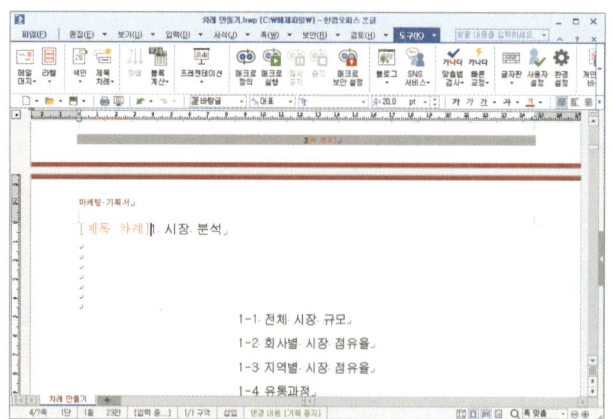

4 5쪽으로 이동하여 다음과 같이 제목 차례 표시를 삽입합니다. 같은 방법으로 제목 차례가 만들어질 본문에 각각 제목 차례 표시를 삽입합니다.

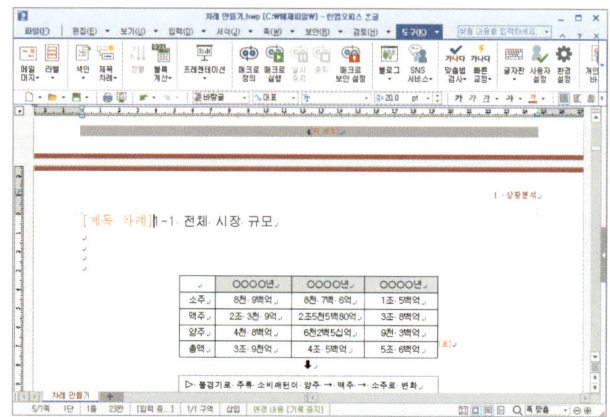

5 제목 차례 표시를 모두 삽입한 후 [도구] 탭의 [제목 차례]에서 '차례 만들기'를 클릭합니다.

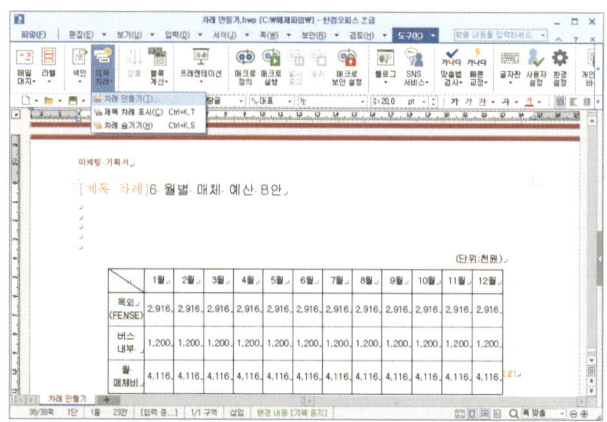

6 [차례 만들기] 대화상자에서 '차례 코드로 모으기'에 체크하고 '표 차례', '그림 차례', '수식 차례'의 체크는 해제한 후 [만들기] 버튼을 클릭합니다.

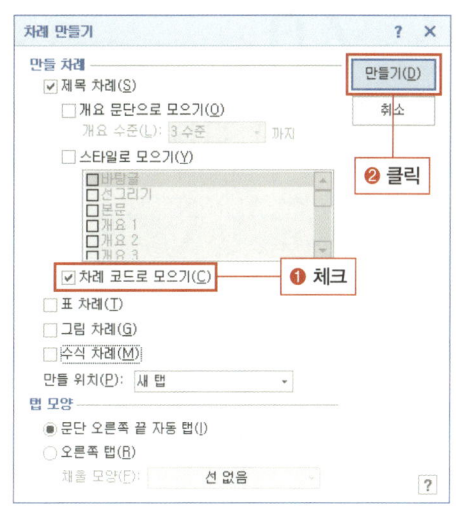

\POINT
[만들 위치]에 '새 탭'을 선택하면 새로운 탭에 차례가 만들어지고 '현재 문서의 커서 위치'를 선택하면 커서가 놓인 위치부터 제목 차례를 만들 수 있습니다.

7 다음과 같이 [새 탭]에 제목 차례 표시가 삽입된 문단이 만들어집니다. 오른쪽 끝에는 제목 차례 표시가 있는 쪽 번호가 삽입됩니다.

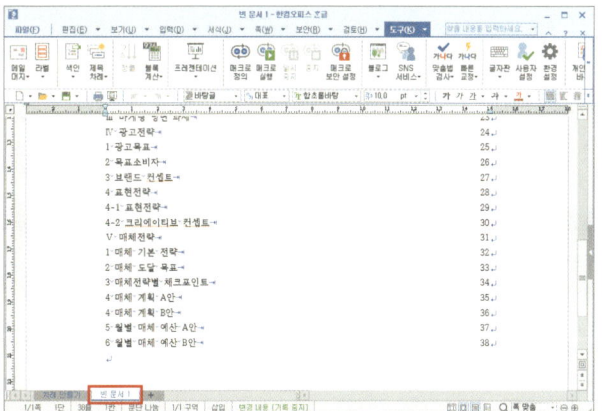

\POINT
제목 차례는 문서 편집이 모두 완료된 후 작성해야 제목 차례와 쪽 번호가 일치합니다.

쌩초보 Level Up 개요나 스타일, 표, 그림, 수식 차례 만들기

- 문서를 개요 번호나 스타일을 이용하여 작성했으면 차례에 필요한 개요 단계나 스타일을 선택하여 제목 차례를 쉽게 만들 수 있습니다.
- 개요나 스타일을 이용하여 제목 차례를 만들 때는 [제목 차례 표시]를 삽입할 필요가 없습니다.
- 문서에 표나 그림, 수식 등이 삽입되어 있을 경우 각각의 항목을 선택하여 차례를 만들 수 있습니다.
- 표나 그림, 수식에 캡션이 없으면 표1, 표2 등으로 번호가 매겨지면서 차례를 만들고 캡션이 있다면 캡션을 제목으로 하여 차례를 만듭니다.
- 탭 모양을 선택하여 문단의 오른쪽 끝에 쪽 번호를 삽입할 수 있고 채울 모양을 지정하여 쪽 번호를 넣을 수 있습니다.
- 차례가 만들어진 후 편집하여 새로운 이름으로 저장하거나 문서의 앞쪽에 붙여 넣어 사용합니다.

색인(찾아보기) 만들기

찾아보기는 본문 내의 낱말을 책의 제일 뒤에 모아 책의 몇 쪽에 있는지 알려주는 기능입니다. 찾아보기는 보통 2단 이상으로 만듭니다. 한글 2014에서는 찾아보기를 새 탭에 만들어 줍니다.

- **Key Word** : 인덱스, 찾아보기
- **예제파일** : 예제파일\종합소득세란.hwp
- **완성파일** : 완성파일\종합소득세란.hwp

1 색인으로 지정할 낱말로 커서를 이동한 후 [도구] 탭의 [색인]에서 '색인 표시'를 클릭하거나 Ctrl+K, I 키를 누릅니다.

POINT
찾아보기는 인덱스(Index)나 색인이라고도 표현하며, 한글 2014에서는 찾아보기를 새 탭에 만들어 줍니다.

2 [색인 표시] 대화상자가 나타납니다. [첫 번째 낱말]에 본문의 커서가 위치한 낱말이 자동으로 입력되어 있습니다. [넣기] 버튼을 클릭합니다.

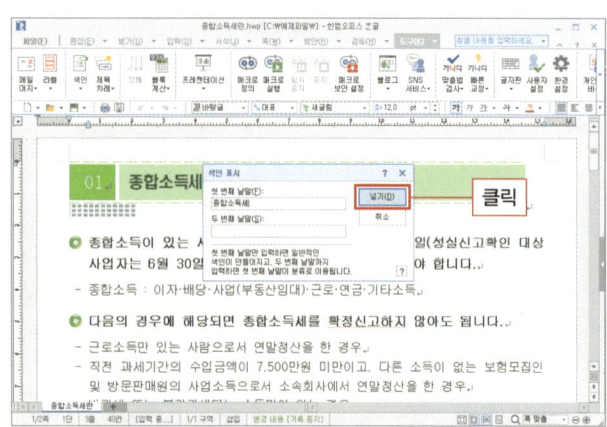

POINT
첫 번째 낱말 입력 대화상자에는 한 낱말 전체가 자동으로 입력됩니다. 즉, '종합소득세란'까지 입력되면 '란'자는 지우고 넣을 수 있습니다.

3 같은 방법으로 색인이 필요한 낱말에 모두 색인 표시를 삽입합니다.

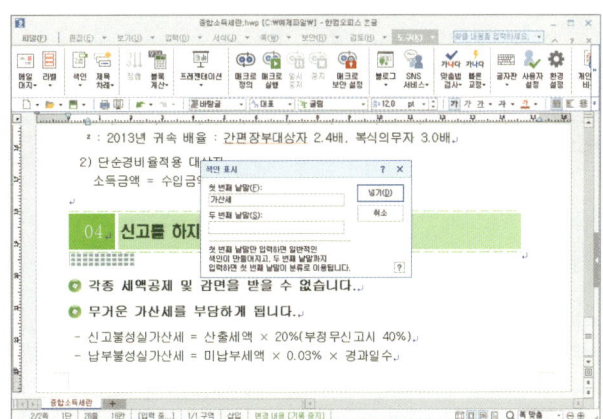

4 색인 표시를 모두 삽입했으면 [도구] 탭의 [색인]에서 '색인 만들기'를 클릭합니다.

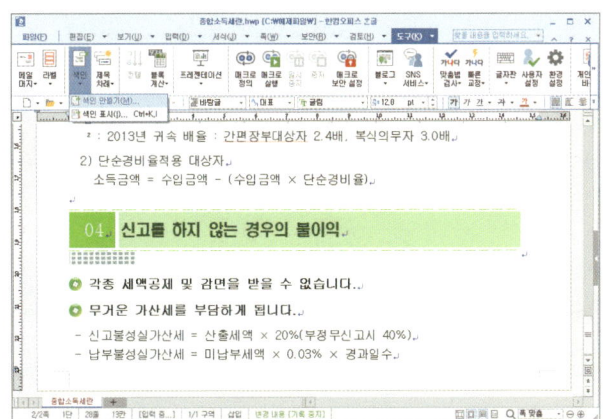

5 다음과 같이 [새 탭] 색인이 만들어 집니다.

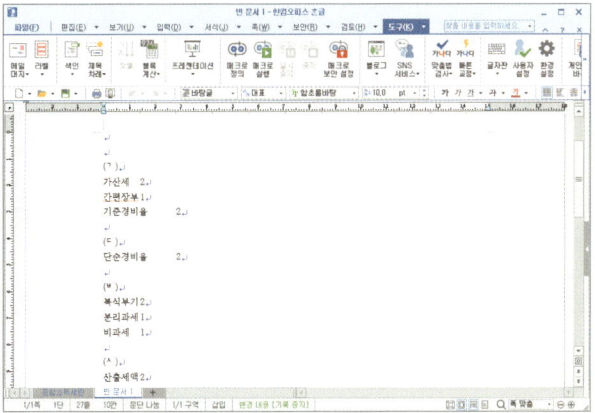

Part 2. 한글 2014의 활용 기능 50가지 **305**

Section 41

각주/미주 사용하기

본문에 사용된 특정 낱말에 대한 보충 자료를 구체적으로 설명하거나 인용한 자료의 출처 등을 밝히는 주석을 각주 형식으로 만드는 것입니다. 각주는 해당 낱말이 있는 쪽의 하단에 넣는 것을 말하며 미주는 본문이 끝나는 마지막에 넣는 것입니다.

Key Word : 주석, 각주/미주 변환 **예제파일** : 예제파일\각주미주.hwp **완성파일** : 완성파일\각주미주.hwp

1 본문에서 각주를 넣을 낱말 뒤에 커서를 놓고 [입력] 탭의 [각주] 아이콘을 클릭합니다.

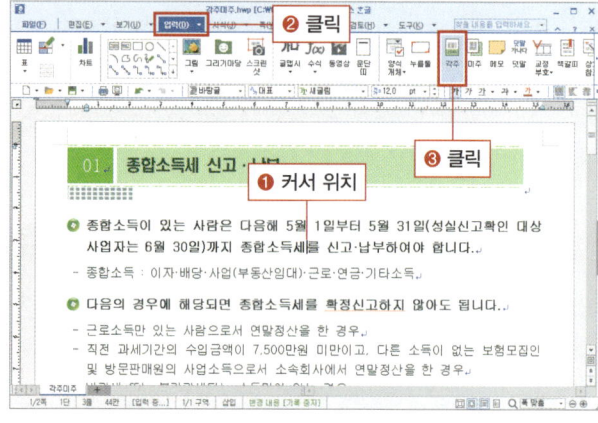

POINT
각주의 단축키는 Ctrl+N, N입니다.

2 다음과 같이 화면 하단에 각주의 내용을 입력할 수 있는 창이 나타나면 부가 설명을 입력하고 [주석] 탭의 [×]를 클릭합니다.

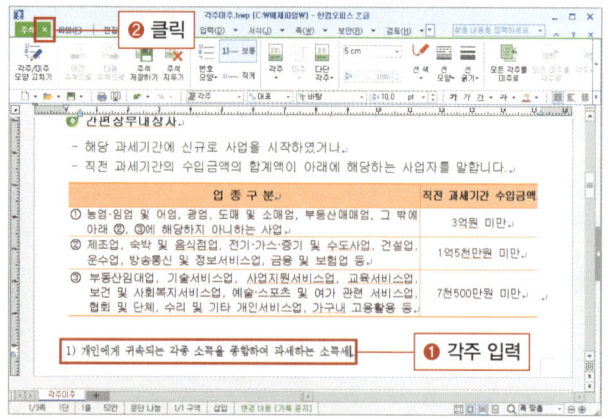

POINT
[주석] 탭의 닫기() 아이콘을 클릭해도 종료할 수 있습니다.

3 주석이 삽입된 낱말 뒤에는 다음과 같이 주석 번호가 매겨집니다.

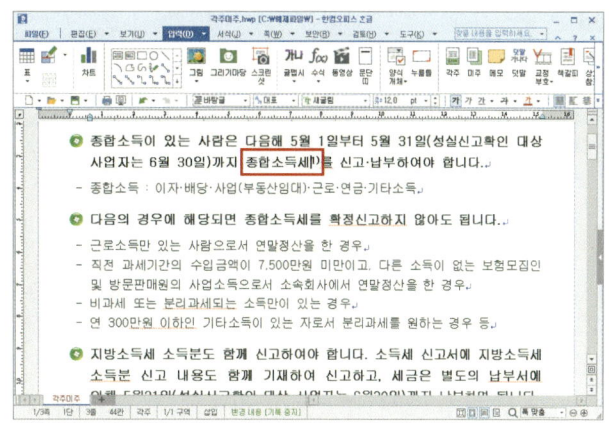

4 화면을 아래로 이동해 보면 각주가 입력된 페이지 하단에 입력한 각주 내용을 확인할 수 있습니다.

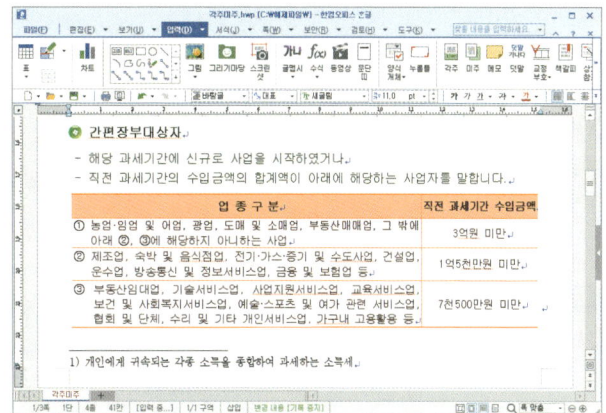

5 같은 방법으로 '간편장부대상자'에 대해서도 각주의 내용을 입력합니다. 각주에는 '당해 연도 신규 사업자나 직전 연도 수입금액이 일정 규모 미만의 사업자'를 입력합니다.

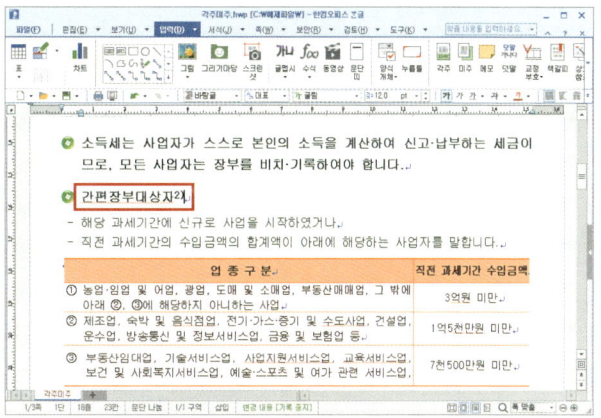

Part 2. 한글 2014의 활용 기능 50가지 **307**

6 현재 편집하고 있는 문서의 각주를 미주로 바꾸고 미주는 각주로 바꿀 수 있습니다. [입력] 메뉴의 [주석]에서 '각주↔미주'를 선택합니다.

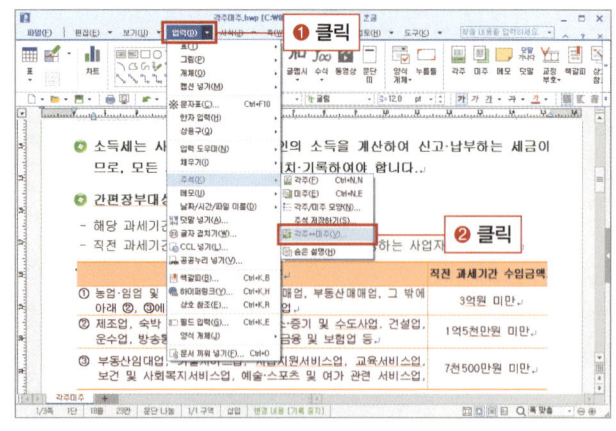

\POINT
각주나 미주 번호가 입력된 영역을 더블클릭한 후 [주석] 탭의 [모든 각주를 미주로] 또는 [모든 미주를 각주로] 아이콘을 클릭하여 바꿀 수도 있습니다.

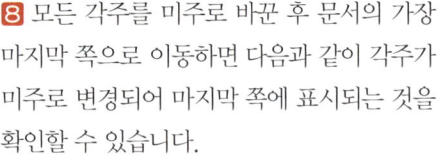

7 [각주/미주 변환] 대화상자에서 [변환] 버튼을 클릭합니다.

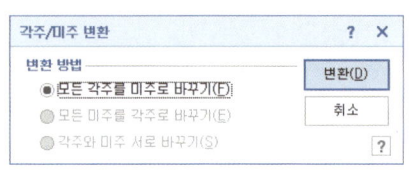

\POINT
본문에 각주만 있을 경우와 미주만 있을 경우 각주와 미주가 모두 있을 경우 변환할 항목을 선택합니다.

8 모든 각주를 미주로 바꾼 후 문서의 가장 마지막 쪽으로 이동하면 다음과 같이 각주가 미주로 변경되어 마지막 쪽에 표시되는 것을 확인할 수 있습니다.

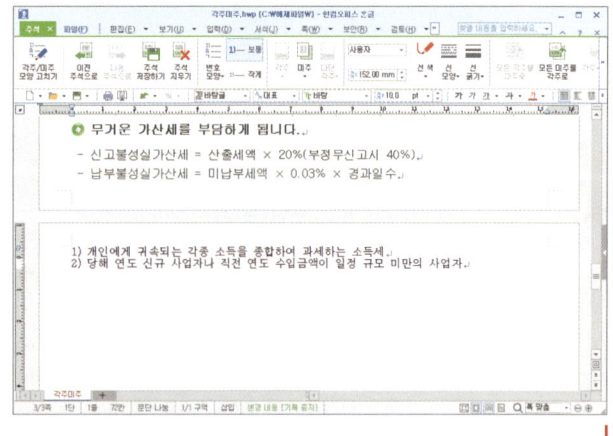

\POINT
각주나 미주를 별도의 파일로 저장하여 참고 문헌 등으로 사용하려면 [입력] 메뉴의 [주석]에서 '주석 저장하기'를 선택하여 저장할 주석을 선택하고 파일명을 지정하여 [저장] 버튼을 클릭합니다.

다단 편집

다단은 하나의 쪽을 세로 방향으로 여러 개 나누어 사용하는 기능입니다. 신문이나 잡지 등에서 다단으로 편집된 예를 쉽게 찾아볼 수 있습니다. 다단 기능을 사용하여 문서 내용을 색다르게 편집하는 과정을 살펴봅니다.

Key Word : 단 설정, 배분 다단   **예제파일** : 예제파일\5.18 민중항쟁.hwp   **완성파일** : 완성파일\5.18 민중항쟁.hwp

1 예제 파일 2쪽의 두 번째 줄로 커서를 이동한 후 [쪽] 탭의 [단] 아이콘을 클릭합니다.

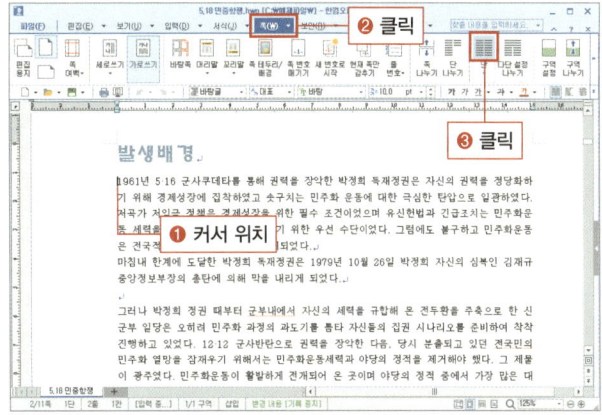

2 [단 설정] 대화상자가 나타나면 [자주 쓰이는 모양]에서 [셋] 아이콘을 클릭하고 '구분선 넣기'에 체크한 후 구분선의 종류와 굵기, 색 등을 지정합니다. [적용 범위]를 '새 다단으로'로 지정하고 [설정] 버튼을 클릭합니다.

POINT
'단 너비 동일하게'에 체크되어 있을 때 단 너비를 조절하면 모든 단의 너비가 똑같이 조절됩니다.

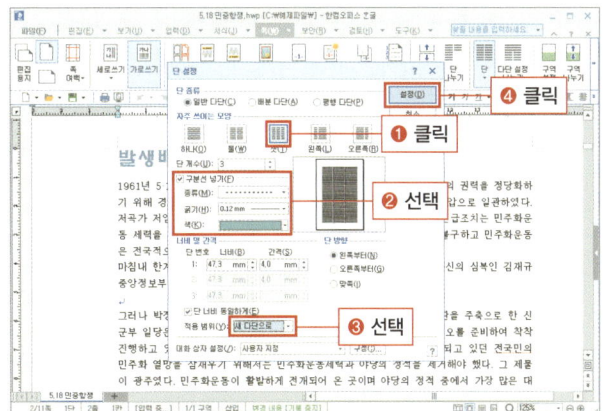

3 적용 범위를 '새 다단으로'로 지정했기 때문에 커서 위치 이후의 모든 내용이 3단으로 나뉩니다.

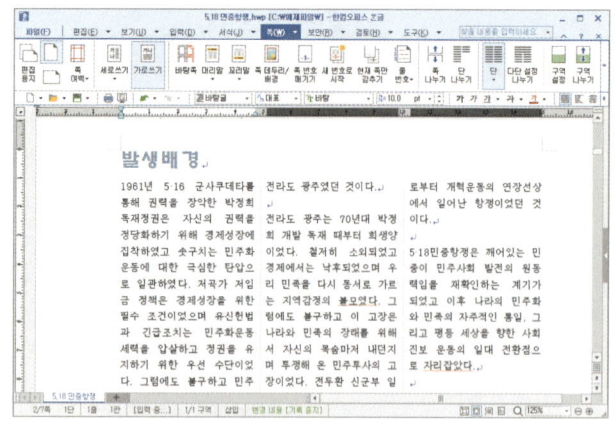

4 2쪽 2단에서 '항쟁의 의의' 앞으로 커서를 이동한 다음 [쪽] 탭의 [단] 아이콘을 클릭합니다.

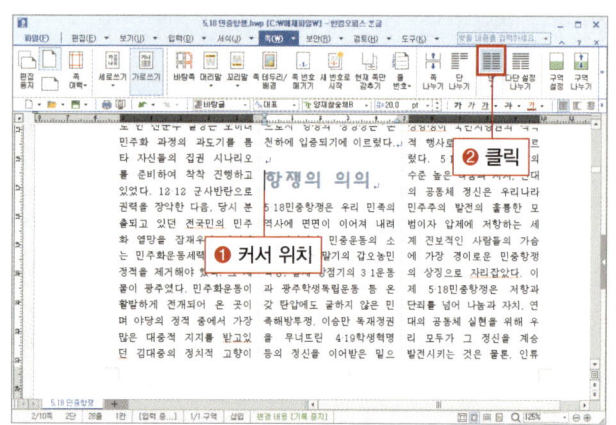

5 [단 설정] 대화상자에서 [단 종류]는 '배분 다단'으로 설정하고 [자주 쓰이는 모양]에서 단 종류를 [둘]로 선택합니다. [적용 범위]를 '새 쪽으로'로 선택한 후 [설정] 버튼을 클릭합니다.

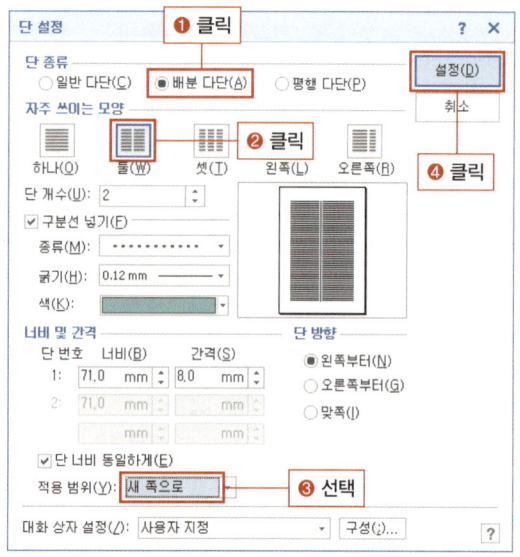

6 다음과 같이 커서 위치에서 쪽이 나누어지고 지정한 단 설정이 적용됩니다. 아직 [배분 다단]이 어떤 기능을 하는지는 확인하지 않았습니다.

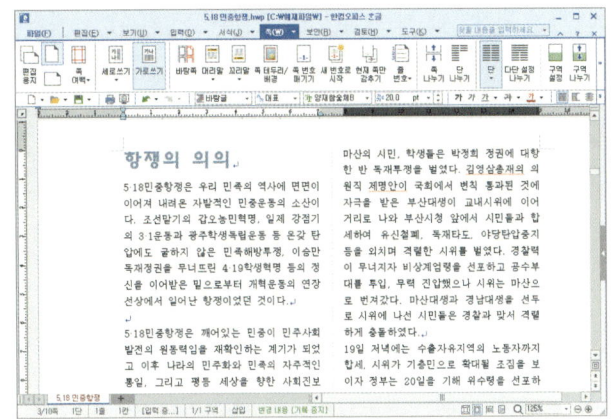

7 3쪽 1단에서 '전개과정' 앞으로 커서를 이동한 다음 [쪽] 탭의 [단] 아이콘을 선택합니다.

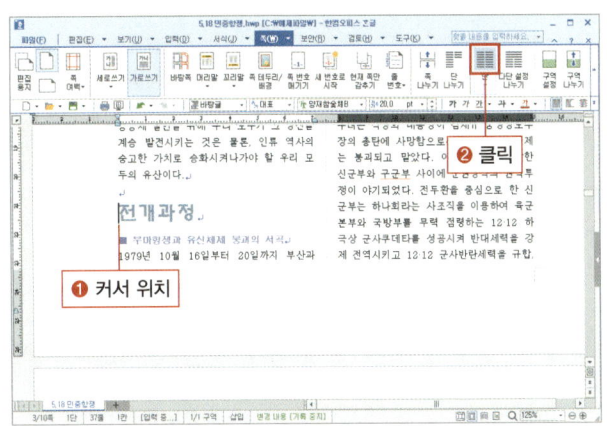

8 [단 설정] 대화상자에서 [자주 쓰이는 모양]을 [하나]로 지정하고 [적용 범위]를 '새 쪽으로'로 지정한 다음 [설정] 버튼을 클릭합니다.

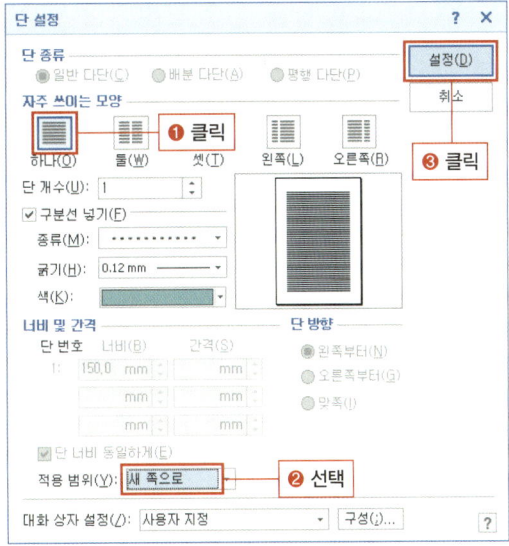

POINT
[단 개수]가 '1'로 설정되어 있을 때는 구분선 넣기의 의미가 없어집니다.

9 커서 위치부터 새 쪽으로 나누어지고 다음과 같이 새로운 하나의 단이 설정됩니다.

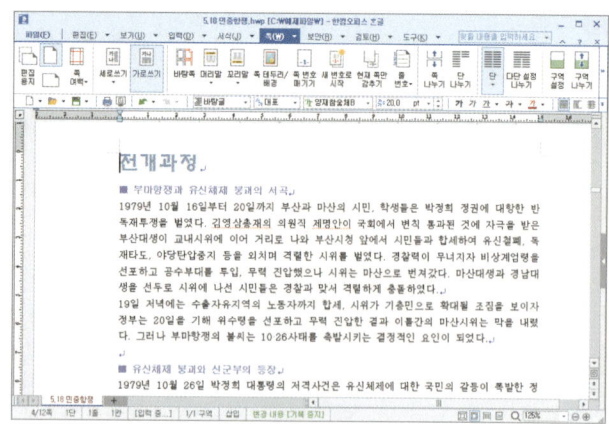

10 3쪽으로 이동해서 '배분 다단'의 결과를 확인해 봅니다. 배분 다단은 마지막 쪽의 내용을 자동으로 조절해서 각 단의 높이를 가능한 같도록 맞춰 줍니다.

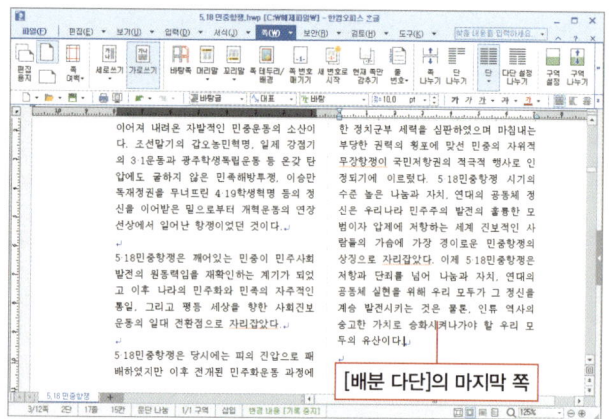

11 4쪽의 두 번째 줄로 커서를 이동한 다음 [쪽] 탭의 [단] 아이콘을 클릭합니다.

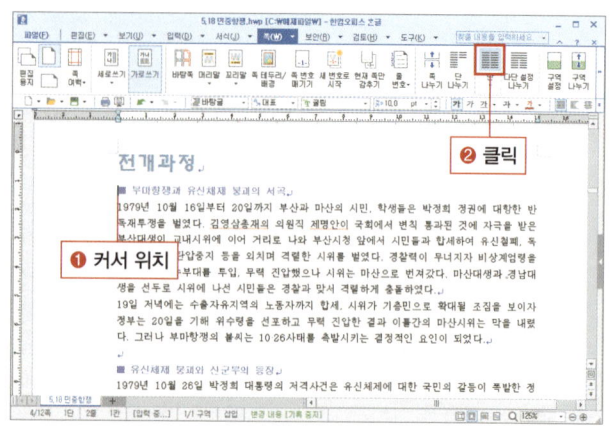

12 [단 종류]를 '평행 다단'으로 설정하고 [자주 쓰이는 모양]에서 [왼쪽] 아이콘을 선택합니다. 구분선의 종류와 색을 선택하고 [적용 범위]를 '새 다단으로'로 지정한 다음 [설정] 버튼을 클릭합니다.

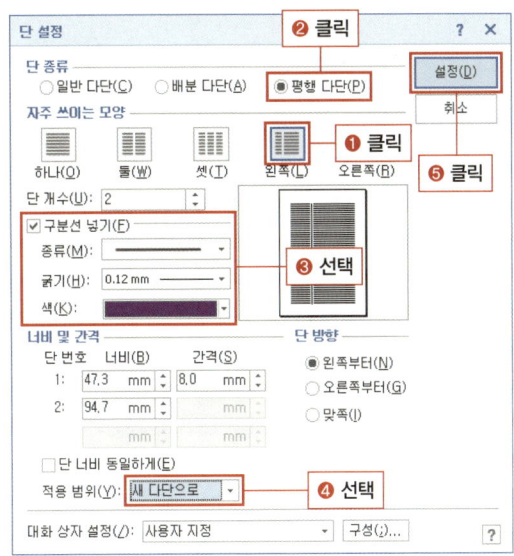

13 다음과 같이 커서 위치부터 새로운 단 설정이 적용됩니다. 2단으로 옮겨질 문서의 시작부분으로 커서를 이동한 후 [쪽] 탭의 [단 나누기] 아이콘을 클릭하거나 Ctrl+Shift+Enter 키를 누릅니다.

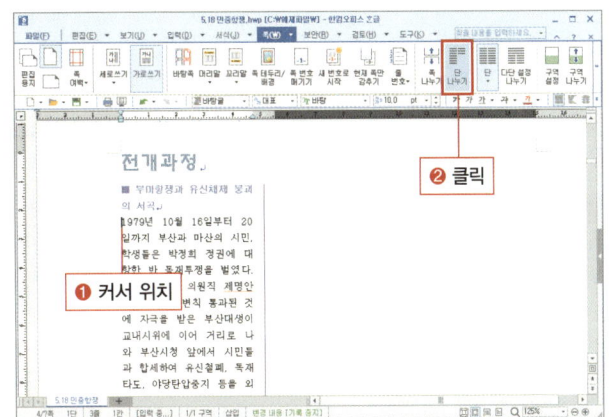

14 커서 이후의 내용이 다음 단으로 이동됩니다. 평행 다단은 이처럼 한 쪽 단에는 글의 제목이나 표제어를 입력하고 다른 쪽 단에 그에 대한 자세한 내용이나 설명을 기록하는 형식의 문서를 작성할 때 사용합니다.

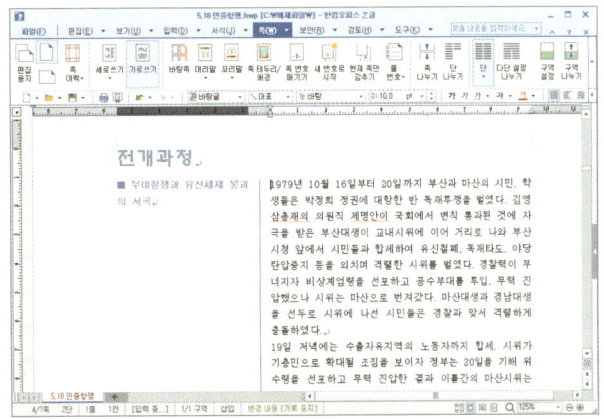

Part 2. 한글 2014의 활용 기능 50가지 **313**

15 이후 내용에서도 다음과 같이 작은 제목 앞에서 [단 나누기] 아이콘을 클릭하여 왼쪽 단으로 제목을 이동하고, 제목에 대한 내용 앞에서 다시 [단 나누기] 아이콘을 클릭하여 오른쪽 단에 내용을 표시합니다.

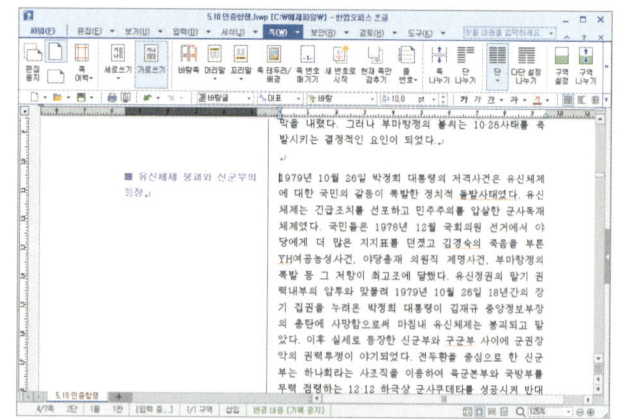

16 다단 편집이 끝나면 서식 도구 모음의 미리 보기(□) 아이콘을 클릭하여 문서 내용을 확인합니다. 다음 그림은 한 화면에 가로 4쪽, 세로 2쪽으로 여러 쪽 보기를 실행한 것입니다. 문서에서 다단이 어떻게 표시되는지 확인할 수 있습니다.

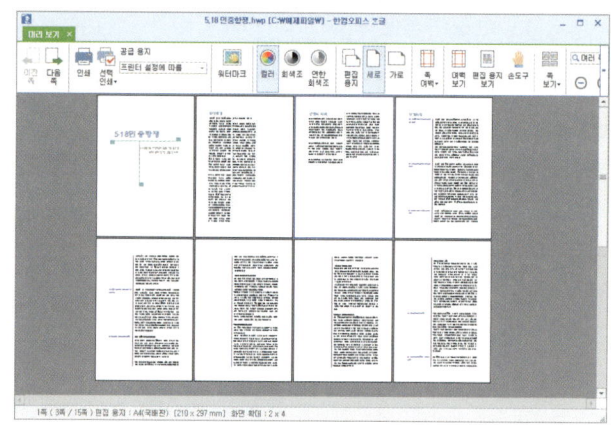

> **쌩초보 Level Up**   단 사이 이동과 표나 글상자에서의 다단
>
> - 단과 단 사이에서 커서를 이동하려면 마우스로 클릭하거나 키보드로 오른쪽 단에서 왼쪽 단으로 이동할 때는 Ctrl + Alt + ← 키를, 왼쪽 단에서 오른쪽 단으로 이동할 때는 Ctrl + Alt + → 키를 누릅니다.
> - 표나 글상자 안에서도 다단을 편집할 수 있습니다. 커서가 글상자나 표 안에 있을 때 [적용 범위]를 선택하여 본문 편집에서와 같이 커서 위치부터 새로운 다단을 설정할 수 있습니다.

구역 설정하기

구역은 하나의 문서를 여러 영역으로 나누어 구역마다 편집 스타일을 다르게 할 수 있습니다. 즉, 각 구역마다 배경 그림과 테두리를 다르게 설정하거나 쪽 번호를 독립적으로 매기고 편집 용지의 크기와 여백 등을 다르게 설정할 수 있습니다. 따라서 구역마다 독립적인 여러 서식을 지정할 수 있습니다.

Key Word : 구역 나누기, 구역 지우기   **예제파일** : 예제파일\민중항쟁.hwp   **완성파일** : 완성파일\민중항쟁.hwp

1 문서를 불러온 후 상황 표시줄을 보면 모두 하나의 구역으로 구성된 것을 확인할 수 있습니다. 커서를 1 페이지 아래쪽의 '발생배경' 앞으로 커서를 이동한 다음 [쪽] 탭의 [구역 설정] 아이콘을 클릭하거나 Ctrl + N , G 키를 누릅니다.

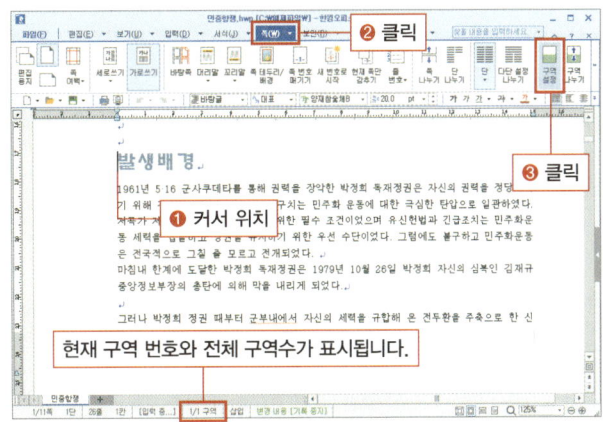

2 [구역 설정] 대화상자에서 [시작 쪽 번호]의 [종류]를 '사용자'로 지정하고 '1'을 입력합니다. [적용 범위]를 '새 구역으로'로 선택하고 [설정] 버튼을 클릭합니다.

3 커서가 있던 위치부터 새로운 구역으로 나누어지고 커서 이후의 내용이 새 쪽으로 만들어집니다. 상황 표시줄에는 커서 위치의 구역과 전체 구역을 확인할 수 있습니다.

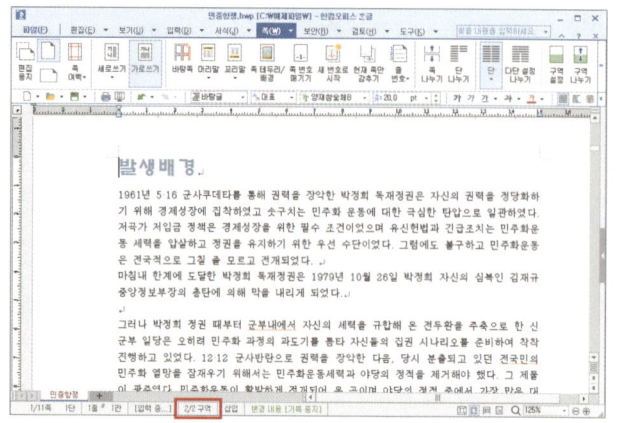

4 '항쟁의 의의' 앞으로 커서를 이동한 후 [쪽] 탭의 [구역 나누기] 아이콘을 클릭하거나 Alt + Shift + Enter 키를 누릅니다. 그러면 다음과 같이 새 쪽에서 3구역이 만들어집니다.

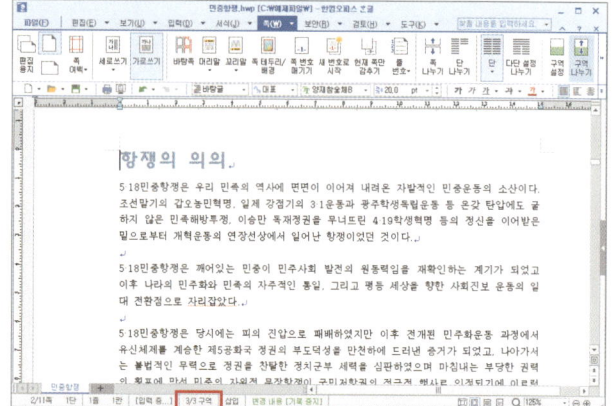

POINT

구역이 나뉘는 곳에서 Delete 키를 누르거나 구역이 시작되는 바로 뒤에서 Backspace 를 눌러 구역 나누기 표시를 지우면 구역이 지워집니다. 이때 뒤 구역은 앞 구역의 모양을 그대로 따라갑니다.

쌩초보 Level Up 구역 설정 대화상자의 옵션

- **시작 쪽 번호** : 새 구역의 쪽 번호를 매기는 방법을 선택합니다. '이어서'는 이전 구역에 이어서 쪽 번호를 매기고 '홀수'나 '짝수'는 해당 구역의 페이지 번호를 홀수 또는 짝수로 매기며, '사용자'는 임의 페이지 번호를 매길 수 있습니다.
- **개체 시작 번호** : 그림, 표, 수식, 글상자 등의 시작 번호를 지정합니다.
- **첫 쪽에만 머리말/꼬리말, 바탕쪽, 테두리/배경 감추기** : 각 구역을 시작하는 첫 쪽에서 머리말/꼬리말, 바탕쪽, 테두리/배경 등을 감출 것인지 여부를 지정합니다.
- **빈 줄 감추기** : 구역을 시작하는 위치에 빈 줄이 나오면 두 개의 빈 줄까지 없는 것처럼 처리하는 것으로 본문 내용을 두 줄 앞으로 당겨서 정돈합니다.
- **단 사이 간격** : 다단을 지정할 때 단과 단 사이의 간격을 지정합니다.
- **기본 탭 간격** : 기본 탭의 간격을 설정합니다.

5 3구역에 커서가 위치한 상태에서 [쪽] 탭의 [단] 아이콘의 드롭다운 버튼을 클릭한 후 '셋'을 선택합니다.

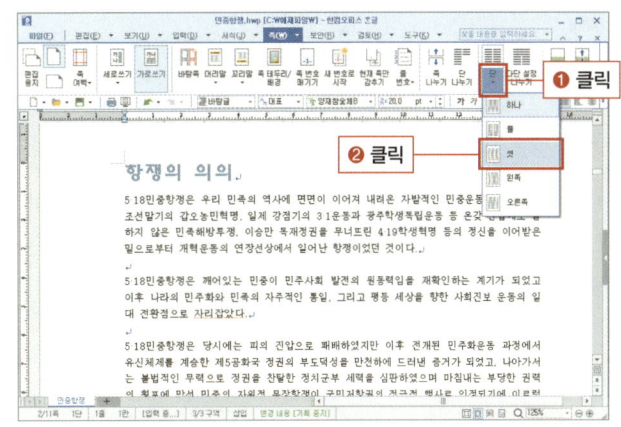

6 다음과 같이 3단으로 나누어집니다.

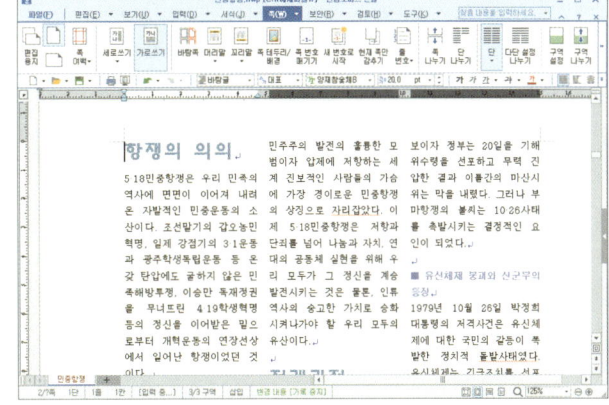

POINT
머리말/꼬리말, 각주/미주, 바탕쪽, 캡션, 표, 글상자 안에서는 구역을 나눌 수 없습니다.

7 다음과 같이 서식 도구 모음의 미리 보기 (📄) 아이콘을 클릭해서 여러 쪽을 표시해 보면 1구역과 2구역은 1단으로 3구역은 3단으로 나누어진 것을 확인할 수 있습니다.

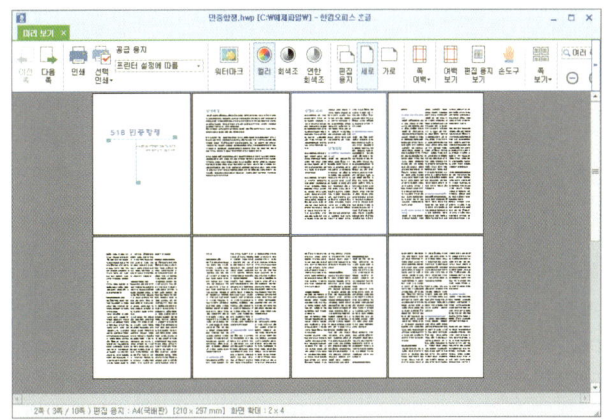

개요 번호로 문서 입력하기

개요란 문단 앞에 번호를 매겨 가면서 문서를 작성하는 것을 말합니다. 개요 번호를 사용하여 문서를 작성하면 글의 순서를 바꾸거나 중간에 새로운 글을 추가하고 삭제했을 때 개요 번호가 편집 상황에 맞게 자동으로 매겨지므로 매우 편리합니다.

⊙ **Key Word** : 개요 번호, 개요 수준 변경   ⊙ **예제파일** : 예제파일\서양미술사.hwp   ⊙ **완성파일** : 완성파일\서양미술사.hwp

1 예제 파일은 2단으로 편집되어 있습니다. 오른쪽 문서는 개요 번호를 사용하지 않고 직접 숫자를 입력하면서 작성한 것입니다. 왼쪽에 개요 번호를 이용하면서 오른쪽 문서와 같은 모양으로 작성할 것입니다. [서식] 메뉴의 [개요 번호 모양]을 클릭하거나 Ctrl+K, O키를 누릅니다.

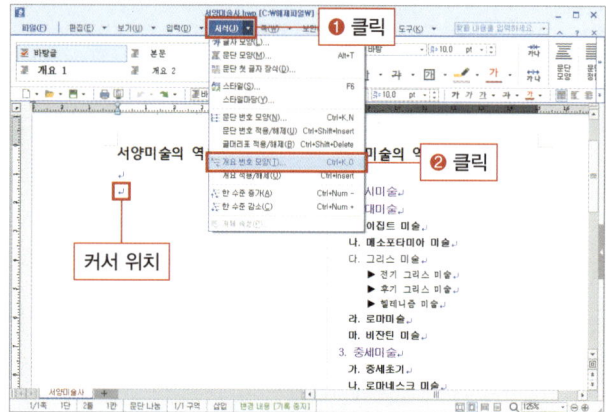

2 [개요 번호 모양] 대화상자에서 원하는 개요 번호 모양을 선택하고 [설정] 버튼을 클릭합니다.

\POINT
적용 범위를 '새 구역으로'로 지정하면 커서 위치부터 새로운 구역으로 문서를 나누고 새로운 개요 번호 모양을 적용합니다.

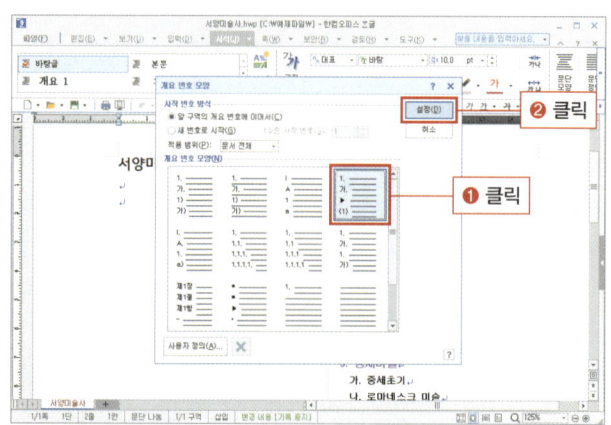

318 회사 실무에 힘을 주는 한글 2014

3 다음과 같이 커서가 위치했던 문단에 1수준의 개요 번호가 자동으로 삽입니다.

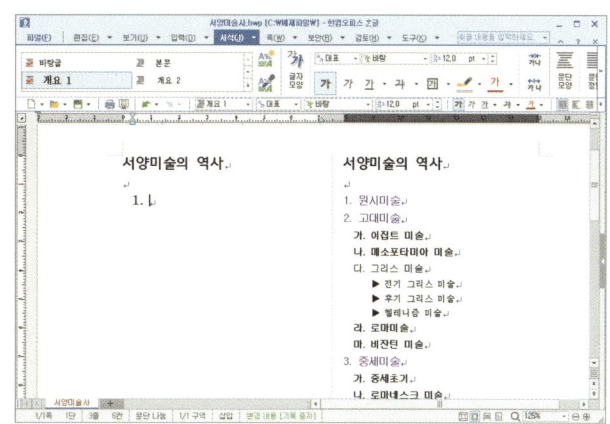

POINT
개요가 적용되지 않는 문단에 개요를 적용하거나 해제하려면 [서식] 메뉴의 '개요 적용/해제'를 클릭하거나 Ctrl+Insert 키를 누릅니다.

4 개요 번호 다음에 내용을 입력하고 Enter 키를 누르면 다음 문단에 개요 번호가 증가되어 삽입됩니다. 두 번째 내용을 입력하고 Enter 키를 누르면 다음 문단에 다시 개요 번호가 증가되어 삽입됩니다.

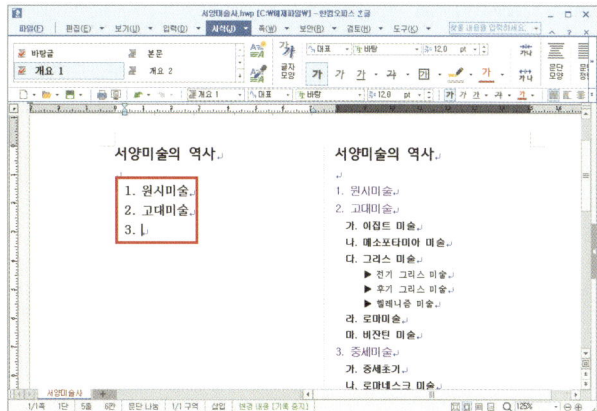

POINT
개요 번호만 있고 내용이 없는 문단에서 Enter 키를 누르면 개요 적용이 해제되어 보통 문단으로 되돌아갑니다.

쌩초보 Level Up — 개요가 적용되는 문단의 스타일

Ctrl+Insert 키를 눌러 개요를 적용하면 개요 단계에 따라 스타일이 자동으로 적용됩니다. 즉, 1수준의 개요에는 '개요 1' 스타일이 7수준의 개요에는 '개요 7' 스타일이 각각 적용됩니다. 개요 번호는 Backspace 키 또는 Delete 키로 삭제할 수 없으므로 삽입된 개요 번호를 지우려면 Ctrl+Insert 키를 눌러 개요 적용을 해제하거나 '바탕글' 스타일을 선택하여 적용합니다.

5 1수준의 개요 번호를 2수준의 개요 번호로 감소시키려면 개요 번호가 있는 문단에서 Ctrl 키를 누른 상태에서 ⊞ 키를 누릅니다. 그러면 1수준 개요 번호가 2수준 개요 번호로 감소됩니다. 그런 다음 내용을 입력하고 Enter 키를 눌러 다음과 같이 작성합니다.

\POINT
2수준의 개요 번호에는 '개요 2'의 스타일이 자동으로 적용됩니다.

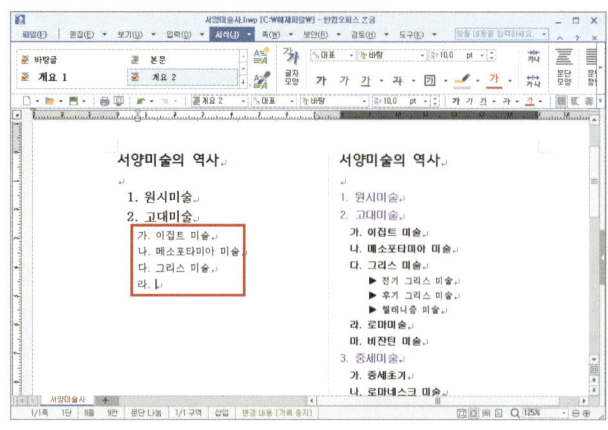

6 다시 Ctrl 키를 누르고 ⊞ 키를 누르면 2수준 개요 번호가 3수준 개요 번호로 감소됩니다. 그러면 다음과 같이 내용을 입력해서 3수준 개요 문단을 작성합니다.

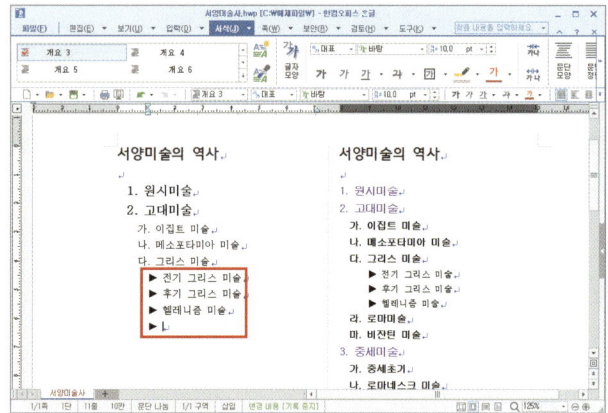

7 개요 번호를 한 수준 증가시키려면 Ctrl 키를 누른 상태에서 ⊟ 키를 누릅니다. 이런 방법으로 개요 번호를 감소 또는 증가시키면서 다음과 같이 나머지 내용을 작성합니다.

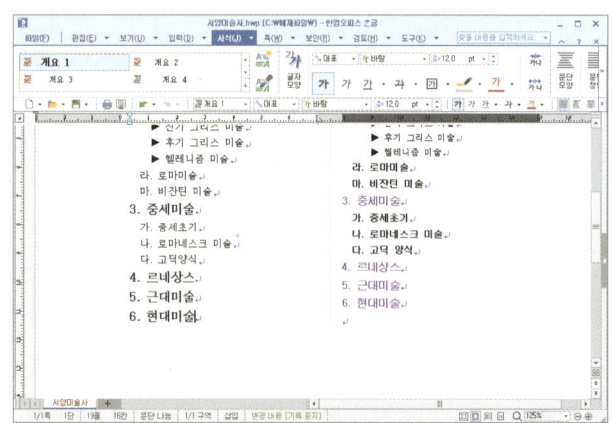

8 개요가 적용된 문단 모양이나 글자 모양을 바꾸려면 스타일 기능을 이용하여 일괄적으로 바꿀 수 있습니다. F6키를 눌러 나타난 [스타일] 대화상자의 [스타일 목록]에서 '개요 1' 스타일을 선택하고 스타일 편집하기 ( ) 아이콘을 클릭합니다.

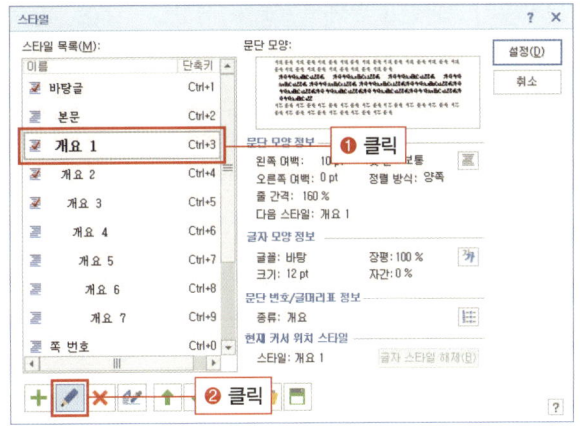

9 [스타일 편집하기] 대화상자에서 [문단 모양] 버튼을 클릭하면 [문단 모양] 대화상자가 나타납니다. 다음과 같이 '개요 1' 스타일의 문단 모양을 변경하고 [설정] 버튼을 클릭합니다.

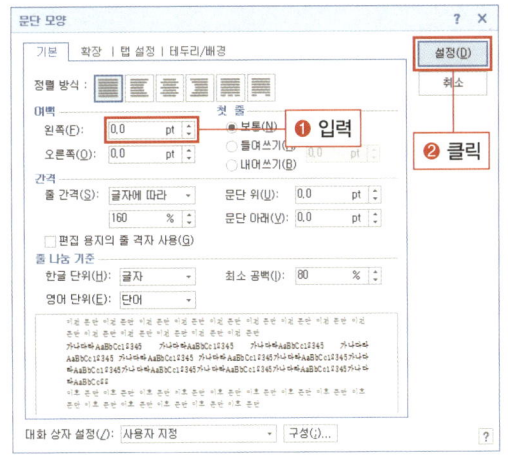

10 다시 [스타일 편집하기] 대화상자에서 [글자 모양] 버튼을 클릭합니다. [글자 모양] 대화상자에서 다음과 같이 글자 모양을 변경한 다음 [설정] 버튼을 클릭합니다.

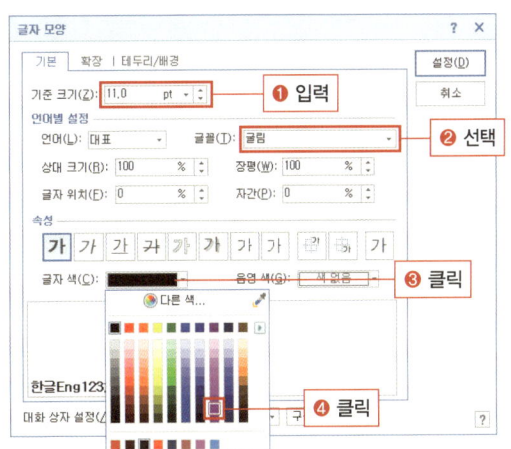

11 [스타일 편집하기] 대화상자에서 [설정] 버튼을 클릭하면 [스타일] 대화상자로 돌아옵니다. 다음과 같이 '개요 1' 스타일의 문단 모양과 글자 모양이 변경된 것을 확인할 수 있습니다.

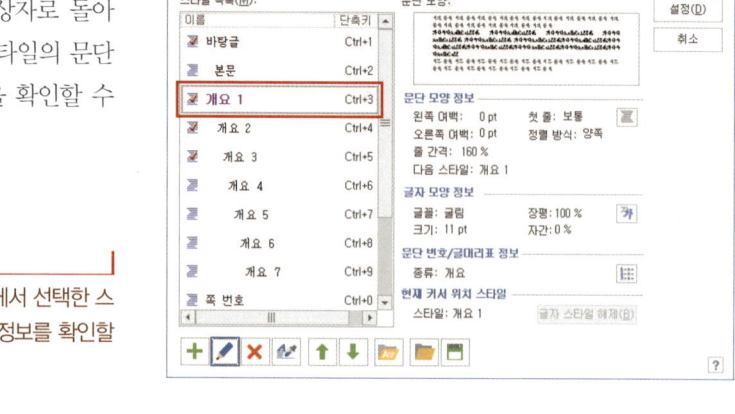

POINT
스타일 목록 오른쪽의 정보 표시 부분에서 선택한 스타일의 문단 모양과 글자 모양에 대한 정보를 확인할 수 있습니다.

12 같은 방법으로 '개요 2' 스타일의 문단 모양과 글자 모양을 다음과 같이 변경합니다.

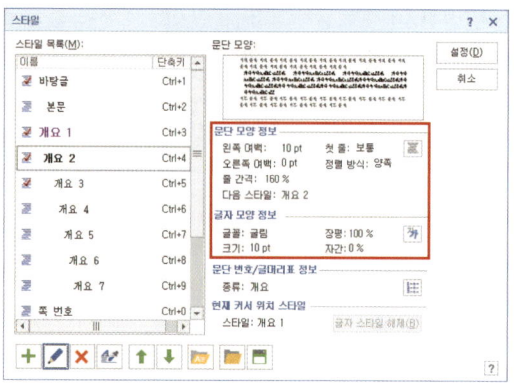

13 '개요 3' 스타일의 문단 모양과 글자 모양도 변경한 다음 [취소] 버튼을 클릭해서 대화상자를 닫습니다.

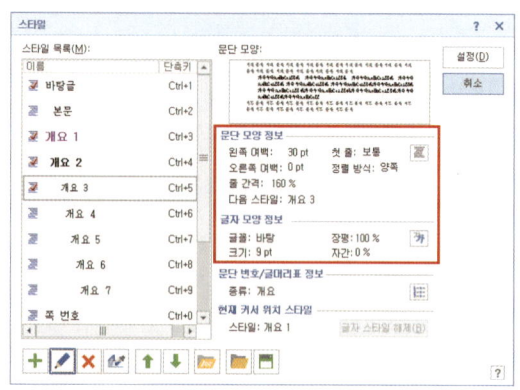

14 개요를 이용하여 작성한 문단에 다음과 같이 변경된 스타일이 적용된 것을 확인할 수 있습니다.

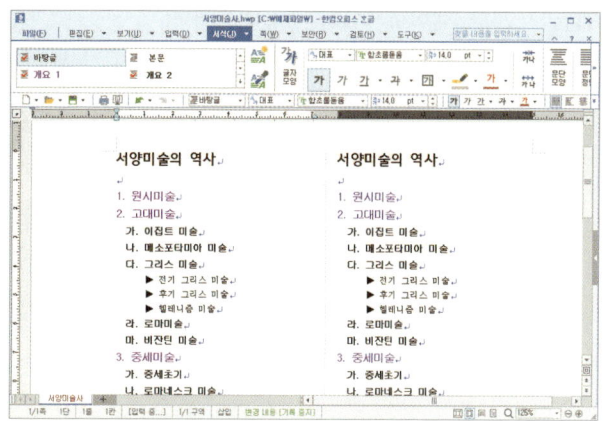

15 개요 번호 모양은 사용자 임의로 만들어 적용할 수 있습니다. [서식] 메뉴의 '개요 번호 모양'을 선택하거나 Ctrl+K, O키를 누릅니다. [개요 번호 모양] 대화상자가 나타나면 [사용자 정의] 버튼을 클릭합니다.

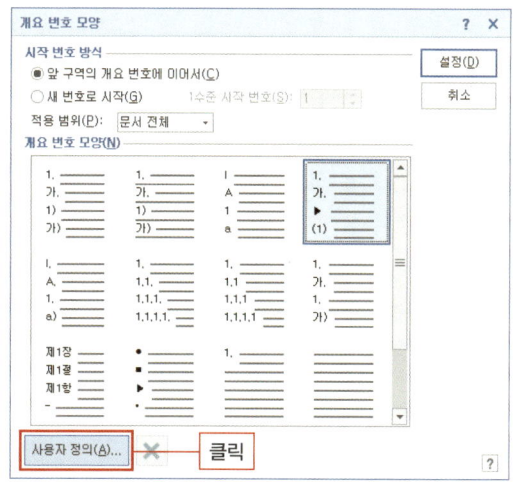

16 [개요 번호 사용자 정의 모양] 대화상자에서 사용자 정의할 개요 수준을 선택합니다. 여기에서는 '1 수준'이 선택된 상태에서 [번호 모양]을 'A,B,C'로 변경하고 '글자 모양 지정'에 체크한 후 [글자 모양] 버튼을 클릭합니다.

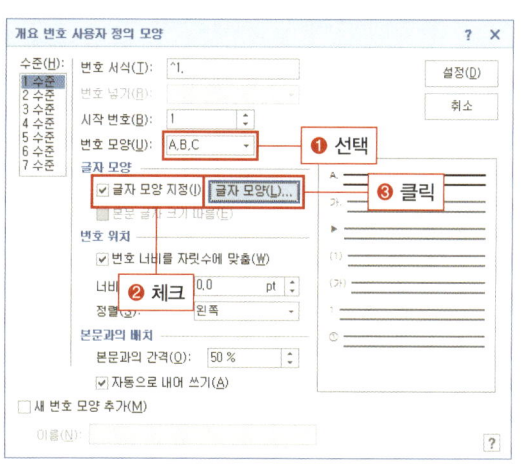

> **POINT**
> '글자 모양 지정'에 체크했을 때만 [글자 모양] 버튼을 클릭할 수 있습니다. 여기에서 지정하는 글자 모양은 1 수준의 개요 번호에 대한 글자 모양입니다.

17 [글자 모양] 대화상자에서 개요 번호에 적용할 글자 모양을 다음과 같이 지정한 다음 [설정] 버튼을 클릭합니다.

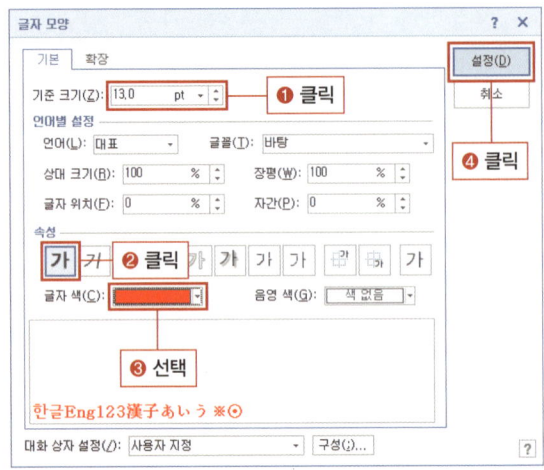

18 이번에는 '2 수준'을 선택한 다음 [번호 서식] '^2.' 앞에 커서를 놓고 [번호 넣기]에 '1 수준'을 선택합니다. 그런 다음 번호 서식이 '^1-(^2)' 모양이 되도록 수정합니다.

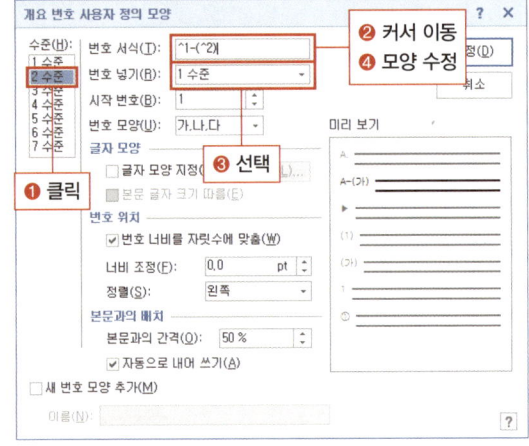

POINT
번호 넣기에 대한 자세한 내용은 'Part 1의 Section 36. 문단 번호 매기기'를 참고합니다.

19 수준에서 '3 수준'을 선택한 다음 [번호 서식]의 '▶'를 지우고 Ctrl+F10키를 눌러 [한글 문자표] 탭에 있는 '전각 기호(일반)'에서 '●'를 선택한 후 [설정] 버튼을 클릭합니다.

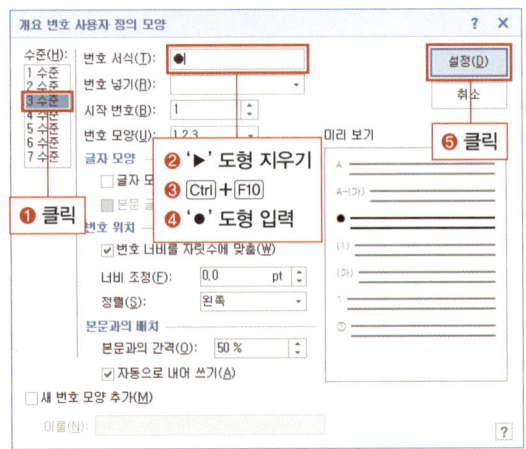

20 [개요 번호 모양] 대화상자에서 사용자 임의로 지정한 개요 모양이 표시된 것을 확인한 후 [설정] 버튼을 클릭합니다.

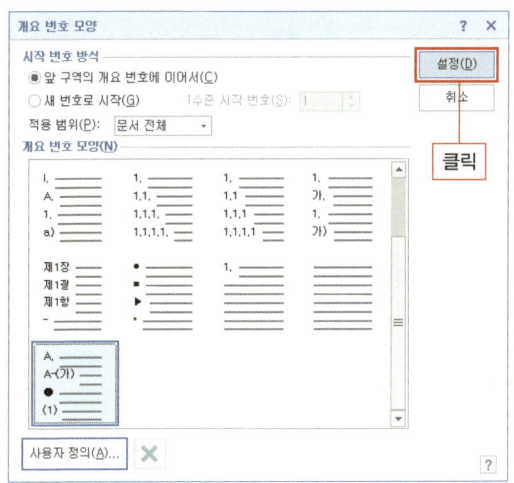

21 다음과 같이 개요가 적용된 문단의 스타일이 일괄적으로 변경됩니다.

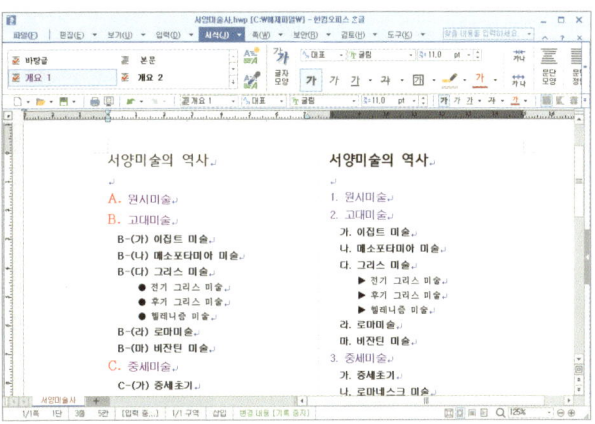

쌩초보 Level Up — 문단 모양에서 개요 번호 삽입하기

문단 스타일을 바꾸지 않고 개요 번호만 삽입하려면 Ctrl+Insert 키를 누르는 대신 [문단 모양] 대화상자를 이용합니다. Alt+T 키를 누른 후 [문단 모양] 대화상자의 [확장] 탭에서 [문단 종류]를 '개요 문단'으로 선택하고 [수준]을 지정한 다음 [설정] 버튼을 클릭합니다. 커서 위치에 지정한 수준의 개요 번호가 삽입됩니다.

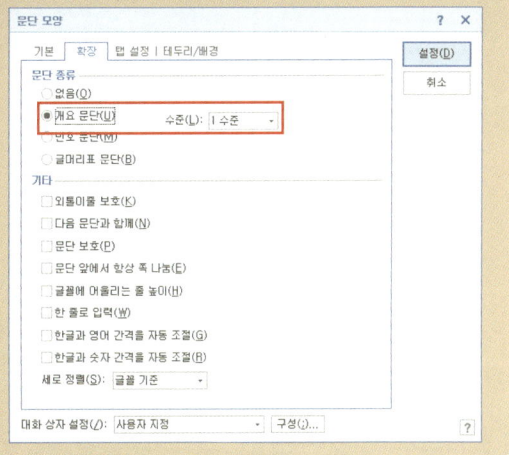

Part 2. 한글 2014의 활용 기능 50가지 **325**

section 45
메일 머지

메일 머지는 같은 내용의 편지에서 이름이나 주소, 직장, 직위 등 일부 내용만 다르게 하여 대량의 편지를 한꺼번에 만들기 위한 기능입니다. 문서의 내용에 데이터 파일의 정보를 끼워 넣는 방식으로 두 개의 문서를 결합하여 여러 통의 편지나 안내문 등을 쉽게 만들 수 있습니다.

◯ **Key Word** : 메일 머지 표시, 필드   ◯ **예제파일** : 예제파일\메일머지.hwp   ◯ **완성파일** : 완성파일\메일머지.hwp

1 메일 머지를 사용하려면 데이터 파일과 내용문 파일이 필요합니다. 데이터 파일 '회원목록.hwp'를 불러오면 다음과 같이 데이터가 입력되어 있습니다.

POINT
데이터 파일의 첫 줄에는 반드시 필드(항목)의 개수를 입력하고 다음 줄부터 데이터를 입력합니다. 여기서는 4개 필드를 레코드 하나로 구성합니다. 각 필드는 이름, 전화번호, 소속 부서, 직책입니다.

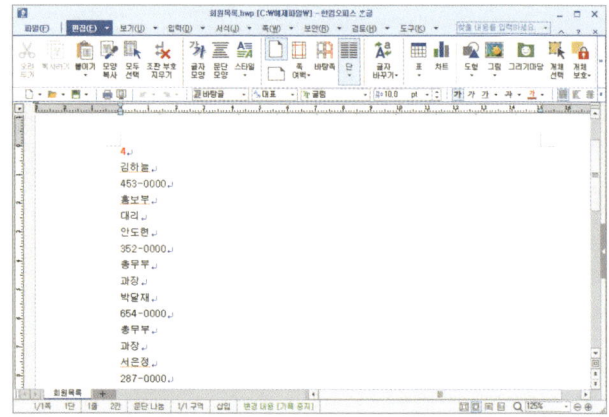

2 내용문 파일인 '메일머지.hwp'를 불러옵니다. 받는 사람의 이름 다음으로 커서를 이동한 다음 [도구] 탭의 [메일 머지]에서 '메일 머지 표시 달기'를 클릭하거나 Ctrl+K, M 키를 누릅니다.

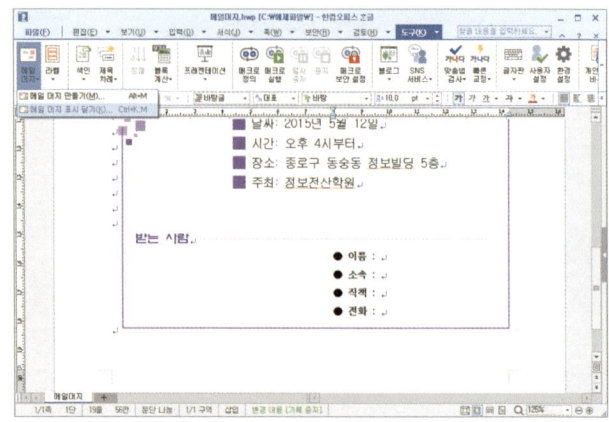

3 [메일 머지 표시 달기] 대화상자에서 [필드 만들기] 탭을 선택한 다음 [필드 번호나 이름을 입력하세요.]에 '1'을 입력하고 [넣기] 버튼을 클릭합니다.

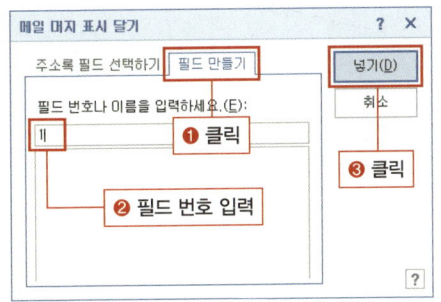

\POINT
데이터 파일이 윈도우 주소록이나 Outlook 주소록인 경우 [주소록 필드 선택하기] 탭에서 필드 명을 선택하고, 한글 파일이나 DBF, 엑셀, 한셀, 넥셀인 경우 [필드 만들기] 탭에서 필드 번호나 필드 이름을 입력합니다. 한글 파일일 경우엔 반드시 필드 번호를 입력해야 하며 그 외의 파일인 경우에는 필드 번호와 필드 이름 모두 사용할 수 있습니다.

4 내용문 파일의 커서 위치에 '{{1}}' 형식으로 메일 머지 표시가 삽입됩니다. 이 표시는 메일 머지를 만들 때 데이터 파일의 각 레코드에서 1번 필드에 입력된 내용을 가져와 표시합니다.

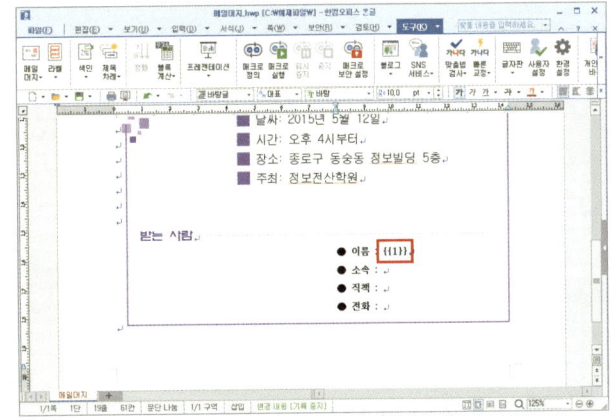

5 같은 방법으로 소속에는 '3'번 필드, 직책에는 '4'번 필드, 전화에는 '2'번 필드로 각각 메일 머지 표시를 달아줍니다. 이렇게 하면 내용문 파일이 완성됩니다.

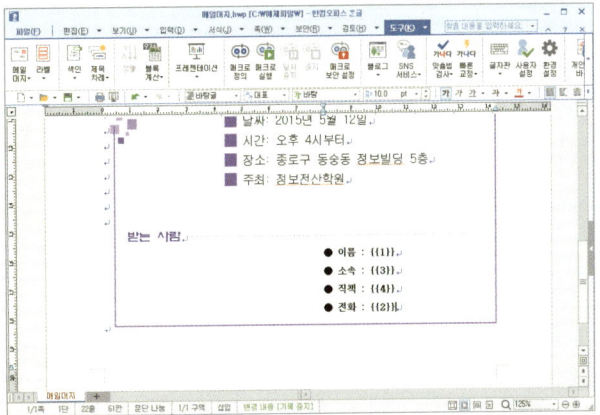

6 필드 번호를 모두 입력했으면 [도구] 탭의 [메일 머지]에서 '메일 머지 만들기'를 클릭하거나 Alt+M 키를 누릅니다.

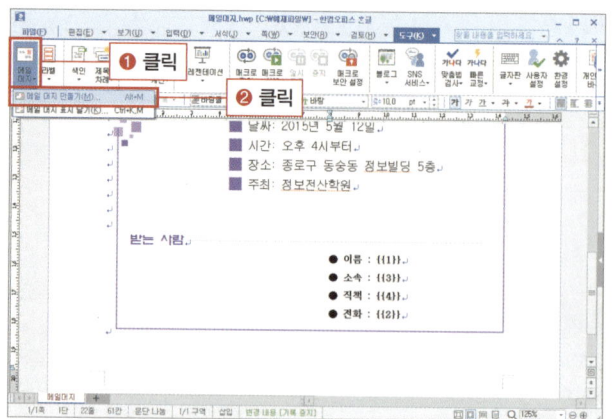

7 [메일 머지 만들기] 대화상자에서 [자료 종류]를 '한글 파일'로 선택하고 파일 선택(📁) 아이콘을 클릭합니다. [한글 파일 불러오기] 대화상자에서 예제 파일 폴더의 '회원목록.hwp'를 선택하고 [열기] 버튼을 클릭합니다. 다음과 같이 데이터 파일이 선택되었으면 [출력 방향]에서 '화면'을 선택하고 [확인] 버튼을 클릭합니다.

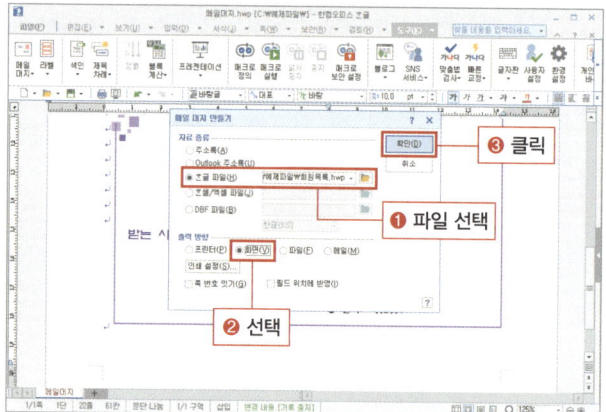

> **쌩초보 Level Up**   **메일 머지의 출력 방향**
>
> - **프린터** : 메일 머지 결과를 프린터로 출력합니다. 인쇄 매수는 데이터 파일의 레코드 개수와 같습니다. [인쇄 설정] 버튼을 누르면 인쇄 옵션을 변경할 수 있습니다.
> - **화면** : 미리 보기를 실행한 것처럼 화면으로 메일 머지 결과를 확인합니다.
> - **파일** : 메일 머지 결과를 한글 문서 파일(*.HWP)로 저장합니다. 이 옵션을 선택하면 저장할 파일 이름을 입력해야 합니다.
> - **메일** : 메일 머지 결과를 메일의 본문 내용으로 사용하거나 파일로 첨부해서 전자 우편을 보냅니다.

8 다음과 같이 메일 머지 결과가 화면으로 표시됩니다. 메일 머지 표시를 달아두었던 부분을 확인해 보면 첫 번째 레코드의 이름과 소속, 직책, 전화번호가 표시된 것을 확인할 수 있습니다.

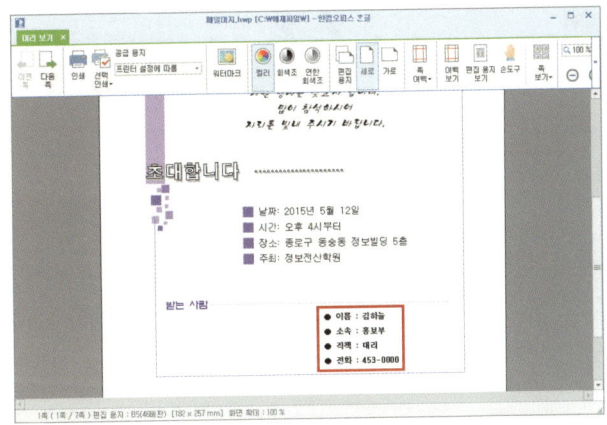

9 [미리 보기] 탭에서 [다음 쪽] 아이콘을 클릭하거나 Alt + Pg Dn 키를 누릅니다. 다음과 같이 두 번째 레코드의 필드 값이 삽입되었는지 확인합니다.

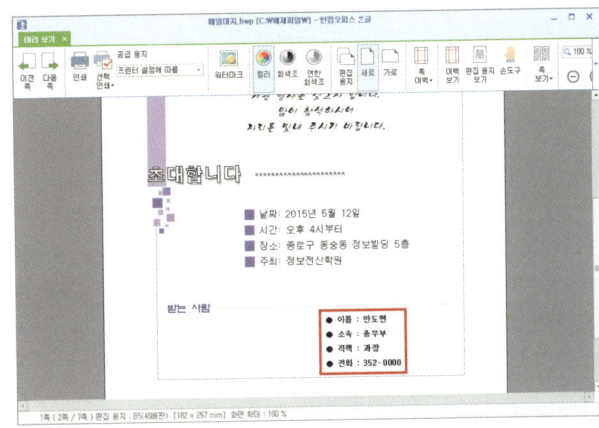

쌩초보 Level Up — 메일 머지 표시 서식 지정

메일 머지 표시를 더블클릭하여 블록으로 지정한 후 [글자 모양]이나 [문단 모양] 등을 지정해 놓으면 메일 머지를 만들 때 지정한 글자 모양이나 문단 모양으로 적용하여 출력할 수 있습니다.

● 이름 : {{1}}
● 소속 : {{3}}
● 직책 : {{4}}
● 전화 : {{2}}

section 46
라벨 만들기

CD, 서적, 비디오 등의 물건에 제목을 붙여 이름표를 다는 것을 라벨이라고 합니다. 한글에서 라벨 문서 만들기 기능을 이용하면 이러한 라벨 외에도 엽서나 명함, 소포용 우편물 등을 손쉽게 만들 수 있습니다. 라벨을 만들 때는 메일 머지 기능이 이용됩니다.

Key Word : 이름표, 메일 머지

완성파일 : 완성파일\라벨만들기.hwp

1 빈 문서에서 [도구] 탭의 [라벨] 아이콘을 클릭하고 '라벨 문서 만들기'를 선택합니다. [라벨 문서 만들기] 대화상자가 나타나면 [라벨 문서 꾸러미] 탭에서 'Formtec Standard'의 '3108-주소라벨(14칸)'을 선택하고 [열기] 버튼을 클릭합니다.

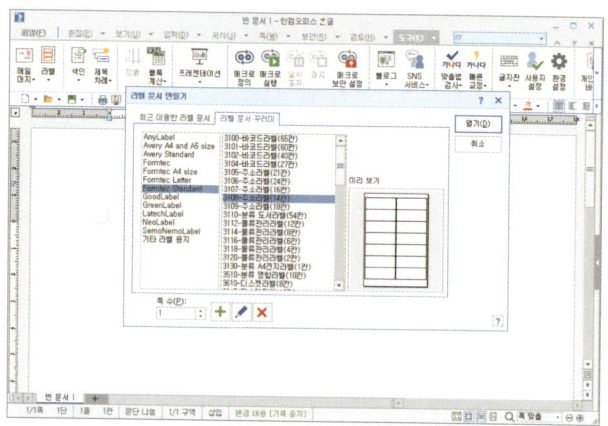

2 선택한 라벨 용지의 전체 모양이 표로 나타납니다. 이제 각 라벨 이름표를 입력하는 곳에 메일 머지 기능을 이용하여 DM 발송용 주소 라벨을 만들어 봅니다.

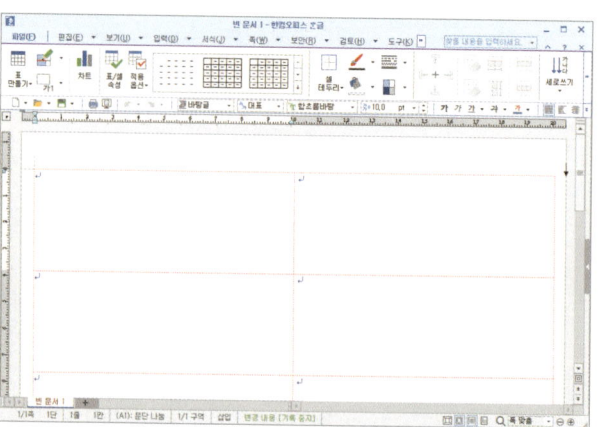

POINT
메일 머지를 사용하지 않아도 각 라벨 이름표에 필요한 내용을 입력하고 글자 모양과 문단 모양 등을 설정하여 출력할 수 있습니다.

3 첫 번째 라벨 이름표에 커서를 위치시킨 후 [도구] 탭의 [메일 머지]에서 '메일 머지 표시 달기'를 클릭합니다. [필드 만들기] 탭의 [필드 번호나 이름을 입력하세요]에 '2'를 입력하고 [넣기] 버튼을 클릭합니다.

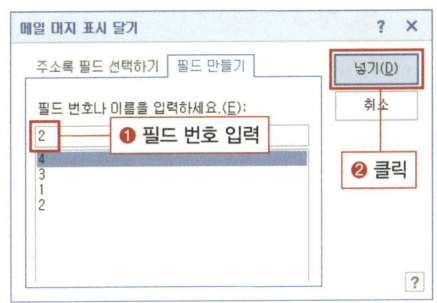

POINT
이전 섹션에서 메일 머지 표시를 달았을 경우 필드 번호가 이미 입력되어 있습니다. 예제 파일 폴더의 '회원주소록.hwp' 파일에는 '이름', '주소', '우편번호' 순으로 3개의 필드가 저장되어 있습니다.

4 {{2}} 형식으로 메일 머지 표시가 삽입되면 Enter 키를 두 번 눌러 한 줄을 띄웁니다. 필드 번호 '1'을 삽입하고 뒤에 '귀하'를 입력합니다. 다시 Enter 키를 두 번 눌러 한 줄을 띄우고 필드 번호 '3'을 삽입합니다. 이렇게 모두 세 개의 메일 머지 표시를 달면 다음과 같은 형태가 됩니다.

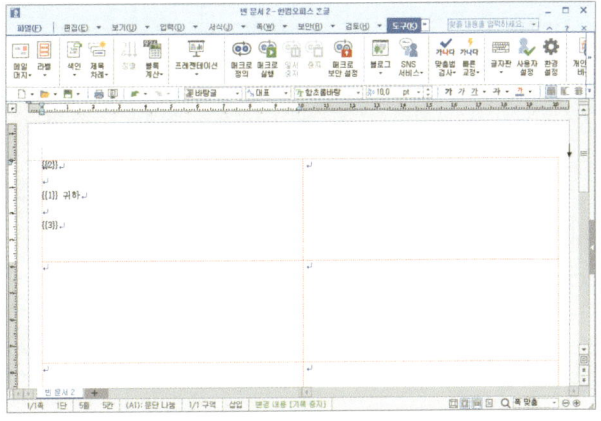

쌩초보 Level Up — 라벨 용지 만들기

한글에서 제공하는 라벨 용지 규격 중 사용자가 원하는 것이 없으면 사용자가 직접 라벨 용지를 만들 수 있습니다.
① [도구] 탭의 [라벨]에서 '라벨 문서 만들기'를 선택합니다.
② [라벨 문서 만들기] 대화상자의 [라벨 문서 꾸러미] 탭을 선택합니다.
③ 라벨 용지 만들기(+) 아이콘을 클릭합니다.
④ [라벨 용지 만들기] 대화상자에서 라벨 용지의 이름을 입력하고 용지 종류, 용지 여백, 이름표 크기와 개수 등을 지정한 다음 [설정] 버튼을 클릭합니다.
• 라벨 용지를 선택하고 라벨 용지 고치기(✏) 아이콘을 클릭하면 이름과 용지 종류 및 여백, 이름표의 크기와 개수 및 여백 등을 수정할 수 있습니다.
• 라벨 용지를 선택하고 라벨 용지 지우기(✖) 아이콘을 클릭하면 확인 메시지가 표시됩니다. 여기서 [지움] 버튼을 클릭하면 선택한 라벨 용지가 제거됩니다.

5 글자 모양과 문단 모양 등을 이용하여 다음과 같이 첫 번째 라벨 이름표의 모양을 지정합니다. 여기서 지정한 모양대로 주소 라벨이 출력됩니다.

\POINT
메일 머지 결과를 라벨 용지에 인쇄할 때는 첫 번째 라벨에만 메일 머지 표시를 삽입하고 나머지 이름표는 모두 비워둡니다.

6 [도구] 탭의 [메일 머지]에서 '메일 머지 만들기'를 클릭합니다. [메일 머지 만들기] 대화상자에서 [자료 종류]를 '한글 파일'로 지정하고 예제 파일 폴더에서 '회원주소록.hwp'을 불러옵니다. [출력 방향]을 '화면'으로 지정하고 [확인] 버튼을 클릭합니다.

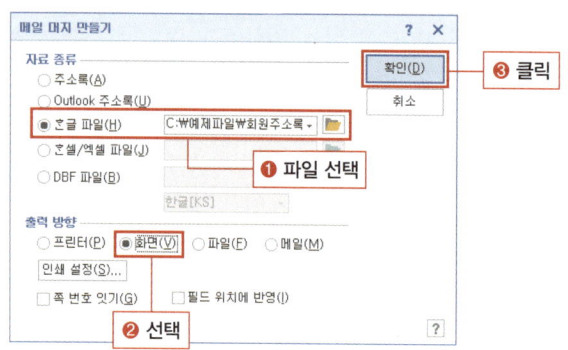

7 미리 보기가 실행되고 다음과 같이 메일 머지 결과가 화면에 표시됩니다. 데이터 파일로 지정한 '회원주소록.hwp' 문서의 레코드 개수만큼 라벨 이름표가 인쇄됩니다.

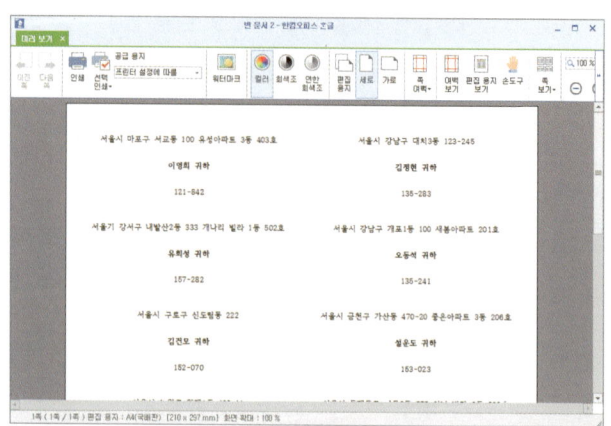

하이퍼링크로 연결하기

하이퍼링크는 인터넷이나 도움말 등에서 많이 사용되는 기능으로 본문 중 특정한 단어를 클릭하여 현재 문서의 다른 곳으로 이동하거나 다른 문서로 이동하는 기능입니다. 홈 페이지 주소나 전자 우편 주소 등을 연결하여 쉽게 참조하거나 이동할 수 있습니다.

Key Word : 참조, 책갈피   **예제파일** : 예제파일\하이퍼링크.hwp   **완성파일** : 완성파일\하이퍼링크.hwp

1 하이퍼링크로 연결될 곳을 책갈피로 지정합니다. 문서의 3쪽 '1 상황 분석' 마지막에 커서를 이동한 후 [입력] 탭의 [책갈피] 아이콘을 클릭하거나 Ctrl + K, B 키를 누릅니다. [책갈피] 대화상자가 나타나면 [넣기] 버튼을 클릭합니다.

> **POINT**
> 커서 이전의 내용이 책갈피 이름으로 자동으로 입력됩니다.

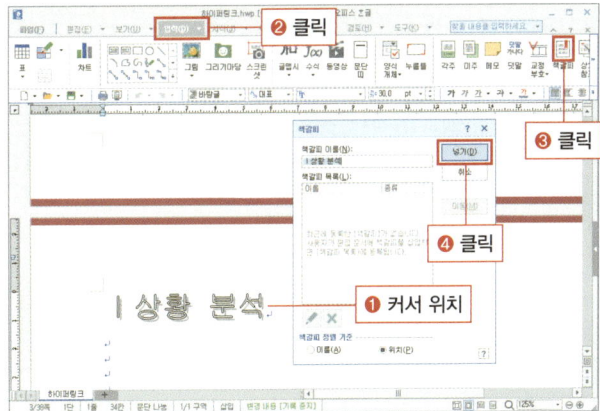

2 22쪽, 23쪽, 24쪽, 31쪽으로 각각 이동한 후 같은 방법으로 책갈피를 달아놓습니다.

> **POINT**
> 본문 내의 특정 단어를 클릭하여 이동하는 하이퍼링크는 책갈피와 함께 사용해야 합니다. 책갈피를 하이퍼링크와 함께 사용하면 특정 단어를 클릭하여 참조할 수 있는 곳으로 빠르게 이동할 수 있습니다.

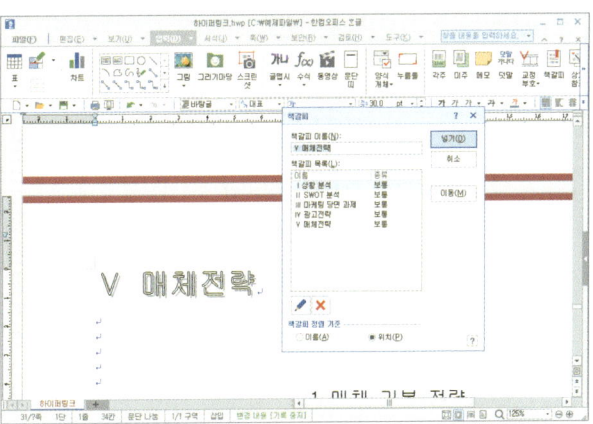

3 2쪽으로 이동하여 '1 상황 분석'을 블록으로 설정하고 [입력] 탭의 [하이퍼링크] 아이콘을 클릭하거나 Ctrl + K, H 키를 누릅니다. [하이퍼링크] 대화상자의 책갈피 목록에서 지정한 책갈피 중 하나를 선택하고 [넣기] 버튼을 클릭합니다.

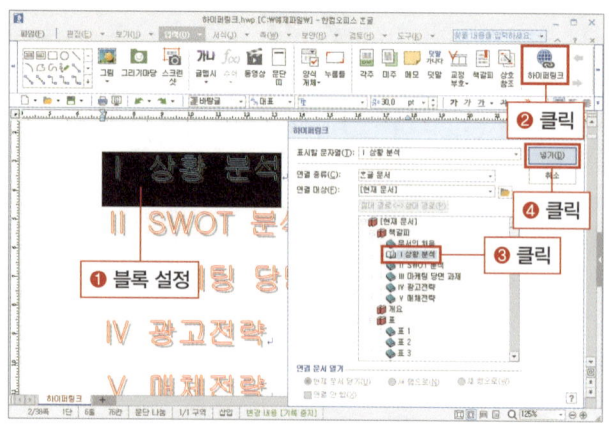

POINT
표시할 문자열의 입력란에는 블록으로 설정된 부분이 자동으로 입력되고, 본문 내에 삽입된 표나 그림, 수식, 개요 등은 하이퍼링크로 연결할 수 있도록 자동으로 표시합니다.

4 다음과 같이 하이퍼링크가 적용된 문자열은 밑줄이 그어지고 글자 색상도 변경됩니다. 하이퍼링크로 연결된 곳으로 마우스 포인터를 이동하면 커서가 손가락 모양으로 변경됩니다.

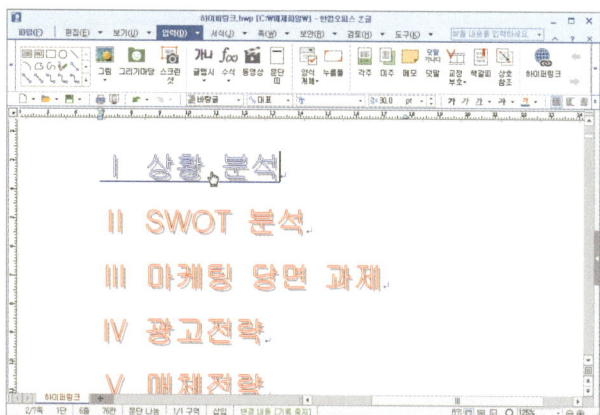

쌩초보 Level Up — 하이퍼링크 연결 종류

- [연결 종류]에서 하이퍼링크로 연결할 문서 형식을 지정할 수 있습니다. 이동할 대상문서가 한글 문서 형식인지 웹 주소인지 전자 우편 주소인지 외부 어플리케이션 문서인지를 선택합니다.
- 연결 종류에 따라 [연결 대상] 목록이 바뀌어 표시됩니다.
- [연결 대상]에서 파일 선택( ) 아이콘을 클릭하여 외부 문서도 하이퍼링크로 연결할 수 있습니다.
- 하이퍼링크로 연결된 것을 해제하려면 하이퍼링크 표시 내로 커서를 이동한 후 [편집] 메뉴의 [고치기]를 선택하여 [연결 안함] 옵션을 설정하고 [고치기] 버튼을 클릭합니다.

5 'II SWOT 분석'도 블록으로 설정한 후 하이퍼링크로 연결합니다.

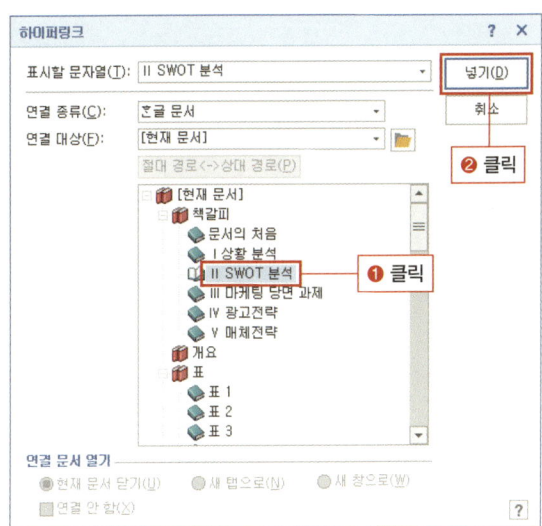

6 같은 방법으로 하이퍼링크로 모두 연결한 후 'IV 광고전략'을 클릭합니다. 해당 하이퍼링크로 연결된 곳으로 바로 이동됩니다.

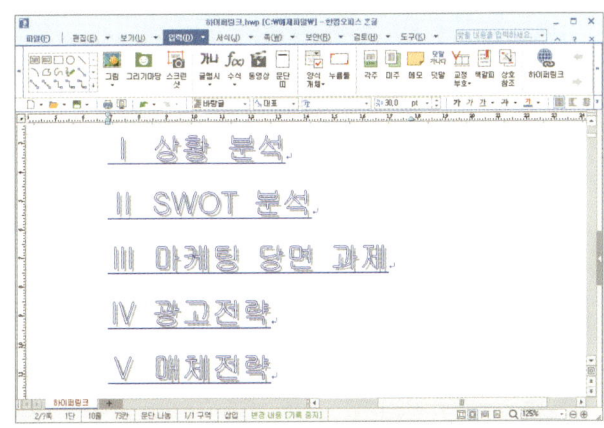

POINT
하이퍼링크로 설정된 링크를 열면 글자 색이 바뀝니다.

쌩초보 Level Up — 하이퍼링크 글자 모양 변경하기

하이퍼링크의 글자 모양을 변경하려면 [도구] 메뉴에서 [환경 설정]을 선택한 후 [기타] 탭의 [하이퍼링크 글자 모양]에서 변경합니다.

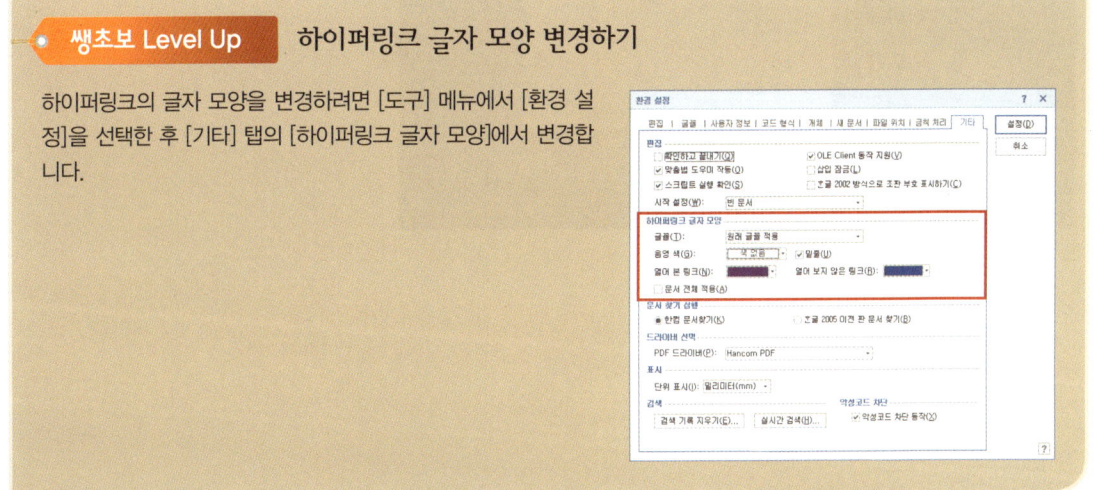

special
TIP 동영상 삽입하기

한글 2014에서는 몇 번의 클릭으로 로컬 드라이브(내 컴퓨터의 하드 디스크)나 웹에 저장된 동영상을 삽입하여 멋진 멀티미디어 문서를 만들 수 있습니다.

[입력] 탭을 선택한 후 [동영상]을 클릭합니다. 다음과 같은 동영상 넣기 대화상자에서 컴퓨터에 저장된 동영상을 삽입할 것인지 웹 동영상을 삽입할 것인지를 선택합니다.

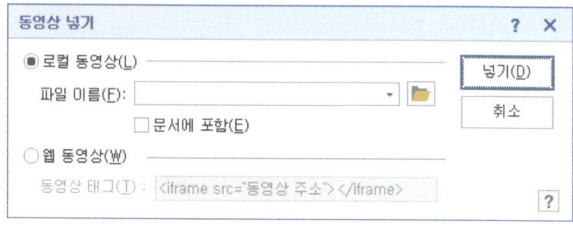

- **로컬 동영상** : 동영상 파일 선택( )을 클릭하여 동영상이 저장된 파일 위치를 선택합니다. '문서에 포함'에 체크하면 동영상 파일이 문서에 삽입되므로 문서를 배포할 경우 동영상 파일을 별도로 첨부하지 않아도 됩니다.

- **웹 동영상** : 삽입할 동영상을 브라우저에서 찾아 해당 사이트로 이동한 후 동영상 위에서 마우스 오른쪽 단추를 클릭하여 Embed 코드를 복사합니다. 동영상 넣기 대화상자의 [동영상 태그]에 복사한 Embed 코드를 붙여 넣으면 웹 동영상을 삽입할 수 있습니다.

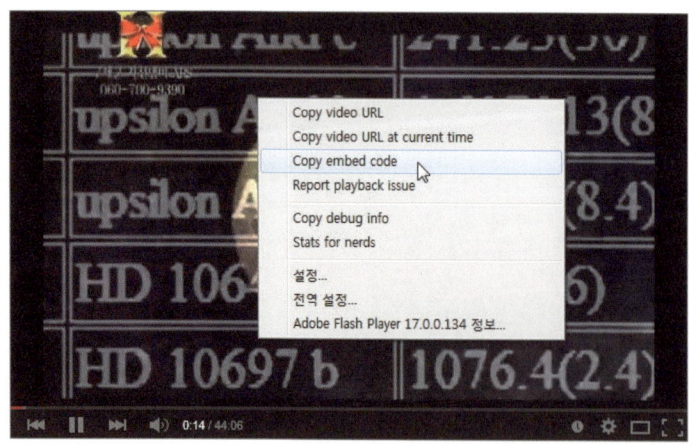

다른 곳을 참조하는 문서 만들기

특정 페이지에서 다른 페이지에 삽입된 표나 그림, 수식 등의 일련번호나 개체가 삽입된 페이지 번호를 넣어 해당 쪽을 참조할 수 있도록 만드는 기능입니다. 이 기능을 이용하면 참조하고 있는 페이지 번호나 표 번호가 바뀌어도 자동으로 업데이트 됩니다.

Key Word : 상호 참조, 자동 갱신

예제파일 : 예제파일\상호참조문서.hwp

1 4쪽 하단 부분의 '15쪽의' 15를 삭제합니다. [입력] 탭의 [상호 참조] 아이콘을 클릭하거나 Ctrl+K, R 키를 누릅니다.

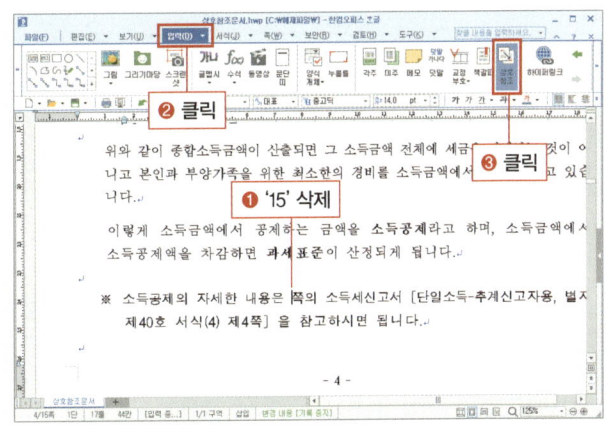

POINT
상호 참조 쪽 번호를 넣으면 쪽 번호가 중복되어 표시되기 때문에 지운 것입니다.

2 [상호 참조] 대화상자에서 [참조 대상 종류]는 '표'가, [참조 내용]은 '표가 있는 쪽 번호'가 선택된 상태에서 [참조 대상 선택] 목록 중 참조할 대상이 있는 표를 선택하고 [넣기] 버튼을 클릭합니다.

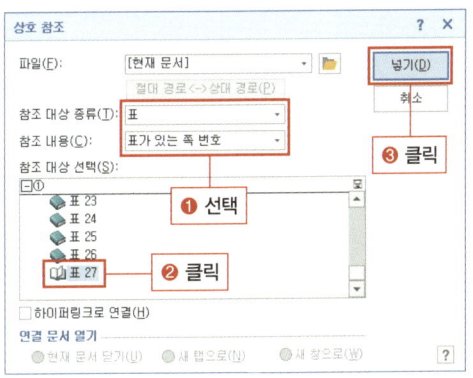

3 다음과 같이 '표 27'이 삽입된 페이지 번호를 커서가 위치한 곳에 자동으로 삽입합니다.

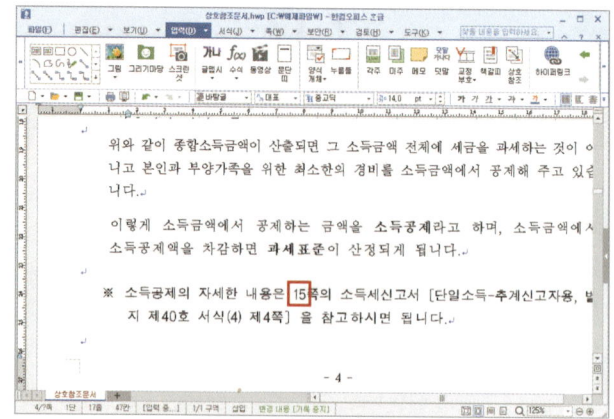

4 상호 참조로 삽입한 페이지 번호가 자동으로 바뀌는지 확인해 보기 위해 [쪽] 탭의 [새 번호로 시작] 아이콘을 클릭합니다. [새 번호로 시작] 대화상자의 [번호 종류]에서 '쪽 번호'를 선택하고 [시작 번호]에 '10'을 입력한 후 [넣기] 버튼을 클릭합니다.

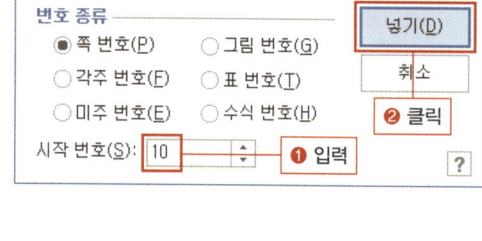

5 현재 커서가 위치된 페이지가 10페이지부터 시작됩니다. Alt+S키를 눌러 문서를 저장합니다. 다음과 같이 상호 참조로 입력된 페이지 번호가 자동으로 갱신되는 것을 확인할 수 있습니다.

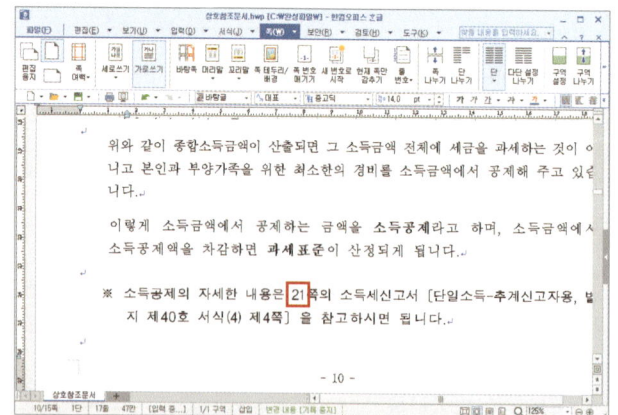

쌩초보 Level Up 상호 참조 종류 및 참조할 내용

- **파일** : 현재 문서나 외부의 문서 파일을 선택하여 참조할 대상을 선택할 수 있습니다.
- **참조 대상 종류** : 참조할 대상으로 선택할 수 있는 종류를 표시합니다. 표, 그림, 수식, 각주, 미주, 개요, 책갈피 등을 선택할 수 있습니다.
- **참조 내용** : 상호 참조에 보여줄 정보를 선택합니다. 참조 대상 종류에 따라 참조 내용의 목록이 달라집니다.

스크립트 매크로 정의 및 실행하기

매크로는 반복되는 일련의 작업 과정을 기록한 후 필요할 때 호출하여 사용하는 기능입니다. 매크로를 이용하면 문서를 편집하면서 매번 같은 작업을 반복해야 할 경우 기록해 놓은 매크로를 원하는 횟수만큼 반복 실행시켜 빠르게 작업을 마칠 수 있습니다.

Key Word : 매크로 정의   **예제파일** : 예제파일\생활의 지혜.hwp   **완성파일** : 완성파일\생활의 지혜.hwp

1 예제 파일에는 문단 번호 모양으로 적용되어 있는 소제목이 있습니다. 이 문단 번호 모양을 찾아 글자 모양을 바꾸는 매크로를 정의할 것입니다. 커서를 문서 처음으로 이동시킵니다.

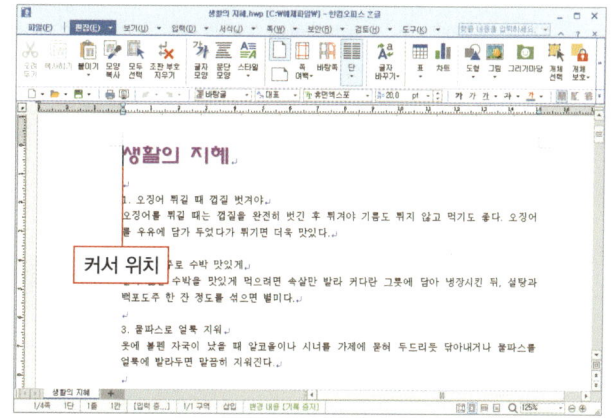

2 [편집] 메뉴의 [찾기]에서 '찾아가기'를 클릭하거나 Alt + S 키를 누릅니다. [찾아가기] 대화상자에서 '조판 부호'를 클릭하고 '문단 번호 모양'을 선택한 다음 [가기] 버튼을 클릭합니다. 커서가 첫 번째 문단 번호가 있는 문단의 마지막으로 이동됩니다.

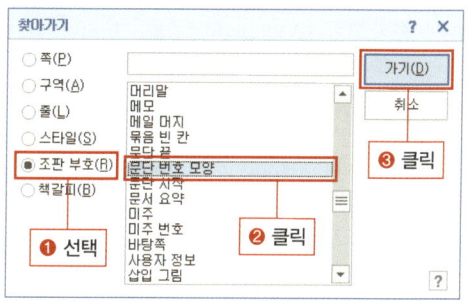

POINT
찾아가기가 한 번 설정되면 이후부터는 '다시 찾기'(단축키 : Ctrl + L)를 눌러 앞에서 설정한 찾아가기를 실행할 수 있습니다.

3 첫 번째 문단 번호 모양부터 찾아야 하므로 커서를 다시 문서를 처음으로 이동시킨 후 [도구] 탭의 [매크로 정의] 아이콘을 클릭하거나 Alt + Shift + C 키를 누릅니다.

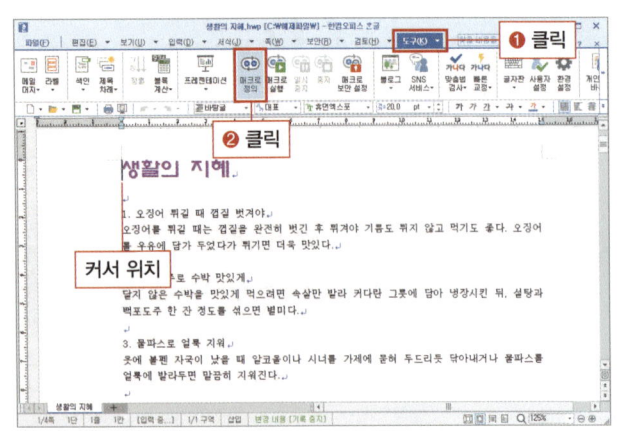

\POINT
한글 2014에서는 키 매크로와 스크립트 매크로를 지원하는데 Windows Vista나 Windows 7에서는 키 매크로를 지원하지 않습니다.

4 [스크립트 매크로 정의] 대화상자에서 'Alt+Shift+3' 매크로를 선택하고 [이름]에 '글자모양바꾸기'를 입력한 후 [정의] 버튼을 클릭합니다.

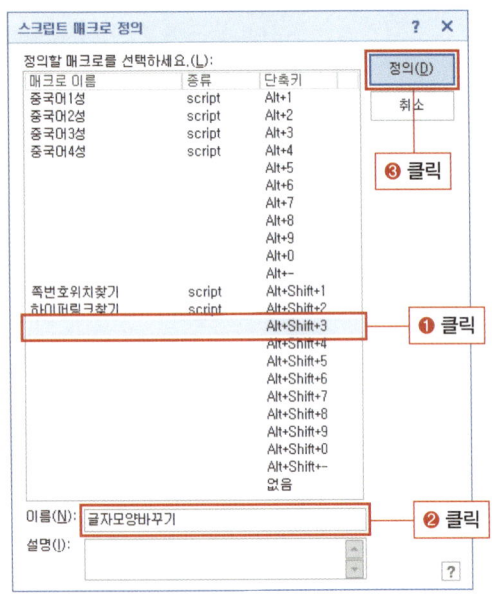

\POINT
매크로 이름의 첫 글자는 영문이나 한글로 입력해야 하고 공백이나 특수 기호가 포함되면 안 됩니다.

5 지금부터 사용자가 선택하는 모든 명령은 매크로에 기록됩니다. Ctrl + L 키를 누르면 다음과 같이 첫 번째 문단 번호 모양을 찾아 해당 문단 끝으로 커서가 이동됩니다.

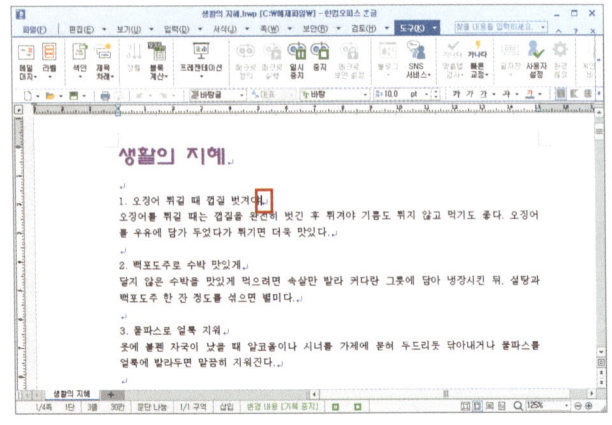

\POINT
매크로를 기록하는 중간에 매크로 기록을 잠시 멈추거나 다시 기록하려면 [도구] 탭의 [일시 중지] 아이콘을 클릭합니다.

6 현재 커서 위치부터 해당 문단 전체를 블록으로 설정하기 위해 F3 키를 누르고 Alt + Home 키를 눌러 문단의 처음으로 커서를 이동합니다.

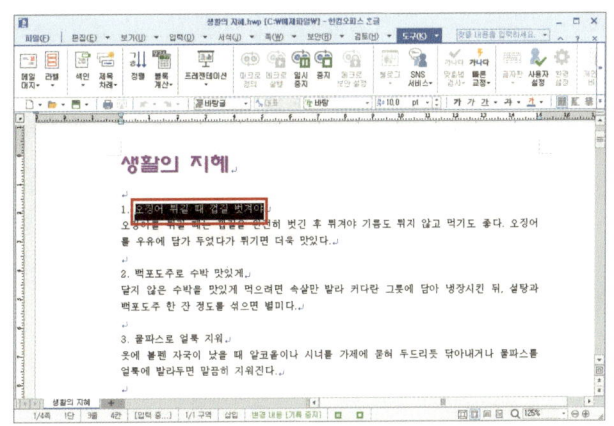

7 Alt + L 키를 눌러 [글자 모양] 대화상자에서 [기준 크기]는 '11pt'로 [글꼴]은 '굴림'으로 [속성]은 '진하게', [글자 색]은 '진달래색'으로 각각 지정한 후 [설정] 버튼을 클릭합니다.

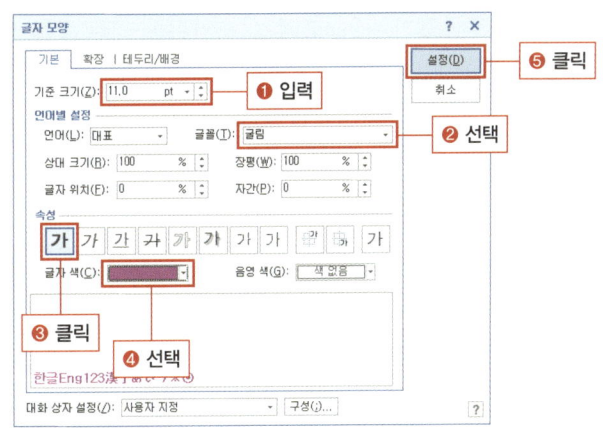

8 글자 모양이 바뀌면 Esc 키를 눌러 블록을 해제한 후 Alt + End 키를 눌러 문단 끝으로 커서를 이동합니다. 문단 끝으로 커서를 이동해 놓아야 다음 번호 문단을 찾을 수 있습니다. 매크로 기록을 중지하기 위해 [도구] 탭의 [중지] 아이콘을 클릭하거나 Alt + Shift + X 키를 누릅니다.

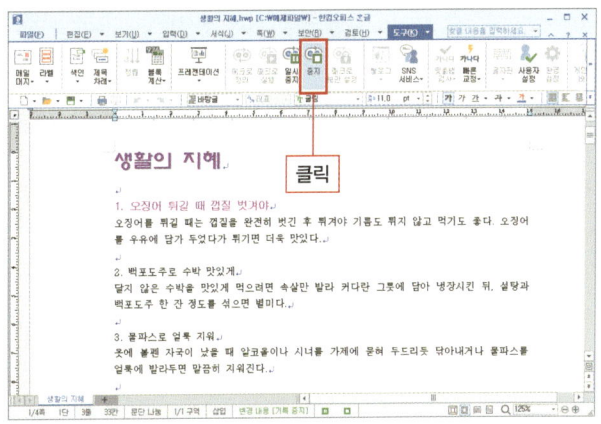

9 스크립트 매크로를 실행하기 전에 보안 수준을 변경해야 합니다. [도구] 탭의 [매크로 보안 설정] 아이콘을 클릭합니다. [스크립트 매크로 보안 설정] 대화상자의 [보안 수준] 탭에서 '보통'을 선택하고 [설정] 버튼을 클릭합니다.

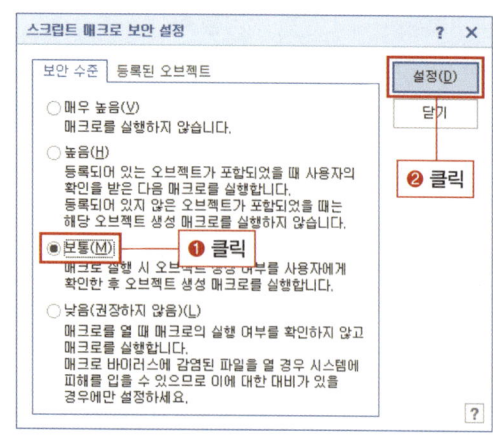

POINT
보안 수준이 '매우 높음'으로 설정되어 있으면 스크립트 매크로를 실행할 수 없기 때문에 '높음'이나 '보통'으로 설정합니다.

10 '글자모양바꾸기' 매크로의 단축키는 Alt+Shift+3입니다. Alt+Shift+3키를 누르면 '글자모양바꾸기'에 기록된 매크로가 실행되어 다음과 같이 두 번째로 번호 문단의 글자 모양이 변경됩니다.

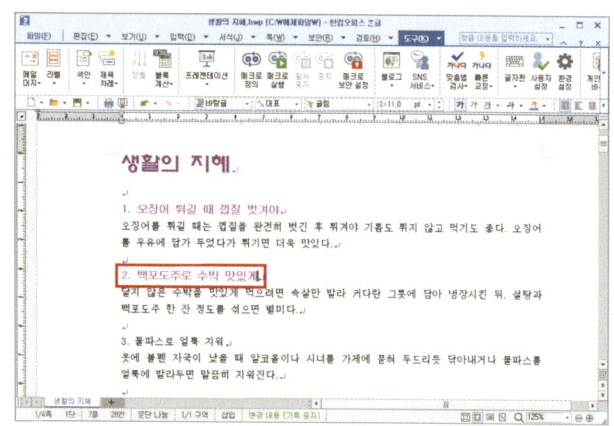

11 이번에는 스크립트 매크로를 여러 번 반복해서 실행해 보겠습니다. 스크립트 매크로를 여러 번 반복 실행하려면 보안 수준을 [낮음]으로 설정해야 합니다. [도구] 탭의 [매크로 보안 설정] 아이콘을 클릭한 후 [스크립트 매크로 보안 설정] 대화상자의 [보안 수준] 탭에서 '낮음'을 선택하고 [설정] 버튼을 클릭합니다.

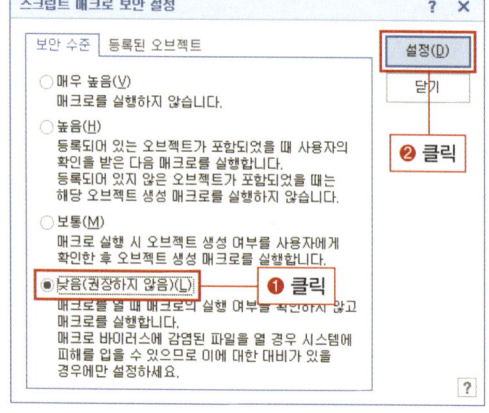

12 [도구] 탭의 [매크로 실행] 아이콘을 클릭합니다. [매크로 실행] 대화상자에서 '글자모양바꾸기' 매크로를 선택합니다. [매크로 반복 횟수]에 '28'을 입력하고 [실행] 버튼을 클릭합니다.

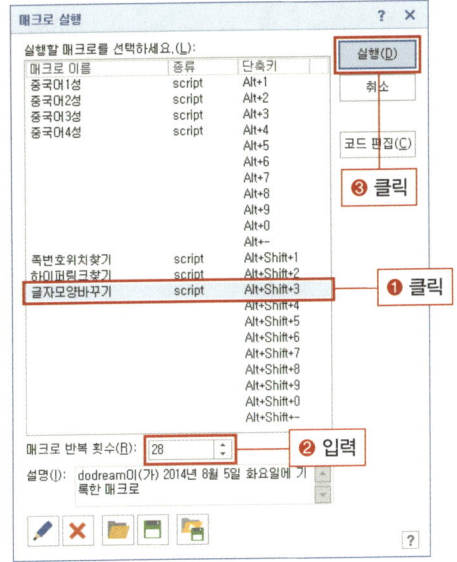

13 다음과 같이 번호 문단이 적용된 곳은 모두 글자 모양이 바뀝니다. 페이지 수가 몇백 장 또는 몇 만장인 문서를 편집할 때 스크립트 매크로를 이용하면 원하는 결과를 손쉽게 얻을 수 있습니다.

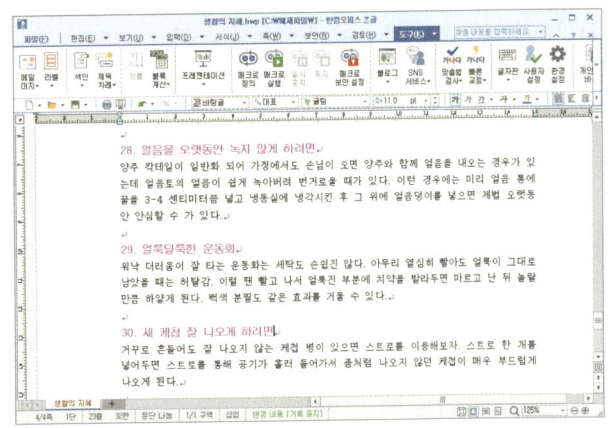

쌩초보 Level Up — 스크립트 매크로 코드 확인하기

- [도구] 탭의 [매크로 실행] 아이콘을 클릭하여 [매크로 실행] 대화상자를 실행합니다. 코드를 확인할 매크로를 선택하고 [코드 편집] 버튼을 클릭하거나 [보기] 메뉴의 [작업 창]에서 '스크립트'를 선택합니다. 다음과 같이 작업 창이 열리면 선택한 매크로의 코드를 확인할 수 있습니다.
- 한글 2014에서 지원하는 스크립트 매크로 명령은 한글과컴퓨터 홈페이지(http://www.hancom.co.kr/swlab)에서 제공합니다.

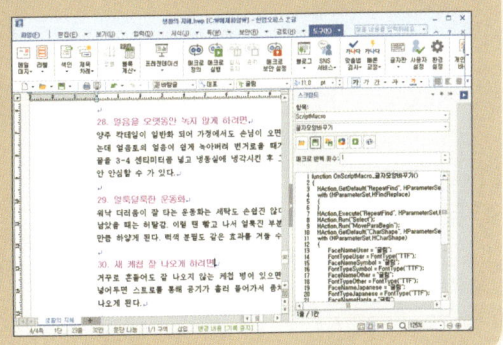

스크립트 매크로 편집하기

스크립트 매크로에 사용되는 명령이나 함수를 사용자가 모두 알기에는 어려운 점이 많습니다. 따라서 구현하고자 하는 스크립트 매크로를 정의한 후 코드를 일부 수정하거나 추가하여 원하는 스크립트 매크로를 사용할 수 있습니다.

Key Word : 매크로 편집, 코드 예제파일 : 예제파일\판매자료.hwp 완성파일 : 완성파일\판매자료.hwp

1 표에 입력되어 있는 내용에서 제품 분류가 '유제품'인 키워드를 찾아서 행 전체를 블록으로 지정한 다음 셀 배경 색을 지정하는 과정을 스크립트 매크로 정의합니다. 커서를 문서의 처음으로 이동한 후 [도구] 탭의 [매크로 정의] 아이콘을 클릭하거나 Alt+Shift+H 키를 누릅니다.

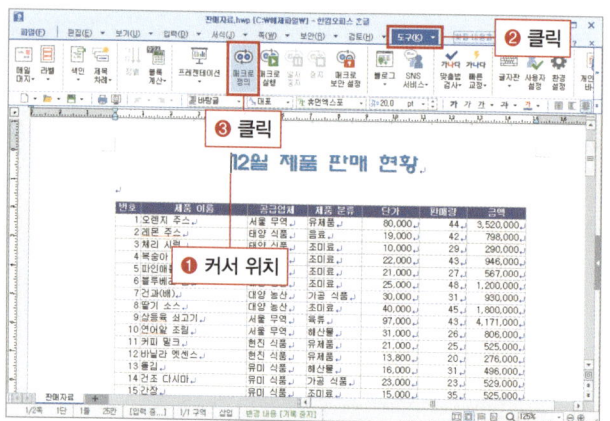

2 [스크립트 매크로 정의] 대화상자에서 'Alt+Shift+4' 매크로를 선택한 다음 [이름]에 '행색칠하기'를 입력하고 [설명]에 '제품 분류에 따른 행 찾아 색칠하기'를 입력한 후 [정의] 버튼을 클릭합니다.

> **POINT**
> 매크로 설명 입력란에는 정의하는 매크로에 대한 부연 설명을 입력할 수 있습니다.

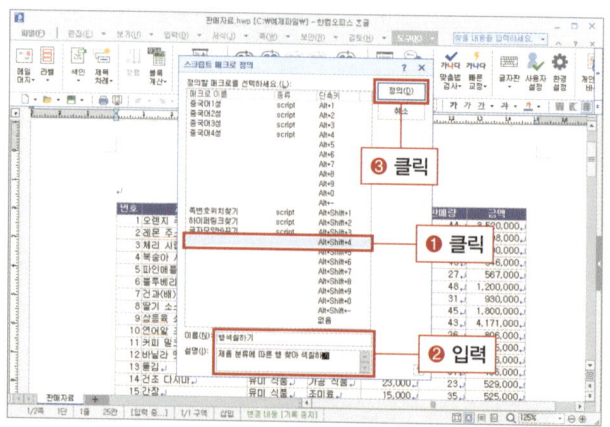

3 매크로 정의가 시작되면 [편집] 메뉴의 [찾기]에서 '찾기'를 선택하거나 Ctrl+Q, F 키를 누릅니다. [찾기] 대화상자에서 [찾을 내용]에 '유제품'을 입력하고 [찾을 방향]에 '아래쪽'을 선택한 후에 [다음 찾기] 버튼을 클릭합니다.

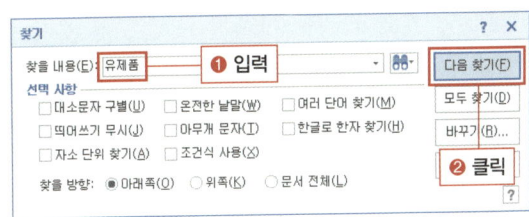

4 [찾기] 대화상자에서 [닫기] 버튼을 클릭하여 대화상자를 닫습니다. F5키를 누르고 F8키 눌러 '유제품'이 있는 행 전체를 블록으로 설정합니다.

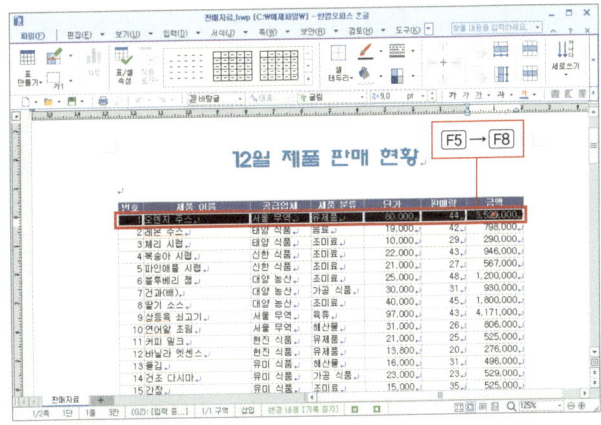

5 [표] 탭의 셀 배경 색( ) 아이콘을 클릭하여 원하는 색으로 지정합니다. 여기에서는 '연한 올리브색 90% 밝게'로 지정하였습니다.

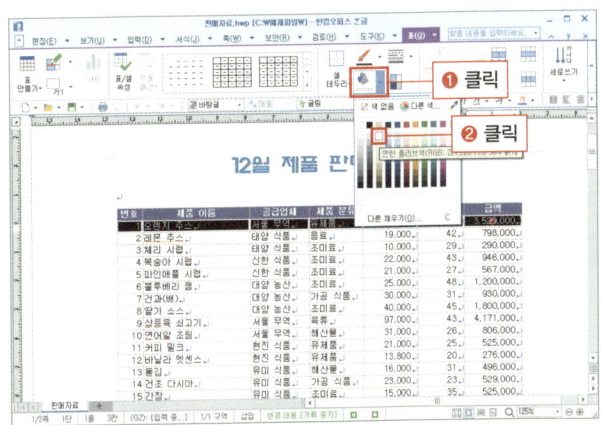

6 Esc 키를 눌러 셀 블록을 해제하면 다음과 같이 셀 배경 색이 칠해진 것을 확인할 수 있습니다. 스크립트 매크로 기록을 중지하기 위해 [도구] 탭의 [중지] 아이콘을 클릭합니다.

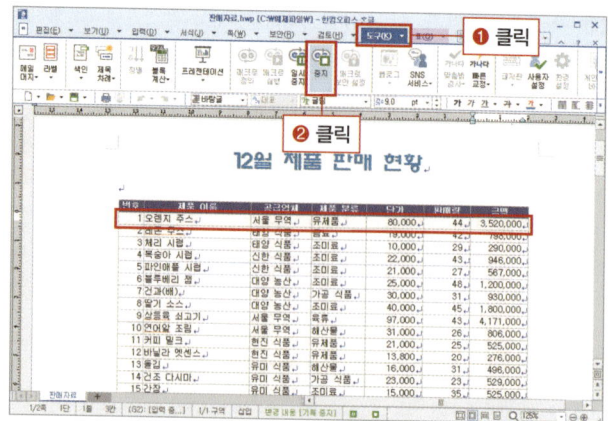

7 '행색칠하기' 매크로는 단축키 Alt + Shift + 4 에 저장되어 있으므로 Alt + Shift + 4 키를 누릅니다. 두 번째 '유제품'이 입력된 행 전체에 셀 배경 색이 칠해집니다.

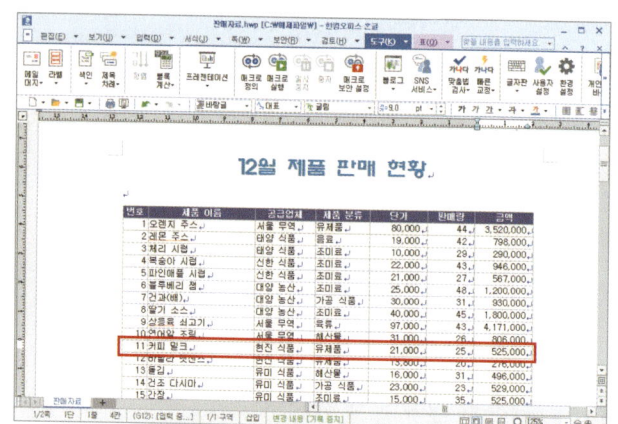

8 매크로를 여러 번 반복해서 실행하기 위해 [도구] 탭의 [매크로 실행] 아이콘을 클릭하고 [매크로 실행] 대화상자에서 '행색칠하기' 매크로를 선택합니다. [매크로 반복 횟수]에 반복 횟수를 입력하고 [실행] 버튼을 클릭하면 '유제품'이 입력된 행을 반복 횟수만큼 찾아 색을 칠합니다.

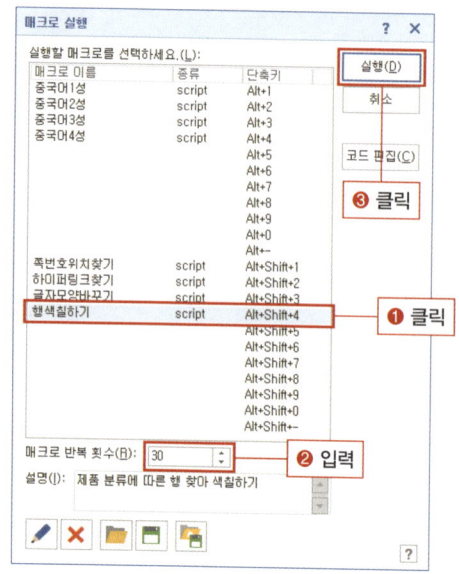

9 지금까지 기록한 스크립트 매크로를 일부 수정하여 실행해 봅니다. 제품 분류에서 '곡류'를 찾아 행 전체의 배경색을 '진달래색 90% 밝게'로 채우도록 수정합니다. 다음과 같이 스크립트 작업창을 표시한 후 스크립트 매크로 코드 중 '유제품'을 '곡류'로 수정하고, RGBColor 값 '251, 250, 247'을 '202, 86, 167'로 수정합니다.

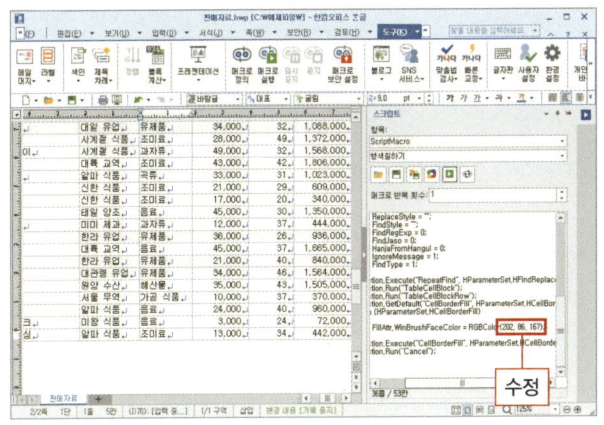

POINT

[보기] 메뉴의 [작업 창]에서 '스크립트'를 실행하면 스크립트 창이 나타납니다.

10 커서를 맨 처음으로 이동한 후 매크로를 반복할 횟수를 지정하고 작업창의 스크립트 매크로 실행(▶) 아이콘을 클릭하면 수정된 매크로가 실행된 것을 확인할 수 있습니다.

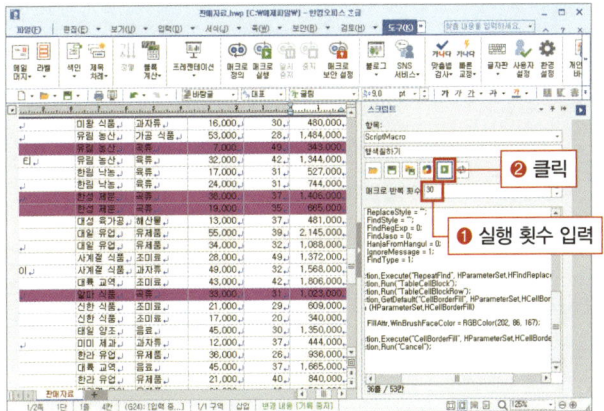

POINT

[색] 대화상자에서 원하는 색에 마우스 포인터를 가져다 대면 RGB 컬러 값을 확인할 수 있습니다.

ㅎ/ㅏ/ㄴ/ㄱ/ㅡ/ㄹ 2/0/1/4

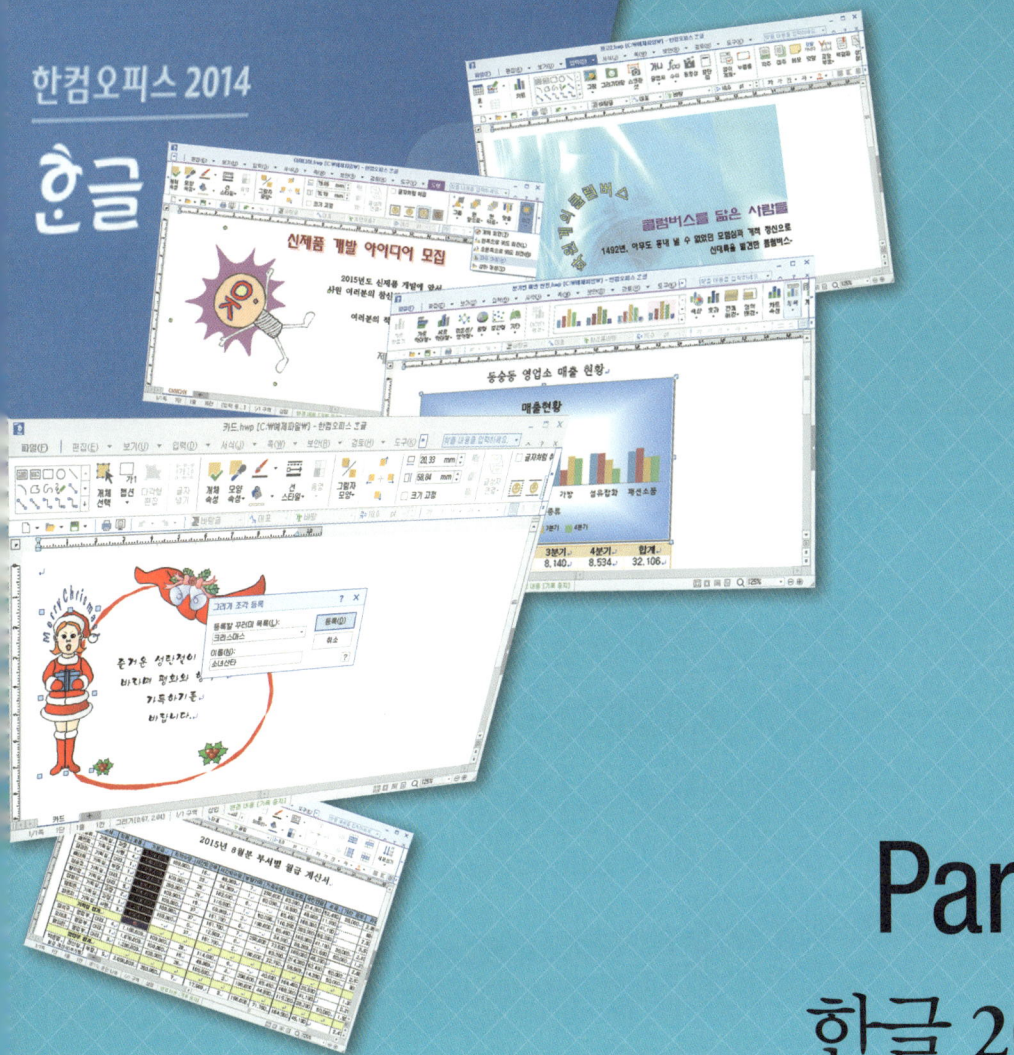

Part 3

한글 2014의 특별한 기능 10가지

이번 파트에서는 한글 2014의 특별한 기능과 새롭게 추가된 기능 중 문서를 작성하면서 많이 사용되거나 편리하게 사용할 수 있는 기능 10가지를 소개합니다. 특히 작성한 문서를 PDF로 저장하는 방법이나 블로그에 올리는 방법, 대화상자의 설정 내용을 저장하고 나중에 불러내어 사용하는 방법, 작성한 표를 다른 형태로 변형시키는 방법, 한자로 작성된 문서를 한글로 찾는 방법 등에 대해 알아봅니다.

한글 문서를 PDF 파일로 저장하기

PDF(Portable Document Format)는 문서 파일의 한 형태로 컴퓨터 기종에 상관없이 편집된 문서 모양 그대로 화면에서 확인하거나 인쇄할 수 있는 파일이며, 전자책과 디지털 출판에 적합합니다. 한글 2014에서는 별도의 PDF 변환 프로그램 없이도 편집된 모양 그대로 PDF 파일로 저장할 수 있는 기능을 제공합니다.

Key Word : PDF, 저장 범위, 어도비 리더

예제파일 : 예제파일\5.18 민중항쟁.hwp
완성파일 : 완성파일\5.18 민중항쟁.pdf

1 문서를 불러온 후 [파일] 메뉴의 [PDF로 저장하기]를 클릭합니다.

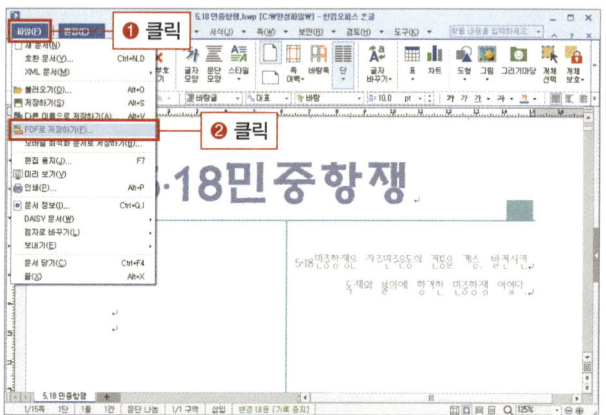

2 [PDF로 저장하기] 대화상자에서 PDF 파일을 저장할 폴더를 선택하고 파일 이름을 입력한 후 [저장] 버튼을 클릭합니다.

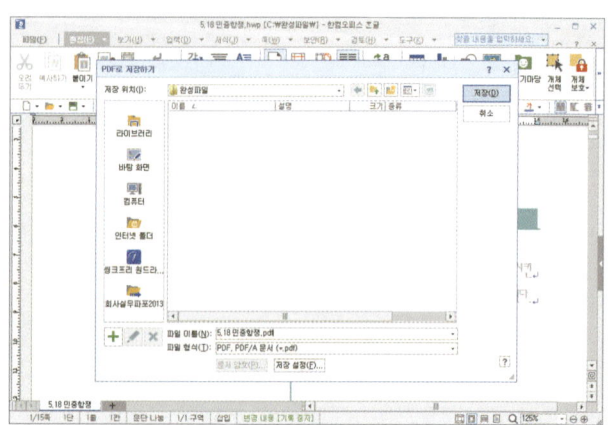

> **POINT**
> 파일 이름은 한글 2014 문서 파일명으로, 확장명은 PDF로 자동으로 부여됩니다. 대화상자 하단의 [저장 설정] 버튼을 클릭하면 문서의 저장 범위와 그림 저장 품질 등을 설정할 수 있습니다.

3 파일을 저장한 폴더를 열면 다음과 같이 PDF 파일을 확인할 수 있습니다.

4 PDF 파일을 더블클릭하면 다음과 같이 PDF 리더가 실행되면서 저장한 문서를 확인할 수 있습니다.

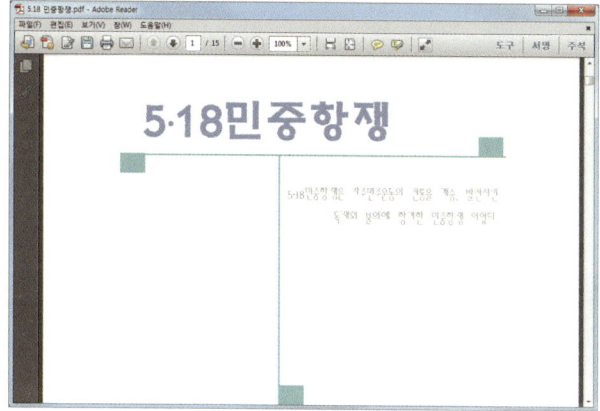

\POINT

PDF 파일을 확인하기 위해서는 Adobe Reader 와 같은 프로그램이 컴퓨터에 설치되어 있어야합니다. Adobe Reader는 'http://get.adobe.com/kr/reader/'에서 다운로드합니다.

한글 문서 블로그/SNS에 올리기

한글에서 작업한 문서를 본인의 웹 블로그나 SNS에 바로 등록할 수 있는 기능입니다. 웹 블로그에서 제공하는 에디터를 이용하지 않고도 한글의 모든 기능을 이용하여 작성한 문서를 웹 블로그에 올릴 수 있기 때문에 편리합니다. 작성한 글을 웹 블로그에 등록하기 위해서는 우선 웹 블로그 계정을 등록해야 하며 MetaWeblog API를 지원해야 합니다.

Key Word : API, 블로그로 올리기   **예제파일** : 예제파일\SUM함수활용.hwp

1 웹 블로그에 작성한 문서를 등록하기 위해서는 우선 계정을 등록해야 합니다. 한글 2014에 블로그 계정을 등록하기 위해 사용자의 블로그에 접속하고 [관리]를 클릭합니다.

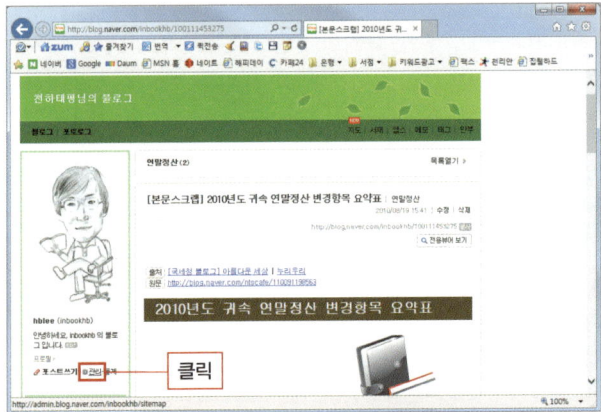

POINT
여기에서는 NAVER 블로그에 접속하여 글을 등록하는 방법을 알아봅니다.

2 [메뉴·글 관리]의 [플러그인·연동 관리]에서 '글쓰기 API 설정'을 클릭합니다.

POINT
블로그 관리 메뉴는 각 포털 사이트마다 차이가 있습니다.

3 [API연결정보]에서 API연결 URL과 아이디를 확인합니다. API연결 암호에 발급된 암호가 없을 경우 [암호발급] 버튼을 클릭합니다.

\POINT
암호가 있으면 이 단계는 생략해도 됩니다.

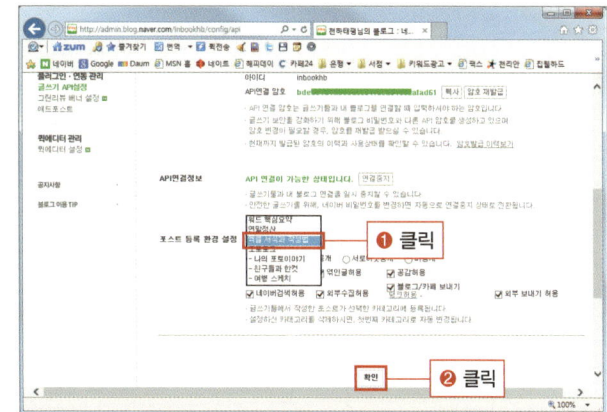

4 다음과 같이 API 연결 암호가 발급되면 한글 2014에서 작성한 문서가 등록될 포스트의 위치를 선택하고 [확인] 버튼을 클릭합니다.

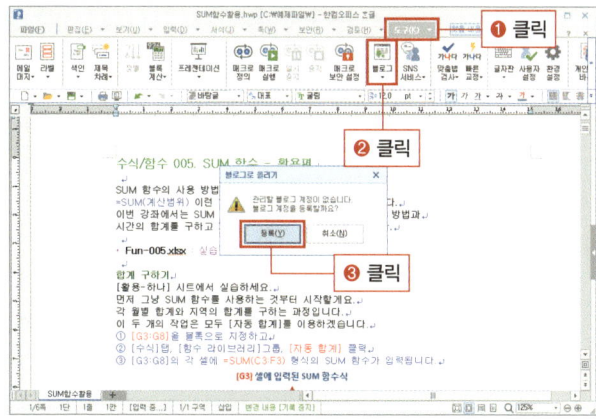

5 블로그에 등록할 연결 계정을 모두 설정했으므로 한글 2014로 돌아와 [도구] 탭에서 [블로그]의 드롭다운 버튼을 클릭하고 '블로그로 올리기'를 클릭합니다. 현재는 블로그 계정을 등록하지 않았으므로 다음과 같이 [블로그로 올리기] 대화상자가 나타납니다. [등록] 버튼을 클릭합니다.

Part 3. 한글 2014의 특별한 기능 10가지   353

6 [계정 등록하기] 대화상자에 다음과 같이 [API 주소]와 [사용자 아이디], [API 연결 암호] 등을 입력한 후 [설정] 버튼을 클릭하면 블로그 계정이 등록됩니다.

POINT
'자동 접속'에 체크하면 매번 사용자 ID와 사용자 암호를 입력할 필요가 없습니다. 공용으로 사용하는 컴퓨터에서는 체크를 해제해야 합니다.

7 [블로그로 올리기] 대화상자에 [게시물 제목]과 [게시물 위치]를 설정한 후 [등록] 버튼을 클릭합니다.

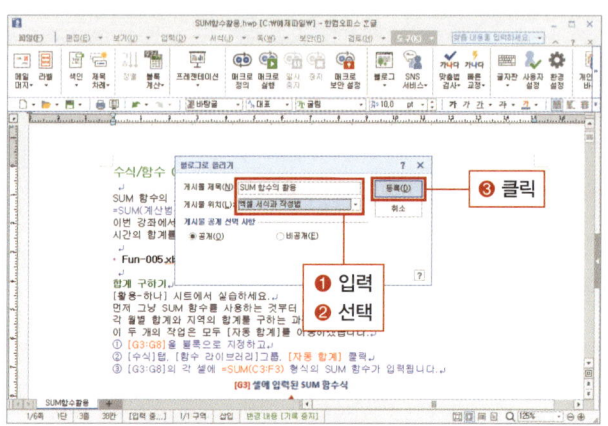

8 다음과 같이 [블로그로 올리기] 대화상자가 나타나면 [확인] 버튼을 클릭합니다.

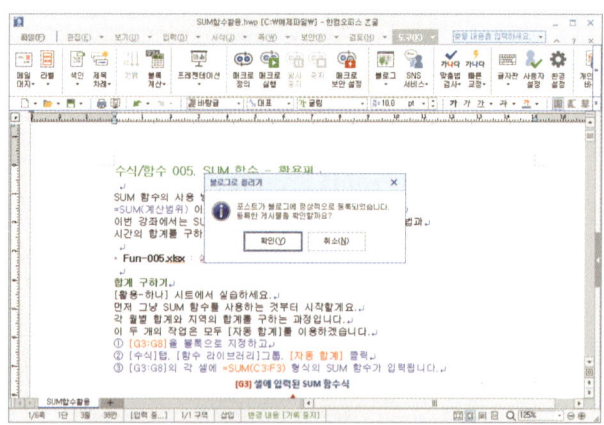

9 다음과 같이 웹 블로그에 등록된 것을 확인할 수 있습니다.

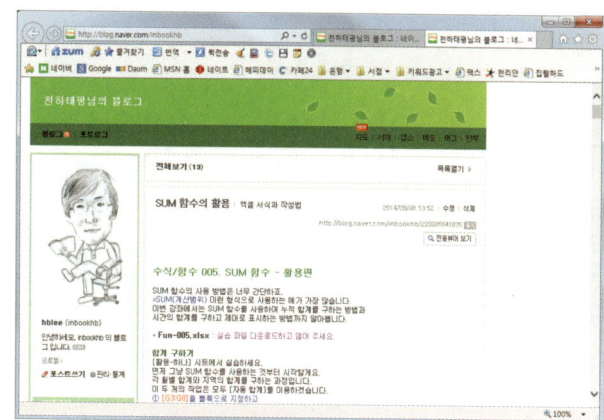

10 [도구] 탭에서 [블로그]의 드롭다운 버튼을 클릭하고 '블로그 계정 관리'를 실행하면 여러 개의 블로그 계정을 관리할 수 있습니다.

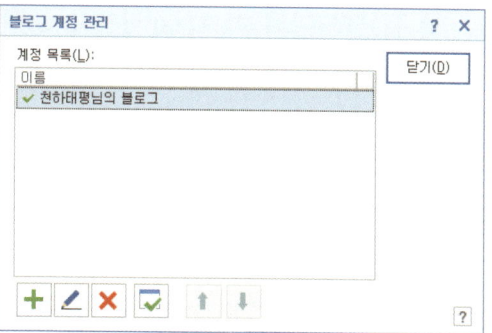

POINT
한글 2014에서 지원하는 웹 블로그를 추가해 놓으면 작업한 문서를 여러 블로그에 손쉽게 등록할 수 있습니다.

쌩초보 Level Up — 초안으로 올리기

[도구] 탭의 [블로그]의 드롭다운 버튼을 클릭하고 '초안으로 올리기'를 선택하여 블로그에 등록하면 문서를 편집하여 등록할 때마다 동일한 글이 업데이트됩니다. 완성되지 않은 문서를 틈틈이 올릴 때 유용하며, 공개여부를 선택할 수도 있습니다.

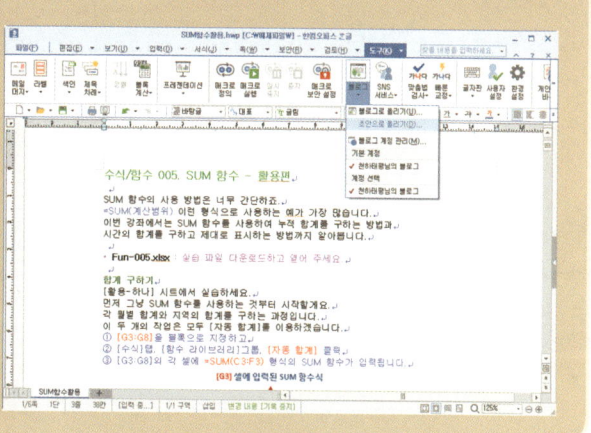

Part 3. 한글 2014의 특별한 기능 10가지

문서와 개인정보 보호

공인 인증서로 문서를 보호하면 문서 보호에 사용된 공인 인증서가 있어야 문서를 열 수 있습니다. 따라서 본인이나 본인이 허락한 사용자만 문서를 열람할 수 있고 전자 서명을 이용하면 문서의 송수신 과정에서 문서가 위조, 변조되지 않았다는 사실을 증명할 수도 있어 문서에 개인정보가 입력된 경우에도 간단한 방법으로 개인정보를 보호할 수 있습니다.

Key Word : 공인 인증서, 전자 서명   **예제파일** : 예제파일\사원명단.hwp   **완성파일** : 완성파일\사원명단.hwp

1 문서를 암호화하여 저장하는 방법을 배워봅니다. [보안] 탭의 [공인 인증서 암호화] 아이콘을 클릭합니다. [공인 인증서로 문서 암호화] 대화상자에서 [인증서 가져오기] 버튼을 클릭합니다.

POINT
공인 인증서는 거래하고 있는 시중 은행에서 무료로 발급받을 수 있습니다.

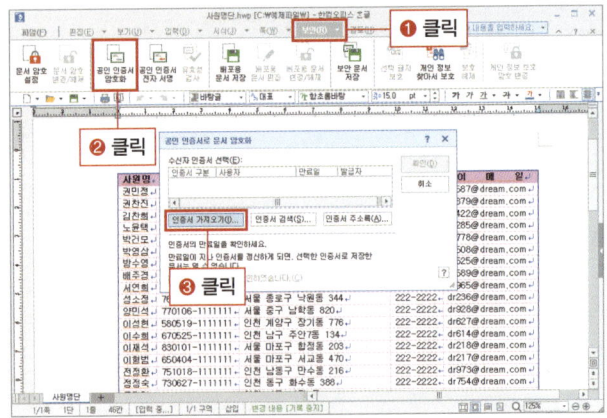

2 [인증서 가져오기] 대화상자에서 인증서가 저장된 폴더와 가져올 인증서를 선택하고 [열기] 버튼을 클릭합니다.

POINT
인증서 파일을 하드 디스크에 저장한 경우 'C:\Program Files\NPKI\yessign\USER\인증서명' 폴더에 저장됩니다.

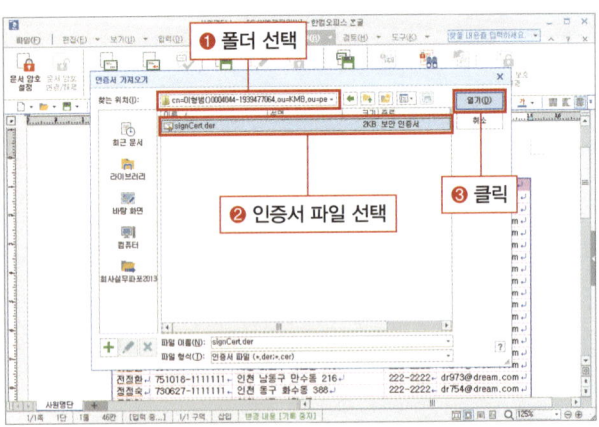

3 [공인 인증서로 문서 암호화] 대화상자로 선택한 공인 인증서를 가져오면 '인증서의 만료일을 확인하였습니다.'에 체크하고 [확인] 버튼을 클릭합니다.

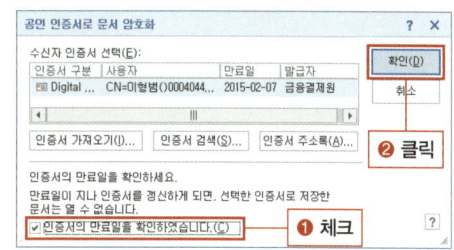

4 [다른 이름으로 저장하기] 대화상자가 나타나면 암호화하여 저장할 파일 이름을 입력하고 [저장] 버튼을 클릭합니다. 여기에서는 '완성파일' 폴더에 저장합니다.

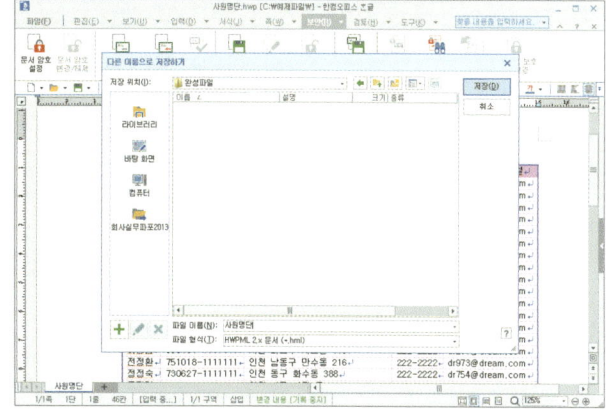

\POINT
공인 인증서로 암호화한 문서는 hwpml2.x 문서 (*.hml)로 저장됩니다.

5 서식 도구 모음에서 불러오기( ) 아이콘을 클릭하거나 Alt+O 키를 누릅니다. [불러오기] 대화상자에서 불러올 파일이 저장된 폴더를 선택하고 파일 형식을 'HWPML 2.x 문서 (*.hml)'로 선택합니다. 불러올 파일명을 선택하고 [열기] 버튼을 클릭합니다.

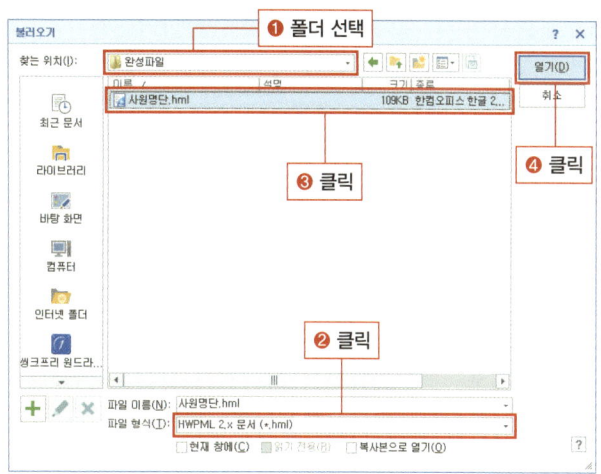

Part 3. 한글 2014의 특별한 기능 10가지   357

6 [공인 인증서로 복호화하기] 대화상자에서 인증서가 저장된 매체를 선택하고 인증서를 발급받을 때 설정한 암호를 입력한 후 [확인] 버튼을 클릭합니다.

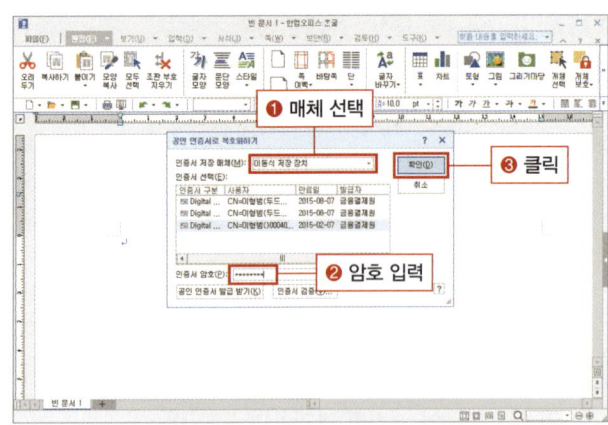

7 다음과 같이 공인 인증서로 암호화된 문서를 불러옵니다.

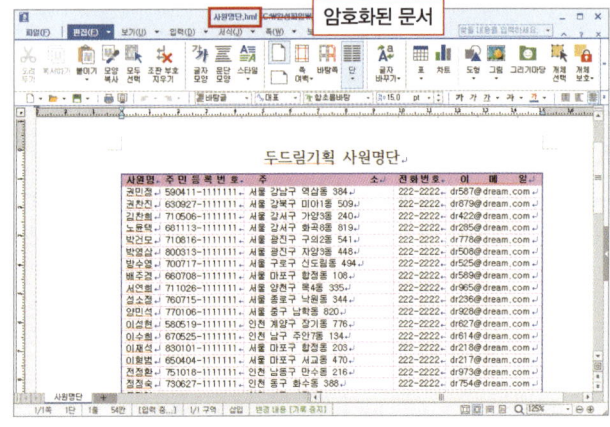

\POINT
암호화 할 때 사용된 공인 인증서를 이용하지 않거나 암호를 잘못 입력하면 문서를 불러올 수 없습니다.

8 이번엔 전자 서명 기능을 이용하여 문서를 저장합니다. '사원명단.hwp' 문서를 불러온 후 [보안] 탭의 [공인 인증서 전자 서명] 아이콘을 클릭합니다. [공인 인증서로 전자 서명] 대화상자에서 전자 서명에 사용될 인증서를 선택한 후 암호를 입력하고 [확인] 버튼을 클릭합니다.

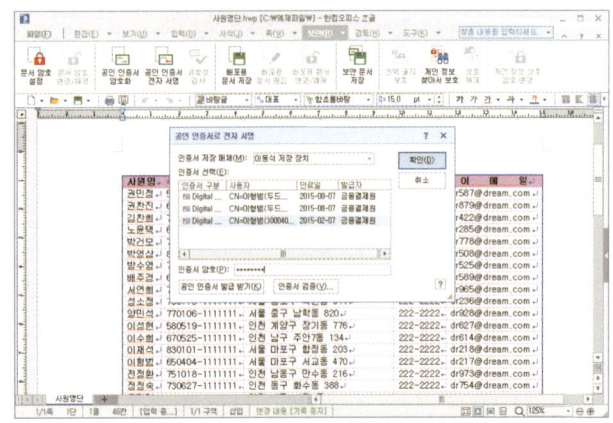

9 [다른 이름으로 저장하기] 대화상자에서 저장할 폴더를 선택하고 [파일 이름]에 '사원명단서명'을 입력한 후 [저장] 버튼을 클릭합니다.

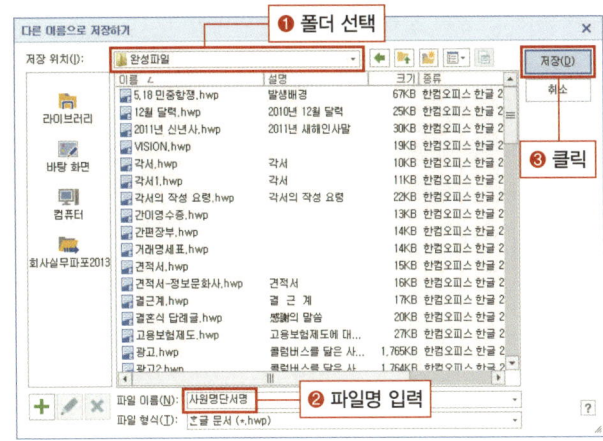

10 서식 도구 모음에서 불러오기( ) 아이콘을 클릭하거나 Alt+O 키를 누릅니다. [불러오기] 대화상자에서 불러올 파일이 저장된 폴더를 선택하고 [파일 형식]을 '모든 워드프로세서 문서 (*.hwp;*.hwt;*.frm;*.doc;*.docx;*.odt)'로 선택합니다. 불러올 파일명을 선택하고 [열기] 버튼을 클릭합니다.

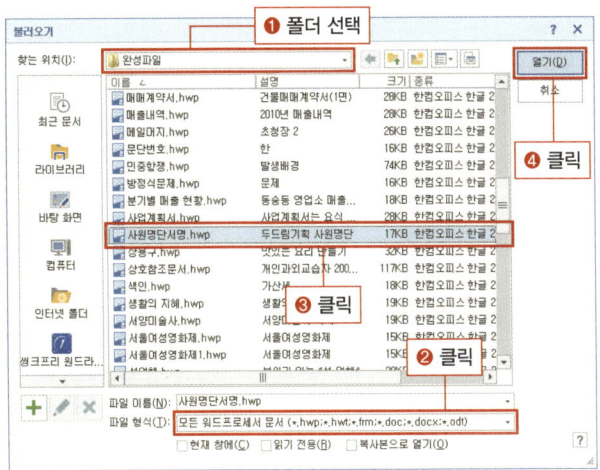

11 다음과 같이 전자 서명된 후 유효성 검증 결과를 보여줍니다. [확인] 버튼을 클릭합니다.

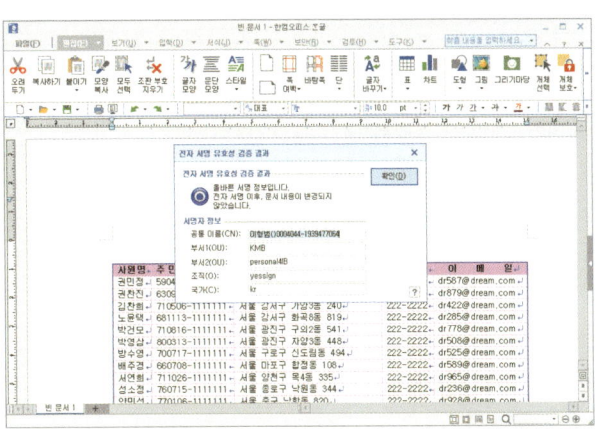

POINT
전자 서명이후 문서가 변경되어 저장되었다면 유효성 검증 결과는 올바르지 못한 서명 정보로 표시됩니다.

Part 3. 한글 2014의 특별한 기능 10가지

12 이번에는 개인 정보를 보호하는 방법입니다. '사원명단.hwp' 문서를 불러온 후 [보안] 탭의 [개인 정보 찾아서 보호] 아이콘을 클릭합니다. [개인 정보 보호하기] 대화상자에서 보호할 개인 정보를 선택합니다. 여기에서는 '전화우편'에 체크하였습니다.

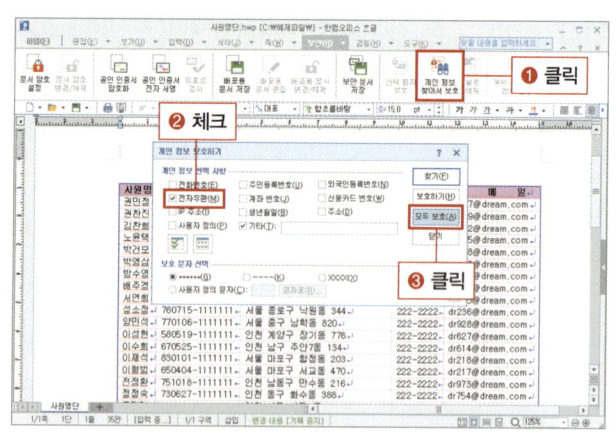

POINT
보호할 개인 정보를 여러 개 선택하여 일괄적으로 보호할 수 있습니다.

13 [모두 보호] 버튼을 클릭하면 다음과 같이 [개인 정보 보호 암호 설정] 대화상자가 나타납니다. 암호를 5글자 이상 입력한 후 [설정] 버튼을 클릭합니다.

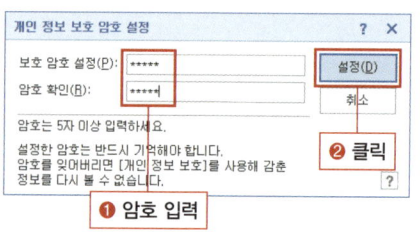

14 개인 정보가 몇 번 보호됐는지 메시지가 표시되면 [확인] 버튼을 클릭합니다. [개인 정보 보호하기] 대화상자로 돌아오면 [닫기] 버튼을 클릭합니다. 다음과 같이 전자우편 주소가 모두 보호 문자로 보호된 것을 확인할 수 있습니다.

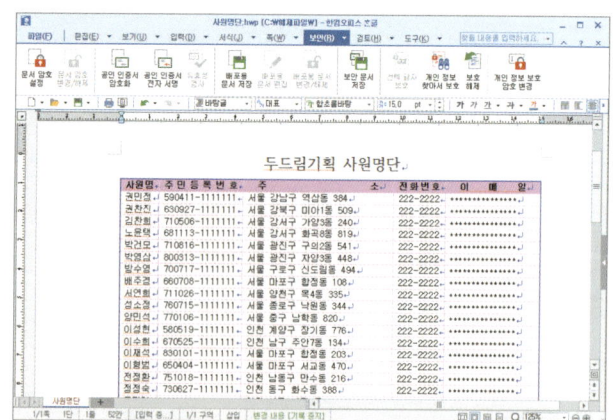

POINT
[보안] 탭의 [보호 해제] 아이콘을 클릭하면 보호된 개인 정보를 다시 해제할 수 있고 [개인 정보 보호 암호 변경] 아이콘을 클릭하면 암호를 변경할 수 있습니다.

문서 이력 관리

문서를 작성하는 시점이나 저장할 때 기준으로 날짜나 시간 정보를 삽입하여 이전 파일과 이후 파일과의 내용을 비교해 볼 수 있습니다. 문서 이력 관리를 설정하면 파일을 작성한 후 다른 사람을 통해 검증 받을 때 수정한 부분을 쉽게 확인합니다.

Key Word : 문서 버전, 버전 비교 　　　　　　　　　　　　　　예제파일 : 예제파일\신년사.hwp

1 문서를 불러온 후 필요한 부분을 수정합니다. 여기에서는 밑줄을 그은 곳을 임의로 수정하였습니다.

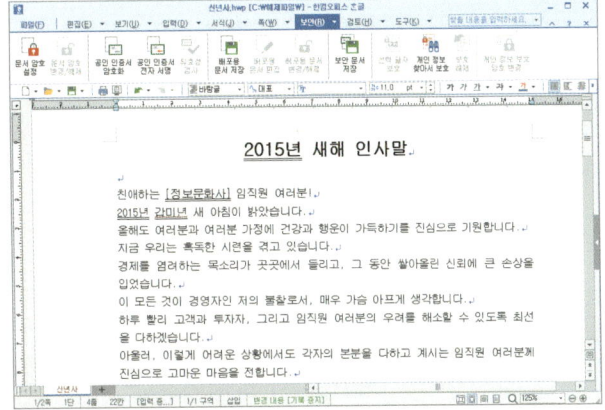

2 [검토] 탭의 [문서 이력 관리]를 클릭한 후 새 버전으로 저장( ) 아이콘을 클릭합니다.

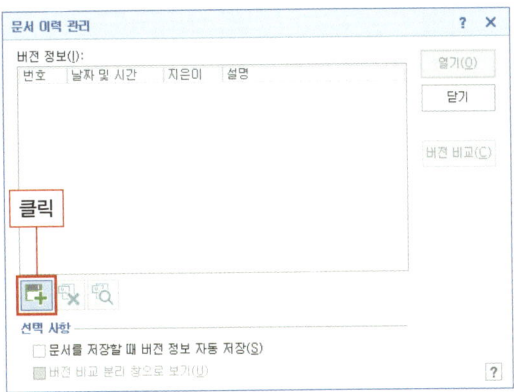

Part 3. 한글 2014의 특별한 기능 10가지　**361**

3 새로 저장될 버전 정보의 [설명]에 버전과 관련된 설명을 입력하고 [확인] 버튼을 누릅니다.

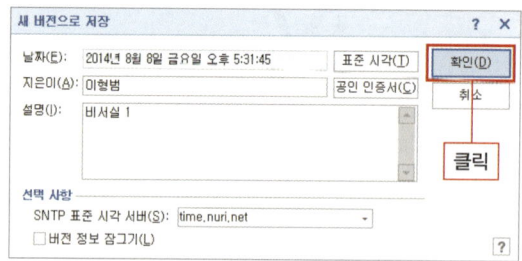

4 다음과 같이 새로운 버전 정보가 저장됩니다. [닫기] 버튼을 클릭하면 현재 편집하고 있는 '신년사'도 동시에 저장됩니다.

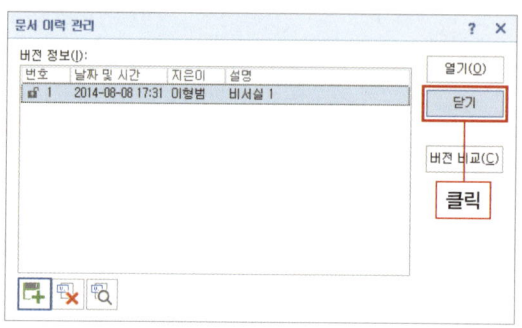

5 버전 정보를 저장한 후 새로 수정된 사항이 없기 때문에 아직까지는 버전 정보의 기능을 알 수 없습니다. 따라서 다시 문서를 다음과 같이 수정합니다.

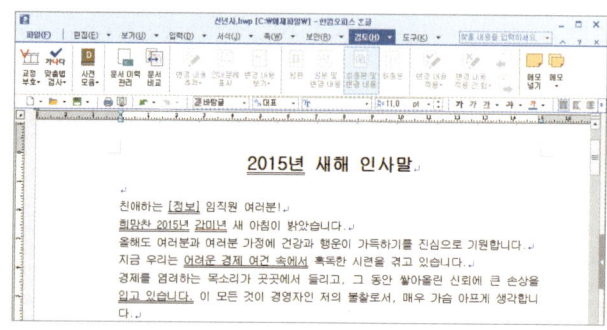

6 [검토] 탭의 [문서 이력 관리]를 클릭합니다. [문서 이력 관리] 대화상자에서 [버전 비교] 버튼을 클릭하면 현재 편집 화면의 내용과 버전 정보가 저장된 내용이 교정 부호로 표시됩니다.

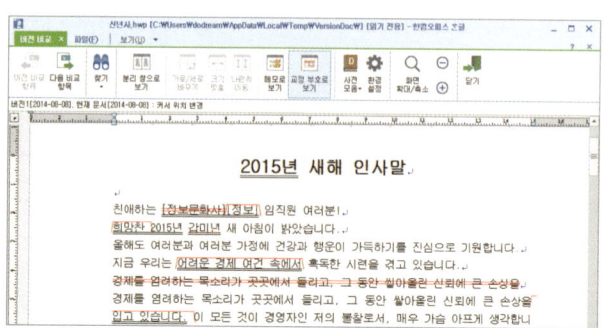

7 [버전 비교] 탭에서 [메모로 보기] 아이콘을 클릭하면 다음과 같이 변경된 내용을 메모로 확인할 수 있습니다.

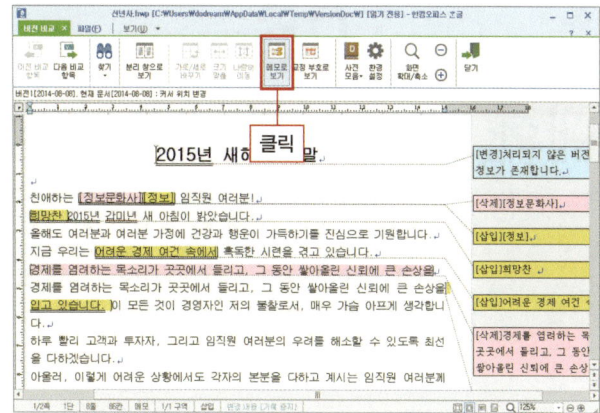

8 [버전 비교] 탭의 [분리 창으로 보기] 아이콘을 클릭하면 창을 나누어 확인할 수 있습니다.

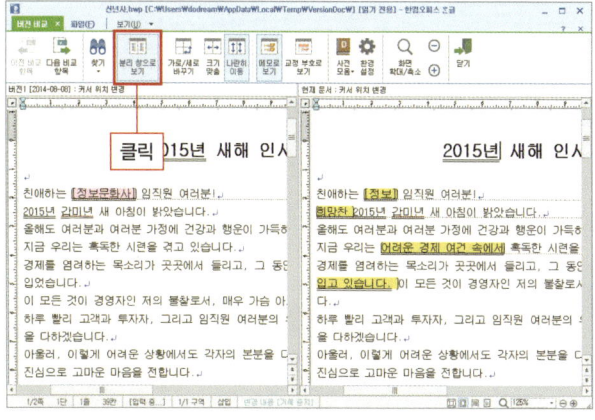

POINT
스크롤바를 드래그하면 왼쪽 창과 오른쪽 창이 동시에 이동되어 문서를 비교하기 수월합니다.

9 수정된 곳으로 마우스 포인터를 이동하면 어떤 상태로 변경되었는지 풍선 도움말 형태로 표시합니다.

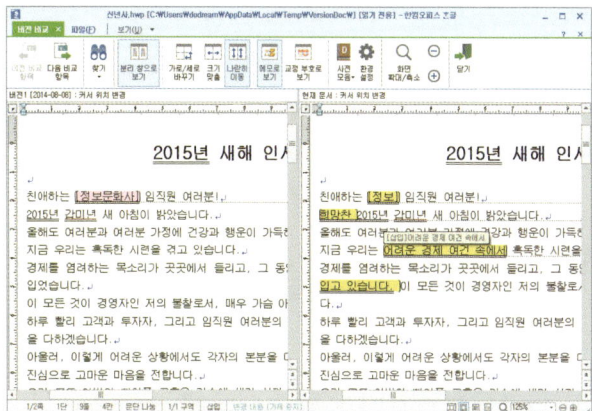

Part 3. 한글 2014의 특별한 기능 10가지   **363**

대화 상자 설정 내용 저장하기

한글 2014에서는 각 대화 상자에서 설정한 내용을 저장해두고 필요에 따라 선택하여 사용할 수 있습니다. 즉, 신문이나 잡지를 만들 때 편집 용지 대화 상자에서 설정한 값을 저장해두면 다시 같은 문서를 편집할 때 대화 상자에서 필요한 값을 입력하지 않고 저장한 대화 상자를 선택함으로써 설정 값을 바꿀 수 있습니다.

Key Word : 설정 내용 저장

1 [쪽] 메뉴의 [편집 용지]를 클릭하거나 F7 키를 누릅니다. [용지 종류]에서 'B5(46배판)'을 선택하고 [용지 여백]을 다음과 같이 설정합니다.

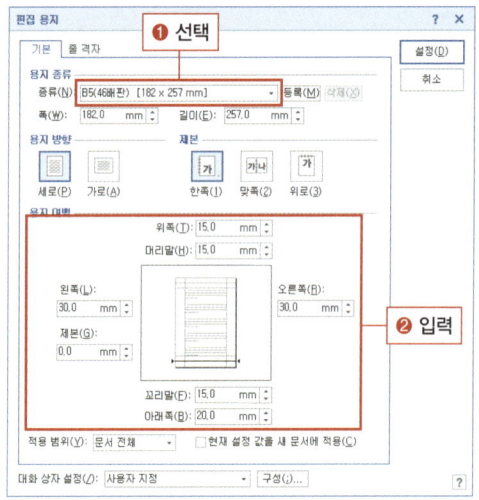

POINT
46배판은 '182×257' 사이즈로 일반적인 책 판형입니다.

2 [편집 용지] 대화상자 하단의 [구성] 버튼을 클릭합니다. 다음과 같이 [대화 상자 설정 구성] 대화상자의 대화 상자 설정 추가하기 (＋) 아이콘을 클릭합니다.

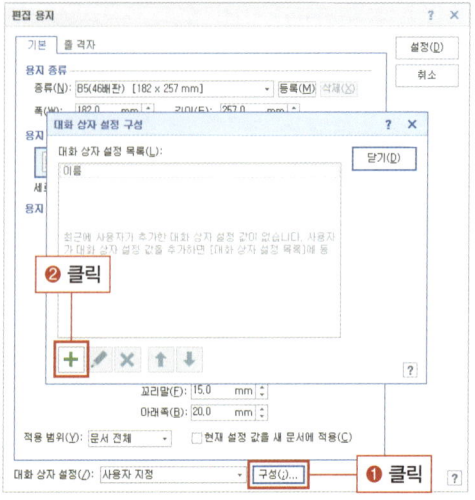

POINT
하나의 대화 상자에 여러 탭이 포함된 경우에도 각 탭에서 설정한 내용이 저장됩니다. 그리고 한글 2014에서는 인쇄, 편집 용지, 단 설정, 글자 모양, 문단 모양, 주석 모양, 쪽 테두리/배경, 문단 첫 글자 장식, 표/셀 속성 등 총 9개 항목에서 대화 상자 설정 기능을 제공합니다.

3 저장할 대화 상자의 이름을 '46배판-여백수정'으로 입력하고 [설정] 버튼을 클릭합니다. [대화 상자 설정 구성] 대화상자로 돌아오면 [닫기] 버튼을 클릭합니다.

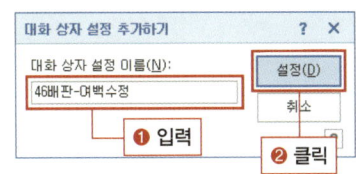

4 [편집 용지] 대화상자로 돌아온 후 [대화 상자 설정]의 드롭다운 버튼을 클릭해 보면 다음과 같이 '46배판-여백수정' 대화 상자가 추가된 것을 확인할 수 있습니다.

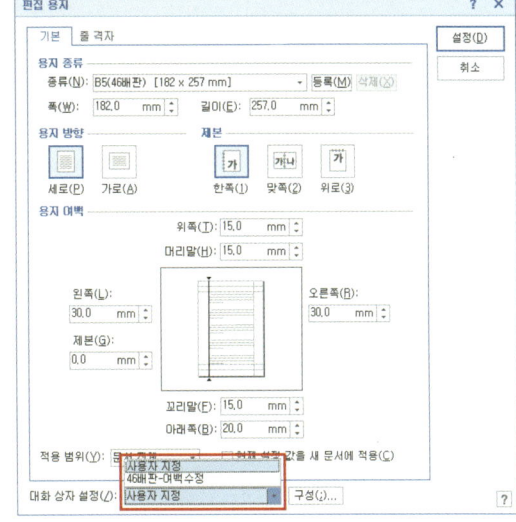

> **POINT**
> 용지 종류를 변경한 후 새로 추가한 대화 상자를 선택하면 용지 여백 등을 설정한 내용이 표시되는 것을 확인할 수 있습니다.

5 대화 상자에 저장할 값을 사용자가 직접 입력하여 다음과 같이 변경합니다.

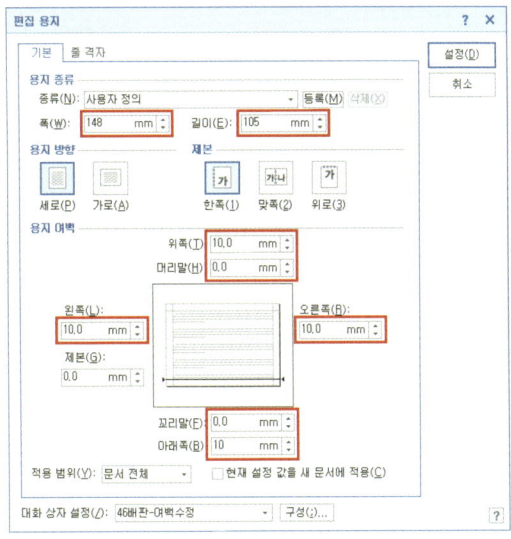

6 다시 [구성] 버튼을 클릭하고 대화 상자 설정 추가하기(+) 아이콘을 클릭합니다.

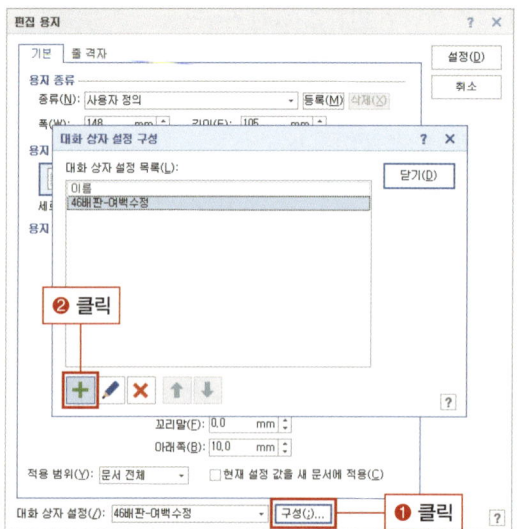

7 [대화 상자의 설정 이름]을 입력하고 [설정] 버튼을 클릭합니다.

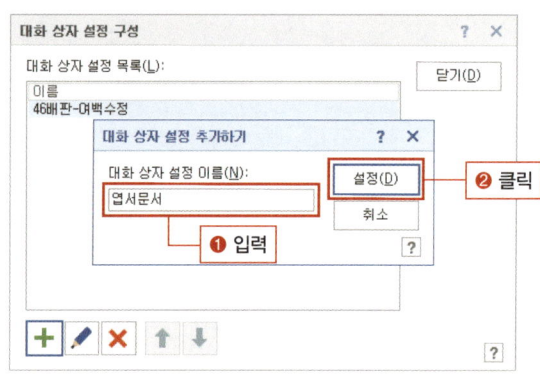

8 다음과 같이 [대화 상자 설정 목록]이 만들어 졌으면 [닫기] 버튼을 클릭합니다.

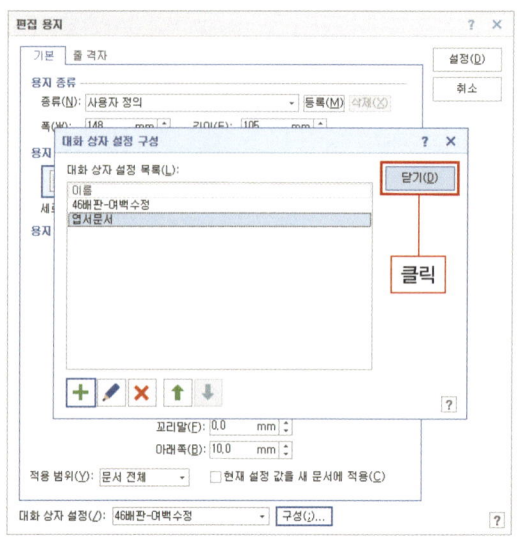

9 [대화 상자 설정]의 드롭다운 버튼을 클릭해 보면 다음과 같이 새로 추가한 대화 상자 구성 목록이 나열됩니다. 원하는 대화 상자를 선택하여 바로 적용할 수 있습니다.

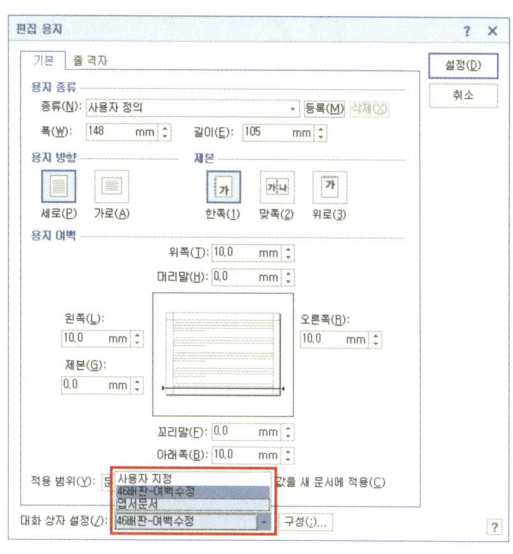

쌩초보 Level Up — 용지 종류 등록하기

사용자가 정의한 용지 크기를 등록하여 사용하려면 [용지 종류]에서 [등록] 버튼을 클릭하고 용지 이름을 입력하여 사용할 수 있습니다.

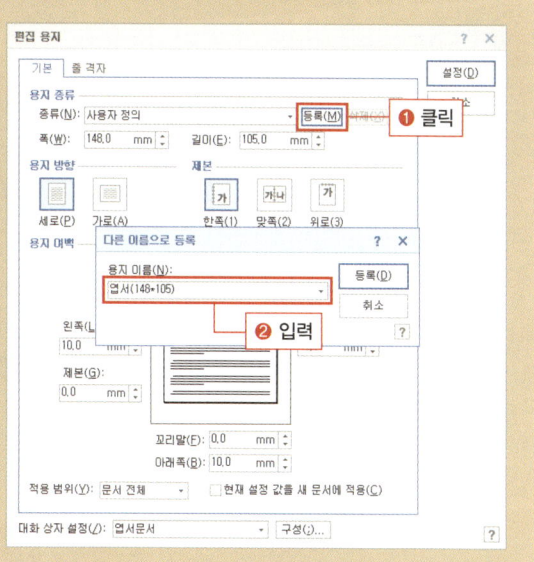

메모 기능

특정 단어나 블록으로 설정한 문자열에 기억해야 할 내용을 간단히 적어 입력할 수 있는 기능입니다. 문서 본문에 넣기는 곤란하지만 문서에 관련된 내용은 잊지 않도록 요점을 간단하게 기록해둘 수 있습니다.

Key Word : 메모 숨기기   **예제파일** : 예제파일\2015년 신년사.hwp   **완성파일** : 완성파일\2015년 신년사.hwp

1 본문 내용 중에서 메모를 삽입할 단어에 커서를 이동하여 [입력] 탭의 [메모] 아이콘을 클릭합니다. 여기에서는 '새해 인사말' 뒤에 커서를 위치하였습니다.

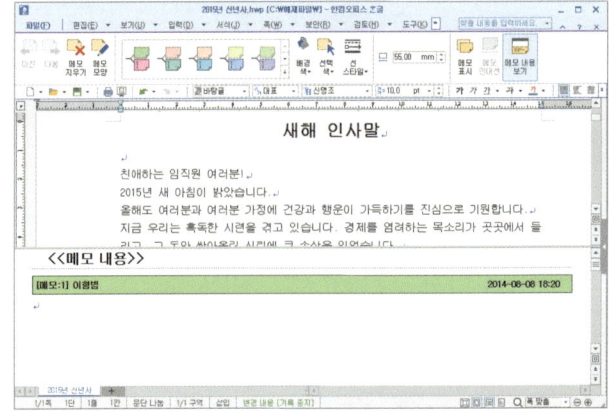

2 메모 내용을 입력할 창이 다음과 같이 표시되면 메모 내용을 입력합니다.

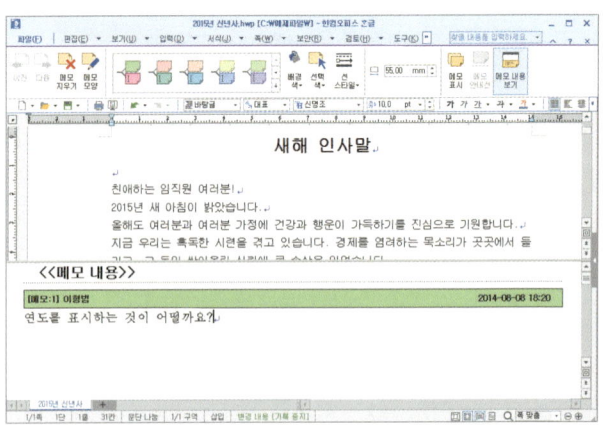

POINT
메모를 작성한 날짜와 시간은 시스템에 저장된 날짜와 시간을 표시하며 작성자는 [도구] 메뉴-[환경 설정]의 [사용자 정보] 탭에서 설정한 사용자의 이름이 표시됩니다.

3 다음 줄의 '임직원' 앞으로 커서를 이동한 후 [입력] 탭의 [메모] 아이콘을 클릭하고 다음과 같이 두 번째 메모를 작성합니다.

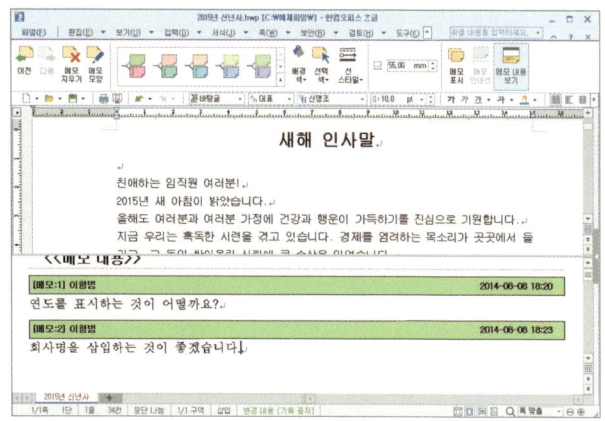

4 [메모] 탭의 [메모 표시] 아이콘을 클릭하면 메모가 삽입된 단어를 표시할 수 있습니다.

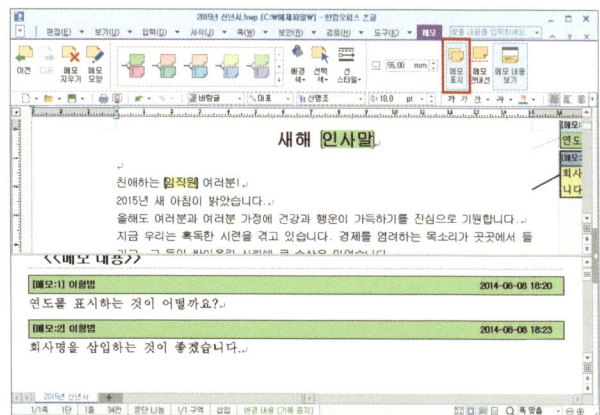

5 메모 내용이 입력된 곳을 클릭한 후 [메모] 탭의 [메모 안내선] 아이콘을 클릭하면 안내선의 표시 여부를 설정할 수 있습니다.

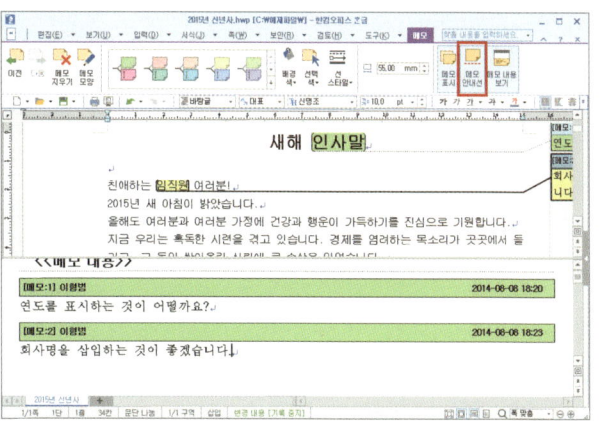

6 [메모 내용 보기]를 클릭하여 메모 내용을 숨깁니다. 메모를 클릭하면 메모를 직접 수정할 수 있습니다.

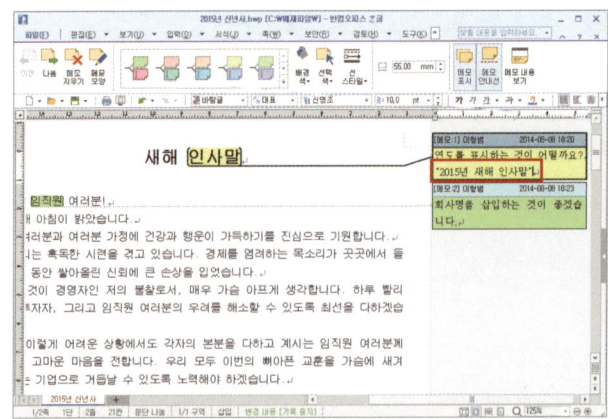

7 메모를 삭제하려면 삭제할 메모 내용을 선택한 후 [메모] 탭의 [메모 지우기] 아이콘을 클릭하거나 마우스 오른쪽 버튼을 클릭하여 '메모 지우기'를 선택합니다.

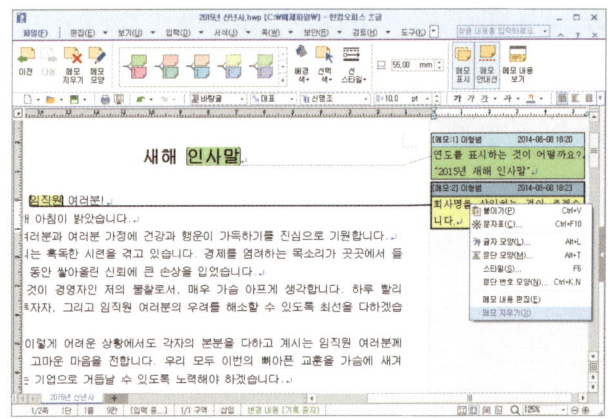

8 메모 스타일을 변경하려면 [메모] 탭의 메모 스타일을 클릭합니다.

\POINT
메모 스타일의 배경색, 선택 색, 선 색, 선 모양, 선 굵기 등을 설정할 수 있습니다.

9 메모의 너비와 테두리 색, 테두리 종류, 테두리 굵기, 메모 배경 색, 메모 선택 색 등을 일괄적으로 설정하려면 [메모] 탭의 [메모 모양] 아이콘을 클릭합니다. [메모 모양] 대화상자가 나타나면 다음과 같이 수정한 후 [설정] 버튼을 클릭합니다.

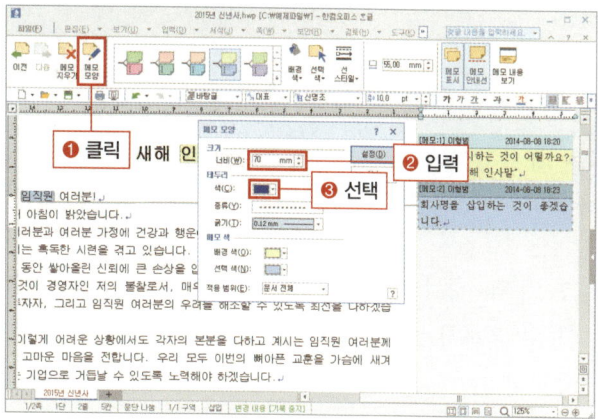

10 다음과 같이 메모 모양이 변경된 것을 확인할 수 있습니다.

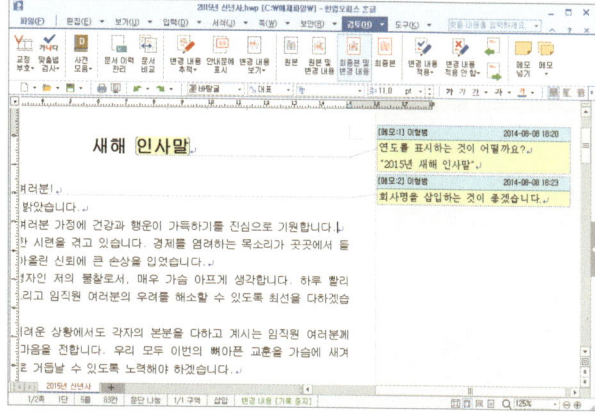

POINT

문서 인쇄 시 메모를 포함하여 인쇄하려면 [파일]의 [인쇄]를 클릭하고 [인쇄] 대화상자의 [확장] 탭에서 '메모'에 체크한 다음 인쇄합니다.

쌩초보 Level Up — 색상 테마 선택

[메모 모양] 대화상자의 [색]을 이용하면 메모를 다양한 색으로 표현할 수 있습니다. [색상 테마 확장 단추]를 클릭하면 색상 테마표가 나타나며 기본 팔레트 색상 외에 더 다양한 테마를 선택할 수 있습니다. [색상 테마 확장 단추]의 '단일색 그러데이션...'을 선택하면 [색] 대화상자가 나타납니다.

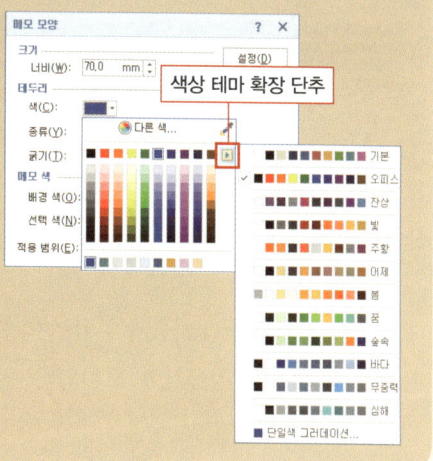

special TIP 오피스 커뮤니케이터를 통한 문서 협업하기

한글 2014에서 새롭게 추가된 기능으로 여러 사람과 하나의 문서를 협업하여 완성할 수 있는 기능입니다. 채팅창으로 대화를 하면서 협업하여 문서를 편집할 수 있으므로 또 다른 문서 편집을 경험할 수 있습니다.

[편집] 탭이나 [도구] 탭을 선택한 후 [오피스 커뮤니케이터]를 클릭하면 작업 창이 나타납니다. 문서를 협업하기 위해서는 메일 보내기 기본 프로토콜을 먼저 설정해야 합니다.

메일 서비스는 gmail, daum, naver, hotmail 등을 사용하면 SMTP는 자동으로 설정됩니다.

메일 설정을 마친 후 초대할 사용자의 메일 주소를 입력하고 [협업 초대]를 클릭하면 해당 사용자에게 메일이 발송됩니다. 초대된 사용자는 메일을 확인하여 접속 링크 를 클릭하면 협업할 문서가 한글 2014에 나타납니다.

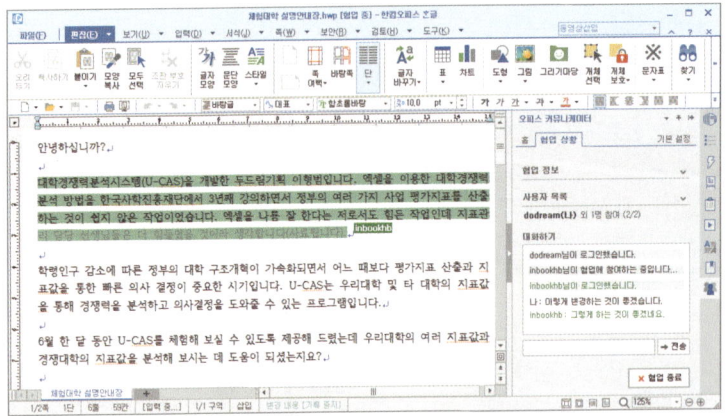

편집 창에서 협업 중인 사용자가 일부 내용을 수정하면 협업 중인 모든 사용자에게 표시됩니다. 오피스 커뮤니케이터의 작업 창에서 현재 협업되는 상황을 확인할 수 있고 협업 중인 사용자들의 의사를 물을 수도 있습니다.

표 뒤집기

이미 만들어진 표를 필요에 따라 줄이나 칸을 기준으로 뒤집거나 90도씩 회전할 때가 있습니다. 시간표의 줄과 칸을 뒤집을 때 또는 계산서의 줄/칸을 뒤집을 때 표 뒤집기를 사용하면 여러 번의 편집 작업 없이 한 번에 줄과 칸을 서로 바꿀 수 있어 편리합니다.

● **Key Word** : 줄/칸 바꾸기, 회전 ● **예제파일** : 예제파일\차량운행일지.hwp ● **완성파일** : 완성파일\차량운행일지.hwp

1 표 안을 클릭하여 커서를 표 안에 위치시킨 후 [표] 메뉴의 [표 뒤집기]를 클릭합니다.

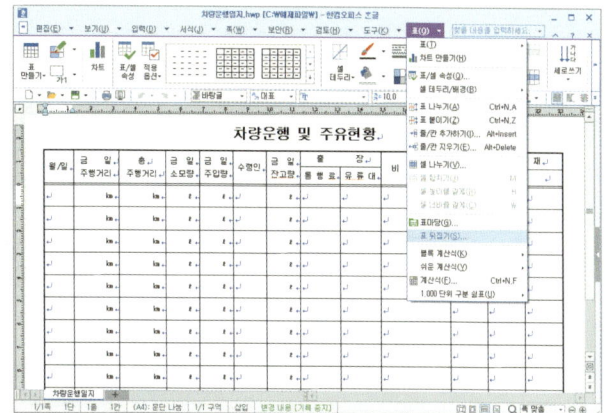

2 다음과 같이 [표 뒤집기] 대화상자가 나타나면 '줄 기준 뒤집기'를 선택하고 [뒤집기] 버튼을 클릭합니다.

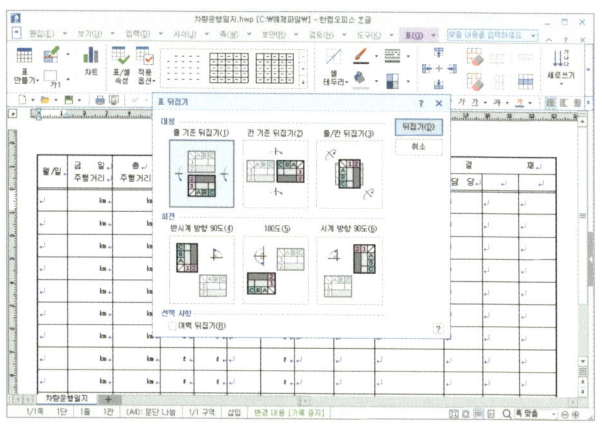

\POINT
원하는 항목 위로 커서를 이동하면 표가 뒤집히는 방향이 애니메이션으로 보입니다.

3 다음과 같이 줄을 기준으로 표를 뒤집어 제목이 아래쪽으로 이동한 것을 확인할 수 있습니다.

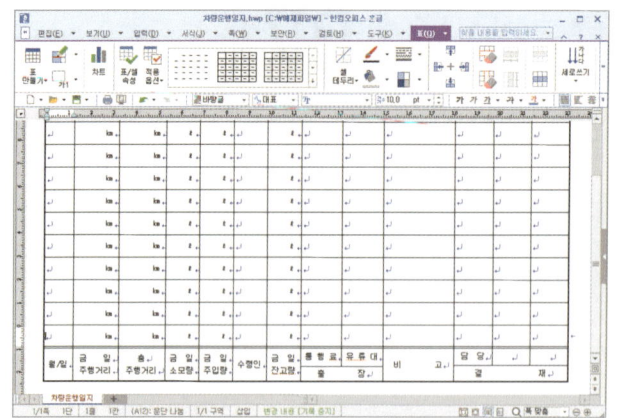

4 이번에는 [표] 메뉴의 [표 뒤집기]를 실행한 후 '칸 기준 뒤집기'를 실행합니다. 다음과 같이 왼쪽과 오른쪽이 서로 바뀌는 것을 확인할 수 있습니다.

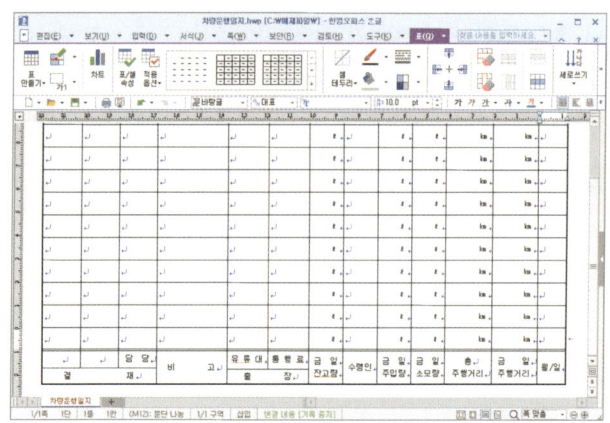

쌩초보 Level Up — 표 뒤집기 추가 정보

- **여백 뒤집기** : 선택한 표를 대칭하거나 회전할 때 표의 안 여백을 함께 뒤집을 것인지 결정합니다.
- **표의 기준 위치** : 표의 위치가 '글자, 문단, 쪽, 종이'일 때 모두 표 뒤집기를 사용할 수 있습니다.
- **크기 고정, 개체 보호하기** : [표/셀 속성] 대화상자의 [기본] 탭에 '크기 고정'이나 '개체 보호하기'에 체크되어 있을 때는 표 뒤집기 기능을 사용할 수 없습니다.

자소 단위 찾기

한글 2014의 찾기 기능에서 초성과 종성을 구별하여 자소 단위를 찾을 수 있는 기능입니다. 즉, 찾을 내용에 '~ㄴ'을 입력하고 자소 단위 찾기를 실행하면 해당 종성이 포함된 모든 글자를 찾을 수 있습니다. 자소 단위 찾기는 [찾기] 기능에서만 사용할 수 있습니다.

Key Word : 찾기, 종성   **예제파일** : 예제파일\고용보험제도.hwp

1 [편집] 메뉴의 [찾기]에서 '찾기'를 선택하거나 Ctrl+Q, F키를 누르고 [찾기] 대화상자의 [찾을 내용]에 'ㅇ보험'을 입력합니다.

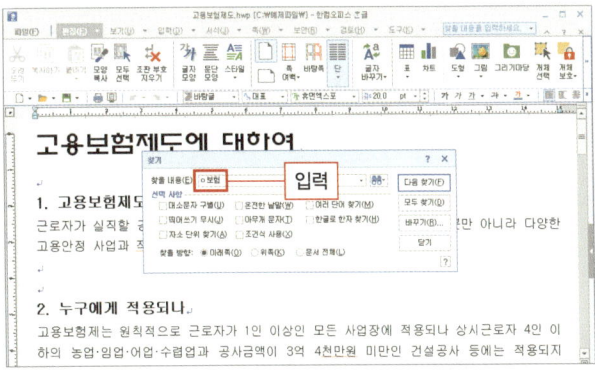

POINT
이와 같이 입력하면 자소를 초성으로 인식하여 찾기를 실행합니다. 종성으로 인식하여 찾기를 할 때는 앞에 '~'를 붙여 입력합니다.

2 [찾기] 대화상자에서 '자소 단위 찾기'에 체크하고 [다음 찾기] 버튼을 클릭하면 현재 커서 위치부터 자소 단위 찾기를 실행합니다.

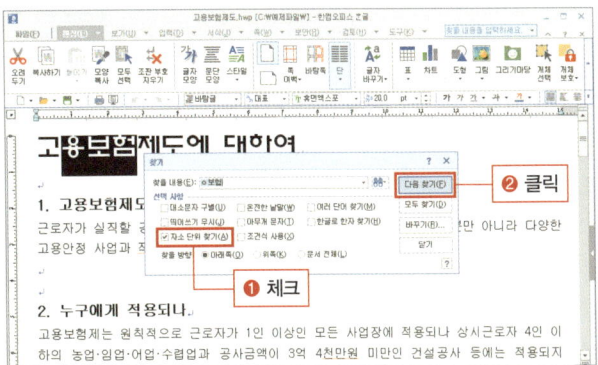

쌩초보 Level Up   중복 선택할 수 없는 항목

- '자소 단위 찾기'와 '조건식 사용' 옵션은 한꺼번에 선택할 수 없습니다.
- '조건식 사용'은 '아무개 문자', '한글로 한자 찾기', '여러 단어 찾기' 옵션과 동시에 선택할 수 없습니다.

Part 3. 한글 2014의 특별한 기능 10가지 **375**

3 [다음 찾기] 버튼을 누르면 다음 단어를 찾습니다.

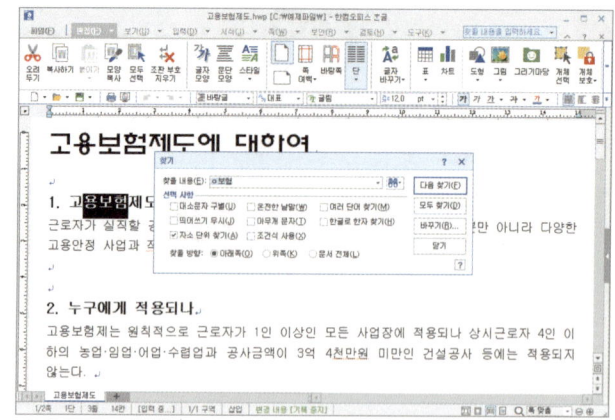

4 이번에는 [찾을 내용]에 '~ㄷ을 수'를 입력하고 [다음 찾기] 버튼을 누릅니다. 다음과 같이 자소 단위의 종성을 찾아 블록으로 표시합니다.

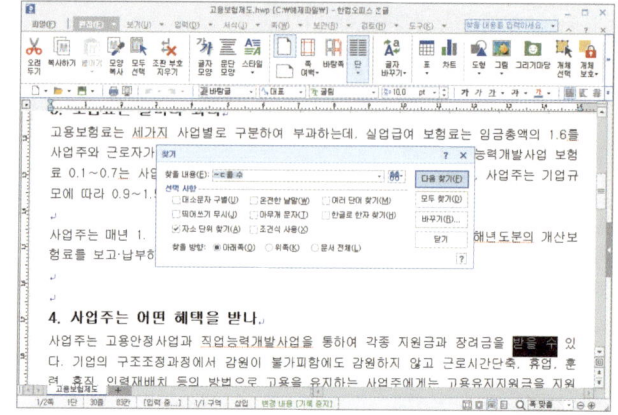

5 찾고자 하는 단어가 나올 때 까지 [다음 찾기] 버튼을 클릭하고 단어를 찾으면 [닫기] 버튼을 클릭하여 대화상자를 닫습니다.

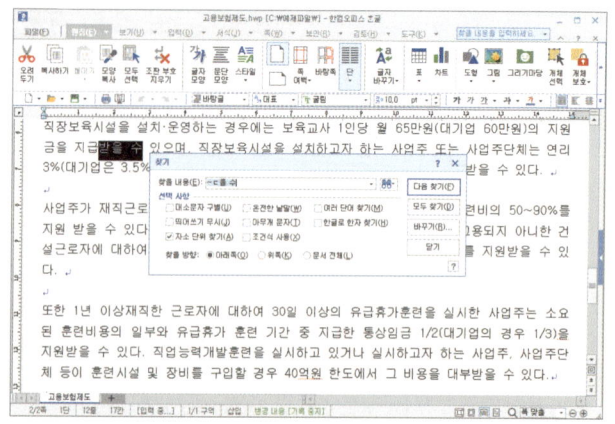

한글로 한자 찾기

찾기 기능에서 한글 음으로 한자를 찾을 수 있는 기능입니다. 따라서 찾을 단어 입력란에 한자로 변환하는 번거로움을 덜 수 있습니다.

Key Word : 찾기, 한자

예제파일 : 완성파일\결혼식 답례글.hwp

1 [편집] 메뉴의 [찾기]에서 '찾기'를 선택하거나 Ctrl+Q, F 키를 눌러 [찾을 내용]에 '결혼식'을 입력합니다.

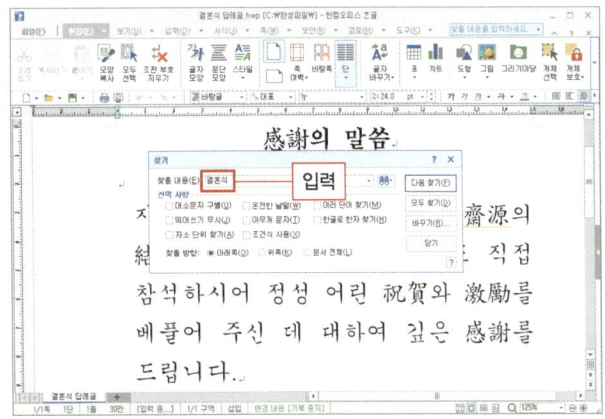

2 [선택 사항]에서 '한글로 한자 찾기'에 체크하고 [다음 찾기] 버튼을 클릭합니다. 다음과 같이 한자로 된 '結婚式'을 찾아 표시합니다.

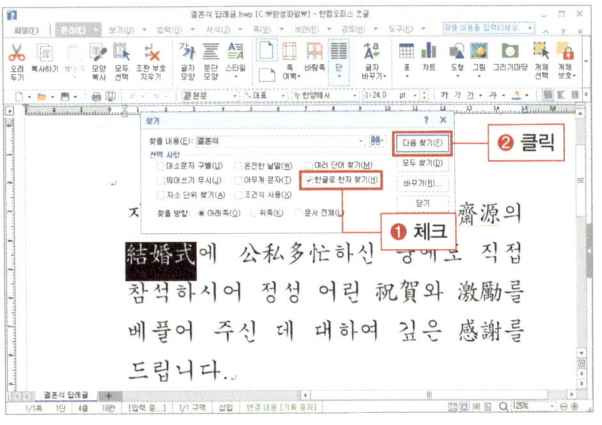

POINT

'한글로 한자 찾기'에 체크하면 한자 단어와 한글 단어를 모두 찾아줍니다.

명령 자동 실행

사용자가 문서를 작성하는 도중 입력한 문자열에 해당하는 명령이 있으면 자동으로 해당 명령을 실행시켜 주는 기능입니다. 등록할 수 있는 명령은 스타일 적용, 매크로 실행, 기능 실행 등이 있으며 사용자는 필요한 입력 명령을 직접 추가하거나 편집, 삭제할 수 있습니다.

◯ Key Word : 자동 명령, 빠른 교정

1 [도구] 메뉴의 [빠른 교정]에서 '빠른 교정 내용'을 선택하거나 Shift + F8 키를 누릅니다. [빠른 교정] 내용 대화상자에서 [입력 자동 명령 사용자 사전] 탭을 클릭합니다.

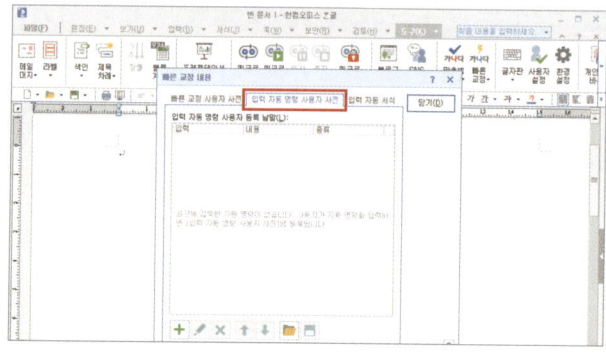

2 입력 자동 명령 추가하기(+) 아이콘을 클릭하고 [명령] 탭을 선택합니다.

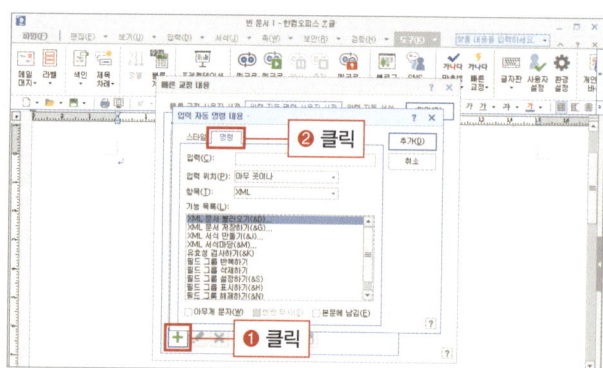

> **쌩초보 Level Up** [입력 자동 명령 내용] 대화상자의 기능
>
> - **[스타일] 탭** : 사용자가 정의한 스타일명으로 자동 실행 명령을 정의합니다.
> - **[명령] 탭** : 한글 2014의 명령을 자동 실행 명령으로 정의합니다.
> - **[아무개 문자]** : 적용시킬 입력 문자열의 일부분이 정확하지 않을 때 '?'나 '*'을 대신 입력하여 실행합니다.
> - **[본문에 남김]** : 입력된 명령이 일치하는 경우 본문에 입력된 내용이 지워지면서 입력된 명령을 자동 실행합니다. 그러나 이 옵션은 본문에 입력된 내용을 지우지 않고 연결된 기능을 실행합니다.

3 [입력]에 '글자모양대화상자'를 입력하고 [입력 위치]와 [항목]을 지정합니다. [항목]에 따라 [기능 목록]은 다르게 표시됩니다.

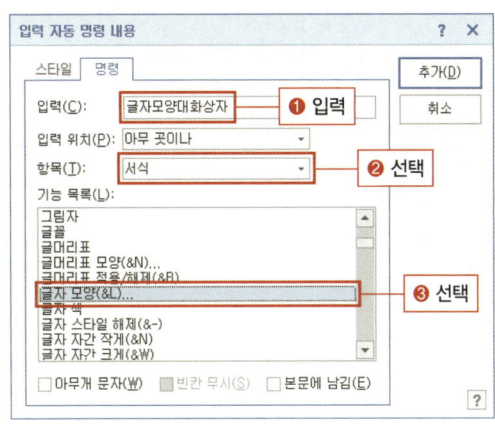

\POINT
[입력 위치] 목록에서 '아무 곳이나'를 선택하면 편집되는 곳 어느 위치에서나 해당 명령을 실행합니다. '문단 처음'이나 '문장 끝'을 선택하면 해당 명령이 문단 처음이나 문장 끝에서만 동작합니다.

4 [추가] 버튼을 클릭하면 다음과 같이 [입력 자동 명령 사용자 등록 낱말]에 추가됩니다. [닫기] 버튼을 클릭합니다.

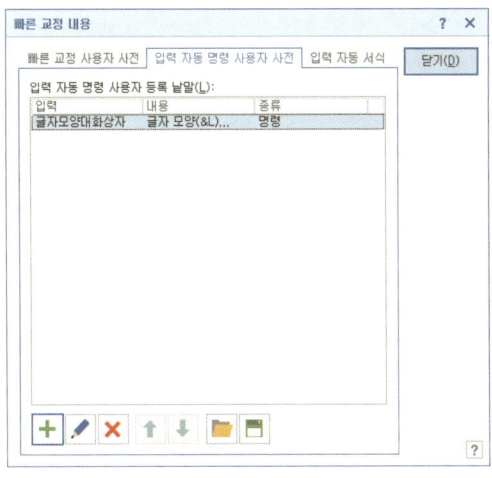

5 편집 화면에 '글자모양대화상자'를 입력한 후 Spacebar 나 Tab 키, Enter 키를 누르면 다음과 같이 [글자 모양] 대화상자가 실행됩니다.

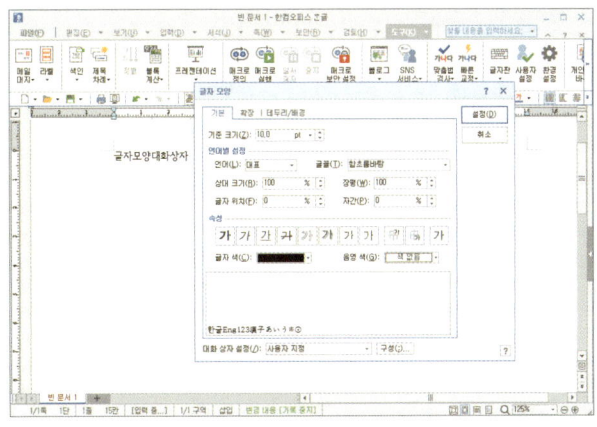

Part 3. 한글 2014의 특별한 기능 10가지 **379**

하/ㅏ/ㄴ/ㄱ/ㅡ/ㄹ 2/0/1/4

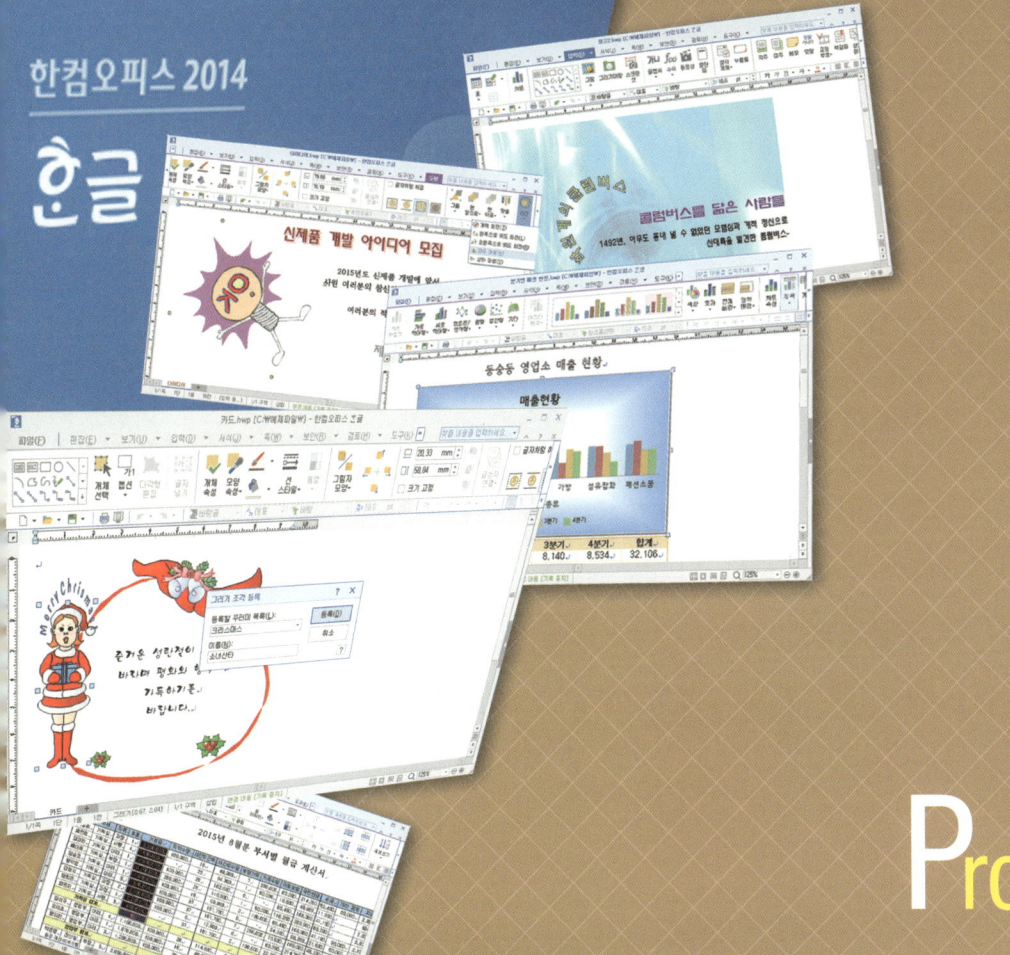

Project

업무에 바로 적용하는
실무 문서 만들기

이번 파트에서는 지금까지 배운 기본기능과 활용기능을 이용하여
실무에서 실제 사용되는 서식을 만들어 가면서 한글 2014의 기능을
활용하는 단계입니다. 우선 표 기능을 이용하여 간편장부나 이력서,
업무일지 등의 서식을 그려보고 계산 기능을 이용하여 견적서나
간이영수증, 지출결의서 등을 만들어 봅니다.

간편장부 만들기

간편장부는 1999년부터 신설된 규정으로 복식 기장을 하기 어려운 일정 규모 미만의 개인사업자를 위한 장부로, 거래 날짜와 거래 내용, 거래처, 수입(매출)과 비용(매입), 고정자산 증감(매매) 등의 내용을 기재합니다. 여기에서는 거래한 내역의 금액을 입력하면 자동으로 소계를 계산하는 서식으로 작성해 봅니다.

Key Word : 표, 글상자, 계산식   **완성파일** : 완성파일\간편장부.hwp

1 빈 문서에서 [파일] 메뉴의 '편집 용지'를 선택하거나 F7 키를 누릅니다. [편집 용지] 대화상자가 나타나면 [용지 여백]에서 왼쪽, 오른쪽, 위쪽, 아래쪽 여백을 모두 '20mm'로, 머리말과 꼬리말 여백은 '0mm'로 지정한 후 [설정] 버튼을 누릅니다.

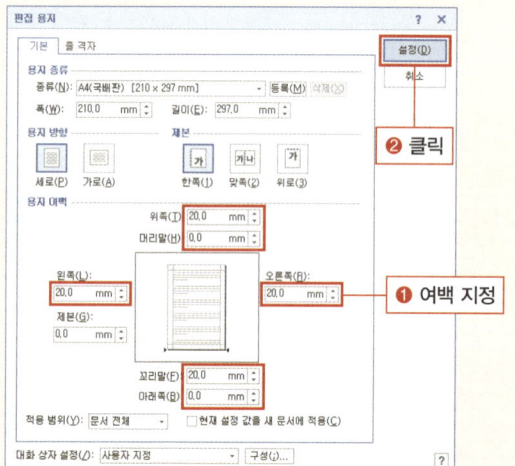

2 서식 도구 모음의 저장하기( ) 아이콘이나 Alt+S 키를 누르면 [다른 이름으로 저장하기] 대화상자가 나타납니다. 저장할 폴더를 선택하고 [파일 이름]에 '간편장부'라고 입력한 후 [저장] 버튼을 누릅니다.

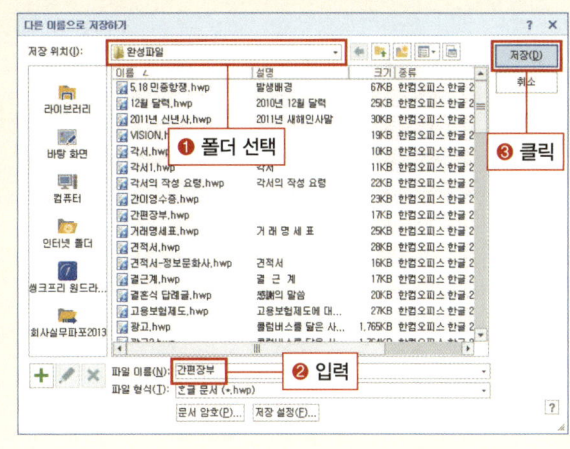

POINT

문서를 작성하면서 수시로 Alt+S 키를 눌러 변경된 내용을 저장합니다.

3 상황표시줄에서 화면 보기를 다음과 같이 [폭 맞춤]으로 변경합니다.

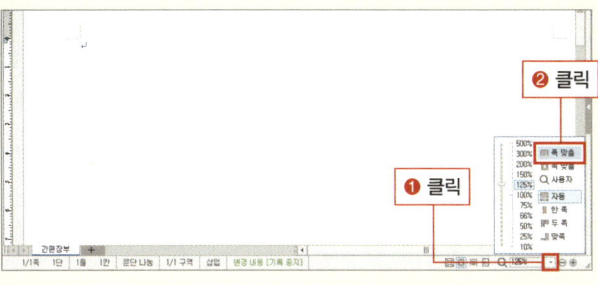

4 [입력] 탭의 [도형]에서 가로 글상자( ) 아이콘을 클릭한 후 적당한 크기로 글상자를 그리고 다음과 같이 '중소규모 개인사업자를 위한 간편장부(2014)'를 입력합니다.

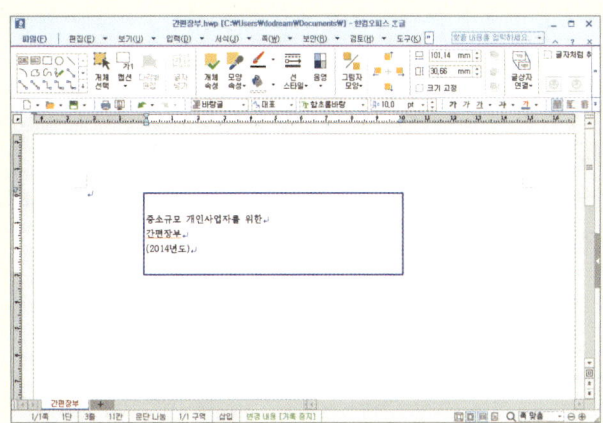

5 '중소규모 개인사업자를 위한'을 마우스로 드래그하여 블록을 지정하고 서식 도구 모음에서 글꼴과 크기, 정렬 방식을 설정합니다.

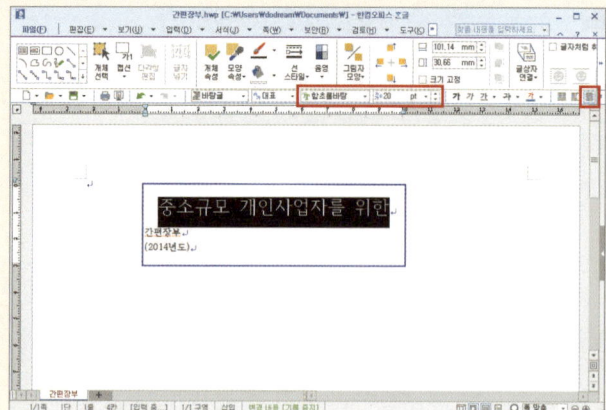

POINT
[글꼴]은 '함초롬바탕', [크기]는 '20pt', [정렬 방식]은 '가운데 정렬'로 설정하였습니다.

6 '간편장부'를 더블클릭하여 블록으로 지정하고 글꼴과 크기를 지정합니다.

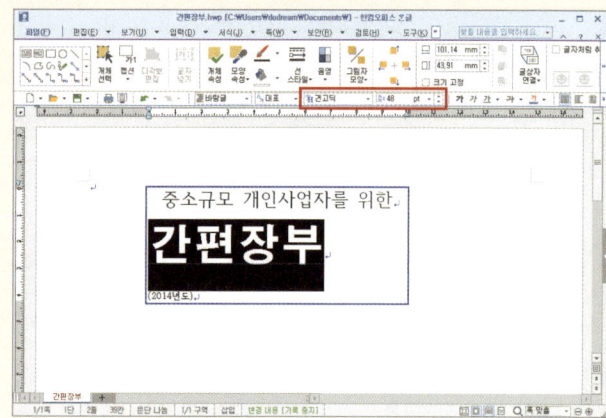

POINT
[글꼴]은 '견고딕', [크기]는 '48pt'로 설정하였습니다.

7 Alt + T 키를 눌러 [문단 모양] 대화상자에서 정렬 방식과 왼쪽 여백, 오른쪽 여백, 줄 간격을 지정하고 [설정] 버튼을 클릭합니다.

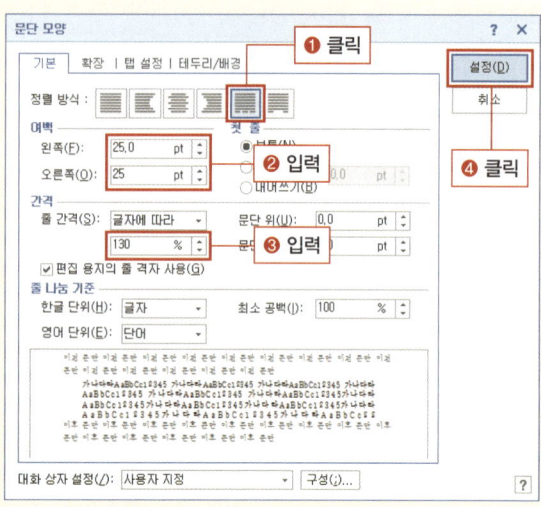

POINT
[정렬방식]은 '배분 정렬', [여백]은 왼쪽, 오른쪽 모두 '25pt', [줄 간격]은 '130%'로 설정하였습니다.

8 '간편장부'의 문단 모양이 왼쪽과 오른쪽의 여백을 띄워놓고 다음과 같이 배분 정렬됩니다.

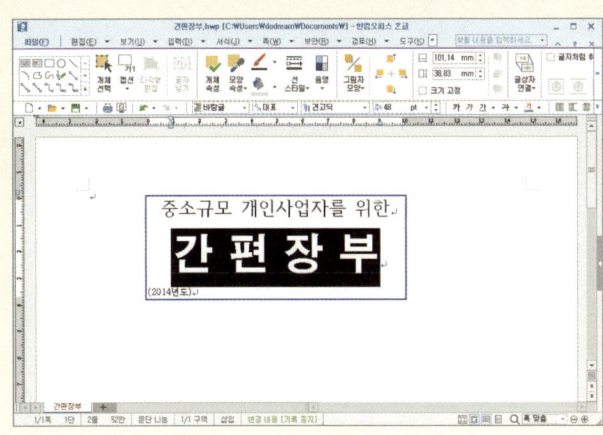

\POINT
'배분 정렬'은 글자 수에 상관없이 양쪽 맞춤으로 정렬하되 글자 사이를 일정하게 띄우는 정렬 방식입니다.

9 '(2014년도)'를 블록으로 지정하고 서식 도구 모음에서 글자 크기를 '20pt'로 지정합니다. 가운데 정렬한 후 Esc 키를 눌러 블록을 해제합니다.

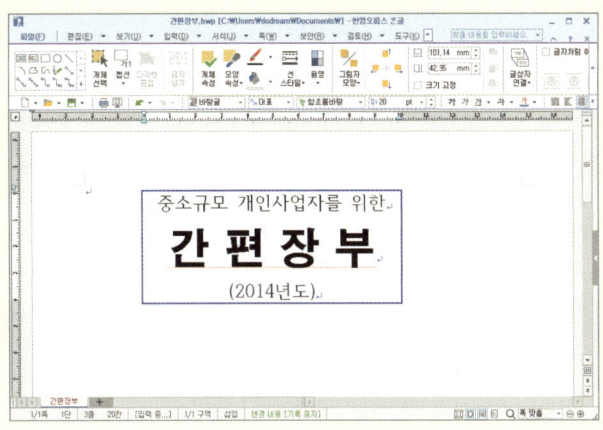

10 글상자 테두리 선을 더블클릭하여 [개체 속성] 대화상자를 표시합니다. [기본] 탭에서 [위치]의 [가로]를 '쪽'의 '가운데' 기준으로 설정하고 [세로]도 '쪽'의 '위' 기준으로 설정합니다.

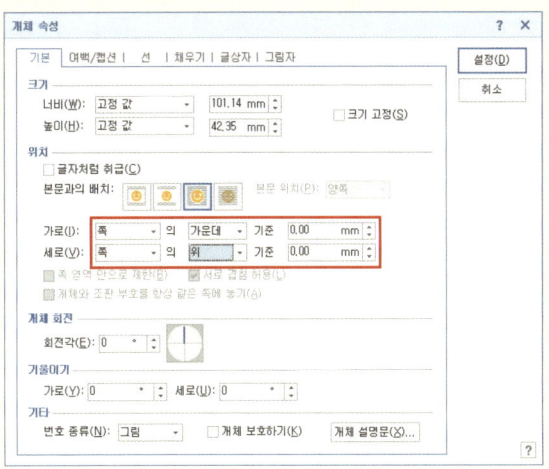

Project. 업무에 바로 적용하는 실무 문서 만들기 **385**

11 [선] 탭을 클릭한 후 [종류]에서 '선 없음'을 선택하고 [설정] 버튼을 클릭합니다.

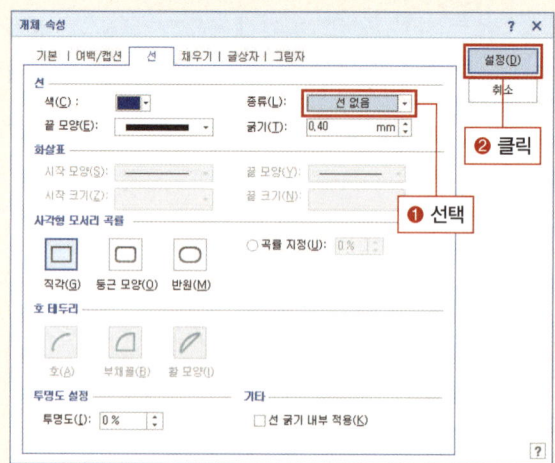

12 다음과 같이 글상자의 테두리 선이 없이 편집 용지 위쪽 가운데로 정렬됩니다.

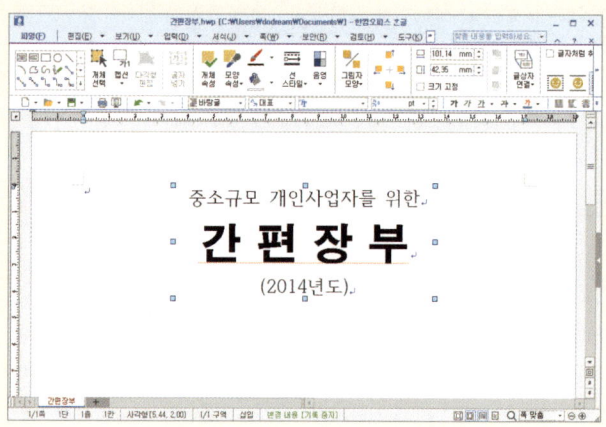

13 [도형] 탭에서 가로 글상자(📧) 아이콘을 클릭한 후 다음과 같이 적당한 크기로 글상자를 그리고 '정보문화사'를 입력합니다.

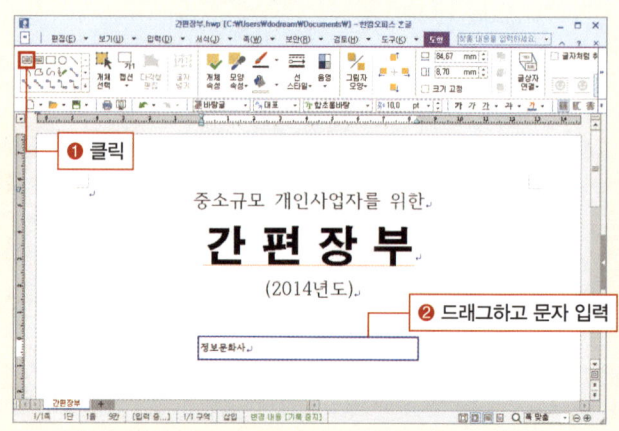

14 다음과 같이 블록으로 지정한 후 글꼴은 '견고딕'으로, 크기를 '20pt'로 변경하고 '가운데 정렬'로 설정합니다.

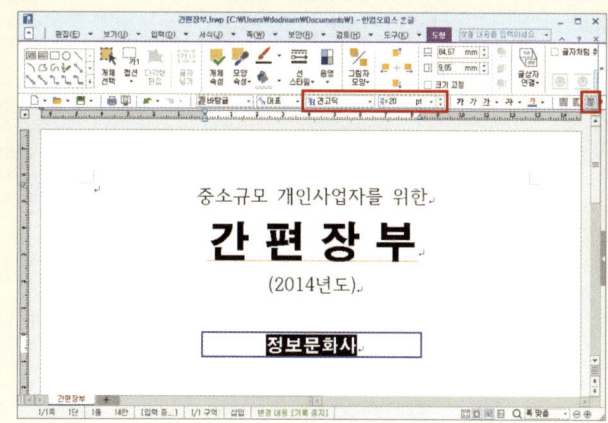

15 상자 테두리 선을 더블클릭하여 [개체 속성] 대화상자를 표시합니다. [기본] 탭에서 [위치]의 [가로]를 '쪽'의 '오른쪽' 기준으로 설정하고 [세로]도 '쪽'의 '아래' 기준으로 설정합니다.

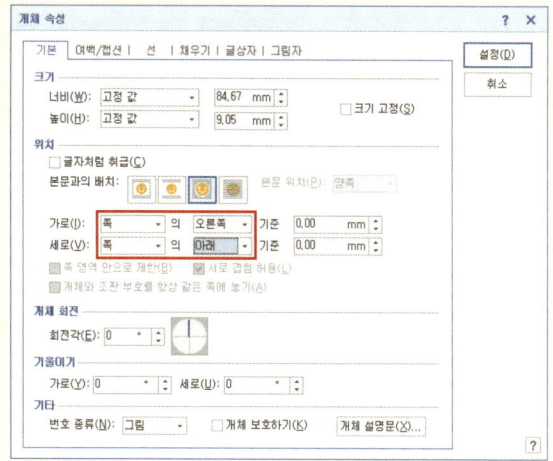

16 [선] 탭을 클릭한 후 [종류]에서 '선 없음'을 선택하고 [설정] 버튼을 클릭합니다.

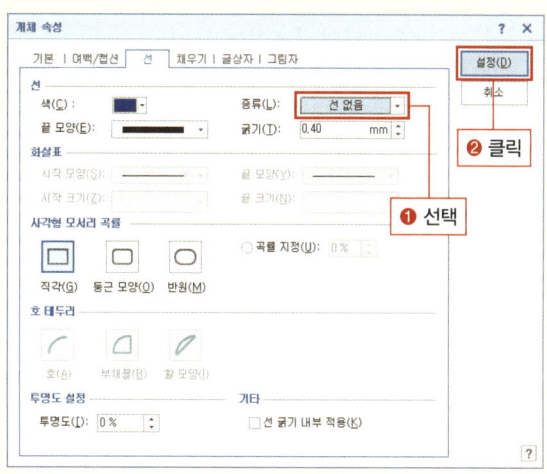

17 다음과 같이 테두리 선 없이 쪽의 오른쪽 아래에 글상자가 배치됩니다. 필요에 따라 크기 조절점을 드래그하여 크기를 조절할 수 있습니다.

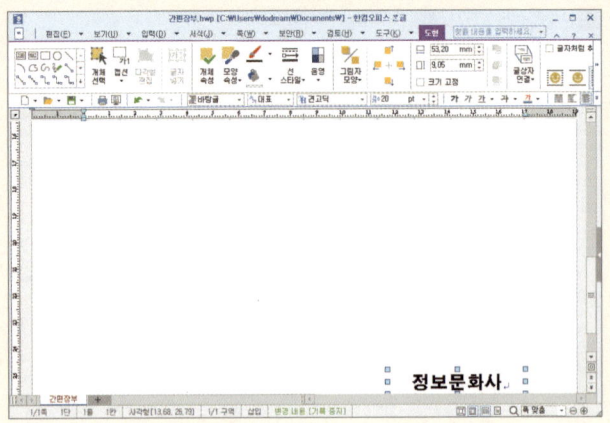

18 Esc 키를 눌러 글상자가 선택된 것을 해제한 후 Ctrl+Enter 키를 눌러 강제로 쪽 나누기를 실행합니다. Alt+S 키를 눌러 지금까지 작성한 내용을 저장합니다.

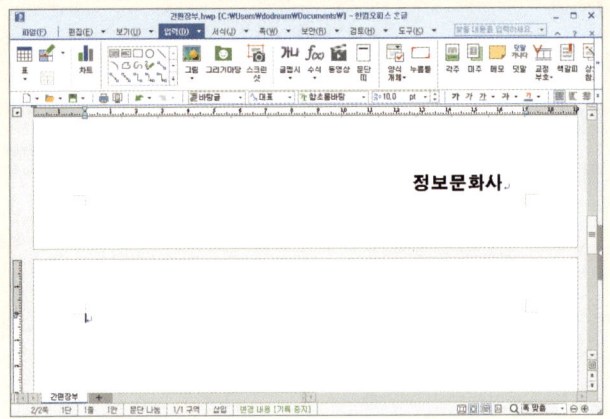

19 [입력] 탭의 [표] 아이콘을 클릭하거나 Ctrl+N, T 키를 누릅니다. [표 만들기] 대화상자에서 [줄 수]는 '32'로, [칸 수]는 '10'으로 지정한 후 '글자처럼 취급'에 클릭하고 [만들기] 버튼을 누릅니다.

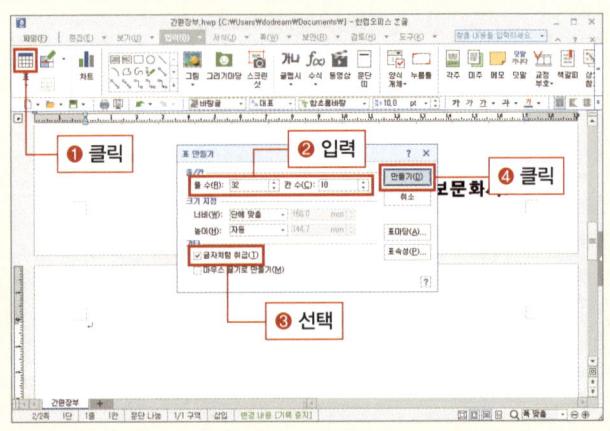

POINT
[표 만들기] 대화상자에서 '글자처럼 취급'에 체크되어 있으면 표 전체가 하나의 큰 글자처럼 취급되는 표를 만듭니다.

20 커서 위치에 다음과 같이 32줄 10칸으로 된 표가 만들어집니다.

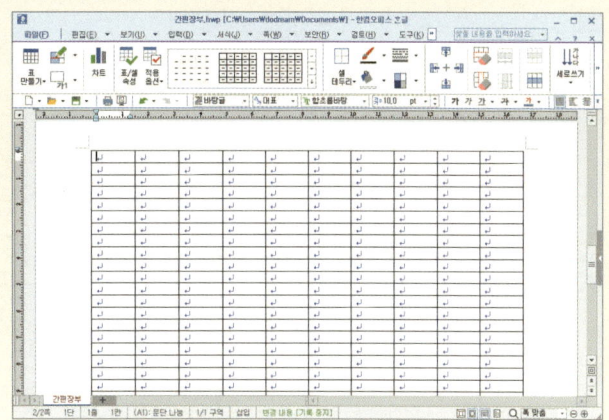

21 표의 첫 번째 셀부터 '날짜', '거래내용', '거래처'를 입력합니다.

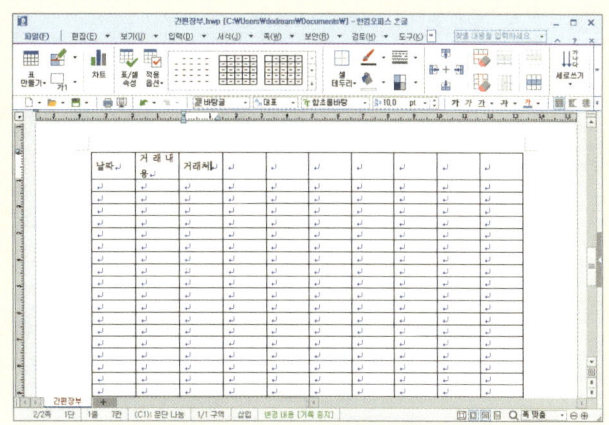

22 다음과 같이 두 개의 셀을 드래그하여 셀 블록으로 지정한 다음 [표] 탭의 [셀 합치기] 아이콘을 클릭하거나 M키를 눌러 [셀 합치기]를 실행합니다.

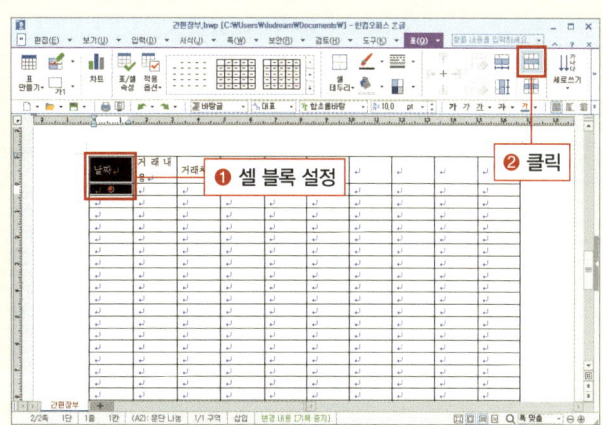

Project. 업무에 바로 적용하는 실무 문서 만들기 **389**

23 같은 방법으로 거래내용과 거래처가 입력된 셀도 아래 셀과 하나의 셀로 합치기를 실행합니다.

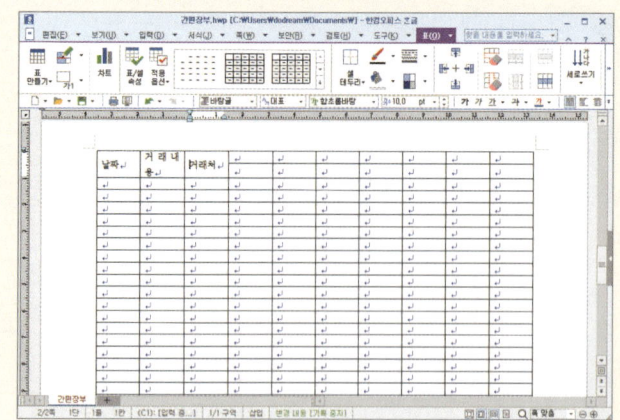

24 나머지 셀에도 셀 합치기를 실행하고 텍스트를 입력하여 다음과 같이 완성합니다.

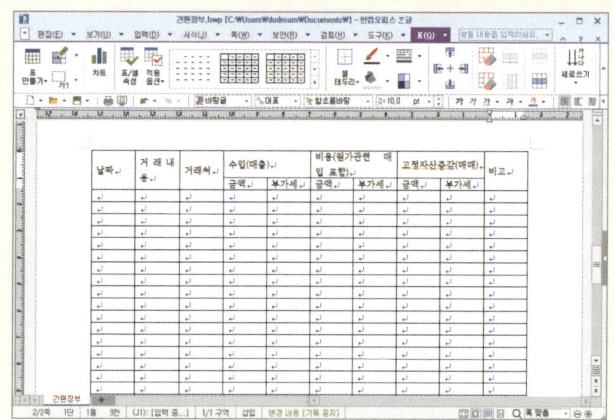

25 F5키를 세 번 연속해서 눌러 표 전체를 블록으로 설정하고 서식 도구 모음에서 글자 크기를 '9pt'로 지정한 후 '가운데 정렬'로 설정합니다.

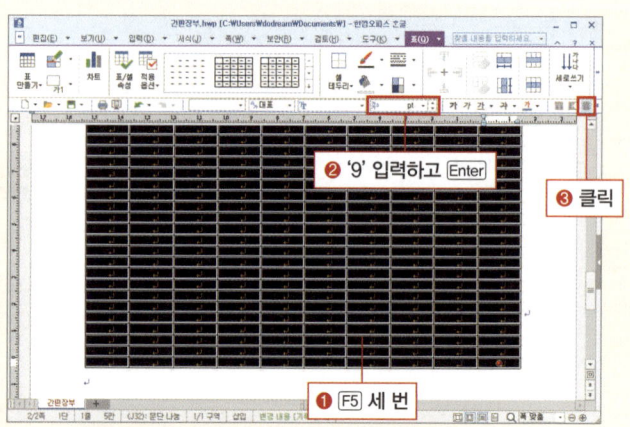

26 Esc키를 눌러 블록을 해제한 후 제목 행의 행 높이를 넓히고 제목을 다음과 같이 수정합니다.

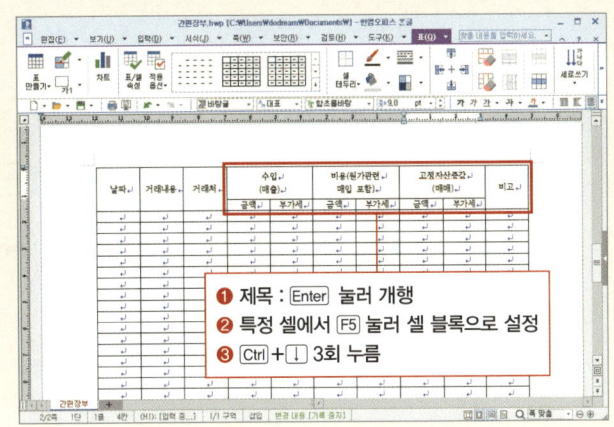

27 제목이 입력된 행을 제외하고 나머지 행의 모든 셀을 블록으로 지정한 다음 Ctrl키를 누른 채 ↓키를 3회 눌러 행 높이를 늘려 줍니다.

POINT

Ctrl+↓키를 이용하면 이웃된 모든 셀의 높이가 변경됩니다. Ctrl키를 누른 채 마우스로 선택한 셀의 아래쪽 경계선을 드래그하여 줄의 높이를 조정할 수도 있습니다.

28 마지막 행의 첫 번째 셀로 커서를 이동한 후 서식 도구 모음에서 진하게(**가**) 아이콘을 클릭합니다. 셀에 '소계'를 입력합니다.

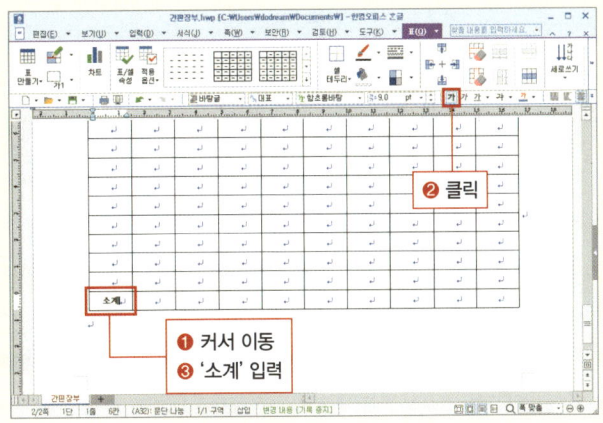

Project. 업무에 바로 적용하는 실무 문서 만들기 **391**

29 F5 키를 세 번 연속으로 눌러 표의 모든 셀을 블록으로 지정합니다. ⓛ키를 눌러 [셀 테두리/배경] 대화상자가 나타나면 [테두리] 탭에서 [굵기]를 '0.5mm'로 지정하고 [바깥쪽]을 선택한 다음 [설정] 버튼을 클릭합니다.

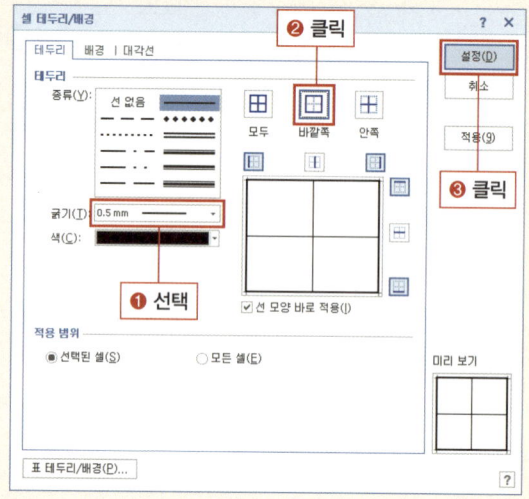

30 다음과 같이 제목이 입력되어 있는 셀만 셀 블록으로 지정하고 ⓛ키를 눌러 [셀 테두리/배경] 대화상자를 표시합니다. [테두리] 탭에서 [굵기]를 '0.5mm'로 지정하고 [아래]를 선택한 후 [설정] 버튼을 누릅니다.

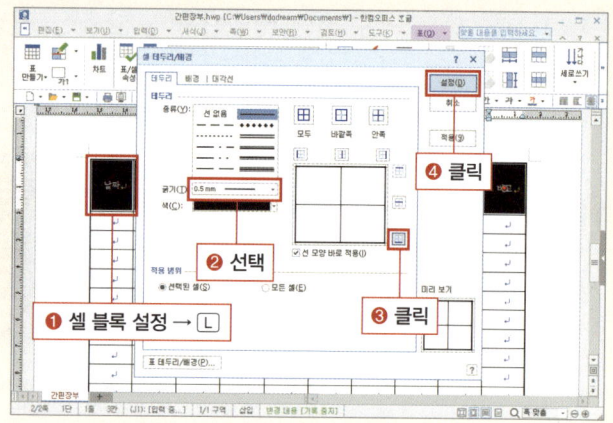

31 표의 마지막 행 전체를 블록으로 지정하고 ⓛ키를 눌러 [테두리] 탭에서 굵기를 '0.5mm'로 지정하고 [위]를 선택한 후 [설정] 버튼을 누릅니다.

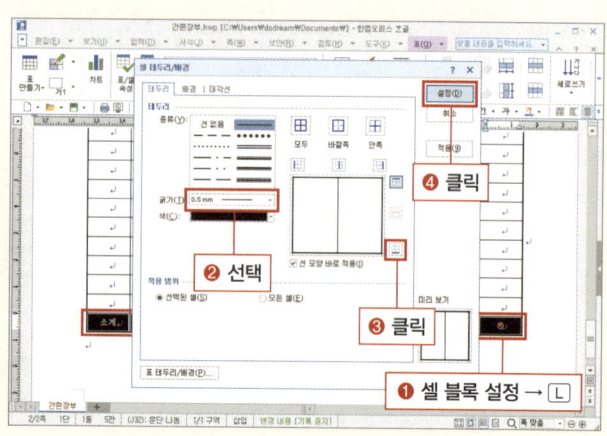

32 Esc 키를 눌러 셀 블록을 해제하고 표의 마지막 행 4번째 셀을 클릭합니다. [표] 메뉴의 [쉬운 계산식]에서 '세로 합계'를 선택합니다.

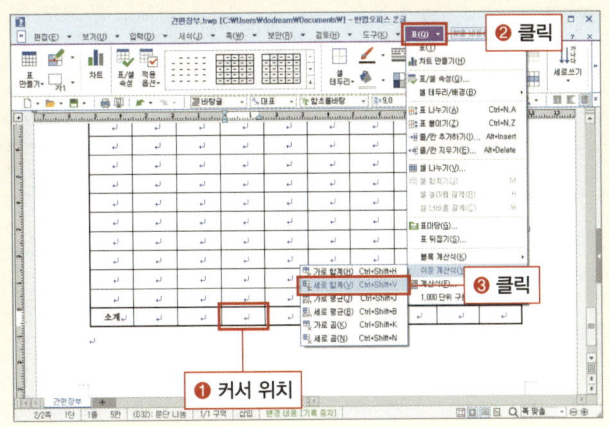

33 현재 셀에 세로 합계를 계산하는 계산식 =SUM(ABOVE)이 입력됩니다. 지금은 아무 숫자도 입력되어 있지 않으므로 0으로 표시됩니다.

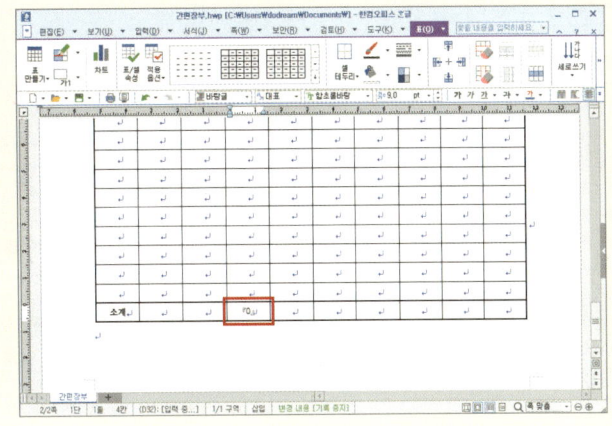

34 세로 합계 계산식이 입력되어 있는 곳을 마우스로 더블클릭합니다. 계산식을 블록으로 지정한 다음 Ctrl+C 키를 눌러 복사한 후 오른쪽 5개의 셀에서 Ctrl+V 키를 눌러 수식을 붙여 넣습니다.

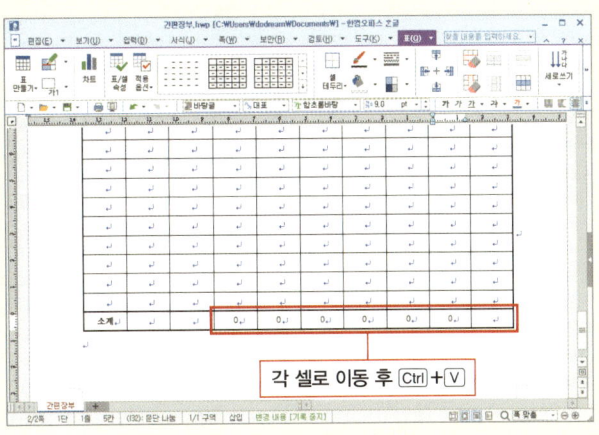

35 금액과 부가세가 입력되는 셀을 다음과 같이 모두 셀 블록으로 지정한 후 [서식] 메뉴의 [문단 모양]을 선택하거나 Alt+T키를 누릅니다.

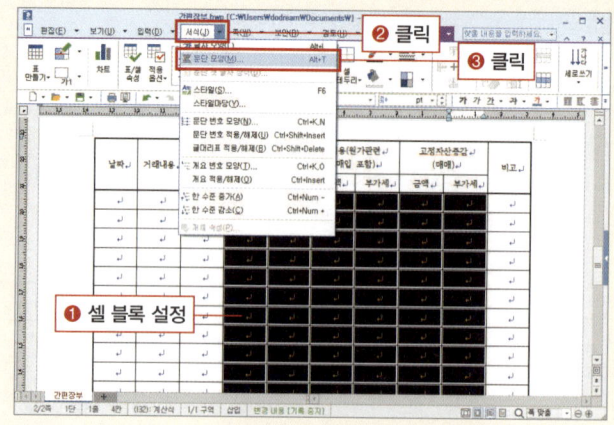

36 [문단 모양] 대화상자에서 [정렬 방식]의 오른쪽 정렬을 선택하고 [여백]에서 [오른쪽]에 '1pt'을 입력한 후 [설정] 버튼을 클릭합니다.

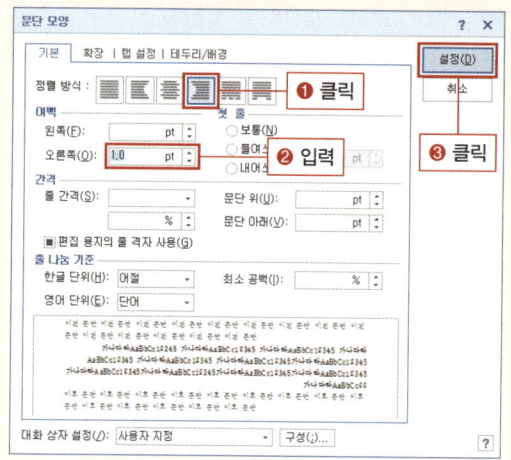

37 세로 합계 계산식의 계산 결과를 확인하기 위해 다음과 같이 임의로 금액과 부가세를 입력해 봅니다.

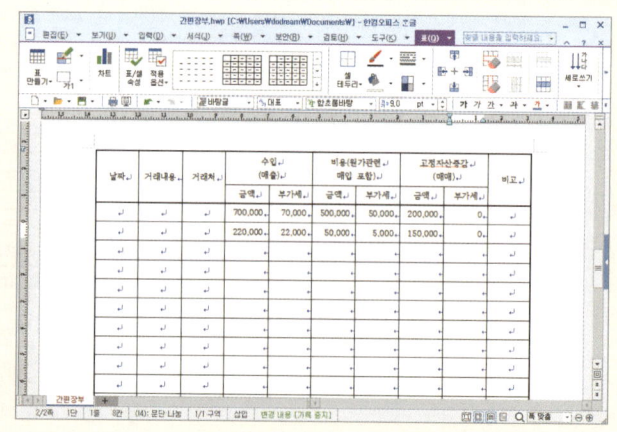

POINT

금액과 부가세를 입력할 때 숫자 천 단위 구분은 자동으로 입력되지 않으므로 직접 입력해야 합니다.

38 표 마지막 행으로 이동하여 계산식이 입력되어 있는 셀의 결과를 확인합니다.

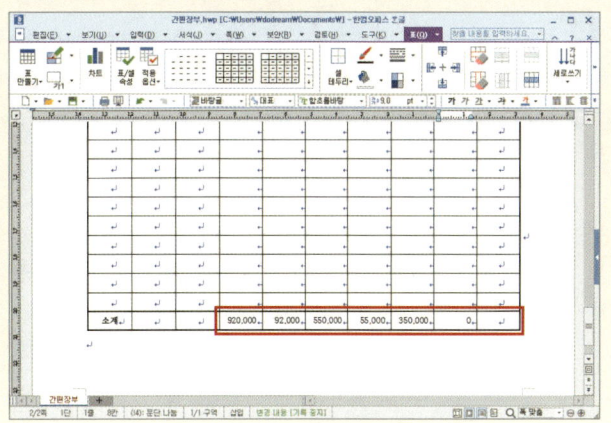

39 계산 값이 맞으면 입력한 내용을 지우고 지금까지 작성한 내용을 저장한 다음 [파일] 메뉴의 [미리 보기]를 선택하여 인쇄 모양을 확인해 봅니다.

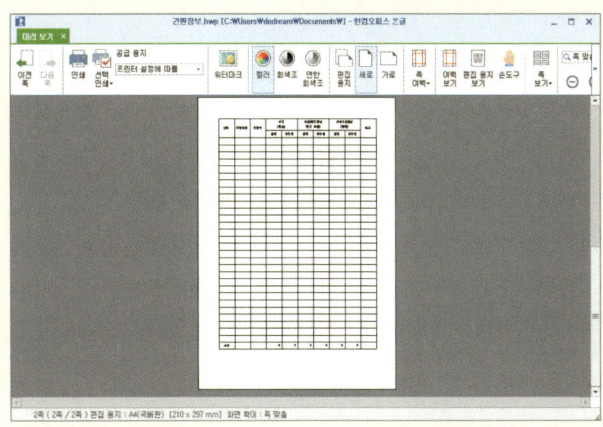

지출결의서 만들기

지출결의서는 회사에서 자금을 집행하기 위해 보고하는 서류입니다. 이번 섹션에서도 지출 금액을 입력하면 총 지출 금액이 자동으로 계산되고, 지출 날짜도 시스템의 날짜가 자동으로 입력되도록 만들 것입니다. 다양한 지출결의서 양식이 있지만 일반적으로 가장 많이 사용되는 지출결의서 양식으로 작성해 봅니다.

Key Word : 셀 합치기, 날짜/시간 코드, 누름틀 **완성파일** : 완성파일\지출결의서.hwp

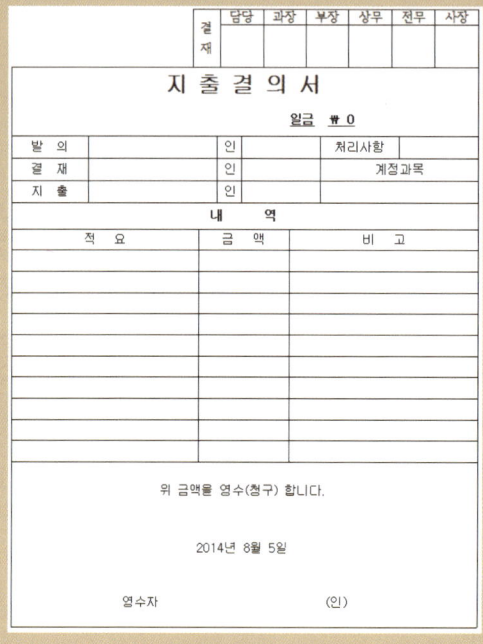

1 빈 문서에서 Alt + S 키를 누르면 [다른 이름으로 저장하기] 대화상자가 나타납니다. 문서를 저장할 폴더를 선택하고 [파일 이름]에 '지출결의서'를 입력한 후 [저장] 버튼을 클릭합니다.

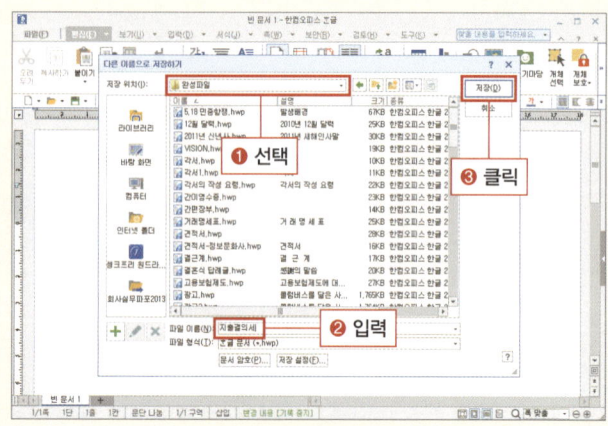

2 Ctrl+N, T키를 누르고 [표 만들기] 대화상자에서 [줄 수]와 [칸 수]에 각각 '21'과 '1'을 입력합니다. '글자처럼 취급'에 체크한 후 [만들기] 버튼을 클릭합니다.

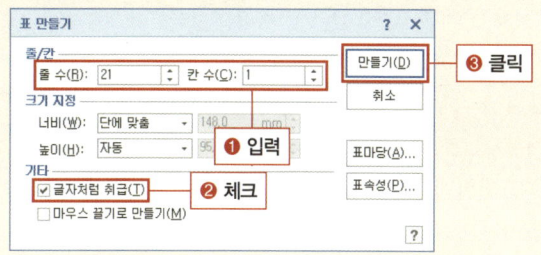

3 다음과 같이 표가 만들어지면 첫 번째 줄에서 F5키를 눌러 셀 블록으로 설정한 다음 [표] 탭의 [셀 나누기] 아이콘을 클릭합니다. [셀 나누기] 대화상자에서 [칸 수]를 '2'로 지정한 후 [나누기] 버튼을 클릭합니다.

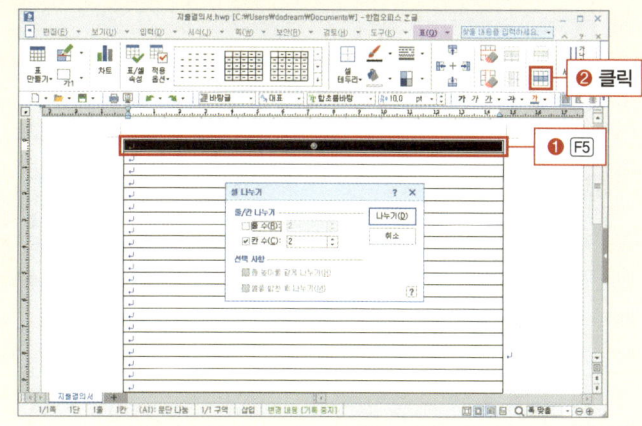

4 칸 경계선을 다음과 같이 왼쪽으로 드래그하여 왼쪽 칸의 너비를 줄입니다.

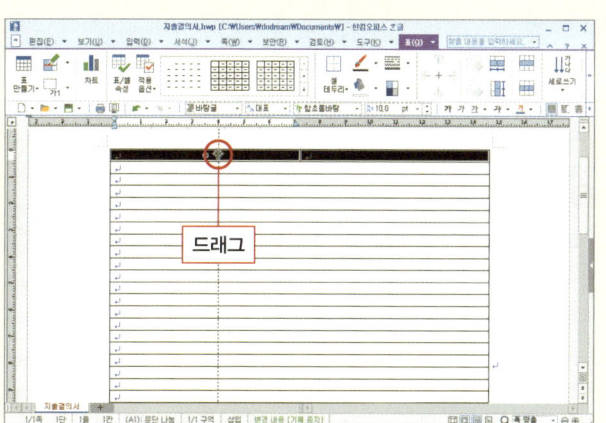

5 첫 번째 줄의 두 번째 칸을 클릭한 후 [표] 메뉴의 [셀 나누기]를 선택하거나 S 키를 누릅니다. [셀 나누기] 대화상자에서 [줄 수]와 [칸 수]를 각각 '2'와 '7'로 지정하고 [나누기] 버튼을 클릭합니다.

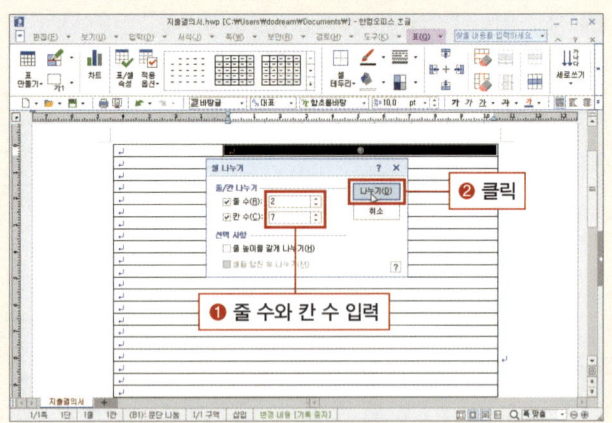

6 '결재'를 입력할 셀을 블록으로 설정한 후 M 키를 누르고 각 셀에 다음과 같이 텍스트를 입력합니다.

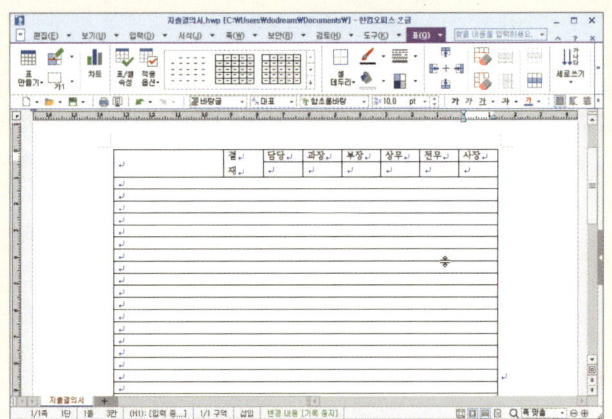

7 결재란의 모든 셀을 블록으로 지정하여 서식 도구 모음에서 글자 크기를 '11pt'로 변경하고 가운데 정렬한 후 각 열의 너비와 행 높이를 다음과 같이 조절합니다.

\POINT

'결재'가 입력된 셀에서 F5 키를 누른 후 Shift + ← 키 눌러 결재란의 너비를 줄입니다. 나머지 셀은 셀 블록으로 설정한 후 [표] 메뉴의 [셀 너비를 같게]를 선택하거나 W 키를 누릅니다.

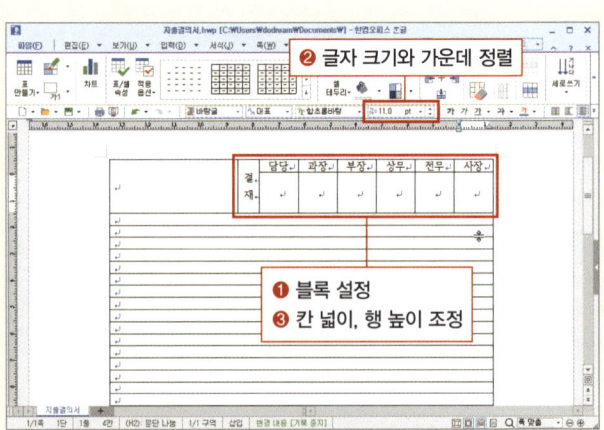

8 [표] 메뉴의 [표]에서 '표 지우개'를 클릭하고 첫 번째 셀의 왼쪽과 위쪽 테두리를 드래그하여 표의 테두리를 지웁니다. 지우기가 끝나면 Esc 키를 누릅니다.

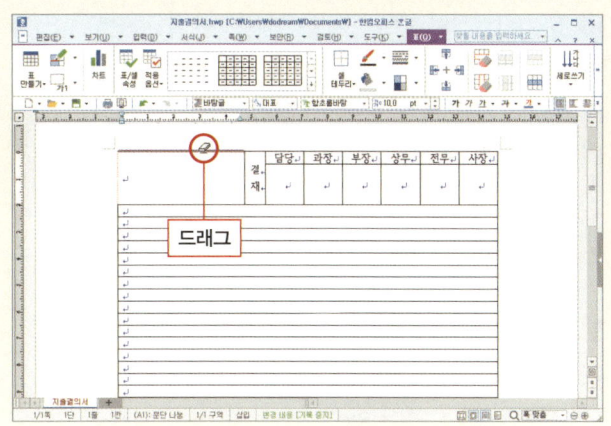

9 다음 행에 '지 출 결 의 서'라고 입력하고 F5 키를 누른 후 서식 도구 모음에서 글꼴, 글자 크기, 글자 속성을 각각 지정합니다. Ctrl+↓ 키를 눌러 행 높이를 조절합니다.

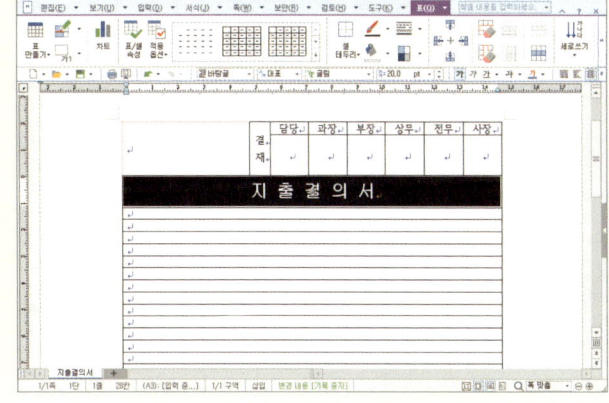

POINT
[글꼴]은 '굴림', [크기]는 '20pt', [글자 속성]은 '진하게', [정렬]은 '가운데 정렬'로 지정하였습니다.

10 다음과 같이 세 개의 줄을 블록으로 지정한 후 S 키를 누릅니다. [셀 나누기] 대화상자가 나타나면 [칸 수]에만 '6'을 입력하고 [나누기] 버튼을 클릭합니다.

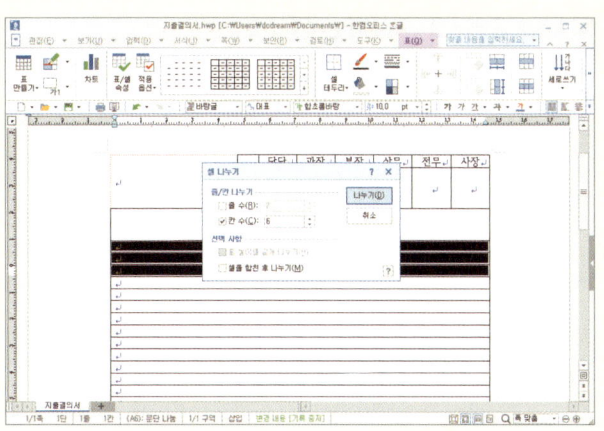

Project. 업무에 바로 적용하는 실무 문서 만들기 **399**

11 셀이 나눠지면 셀의 너비를 다음과 같이 조정한 후 텍스트를 입력합니다. '계정과목'이 입력될 셀과 다음 행은 [셀 합치기]를 실행하고 입력합니다.

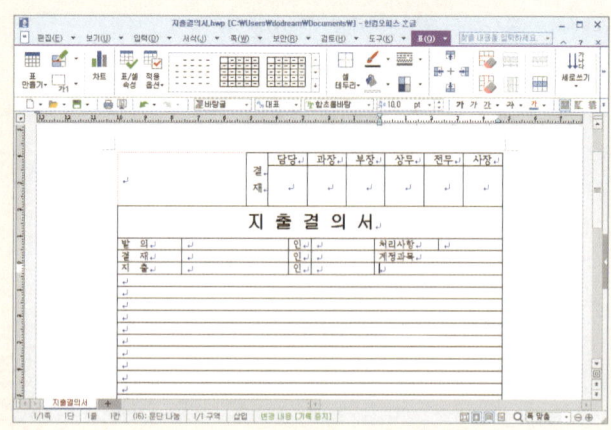

POINT
'발의'가 입력된 오른쪽 셀에서 F5 키를 누른 후 Alt + ─ 키를 이용하여 너비를 조정합니다.

12 다음과 같이 셀 블록을 지정하고 서식 도구 모음에서 글꼴은 '굴림'으로, 글자 크기는 '11pt'로 지정한 후 가운데로 정렬하고 행 높이를 조정합니다. Alt + S 키를 눌러 지금까지 작업한 내용을 저장합니다.

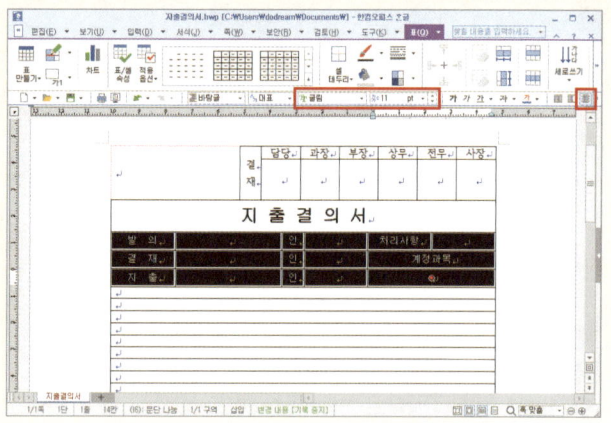

13 다음 줄에 '내　　역'을 입력하고 F5 키를 누른 후 글꼴을 '굴림'으로, 글자 크기는 '12pt'로, 글자 속성은 '진하게'를 지정하여 가운데 정렬합니다. Ctrl + ↓ 키를 눌러 행 높이를 조절합니다.

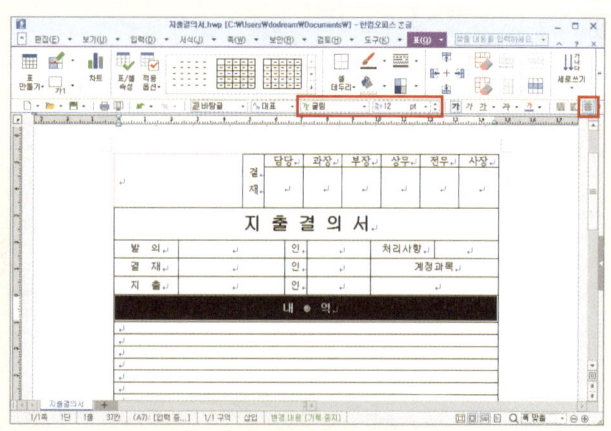

14 다음 행부터 11개 행을 셀 블록으로 지정하고 ⑤ 키를 누릅니다. [셀 나누기] 대화상자가 나타나면 [칸 수]만 '3'을 입력하고 [나누기] 버튼을 클릭합니다.

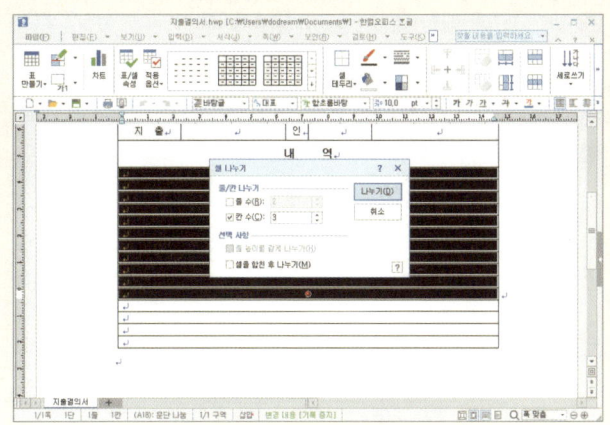

15 칸이 나눠지면 Ctrl+↓ 키를 눌러 행 높이와 셀의 너비를 조정합니다. 다음과 같이 텍스트를 입력한 후 서식 도구 모음에서 글꼴은 '굴림'으로, 글자 크기는 '11pt'를 지정하고 가운데 정렬합니다.

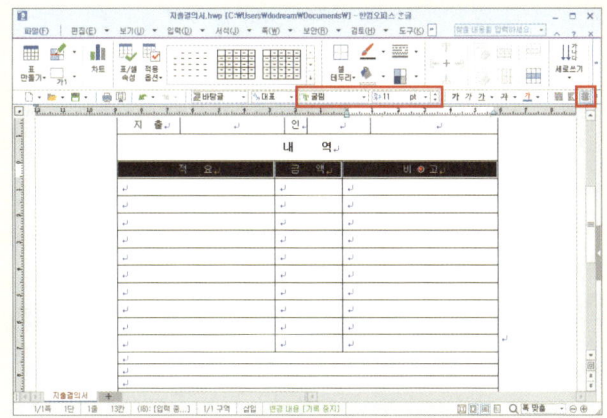

16 금액이 입력될 셀 전체를 셀 블록으로 지정하고 오른쪽 정렬한 다음 눈금자에서 문단 오른쪽 여백 표시자를 왼쪽으로 드래그하여 오른쪽 여백을 늘립니다.

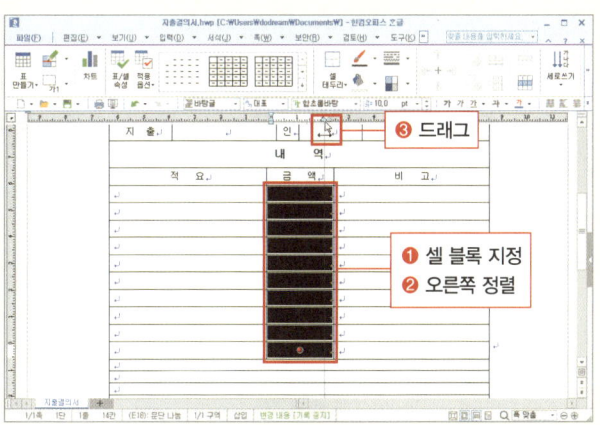

Project. 업무에 바로 적용하는 실무 문서 만들기 **401**

17 셀에 '위 금액을 영수(청구) 합니다.'를 입력하고 다음 줄로 커서를 이동한 후 [입력] 메뉴의 [날짜/시간]에서 '날짜/시간 코드'를 선택합니다.

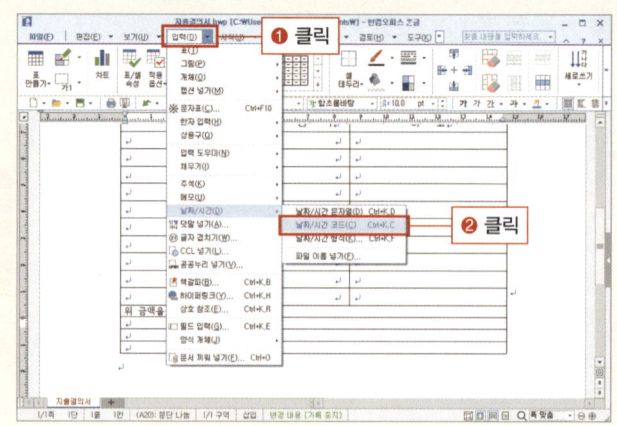

18 다음과 같이 커서 위치에 시스템이 가지고 있는 날짜가 입력됩니다. 차후 문서를 불러오면 항상 시스템이 가지고 있는 날짜로 자동 변경되어 표시됩니다.

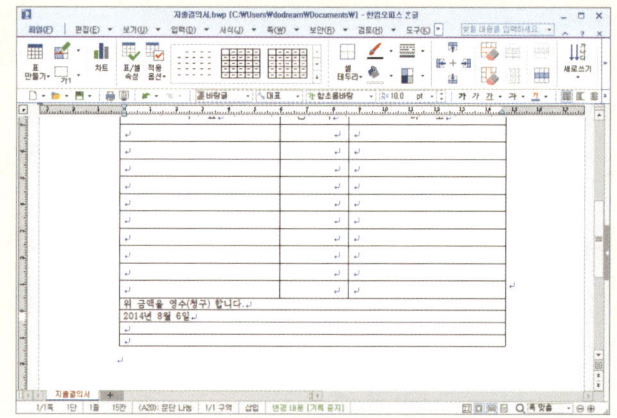

POINT
표시된 날짜 형식을 변경하려면 날짜 코드 안으로 커서를 이동하고 Ctrl + N , K 키를 눌러 [날짜/시간 표시 형식] 대화상자에서 원하는 형식을 지정할 수 있습니다.

19 다음과 같이 두 행을 셀 블록으로 설정한 후 서식 도구 모음에서 글꼴과 글자 크기를 지정하고 가운데 정렬합니다. Ctrl + ↓ 키를 눌러 행의 높이를 늘립니다.

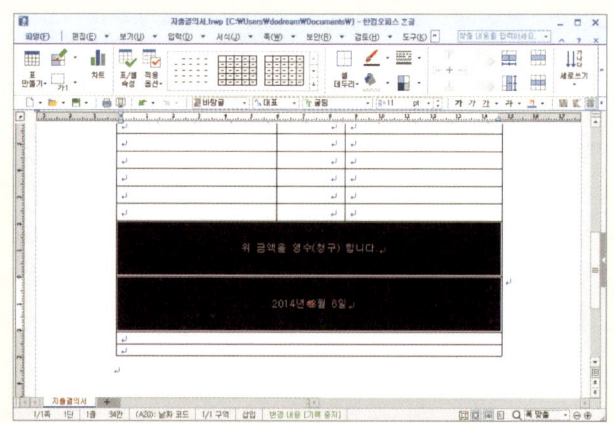

POINT
[글꼴]은 '굴림', [크기]는 '11pt'로 지정하였습니다.

20 마지막 두 줄을 블록으로 지정한 후 ⑤ 키를 눌러 [셀 나누기] 대화상자를 표시합니다. [칸 수]에 '3'을 입력하고 '셀을 합친 후 나누기'에 체크한 후 [나누기] 버튼을 클릭합니다.

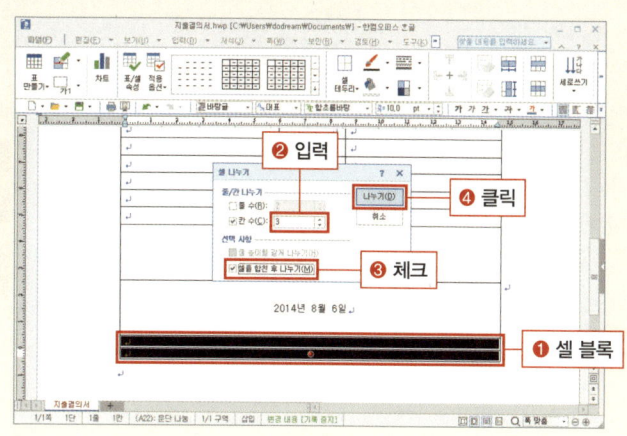

POINT
[셀을 합친 후 나누기] 옵션은 셀을 합친 후 줄이나 칸을 나눕니다.

21 Ctrl+↓ 키를 눌러 행 높이를 조절하고 서식 도구 모음에서 글꼴은 '굴림'으로, 글자 크기는 '11pt'로 지정합니다. 다음과 같이 텍스트를 입력한 후 '영수자'는 오른쪽 정렬, 가운데 칸은 가운데 정렬로 설정합니다.

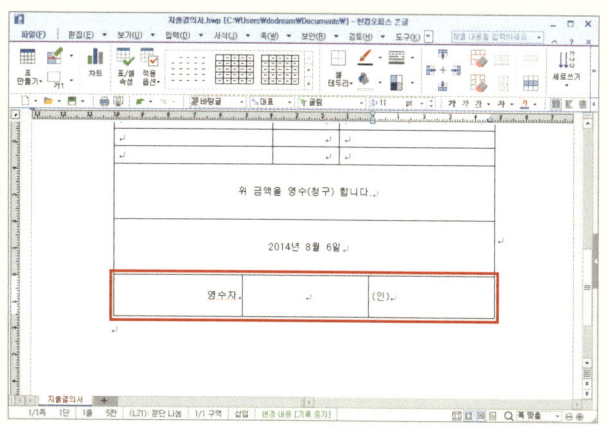

22 표 마지막 행의 가운데 셀에서 [입력] 메뉴의 [필드 입력]을 클릭합니다. [누름틀] 탭의 [입력할 내용의 안내문]에서 '영수자 이름을 입력하려면 여기를 클릭하세요.'를 입력하고 [넣기] 버튼을 클릭합니다.

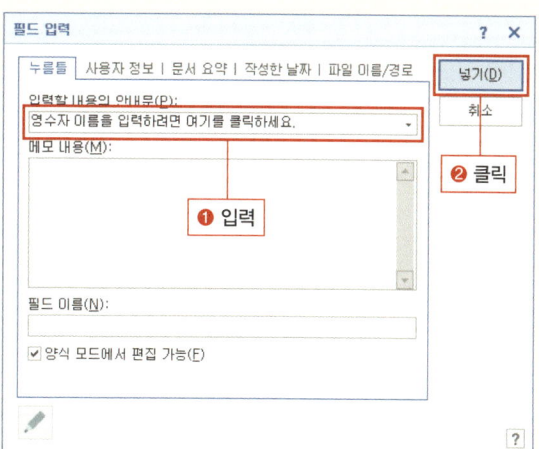

POINT
누름틀을 입력하면 편집 화면에 빨간색의 기울임 글자 속성으로 안내문이 표시됩니다. 안내문을 마우스로 클릭하면 안내문이 사라지고 원하는 내용을 입력할 수 있습니다.

Project. 업무에 바로 적용하는 실무 문서 만들기 **403**

23 마지막 세 줄을 드래그하여 셀 블록으로 지정하고 ⓛ키를 눌러 [셀 테두리/배경] 대화상자를 표시합니다. [테두리] 탭에서 [종류]의 '선 없음'을 선택한 후 '안쪽'을 선택하고 [설정] 버튼을 클릭합니다.

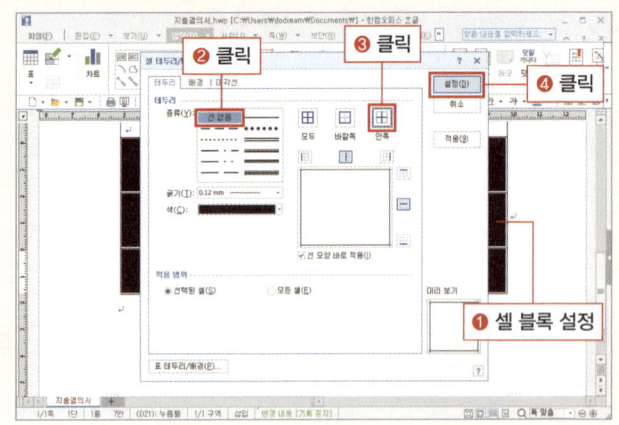

24 '지출결의서'가 입력된 행을 클릭한 후 ⓢ키를 누릅니다. [셀 나누기] 대화상자에서 [줄 수]에 '2'를 입력하고 [나누기] 버튼을 클릭합니다.

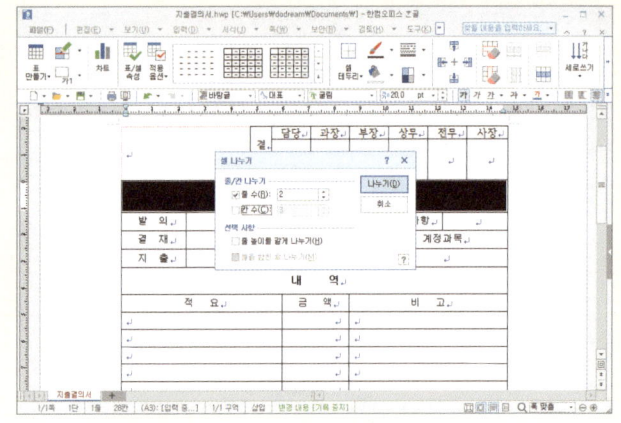

25 '지출결의서'가 입력된 셀을 클릭한 후 Ctrl+↓키를 눌러 셀 높이를 적당히 조절하고 다음 줄을 클릭합니다. ⓢ키를 눌러 [셀 나누기] 대화상자에서 칸 수를 '2'로 입력한 후 [나누기] 버튼을 클릭합니다.

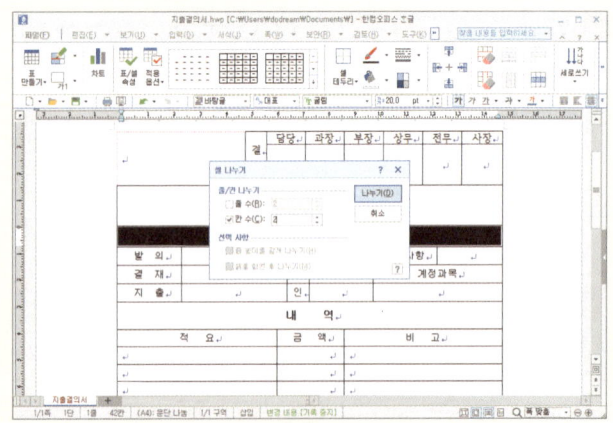

26 셀을 2칸으로 나눈 다음 첫 번째 셀을 클릭한 후 Shift+← 키를 눌러 칸 너비를 조절하고 Ctrl+↓ 키를 눌러 행 높이를 조절합니다. Esc 키를 눌러 셀 블록을 해제하고 '일금 '을 입력합니다.

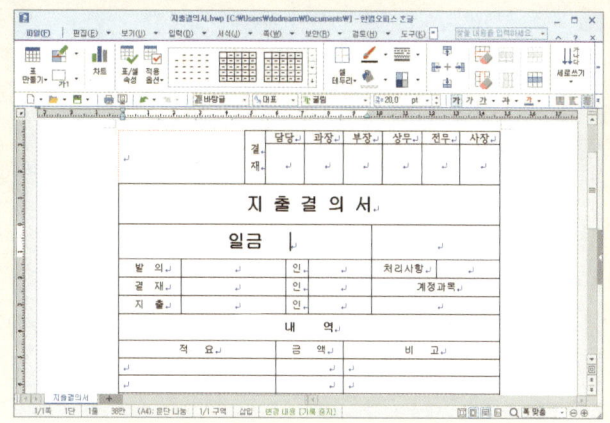

27 [입력] 메뉴의 [필드 입력]을 실행한 후 [입력할 내용의 안내문]에 '금액을 한글로 입력하세요.'로 입력한 후 [넣기] 버튼을 클릭합니다.

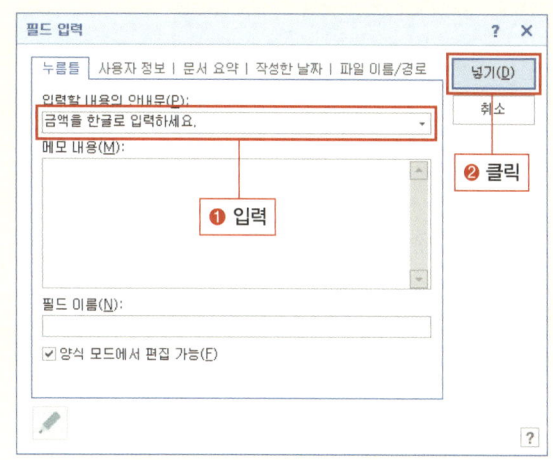

28 F5 키를 눌러 셀 블록으로 설정한 후 서식 도구 모음에서 글자 크기는 '11pt'로, 글자 속성은 '밑줄'을 선택하고 오른쪽 정렬합니다.

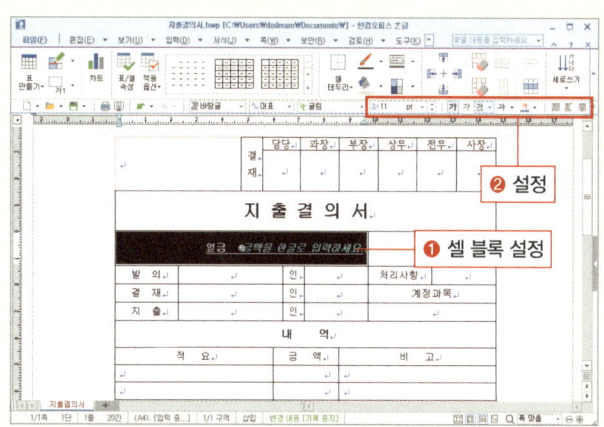

Project. 업무에 바로 적용하는 실무 문서 만들기 **405**

29 오른쪽 셀에 '\'를 입력한 다음 [표] 메뉴의 [계산식]을 선택하거나 Ctrl+N, F키를 누릅니다. [계산식] 대화상자의 계산식 입력란에 'SUM(F10:F19)'를 입력하고 [확인] 버튼을 누릅니다. 금액이 입력되는 셀 F10부터 F19까지의 합을 구하는 계산식입니다.

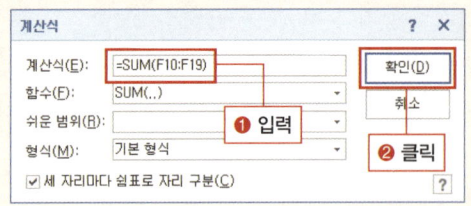

ᐅ POINT
셀 번호는 표를 그리는 방법에 따라 사용자마다 다를 수 있습니다. 금액이 입력되는 셀을 클릭하여 상황 표시줄에서 셀 번호를 확인한 후 계산식을 입력하세요.

30 F5키를 눌러 셀 블록으로 설정한 후 서식 도구 모음에서 글자 크기를 '11pt'로, 글자 속성에 '밑줄'을 선택하고 왼쪽 정렬합니다. [서식] 탭의 [왼쪽 여백 늘리기] 아이콘을 두 번 클릭하여 왼쪽 여백을 늘립니다.

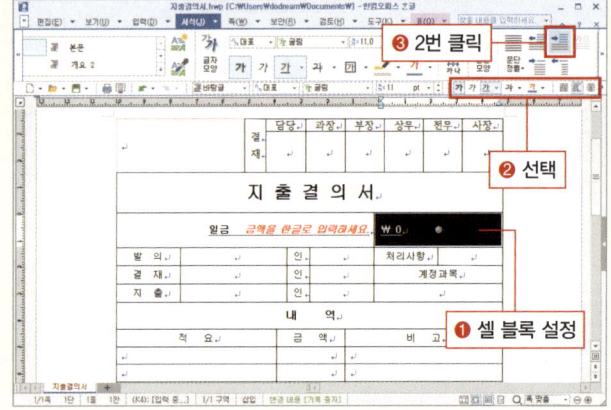

ᐅ POINT
왼쪽 여백 늘리기의 단축키는 Ctrl+Alt+F6입니다.

31 Esc키를 눌러 셀 블록을 해제하고 다음과 같이 금액란에 임의로 금액을 입력해 봅니다. 금액의 합계가 맞는지 확인하고 임의로 입력한 금액을 지웁니다.

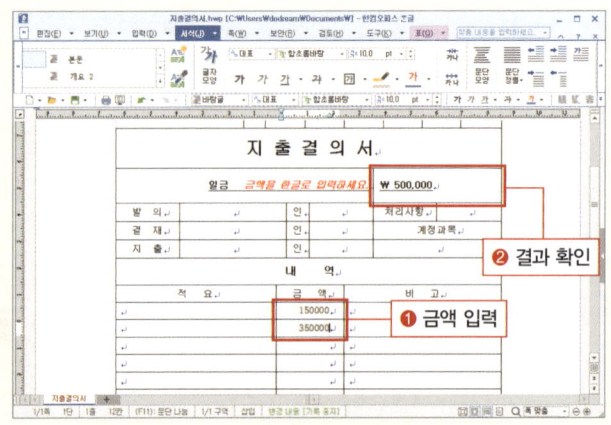

32 '지출결의서'가 입력된 셀과 합계가 입력되는 셀을 드래그하여 셀 블록으로 지정하고 ⓛ키를 누릅니다. [셀 테두리/배경] 대화상자가 나타나면 [테두리] 탭의 [종류]에 '선 없음'을 선택하고 '안쪽'을 누른 후 [설정] 버튼을 클릭합니다.

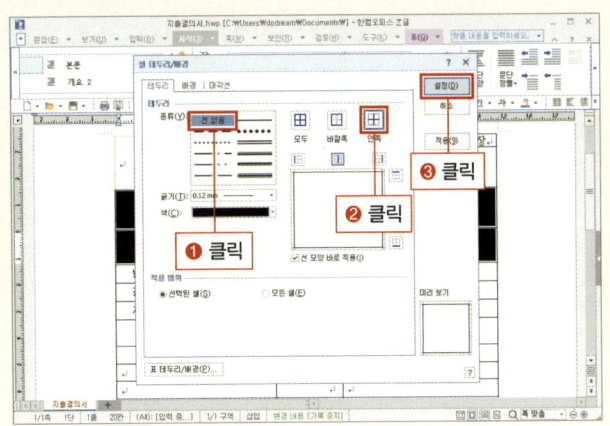

33 지금까지 작업된 문서를 저장하고 서식 도구 모음의 미리 보기(　) 아이콘을 클릭하여 작업한 문서를 확인합니다.

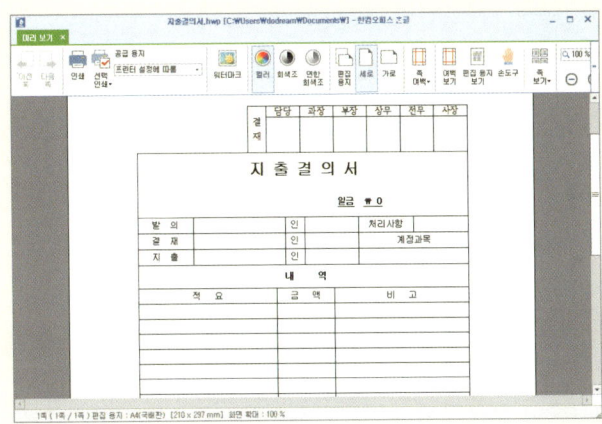

이력서 만들기

취업을 위하여 개인 이력을 작성하여 제출하는 용도로 사용되는 양식입니다. 예전에는 부모의 성명, 본인의 성명, 호주와의 관계, 생년월일, 학력, 경력, 상벌 등을 기재하였으나 현재는 가로쓰기 이력서 용지가 사용되고 앞의 사항 외에 사진 첨부란, 주민등록번호 기입란, 경력에 대한 일자 및 발령처 등의 기입란이 있습니다.

Key Word : 셀 배경, 자동 채우기

완성파일 : 완성파일\이력서.hwp

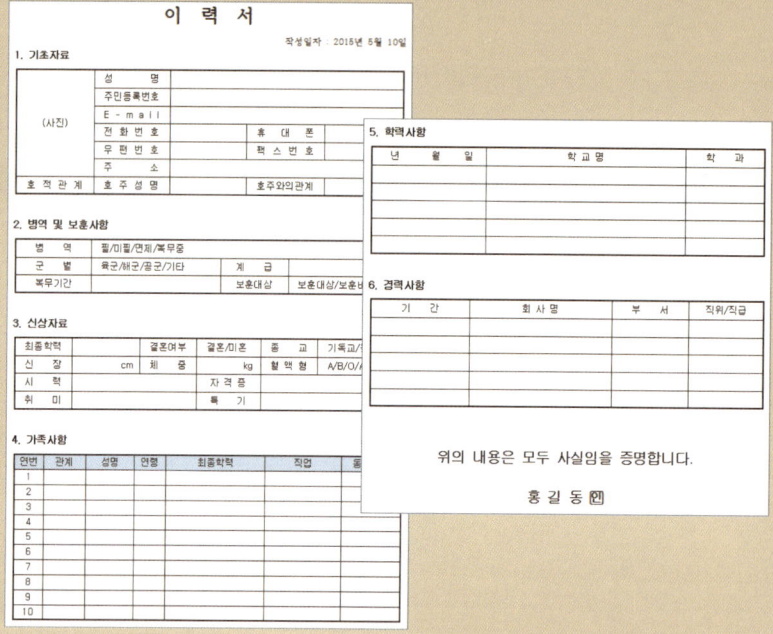

1 빈 문서에서 Alt+S 키를 눌러 문서를 '이력서'로 저장합니다. 다음과 같이 텍스트를 입력한 후 '이 력 서'를 드래그하여 블록으로 설정하고 서식 도구 모음에서 글자 크기를 '20pt'로, 글자 속성을 '진하게'로 지정하고 가운데 정렬합니다.

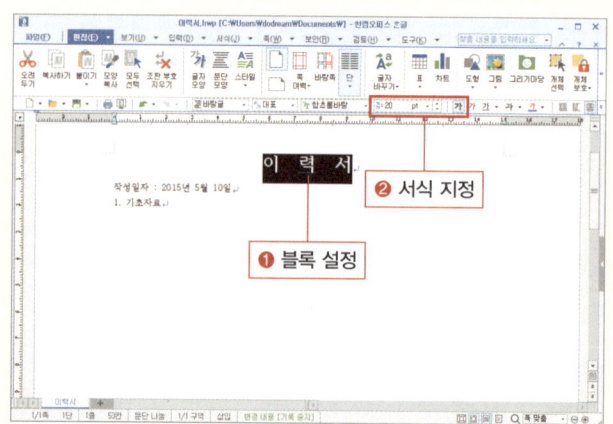

2 두 번째 줄을 클릭하여 커서를 이동한 후 오른쪽 정렬합니다.

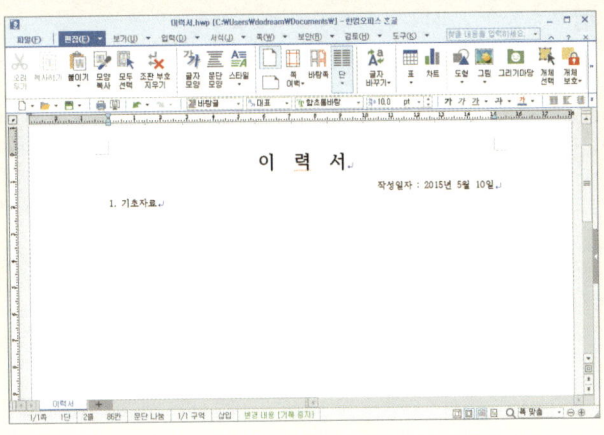

POINT
시스템의 날짜를 입력하려면 [입력] 메뉴의 [날짜/시간]에서 '날짜/시간 문자열'을 선택하거나 Ctrl+K, D 키를 누릅니다. 시스템의 날짜가 문자열로 입력됩니다.

3 '1. 기초자료'를 드래그하여 블록으로 설정한 후 서식 도구 모음에서 글꼴을 '굴림'으로 크기를 '11pt'로, 글자 속성을 '진하게'로 지정합니다.

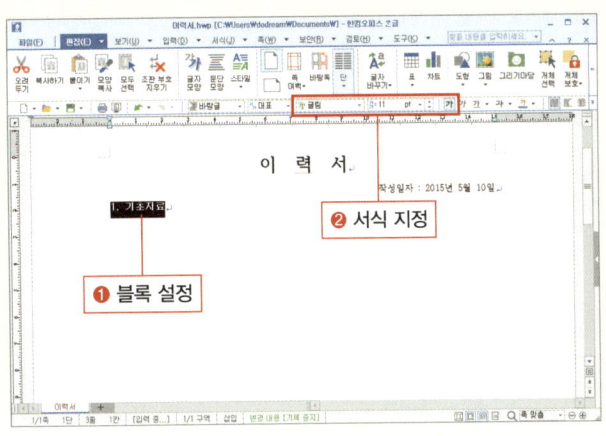

4 Esc 키를 눌러 블록을 해제한 후 Enter 키를 누릅니다. [입력] 탭의 [표] 아이콘을 클릭하거나 Ctrl+N, T 키를 누릅니다. [표 만들기] 대화상자에서 [줄 수]와 [칸 수]를 각각 '7'과 '5'로 입력하고 '글자처럼 취급'에 체크한 후 [만들기] 버튼을 클릭합니다.

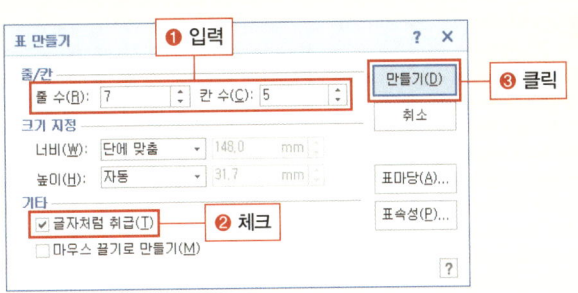

5 7줄 5칸의 표가 만들어지면 다음과 같이 각 칸에 텍스트를 입력합니다.

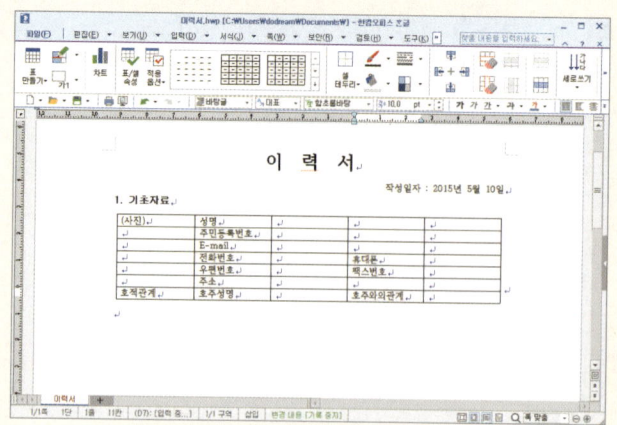

6 Ctrl 키를 누른 상태에서 마우스로 클릭하거나 드래그하여 다음 그림처럼 불연속적인 셀을 블록 설정합니다.

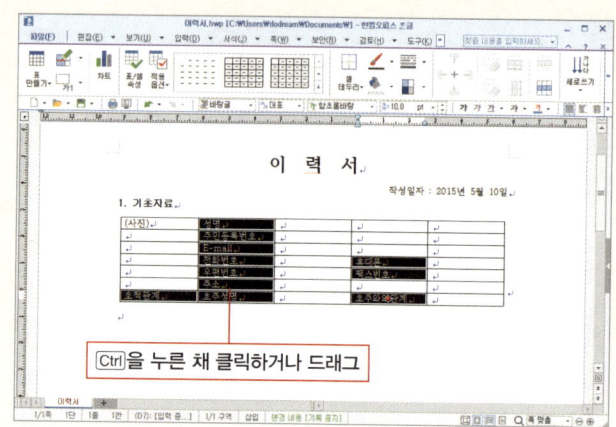

7 Alt + T 키를 눌러 [문단 모양] 대화상자를 표시합니다. [기본] 탭에서 정렬 방식에 [배분 정렬] 아이콘을 클릭하고 [여백]의 [왼쪽]과 [오른쪽]을 각각 '6pt'로 지정한 다음 [설정] 버튼을 클릭합니다.

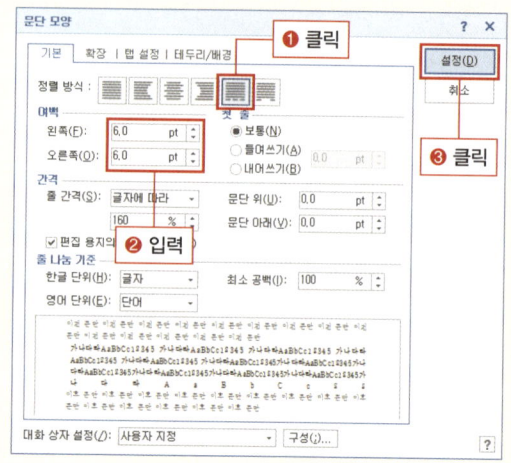

8 F5 키를 눌러 모든 셀을 블록으로 지정한 다음 서식 도구 모음에서 글꼴을 '굴림'으로 변경합니다.

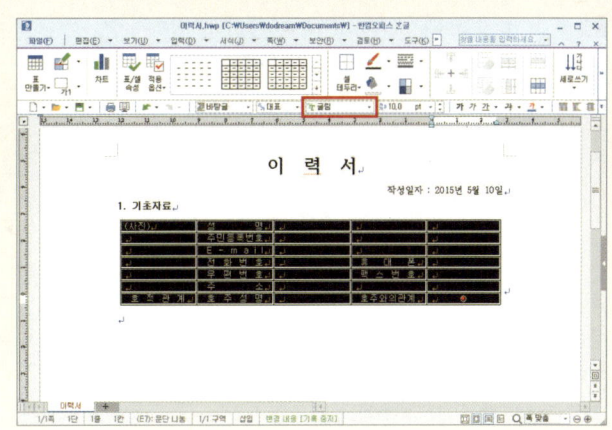

9 다음과 같이 셀을 합칠 부분을 드래그하여 셀 블록으로 지정하고 M키를 눌러 셀을 병합합니다. '(사진)'이 입력된 셀은 가운데 정렬합니다.

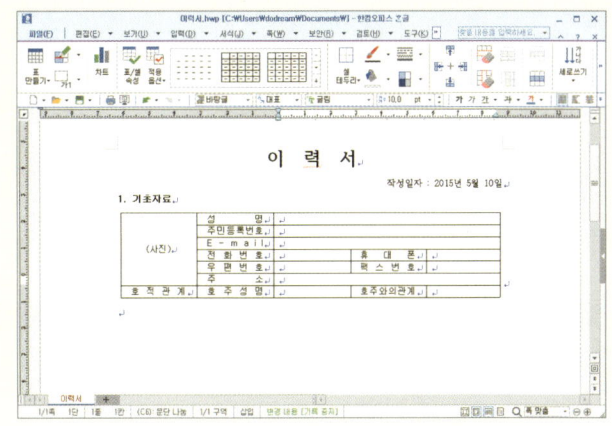

10 F5 키를 세 번 눌러 표의 모든 셀을 블록으로 지정한 다음 L키를 눌러 [셀 테두리/배경] 대화상자를 표시합니다. [테두리] 탭에서 [테두리]의 굵기를 '0.5 mm'로 선택하고 [바깥쪽]을 클릭한 후 [설정] 버튼을 클릭합니다.

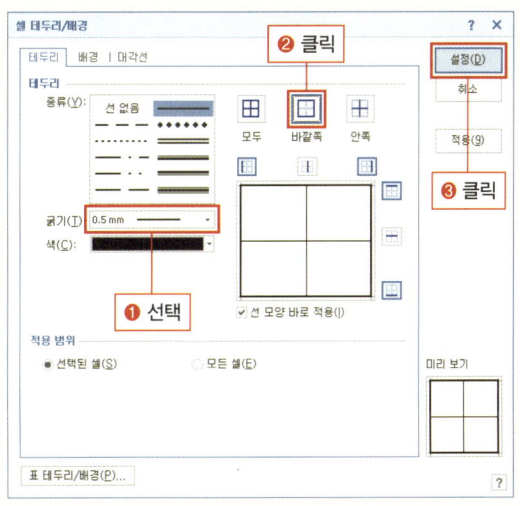

Project. 업무에 바로 적용하는 실무 문서 만들기 **411**

11 표의 바깥쪽 테두리가 굵은 선으로 변경됩니다. [Ctrl]+[↓]키를 눌러 행 높이를 조절한 후 [Esc]키를 눌러 셀 블록을 해제하면 다음과 같이 첫 번째 표가 완성됩니다.

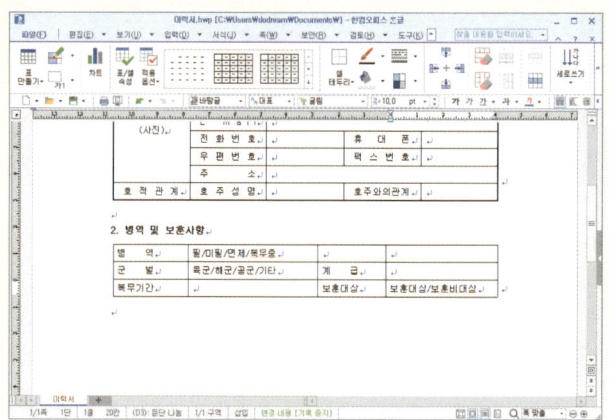

> **POINT**
> [Alt]+[S]키를 눌러 중간 저장합니다.

12 첫 번째 표 다음에 한 줄을 띄운 다음 두 번째 제목을 입력합니다. 그리고 단축키 [Ctrl]+[N], [T]키를 눌러 3줄 4칸의 표를 작성합니다. [F5]키를 3회 눌러 모든 셀을 블록으로 지정하고 서식 도구 모음에서 글꼴을 '굴림'으로 지정합니다. 그리고 각 셀에 다음과 같은 텍스트를 입력하고 셀 높이와 셀 너비를 조정합니다.

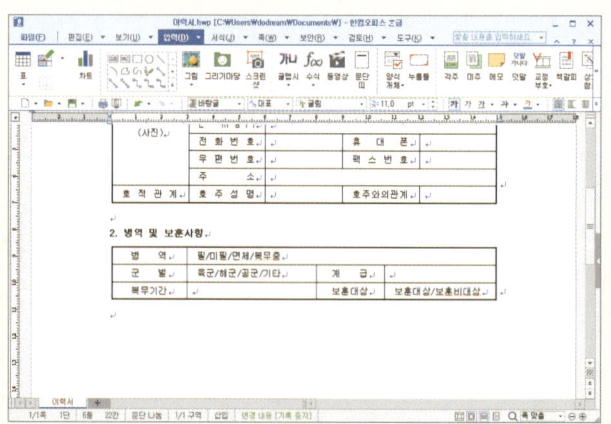

13 병역을 선택할 부분은 세 개의 셀을 블록으로 지정하고 [M]키를 눌러 다음과 같이 하나의 셀로 합칩니다. 그리고 각 항목의 제목은 가운데 정렬, 나머지 셀은 왼쪽 문단 여백을 '6pt'로 조정합니다. 표의 모든 셀을 블록으로 지정하고 [L]키를 누른 다음 바깥쪽 테두리를 굵기를 '0.5mm'로 변경합니다.

14 두 번째 표 다음에 한 줄을 띄운 다음 세 번째 제목을 입력합니다. 다음 줄에서 Ctrl +N, T키를 눌러 4줄 6칸으로 표를 만듭니다. F5키를 세 번 눌러 표 전체에 셀 블록을 지정한 후 서식 도구 모음에서 글꼴을 '굴림'으로 지정합니다. 각 셀에 텍스트를 입력하고 열 너비를 조정합니다.

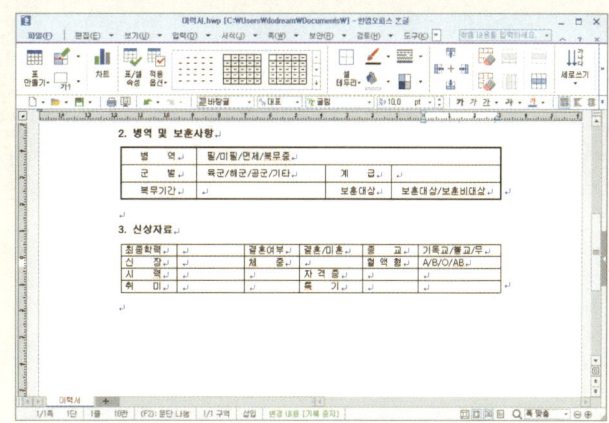

15 '신장'과 '체중'을 입력할 두 셀을 Ctrl키를 누른 상태에서 클릭하여 다음과 같이 셀 블록을 지정한 다음 S키를 눌러 셀을 나눕니다.

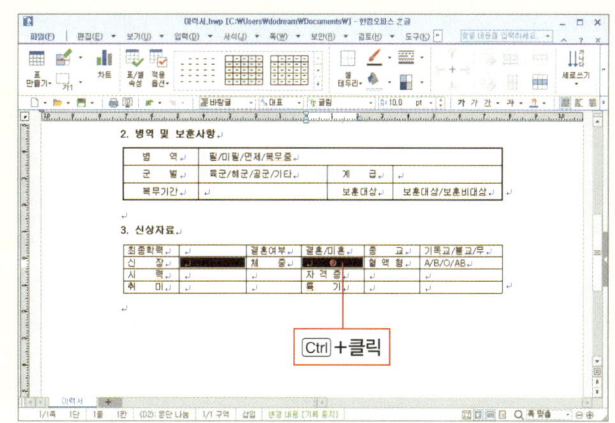

16 [셀 나누기] 대화상자에서 [칸 수]를 '2'로 입력하고 [나누기] 버튼을 클릭합니다.

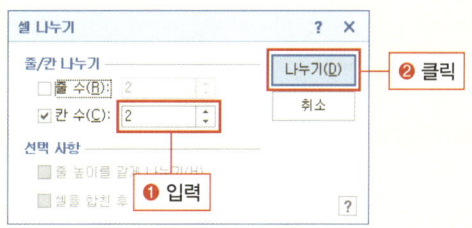

> **POINT**
> [줄 수] 옵션이 선택되어 있다면 클릭해서 해제합니다.

17 셀 나누기가 실행되면 마우스로 칸 너비를 조정한 다음 나누어진 두 번째 칸에 'cm'과 'kg'을 각각 입력합니다. 신장을 입력하기 위한 두 개의 셀을 셀 블록으로 지정하고 [L] 키를 누릅니다.

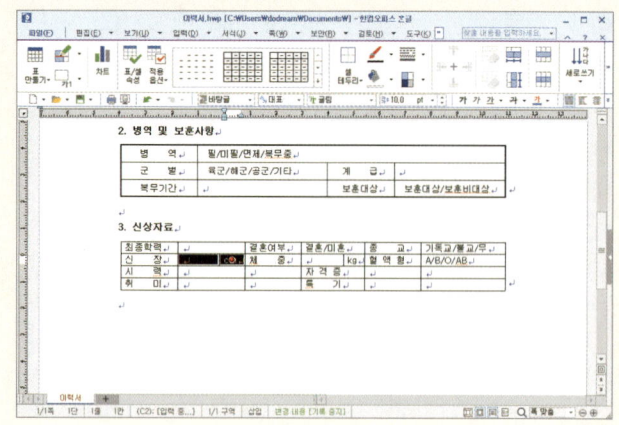

18 [셀 테두리/배경] 대화상자의 [테두리] 탭에서 [종류]를 '선 없음'으로 선택한 다음 [안쪽 세로]를 클릭하고 [설정] 버튼을 클릭합니다.

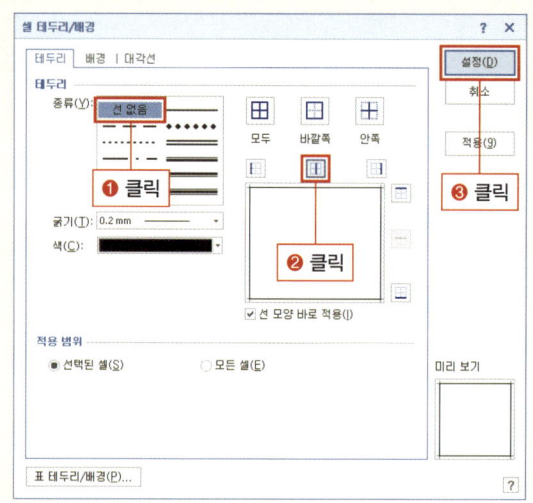

19 같은 방법으로 '체중'이 입력된 셀의 오른쪽 두 셀을 셀 블록으로 지정한 다음 [L] 키를 누르고 안쪽 세로 선을 투명 선으로 변경합니다.

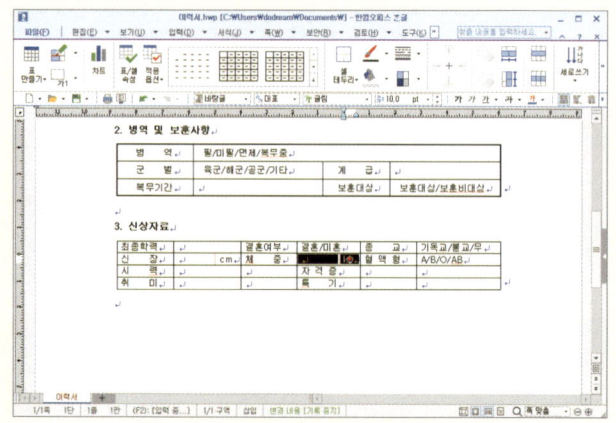

20 '시력'과 '취미', '자격증', '특기'를 입력할 부분을 각각 셀 블록으로 지정하고 M키를 눌러 셀 합치기를 실행합니다. 각 항목의 제목 부분만 Ctrl키를 누른 상태에서 클릭하여 셀 블록으로 지정한 후 가운데 정렬합니다.

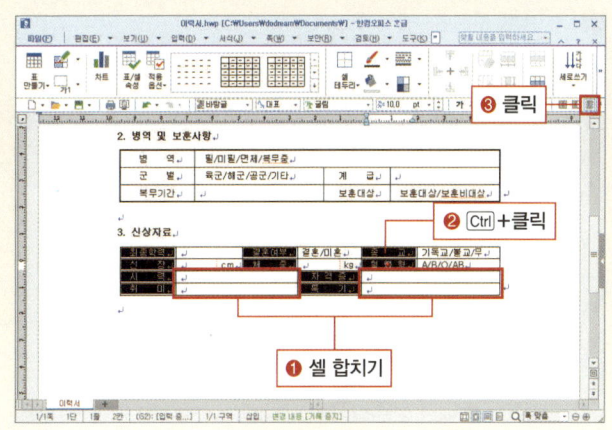

21 각 항목의 내용을 입력할 부분을 Ctrl키를 누른 상태에서 드래그하여 셀 블록으로 지정한 다음 Alt+T키를 누르고 [문단 모양] 대화상자에서 왼쪽 여백을 '6pt'로 설정합니다.

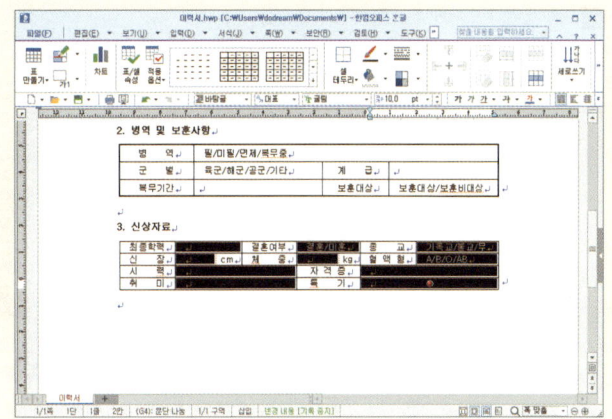

22 Ctrl+↓키를 눌러 행 높이를 늘린 다음 F5키를 눌러 표 전체를 셀 블록으로 설정합니다. L키를 눌러 [셀 테두리/배경] 대화상자를 불러와 바깥쪽 모든 테두리를 굵은 선으로 변경하고 Esc키를 눌러 셀 블록을 해제하면 다음과 같이 세 번째 표가 완성됩니다.

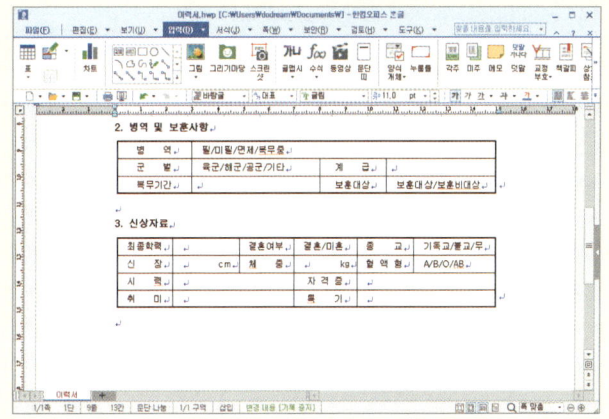

23 네 번째 제목을 입력하고 Enter 키를 누릅니다. Ctrl+N, T 키를 눌러 11줄 7칸의 표를 만든 다음 내용을 입력하고 글자 모양과 문단 모양, 셀 너비, 테두리 등을 지정하여 다음과 같이 만듭니다.

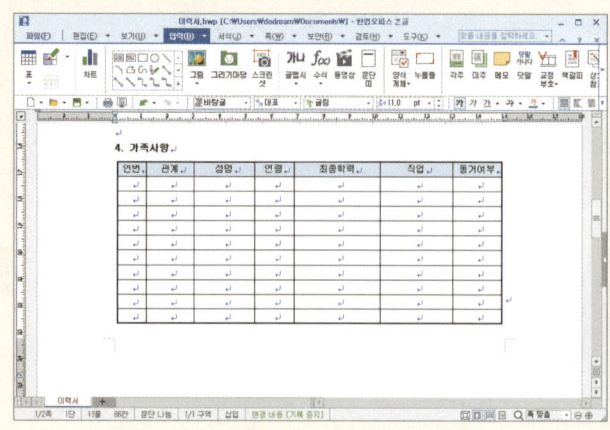

POINT
첫 번째 행 전체를 블록으로 지정한 다음 C 키를 누르고 [셀 테두리/배경] 대화상자의 [배경] 탭에서 면 색을 지정하여 셀 배경 색을 설정하였습니다.

24 '연번'을 입력하는 셀에 '1'과 '2'를 입력하고 다음과 같이 셀 블록을 설정한 후 [입력] 메뉴의 [채우기]에서 '표 자동 채우기'를 선택하거나 A 키를 누릅니다.

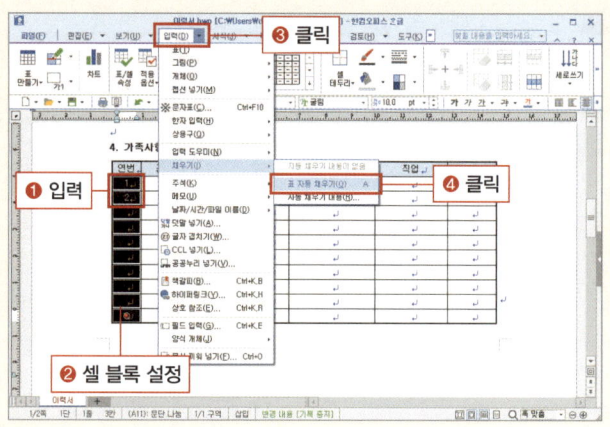

25 다음과 같이 연번이 자동으로 채워집니다.

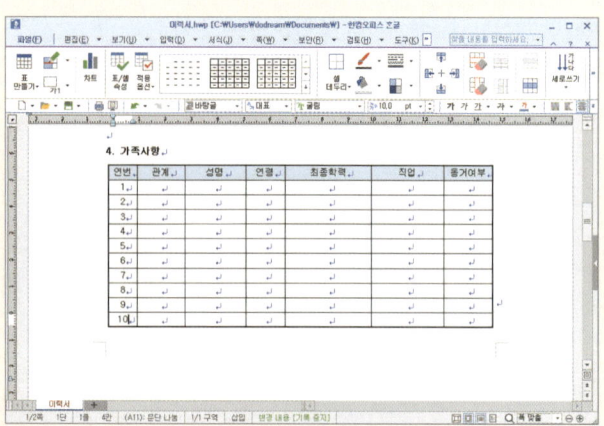

26 다음 페이지에 표 제목을 입력하고 Enter 키를 누릅니다. Ctrl+N, T키를 눌러 6줄 5칸으로 표를 만들어 내용을 입력하고 서식을 지정하여 다음과 같이 작성합니다.

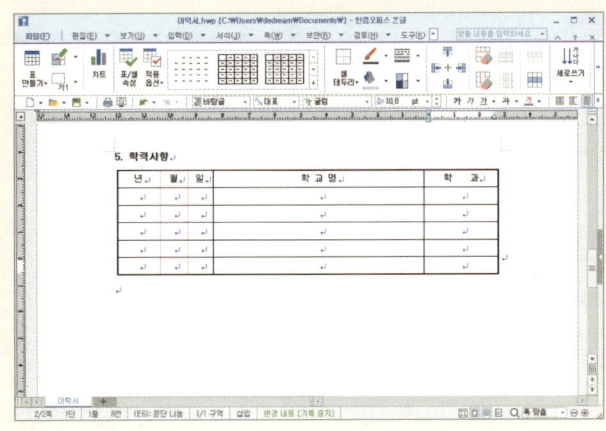

POINT

첫 번째 열부터 세 번째 열까지 모두 셀을 블록으로 지정하고 L키를 누른 다음 테두리 종류를 [선 없음]으로 선택하고 [안쪽 세로] 버튼을 클릭해서 투명 선으로 만들었습니다.

27 여섯 번째 표의 제목을 입력하고 Enter 키를 누릅니다. Ctrl+N, T키를 눌러 6줄 4칸의 표를 만든 다음 내용을 입력하고 서식을 지정해서 다음과 같이 작성합니다.

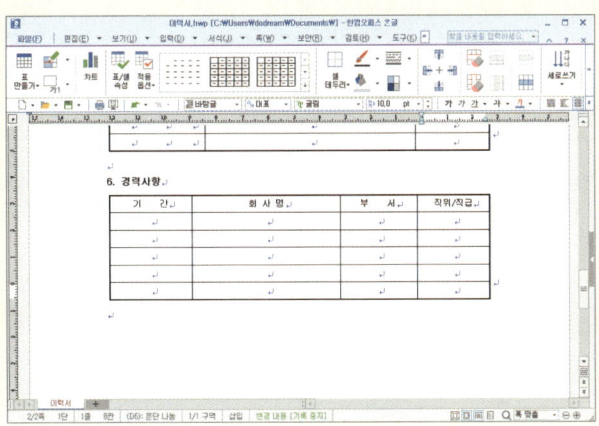

28 마지막 표 다음에 두 줄을 띄우고 다음과 같이 이력서의 마지막 내용을 입력합니다. 글자 모양을 지정한 후 가운데 정렬합니다. 지금까지 작업한 내용을 Alt+S키를 눌러 저장한 후 [미리 보기]하여 확인합니다.

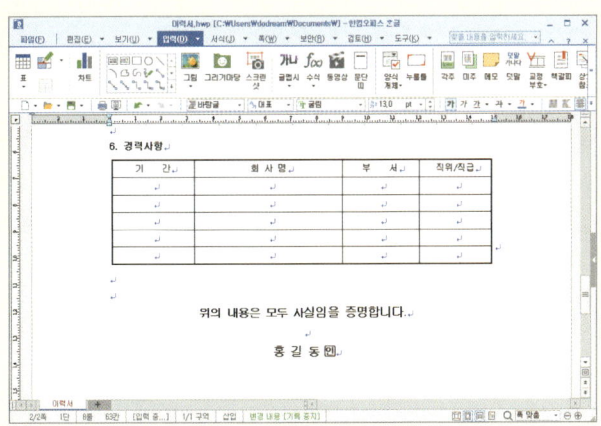

Project. 업무에 바로 적용하는 실무 문서 만들기 **417**

Project 04
금전차용증 만들기

차용증은 금전이나 물건을 빌려 쓰는 증거로 채무자와 보증인이 작성하여 날인하고 채권자가 보관을 하는 문서입니다. 일반적으로 차용원금, 이자비율, 이자 지급시기, 상환일자, 이자 및 상환기일, 불이행시의 불이익 등 특약조항을 기재합니다. 차용증의 법적인 효력을 확실하게 하기 위해서는 공증사무소에서 공증을 받아 두는 것도 좋습니다.

Key Word : 채우기, 그림자, 문단 여백, 표 테두리

완성파일 : 완성파일\금전차용증.hwp

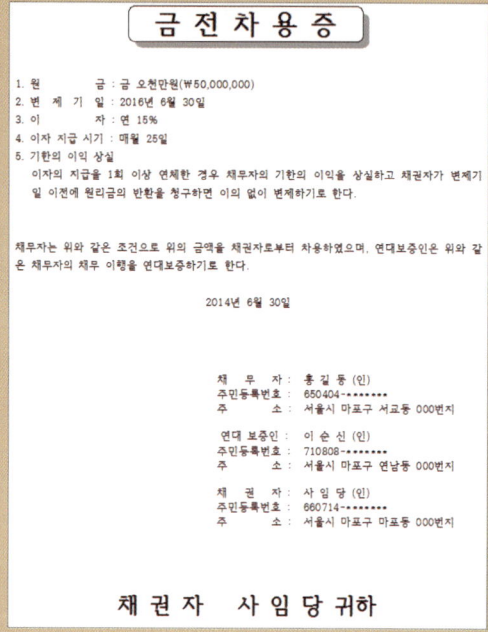

1 빈 문서에서 Alt + S 키를 눌러 '금전차용증.hwp'로 저장합니다. [입력] 탭의 가로 글상자(▭) 아이콘을 클릭하고 문서 제목을 입력할 크기만큼 드래그하여 글상자를 그립니다.

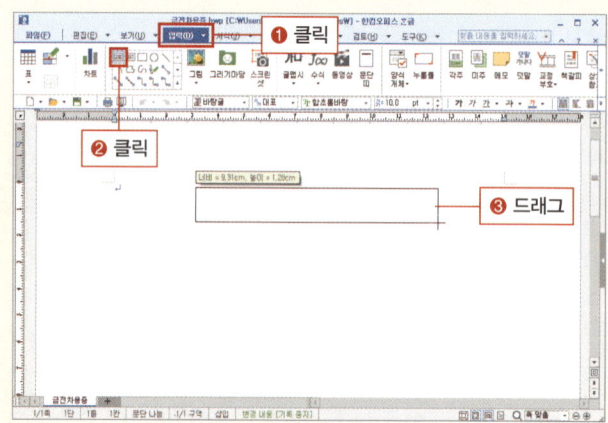

2 서식 도구 모음에서 글자 크기를 '24pt'로, 글자 속성을 '진하게'로 설정한 후 가운데 정렬하고 제목을 다음과 같이 입력합니다.

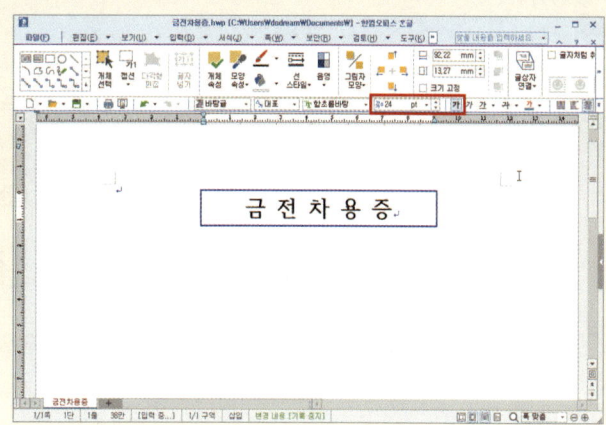

3 [가로 글상자] 테두리를 더블클릭하여 [개체 속성] 대화상자가 나타나면 [기본] 탭에서 글상자의 크기와 배치 위치를 지정합니다.

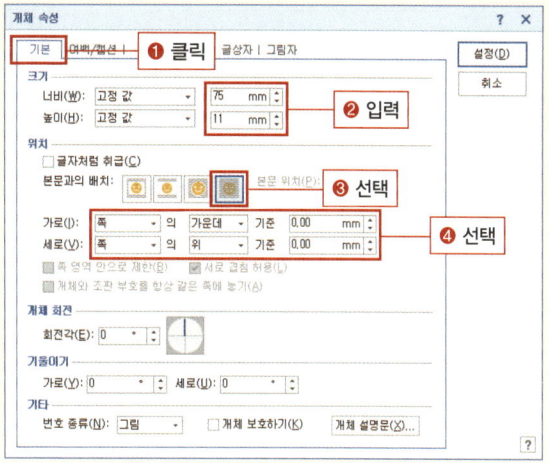

4 [선] 탭을 클릭하여 선 색과 선 굵기, 사각형 모서리 곡률을 지정합니다.

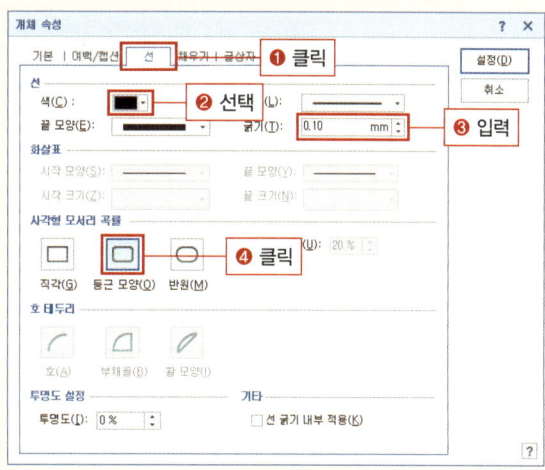

\POINT
[색]은 '검정', [굵기]는 '0.1mm', [사각형 모서리 곡률]은 '둥근 모양'으로 지정하였습니다.

Project. 업무에 바로 적용하는 실무 문서 만들기 **419**

5 [채우기] 탭을 클릭하여 면 색을 '흰색'으로 지정합니다.

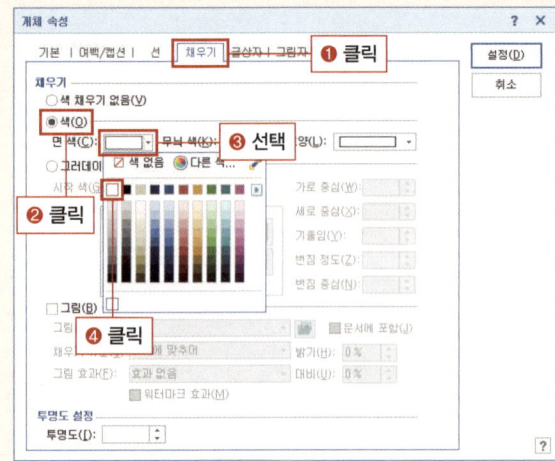

6 [그림자] 탭을 클릭한 후 다음과 같이 그림자의 종류와 그림자 색을 지정하고 [설정] 버튼을 클릭합니다.

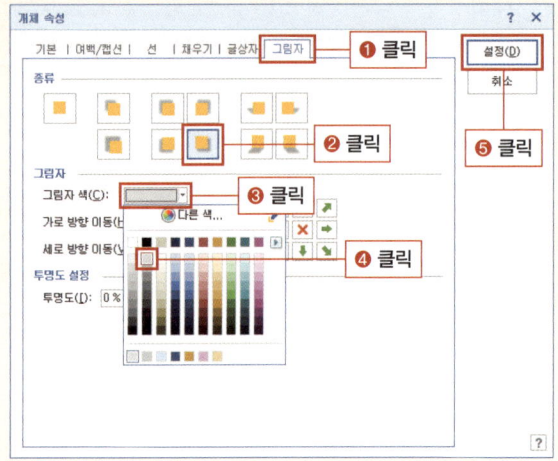

7 다음과 같이 [가로 글상자]의 크기와 배치 위치, 그림자 등이 설정됩니다. Esc 키를 눌러 개체 선택을 해제한 후 Enter 키를 네 번 눌러 빈 행을 삽입한 후 원금, 변제기일, 이자 등에 대한 내용을 입력합니다.

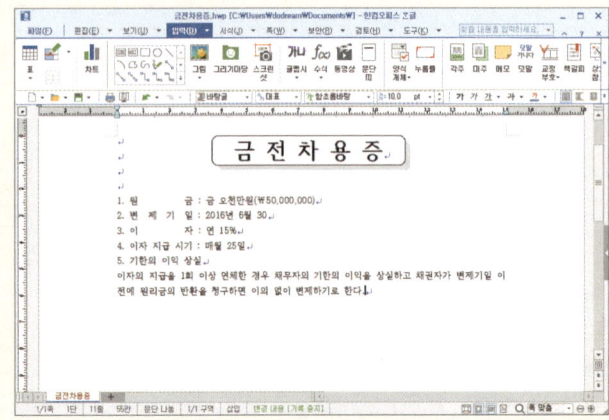

8 마지막에 입력한 텍스트 마지막에 커서가 위치된 상태에서 가로 눈금자의 [문단 왼쪽 여백] 표시자를 마우스로 드래그합니다.

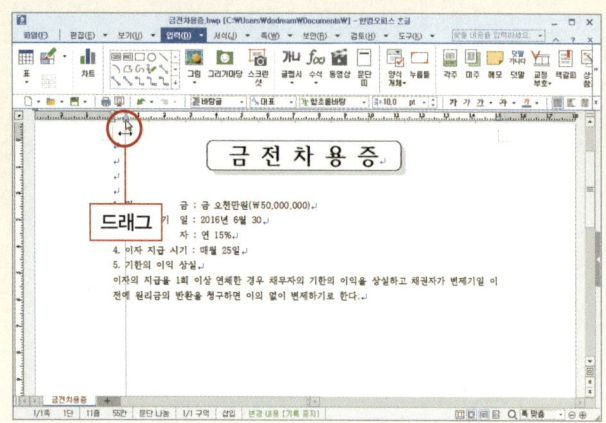

9 다음과 같이 커서가 위치한 문단의 왼쪽 여백이 변경됩니다. [Enter] 키를 누르면 바로 전 문단 속성을 그대로 가져오므로 [Ctrl]+[1] 키를 눌러 기존의 여백이 설정된 [바탕글] 스타일로 지정합니다.

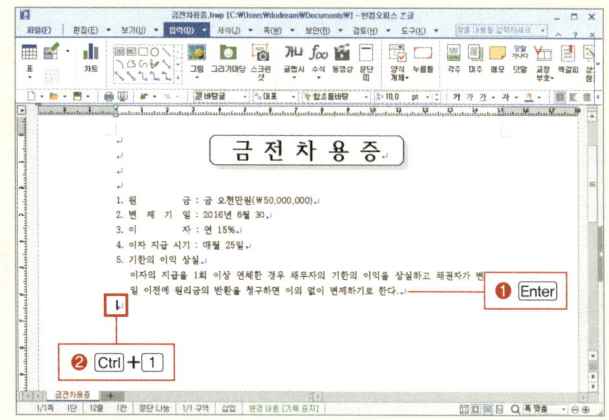

10 두 줄을 띄우고 나머지 내용을 다음과 같이 입력합니다. 마지막에 날짜를 입력한 후 가운데로 정렬합니다.

11 날짜 아래에 세 줄을 띄운 다음 [입력] 탭의 [표] 아이콘을 클릭하거나 Ctrl+N, T 키를 누릅니다. [표 만들기] 대화상자에서 [줄 수]와 [칸 수]를 각각 '3'과 '2'로 입력하고 [만들기] 버튼을 클릭합니다.

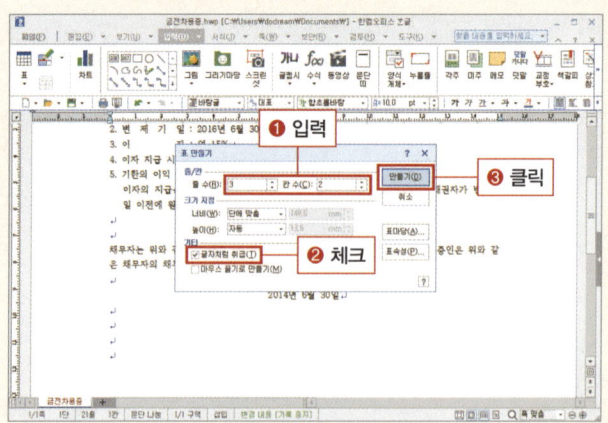

12 표의 크기와 칸의 너비를 줄인 다음 각 셀에 다음과 같이 채무자에 대한 내용을 입력한 후 다음과 같이 셀 블록을 설정하여 가운데로 정렬합니다.

▶POINT
표의 셀 구분선을 마우스로 드래그하여 칸의 너비와 표의 크기를 줄이고 Ctrl+↓ 키를 눌러 셀 높이도 늘립니다.

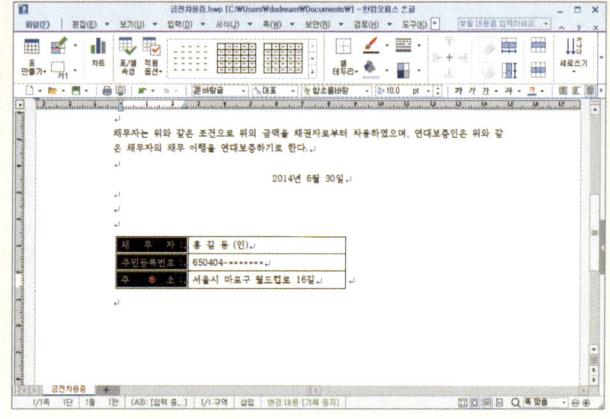

13 F5 키를 눌러 모든 셀을 블록으로 지정하고 [표] 탭의 [셀 테두리]의 드롭다운 버튼을 클릭한 후 '테두리 없음'을 클릭합니다.

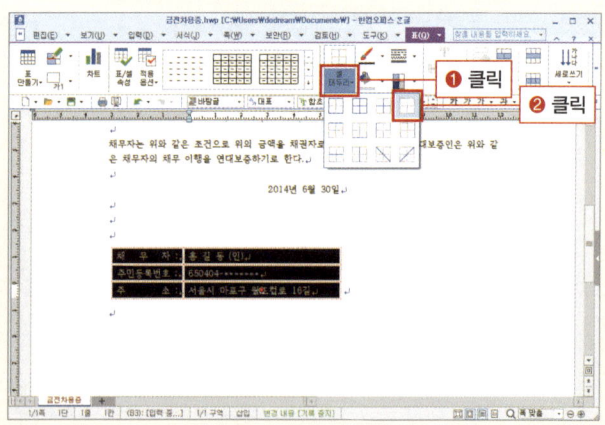

14 표 테두리가 투명하게 바뀌면 표 오른쪽의 빈 곳을 클릭하여 표 편집을 끝낸 후 오른쪽 정렬합니다. 작성한 표의 전체를 블록으로 설정하고 [Ctrl]+[C]키를 눌러 복사합니다.

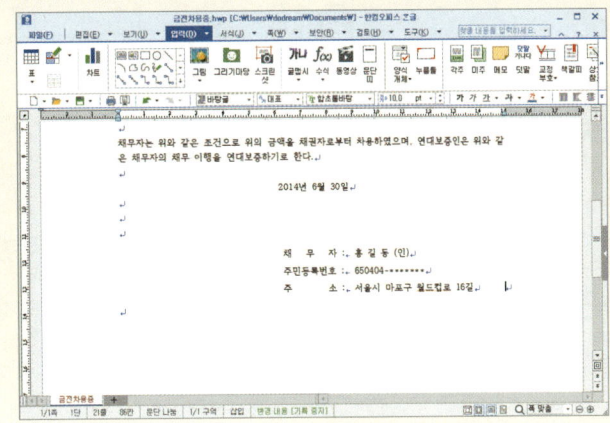

15 다음 줄에서 [Ctrl]+[V]키를 두 번 눌러 두 개의 표를 복사한 후 셀 내용을 연대 보증인과 채권자에 대한 내용으로 수정합니다.

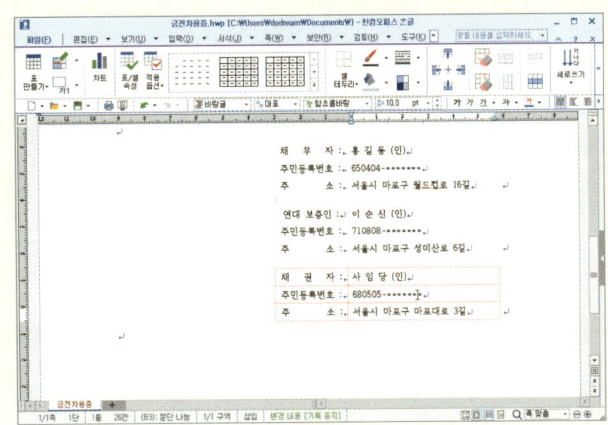

16 마지막 표 아래에 세 줄을 띄운 다음 마지막 내용을 입력하고 글자 크기는 '20pt'로, 글자 속성을 '진하게'로 지정한 후 가운데 정렬합니다. 문서가 완성되면 [Alt]+[S]키를 눌러 저장합니다.

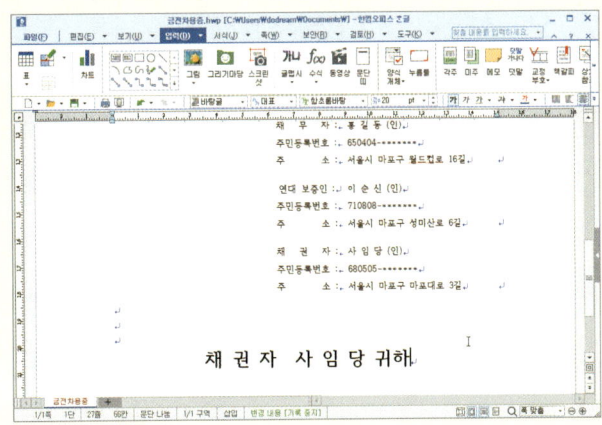

Project. 업무에 바로 적용하는 실무 문서 만들기 **423**

업무일지 만들기

업무일지는 금일 업무 사항과 진행, 예정 사항 등의 내용을 기재하는 양식입니다. 업무일지는 날마다 작성하는 일일 업무일지와 주간 단위로 작성하는 주간 업무일지가 있습니다. 여기에서는 일일 업무일지를 만들고 금일 근무 중 특이사항이나 업무개선에 대한 아이디어가 있으면 기재할 수 있도록 서식을 만듭니다.

Key Word : 투명 선, 셀 합치기, 문자표   **완성파일** : 완성파일\업무일지.hwp

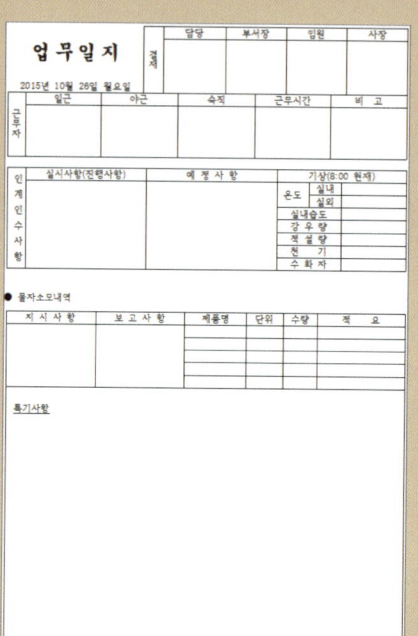

1 빈 문서에서 Alt+S 키를 눌러 빈 문서를 '업무일지.hwp'로 저장합니다. Ctrl+N, T 키를 눌러 다음과 같이 4줄 6칸으로 표를 만듭니다.

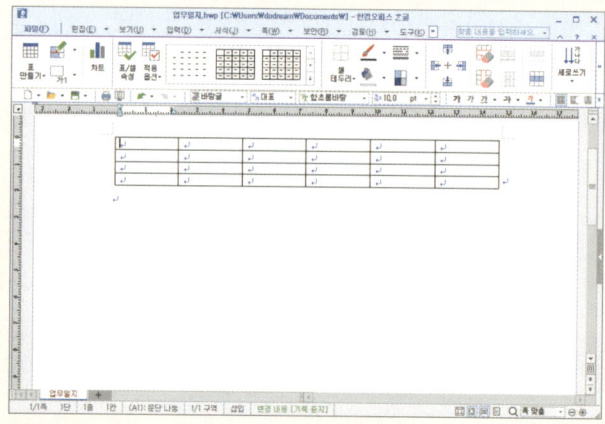

2 표의 각 셀에 다음과 같이 내용을 입력하고 F5키를 세 번 눌러 모든 셀을 블록으로 지정한 다음 가운데 정렬합니다. 결재와 근무자 칸은 2줄을 셀 블록으로 지정한 다음 M키를 눌러 셀 합치기를 실행한 것입니다.

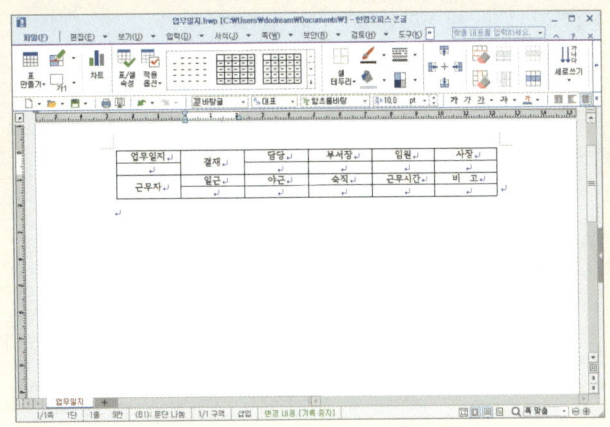

3 블록을 지정한 후 Ctrl+↓키를 눌러 다음과 같이 줄 높이를 조정합니다.

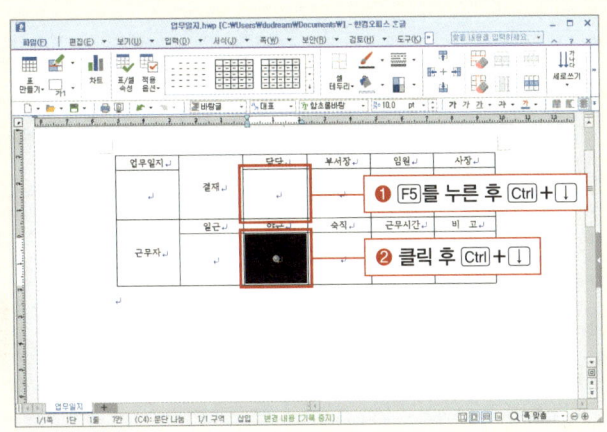

4 Ctrl키를 누른 채 '결재'가 입력된 셀과 '근무자'가 입력된 셀을 클릭해서 다음과 같이 셀 블록을 지정한 다음 [표] 메뉴의 [표/셀 속성]을 클릭하거나 P키를 누릅니다.

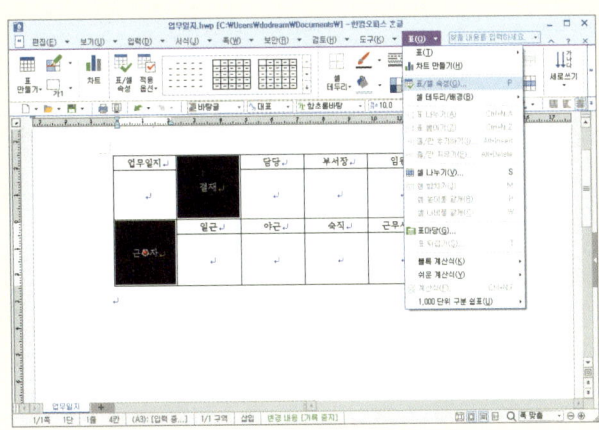

5 [표/셀 속성] 대화상자의 [셀] 탭에서 '세로쓰기'에 체크한 후 [설정] 버튼을 클릭합니다.

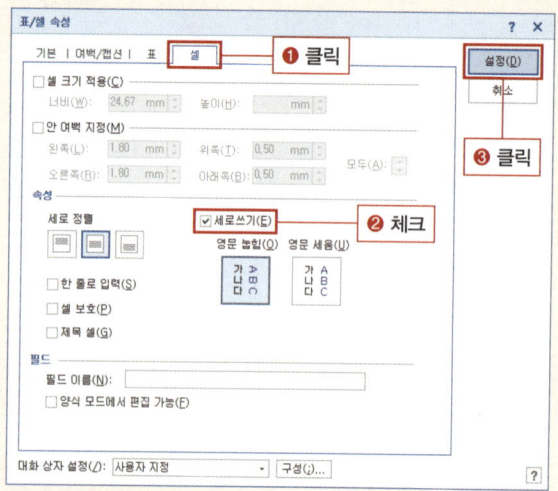

6 '근무자'가 입력된 셀을 클릭한 후 Shift 키를 누른 상태에서 오른쪽 선을 왼쪽으로 드래그하여 너비를 줄입니다.

> **POINT**
> Shift 키를 누른 상태에서 테두리를 드래그하면 현재 셀이나 셀 블록으로 지정한 부분의 크기만 조정됩니다.

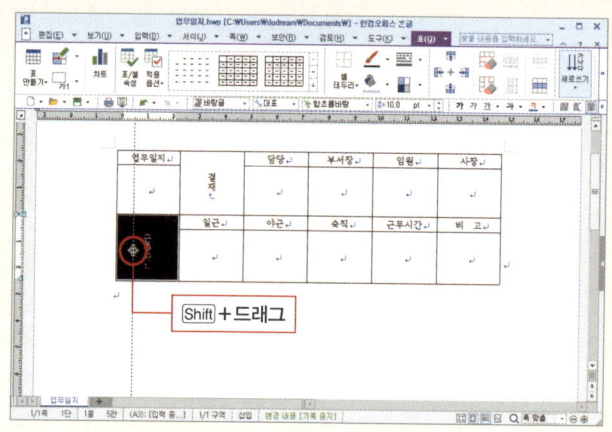

7 셀 너비가 조정되면 세 번째 줄과 네 번째 줄의 나머지 부분을 셀 블록으로 지정한 다음 [표] 탭의 [셀 너비를 같게]를 클릭하거나 W 키를 눌러 셀 너비를 같게 조정합니다.

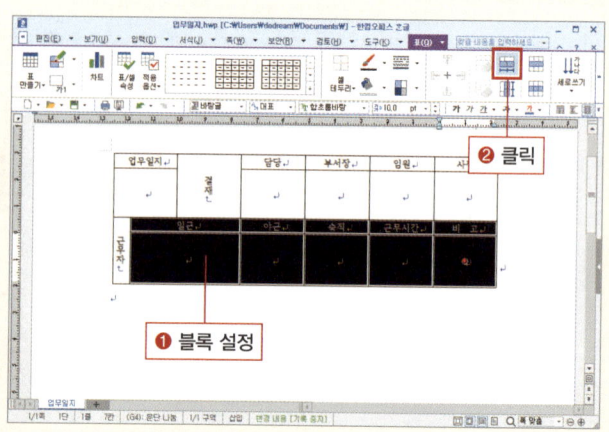

8 같은 방법으로 첫 번째 줄과 두 번째 줄의 셀 너비를 다음과 같이 조정합니다.

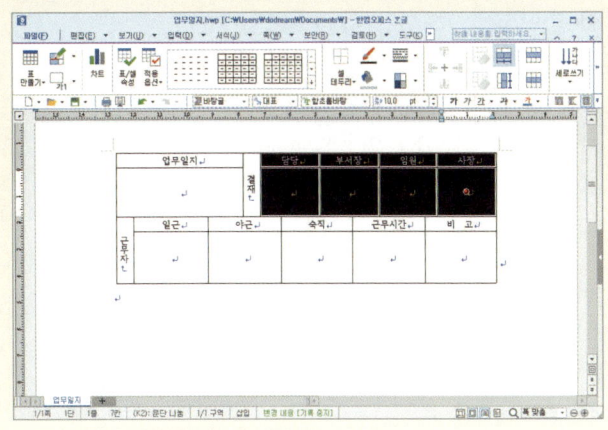

9 첫 번째 셀의 줄 높이를 Shift 키를 이용해서 늘려준 다음 글자 모양과 문단 모양을 다음과 같이 지정합니다. 두 번째 줄의 첫 번째 칸에는 날짜를 입력합니다.

POINT
제목의 글자 모양은 글꼴은 '궁서'로, 크기는 '20pt', 글자 속성은 '진하게'로 지정하고, 문단 모양은 '배분 정렬'로, 왼쪽과 오른쪽 여백은 각각 '20pt'로 지정했습니다.

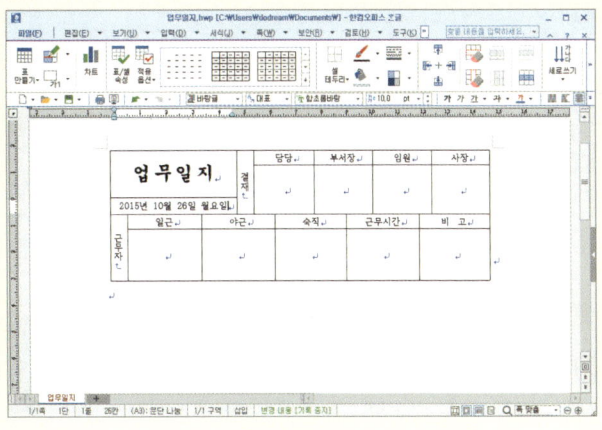

10 문서 제목과 날짜를 입력한 두 개의 셀을 셀 블록으로 지정한 다음 [표] 탭의 [셀 테두리] 확장 아이콘을 클릭합니다. 다음과 같이 '왼쪽', '위', '안쪽 가로' 버튼을 차례로 클릭해서 투명 선으로 만듭니다.

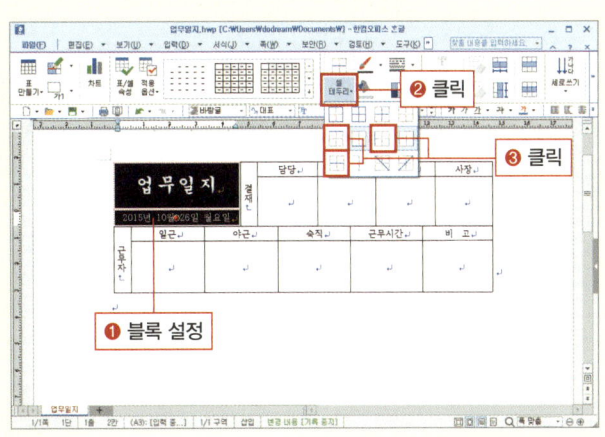

11 첫 번째 표 아래에서 Ctrl+N, T키를 누르고 8줄 4칸의 표를 만든 다음 셀 너비를 다음과 같이 조정합니다. 마지막 열에서 첫 번째 셀을 제외한 나머지 셀을 모두 블록으로 지정하고 셀을 나누기 위해 S키를 누릅니다.

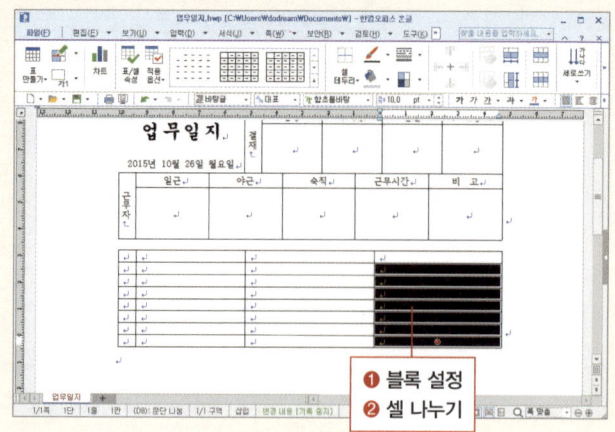

12 [셀 나누기] 대화상자에서 [칸 수]에만 체크한 다음 '2'를 입력하고 [나누기] 버튼을 클릭합니다.

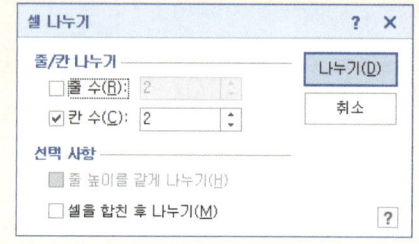

13 셀 블록으로 지정한 셀이 나누어지면 다시 두 번째 줄과 세 번째 줄의 두 칸을 셀 블록으로 지정하고 두 칸으로 셀 나누기를 실행하여 다음과 같이 만듭니다.

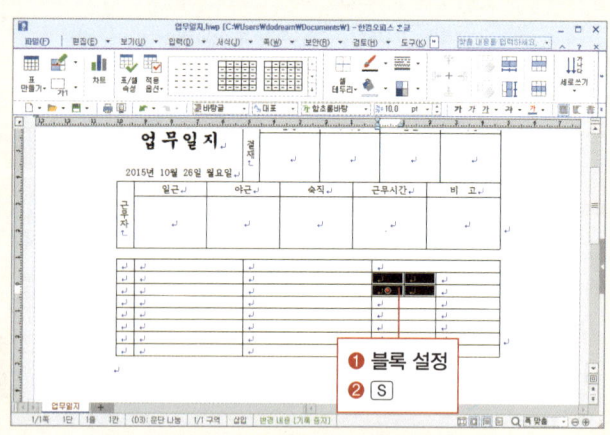

14 첫 번째 칸의 모든 셀을 블록으로 지정하고 셀을 합치기 위해 M키를 누릅니다. 같은 방법으로 두 번째 줄과 세 번째 줄의 두 칸을 셀 블록으로 지정하여 하나의 셀로 합칩니다.

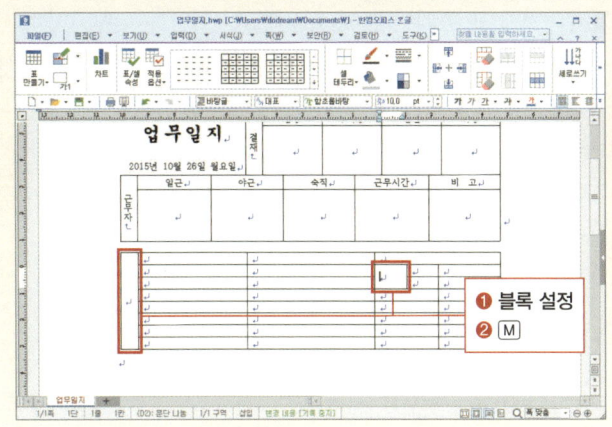

15 표의 각 셀에 다음과 같이 내용을 입력하고 일부 셀만 블록으로 설정한 후 가운데 정렬합니다.

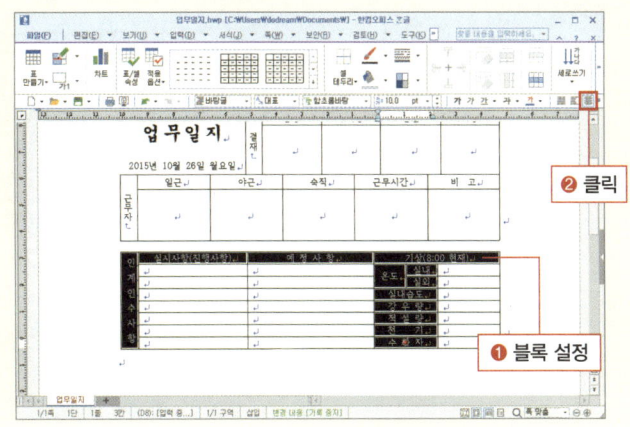

16 다음과 같이 셀 블록을 설정한 후 [표] 탭의 [셀 테두리]의 드롭다운 버튼을 클릭하고 '안쪽 가로'를 클릭하여 투명선으로 설정합니다.

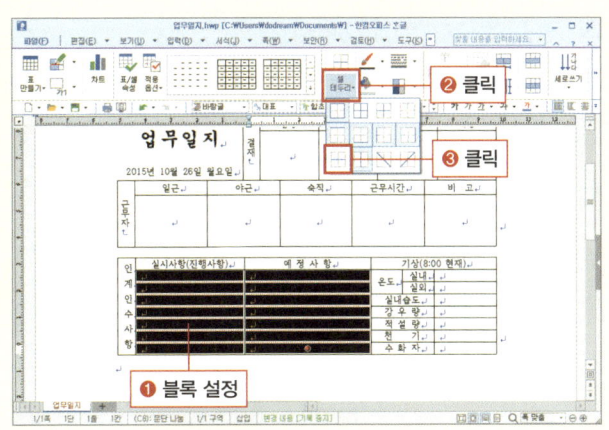

17 두 번째 표 아래에 한 줄을 띠우고 세 번째 표 제목을 입력한 후 Enter 키를 누릅니다. Ctrl+N, T 키를 눌러 8줄 6칸의 표를 만들고 셀 너비를 조정한 다음 내용을 입력합니다. 표의 첫 번째 줄은 가운데로 정렬합니다.

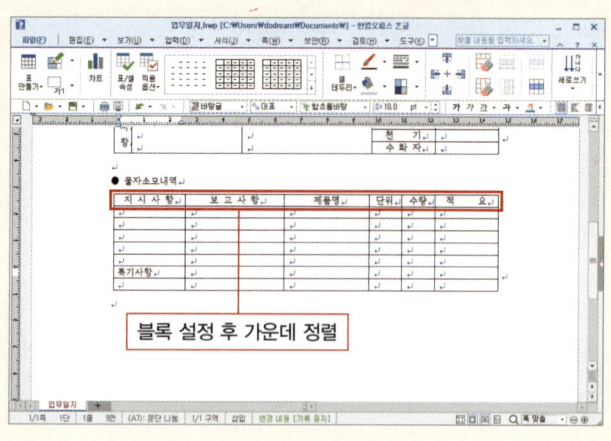

POINT
'●' 문자는 Ctrl+F10 키를 누르면 나타나는 [문자표 입력] 대화상자를 이용해서 입력합니다.

18 '지시사항'을 입력할 부분을 모두 셀 블록으로 지정하고 M 키를 눌러 셀 합치기를 실행합니다. 같은 방법으로 '보고사항', '특기사항'을 입력할 부분에서 각각 셀 합치기를 실행합니다.

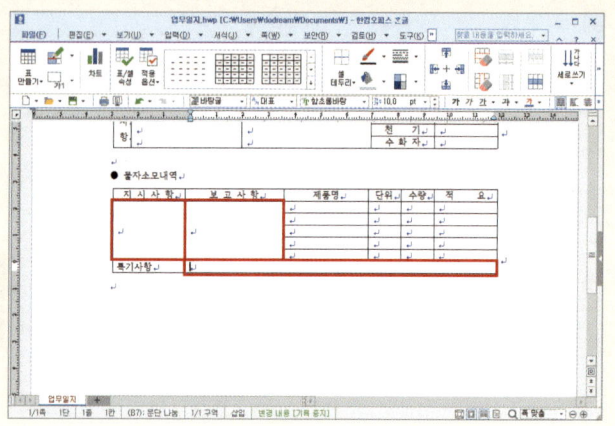

19 '특기사항' 앞에서 Enter 키를 눌러 빈 줄을 삽입합니다. Shift 키를 누른 채 End 키를 눌러 줄 전체를 블록으로 설정한 후 서식 도구 모음의 '밑줄'을 클릭합니다. Shift 키를 누른 채 마우스를 이용하여 너비를 조정합니다.

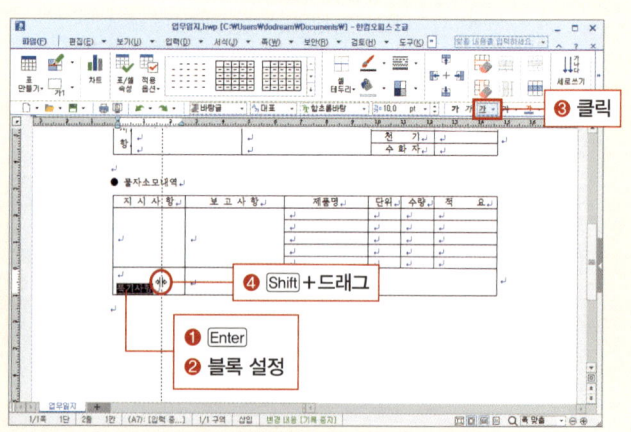

20 F5 키를 눌러 셀 블록을 설정하고 [표] 탭에서 [내용 정렬]의 드롭다운 버튼을 클릭하고 [셀 정렬]의 '셀 가운데 위 정렬'을 클릭합니다.

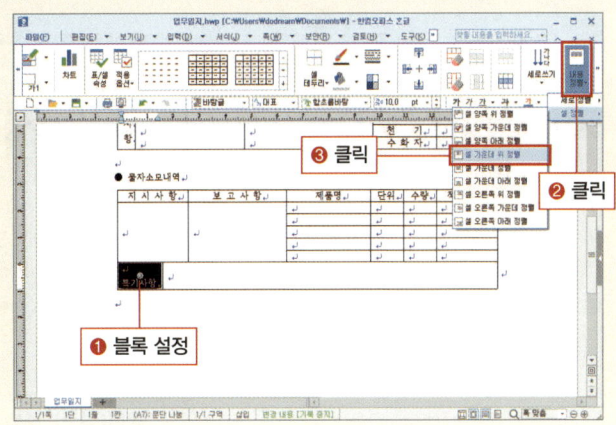

21 [셀 테두리]의 드롭다운 버튼을 클릭하고 [오른쪽]을 선택하여 투명선으로 지정합니다. 표 아래쪽 테두리를 마우스로 드래그하여 다음쪽으로 넘어가지 않을 정도로 높이를 늘려줍니다. Alt + S 키를 눌러 문서를 저장합니다.

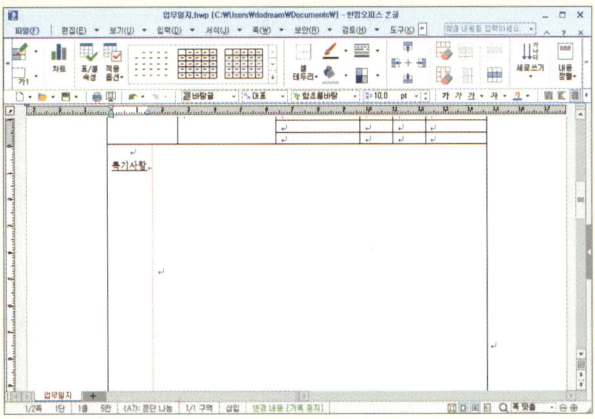

재직(경력) 증명서 만들기

재직증명서는 본인이 소속한 회사에서 근무하고 있음을 회사가 증명하는 서류로써 신원 확인 용도로 많이 사용합니다. 재직증명서와 경력증명서는 거의 비슷한 양식으로 사용되므로 여기에서는 재직증명서를 기준으로 작성할 것입니다. 재직자의 인적사항과 소속, 직위, 재직기간 등의 재직 사항, 사용용도 등을 기재하는 양식입니다.

◐ **Key Word** : 스타일, 여백 ◐ **완성파일** : 완성파일\재직(경력) 증명서.hwp

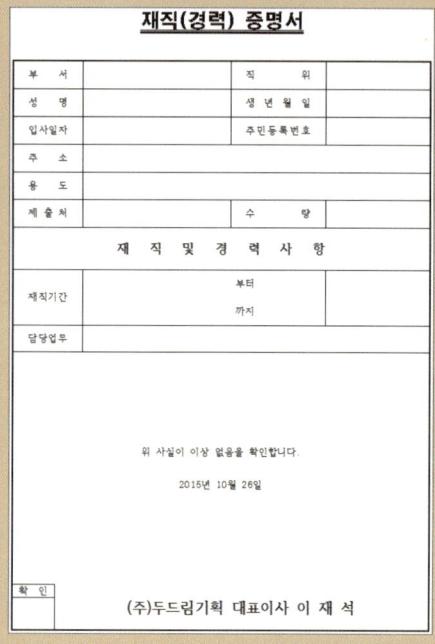

1 빈 문서에서 Alt+S키를 눌러 빈 문서를 '재직(경력)증명서.hwp'로 저장합니다. 제목을 입력하고 블록을 설정하여 서식 도구 모음에서 글꼴을 '견고딕'으로, 글자 크기를 '20pt'로 지정한 후 가운데 정렬하여 밑줄에 클릭합니다. 문서의 여백을 클릭해서 블록을 해제합니다.

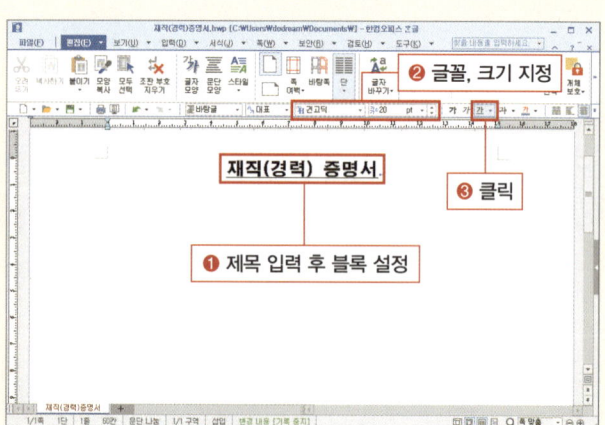

2 Enter 키를 눌러 개행하고 [바탕글] 스타일로 적용하기 위해 Ctrl+1 키를 누릅니다. Enter 키를 눌러 제목 아래에 한 줄을 띄웁니다. Ctrl+N, T 키를 눌러 12줄 4칸의 표를 만들고 다음과 같이 각 셀에 내용을 입력합니다.

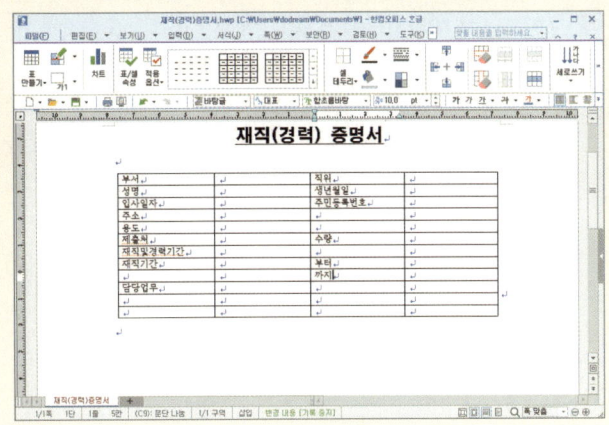

3 '주소'를 입력할 부분을 만들기 위해 '주소' 셀 오른쪽 세 개의 셀을 드래그하여 셀 블록으로 지정한 다음 M 키를 눌러 셀을 합칩니다. 같은 방법으로 '용도', '재직및경력기간', '재직기간', '담당업무' 등을 각각 셀 합치기로 다음과 같이 수정합니다.

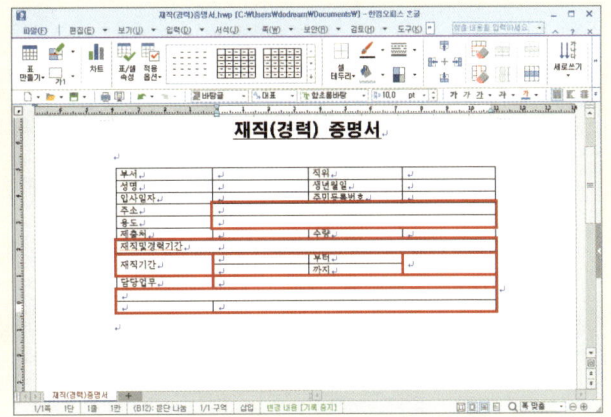

4 Ctrl 키를 누른 상태에서 마우스로 드래그하여 다음과 같이 각 항목의 제목이 입력되어 있는 셀을 셀 블록으로 지정한 다음 문단 모양을 설정하기 위해 Alt+T 키를 누릅니다.

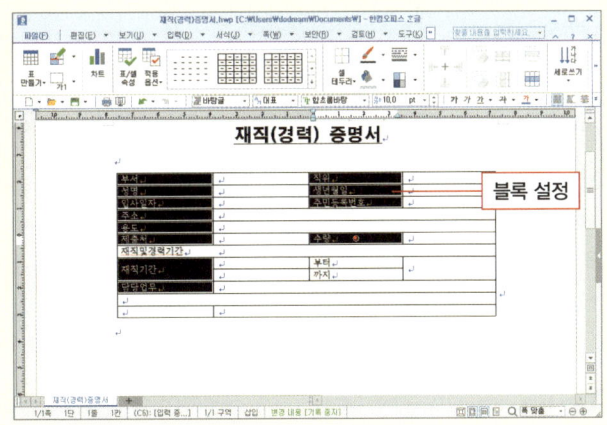

5 [문단 모양] 대화상자의 [기본] 탭에서 정렬 방식을 [배분 정렬]로 지정하고 [여백]의 [왼쪽]과 [오른쪽]을 각각 '10pt'로 지정한 다음 [설정] 버튼을 클릭합니다.

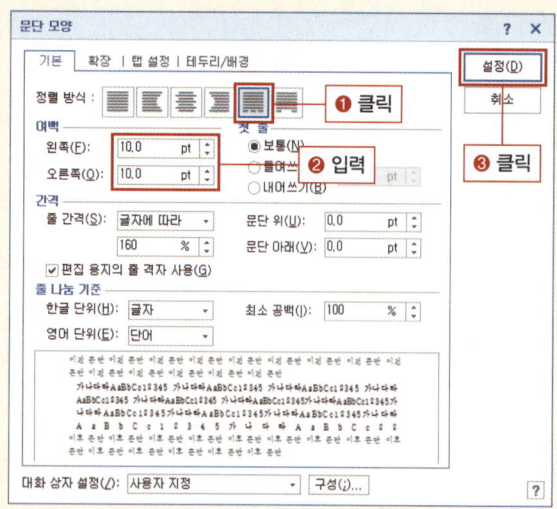

6 '재직및경력사항'이 입력되어 있는 셀을 클릭하고 [문단모양]에서 정렬 방식을 [배분 정렬]로, [여백]의 [왼쪽] 및 [오른쪽]을 '100pt'로 지정합니다. 글자 크기를 '13pt'로, 글자 속성을 '진하게'로 지정합니다.

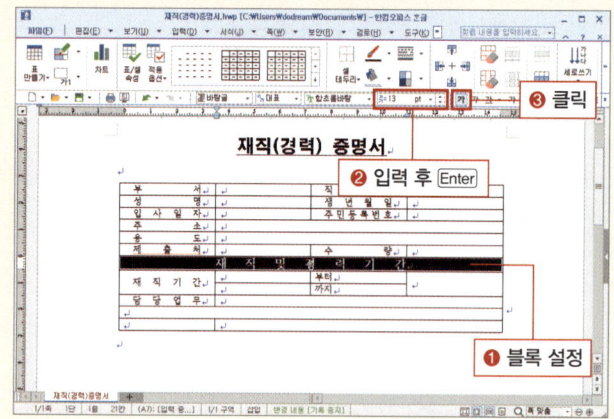

7 각 항목이 입력된 경계선을 클릭한 채 Alt 키를 누르고 드래그하여 셀 너비를 조절합니다. 실제 내용이 입력될 셀을 모두 블록으로 지정한 다음 가로 눈금자의 문단 왼쪽 여백 표시를 드래그하여 왼쪽 여백을 설정합니다.

POINT
실제 내용이 셀의 왼쪽 테두리에 붙어서 입력되지 않도록 하기 위해서입니다.

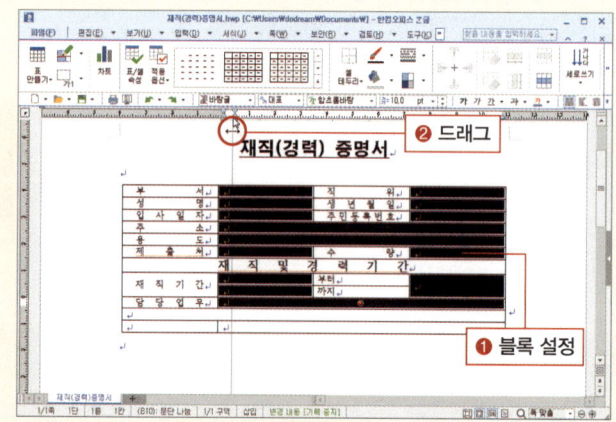

8 11번째 줄에 다음과 같이 내용을 입력하고 가운데로 정렬합니다.

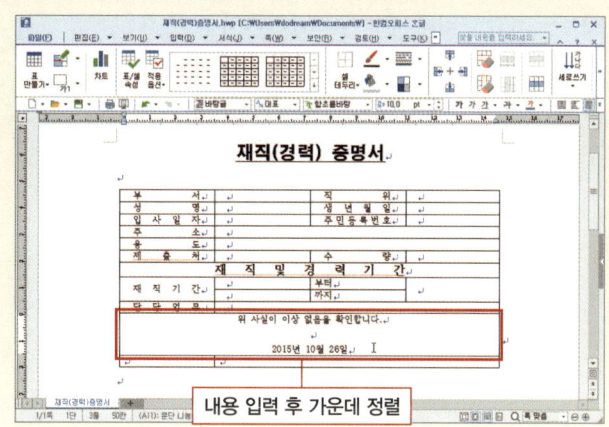

9 마지막 줄의 첫 번째 칸에서 F5 키를 누른 다음 S 키를 누릅니다. [셀 나누기] 대화상자에서 [줄 수]에 '2'를 입력하고 [나누기] 버튼을 클릭합니다.

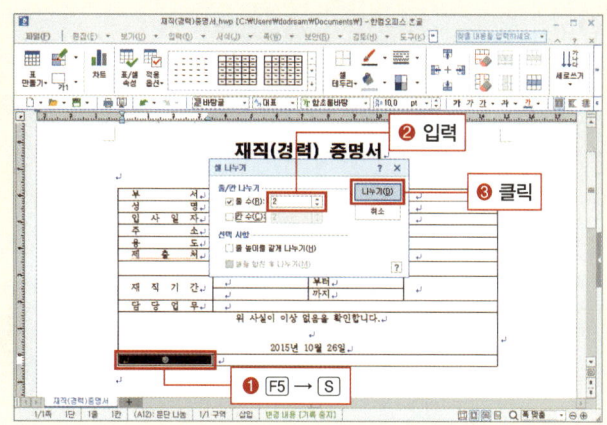

10 셀이 두 줄로 나뉘면 첫 번째 줄에 '확 인'을 입력하고 가운데로 정렬합니다. 마지막 셀에 회사 이름과 대표 이름을 입력하고 블록을 설정한 후 서식 도구 모음에서 글자 크기는 '15pt'를 입력하고 글자 속성에 '진하게'를 지정하여 가운데 정렬합니다.

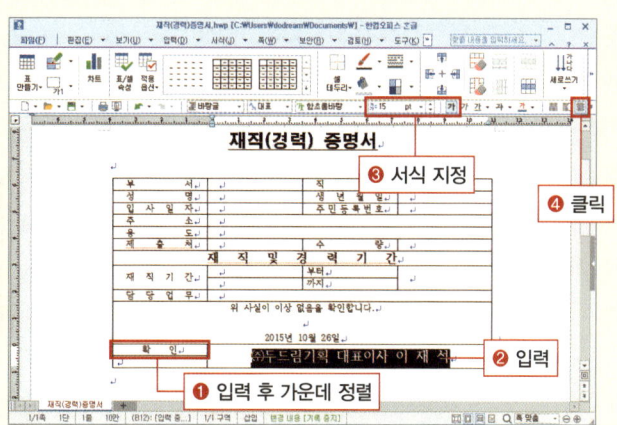

11 재직기간의 입력 부분을 드래그하여 다음과 같이 셀 블록으로 지정한 다음 [표] 탭에서 [셀 테두리]의 드롭다운 버튼을 클릭하여 '안쪽 모두'를 선택합니다.

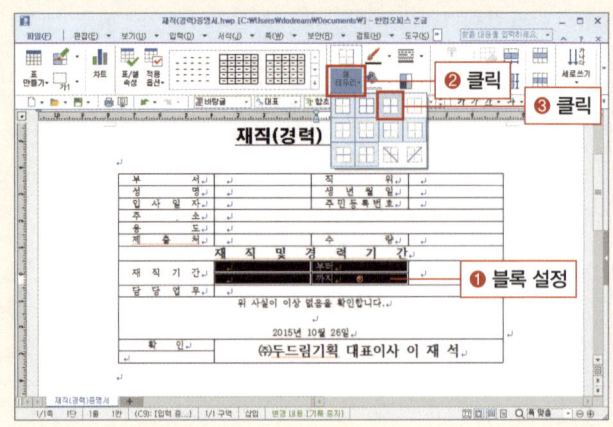

12 같은 방법으로 '위 사실이…' 셀의 아래쪽 테두리를 먼저 투명선으로 만든 다음 '확인' 셀의 위쪽 테두리에 실선을 지정하여 다음과 같이 작성합니다.

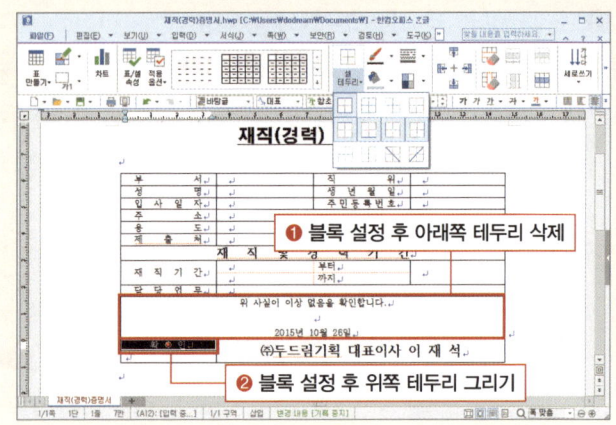

13 F5 키를 눌러 표 전체를 셀 블록으로 설정합니다. [표] 탭에서 [셀 테두리 모양/굵기]의 드롭다운 버튼을 클릭하고 [셀 테두리 굵기]에서 '0.5 mm'를 선택합니다.

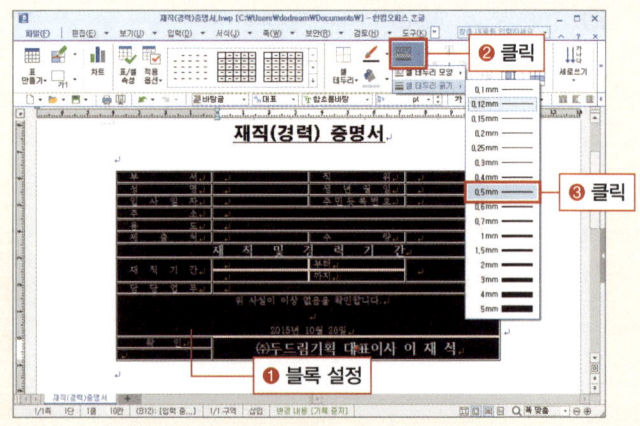

14 [셀 테두리] 아이콘을 클릭하고 '바깥쪽 모두'를 선택하면 바깥쪽 테두리의 굵기가 0.5mm로 지정됩니다.

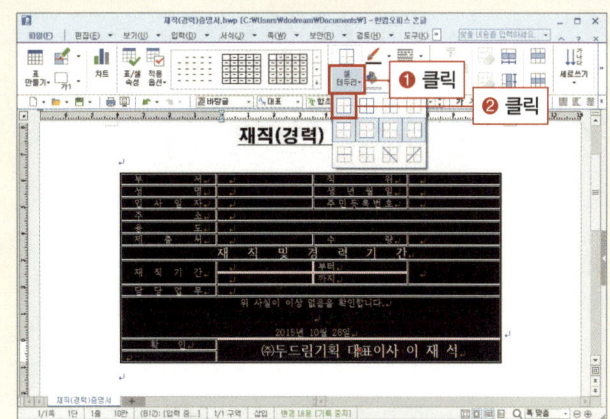

15 Ctrl 키를 이용하여 각 항목의 제목이 입력되어 있는 셀을 셀 블록으로 지정하고 [표] 탭의 [셀 배경색] 아이콘을 클릭하여 색을 선택합니다.

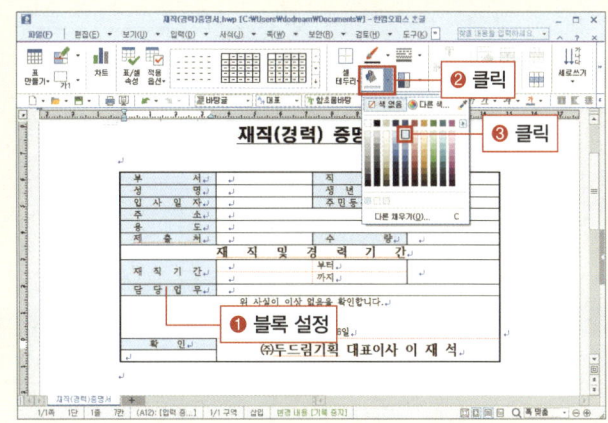

16 '부서'가 입력된 행부터 '담당업무'가 입력된 행까지 드래그하여 셀 블록을 설정한 후 Ctrl + ↓ 키를 눌러 행 높이를 늘립니다. 날짜가 입력된 셀의 행 높이를 충분히 늘리고 '확인'이 입력된 셀의 행 높이와 셀 너비를 적당히 조절하여 문서를 완성합니다. Alt + S 키를 눌러 작성한 문서를 저장합니다.

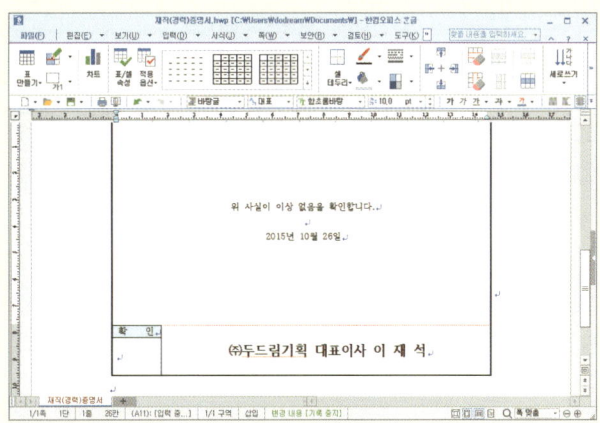

Project. 업무에 바로 적용하는 실무 문서 만들기 **437**

거래명세표 만들기

거래명세표나 거래명세서는 물품이나 서비스 공급에 따른 품목, 규격, 수량, 단가, 금액 등의 거래내역을 기록하는 서식입니다. 거래처에 제출하는 것은 거래명세서입니다. 여기에서는 날짜 및 품목 등을 입력하고 수량이나 단가, 금액은 자동으로 계산되도록 만들어 볼 것입니다.

◉ **Key Word** : 계산식, 표 자동 채우기   ◉ **완성파일** : 완성파일\거래명세표.hwp

1 빈 문서에서 Alt + S 키를 눌러 '거래명세표.hwp'로 저장합니다. 서식 제목을 입력하고 글꼴을 '굴림'으로, 글자 크기를 '24pt'로 지정한 다음 가운데 정렬합니다. 제목 다음 줄에서 Ctrl + N, T 키를 눌러 4줄 7칸으로 표를 만들어 내용을 입력하고 가운데 정렬합니다. 셀 너비와 셀 합치기 등을 실행하여 다음과 같은 모양으로 수정합니다.

▶ **POINT**
셀 합치기의 단축키는 M 입니다.

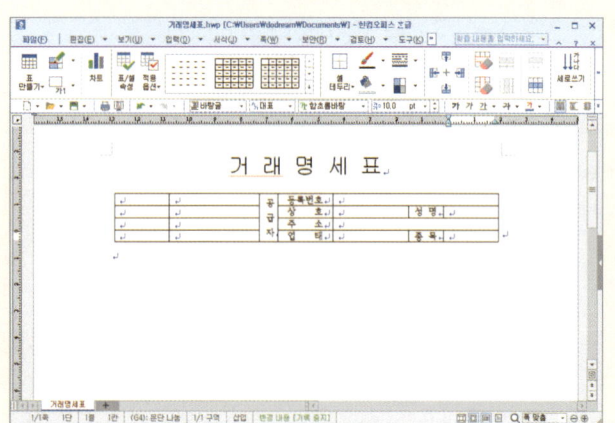

2 두 번째 열의 너비를 줄인 다음 내용을 입력하고 가운데로 정렬합니다. 두 번째 줄에서는 F5키를 누르고 S키를 누른 다음 2칸으로 셀 나누기를 실행하고 칸 너비를 조정한 후 내용을 입력합니다. 세 번째 줄과 네 번째 줄은 블록으로 설정하고 M키를 눌러 셀을 합친 후에 다음과 같이 내용을 입력합니다.

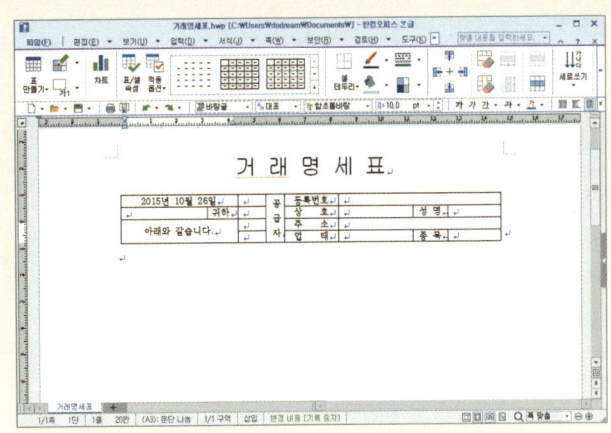

3 '공급자' 정보를 입력하는 부분은 테두리 굵기를 '0.4mm'로 설정합니다. [표] 탭에서 [셀 테두리]의 드롭다운 버튼을 클릭하여 다음과 같이 투명선으로 설정합니다.

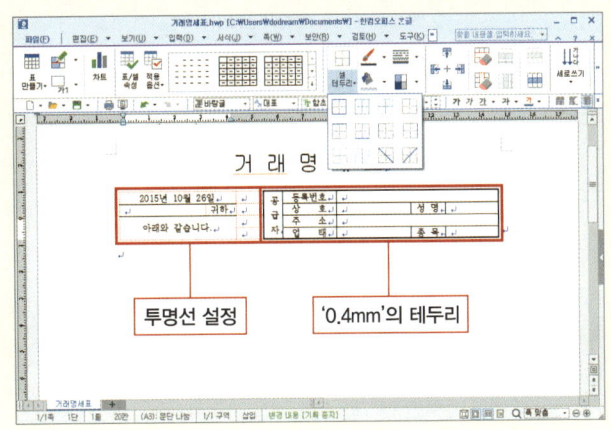

4 첫 번째 표 아래로 커서를 이동한 후 Ctrl + N, T키를 눌러 23줄 7칸의 표를 만듭니다. 첫 번째 줄과 두 번째 줄에 다음과 같이 내용을 입력하고 셀 블록을 설정한 후 가운데 정렬합니다.

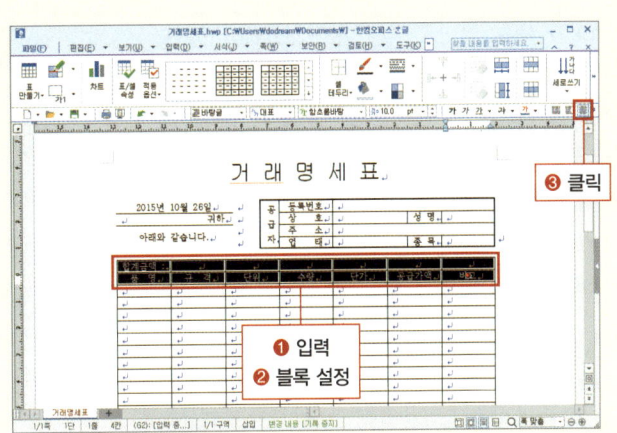

Project. 업무에 바로 적용하는 실무 문서 만들기 **439**

5 첫 번째 줄의 2열부터 5열까지 셀 블록을 지정하고 Ⓜ키를 눌러 셀 합치기를 실행합니다. 다시 6열부터 7열까지 셀 블록으로 지정하고 Ⓜ키를 눌러 셀을 합쳐줍니다. 첫 번째 줄 전체를 셀 블록으로 지정하고 [표] 탭에서 [셀 테두리]의 드롭다운 버튼을 클릭한 후 '안쪽 세로'를 선택하여 투명선으로 설정합니다.

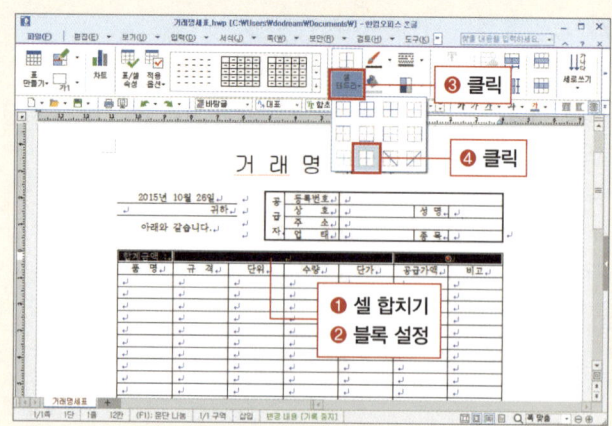

6 Ctrl키를 누른 채 '규격'과 '단위', '비고'가 입력될 셀을 셀 블록으로 지정한 후 가운데 정렬합니다. '수량', '단가', '공급가액'이 입력될 셀을 셀 블록으로 지정하고 오른쪽 정렬한 다음 오른쪽 여백을 설정합니다. 표의 마지막 줄은 이 작업에서 제외시킵니다.

POINT
왼쪽 여백이나 오른쪽 여백은 셀 블록을 지정한 후 가로 눈금자를 사용하면 편리합니다.

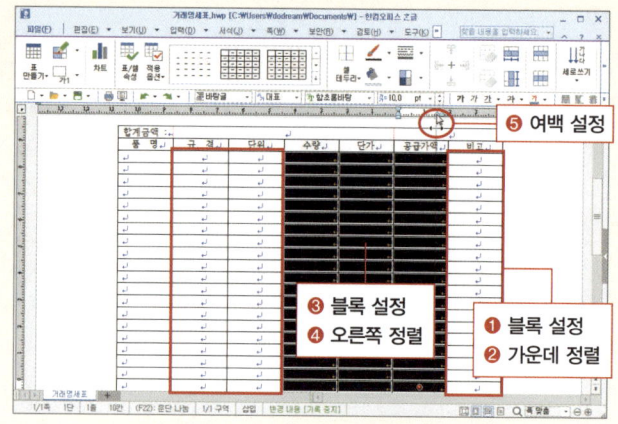

7 '수량'과 '단가'를 입력하면 자동으로 계산되도록 수식을 입력해 봅니다. '수량'과 '단가'를 임의로 몇 개 입력한 다음 첫 번째 '공급가액'을 구할 셀로 커서를 이동하고 [표] 메뉴의 [계산식]을 선택하거나 Ctrl+N, F 키를 누릅니다. [계산식]에 '=D?*E?'를 입력하고 [확인] 버튼을 클릭합니다.

POINT
'=D?*E?'는 현재 행(3행)에서 D열(4번째 열)의 셀과 E열(5번째 열)의 셀에 입력된 숫자를 서로 곱하는 계산식입니다. '?'는 행으로 대치되어 셀 주소가 바뀌고 4행일 때는 D4*E4로 셀 주소가 바뀝니다.

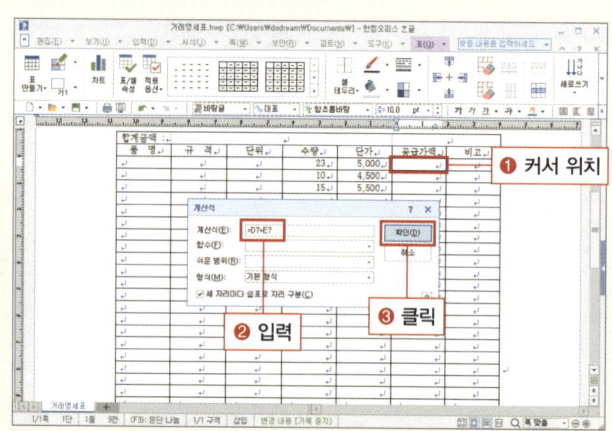

440 회사 실무에 힘을 주는 한글 2014

8 셀에 계산식이 입력되고 수량과 단가를 곱한 결과가 표시됩니다. 만약 '수량'이나 '단가'가 변경되면 '공급가액'은 자동으로 변경된 값으로 계산된 결과를 표시합니다.

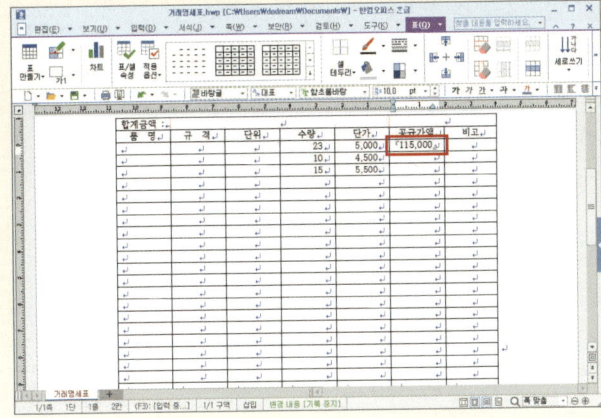

POINT
계산식을 고치려면 계산식에 커서를 놓고 Ctrl + N, K 키를 누릅니다.

9 첫 번째 '공급가액'의 수식이 복사될 셀을 드래그하여 다음과 같이 셀 블록으로 설정합니다.

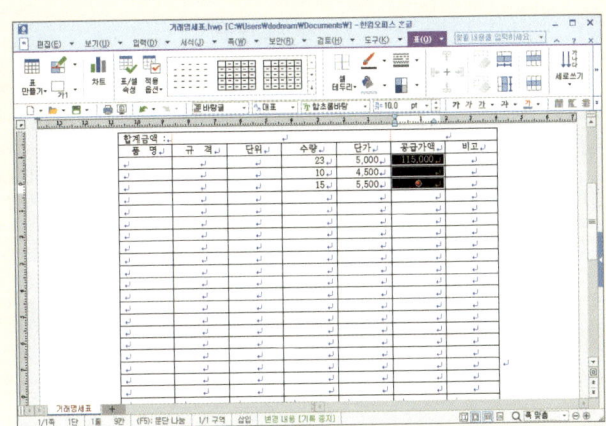

10 [입력] 메뉴의 [채우기]에서 '표 자동 채우기'를 선택하거나 A 키를 눌러 수식을 복사합니다. 열 너비를 다음과 같이 조정합니다.

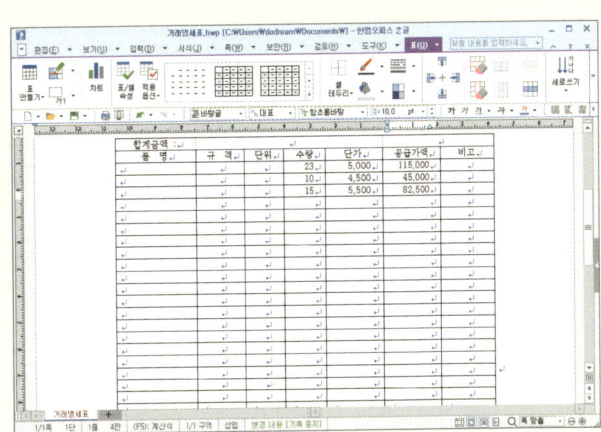

POINT
계산식에서 셀 주소를 지정할 때 ?(물음표)를 사용했기 때문에 계산식을 아래로 복사하면 현재 줄에 있는 값으로 계산됩니다.

11 '공급가액'의 합계를 계산하기 위해 첫 번째 줄의 마지막 칸에 '(₩)'를 입력하고 커서를 '₩' 다음으로 이동합니다. Ctrl+N, F 키를 눌러 [계산식] 대화상자를 표시합니다.

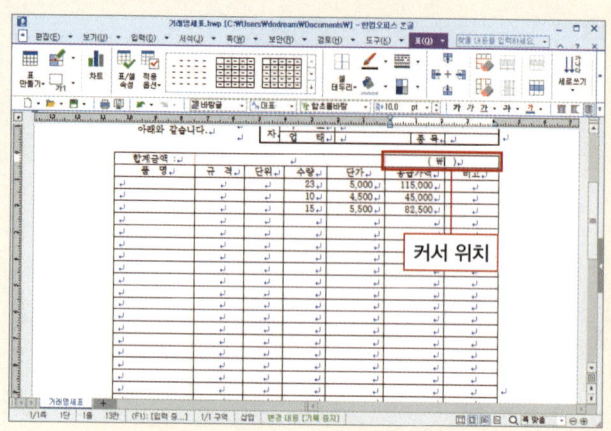

12 [계산식] 대화상자가 나타나면 [계산식]의 '=' 다음으로 커서를 이동한 다음 [함수]에서 'SUM(..)'을 선택합니다. 계산식이 '=SUM()' 형태로 입력되면 괄호 안에 'F3:F22'를 입력합니다. 계산식이 '=SUM(F3:F22)' 형태가 되면 [확인] 버튼을 클릭합니다.

계산식에서 'F3:F22'는 '공급가액'이 표시되는 셀 주소입니다.

13 커서 위치에 계산식이 입력되고 계산 결과가 나타납니다. '수량'이나 '단가' 등의 데이터가 변경되면 '공급가액'과 '합계금액'이 자동으로 변경됩니다.

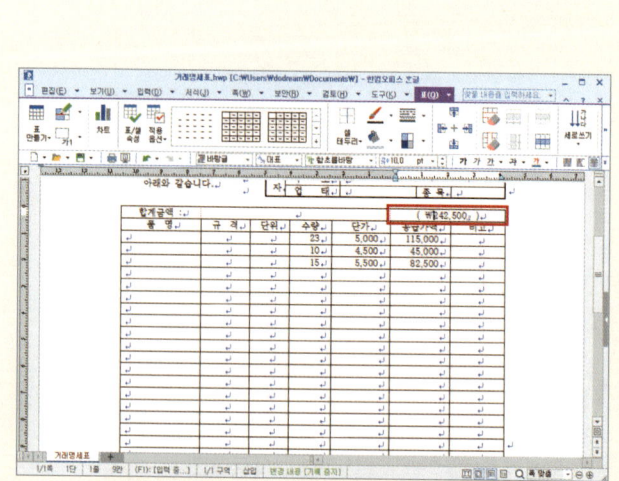

14 마지막 줄에서 첫 번째 칸의 너비를 줄이고 '특기사항'이라고 입력한 후 나머지 칸의 모든 셀은 블록으로 지정한 다음 M키를 눌러 하나의 셀로 합칩니다.

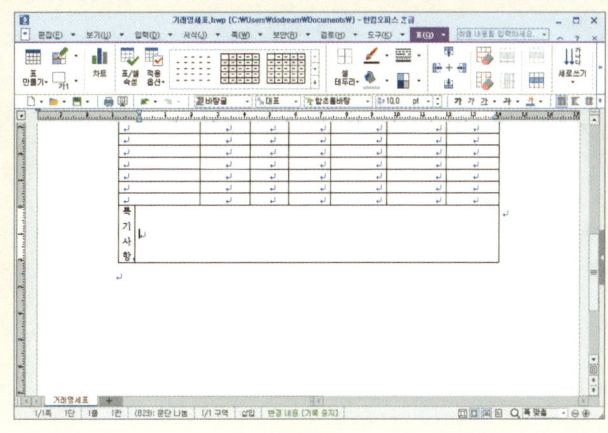

> **POINT**
> 여러 셀을 하나로 합치면 '공급가액'에 사용된 셀 주소가 변경될 수 있습니다. 수식이 입력된 셀을 확인하여 수정해 주세요.

15 F5키를 세 번 연속해서 눌러 모든 셀을 블록으로 지정하고 L키를 눌러 바깥쪽 테두리 굵기를 '0.5mm'로 지정합니다. 첫 번째 표와 마지막 표의 줄 높이를 한 페이지가 넘지 않는 범위에서 조정합니다.

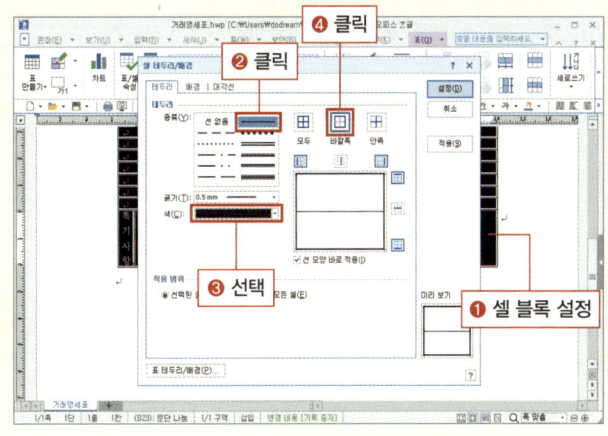

> **POINT**
> 표의 모든 셀을 블록으로 지정한 다음 Ctrl+↓키를 눌러 줄 높이를 늘립니다.

16 서식 도구 모음의 미리 보기( ) 아이콘을 클릭해서 작성한 문서의 모양을 화면으로 확인하면 다음과 같습니다. 미리 보기를 종료한 다음 Alt+S키를 눌러 문서를 저장합니다.

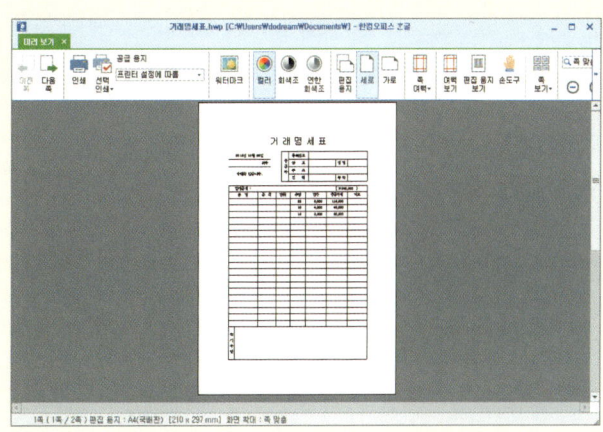

기안 용지 만들기

기안이란 하나의 안건을 처리하기 위하여 정해진 기안 양식에 문안을 작성하는 것을 말합니다. 기안의 내용은 간단명료하게 한 면으로 처리할 수 있도록 작성해야 하며, 내용이 길어지면 첨부나 뒷면을 이용할 수 있습니다.

Key Word : 용지 여백, 선 그리기, 필드 입력 **완성파일** : 완성파일\기안 용지.hwp

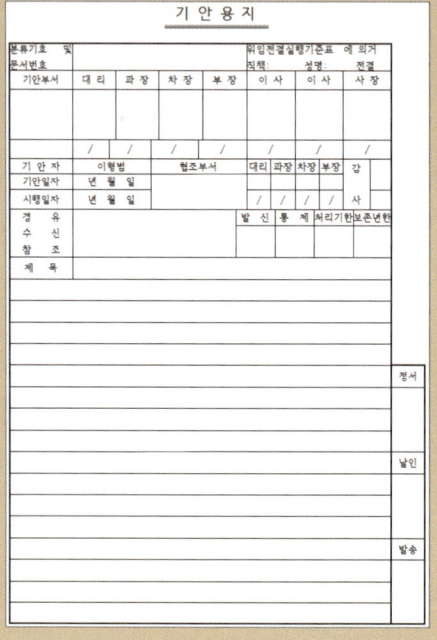

1 편집 용지의 여백을 지정하기 위해 F7 키를 누릅니다. 위쪽, 아래쪽, 왼쪽, 오른쪽 여백에 각각 '27mm'를 입력하고 머리말과 꼬리말에 '5mm'를 입력한 후 [설정] 버튼을 클릭합니다.

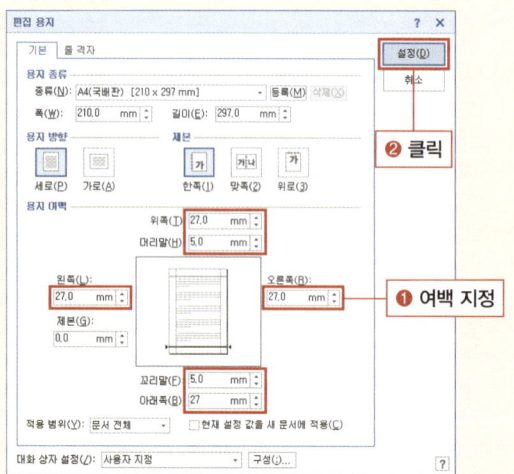

2 Ctrl+N, T키를 눌러 [줄 수]에 '26', [칸 수]에 '9'를 입력한 후 [만들기] 버튼을 클릭하여 표를 만듭니다. Alt+S키를 눌러 '기안용지.hwp'로 저장합니다.

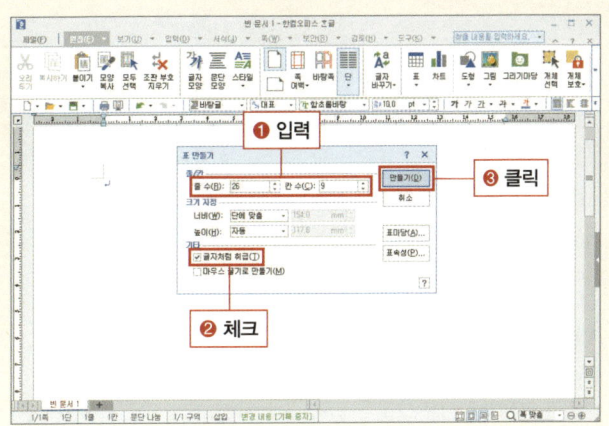

3 첫 행에 커서가 위치된 상태에서 F5키를 누른 후 F8키를 눌러 다음과 같이 첫 행 전체를 셀 블록으로 지정하고 M키를 누릅니다.

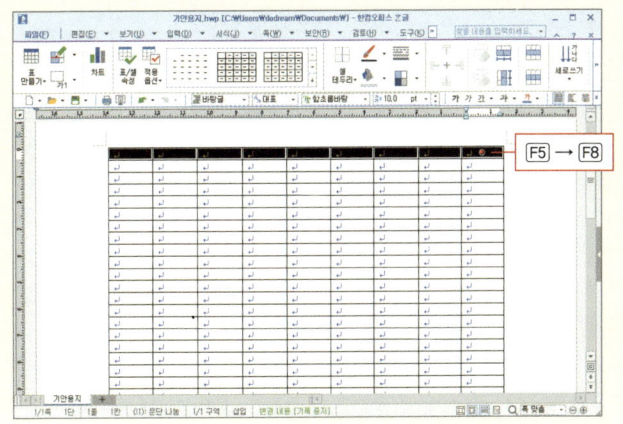

4 F5키를 누른 후 Ctrl+↓키를 눌러 행 높이를 늘리고 '기 안 용 지'를 입력합니다. 서식 도구 모음에서 글꼴을 '함초롬돋움'으로, 글자 크기를 '15pt'로 지정한 후 가운데 정렬합니다.

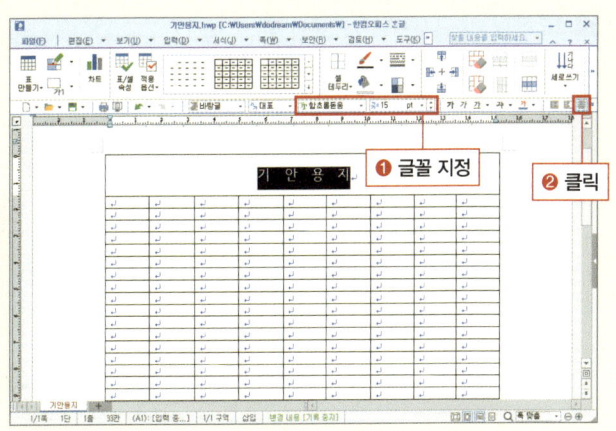

5 블록을 해제한 후 '기안용지' 뒤에서 Enter 키를 누르고 Ctrl+1 키를 눌러 바탕글 스타일로 적용합니다. [입력] 탭의 [직선] 아이콘을 클릭한 후 다음과 같이 직선을 그립니다. 직선이 그려지면서 [도형] 탭이 표시됩니다.

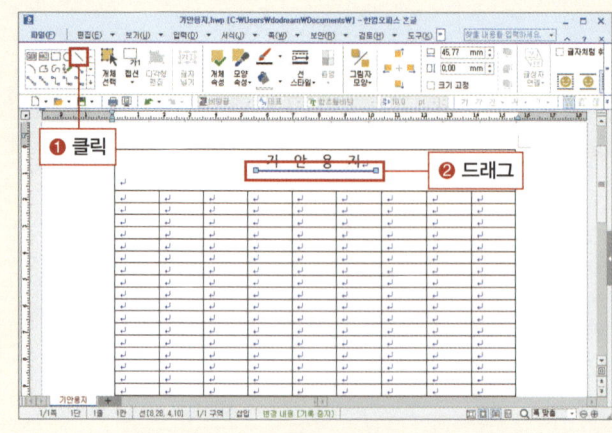

POINT
Shift 키를 누른 상태에서 직선을 그리면 기울기가 15° 단위로 고정된 직선을 그릴 수 있습니다.

6 [도형] 탭에서 [선 스타일]의 드롭다운 버튼을 클릭하고 '선 종류'를 클릭하여 그려질 선을 선택합니다. [선 굵기] 아이콘을 클릭하여 '1 mm'로 선택하고 선 색을 검정색으로 변경합니다.

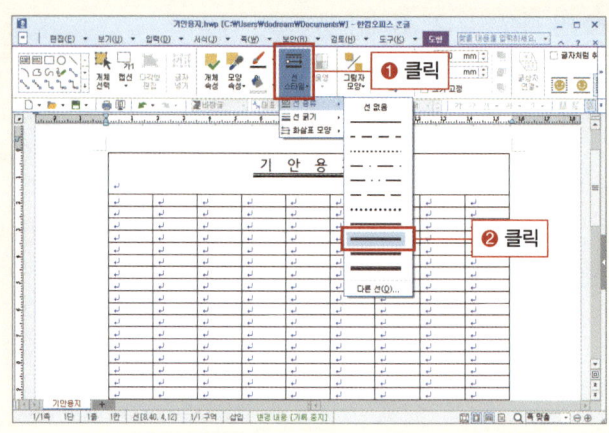

7 2행부터 마지막까지 드래그하여 셀 블록으로 지정합니다. 이 때 8열은 셀블록에서 제외합니다.

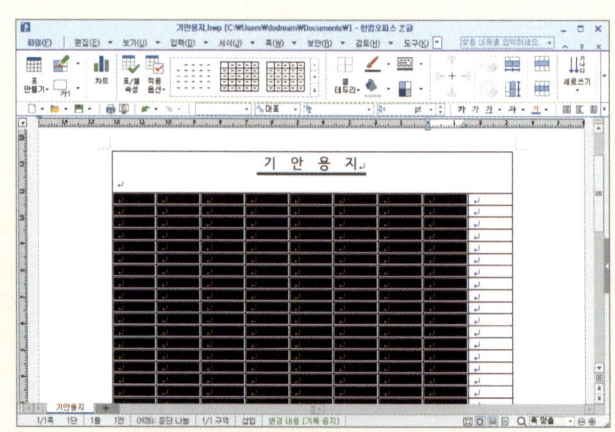

8 [표] 탭의 [셀 테두리 모양/굵기]에서 '셀 테두리 굵기'를 클릭한 후 '0.5 mm'로 선택하고 [셀 테두리] 확장 아이콘을 클릭하여 '바깥쪽 모두'를 선택합니다.

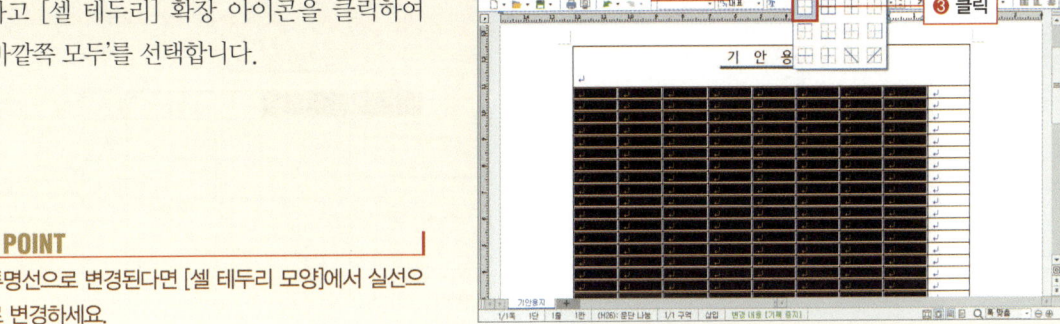

POINT
투명선으로 변경된다면 [셀 테두리 모양]에서 실선으로 변경하세요.

9 바깥쪽 테두리선의 굵기가 변경되었으면 Ctrl+↑키를 세 번 눌러 높이를 변경하고 셀 블록을 해제한 후 '분류기호 및 문서번호'를 입력합니다.

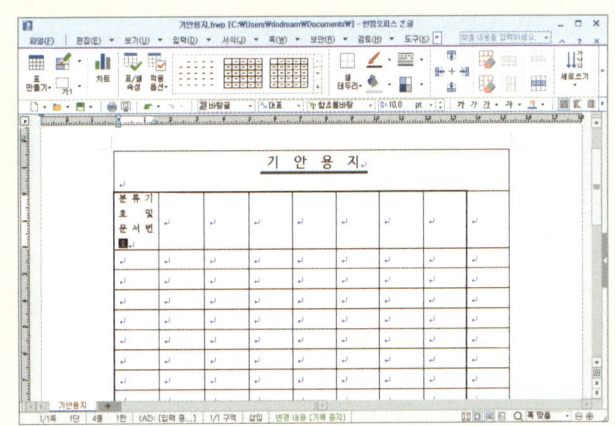

10 F5키를 눌러 셀 블록을 설정한 후 Alt+─키를 눌러 셀 너비를 조절합니다.

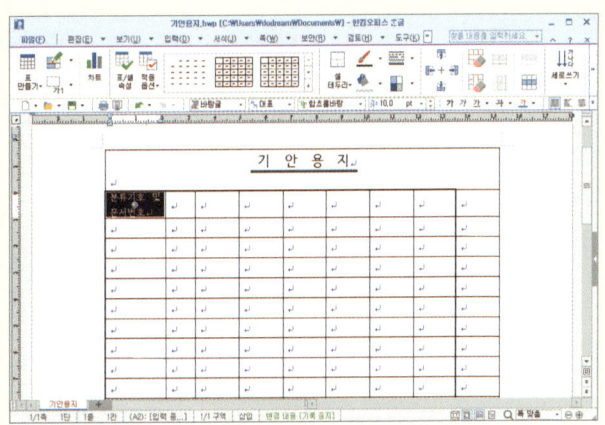

11 다음과 같이 블록을 지정한 후 M키를 눌러 셀을 합칩니다.

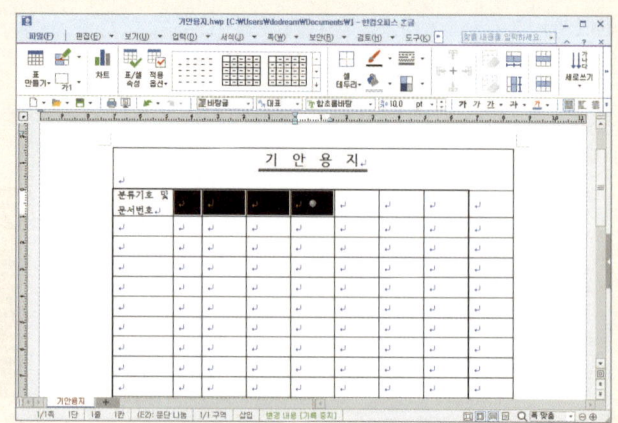

12 오른쪽 3개의 셀도 블록을 설정한 후 M키를 눌러 셀을 합칩니다.

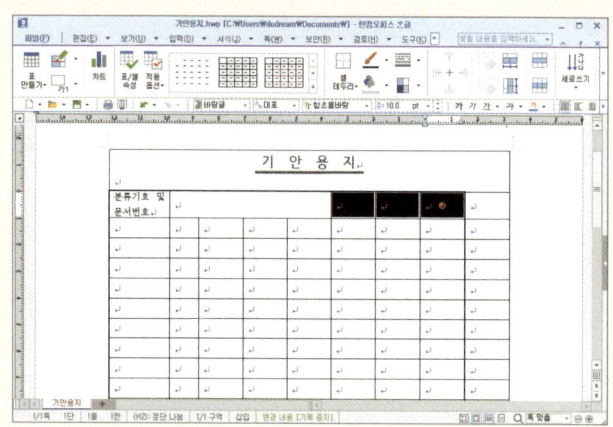

13 다음과 같이 셀의 넓이에 텍스트를 맞게 입력합니다.

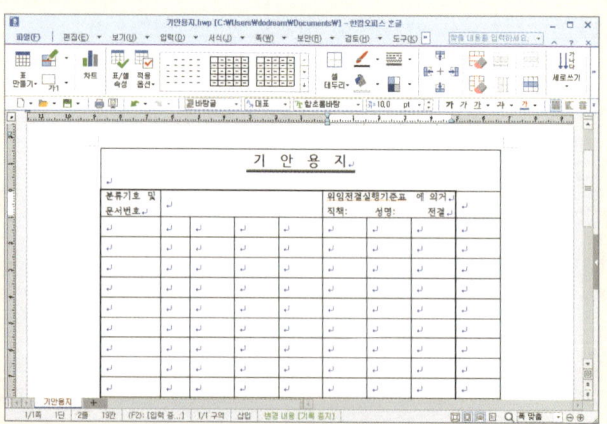

14 다음과 같은 텍스트를 입력한 후 드래그하여 셀 블록을 지정하고 가운데 정렬합니다. Alt+↑키를 이용하여 행 높이를 줄입니다.

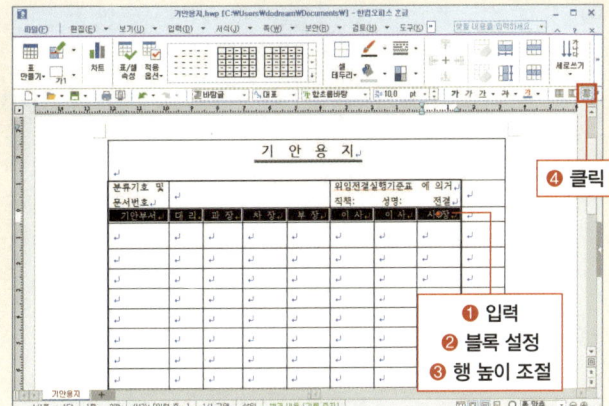

POINT
'대리'를 입력할 때 개행이 되면 셀 블록을 지정하고 Alt+-키를 눌러 임의로 셀 너비를 조절합니다.

15 다음 행을 클릭한 후 Ctrl+↓키를 눌러 행 높이를 조절합니다.

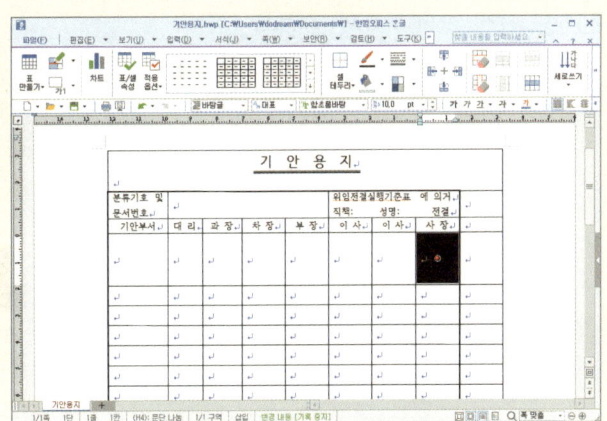

16 다음 행의 각 셀에 '/'을 입력한 후 행 전체를 블록으로 지정하여 가운데 정렬합니다.

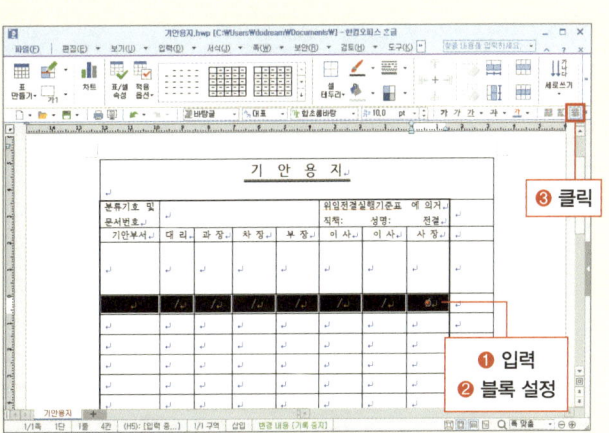

Project. 업무에 바로 적용하는 실무 문서 만들기 **449**

17 '기 안 자', '기안일자', '시행일자'를 입력하고 옆 셀을 다음과 같이 블록으로 지정한 후 M키를 누릅니다.

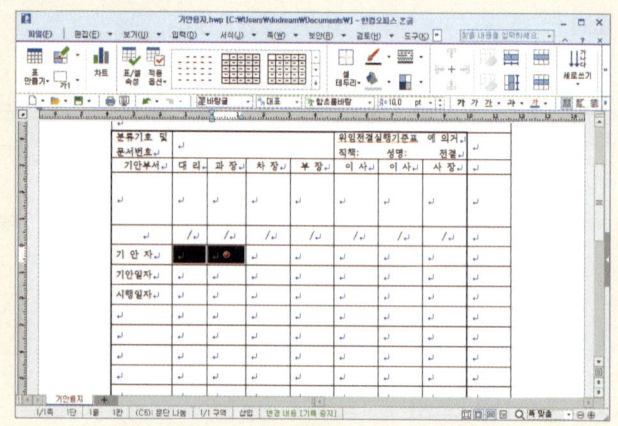

18 '기안일자', '시행일자'의 옆 셀도 합친 후 다음과 같이 블록을 지정하여 가운데 정렬합니다.

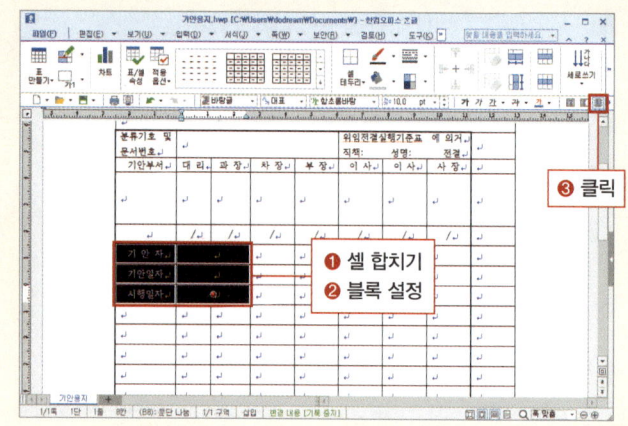

19 오른쪽 2개의 셀도 블록으로 설정하고 M키를 눌러 셀을 합칩니다.

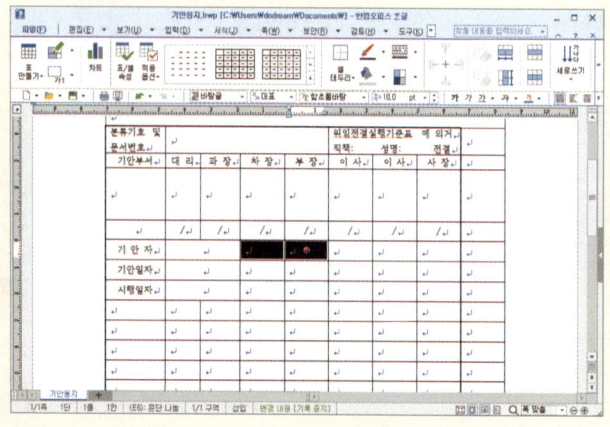

20 '협조부서'를 입력하고 다음 그림과 같이 셀을 블록으로 지정한 후 M키를 눌러 지정한 셀을 합칩니다.

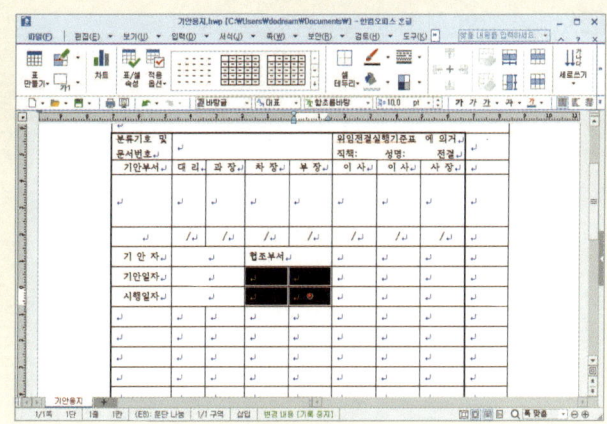

21 다음과 같이 셀을 블록으로 지정하고 S 키를 누릅니다. [셀 나누기] 대화상자에서 [칸 수]에 '2'를 입력하고 [나누기] 버튼을 클릭합니다.

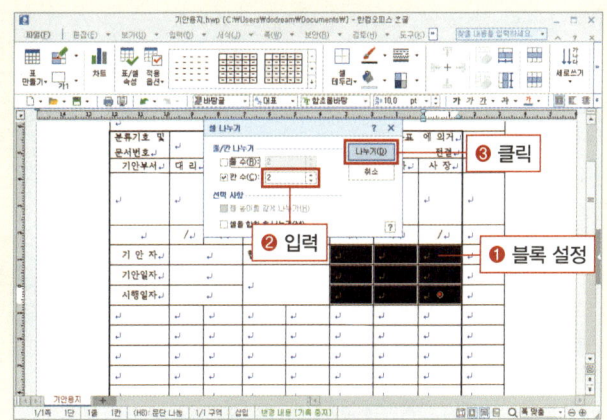

22 나누어진 셀의 일부를 다음과 같이 셀 블록으로 지정한 후 M키를 눌러 셀을 합칩니다.

POINT

위의 화면과 같이 셀의 오른쪽에 선 속성이 굵게 되어 있으면 [표] 탭에서 [셀 테두리 모양/굵기]의 [셀 테두리 굵기]에서 '0.12mm'를 선택합니다. [셀 테두리]의 드롭다운 버튼을 클릭하여 [오른쪽]의 선 굵기를 변경합니다.

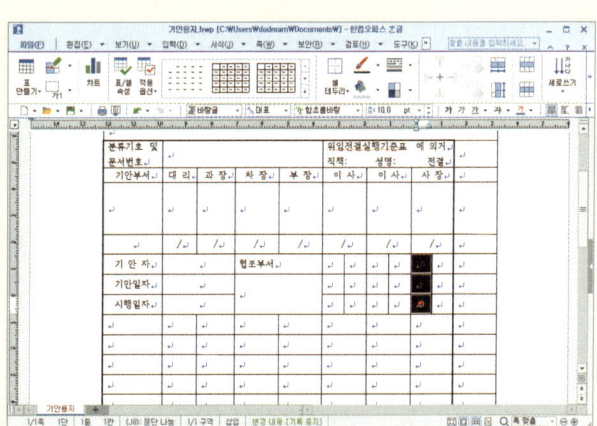

Project. 업무에 바로 적용하는 실무 문서 만들기 **451**

23 다음과 같이 셀 블록으로 설정한 후 M키를 눌러 셀을 합칩니다.

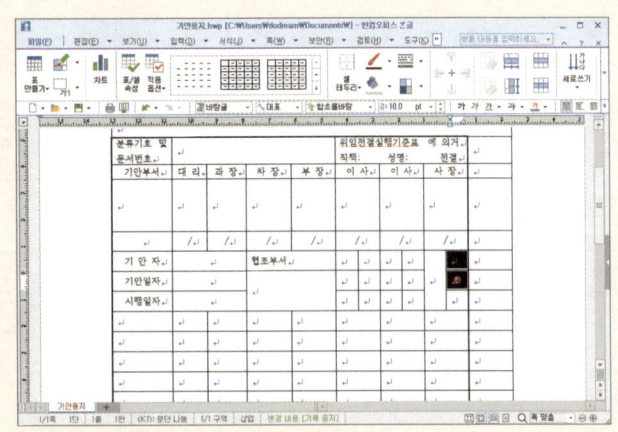

24 다음과 같이 텍스트를 입력하고 셀 블록으로 지정하여 가운데 정렬합니다.

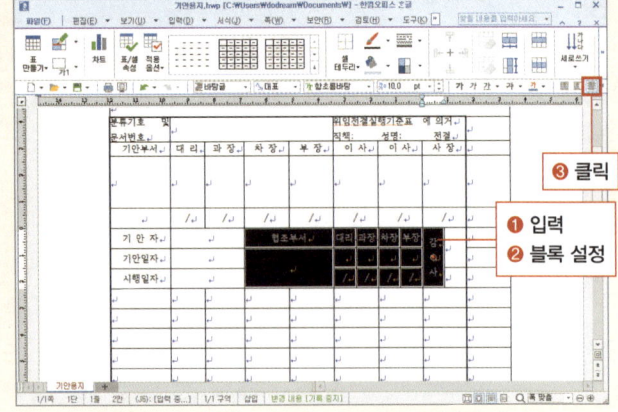

\POINT
'대리', '과장', '차장', '부장'이 두 줄로 입력되면 셀 블록으로 지정한 후 N키를 눌러 [표/셀 속성] 대화상자의 [표] 탭에서 셀의 안쪽 여백을 '0'으로 설정합니다.

25 '기안자'가 입력될 셀을 클릭하고 [입력] 메뉴의 [필드 입력]을 클릭합니다. [필드 입력] 대화상자에서 [사용자 정보] 탭을 클릭한 후 '사용자 이름'을 선택하고 [넣기] 버튼을 클릭합니다.

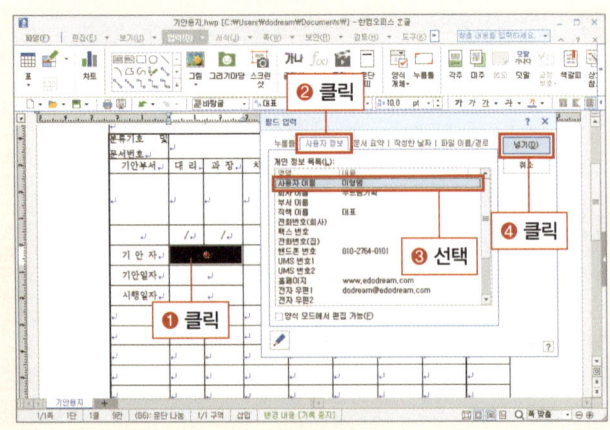

\POINT
[도구] 메뉴의 [환경 설정]-[사용자 정보] 탭에서 입력한 내용이 [사용자 정보] 탭에 표시됩니다.

26 '기안일자'와 '시행일자'가 입력될 곳에 '년 월 일'을 각각 입력합니다.

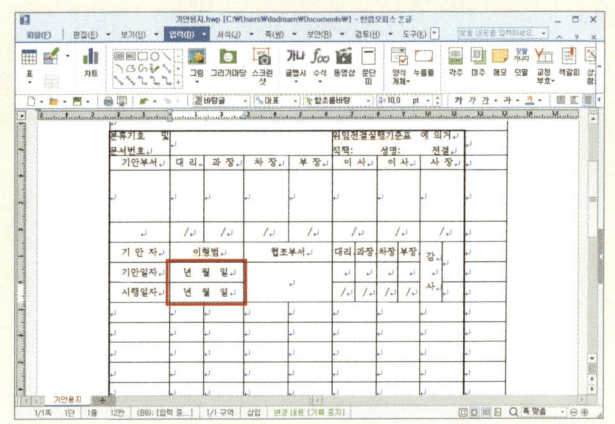

27 다음과 같이 텍스트를 입력하고 셀 블록을 설정한 후 M키를 눌러 셀을 합칩니다.

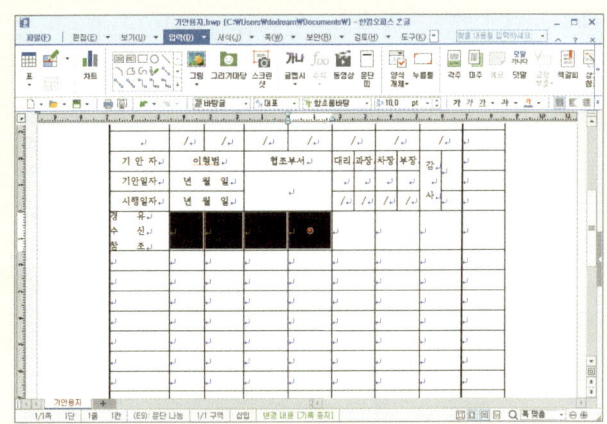

28 다음과 같이 오른쪽 세 개의 셀에 블록을 설정하고 S키를 눌러 [줄 수]에 '2'를 입력한 후 [나누기] 버튼을 클릭합니다.

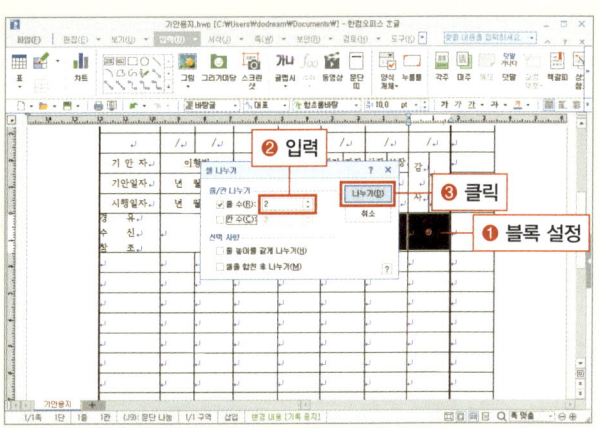

Project. 업무에 바로 적용하는 실무 문서 만들기 **453**

29 계속하여 다음과 같이 셀 블록을 지정하고 S키를 눌러 [칸 수]에 '2'를 입력한 후 [나누기] 버튼을 클릭합니다.

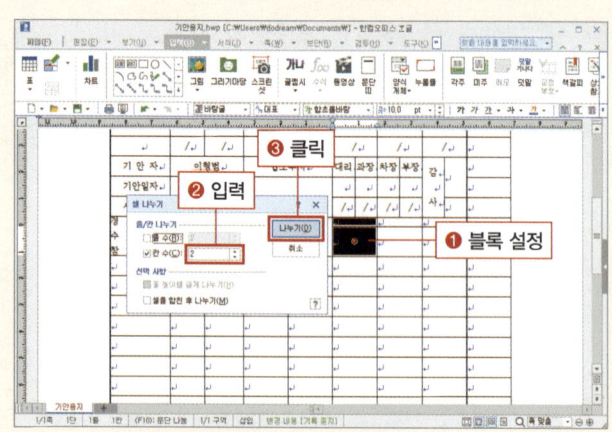

30 나누어진 셀은 크기가 일정하지 않으므로 다음과 같이 셀 블록을 설정하고 W키를 눌러 셀 너비를 같게 만듭니다.

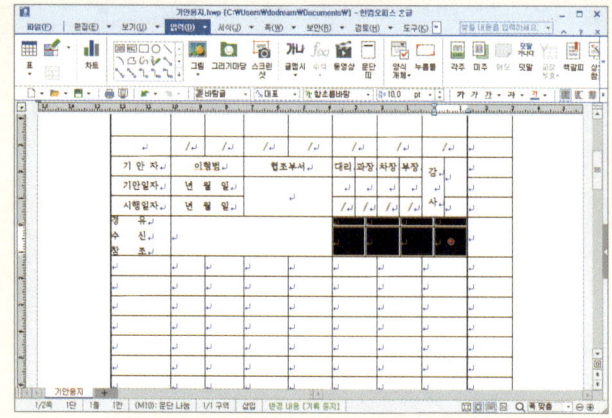

POINT
[표] 메뉴의 [셀 너비를 같게]를 선택해도 됩니다.

31 다음과 같이 텍스트를 입력하고 셀 블록을 지정한 상태에서 가운데 정렬합니다.

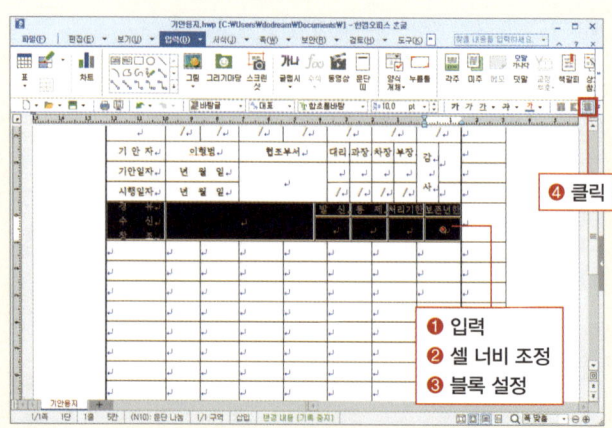

POINT
셀 너비가 좁아 두 줄로 입력되면 너비와 높이를 적당하게 조정합니다.

32 다음과 같이 '제목'을 입력하고 오른쪽 7개의 셀을 블록을 지정한 후 M키를 눌러 셀을 합칩니다.

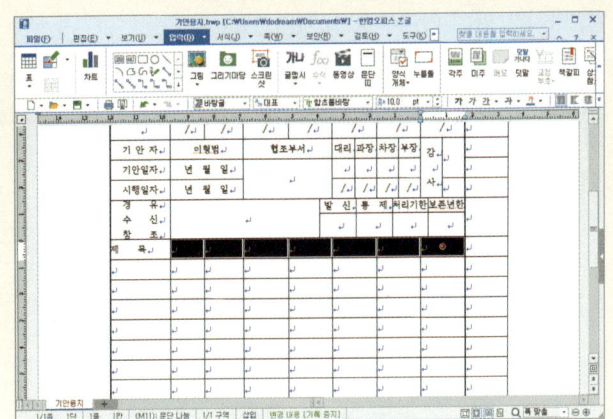

33 제목 행을 블록으로 지정한 후 가운데 정렬합니다.

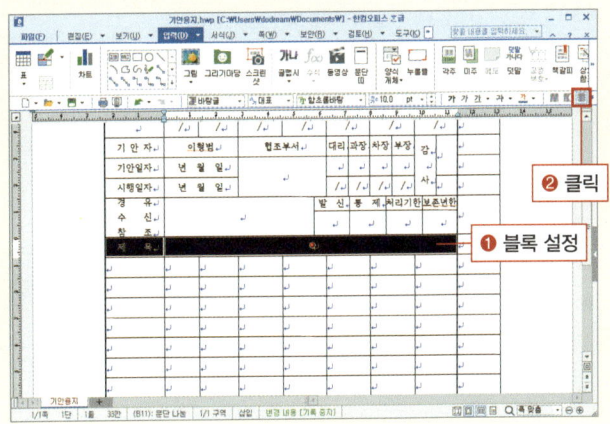

34 다음과 같이 내용이 입력될 곳의 각 행을 블록으로 설정한 후 M키를 눌러 셀을 합칩니다. 같은 방법으로 마지막 행까지 각 줄을 드래그하여 셀을 합칩니다.

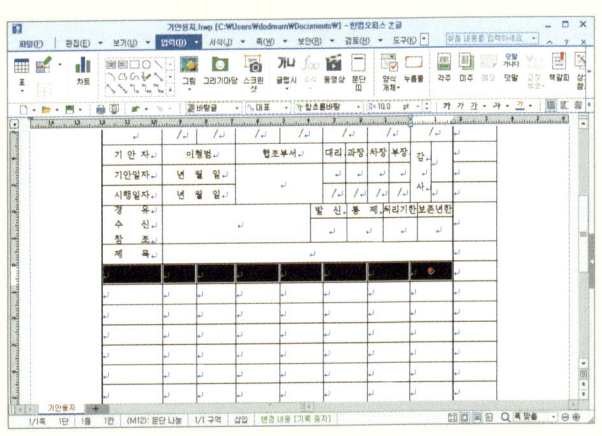

Project. 업무에 바로 적용하는 실무 문서 만들기

35 마지막 열의 아래부터 12개의 셀을 다음과 같이 블록으로 설정한 후 [표] 탭에서 [셀 테두리 모양/굵기]의 [셀 테두리 굵기] 아이콘을 클릭하여 '0.5mm'를 선택합니다. [셀 테두리] 아이콘을 클릭하고 '바깥쪽 모두'를 선택한 후 테두리 굵기를 지정합니다.

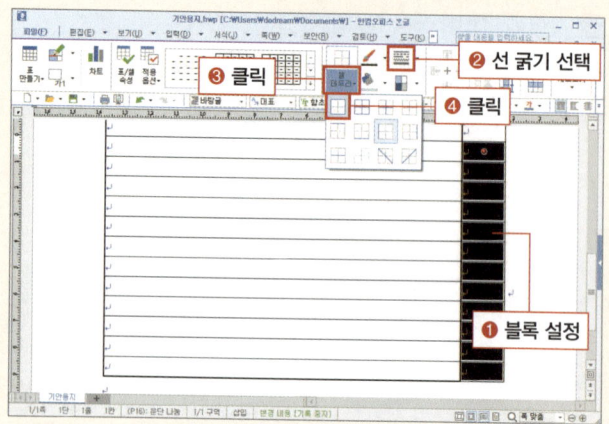

36 다음과 같이 텍스트를 입력하고 셀 블록으로 지정하여 가운데 정렬합니다. Ctrl+← 키를 눌러 너비를 적당히 줄입니다.

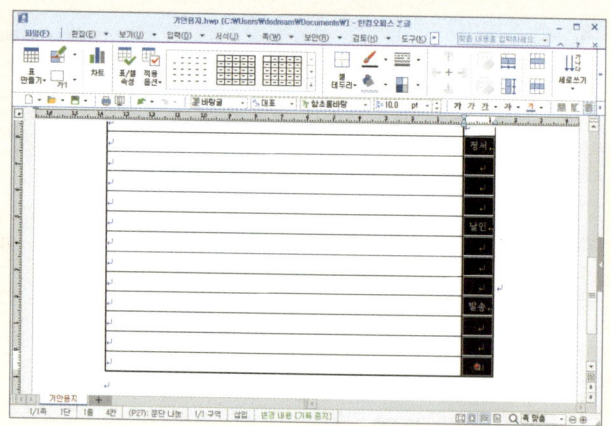

37 다음과 같이 텍스트를 입력하고 셀 블록을 지정한 상태에서 가운데 정렬합니다.

POINT
셀 너비가 좁아 두 줄로 입력되면 너비와 높이를 적당하게 조정합니다.

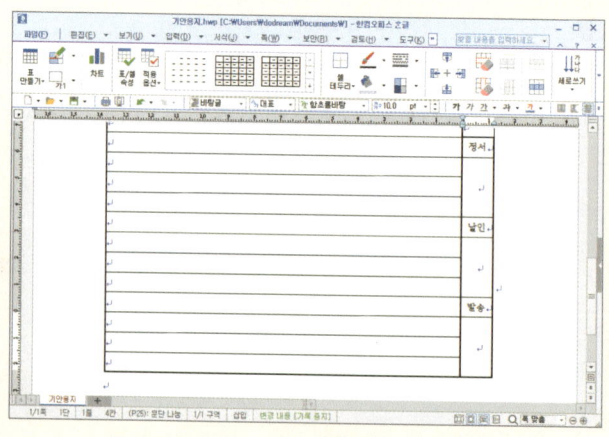

38 다음과 같이 '제목'을 입력하고 오른쪽 7개의 셀을 블록을 지정한 후 M키를 눌러 셀을 합칩니다.

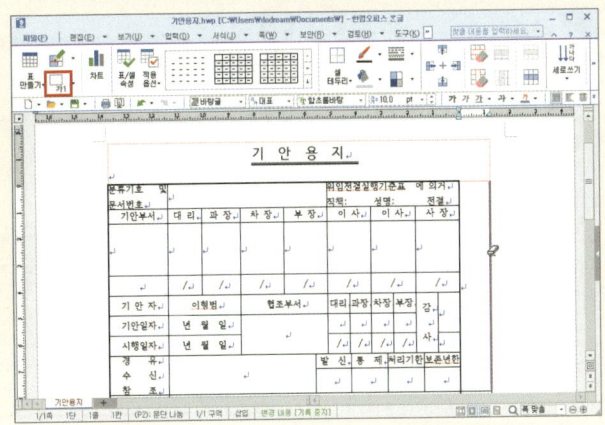

39 칸의 너비가 일정하지 않은 셀을 블록으로 지정한 후 W키를 눌러 셀 너비를 같게 합니다.

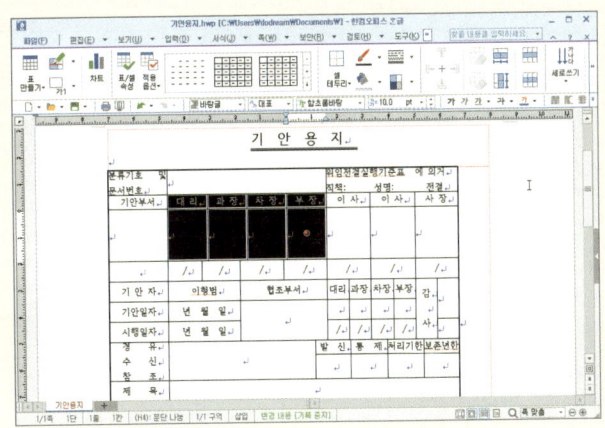

40 서식 도구 모음의 미리 보기( ) 아이콘을 클릭하여 인쇄될 모양을 확인한 후 저장합니다.

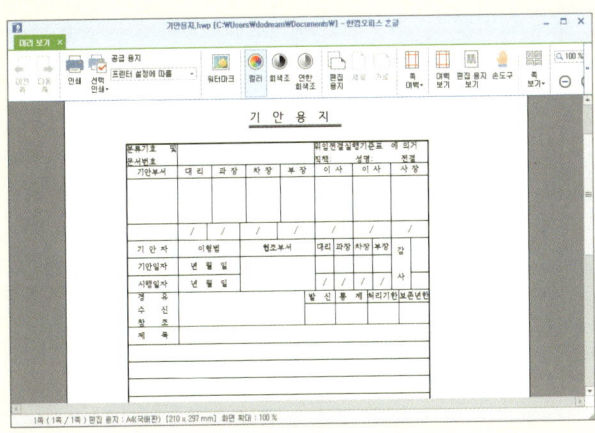

견적서 만들기

견적서는 차후의 거래를 위하여 재화나 용역을 공급하고자 하는 쪽에서 각종 경비를 포함시켜 가격을 미리 산출하고 내용을 구체적으로 기재하여 잠재 고객에게 제시하는 제안 서식입니다. 이번에 작성할 견적서 서식은 거래할 품목과 단가, 금액 등을 입력하면 자동으로 합계가 계산되도록 만들 것입니다.

Key Word : 면 색, 테두리, 계산식

완성파일 : 완성파일\견적서.hwp

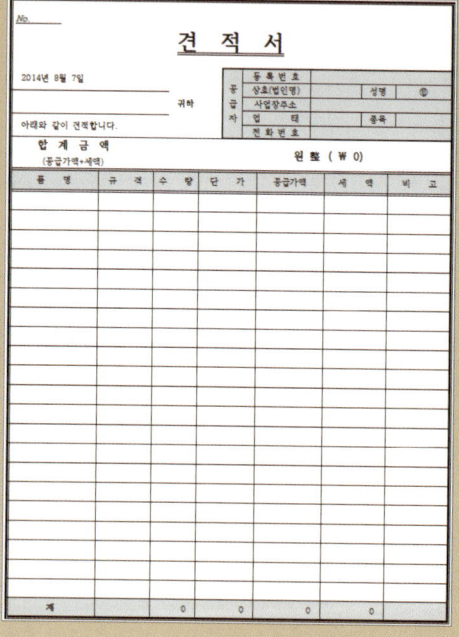

1 F7 키를 눌러 [용지 여백]의 위쪽, 아래쪽에 '20mm', 왼쪽과 오른쪽에 '15mm', 꼬리말에 '0mm'을 입력하고 [설정] 버튼을 클릭합니다.

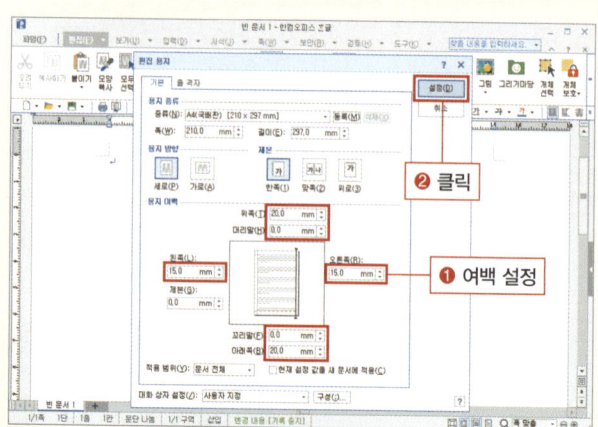

2 Ctrl+N, T키를 눌러 [표 만들기] 대화 상자에서 [줄 수]에 '31', [칸 수]에 '7'을 입력하고 [만들기] 버튼을 클릭합니다.

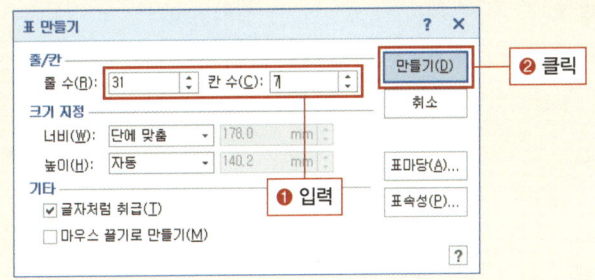

3 F5키를 연속으로 세 번 눌러 표 전체를 블록으로 지정합니다. L키를 눌러 테두리의 종류를 선택하고 '바깥쪽'을 선택한 후 [설정] 버튼을 클릭합니다.

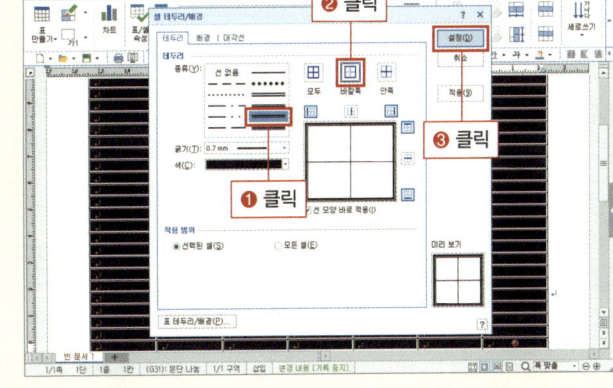

POINT
[표] 탭의 [셀 테두리] 확장 아이콘과 [바깥쪽 모두] 아이콘을 클릭하여 바깥쪽 테두리 선 모양을 바꿀 수도 있습니다.

4 첫 행만 드래그하여 셀 블록으로 지정하고 M키를 눌러 셀을 합칩니다.

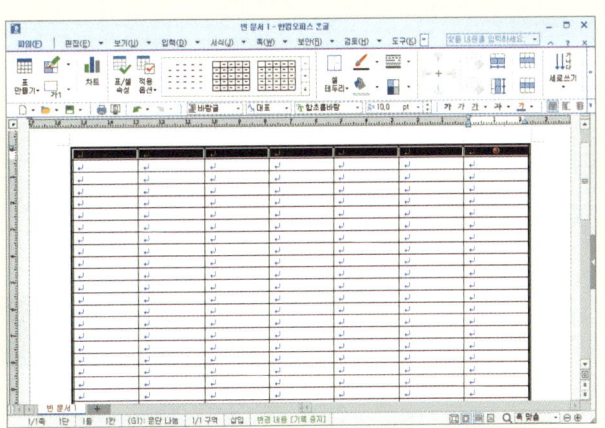

Project. 업무에 바로 적용하는 실무 문서 만들기 **459**

5 'No.   '를 입력한 후 블록을 설정하여 서식 도구 모음에서 [기울임]과 [밑줄] 아이콘을 클릭합니다.

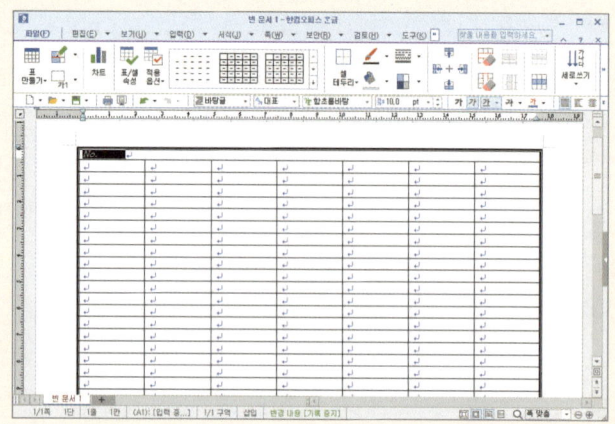

6 Enter 키를 눌러 다음 줄에 '견 적 서'를 입력하고 블록으로 설정합니다. 서식 도구 모음에서 글자 크기를 '25pt'로, 글자 속성을 '진하게'로 설정하고 [밑줄]의 드롭다운 버튼을 클릭하여 밑줄 모양을 선택합니다. 서식 도구 모음에서 [가운데 정렬]을 클릭합니다.

\POINT
글자 속성(기울임)을 해제하기 위해 [기울임] 아이콘을 클릭합니다.

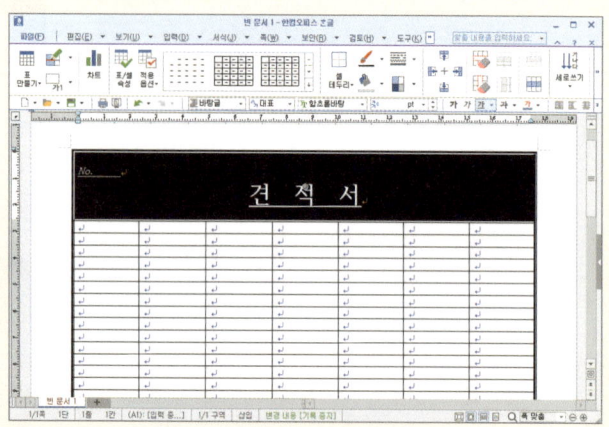

7 F5 키를 눌러 셀 블록을 설정한 후 Ctrl+↓ 키를 11번 눌러 행 높이를 조절합니다.

8 다음과 같이 블록을 지정하고 M키를 눌러 셀을 합칩니다.

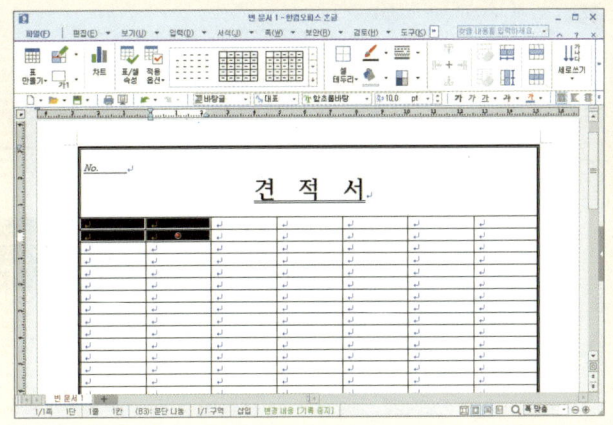

9 같은 방법으로 다음과 같이 텍스트가 입력될 부분의 셀을 합칩니다.

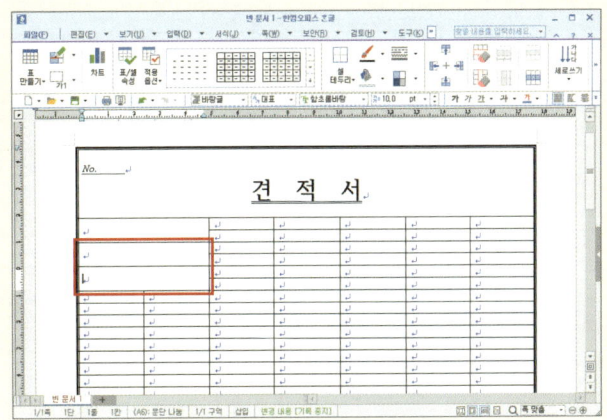

10 다음과 같이 셀 블록을 지정한 후 M키를 눌러 셀을 합칩니다.

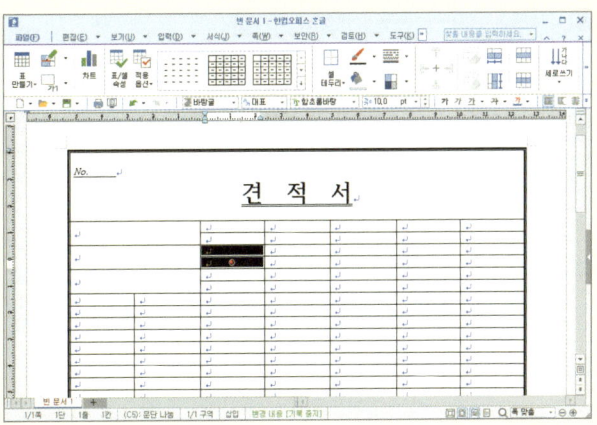

11 다음과 같이 셀 블록을 지정한 후 가로 눈금자의 문단 왼쪽 여백 지시자를 마우스로 드래그하여 왼쪽 여백을 조절합니다.

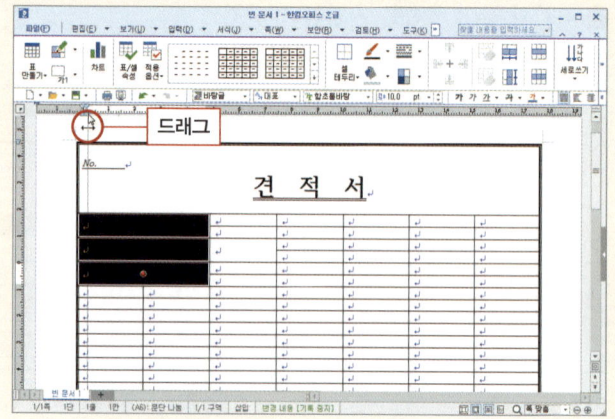

12 다음과 같이 블록을 지정한 후 M키를 눌러 셀을 합칩니다.

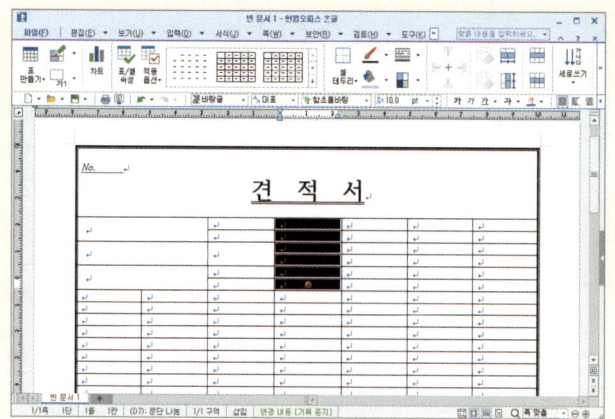

13 다음과 같이 블록을 지정한 후 S키를 눌러 [셀 나누기] 대화상자에서 [칸 수]에 '2'를 입력하고 [나누기] 버튼을 클릭합니다.

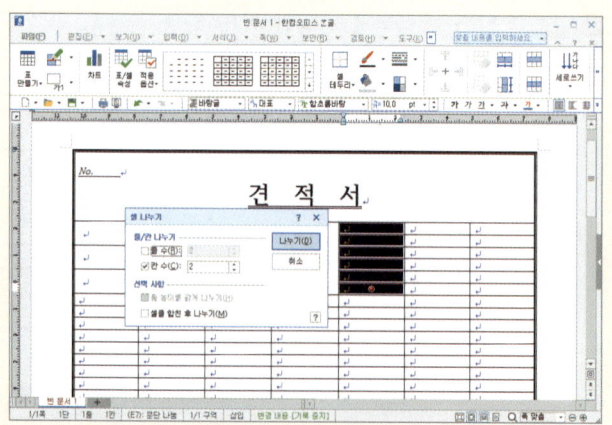

14 칸이 나눠지면 다음과 같이 블록을 지정하고 M키를 눌러 셀을 합칩니다.

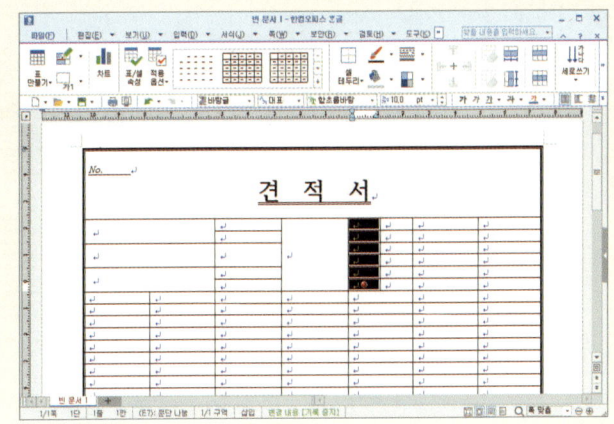

15 Shift 키와 방향키를 이용하여 셀의 너비를 다음과 같이 조절합니다.

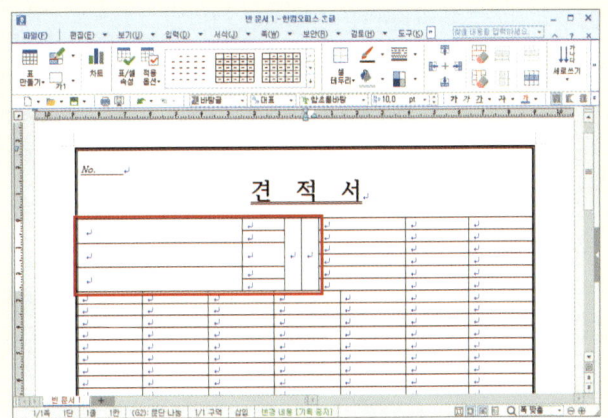

16 다음과 같이 셀 블록을 설정하고 M키를 눌러 셀을 합칩니다.

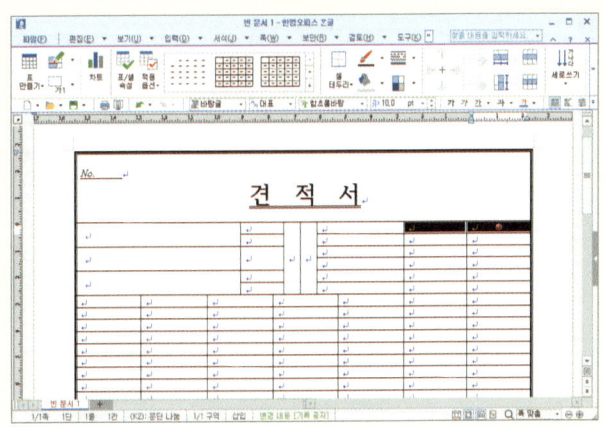

Project. 업무에 바로 적용하는 실무 문서 만들기

17 다음과 같이 블록을 지정하고 S 키를 눌러 [셀 나누기] 대화상자에서 [칸 수]에 '2'를 입력하고 [나누기] 버튼을 클릭합니다.

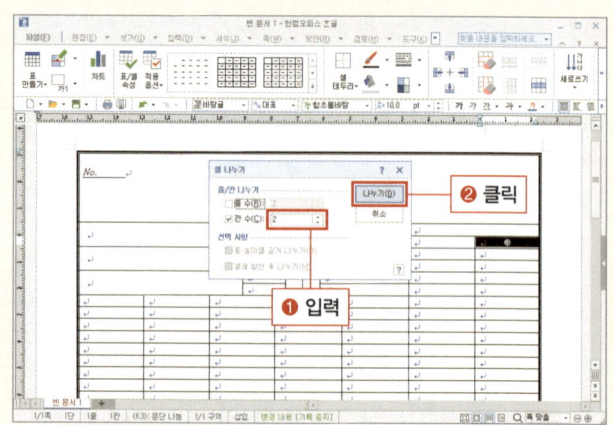

18 Shift 키와 방향키를 이용하여 셀의 너비를 조절합니다.

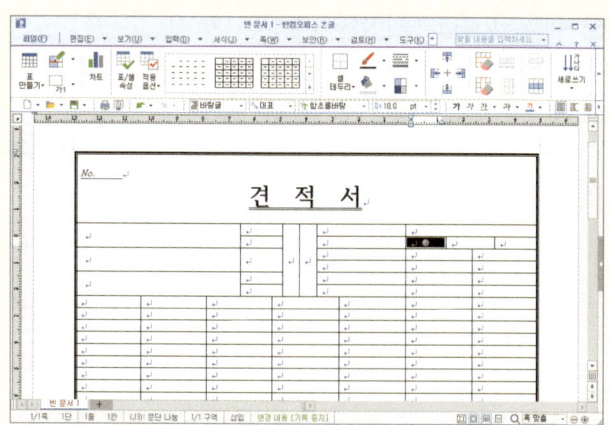

19 위와 같은 방법으로 셀을 합치고 칸 수를 2로 나눈 후 셀 너비를 조절하여 다음과 같이 만듭니다.

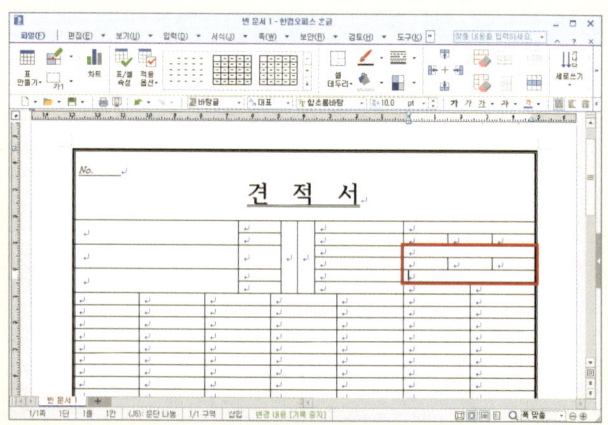

20 셀 블록을 지정하여 다음과 같이 셀을 합칩니다.

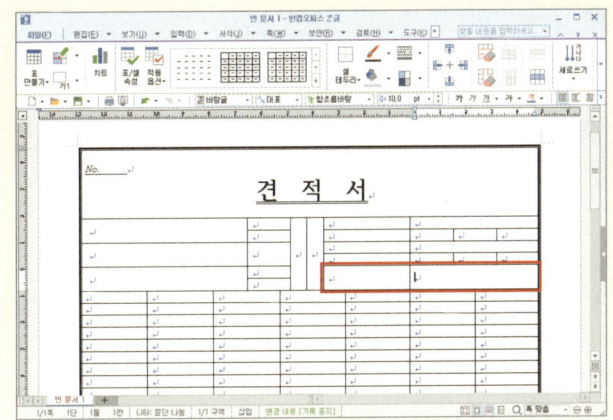

21 다음과 같이 셀 블록으로 지정한 후 [H]키를 눌러 셀 높이를 같게 합니다. [Alt]+[S]키를 눌러 지금까지 작성한 내용을 '견적서.hwp'로 저장합니다.

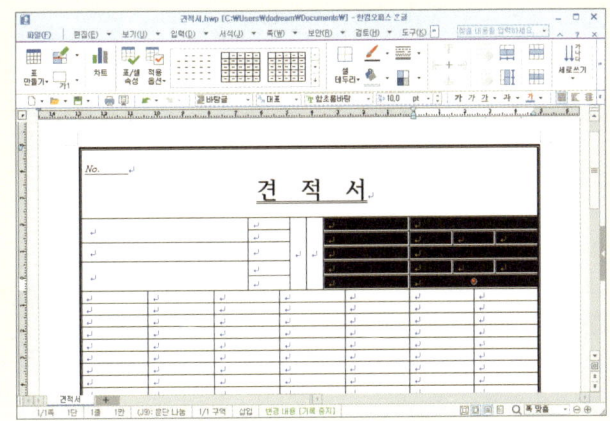

22 셀을 블록이 설정된 부분처럼 셀을 합친 후 행 높이를 같게 합니다.

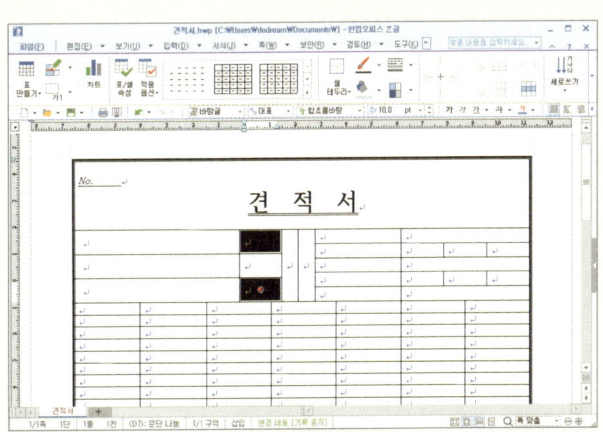

23 날짜가 입력될 셀을 클릭한 후 [입력] 메뉴에서 [날짜/시간]의 '날짜/시간 코드'를 선택합니다. 자동으로 시스템이 가지고 있는 날짜가 입력됩니다.

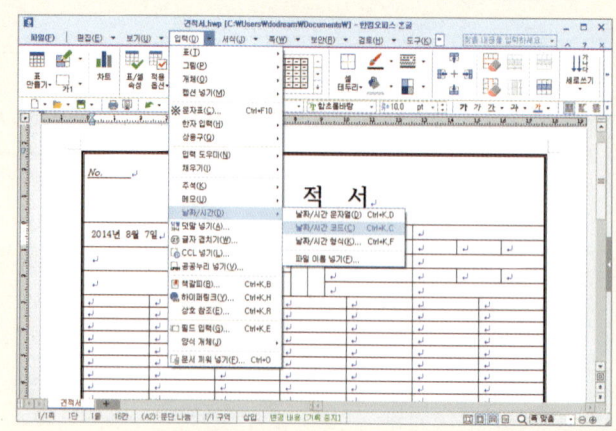

POINT

날짜와 시간이 입력되는 형식은 [입력] 메뉴에서 [날짜/시간]의 '날짜/시간 형식'을 클릭하여 선택할 수 있습니다.

24 필요한 텍스트를 다음과 같이 입력합니다. '귀하'는 블록으로 지정한 후 진하게, 가운데 정렬합니다.

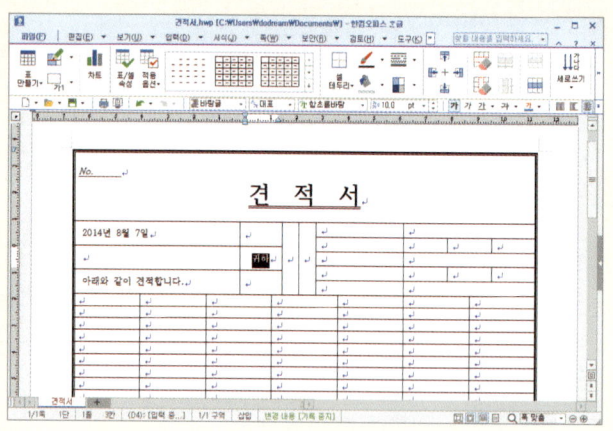

25 배경색을 적용할 부분을 셀 블록으로 설정하고 [표] 탭에서 [셀 배경 색]의 드롭다운 버튼을 클릭하여 면 색을 지정합니다.

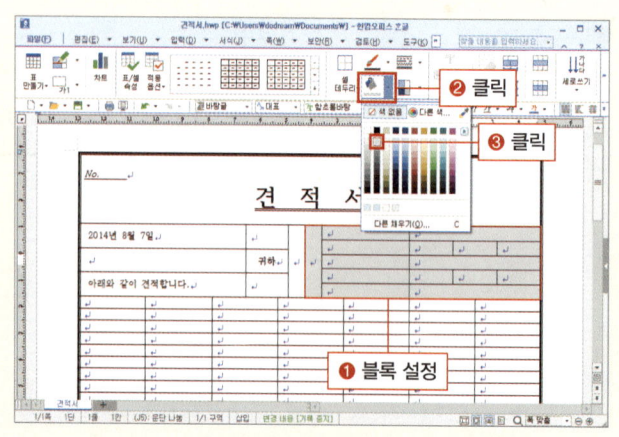

26 [셀 테두리 모양/굵기]의 [셀 테두리 굵기]를 클릭하고 '0.5mm'를 선택합니다.

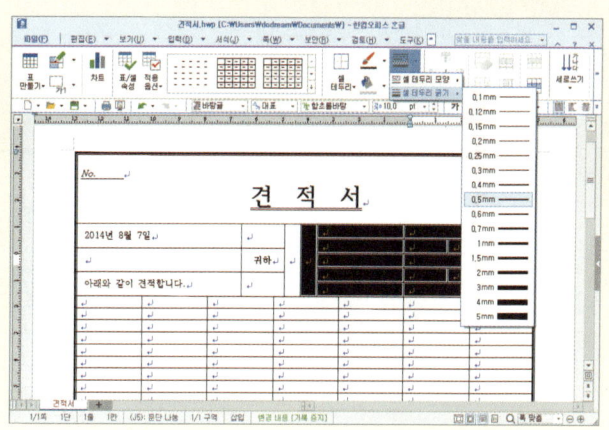

27 [테두리] 아이콘을 클릭한 후 '위', '아래', '왼쪽'을 각각 클릭합니다.

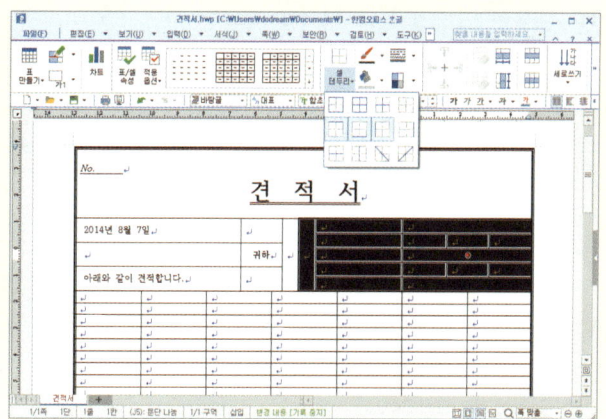

28 Esc 키를 눌러 셀 블록을 해제한 후 텍스트를 입력합니다. Ctrl 키와 마우스를 이용하여 다음과 같이 셀 블록을 지정하고 가운데 정렬합니다.

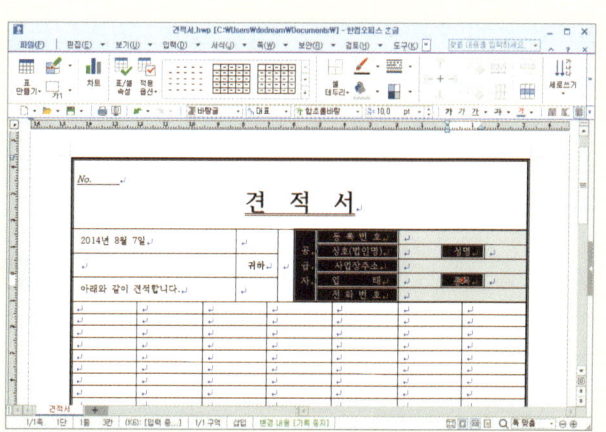

POINT
공급자의 정보가 입력될 셀의 너비를 입력한 텍스트에 맞게 조절합니다.

Project. 업무에 바로 적용하는 실무 문서 만들기 **467**

29 다음과 같이 필요하지 않은 테두리선을 없앱니다.

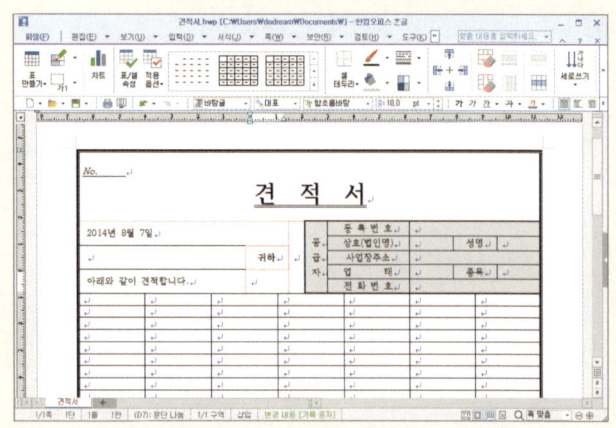

30 '성명'이 입력될 셀로 커서를 이동한 후 Ctrl+F10을 눌러 '㊞'을 입력하고 가운데 정렬합니다. 필요에 따라 성명과 종목이 입력된 셀의 너비를 줄입니다.

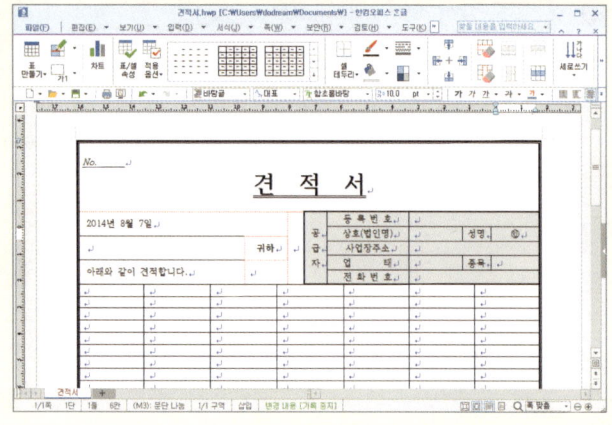

POINT

[문자표 입력] 대화상자의 [한글 문자표] 탭의 '기타 기호' 영역에서 선택하여 입력할 수 있습니다.

31 다음과 같이 셀 블록을 지정한 후 Ctrl+↓키를 눌러 높이를 조절합니다. M키를 눌러 셀을 합칩니다.

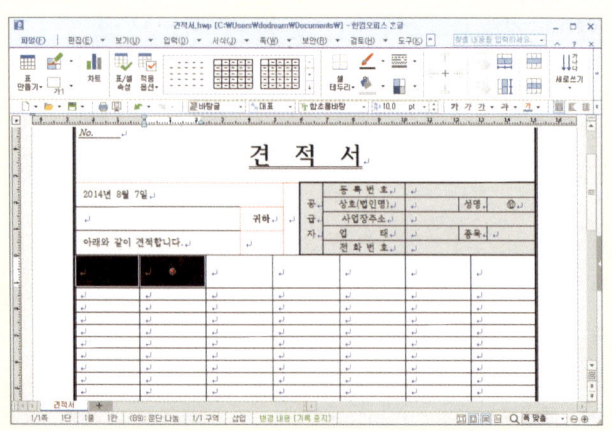

32 오른쪽 셀도 셀 블록으로 지정하여 다음과 같이 셀을 합칩니다.

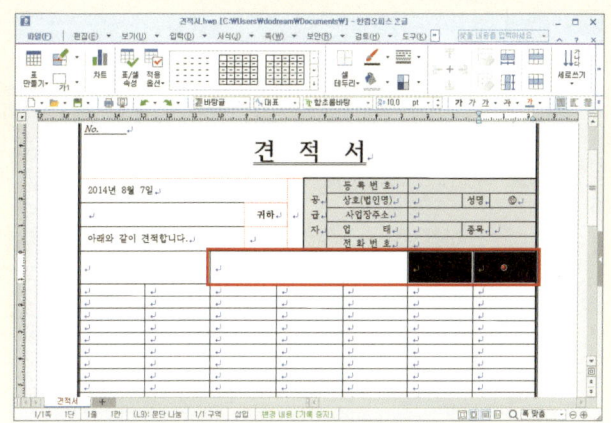

33 다음과 같이 텍스트를 입력한 후 글자 크기는 '12pt'로, 글자 속성은 '진하게'를 지정하고 왼쪽 셀은 가운데 정렬, 가운데 셀은 오른쪽 정렬합니다. 금액이 입력될 행을 모두 셀 블록으로 지정하고 '안쪽 모두'를 '선 없음'으로 설정합니다.

POINT

[표] 탭의 [셀 테두리 모양/굵기]에서 [셀 테두리 모양]을 클릭하여 '선 없음'으로 선택하고 [셀 테두리]의 드롭다운 버튼을 클릭하여 '안쪽 모두'를 선택합니다.

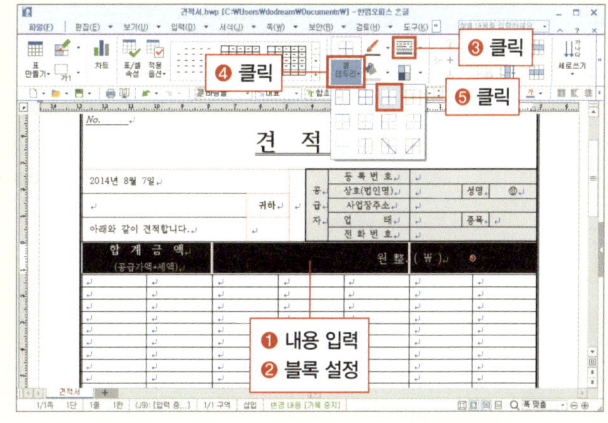

34 다음과 같이 텍스트를 입력한 후 Shift 키와 방향키를 이용하여 다음과 같이 셀 너비를 조절합니다.

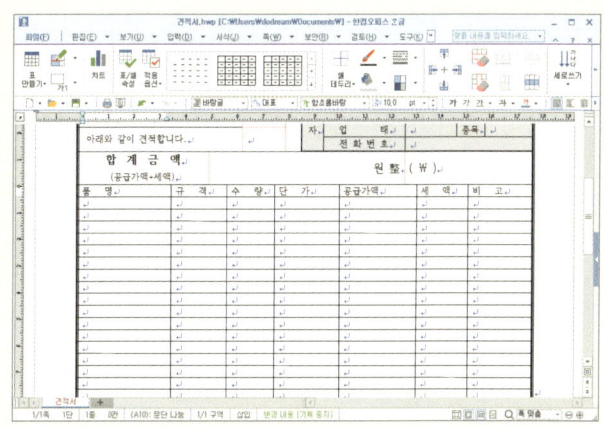

35 제목이 입력된 셀을 블록으로 지정하고 셀 배경색을 지정합니다.

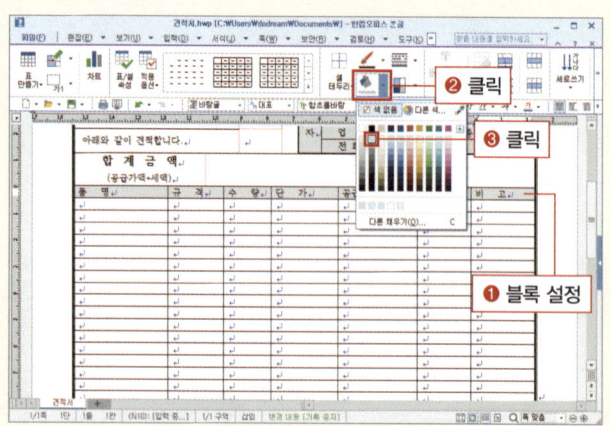

36 [셀 테두리 모양/굵기]의 [셀 테두리 모양]을 클릭하여 '두 줄 실선'을 선택합니다.

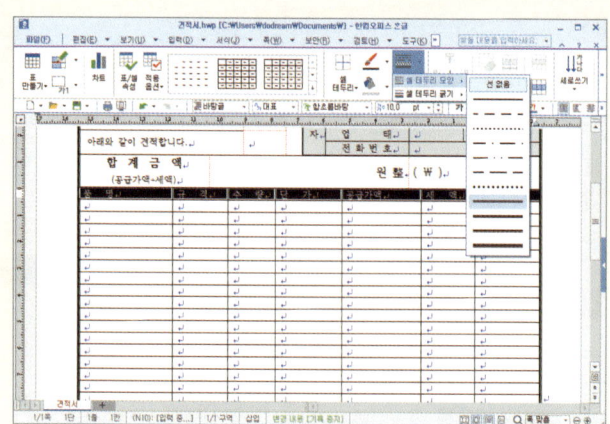

37 [셀 테두리] 확장 아이콘을 클릭하여 '위', '아래'를 선택합니다.

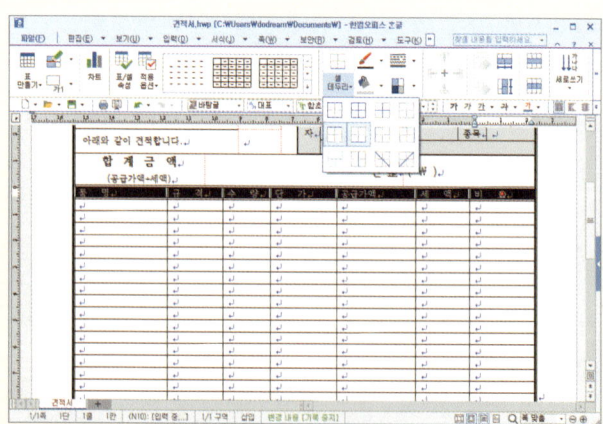

38 Ctrl+↓키를 눌러 줄 높이를 늘리고 가운데 정렬한 후 Esc키를 눌러 셀 블록을 해제합니다. 다음과 같이 셀의 배경색과 선 종류가 변경된 것을 확인할 수 있습니다.

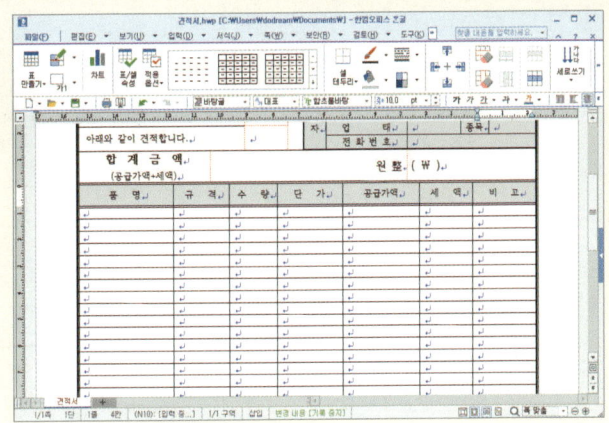

39 제목이 입력된 행을 제외한 나머지 셀을 다음과 같이 셀 블록으로 설정한 후 Ctrl+↓키를 눌러 줄 높이를 늘립니다.

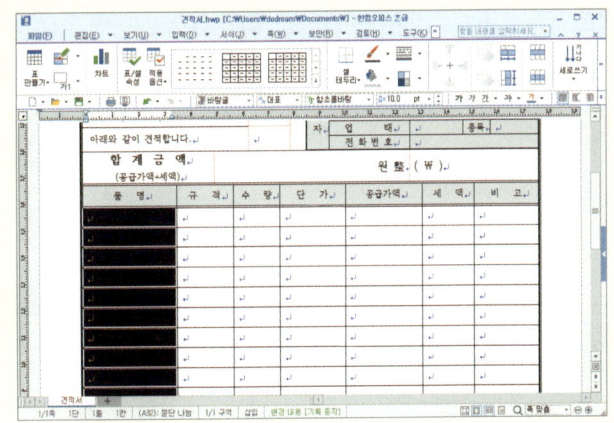

40 맨 마지막 행에는 합계를 계산할 것입니다. 다음과 같이 '계'를 입력한 후 글자 속성에서 '진하게'를 지정하고 '수량'의 합계가 계산될 셀을 클릭합니다. 마우스 오른쪽 버튼을 클릭하여 단축메뉴에서 [쉬운 계산식]의 '세로 합계'를 선택합니다.

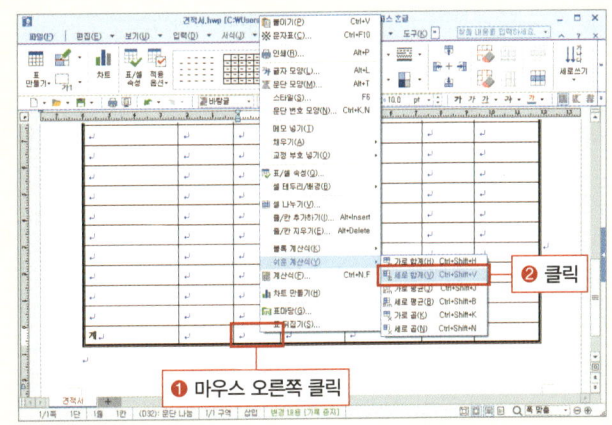

Project. 업무에 바로 적용하는 실무 문서 만들기 **471**

41 '수량' 합계를 구한 후 다음과 같이 블록을 설정하고 표 자동 채우기의 Ⓐ키를 누릅니다.

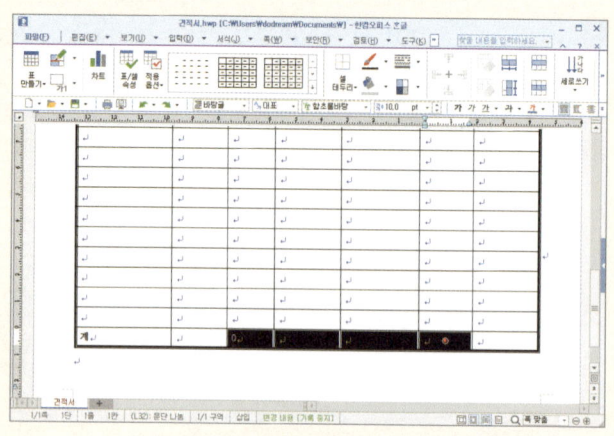

▍POINT
필요에 따라 '세액'의 합계가 구해지는 수식에서 Ctrl+N, K키를 눌러 계산식을 '=SUM(L11:L31)'로 수정합니다.

42 '품명', '규격', '비고'가 입력될 열을 블록으로 지정한 후 가운데 정렬하고, '수량', '단가', '공급가액', '세액'이 입력될 열은 오른쪽 정렬합니다.

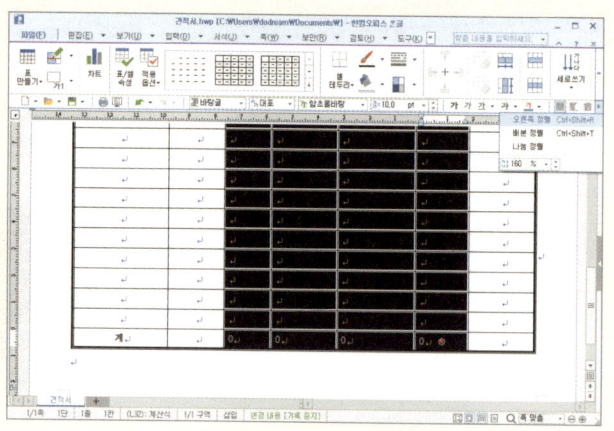

43 가로 눈금자의 문단 오른쪽 여백 지시자를 드래그하여 오른쪽 여백을 지정합니다.

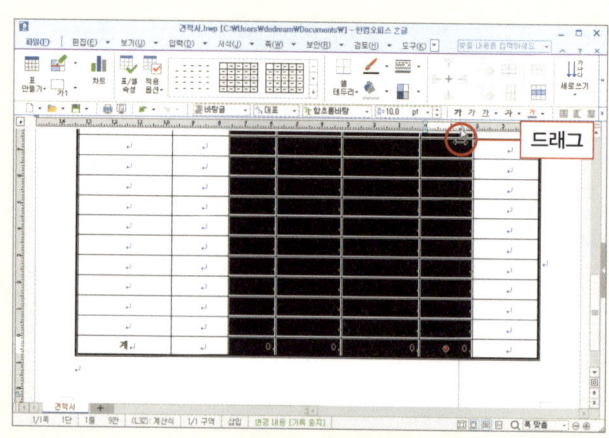

44 합계가 입력되는 행을 모두 블록으로 지정하고 [표] 탭의 [셀 배경 색] 아이콘을 클릭하여 배경색을 지정합니다.

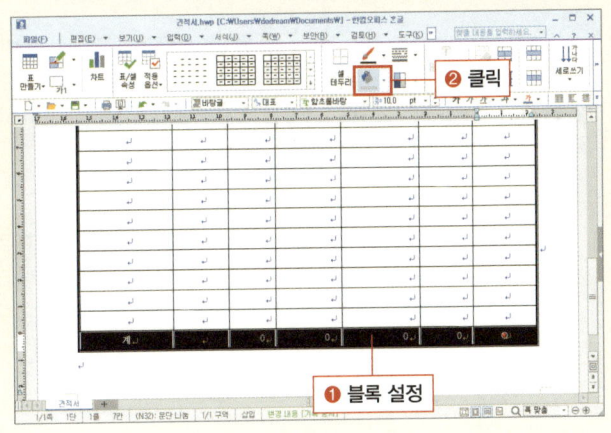

POINT
이전에 배경색을 회색으로 지정하였으므로 [셀 배경 색] 아이콘을 클릭하면 이전에 지정한 색이 자동으로 채워집니다.

45 '공급가액'과 '세액'의 합계를 구하기 위해 커서를 '₩' 다음으로 이동하여 [표] 메뉴의 [계산식]을 선택합니다. [계산식]에 '=SUM(J32,L32)'로 입력하고 [확인] 버튼을 클릭합니다.

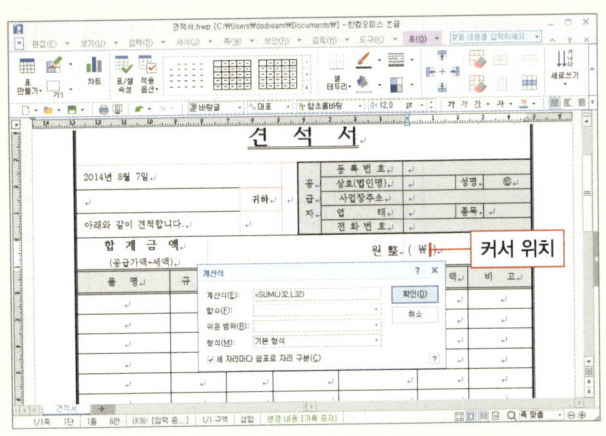

POINT
셀 주소는 표를 그리는 방법에 따라 다르므로 '공급가액'과 '세액'의 합계가 입력될 셀 주소를 확인한 후 입력합니다.

46 임의의 숫자를 공급가액과 세액에 입력하여 합계금액이 맞는지 확인하고 입력한 숫자를 지웁니다. Alt+S키를 눌러 작성한 문서를 저장합니다.

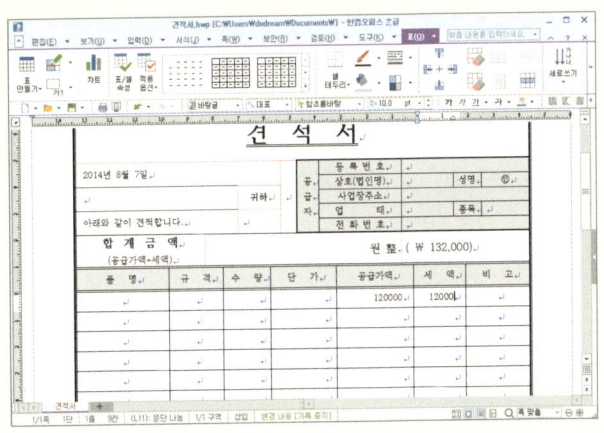

Project. 업무에 바로 적용하는 실무 문서 만들기 **473**

간이영수증 만들기

영수증은 현금으로 물건을 구입하거나 물건을 판매하고 이를 비용이나 수입으로 증빙할 수 있는 서식입니다. 간이영수증은 세금계산서를 발행하지 않고 비용이나 수입을 증빙하기 위해서 작성하며, 공급받는자용과 공급자용 2장으로 구성됩니다. 세금계산서를 발행할 때는 작성하지 않습니다.

● **Key Word** : 셀 복사, 대각선　　　　　　　　　　　　　　　● **완성파일** : 완성파일\간이영수증.hwp

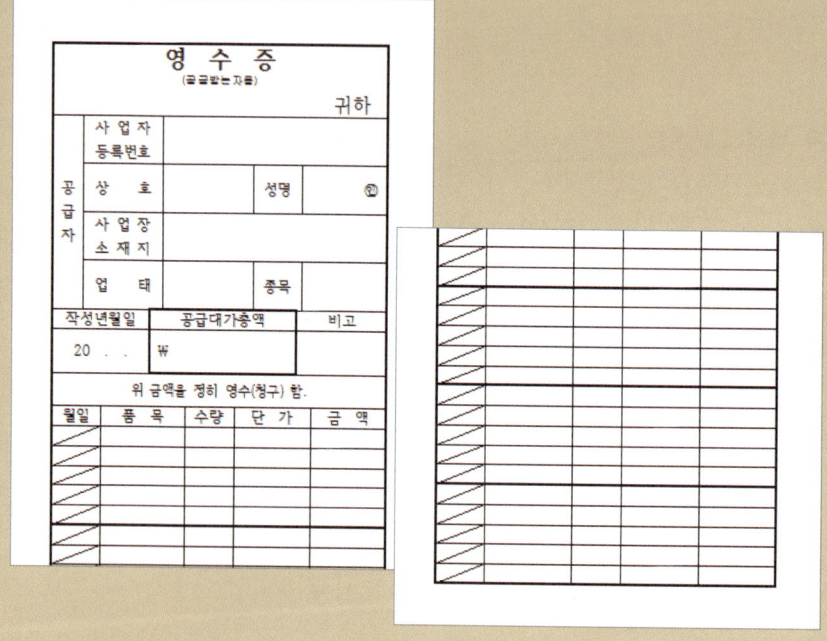

1 빈 문서에서 Alt+S키를 눌러 '간이영수증.hwp'로 저장합니다. Ctrl+N, T키를 눌러 [표 만들기] 대화상자를 불러와 [줄 수]에 '14'를, [칸 수]에 '5'를 입력하여 표를 만듭니다.

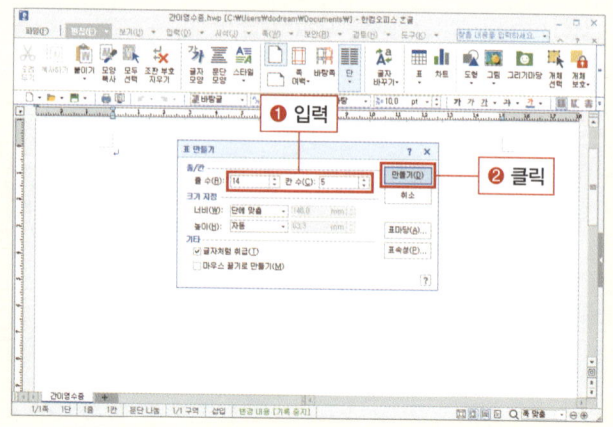

2 F5 키를 세 번 눌러 표 전체를 블록으로 지정한 후 Ctrl+←키를 이용하여 크기를 조절합니다.

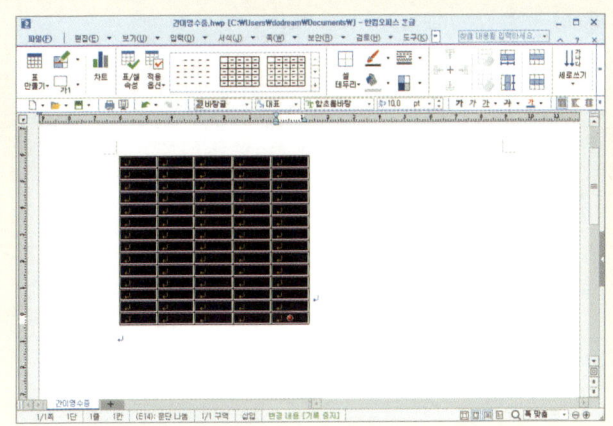

3 셀 블록이 설정된 상태에서 [표] 탭의 [셀 테두리 모양/굵기] 아이콘을 클릭하여 '실선'으로, 테두리 굵기는 '0.5mm'로 선택합니다. [셀 테두리]의 드롭다운 버튼을 클릭하여 '바깥쪽 모두'를 지정합니다.

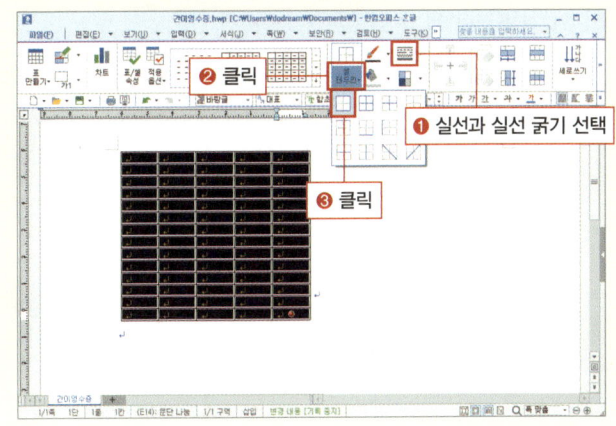

4 첫 행만 드래그하여 셀 블록으로 설정한 후 M키를 눌러 셀을 합칩니다.

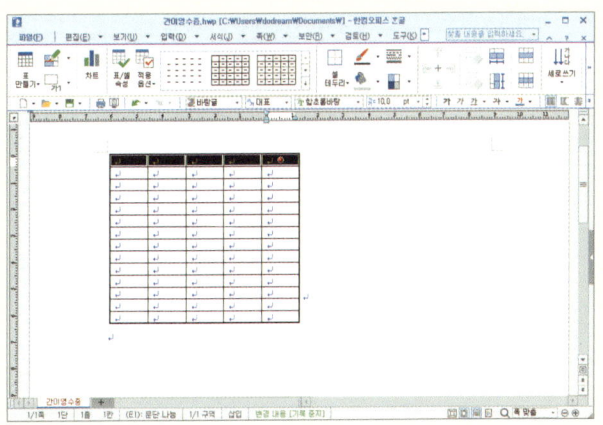

5 다음과 같이 텍스트를 입력하고 '영수증'을 블록으로 설정한 후 서식 도구 모음에서 글자 크기를 '14pt'로, 글자 속성을 '진하게'로 지정하고 가운데 정렬합니다.

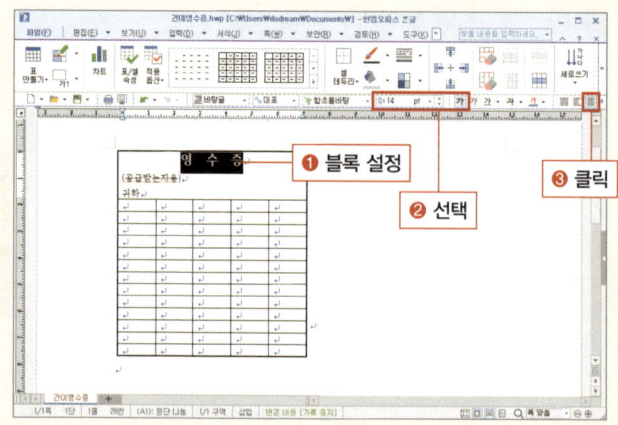

6 '(공급받는자용)'을 블록으로 지정하여 글꼴을 '굴림'으로, 글자 크기를 '7pt'로 지정하고 가운데 정렬합니다.

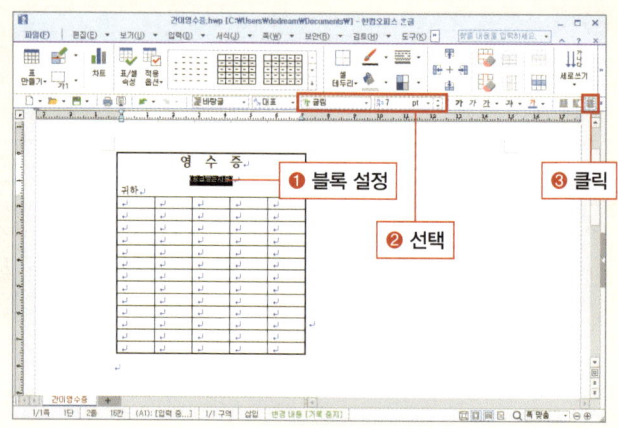

7 '귀하'를 블록으로 지정하여 글자 크기를 '12pt'로 지정하고 오른쪽 정렬합니다. 가로 눈금자의 문단 오른쪽 여백 지시자를 드래그하여 여백을 설정합니다.

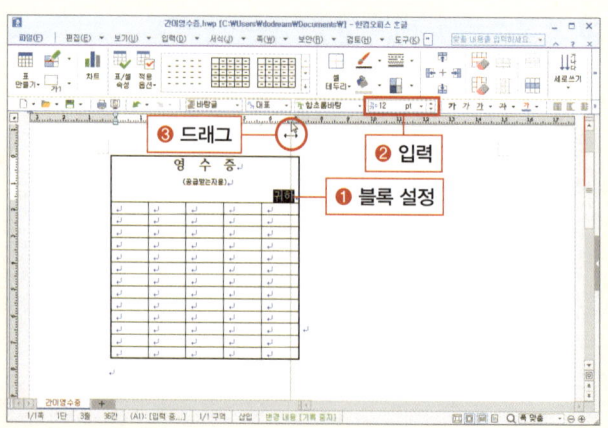

8 '영수증'이 입력된 곳으로 커서를 이동한 후 [서식] 탭의 [문단 모양] 아이콘을 클릭하고 [줄 간격]을 '120%'로 설정합니다.

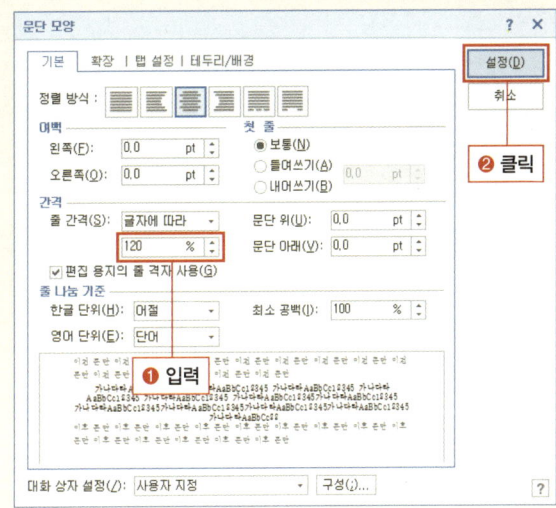

9 다음과 같이 블록을 지정하고 Shift+← 키를 눌러 셀 너비를 조절한 후 M키를 눌러 셀을 합칩니다.

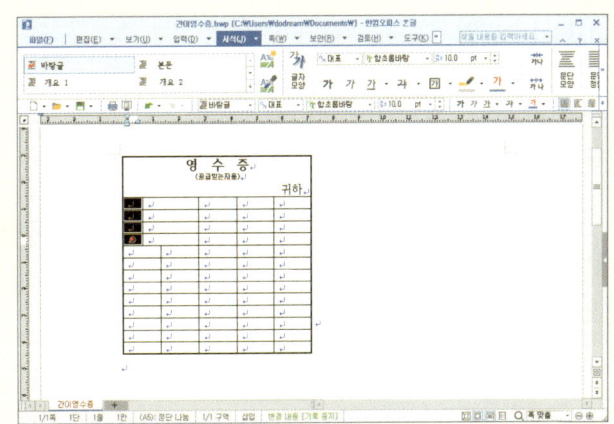

10 합쳐진 셀에 '공급자'를 입력한 후 다음과 같이 셀 블록을 지정하고 Shift+← 키를 눌러 셀 너비를 조절합니다.

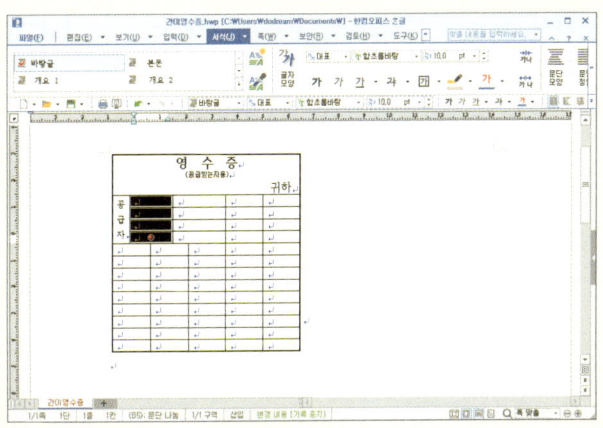

11 다음과 같이 텍스트를 입력하고 셀 블록으로 지정합니다. H키를 눌러 셀 높이를 같게 만듭니다.

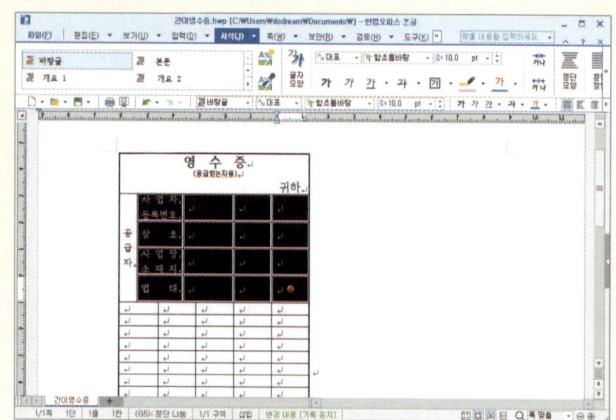

12 사업자 등록번호가 입력될 셀과 사업장 소재지가 입력될 셀을 각각 블록으로 설정하고 M키를 눌러 셀을 합칩니다.

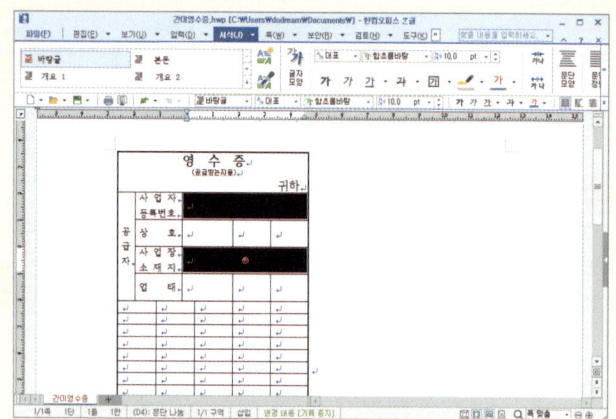

13 Ctrl키를 이용하여 다음과 같이 블록을 지정한 후 Shift+─키를 이용하여 넓이를 조절합니다.

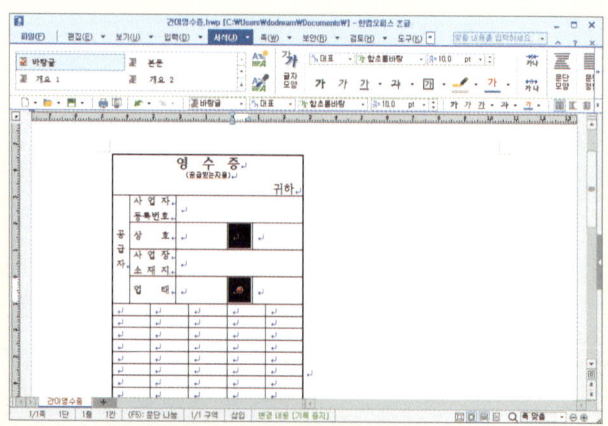

14 셀에 다음과 같이 '성명'과 '종목'을 입력합니다.

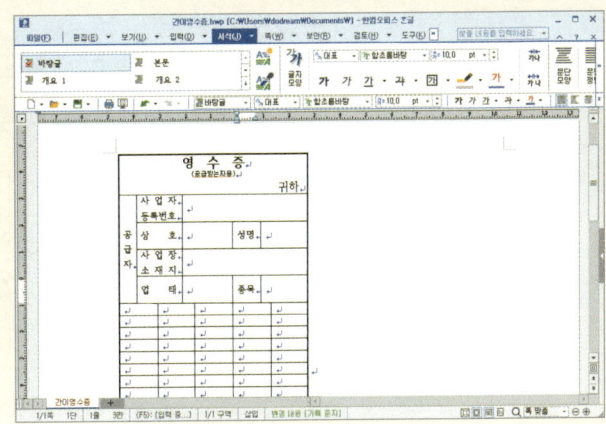

15 성명이 입력될 곳으로 커서를 이동한 후 Ctrl+F10 키를 눌러 '인'을 입력합니다. 셀을 오른쪽으로 정렬합니다.

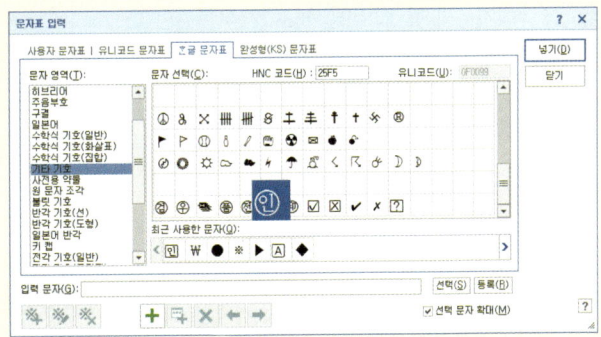

16 다음과 같이 각각 셀 블록을 지정하여 셀을 합칩니다.

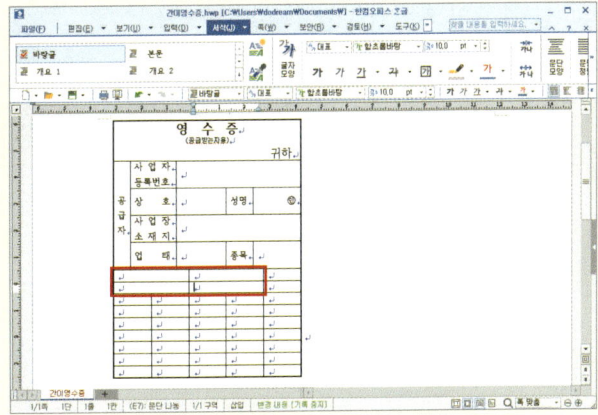

17 텍스트를 입력하고 다음과 같이 셀 블록을 지정한 후 Shift+← 키를 눌러 셀 너비를 조절합니다.

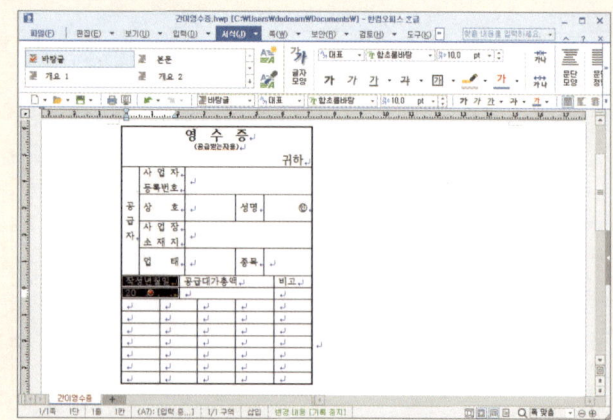

18 공급대가총액이 입력될 셀로 커서를 이동한 후 Ctrl+F10 키를 눌러 'W'을 선택하고 [넣기] 버튼을 클릭합니다.

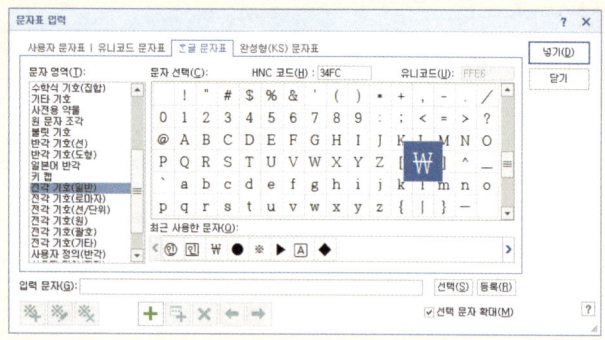

19 다음과 같이 셀 블록을 지정하고 Shift+← 키를 이용하여 열 너비를 조절합니다.

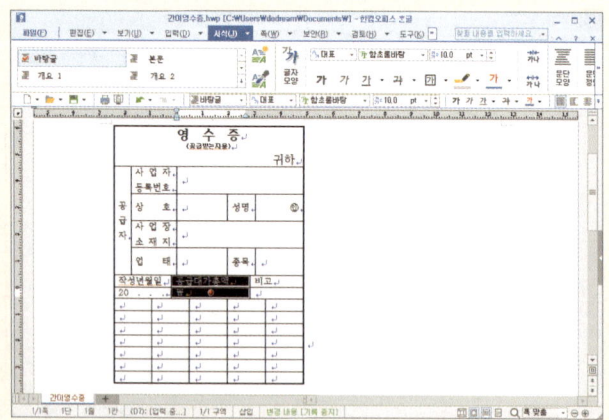

20 [표] 탭의 [셀 테두리] 아이콘을 클릭하여 셀 테두리 실선을 변경합니다.

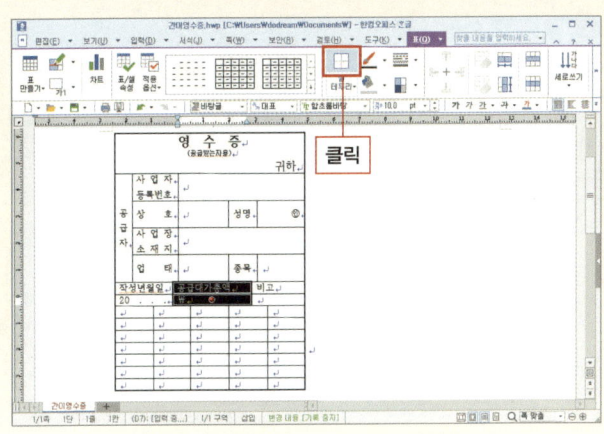

▌POINT
앞에서 선 종류는 실선으로, 굵기는 0.5mm로 지정하고 바깥쪽 모두를 적용했었기 때문에 [셀 테두리] 아이콘을 클릭하여 설정을 바로 변경할 수 있습니다.

21 '₩'이 입력된 셀을 클릭하고 Ctrl+↓키를 눌러 셀 높이를 넓힙니다. 다음과 같이 블록을 지정하여 서식 도구 모음에서 글자 크기를 '9pt'로 지정합니다.

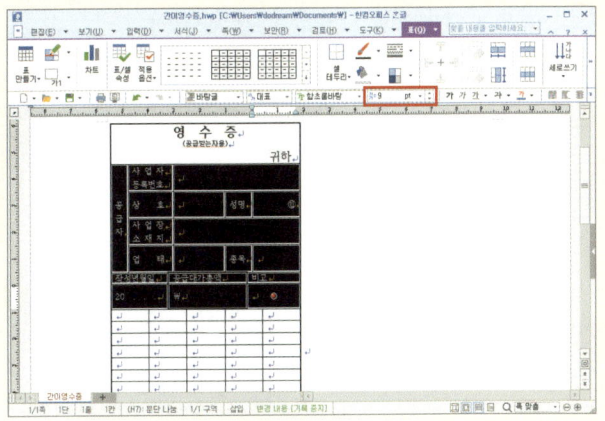

22 Ctrl 키를 누른 채 '공급자'가 입력된 셀과 '성명' 입력란, '공급대가총액' 입력란을 클릭하여 블록을 해제하고 가운데 정렬합니다.

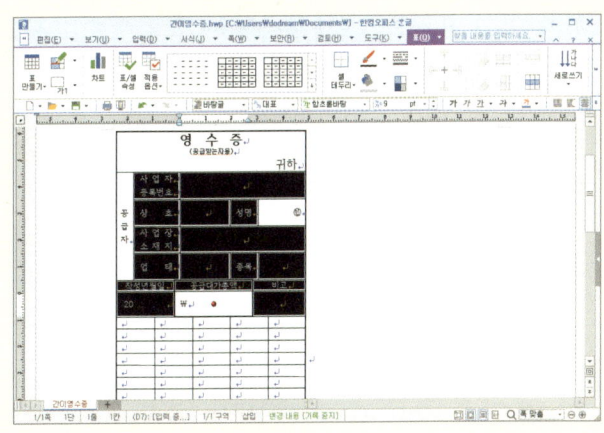

23 다음 행 전체를 병합한 후 텍스트를 입력하고 F5키를 눌러 글자 크기를 '8pt'로 지정한 후 가운데 정렬합니다. Ctrl+↓키를 3회 정도 눌러 셀 높이를 넓힙니다.

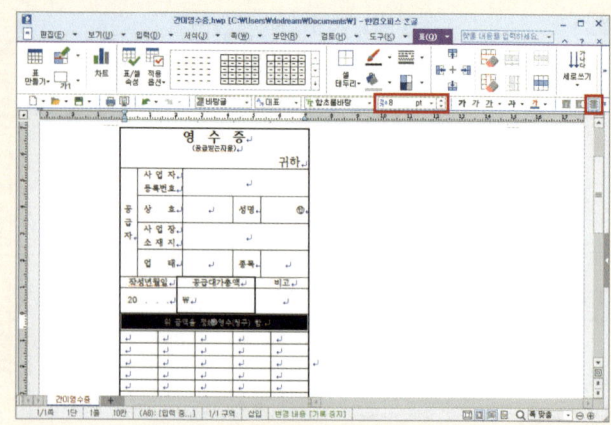

24 다음과 같이 블록을 설정한 후 글자 크기를 '9pt'로 지정합니다.

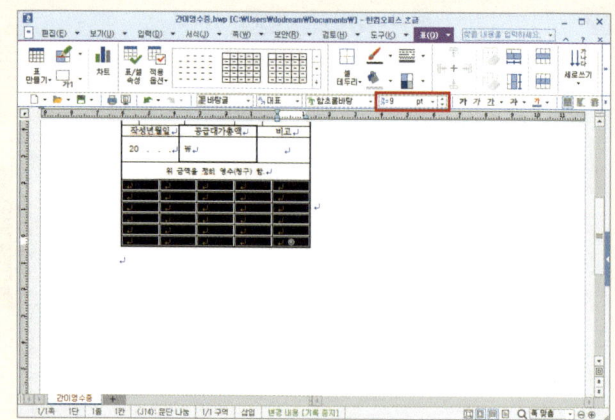

25 텍스트를 입력한 후 Shift키와 방향키를 이용하여 넓이를 조절합니다.

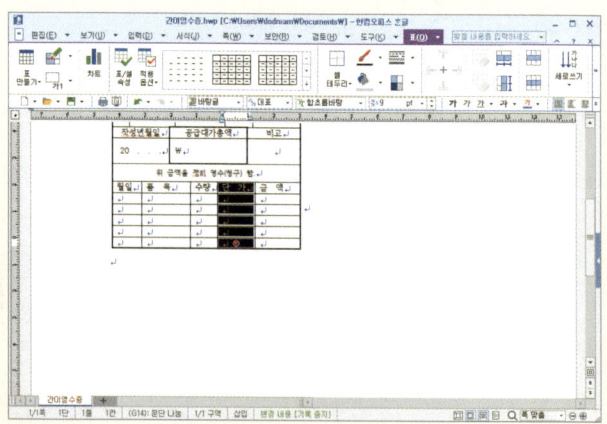

26 제목이 입력된 행을 블록으로 지정하고 가운데 정렬합니다.

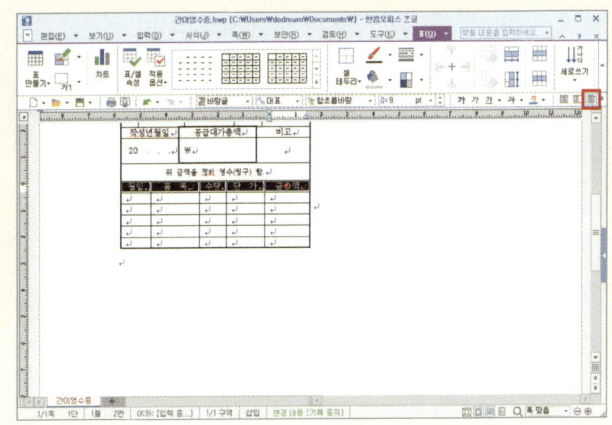

27 다음과 같이 월일이 입력될 셀을 드래그하여 블록으로 설정하고 [표] 탭의 [셀 테두리] 아이콘의 드롭다운 버튼을 클릭한 후 '대각선 위'를 적용합니다.

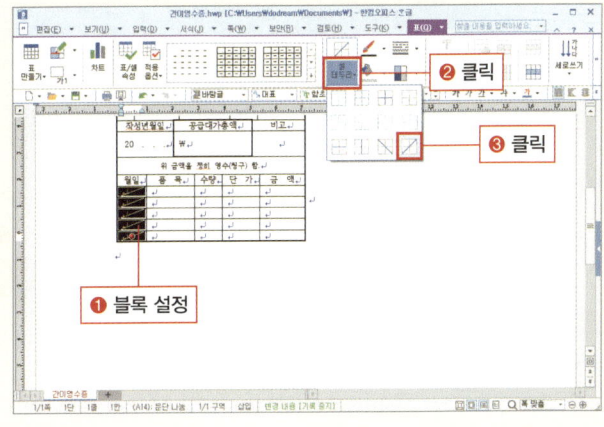

POINT

대각선 굵기는 [셀 테두리 모양/굵기] 아이콘을 클릭하여 선 굵기를 먼저 선택해야 합니다. 여기선 선 굵기를 '0.12mm'로 지정하였습니다.

28 다음과 같이 셀 블록을 지정하고 Ctrl + C 키를 눌러 복사합니다.

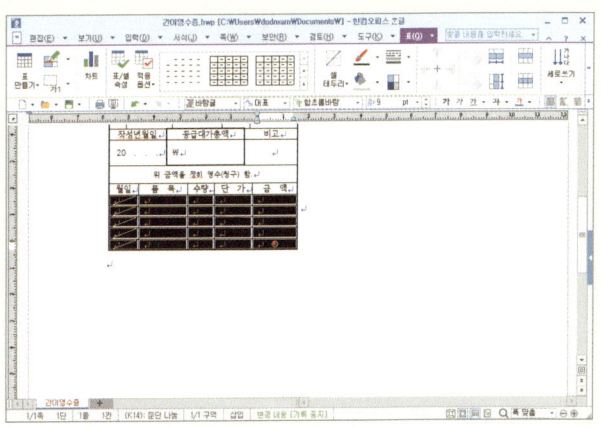

29 가장 아래쪽의 행을 클릭한 후 Ctrl+V 키를 누릅니다. [셀 붙이기] 대화상자에서 [아래쪽에 끼워 넣기] 아이콘을 클릭하고 [붙이기] 버튼을 클릭합니다.

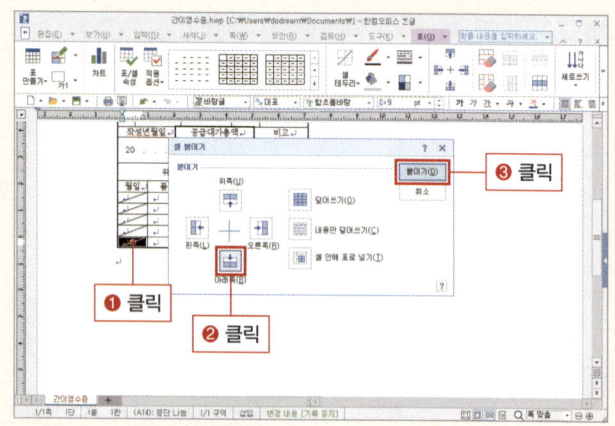

30 다음과 같이 아래쪽에 블록으로 복사한 내용이 붙여 넣어집니다.

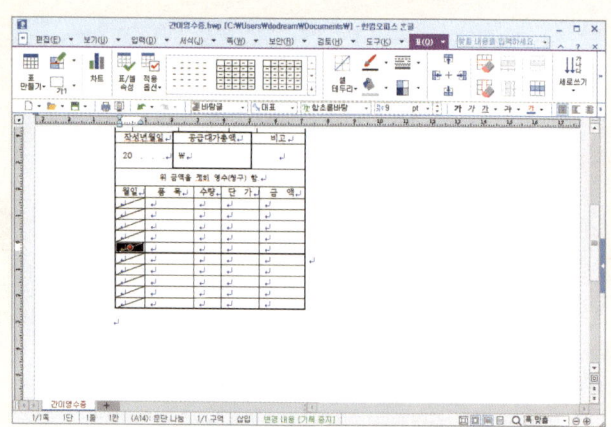

31 Ctrl+V키를 세 번 더 눌러 아래쪽에 복사한 내용을 끼워 넣습니다.

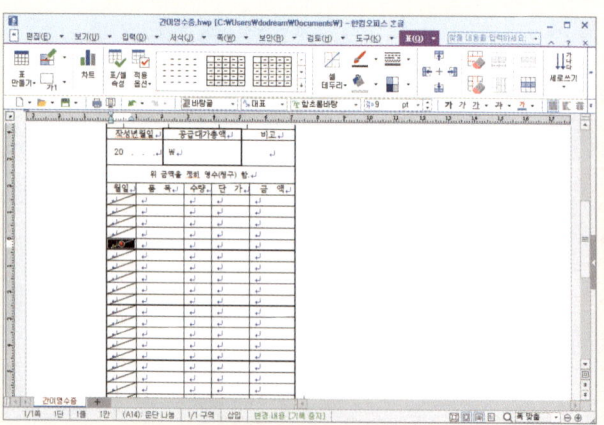

32 표의 바깥쪽 테두리를 더블클릭하여 [표/셀 속성] 대화상자를 표시합니다. [기본] 탭에서 '글자처럼 취급'의 체크를 해제하고 [가로]와 [세로]를 '종이'의 '가운데'로 지정한 후 [설정] 버튼을 클릭합니다.

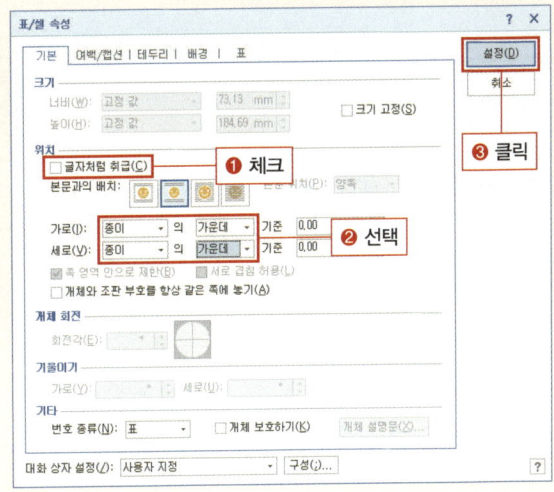

33 다음과 같이 간이영수증이 편집 용지의 가로와 세로 가운데로 정렬됩니다.

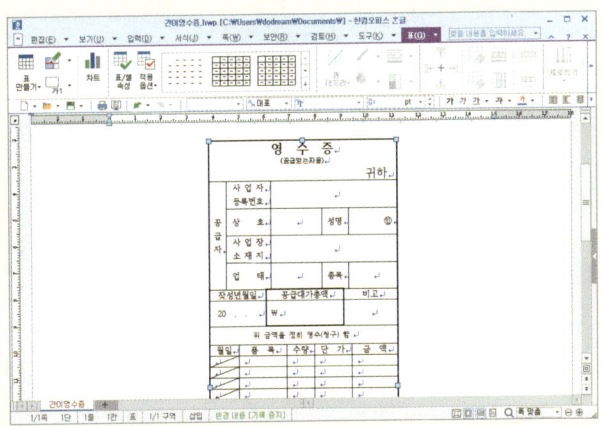

34 서식 도구 모음의 미리 보기( ) 아이콘을 클릭하여 미리 보기를 확인한 후 Alt + S 키를 눌러 문서를 저장합니다.

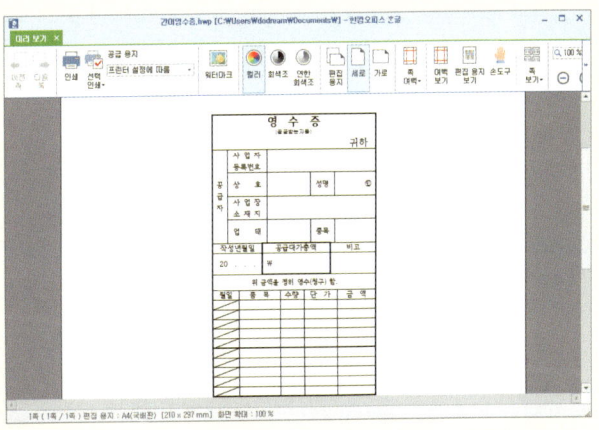

Project. 업무에 바로 적용하는 실무 문서 만들기 **485**

찾아보기 Index

| ㄱ |

가운데 정렬	41, 109
각주	306
간이영수증	474
간편장부	382
개요 번호	319
개요 번호 모양	318
개인 정보 보호	360
개체 묶기	273
개체 선택	271
[개체] 탭	30
개체 풀기	273
개체 회전	261, 274
거래명세표	438
견적서	458
계산식	232, 440
곡선	266
골라 붙이기	100, 102
공인 인증서	356
구역 나누기	316
구역 설정	315
그러데이션	197
그리기마당	280
그리기 조각	280
그림 글머리표	127
그림 넣기	44, 244
글꼴	103
[글꼴] 탭	28
글 뒤로	203
글맵시	258
글맵시 개체	259
글맵시 고치기	260
글머리표	127
글상자	255
글 앞으로	203
글자 겹치기	66
글자 모양	103
글자 삭제키	93
글자처럼 취급	249
글자판 바꾸기	68, 78
글자판 보기	68
글자판 자동 변경	79
금전차용증	418
[금칙 처리] 탭	31
기본 작업 환경	26
기본 탭	130
기안 용지	444
[기타] 탭	32

| ㄴ |

나눔 정렬	109
날짜/시간 코드	402, 466
내림차순	228
누름틀	403

| ㄷ |

다각형 편집	267
다른 이름으로 저장하기	52
단	309
대각선 위	483
대화 상자 설정 구성	364
도구 상자 접기/펴기	19
도움말	22
도형	263
되돌리기	93
들여쓰기	42

| ㄹ |

| 라벨 | 330 |
| 라벨 용지 만들기 | 331 |

| ㅁ |

맞춤	277
맞춤법 검사	83, 88
맞춤법 검사/교정 설정	89
매크로	339
매크로 정의	340, 344
맨 뒤로	273
머리말	297
메모	368
메모 표시	369
메일 머지	326
모두 바꾸기	139
모두 선택	95
모양 복사	131
무늬 모양	119
문단 모양	108, 111
문단 번호	123
문단 번호 모양	123
문단 왼쪽 여백	421
문단 첫 글자 장식	121
문서 끼워 넣기	60
문서마당	62
문서 암호 변경/해제	56
문서 암호 설정	55
문서 이력 관리	361
문서 작성	33
문서 창 모양 설정	20
문서탭	54
문자열을 표로	219

문자표	34, 65
미리 보기	45, 143
미주	308

	ㅂ	
바꾸기		138
바탕글		421
바탕쪽		294
배경		205
배경색		118
배분 다단		310
배분 정렬		109
버전 비교		362
보안 수준		342
복사하기		96
본말		157
본문과의 배치		199
부수로 입력		76
불러오기		46, 57
붙이기		97
블로그		352
블로그 계정 관리		355
블로그로 올리기		355
블록		94
빠른 교정		85, 378
빠른 교정 데이터		87
빠른 교정 사전		87

	ㅅ	
사용자 설정		21
[사용자 정보] 탭		29
사용자 한자 사전		74
상용구		149, 154

상용구 끼워 넣기	158
상용구 불러오기	157
상용구 저장하기	157
상하 대칭	276
상호 참조	337
새 그리기 속성	263
새 꾸러미	283
새 문서	47
[새 문서] 탭	30
새 탭	46
색상 테마	371
색인	24, 304
서식 찾기	140
선 굵기	268
선 색	268
선 종류	269
세로 합계	231
셀	36, 175
셀 간격	201
셀 나누기	175, 187, 397
셀 너비	179
셀 너비를 같게	181
셀 높이	179
셀 높이를 같게	181
셀 단축키	39
셀 배경 색	193
셀 붙이기	208
셀 테두리	37
셀 테두리/배경	189, 414
셀 합치기	176, 188, 400
수식	287
쉬운 계산식	231
쉬운 책갈피	171

스타일	159
스타일 가져오기	167
스타일 내보내기	164
스타일마당	169
스타일 지우기	163
스타일 편집하기	162

	ㅇ	
아무개 문자		137
암호		55
양쪽 정렬		109
어울림		250
업무일지		424
여백		50, 111
오려 두기		98
오른쪽 정렬		109
온전한 낱말		137
외래어 표기		80
왼쪽 정렬		109
용지 방향		49
용지 여백		50
워드프로세서		33
워터마크		148
워터마크 효과		252
유니코드		101
이력서		408
인덱스		304
인쇄		145
인쇄 방식		147
인터넷 문서		101
인터페이스		16
읽기 전용		58
입력 자동 명령 내용		378

찾아보기 Index

입력 자동 명령 사용자 사전 378
[입력] 탭 34

| ㅈ |

자간 105
자동 저장 54
자동 탭 130
자리 차지 251
자소 단위 찾기 375
자유선 266
장평 105
재직(경력) 증명서 432
저장하기 52
정렬 227
제본 위치 49
조판 부호 301
종료 15
좌우 대칭 275
쪽말 149, 155, 157
[줄 격자] 탭 51
줄 나눔 기준 113
줄/칸 지우기 185
줄/칸 추가하기 184
지출결의서 396
직선 264
쪽 윤곽 294
[쪽] 탭 34
쪽 테두리/배경 133

| ㅊ |

차례 301
차트 236
차트 마법사 237

차트 배경 242
차트 종류 238, 241
창 모양 20
찾기 136, 375, 377
찾아 바꾸기 138
채우기 270
책갈피 170, 333
총획수로 입력 77

| ㅋ |

캡션 211
커서 이동키 41, 92
[코드 형식] 탭 29
클립보드 97, 99

| ㅌ |

탭 설정 128
테두리 116
테두리/배경 116

| ㅍ |

파일로 인쇄 146
[파일 위치] 탭 31
파일 형식 59
편집용지 34, 48, 364, 444
[편집] 탭 26
폭 맞춤 294
표 35, 174
표 그리기 213
표 나누기 216
표 뒤집기 224, 373
표를 문자열로 218
표마당 221

표 만들기 397
표 붙이기 217
표/셀 속성 199
표 자동 채우기 223, 416, 441
표 지우개 214
표 테두리 204
프레젠테이션 291

| ㅎ |

하이퍼링크 334
한글로 한자 찾기 377
한자 단어 등록 73
한자로 바꾸기 70
한자 부수/총획수 76
한자 입력 70
한컴 사전 89
한컴오피스 한글 2014 14
합계 229
형광펜 106
화면 구성 16
확대/축소 비율 246
환경 설정 26
회전 274

| A |

API 352

| P |

PDF 350